殷夫诗文校注

王庆祥 ◎ 编著

YIN FU
SHIWEN JIAOZHU

浙江人民出版社

图书在版编目（CIP）数据

殷夫诗文校注 / 王庆祥编著 . — 杭州 ：浙江人民
出版社，2024.5
ISBN 978-7-213-11451-9

Ⅰ．①殷⋯ Ⅱ．①王⋯ Ⅲ．①殷夫（1910−1931）−
文集 Ⅳ．①C53

中国国家版本馆CIP数据核字（2024）第077609号

殷夫诗文校注

王庆祥　编著

出版发行	浙江人民出版社 (杭州市环城北路177号　邮编 310006)	
	市场部电话:(0571)85061682　85176516	
责任编辑	王福群	
责任校对	汪景芬　王欢燕	
责任印务	程　琳	
封面设计	厉　琳	
电脑制版	杭州天一图文制作有限公司	
印　　刷	杭州广育多莉印刷有限公司	
开　　本	710毫米×1000毫米　1/16	
印　　张	44.5	
字　　数	610千字	
插　　页	10	
版　　次	2024年5月第1版	
印　　次	2024年5月第1次印刷	
书　　号	ISBN 978-7-213-11451-9	
定　　价	228.00元	

如发现印装质量问题,影响阅读,请与市场部联系调换。

殷夫烈士遗像（1910—1931）

象山大徐村殷夫故居全景

少年殷夫留影
（1925年2月摄于杭州）

放脚时代的足印.

一
秋月的深夜,
没有恶声搅破寂寞,
便悲哀也难和我亲近.

二
春给我一瓣嫩绿的叶,
我友爱地寻求着诗意.

三
只有杜鹃凄绝的悲啼,
听不到是颂春的欢歌,
可不如死,不如死……

四
希望如一颗细小的星虫,
来庆祝的远庭内燃着,
如鬼火般的颜色又轻浮,

五
引返人类走内坟墓.
我有一个希望,

六
戴着诗意的花圈,
美丽又庄严,
来灵府的首座.

星虫走大微语时,
来蜜春的夏尽中,
一条微丝来它蠕动了…
谁也不知道地.

七
泛滥的道路上,

八
我初足彷时,
我战慄着,
我初发彷的场时,
我战慄着,
如今我们永别了,
我也战慄着.

一九二四——五
的残叶.

殷夫《放脚时代的足印》组诗原稿

志浩吾兄：

　　當你握着我手的時候我真感到一種不可思議的快慰奮興的驚訝！去年我從上海回家過年時謠言是何等的兇惡我聽到這些謠言是何等的傷感及憤怒呢傷感的是我們家鄉的革命青年呵一旦憤怒的是為什麼我們家鄉獨獨還如此不幸！

　　但是我前天居然能晤到你我是何等的快樂呢！這不但是我快樂即是全家鄉的革命青年又誰快樂呢！

　　為民眾而奮鬥的軍人是比什麼都可敬可佩為少數人而出力的軍人是強盜是土匪是世界最可憎可厭的東西這是極易明白的是不是？

　　革命的人往往易犯一種毛病就是在壓迫下的時候是很革命很積極的前進的而待壓迫稍鬆的時候就要開倒車了我有許多朋友在革命軍未上海之前是非常革命秘密的做工作也很感興味但是到現在可以公開了就不感興味但開起倒車來了這是很危險的我希望個個革命的軍人及民眾絕對不要犯了這個毛病才好你說對不對呢？

　　這封信很沒有意思說些都是廢話請你原諒我！餘不一一此頌

努力！

弟　徐白翰躬

四月三日

通信處 "浦東六里橋浦東中學"（照郵四分）

劉積鏈君的通信處 "滬小東門金神父燒麻呵暉寄宿舍 北四樓上八號"

殷夫致何志浩的信原件

殷夫与同济大学德文补习科一年级同学合影

德文补习科一年级合影局
部放大，二排中为殷夫

同济大学学生会各班代表合影

（前排左起第五人为殷夫）

同济大学学生会执行委员合影

（后排左起第二人为殷夫）

Sei, Turas, brav auch fernerhin,
Nie ſteh' nach Hühnerfleiſch dein Sinn,
Behalt' die Henn' in Ehr' und Hut ...
Sie, meiner Mutter einz'ges Gut!

Ladislaus Kragebauer.

Wahlſpruch.

Das Leben iſt mir wert,
Die Liebe noch viel mehr:
Doch für die Freiheit geb'
Ich beide gerne her!

Alfred Teniers.

Wiederſehn.

Ich ſann und ſann den ganzen Weg,
Wie ich mein Mütterlein
Begrüßen ſoll, wenn ich zu ihr
Ins Stübchen tret' hinein:

Was ſag' ich dir, da ſchon ſo lang',
So lang' ich nicht zuhaus,
Wenn du den Arm, der mich gewiegt
Voll Liebe breiteſt aus?

Manch trauten Gruß hab' ich erdacht
Voll tiefer Innigkeit;
Wir ſchlen, obwohl der Wagen flog,
Als ſtände ſtill die Zeit.

Da trat ich ein ... die Mutter kam
Entgegen mir mit Haſt.
Und ich   . hing ſtumm an ihrem Mund,
Stumm, wie die Frucht am Aſt!

Georg v. Schulze.

殷夫译诗《格言》原稿

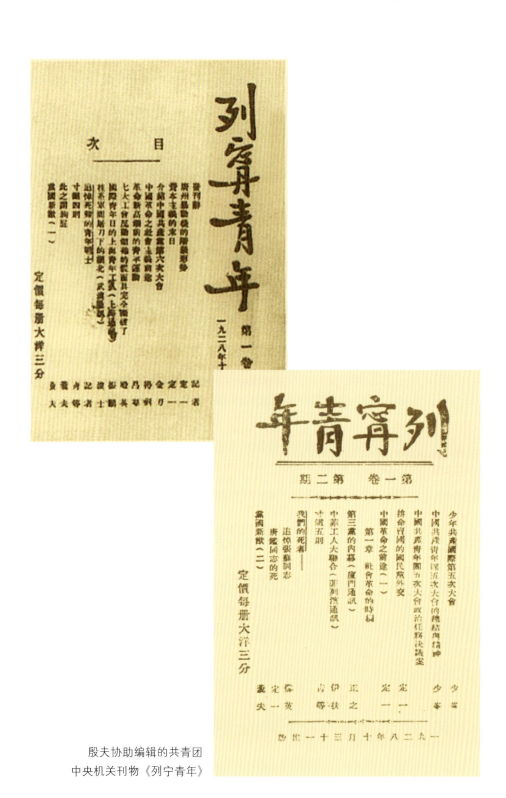

殷夫协助编辑的共青团
中央机关刊物《列宁青年》

《列宁青年》曾使用的假封面

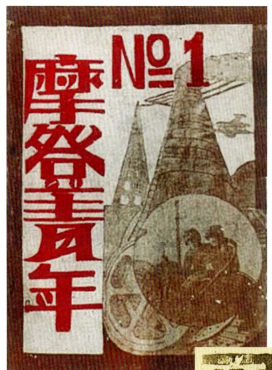

殷夫参与创刊的
《摩登青年》第1期

殷夫主编的
《摩登青年》第2期

前　言

一

我读殷夫——读他的诗文遗著、生平事迹、家庭故实以及革命精神，开始于1953年10月，后来虽然时断时续，至今已70年。

我的"读殷"过程，大体可分三个阶段：

（一）求学时代的"崇读"

1953年8月，我高小毕业后考取刚由私立立三中学改办的象山县第二初中。这年10月19日，是鲁迅先生逝世17周年纪念日。那天下午，学校举行纪念大会，由语文老师姜文涛讲演鲁迅的生平事略。临了，他还说道：我们象山也有一位鲁迅的"学生"，叫徐白，东乡大徐人，很有才华，以"殷夫"为笔名写了许多鼓动革命的诗文，多次被国民党反动派逮捕入狱，差一点被枪决。他有一个哥哥叫徐培根，是蒋介石的参谋处长，将他保出。但他依然革命，最后一次被捕入狱时，徐培根去德国留学了，结果被反动派杀害了，真是可惜！姜老师接着打开一本小书，说："我给同学们读一首殷夫烈士的好诗，题目是《别了，哥哥》。"他抑扬顿挫的朗读，深深地打动了我和同学们的心，赢得了热烈的掌声。

散会时，姜老师从我面前经过，我向他借了那本小书，原来是开明书店1951年7月出版的《殷夫选集》。我即利用当晚夜自修和第二天早自修，囫囵吞枣般地一口气读完，却也从殷夫的诗文和书前冯雪峰的《代序——鲜血记录的历史第一页》、丁玲的《序——读了殷夫同志的诗》、阿英的《殷夫小传》中，初步领略了殷夫烈士短暂而光辉的一生。当时心想，自己作为殷夫故乡的"红领巾"，应当好好地崇敬这位先烈，崇读他的诗文,学习他的革命精神。可是那本《殷夫选集》是学校图书室的书,当天下午图书管理员便来催还,说是不少同学都要借阅。我只得当即归还。

这以后,我曾几次去图书室借阅那本《殷夫选集》而不得。直到第二学期中途,才借到此书。不想因为借阅的人多了,此书已面目全非,连封面封底也脱落。我将它修复后才重读起来,觉得其中的组诗《血字》和《别了,哥哥》等诗篇,以及冯雪峰的《代序》、丁玲的《序》、阿英的《殷夫小传》都很重要,便以一本练习簿,利用课余抄写起来。有同学说我抄书是"呆办法",我则以为抄书不仅可以加深记忆,还可以用作日后备读。

初二第二学期,姜文涛老师教我们班语文。他因为早年毕业于北京华北学院师范专科,并曾留校任教,见多识广,讲授课文往往穿插自己所见所闻的故事,听起来很生动。我是班上语文课代表,与他接触较多,时而向他求教一些关于殷夫的问题。他凡是能回答的,也像说故事一般地作答;回答不了的,便哈哈大笑地说:"这个问题,被你问倒了。"一天,他将我叫到他的办公室,从抽屉里取出一本新书,说:"这是人民文学出版社1954年8月刚出版的《殷夫诗文选集》,为你买的,送给你。"我叩谢后接过,如获至宝,连忙翻阅。发现此书第一辑收了殷夫诗集《孩儿塔》中35首诗作。其中有些是作于象山"西寺"的,一下子拉近了我与他的时空距离。因为我1948年曾随母亲到过"西寺"。第二辑篇目与开明书店版《殷夫选集》第一辑篇目大致相同。第三辑增收了殷夫的译诗《裴多菲诗九篇》。第四辑保留了《殷夫选集》第二辑中的《监房的一夜》和《小母亲》,删去了《石炭王》和《"三八"们》。书前也仅保留阿英的《殷夫小传》,删去了冯雪峰的《代序》和丁玲的《序》。幸亏我曾抄写过这两篇文章,便从练习簿中裁下,粘贴在《殷夫诗文选集》之后备读。

初三时,语文老师许可人有次作文课布置自我命题作文。我写了一篇题为《誓学海燕穿云飞》的作文,以殷夫"我是海燕,/我是时代的尖刺"诗句为引言，结合孩提时代在滨海老家常见的海燕每逢天气变化成阵飞来又飞去的情景，表示自己将来也要像殷夫那样穿云破雾做"时代的尖刺"。不意许老师给打了"5＋"分（当年学校实行5分制），并在有些文句之右（当年作文用毛笔直写）画了小红圈，又加了"佳句""警语"等眉批。在那次作文讲评课上，他还让我朗读这篇作文，给了我许多鼓励。事后，许老师又将此文作为"范文"，推荐给了学校黑板报。而学校黑板报就在姜文涛老师办公室的门口。他看了此文，曾笑眯眯地对我说："看来，我那本书没有白送。"

初中毕业，我因少年丧父、家境贫困，读不起普通高中，只能报考舟山师范。录取入读后，因语文课本选用普通高中的《文学》《汉语》，我见《文学》课本中有鲁迅先生的《为了忘却的记念》一文，遂阅读了起来，越读越有兴味。我觉得鲁迅与殷夫虽非师生关系，但他们之间的情义胜过师生之谊，是同一战壕里新老战友的生死之交。因而，我以为鲁迅此文主要是"记念"殷夫的，从头至尾都在写殷夫。而柔石是由殷夫牵出的，李求实、胡也频、冯铿都是一笔带过。基于对鲁迅先生的景仰，我对殷夫烈士更加崇敬了。所以，在语文老师王国瑞先生讲授这篇课文后，我向他说了以上感想。他开头感到奇怪，反问我：这些看法是从哪里来的？我说了自己在象山"读殷"的经过，他才恍然大悟："噢，你是象山人，崇敬乡贤，可以理解。"没过几天，他又找我"交换看法"，说："我们读鲁迅的《为了忘却的记念》，还是要从整体去理解，不宜分主次。至于你的'读殷'，则可以展开翅膀，任凭翱翔，怎么读都不为过。"这分明是在给我的"读殷"指点方向。

读了两年师范，学校"戴帽子"设立舟山师范专科学校。我被选为"保送生"，入读师专文史科。第一学期开有现代文学史课，以叶丁易的《中国现代文学史略》为基本教材。此书在"革命文学作家"中，对殷夫给予了高度评价，说他的诗歌是"当时革命文艺中的鲜艳的花朵，晶莹的宝石。……每一首诗都似乎有一股巨大的力量，激动着读者的感情，震荡着读者的心灵，并紧紧地吸引住读者"。又说："这种'属于别一世界'的诗篇，不仅那些浪漫主义或旧现实主义诗人不能望其肩背，就是当时革命诗人对之也要黯然失色，……"这让我引以为自豪，家乡曾出过如此超群的诗人，的确是了不起。从而也进一步引发我深入"读殷"的欲望。

这时，我从定海新华书店购得一本人民文学出版社 1958 年 12 月出版的《殷夫选集》。此书篇目与前书《殷夫诗文选集》大同小异，但书前有一篇《前言》，全面评介殷夫的诗文著述。不过，其中说到殷夫的诗歌"在思想和艺术上——特别在艺术技巧上，也有写得不是很成功的"，我读后觉得，这是对殷夫的一种"苛求"，于是立即以叶丁易先生的论述为依据，写了一篇题为《震荡心灵的殷夫诗歌》，对人民文学出版社编者的"苛求"提出了不同看法，刊载在由我主编的文史科油印期刊《红龙》上。有些同学看后说我"太大胆，敢与人民文学出版社叫板"，但师范王国瑞老师却对我说："后生可畏！"

1959 年夏秋，调整高校布局，舟山师专并入宁波师范学院。我随文史科转读师院中文系中文科二年级。当时，无论是现代文学选读课，还是文学概论课、写作指导课乃至苏联文学课，主讲老师都讲到殷夫诗文，令我大开眼界。尤其是写作指导主讲老师汪玉岑先生，据说早年是位诗人，曾出过个人诗集。一次，他在课堂上讲到殷夫的诗歌时，说："现在文艺界都在大讲特讲殷夫后期的'红色鼓动诗'。其实他前期的有些诗作也很耐读。比如他的《放脚时代的足印》就很含蓄，是当年思想解放的思哲性歌吟。"后来，听说中文系主任陈康白副教授 20 世纪 30 年代在上海曾与"左联"有联系，我真想听听他关于殷夫及其诗文的看法。但他当时身体欠佳，没有开课。一直到第二学期中途，他带领我们到宁波女中"教改实践"，才在他指导我撰写《教改实践总结》之余，向他求教这个问题。他说："殷夫是位杰出的青年革命诗人。我从前读他的诗很感动，后来教他的诗也很感动。不过，他的有些诗是写'飞行集会'的，那是李立三'左'倾盲动主义的产物。因此，解读这些诗时要注意分寸。"汪先生和陈教授的话，使我的"读殷"多了一层思考。

（二）工作期间的"考读"

1960年秋，我从宁波师院中文科毕业，分配到宁波专员公署文教局做文秘工作。不久，改任局内杭州大学函授部宁波专区辅导员，从事本专区杭大函授学员（多数是所属县市中学教师，以及辖区内驻军干部）的学籍管理与面授组织工作。当年的宁波专区辖区包括今宁波、绍兴、舟山三市以及台州市的天台县，而杭大中文、数学、物理、化学等系都开设函授课程，学员多达200余名。杭大函授部规定，每门课程每学期分专区组织面授两次，寒暑假集中到杭大各系面授各一星期。好在各县市和驻军部队都配有联络员，面授组织尚属顺当。而且前来上面授课的都是各系的老讲师，学员们大多感到满意。当时中文系开设文学理论、现代文学两门课程，由蒋祖贻、吕漠野两位先生分别主讲。我在接待他们的过程中，与他们说起"读殷"之事。两位先生都很感兴趣，分别说了自己在殷夫及其诗文教学与研究方面的经验和体会，以及全国各地高校关于殷夫研究的学术动态。尤其是吕先生，他是宁波人，从前在宁波一中任教时，就开始研究宁海的柔石和象山的殷夫。关于殷夫研究，他不无感慨地说："研究殷夫最让人困惑的是缺乏可靠资料。有些论家不注重掌握第一手资料，往往人云亦云，甚至主观臆断，弄得真真假假，真假难分，导致以讹传讹，不小心就会上大当。"他在列举了此类事例之后，又对我说："你是象山人，又有一定阅读基础，不妨从发掘整理殷夫在家乡的史料入手，然后再延伸到他在上海求学和参加革命活动以及诗文著作等资料的查考与搜集。从来的学问家都是资料大王，凭资料说话，人家就驳不倒你。"吕先生的这番话，真让我茅塞顿开。

同年冬，杭大调整各专区函授辅导员，将我调入教务处函授教育科（对外称函授部）任科员，分管宁波、台州两专区辅导工作。当时的教务处长陈士怡教授（生物学家）对我说："你的工作有时段性，平时处里、科里不忙，要尽量到各系去转转，或者听听课，熟悉函授辅导老师，也可以增长自己的专业知识。"我因为自感读书无多，遂以中文系与历史系为重点，旁听了多位名教授、老讲师的授课，从中得益匪浅。在中文系现代文学教研室，我还认识了一位老助教袁丰俊。他是四川人，正在搜集殷夫研究资料，与我一拍即合。袁老师从读大学开始就经常跑成都、重庆、南京以及上海等地图书馆、旧书店，搜集殷夫生平、诗文等资料，以及新旧报刊发表的研究文章。在他那里，我翻阅了他搜集的这方面资料四大匣，有些则是我多年想找而不得的殷夫诗文原刊本。其中长诗《在死神未到之前》原刊本1928年4月号《太阳月刊》即为其一。我读后即想全文抄录，袁老师却向我提供了此诗的打印件，使我免去抄录之累。自此，我们经常交流殷夫资料搜集方面的情况与体会。袁老师还很关心我的业余进修，凡学校与系里有专家学者讲座，他都事先通知我，让我也能有幸聆听。

1962年夏秋间，高校进一步调整布局，并普遍大幅度精减师生员工。杭大人事处征求我的意见，是留校还是回宁波。我因心存查考殷夫在象山故家资料，选择了后者。这年8月，调回宁波专署文卫办公室继续做文秘工作。9月中旬，文卫办公室召开各县文教局局长会议。出席这次会议的象山县文教局局长听说我有回乡工作意向，即向文卫办公室商调。我因此于同月调回象山县文教局，任局内"高师、中师函授辅导站"负责人，从事全县中小学教师在职进修辅导业务。在铺排了站内工作后，我便利用业余时间和节假日，开始搜集和查考殷夫在故乡大徐时童年生活与读书的资料。

首先是寻访殷夫故家。在大徐村东南隅一个小地名叫"沙朴树下"的地方，找到了殷夫的故家宅院。这是一座一正两厢而低矮破旧的单门独户农家小院。虽然昔日的形制尚存，但西厢3间瓦房已倒塌了中间的敞堂和南侧的小房，被改搭成草房，用作猪牛栏间。当时因为房主徐兰庭（殷夫二哥）于1951年镇压反革命运动中听信了谣传，畏惧被追究政治历史问题而服盐卤身亡，加之其长子徐北海、次子徐北溟、三子徐北泓亦因政治历史问题而被人另眼相待，宅院内笼罩着政治阴影。我开头到访几次，都吃了闭门羹。后来听说徐兰庭的妻子陈素英（殷夫二嫂）本是东乡毛湾村人，3岁丧母，父亲是贫苦渔工，无人抚养，被殷夫父亲徐孔父和母亲钱月嫦领养为徐兰庭的童养媳，仅比殷夫年长 5 岁，与殷夫一起长大。我再三说明来意，她才开口说了自己的苦难身世，又说了这个家庭的底细，再说了殷夫如何出生，她与大姑徐祝三、小姑徐素云如何帮助婆母抚养初生的殷夫，以及殷夫 7 岁入学、10 岁丧父，大哥徐培根如何培养殷夫等情况。后来，又通过她，先后访问了西邻殷夫童年时代的好友应茂庭和早年曾在徐兰庭家做过牧童并与殷夫有过接触的张金仙。他们补充了殷夫少年时期生活与读书的一些往事。从中，我获得了关于殷夫在故乡大徐生活与读书的一批口碑资料。

接着是访问家在丹城东澄河路的殷夫大姐徐祝三。因为母亲钱月嫦生四弟殷夫那年，徐祝三已 18 岁，至 20 岁方出嫁县城的蒋景辰，因此对殷夫的出生以及婴幼时期的生活情形了如指掌。我登门访问时，开头她也因为有子女随大弟徐培根去了台湾，有思想顾虑而不敢多说。后来因为我去她家多了，相互熟悉，她才详细叙述殷夫如何诞生，她如何帮助母亲抚养殷夫，以及婴幼时期他如何聪明伶俐等情形。她还清楚地记得父母、弟妹的生肖，并可由此推算出各人的出生年月日。比如她说殷夫肖狗不肖鸡，有些人说他肖鸡，是不对的；殷夫是出生于清宣统二年庚戌五月初五端午节辰时初刻（即公元 1910 年 6 月 11 日 7 时前后）。这是一个重要发现，可以纠正阿英《殷夫小传》称殷夫于"1909 年出生"之说。

在以上查考过程中，我还搜集到殷夫母亲钱月嫦、二哥徐兰庭及其妻陈素英、二姐徐素云等人照片，以及殷夫儿时下过的象棋、读书时用过的藤夹和读过的英文版书籍等遗物（后来都存放在县烈士馆陈列柜中）。同时，又实地考察了殷夫就读过的设在村东原周氏宗祠内的大徐初小（其时已改办为大徐公社中心小学），以及殷夫与应茂庭儿时曾经摸鱼捉蟹的村前枫溪。

至 1963 年初，我基本完成殷夫在大徐生活与读书资料的搜集和查考。同年上半年，我着手搜集与查考殷夫在象山县立高等小学（以下简称"县立高小"）读书的资料。县立高小址在丹城西隅炼丹山东南麓桃园之下（校门开在西街北侧）。该校历史悠久，系由南宋嘉定十一年

（1218）创建的丹山书院于清光绪二十九年（1903）改办，初名"象山县高等小学堂"（初小、高小男生兼收）。光绪三十三年（1907）更名为县立高小（只收高小男生，学制初为两年，后改三年），先后有20多届毕业生，时称"象山最高学府"。1930年"象山县立女子小学"并入，更名为"丹城国民中心小学"，实行男女同校。1942年迁至东街孔庙之东。原校舍由县立初中迁入，1956年增办高中，称"象山中学"，并于桃园之西山麓上开辟了新校区。说来也巧，当年县文教局教研室、函授站宿舍就在新校区中间的一座旧房内，我即居住于此。其时，原县立高小校舍上、下两院尚存，我每天穿行其间，再从西街两道校门进出，因此对它的历史已有所闻。但对于殷夫在这里读书之详情却不甚了了。

所幸，原县立高小第二届毕业生顾圣仪、第三届毕业生刘雪航、第六届毕业生郑鼻峰、第十届毕业生赵文光等老先生当时都还健在。我即分别登门拜访，从中得知殷夫一家与县立高小的不解之缘：其大哥徐培根是县立高小第一届第一名毕业，三哥徐文达是第九届毕业。二姐徐素云后来还在县立高小教过书；她的丈夫马静斋（殷夫二姐夫）也是县立高小第九届毕业。并且从这些老先生处了解到，殷夫在县立高小读书期间的校长仇水心、一年级班导师兼国文教师方赞堂、体艺教师郑良华等老先生亦健在。我又分别登门拜访。根据他们的回忆，才知道殷夫是县立高小第十四届学生，学制三年，即1920年秋季入读，1923年秋季毕业。还听说殷夫入学之初成绩一般，后来越读越好，以全优生毕业。他曾学写新诗，人称"县高小诗人"。在读三年，殷夫的精神状态受当年校内政治气氛之影响，也从比较沉闷逐渐转向开朗。他还会拳术，人称"县高小拳师"。在仇老校长处，我还得到了一本《象山县立高等小学校同学录》，因为编印于民国5年（1916），仅记录第一至第九届毕业生以及第十届至第十二届在校生名单，没有殷夫的记载。

1964年春节前夕，听说殷夫在县立高小读书时的同班同学许福莹先生（丹城邓家弄人）回家过年，我即通过其堂侄许淑豪，登门访问。许先生当时是在上海一所中学任职，虽年近六旬，却记忆力很强，善于言谈，说了他与殷夫同学三年的许多往事，以及县立高小毕业后与殷夫在象山"五卅"运动中的经历和后来在上海遇见时的交往。其中有些是细节性故事，甚为动听。比如他曾说到殷夫于一年级第二学期，曾在学校后山的桃园里教三年级的姜冰生、二年级的刘积铨练习拳术。三人竟在桃园里仿效三国刘关张"桃园结义"，结为拜盟兄弟。后来，姜、刘先后参加中国共产党，殷夫也在上海浦东中学读书期间入了党。许先生认为，这应当是县立高小历史上的一件盛事。他还提到，二年级时学校增设了预备班，其中有来自南乡松岙村的王永茂，与殷夫同住一室，亲密无间。殷夫后来在上海还曾写过一首题为《给茂》的诗，这个"茂"即王永茂。当我问及王永茂现在何处，许先生说："王永茂后来好像在银行界做事，听说还在世，但他在哪里不清楚。"我又问及殷夫如何去上海读书的，许先生答道："殷夫是由他大哥徐培根先带到杭州，再转上海，先后入读民立中学初中、浦东中学高中。因为参加上海工人武装起义时暴露了党员身份，'四一二'反革命政变中被捕入狱。由徐培根举保出狱，再读同济大学德文科。后来又因为继续参加革命，被捕牺牲。"

　　在初步掌握殷夫县立高小读书期间的资料后，我本想赴杭州、上海查考他生前的行踪，只因1964年下半年至1965年县文教局命我主持全县耕读小学教师培训班而不能脱身。培训班结束，1966年初又被抽调赴慈溪县参加社会主义教育工作队。"社教"结束回县，"文化大革命"开始。不久，我因被对立面组织打成"保守派"代表人物之一，长期接受批判审查，所以中断了殷夫资料的搜集与查考。

　　1970年秋冬，我被抽调赴杭州原昭庆寺参加浙江省农业展览会布展工作。一天，省农科院来了几位专家研究布展方案，其中有位小麦油菜专家徐思衡女士，是殷夫大哥徐培根的长女（小名蕴玉）。我即乘午休时间，向她询问殷夫1923年在杭州的情况。她见故乡有人了解四叔殷夫烈士之事，显得很热情。但她说："当年自己尚幼，对四叔没有印象。只是后来听母亲张次云说起，四叔与祖母钱月嫦、小姑徐素云当年是由我父亲带到杭州的，居住在我们租住的横广福路6号家里。父亲本想在杭州找一所最好的初中让四叔继续学业，但找遍杭州各初中都不理想，结果转往上海，考取民立中学新制初中，在读三年。其间，因为祖母与小姑都在杭州，四叔曾多次回横广福路6号度假。据说他对我和弟弟思平都很好，所以我经常怀念他。"我遂问横广福路6号在哪里，她说："就在离昭庆寺不远的湖滨之东一条弄堂内。据说这个门牌号码现在还保留着，但原房已经不存。本来是一座朝南的三合院楼房，我们家租住在东首朝西的三间楼房内。"听完介绍，我即前往实地考察，果然见到"横广福路6号"门牌，但里边已改建为两排小楼，住着众多居民。

布展结束后回县，参加下乡工作队。不久，改任县文教局专职文化干部，从事群众文化工作。1972年调县委办公室做秘书工作，成天跟随县委领导转。至1978年后，历任县人民政府办公室秘书、副主任、主任，后兼县志编纂委员会副主任及其办公室主任。自此，搜集考查殷夫资料成了分内工作。我遂通过关系，联系到上海研究殷夫的专家丁景唐先生和康锋同志，并数次赴沪向他们求教。同时考察民立中学与南市旧址、浦东中学、同济大学与吴淞遗址，以及殷夫多次被关押并牺牲于此的龙华原"淞沪警备司令部"遗址。其间，还访问了当年尚在世的一些知情人，征集了他们的口碑资料。又到上海图书馆、党的一大纪念馆、鲁迅纪念馆以及"左联"遗址纪念馆等有关单位，搜集了一批殷夫诗文遗著和研究文献资料。我自称此举为"觅迹寻声读殷夫"，从中积累了殷夫在上海的一批研究资料。尤其是搜集到当年北京图书馆翻拍的殷夫诗集《孩儿塔》手稿缩微胶卷。在县内，我还参与了县委党史资料征集小组工作，征集到民国10年（1921）编印的《象山县立高等小学校同学录》（其中一年级学生名录中有"徐祖华"即殷夫之记载）；1982年又征集到时任全国政协副主席陆定一同志关于徐白（即殷夫）是1930年前后共青团中央宣传部"唯一干事"的证明信，从而打开了殷夫研究的新领域。后来还接待了殷夫曾经的女友盛淑真晚年回访象山，听她诉说了与殷夫由通信发生初恋到最后分手的经过。又接待了上海丁景唐先生一行来象山查考殷夫研究史料，并得读由他惠赠的他与陈长歌合著、浙江文艺出版社1984年2月出版的《殷夫集》。这是当年最完整的一本殷夫诗文集，书后还附录了《殷夫著译系年目录》，为读者查考与研究殷夫遗诗遗文提供了依据。1983年前后，社会上兴起了一股"殷夫热"。我见报刊上介绍或研究殷夫的言论多有失实，撰写了一篇《殷夫史料十考》予以澄清。同时，还搜集到《台北象山同乡会会刊》上何志浩先生提供的殷夫于1927年4月3日写给他的一封信。我细读后认为，这是殷夫在蒋介石发动"四一二"反革命政变前夕思想风貌和革命姿态的重要实证，遂撰写了一篇《殷夫致何志浩的信解读》。1986年，县委、县人民政府任命我为《象山县志》主编。我在该志中即依据历年搜集和查考所得的资料，为殷夫烈士立了新的传记。

1987年5月，我当选为县人民政府副县长，分管科教文卫以及民政、宗教、侨务等工作。在任三年不到时间，因为计划生育是当年的"头等大事"，我以主要精力投入所谓"大打计生翻身仗"，其他工作只能兼顾。因此没有时间再查考殷夫资料。1988年4月，我主编的《象山县志》由浙江人民出版社出版。许福莹先生当时已从上海退休回乡，他见此志中的《殷夫烈士传略》仍沿用"由共青团转党"旧说，前来找我，说："殷夫没有入过共青团，他是1927年在上海浦东中学读书期间参加第二次工人武装起义失败时，由杨白和刘积铨介绍，直接参加共产党的。"我问他有何依据，他首先说了自己的早年经历：1925年入团，1926年转党；不久国共合作北伐，由组织安排以个人名义参加国民党，回象山组建县党部，任宣传部部长；"四一二"反革命政变时遭反动派通缉，避往镇海一所小学任教；1929年春，有人检举他是"通缉犯"，再往上海亲戚家躲避。许先生接着说："有一天，我在上海大世界附近偶然碰见殷夫。他当时正流浪街头，在寻找党的地下组织，见到我时很高兴，立刻脱下身上红色毛衣，去附近典当行换来一些钱，请我到一家小面馆吃汤面，再一起到南京路大光明戏院观看田汉、欧阳予倩的'南国剧社'演出。其间，我曾问殷夫在哪里参加党组织，他轻声地告诉我，是在浦东中学读书期间参加上海工人第二次武装起义失败时，由杨白、刘积铨介绍加入党组织的。那时他已18虚岁。"我又问还有什么旁证依据，许先生则说："这是殷夫亲口所说，千真万确，不需要其他旁证。"我听后本想立即查考上海第二次工人武装起义以及杨白、刘积铨的历史资料，只因当时"计生翻身仗"正处白热化，无法从事这方面工作，只得留待日后。但是，当年有一件事也可以说说。1989年秋，我曾以县人民政府名义支持浙江省鲁迅研究会来象山举行年会，主题是"鲁迅与殷夫的战斗友情"。我在会上作了题为《殷夫及其与鲁迅交往史料查证》的发言，引起了与会专家学者的热议，并吸收我为鲁迅研究会的会员。

1990年1月，我转任县委常委、宣传部部长，结合当时宣传思想教育工作，在殷夫生平事略和革命精神宣传方面也做了几件事：一是同年6月11日主持举行了"殷夫诞辰八十周年纪念活动"。在当天晚上召开的近千人参加的纪念大会上，我作了题为《高举殷夫的革命旗帜，实现人生的真正价值》的报告。在第二天举行的"殷夫学术研讨会"上，我递交了《殷夫译诗〈格言〉探源》一文。会议最后根据与会专家学者提议，成立"象山县殷夫研究会"，我被推选为会长。二是1991年2月7日又主持举行了"殷夫牺牲六十周年纪念活动"。当天上午在大徐中学举行"殷夫中学"命名挂牌仪式。我在全校师生大会上作了题为《弘扬殷夫革命精神，培养一代又一代无产阶级革命接班人》的讲话，对新命名的殷夫中学提出了新的要求。下午在大徐镇政府会议室主持召开"修复殷夫故居座谈会"。殷夫故居虽于1983年被列为县级文物保护单位，但一直未能重修。1989—1990年因台风袭击，出现多处墙倒梁断险情，急需修复，而县财政未安排资金。这次座谈会即邀请大徐地区各界人士和企业家，以及各区镇乡宣传委员，研究如何发动社会力量，为修复工程捐款。当场认捐10余万元。中共大徐区委和共青团大徐区委还在会上发出倡议，希望全区共产党员、共青团员和社会各界为修复殷夫故居踊跃捐款。晚上在大徐镇政府礼堂召开"纪念殷夫烈士牺牲六十周年"群众大会。我在大会上作了题为《像殷夫那样，热爱家乡建设家乡》的讲话。三是在募得40余万元修复殷夫故居资金的同时，会同县文物管理办公室研究制订修复方案。鉴于原房已不能再修，决定按照"修旧如旧"原则落架重修。于是落实施工单位，组织进场施工。四是在工程即将竣工之时，组织内部装修。我依据历年查考所得资料，整理殷夫革命事迹，分室布置陈列版面，展示殷夫短暂而光辉的一生。五是在修复和布展工程落成之后，又组织开展宣传，扩大影响，并正式对外开放。一时间，瞻仰、参观人群络绎不绝，引起强烈反响。

其间，我还根据许福莹先生所言，多方查考了上海工人第二次武装起义的历史资料，以及原中共象山独立支部书记杨白和党员刘积铨与这次武装起义的关系。史料显示，这次武装起义系由中共中央于1927年2月21日发动。原计划先由起义海军控制黄浦江上"建威""建康"两军舰，于第二天（22日）下午6时向上海重要军事目标开炮，作为起义信号；再由浦东区组织的200名工人纠察队接应海军起义，配合南市区工人纠察队攻打高昌庙兵工厂，然后进攻龙华敌军司令部和淞沪督办公署。其他各区工人纠察队解决各区军警机关，占领全上海，成立市民政府。但在"建威""建康"舰炮击高昌庙兵工厂，浦东、南市工人纠察队与反动军警发生巷战时，因为时隔太长，淞沪防守司令李宝章已逼迫一部分工人复工，蒋介石又命令已达西郊莘庄的北伐军白崇禧部停止进攻上海，原决定参加起义的钮永建部又按兵不动，使起义工人武装纠察陷入孤军作战，导致起义失败。杨白系于1926年调到上海中华海员工会，后任浦东烂泥渡舢舨海员工会地下党组织书记，组织舢舨海员和渡口搬运工人、黄包车夫成立"浦东工人纠察队"，参加这次武装起义，攻打沪西高昌庙兵工厂。刘积铨则因1926年在宁波甲种商业学校读书期间参加革命运动，为省防军所注目，潜往上海金神父路（今瑞金二路）日晖会计补习学校补习功课，准备报考大学。因金神父路与浦东烂泥渡仅一江之隔，也参加了这次工人武装起义。殷夫当时在浦东中学读书，系应杨白与刘积铨邀请，在起义之前协助训练工人纠察队拳术。起义当晚又随杨白与工人纠察队一起渡江进入南市，攻打高昌庙兵工厂。终因在南市街巷与敌人战斗时，孤军作战，奉起义指挥部命令，退回烂泥渡。因为杨白与刘积铨见殷夫机警勇敢，所以起义失败时介绍他参加党组织。从中还发现，殷夫后来还曾与杨白一起参加上海工人第三次武装起义。他与杨白前往川沙县从事驱逐旧县长斗争。起义取得胜利，而杨白与殷夫却暴露了共产党员身份。蒋介石发动"四一二"反革命政变时，杨白被国民党反动派列为"上海四大乱党分子"之一遭通缉，后在黄包车夫掩护下回到象山，继续从事党的地下工作，于1929年12月病故（1952年追认为革命烈士）。殷夫则于"四一二"反革命政变后期在浦东中学被捕入狱。刘积铨因未参加第三次武装起义而隐蔽了下来，考取上海复旦大学会计系，毕业后入杭州笕桥航空署任会计，后随迁江西南昌、湖北武汉、四川成都，于1945年病故。由此可见，许福莹先生所言不虚。

1993年初，我转任县政协党组书记，3月当选为县政协第五届委员会主席。工作面宽了，但"考读"殷夫仍未放弃。当时主要就殷夫如何进入共青团中央宣传部任干事以及他在任期内做了什么等问题进行了查考。首先是查考1929年前后共青团中央史料，发现1928年7月党中央在苏联莫斯科举行党的第六次代表大会之后，接着又召开了共青团第五次代表大会，选举关向应为团中央书记，李子芬为组织部部长，华少峰为宣传部部长。华少峰（原名华岗，浙江龙游人）随后参加少共国际第五次大会，大约于同年9月回国。当时团中央与党中央在上海同孚路（今石门一路）柏德里336弄9号共同办公。华少峰创办团刊《列宁青年》，出了数期，而缺乏助手。其时，殷夫于1929年春在上海"短期流浪"、寻找党的地下组织时，认识了时任中共沪东区委宣传部部长苏雪华（原名谢绮孟，广西临桂人）。她租住在今石门二路原"王家沙"一条弄堂内。况且她也是1928年底从苏联莫斯科孙逸仙大学留学回来，自然与华少峰熟悉。因此极有可能由她将殷夫推荐给华少峰，协助编辑《列宁青年》，并从事青年工人运动，不久成了团中央宣传部干事。但华少峰不久调任中共湖北省委宣传部部长，由李求实接任共青团中央宣传部部长。1930年初，李求实调中共江苏省委工作，再由刚从苏联莫斯科回国的陆定一接任团中央宣传部部长。其间，殷夫一直在团中央宣传部任职，只不过1929年8月在一次组织发动丝厂工人罢工斗争中，遭反动军警逮捕入狱。幸亏反动当局不明他的底细，结果被毒打了一顿，关了几天就释放，回共青团中央宣传部工作。在这前后，殷夫与鲁迅发生了联系。先是殷夫于1929年6月25日向鲁迅投稿，与鲁迅第一次见面。接着，两人之间多次通信、会面，殷夫还曾接受鲁迅的经济接济和两次稿费。1930年3月2日，殷夫曾以发起人身份出席了以鲁迅为旗帜的"中国左翼作家联盟"成立大会，成为"左联"盟员之一，并积极为"左联"刊物投稿，被称为"优秀的新进诗人"。但他的工作关系仍在团中央宣传部，负责协助编辑《列宁青年》（从月刊、半月刊、旬刊到周刊）。后来还参加了"上海青年反帝大同盟"，并为之主编会刊《摩登青年》。他曾在这两种刊物上发表了一系列政论文，以及翻译了少共国际诸多重要文献。直至1931年1月17日第四次被捕入狱，2月7日深夜与林育南、李求实、何孟雄等革命同志一起共23人惨遭杀害，英勇牺牲。

在基本查清这些问题之后，我又进而查考殷夫第四次被捕以及牺牲原因。始知1930年9月24—28日在上海举行的中共六届三中全会（扩大会议），纠正了李立三的"左"倾盲动主义错误。会后，李立三离开了中央领导岗位，前往苏联共产国际任职。12月，苏联莫斯科大学原校长米夫作为共产国际代表来到上海。在他的要求下，党中央又于1931年1月7日召开了六届四中全会（扩大会议）。米夫多次使用非常手段控制会议，硬要将他的原莫斯科中山大学得意门生王明塞进党中央领导层。结果，不是中央候补委员的王明当选为中央委员，接着又被选为中央政治局委员，并且担任了当时举足轻重的中共江南省委书记，提出了一条比立三路线更"左"的错误路线，因此引起了党内部分同志的不满与反对。首先起来反对王明的是时任江苏省委农委书记兼军委秘书何孟雄，接着是中央宣传部党刊《上海报》主编李求实、全国总工会宣传部部长林育南等先后反对王明路线。王明却一意孤行，并且对何孟雄等同志实行打击报复。出于无奈，他们分头决定召开秘密会议，研究如何向共产国际写信，要求纠正王明路线错误，挽救中国革命。殷夫于1月17日下午前往公共租界三马路（今汉口路）东方旅社31号房间参加由林育南主持的会议。会议刚刚开始，即被租界巡捕房便衣侦探发现，遂由持枪巡捕冲入，将殷夫以及林育南、袁砚耕、李云卿、柔石、胡也频、冯铿等8位同志捕往老闸捕房关押。第二天，在31号房间守蹲的特务又捕来李求实。第三天，设在英租界的国民党江苏省高等法院第二分院例行庭审，又押入从中山旅社和华德路小学捕得的何孟雄、阿刚、蔡传真、伍仲文、欧阳立安、龙大道等一批革命同志。这使旁听人员觉得事情有蹊跷，一定是党内出了叛徒，出卖了他们这批抵制王明错误路线的同志。庭审草草结束，他们被判决"引渡"上海市公安局。由市公安局南市看守所关押至23日，再押解至龙华"淞沪警备司令部"。殷夫自被捕之日起，化名"徐英"，自称是"杭州人，学生"，直至牺牲。接着，我又对是谁出卖了殷夫等同志的问题，进行了初步查考。

（三）退休之后的"研读"

1998年6月，我年龄到杠退休，本想根据历年查考积累的资料以及搜集到的殷夫诗文遗著，写一本《殷夫评传》。于是研究整理了殷夫生平资料，又分别研读了殷夫诗歌、艺文及非文学作品政论文、译文，欲以其生平为主线、诗文为依据，还原一个全面的真实的殷夫，也可作为自己对长期以来"读殷"的一个历史性交代。

但是，正当我厘定篇目、着手草拟前几章时，县委、县人民政府却于1999年底任命我为县慈善总会筹委会主任。因此只能搁笔，进行筹建班子的组织、创始基金的募集、内部管理制度的订立。筹备完毕，正式成立县慈善总会，我又被推选为首任会长，继续募集慈善资金，设计助困济贫项目，并组织项目实施，直至2007年5月换届时辞去会长一职。前后8个年头，我只能利用闲暇，写些殷夫研究专题文章，发表在《今日象山》上，如《殷夫"地下斗争"的一段隐情》《殷夫生年、生辰再查证》《殷夫第四次被捕及牺牲原因》等。

辞去县慈善总会会长后，我想继续草拟《殷夫评传》后几章，却又遇到了县文史界同仁和县级有关部门要求我参与或主持其他文史项目研究，又不得动笔。2009年春，我在大徐村发现了清光绪元年（1875）纂修的《下汤徐氏宗谱稿》抄本。这是一部记录殷夫家世的谱牒，从中得知大徐村徐氏历史上有"上大徐"与"下汤徐"之别，"同姓而不同宗"。"上大徐"是唐神龙二年（706）象山立县后首任县令徐旃（原籍奉化小万竺村）的后裔，因世居于村东鹰山下，地势较高，故名。而"下汤徐"则是南宋淳祐年间（1241—1252）象山县学司训徐世昌（原籍鄞县西乡）的后裔，因世居于村西原下汤村，故名。殷夫高祖徐鸿远是"下汤徐"第十七世孙，祖父徐启岳是第十八世孙，父亲徐忠庸是第十九世孙。因为此谱修辑年代较早，殷夫及其3个哥哥和2个姐姐都尚未出生，所以谱中未记。但不知何年，却于第二十世处另笔加注了"孝瑞号芝庭，忠庸子，乙未年十月初十日子时"以及"嗣孝瑞，女祝三"等字样。可知殷夫及其大哥徐培根、二哥徐兰庭、三哥徐文达等是下汤徐氏第二十世孙。这是一个重大发现，我遂撰写了《殷夫家世新说》等文，并汇集从前零星所得的殷夫及其父母和徐祝三、徐培根、徐兰庭、徐文达、徐素云的资料，合编为《殷夫家故》一书（未定稿）。

二

下面说说本书的编著过程。

2010年初，我在列席县政协全委会期间，提议于同年6月11日举行"殷夫诞辰百年"纪念活动。会后，县委、县人民政府采纳了这个提议，决定在6月11日前后开展"百年殷夫"系列纪念活动。我即会同这次系列活动的承办单位县委宣传部和县委党史研究室、县文体局、县文联等部门，商定活动的主题词"百年殷夫：新感悟，新解读"，并对各项活动提出了初步方案。重点是要开好6月11日的群众纪念大会和这天前后的学术研讨会。我提出这次群众纪念大会不仅要有相当一级的领导讲话，而且要组织一台由专业文艺团体演出的展示殷夫革命事迹的文艺节目；学术研讨会的规格要高，争取与省级乃至国家级学术研究团体联合主办，发表一批有质量、高水平的殷夫研究论文。对此，会商部门都表示赞成。

这以后，县委宣传部要我编一本《殷夫诗文读本》，作为这次殷夫学术研讨会的文本依据。我则说前几年已搜集和校注了殷夫遗诗，而遗文只搜集和校注了一部分，尚不完全，缺口较大。提出先出一本《殷夫遗诗校注》，以后再出《殷夫遗文校注》。县委宣传部同意了这个打算。我于是夜以继日修订完善殷夫诗歌校注，在这年3月完成了《殷夫遗诗校注》的编著，交由浙江文艺出版社出版。承蒙知名诗学专家、原浙江大学中文系教授骆寒超先生为此书作《序》，称此书是"迄今为止最完全、最准确的《殷夫遗诗校注》。书中所作的文字方面的校正，以及不少具有本事意义的注释，可信度都很高，是阅读欣赏殷夫诗作的重要背景材料"。

6月11日，由中国作家协会创研部、浙江省现代文学研究会、宁波市委宣传部和象山县委宣传部联合主办的"百年殷夫：新感悟，新解读"学术研讨会在象山召开。来自北京、上海、江苏、山东、澳门以及省内杭州、金华、宁波、嘉兴等地20所高校与殷夫研究单位的50余位专家学者出席了这次会议。他们在会上会下也都对《殷夫遗诗校注》一书给予了好评，认为这是一本提供论家研究和广大青少年读懂殷夫诗歌作品的"致用之书"。同时，还向我提议再出一本《殷夫遗文校注》，使遗诗和遗文相互辉映，以展示殷夫文学与非文学创作的全貌。我当时的回答是："已有这个打算，但能否成功，还没有把握。"

这次研讨会开了两天，有26位与会者作了发言。我在会上提交了旧作《殷夫生年、生辰再查证》《殷夫"地下斗争"的一段隐情》两文，并作了15分钟简要说明。（会后，与会论文由骆寒超和浙江省现代文学研究会会长、浙江师范大学教授王嘉良等编为纪念殷夫一百周年诞辰论文集《百年殷夫：新感悟，新解读》，由上海文艺出版社于2011年2月出版发行。）

也就在这次研讨会闭幕当晚，我与出席会议的康锋同志商量如何进一步发掘、搜集殷夫遗文，再编一本《殷夫遗文校注》。他表示由衷赞成，愿意为此尽力。但当我提出与他合作时，他却一再婉拒。最后商定先由我将历年已搜集或见过的殷夫遗文（包括译文和书信）的篇目作梳理，看哪些已经搜集，哪些尚未搜集，列个明细目录，然后由他在上海"按图索骥"逐一查找。于是，我很快开列了一份目录清单，寄给他，其中要查找的原刊文本有20余篇。几天后，康锋陆续寄来十几篇殷夫遗文原刊文本复印件或光盘，并附言："你我从前在上海图书馆、党的一大会址纪念馆见过的上世纪三十年代地下刊物，现在已身价百倍，成了重要革命文物，深藏不露，不能随意检索阅读，更不准复印与翻拍。看来还有十来篇的查找难度不小。"我则以"功夫不负有人心"相勉之。他即拟了份《殷夫遗文查找方案》，提请相关单位协助查找。不久又寄来几篇原刊文本的小光碟，又附言："殷夫主编的《摩登青年》No.2，你我从前在上海图书馆都翻阅过，现在却不见了。我经网上搜索，发现成都四川省图书馆有此书，已与之取得联系，一待得到复印本，即可寄你。"我只能耐心等待。

这时，我得读山东泰山学院教授宋绍香先生翻译的苏联莫斯科大学出版社1962年出版的Н.Ф.马特科夫所著《殷夫——中国革命的歌手》一书全译稿。此书我早在20世纪80年代就听说，一直寻找而不得。据宋先生查证，此书作者Н.Ф.马特科夫是原莫斯科大学副教授，汉学家，1960年前后曾访问我国北京、上海等地，专题采访与查考殷夫的生平和著作，回苏联后才出版了这部专论。我经反复阅读，对宋先生的全译稿做了一些技术性处理，并在书前加了一篇读后感《来自异国殷夫研究的启示》，交由县政协文史资料委员会于2011年5月作为"百年殷夫研究丛书"之一内部印行。

Н.Ф.马特科夫在此书《前言》中开宗明义地称殷夫是"中国杰出的诗人、作家、政论家和翻译家"，并在第七、第八两章先后论述殷夫作为作家、政论家、翻译家的创作成就，指出："殷夫不仅以诗人著名，他还写了一百多篇小说、抨击性散文、随笔、剧本。很遗憾，其中很多作品没有保留下来。在这些作品中，殷夫竭力描写了中国人民政治生活中最重要的事件。殷夫的短篇小说、中篇小说和剧本，是深刻的现实主义作品。作品中运用了许多真实的素材。"又指出:"殷夫作为政论家的活动,在中国文学评论界至今还没有得到评论。从1929年末到1931年1月这一时期,殷夫撰写了二百多篇关于中国革命的论文。殷夫在地下刊物发表这些论文,使用了各种不同的笔名。……殷夫懂英文、德文。后来又学了五个月俄文,结果竟能进行翻译。"

我虽对马氏所说的殷夫小说、散文、剧本以及政论文的篇数表示存疑,但对于他的"殷夫作为政论家的活动,在中国文学评论界至今还没有得到评论"一说,却不乏同感。要知道,马氏提出此说已经过去了半个多世纪,我国文学评论界、现代史学界以及党史研究界的这种现象至今仍没有改变。究其原因,恐怕还是与发掘、整理殷夫遗文不够有关。从而,也进一步促成了我搜集、编著《殷夫遗文校注》的信心和决心。

不过,要完成此事确是艰难。自2012年春康锋同志寄来四川省图书馆提供的《摩登青年》No.2复印本之后,搜集殷夫遗文便停顿了下来。延至2013年秋,我在杭州听一位曾经从事共青团工作的老同志说起,20世纪60年代共青团中央办公厅曾经编印过一套十来册的《中国青年运动历史资料》,里面好像收有殷夫多篇文章,不妨去查查看。我立刻到浙江图书馆、杭州图书馆检索,均不见有这套史料存目。又与团省委、杭州市团委资料室联系,也都说没有这套史料收藏。无奈之中,只得打电话向康锋同志求援,请他到福州路旧书店找找看,如果有这套旧书,里面确实有殷夫遗文,就购买寄我。他立即照办,果然购得1980年11月重印本第6—9册寄来。这4册所收的是1929年7月至1931年青运史料,正好是殷夫在团中央宣传部工作期间。经查找,内有以徐白、沙洛、殷孚、莎菲、白莽等署名的殷夫遗文(包括译文)25篇之多。若除去我们已搜集的,新发现的竟有15篇。其中还有一些以团中央"通报"等发文的文件,就其文风而言,也似乎出自殷夫手笔。特别令人感奋的,是第8册中收有1929年8月15日《中行委青年秘书处第一次会议录》。"中行委"是当年中共中央和共青团中央合并后"中央行动委员会"的简称。"青年秘书处"是由原团中央各部处主任、秘书、干事8人组成的"中行委"

青年工作机构。这份会议记录中，有"白"（即徐白的省称）作为《列宁青年》编辑出席会议并对《列宁青年》周刊的编辑与发行问题所作发言的记录。这分明是殷夫在团中央宣传部任干事的实证。

于是，我将先后搜集的殷夫遗文按照小说、散文、剧本、文艺评论、政论文、译文以及书信等不同体裁进行排比，分类分篇进行文字校正和词语注释。但是，要对这些90多年前的殷夫遗文进行校注，同样是件难事。且不说各篇遗文的历史背景难以查明，即便是文中述及的中外历史人名、地名、物名以及历史事件与政治流行语也一时难以注明。加之有的文中还有一些英文、德文、俄文以及音译中文，更是让人眼花缭乱。尽管我手头备有较多参考书和工具书，也应付不了。所以在各类遗文初步成编之后，我只做了些粗略校注后便暂时搁置。

不意这一"暂搁"，因我又转向其他历史文化研究事项，竟然搁了五六年之久。直到2019年，省里决定启动编撰浙江籍25位现代文学家年谱的"浙江文化研究工程"第二期项目"浙江现代文学名家年谱（第一、二辑）"，王嘉良先生提议由我承编《殷夫年谱》，这才催醒了我的"暂搁"。因为若要编写《殷夫年谱》，必先完成其遗文校注。因此我对嘉良先生说，力争尽快编著出版《殷夫遗文校注》，为编写年谱提供素材。至于编写《殷夫年谱》则要另请高明。嘉良先生即推荐他的硕士研究毕业生、绍兴文理学院鲁迅研究院副教授鲁雪莉女士来承编《殷夫年谱》。鲁教授年轻博学，治学严谨，仅用了两三个月时间就草得《殷夫年谱》初稿。她还从1929年5月15日出版的《列宁青年》第1卷第15期中发现殷夫以"伊凡"署名的《反帝大同盟扩大会议与今后的反帝运动》一文，从1929年5月19日上海《国民日报》中发现以"白莽"署名的《"剧运"的一个幼稚闯入者——一九二九剧团》一文；又从上海《女青年月刊》1929年10月出版的第8卷第8期中发现以"徐白"署名的《苏俄妇女生活近况》一文，1930年2月出版的第2期中发现"徐白"翻译的瑞典作家史特林堡中篇小说《决斗》；还从上海《妇女杂志》1930年6月的第16卷第6号中发现"徐白"翻译的俄罗斯作家托尔斯泰的短篇小说《不及等待》。如此，又为我的《殷夫遗文校注》增添了新的篇目。

经一年多时间悉心校勘与注释，我终于在2021年11月将《殷夫遗文校注》书稿交由浙江人民出版社审查出版。该社文史出版中心编审王福群先生审阅后，以为单独出版此书难以全面展示殷夫文学与非文学创作全貌，况且2010年6月由浙江文艺出版社出版的《殷夫遗诗校注》也已有10余年之久，读者难以寻觅，因此建议合二为一，出一本《殷夫诗文校注》。我由衷赞成，遂将前书编次作了调整，并对有些校勘与注释做了修改与补充，以期前后体例一致，再交付福群先生审定付梓。但是正当我完成全书一校稿校对，准备撰写这篇《前言》之时，却感染了新冠病毒，经住院抢救方得脱险，半年后才能动笔，所以拖延了本书的出版时间。

本书的出版，首先要感谢上海康锋同志，要不是他的劳心费力"按图索骥"，根本不可能成编。同时要感谢中共象山县委、象山县人民政府以及有关部门和单位的重视与支持。县委宣传部、县社科联和县文联还将本书列为"传承红色基因工程"项目，给予帮助与指导。顺此一并致谢！

三

值此《殷夫诗文校注》即将付梓出版之际，我还想就如何进一步推动殷夫研究，提三点建议。

（一）拓展殷夫研究领域，全面审视其文学与非文学创作的历史价值

就文学创作而论，殷夫不仅有诗歌、小说、散文、剧本四大类传统文学样式创作，而且还有文艺评论以及外国著名诗人、作家作品的译诗与译文。他虽然是以革命诗人著称，但同时又是一位颇有成就的革命作家。诚然他的小说、散文、剧本以及文艺评论作品数量不多，但他在这些创作中所展现的革命性、批判性和创造性，在同时期革命青年作家中是独树一帜的。只要认真地读一读他的这些作品，就可知其然。但是，长期以来我们的殷夫研究一直囿于诗歌一域，而很少研究他的小说、散文、剧本与文艺评论。即便是研究他的诗歌，也往往偏重于他的"红色鼓动诗"，而很少研究他所谓的"阴面的果实"即诗集《孩儿塔》中那些长吁短叹的抒情诗。要知道，这些抒情诗不仅数量要占殷夫存诗三分之二以上，而且只要细细品味，便可发现恰恰是他"早知光明去路"之后心路历程的真实展现。即便他那些与盛淑真姑娘初恋与纠葛以致最后分手的诗唱，也不是什么"病弱的骸骨"，而是他"爱情价更高"思想境界的生动表露。况且，他在这类"阴面的果实"中有着无数诗化创造，较之于他的"红色鼓动诗"更耐读，也更有意韵。因此鲁迅先生认为："这是东方的微光，是林中的响箭，是冬末的萌芽，是进军的第一步，是对于前驱者的爱的大纛，也是对于摧残者的憎的丰碑。一切所谓圆熟简练、静默幽远之作，都无须来作比方，因为这诗属于别一世界。"（鲁迅：《白莽遗诗序》，载《文学丛报》1936年第1期）

因为囿于诗歌一域，又偏重于"红色鼓动诗"研究，所以对于殷夫作为革命作家的研究，长期以来更是凤毛麟角。然而鲁迅先生早在1932年1月所作的《为了忘却的记念》中，就称殷夫为"革命作家"。先生之说不是凭空的，而是基于殷夫除诗歌以外，还有小说、散文、剧本作品。殷夫的小说，题材独特，主题鲜明，所塑造的人物形象个性多样生动。他的散文，是他革命和生活的真实写照。他的剧本《斗争》，则是为江西苏区红军所作。他的文艺评论，更是一针见血地揭露和批判了当年文艺界的弊病，并提出了文化斗争应该注意的七方面任务以及完成这些任务必须做到的五条意见。就是这样一位年轻的革命作家，却不为我们的文学史家所关注，岂非咄咄怪事！因此，有位资深学者认为，中华人民共和国成立以来编写出版的《中国现代文学史》所构建的殷夫形象"是扁平的，而不是立体的、圆形的、作为活生生的殷夫"。

又就非文学创作而论，殷夫不仅有针对性、批判性极强的抨击帝国主义与国民党反动派镇压工人革命运动的时政论文，有指导性、鼓动性极强的根据党中央和共青团工作需要所作的专题论文，还有在编辑《列宁青年》和《摩登青年》中的编务散论。这些政论文的创作或发表都在他工作于共青团中央宣传部期间，是他当时对国际国内、党内团内发生的一系列重大事件和重要工作的立场观点的直白表述，可以说是研究他在团中央宣传部工作期间革命斗争实绩的主要史料依据。然而，我们的殷夫研究中却是长期以来忽视了这一点。一如 H.Φ.马特科夫所言："殷夫作为政论家的活动，在中国文学评论界至今还没有得到评论。"我真不知那些殷夫研究专家、党史团史研究学者对这样一个缺失有何感觉。

诚然，殷夫在有些政论文中也曾或明或暗地宣扬了李立三"左"倾盲动主义错误观点，但这是我们党尚未成熟时期的历史印记，也是年轻的殷夫猝不及防的事。不过，他在1930年6月党的六届三中全会（扩大）纠正李立三错误路线之后，就不再宣扬这些错误观点。相反，在1931年元旦所作的《关于李卜克内西、列宁纪念周宣传大纲》中，他严肃地批判了李立三的路线错误。只可惜在半个多月之后，他因参加党内反对王明"左"的错误路线的会议时，遭叛徒出卖而被捕牺牲。要不是这样，他极有可能会有更富有战斗性的批判王明错误路线的檄文产生。因此，若从总结党的历史经验教训来看，这也是一种值得珍重的财富。遗憾的是，我们的殷夫论家还没能触及这类命题。恕我直言，这可能与理论界、文艺界长期以来受"左"的影响不无关系。

再就翻译作品而论，殷夫不仅译有匈牙利诗人裴多菲的《行状》和诗作，还译有俄罗斯作家托尔斯泰和瑞典作家史特林堡的中篇小说与短篇小说。他翻译的裴多菲《格言》一诗，已广为流传，成了无数青年的座右铭。更主要的是，他还翻译了当年共产国际、少共国际的诸多文献。但是，殷夫研究学界对这样一个重要研究领域，至今还没有破过题。

面对殷夫的文学与非文学创作，我们理应清醒地认识到，必须拓展研究领域，对殷夫的全部作品进行全方位、多领域的研究，并把它们放回到当年的革命环境和斗争背景中去加以考量，从而评估其历史价值。也只有如此，才会构建起立体的、活生生的殷夫的历史形象。

（二）探究殷夫心路历程，深入揭示其革命初心和坚定信念的根脉所系

在长期的"读殷"过程中，我起初时而思索这样一个问题：是什么力量促使殷夫一而再，再而三地不顾反动派逮捕入狱却依然一往无前地坚持革命？他的大哥徐培根甚至连拉都拉不住，最后竟宣告："别了，哥哥，别了，/此后各走前途，/再见的机会，/是在，/当我们和你隶属的阶级交了战火。"后来细读他于1930年之初所作的《"孩儿塔"上剥蚀的题记》，其中坦言："我的生命，和许多这时代中的智识者一样，是一个矛盾和交战的过程。啼，哭，悲，乐，兴奋，幻灭……一串正负的情感，划成我生命的曲线。"但在这个"矛盾和交战的过程"中，他是胜利者。因此，他"不想说方向转换"，因为他"早知光明的去路了"。

这里，就引出了一个问题：殷夫是怎样"早知光明的去路"的？要回答这一问题，就得深究他的心路历程。比较容易发现的是，他在成长过程中有两次嬗变：一次是1925年参加"五卅"反帝爱国运动，使他从一个纯真的少年学子嬗变成具有强烈爱国心的进步少年；又一次是1927年参加上海工人第二次武装起义，在起义失败后加入了中国共产党，使他从一个具有强烈爱国心的进步青年嬗变成为共产主义而奋斗的先锋战士。但是，像那样嬗变的青年在当年又何止殷夫一个。不少曾经狂热追随革命的青年，在日后的大风大浪或者是急风暴雨中经不起生死考验而沉沦，甚至转换方向，投入敌人怀抱。而殷夫却不，面对死亡毫不动摇，甚至喊出了"让血染成一条出路，/引导着同志向前进行"的惊天地、泣鬼神的誓词。后来又历经生死考验，不折不挠，最后竟献出了年仅20岁6个月又27天的宝贵生命！这又是为什么？

这次校注他的散文《李卜克内西生平事略》和《关于斯巴达卡斯团》两文，始知他是心中有偶像，革命有胆量；心中有理想，奋斗有方向。前文是他为纪念德国共产党创始人之一、国际工人运动领袖卡尔·李卜克内西牺牲11周年而作。同时牺牲的还有李卜克内西的亲密战友、德国无产阶级女革命家罗莎·卢森堡（原籍波兰华沙）。殷夫在此文中于叙述李卜克内西革命事略的同时，还充分表露了对于李卜克内西的景仰之意，可见这位革命先驱是他心中的偶像。因而以"我们的誓言"表示："李卜克内西死了，他的精神永存。我们青年未死者踏着他的血迹，向前冲去呵！"并且呼吁："以斯巴达卡斯团（即李卜克内西和卢森堡为首领的革命团体）的精神来推翻帝国主义及豪绅资产阶级国民党的统治。"这就是革命的胆量。后文则是对斯巴达卡斯团的来历以及李卜克内西和卢森堡在其中主导作用的介绍与评述。进而对《斯巴达卡斯团宣言》作了长篇阐释，重点是阐述了斯巴达卡斯团的革命理想，并对如何实现理想提出了种种要求。其中说道："只有社会主义能救出人民脱离这血污的紊乱，这绷裂着的深渊，没有别的方法。只有全世界无产阶级革命能在这无政府状态中建起秩序，消除各种人民趋极端的现象（意指贫富两极分化），为全体筹备工作和面包（意指共同富裕），而且带了和平、自由和真的文化给这被压迫的人类（意指全人类解放）。……生产手段必须不是一个阶级的专利品，必须变成全体的公共产业（意指产业的公有制）。……再没有剥削者和被剥削者之分了，生产和生产品分配必须以利于民族全体为标准而调度（意指按劳分配及按需分配）。"并指出："社会主义社会的要点，用一句话来说明它，就是这一大群的劳动者不再是被统治的阶级了，却是相反于此，将要由他自己去享受一个饱满的政治与经济生活。而且将要由他自己用自觉和自由的自决能力去指导那种生活。"这些，与我们现下所说的中国式社会主义现代化，以及倡导建立人类命运共同体的要义，真是何其相似乃尔！由此可见，殷夫所言的"光明去路"，是社会主义、共产主义理想之路。正因心中有理想，奋斗有方向，赋予了他初心使命，才促成了坚定的革命信念，一往无前地革命到底。这也就是他的红色基因根脉之所在。

我们欲推动殷夫研究，就是要深入揭示其革命初心和坚定信念的根脉。只有如此，才能充分发挥立德树人的教化作用。

（三）厘清殷夫牺牲原因，切实赋予其共青团中央革命烈士的历史定位

殷夫是"左联"发起人之一，曾出席"左联"成立大会，成为"左联"的盟员，并积极为"左联"刊物投稿，被"左联"誉称为"优秀的新进诗人"。这些都是事实。但在新中国成立后，他却长期被称为"左联烈士"或"左联五烈士"之一。开头，我也如此说、如此宣传。后来发现这种说法有问题，因为"左联"毕竟是党领导的革命文艺团体，不是党的一级组织机构，况且早在1936年文艺界实现抗日统一战线时就已自动解散。解散之前，"左联"从来没有宣称有什么"五烈士"。即便是1931年4月15日由"左联"秘密出版发行的"纪念战死者专号"《前哨》，也只称李伟森（即李求实）、柔石、胡也频、冯铿、殷夫是"五位革命作家"。而且还有一位不是"左联"盟员的南国剧社社员宗晖，在1930年秋被害于南京雨花台，即所纪念的战死者不是五位，而是六位。况且同时牺牲的是二十几位革命烈士，如果将殷夫与李求实、柔石、胡也频、冯铿称为"左联五烈士"，那么其余十几位又是什么烈士呢？

同时，从殷夫与李求实等同志牺牲后第五天开始，即1931年2月12日中共中央机关报《红旗日报》就以"上海消息"披露："二七纪念日（指津汉铁路大罢工纪念日），龙华卫戍司令部（应是'淞沪警备司令部'）秘密枪杀二十三名被拘的革命战士。"同月17日的《群众日报》（由《红旗日报》更名的中共中央机关报）第3期，还发表了社论《反对国民党残酷的白色恐怖》，内称："何孟雄等二十三个同志（包括殷夫），他们都是无产阶级先锋战士。他们绝大多数都有英勇的阶级斗争历史。"直到1945年4月20日中共六届七次全委（扩大）会议通过的《关于若干历史问题的决议》，又将林育南、何孟雄以及李求实等一起牺牲的二十几位同志（包括殷夫）称为"党的重要干部"，并指出："他们为党和人民做过很多有益的工作，同群众有很好的联系，并且接着不久就被敌人逮捕，在敌人面前坚强不屈，慷慨就义。"这是党的决议，是历史的结论。

再从殷夫实际经历来看，他从1929年3月开始进入共青团中央宣传部任干事，至1931年1月17日参加党内反对王明错误路线的会议而被租界巡捕逮捕为止，仅1929年7月第三次被捕关押了几天，获释后即回原单位继续工作。因此，他的工作关系和党的组织关系是在共青团中央宣传部，而不在"左联"。即便是1951年有中央人民政府主席毛泽东签名、由浙江省人民政府颁发给殷夫大嫂张次云的"革命烈士家属光荣证明"，也未有"左联烈士"之说。

于是查考"左联五烈士"之说的来历。原来是上海市文艺界于1951年2月5日举行李求实、柔石、胡也频、冯铿、殷夫五位革命作家牺牲20周年座谈会，会上有的文艺界人士在讲话和发言中，将五位烈士合称为"左联五烈士"。会后第二天（2月7日），上海《解放日报》《文汇报》《大公报》报道这次座谈会时，都使用了"左联五烈士"一词。自此，"左联五烈士"或"左联烈士"之说便逐渐被广泛使用。由此可见，所谓"左联五烈士"之说，系由民间提出、媒体播散而来，并非哪一级党政组织机构作出的决定。

所以，在2010年6月11—12日举行的"百年殷夫：新感悟，新解读"学术研讨会期间，我曾在一次座谈中说："殷夫不是'左联烈士'，应当是共青团中央革命烈士。"话音一落，即遭到一位来自上海的"左联"研究专家的强烈反对，说我是"不顾历史事实"。我只能哑然以对。但是也有一些专家学者在事后鼓励我说："你的观点符合'新感悟，新解读'要求，应当坚持，不要被有些人吓住。"更有一位来自北京的学者要我提供证明殷夫是团中央革命烈士的史料依据。我即给他一份旧作《殷夫被捕及其牺牲的原因》复印件。他看了之后，在研讨会结束时对我说："你的观点有事实依据，可以成立。"当我为他送行时，他回过头来又说："明明是团中央革命烈士，却说是'左联烈士'。这实际上是降低了殷夫的历史定位！"

这次编著《殷夫诗文校注》过程中，又搜集到1930年8月15日《中行委青年秘书处第一次会议录》，不仅有"白同志"（徐白即殷夫）出席会议并就《列宁青年》周刊的编辑发行问题所作发言，而且会议还通过决议：在"定同志"（即团中央宣传部部长陆定一）去中行委江苏省青年秘书处工作后，"许多党的会议，如宣传会议由'白同志'参加"。由此可证，殷夫当时的党组织关系是确实在共青团中央。在这种实证面前，我们应当实事求是地赋予殷夫"共青团中央革命烈士"的历史定位。

　　以上三点建议虽属一家之言，但是我想倘能付诸实施，也许就是贯彻了习近平文化思想，坚持创造性转化、创新性发展，定然会使我们的殷夫研究打开新局面，呈现新气象。

编著者

2023 年 10 月于三读斋

凡　例

一、本书收录今所能见的殷夫诗（包括译诗）122首、文（包括小说、散文、剧本、文论、政论文和译文及书信）63篇，共185首（篇）。同时收录诗文存目11条。

二、本书分设上编"殷夫诗歌校注"、中编"殷夫艺文校注"、下编"殷夫政论文校注"。编下设辑，按诗文体裁或类型归并，共12辑。各辑以文本原稿写作或原刊出版日期先后为序编排。诗文存目则据其文体或类型编排在相应各辑之末，并作考略或说明。另设附编"殷夫书信校注"，置于前述三编之后。

三、本书各辑文本，主要辑自今所能见的殷夫原稿或当年出版物原刊。其中原稿有诗集《孩儿塔》、《致何志浩的信》、《给二姐徐素云的一封信》以及译诗《格言》等；原刊有《太阳月刊》、《萌芽月刊》、《奔流月刊》、《新流月报》、《我们月刊》、《拓荒者》、《巴尔底山》、《列宁青年》（从月刊、半月刊、旬刊至周刊）、《摩登青年》（第1、第2期），以及《红旗报》、上海《海风周报》《国民日报》《妇女杂志》与《女青年月刊》等。另有一部分则辑自20世纪五六十年代共青团中央办公厅编印的《中国青年运动历史资料》。均经考证核实，方予入辑。

四、本书参考书主要有：开明书店1951年7月出版的《殷夫选集》（简称"开明版《殷夫选集》"），人民文学出版社1954年8月出版的《殷夫诗文选集》（简称"人文版《殷夫诗文选集》"）、1958年12月出版的《殷夫选集》（简称"人文版《殷夫选集》"）和"文学小丛书"第四十四种《孩儿塔》（简称"小丛书《孩儿塔》"），浙江文艺出版社

1984 年 2 月出版的丁景唐、陈长歌合编的《殷夫集》（简称 "《殷夫集》"）。其他参考书目，则在引用时分别注明其作者及版本。

五、本书之校勘，主要是对原稿或原刊中的文字差错（如错别字、文句前后颠倒、词不达意之句等）作出校正与勘误，并分别注明其因由。至于民国时期通行的用字用词（如 "的" 与 "地"、"他" 与 "它"、"那么" 与 "那末"、"好像" 与 "好象" 混用等），因不影响阅读理解，一般不作修改。原稿与原刊文本中的标点符号，鉴于当年尚未形成使用规范，错讹甚多，校勘时均予径改，一般不作说明。

六、本书之注释，以中等文化程度为基准。各首（篇）诗文注释时，先对文本标题与原稿、原刊日期或期号，以及署名（包括殷夫临时使用的笔名或化名）做一考核或订正，以防错收误录。对个别无题、重题以及不完整标题，则根据需要与可能，做些技术性处理。对标题中的人名、地名、物名以及相关历史事件做些诠释，以便读者了解其历史背景。同时，对文本中的冷僻词语、政治流行语以及人名、地名、物名等尽量做出诠释。对诗文中的有些政治观点则尽量做点评述。其中有诠释与评述不了的，只能一仍其旧，或以 "无考" 予以说明。

七、本书对文本中的校勘与注释，分页统一编号，依次列于当页下方。凡前已注释者，其后再次出现，一般不重复注释。必要时，则注明其首次注释之页码与注号，以备读者稽查。

八、本书卷首刊《前言》，系编著者对 70 年来 "读殷" 过程的回顾和对本书编著过程的说明。同时，还就如何进一步推动殷夫研究提出建议，希望殷夫研究学界与广大读者能引起重视。

目　录

中编　殷夫艺文校注

下编　殷夫政论文校注

附编　殷夫书信校注

上编　殷夫诗歌校注

　　殷夫以现代革命诗人著称。他的诗歌创作不论是思想内容还是表现手法，都是最优秀的。凡是了解现代中国历史的人，都会认为殷夫的诗作鲜明而强烈地体现了那个时代的革命精神以及这种精神的诗化创造。本编即以今能见读的殷夫诗作和译诗，分设长诗、孩儿塔（诗集）、红色鼓动诗以及译诗等四辑，分篇予以校注。

第一辑 长 诗

在死神未到之前①

呵，朋友②，完了！完了！
我将抛弃了我的幻想，
我将委身于奔流的江水，
但终不能再回视我的创伤！

忘了呀，这黝暗的征程③，
死了呀，这灼人的青春！

---

① 这首长诗原载于1928年4月1日出版的《太阳月刊》4月号，署名任夫。"目次"题作《死神未到之前》，而正文题作《在死神未到之前》。全诗含序诗、正诗、跋诗，共128节，每节4行，计512行。序诗末注"1927，6月5日于狱中"，跋诗末注"1927，6月5日夜半于狱中"，即殷夫于1927年"四一二"反革命政变后期第一次被捕在狱中一夜之内作成。这期《太阳月刊》编者在"编后"中对此诗作了评介："任夫的一首几百行的长诗，是他去岁在狱中所作，技巧虽然不怎样的成熟，但出于一个十七岁被捕以后的革命青年之手，在我们觉得是最值得纪念的。我们在这首诗里，可以看到一个革命青年的情绪是怎样的奔进；全诗的情绪虽然带着一点病态，然而没有一点幻灭的调子。在这样的环境之中有这样的作品，我们觉得是很足以矜持的。"此诗曾入选《殷夫集》。

② 朋友：当指殷夫当年参加上海工人第二、第三次武装起义时的革命战友，其中包括殷夫于第二次武装起义失败时的入党介绍人杨白和刘积铨（参见下文注释）。

③ 黝暗的征程：指地下革命活动。黝暗：原刊作"黗暗"。《殷夫集》作"幽暗"。"黗"，今无此字，故以"黝"改之。下同。

我的灵魂，将如飞沙般散进，

我的躯骸，将如泥土般消崩！

朋友，当你面着丰林，

看着飞舞的青磷①，

你切莫再记忆起我呀，

我欢欣②的眼泪正如黄叶般飞零！

朋友，你明白，落叶一般的生命，

一切的一切，都给我无谓的戏逗，

但是呀，朋友，梦一般的前途，

也散灭，消殒了，我已到了尽头！

朋友，看哪，那阴森，

严肃的，灰色的兵丁③，

一股杀人的光芒，

射自他们的眼睛！

那粗糙的木栅，

都吐着寒气阵阵清凛。

这都是什么暗示呀，

朋友，我现在是一个囚人！

朋友，那涩闷的臭味，

---

① 青磷：磷火，人和动物的尸体腐烂时分解出磷化氢，并自动燃烧。俗称"鬼火"。

② 欢欣：原刊作"懽忻"，"懽"系"欢"之异体字，"忻"通"欣"。今改之。

③ 灰色的兵丁：穿灰色军服的士兵。指当时国民党上海戒严司令部士兵。

那阴湿的潮气，

永远地永远地涣散了。

我就将死在这里！

看呀！看呀！朋友，那黑影，

就在我的眼前摇曳，

他在追着我，紧紧地，

一秒钟都不肯分离！

朋友，永久地忘了我吧，

我将永久地和你分离。

请你忘了吧，忘了吧，

我不过是流水上的枯叶一只！

朋友，我感谢你的厚情，

教我，规我，慰我以热诚。

但是现在我，我不再见你了，

朋友，我真无垠地感激你的深恩！

就在今晚，亲爱的，严冷，

黑暗，恐怖占了大地的时分。

朋友，我将被抓出去了，

这时我要解放了我的灵魂！

朋友，永远的分袂①了，

分离了，不再见的分别。

---

① 分袂(mèi)：分手，分别。

但是记住，忘了我呀！
别使晶莹的眼泪空滴！

1927，6月5日于狱中①

一

麻雀在我窗前微语，
世界散满了清冷。
我呀，我独坐在这房里，
细听我心潮之奔腾。

他们，那些恶魔，已经
有了精密的陷阱。
他们搜查过我的箱笼，
现在又把我软禁。

停了一会，只一会，
从这门走进来几个巡警②，
虽是同类的动物，
但他们是多末的凶狠！

呀，那不是吗？听呀，
这是他们的讥笑声音。
这些，呵，残暴的，残暴的，
你们在磨琢我的生命！

---

① 以上是序诗，共计12节，共48行。这天距"四一二"反革命政变54天，殷夫在狱中近两个月。

② 巡警：指当年设在浦东烂泥渡的国民党上海市警察局第三警察署巡游队警员。

我的四肢软软地颤动，
我的脑子热涨得昏闷。
为何呵，为何呵？只一会，
我要变成囚人！

那墙壁板着白脸，
带着嘲骂的情神。
那些零乱的纸块，
都藏着无数尖利的眼睛！

我坐着，朋友，我坐着，
我一些也不做动静。
一切理性的影子慢慢地消去了，
只有失望的微吟伴着我的弱心！

想不起，朋友，一切
迷惘地，迷惘地昏沉。
我有时还很宽慰，
总觉得这是梦境。

朋友，无限的寂寞终于破了，
远远地来了一阵足音。
可怕的，可怕的橐，橐的砰响呵，
刹时惊恐了我的心灵！

呵，朋友，来了，近了，
这是他们的巡警。

我是要这样的被捕去呵，

被捕去做一个囚人！

呀，那杂沓①的足音，

一下一下地敲进②了我的心门。

无限，无限的颤动，

我感着一阵难受的寒噤！

呵，完了，完了，我失了知觉，

我的心已不能再起悸怔③。

呵，软弱的人类，软弱的，

死了！恐怖侵蚀尽我的生命！

唉，终于门开了，

走进四个巡警；

后面跟着一群闲人，

唉，他们讥嘲着用眼向我盯④。

那黄色的恶魔⑤，狗儿，

恶狠狠地安静地问：

---

① 杂沓：原刊作"杂踏"。《殷夫集》依原刊。"踏"系"沓"之误，今正之。

② 敲进：原刊作"搞进"。《殷夫集》依原刊。"搞"系"敲"之误，今正之。

③ 悸怔：原刊作"悸憷"。《殷夫集》依原刊。"憷"同"怔"，今改之。

④ 用眼向我盯：原刊作"用向我眼钉"。《殷夫集》依原刊。用字颠倒，今改之。又，"钉"虽通"盯"，但此处宜用"盯"，今改之（下文用"钉"处，同改）

⑤ 黄色的恶魔：即指上一节之"四个巡警"。因他们身穿黄色警服，故称。

"你们所指的党徒①，

是不是这个学生？"

那，那？獐头的小人②，

我能忘吗？那广西人。

那矮子，带着可怕的狞笑，

回答他，鼓着胜利的口音。

"这，是，是，这人就是，

---

① 党徒：指殷夫是共产党员。据象山党史人物许福莹(丹城人,殷夫在县立高小读书期间同班同学)1987年7月5日回忆：他自己是1925年在宁波读书时先加入共青团,再由团转党。1926年春北伐军入浙,奉党组织指派,组建国民党象山县党部,公开了共产党员身份。1927年"四一二"反革命政变后遭反动派通缉,隐避镇海、上海等地。1929年5月在上海路遇正在寻找党组织的殷夫。两人秘密谈起党组织问题时,殷夫亲口说："我是参加第二次工人武装起义失败时,由杨白和刘积铨介绍入党的。"杨白曾任中共象山支部书记。1926年调上海中华海员工会任烂泥渡舢舨工会书记,化名"杨广武",1927年3月组织发动舢舨工人和黄包车夫参加第二次工人武装起义。刘积铨(象山夏雨岙人,是殷夫在县立高小读书时的拜盟兄弟)1925年在宁波读书时由团转党。1926年底赴上海金神义路(今瑞金二路)日晖会计补习学校补习会计。因距烂泥渡较近,也参与杨白的组织发动工作。据传,是刘积铨将在浦东中学读书的殷夫介绍给杨白,1927年3月23日晚上一起参加攻打浦西高昌庙兵工厂。行至南市,起义失败,退回烂泥渡。杨白与刘积铨见殷夫在参战中机警勇敢,且年已18虚岁,遂介绍其秘密加入中国共产党。

② 獐头的小人：獐头鼠目,个子矮小,神情奸刁,品格卑下之人。据殷夫在同济大学德文补习科读书期间的同组同学梁良先生(原名泽森,广西果德县人)1983年冬证实,此人姓叶,名不详,广西融县人,1927年春在浦东中学就读高中毕业班(比殷夫高一届),国民党员。同年8月,考入同济德文补习科,亦与殷夫同组。入学之初,他见梁良是广西人,为大同乡,曾对梁说："此人(指殷夫)是共党分子,你要注意,不要与他接近。"1928年5月3日,日本出兵山东济南大肆屠杀中国军民,制造了"五三"惨案。而蒋介石北上北伐军队不予反击。消息传来,殷夫与王顺芳、陈元达等义愤填膺,曾在学生食堂发动同学去市区示威游行抗议。叶某时为国民党同济区分部骨干,坚决反对。殷夫等人与之作了针锋相对的斗争。同年7月,殷夫在市区参加抗议"五三"惨案示威游行而第二次被捕入狱。叶某曾幸灾乐祸。德文科结业时,他改姓黄,升入同济医学正科(即本科)。毕业后回广西从医。新中国成立后,曾参加民主党派,任广西某医院副院长。

他是党徒，很有名①。
我们搜过他的箱箧，
得到了很多的物证。

"现在有劳你们，
暂时把他看禁。
我们立刻就有办法，
已向上方②报呈！"

呀，朋友，我迷惘了，
我已经失了原有的镇静。
"去！"冷冷的手拿着我的手，——
突来的霹雳打着我的脑门！

昏迷地走了，走了，
周遭都是凶狠的眼睛。
我将如何地闭眼呀，
我情愿立刻断送生命！

要是我离去了我残破的生命，
朋友，我将紧闭着我干燥的眼睛。

---

① 很有名：指殷夫 1927 年 3 月曾随杨白参加上海工人第三次武装起义，前往浦东青浦里驱逐旧县长。斗争胜利，他却因缺乏经验而暴露共产党员身份。蒋介石发动"四一二"反革命政变后，杨白被列为"上海乱党四大金刚"之一，遭反动派通缉。后在烂泥渡从二楼窗口跳出，由黄包车夫掩护，逃回象山，曾任中共象山特委书记。1929 年 12 月病亡。新中国成立之初，被追认为革命烈士。刘积铨则于 1927 年秋考入复旦大学会计系，潜伏了下来。毕业后，曾入杭州笕桥航空署任会计。后随航空署迁南昌老机场。1944 年病逝于四川成都。

② 上方：指国民党上海戒严司令部。总司令白崇禧，是徐培根保定军校时同科同学。

我失了一切一切的知觉，
说不定唇边留着①微微的笑痕！

我的身躯僵直，浮肿，
蛆虫在上面来往的驰奔。
朋友，这是可喜的，
我灵魂不会钻着这些苦情！

但是，我活着，
我的心急跳怦怦。
我的眼睛开着，
察觉了周围的利针！

我全身起了痉挛，
我皮肤上感了无限的创痕。
我呀，朋友，被拿在这些人的手中，
在一群盲目的动物中缓行！

——你们呀，你们那盲目的群众们，
你们为何这样的朝我盯？
你们是不会了解我的，
我这颗纯洁琳琅的赤心！

——你们以为我是可耻吗？
你们说我"反革命"？
你们用嘲笑得意的眼光，

---

① 留着：原刊如此。《殷夫集》误作"望着"。今从原刊。

来向我身上死盯？

——但是，盲目的可怜的人们，
差了，错误沉溺了你们的心。
我是光荣的，光荣的，
我是革命的忠臣，我有无涯的热情！

——你们饮了敌人的魔酒，
你们误中了敌人的毒鸩。
看吧，那铁般的事实，
你们呀，要头脑冷静！

——你们曾得什么？
你们只有血淹着脚胫①。
你们何必笑我呢？
我正为你们身殉！

——你们盲目的一群，
你们并不认清。
别看我了，别看了，
明晃晃的利刃已在你们的头颈！

——呵！呵！你黑丑的矮子②，
你别以为你已得胜。
你现在害了我的生命，

---

① 脚胫：脚的小腿部分。
② 黑丑的矮子：即獐头的小人（见第009页注②）。

但你的死期不久也要到临!

——看,看,那些被压迫的工农,
都已把你们狗东西面目看清。
他们要自己拿起武器来了,
他们要杀尽所有的敌人!

——看,他们不再受欺,
他们要自己起来抗争。
他们深明你们的假面的后方,
有个魔貌是凶厉狰狞!

——呵,呵,你黑丑的矮子,
你微笑吗,卑劣的魔星!
我死也是光荣的,光荣的,
你呢,你终是谄佞①的小人!

——唉,P校②,别了,别了,
从此的别了,我不再来临。
你柔柳覆着的门户,
你草花明媚的园庭!

——你有晚阳绚灿的图画!
也有玫瑰的早晨的红晕。
但你害不害羞呢?

① 谄佞:原刊作"佞营",误。《殷夫集》于"营"后括注"佞"。今径改之。
② P校:即殷夫当时就读的上海浦东六里桥浦东中学。"P"系"浦(pǔ)"之拼音声母。

你终容不下一个革命的诗人！

——别了，亲爱的同学，
努力，努力地创造你们的前程。
我是将永久地去了！
请你们记住我的暗影！

——别了，亲爱的同学，别了！
你们都还这么年青。
你们别忘，千万别忘了，
你们应当为工农的利益而牺牲！

——别了，亲爱的同学！
还有句话，牢记在心：
千万地别学了少数的败类，
中国须要真正的真正的革命！

二

碎石的小路，
彳亍①走着我们。
这四个黄色的狗儿②，
围着一个"犯人"。

穿过了小桥一座，
钻过了柳丝根根。

---

① 彳亍(chì chù)：小步行走，或走走停停。
② 黄色的狗儿：指身穿黄色警服的巡警。

我是迷昏地到了，
到了这小小的旧门！

朋友，我又坐着了，
门外有两人立定。
沉寂又占领了一切，
我又细数心的微呻！

我的心如火波的翻腾，
我的知觉已经十分地沉昏。
我想什么呢，我失了感觉，
只觉得身子和宇宙一起慢慢的消殒！

朋友，这样，我在这里囚笼里坐着，
我为惊怖与愤恨的扰动而困顿。
我像入睡一般地坐着，坐着，
静静的，默默的，等待着死之来临。

三

朋友，我木坐在这灰暗的小室，
厚钝的心幕竟这么顽冥①。
我自己用事实来证明自己，
但是呀，我还以为我在梦境。

你看，这儿一张小的方桌，

---

① 顽冥：固执而又深沉。亦作"冥顽"。

上面放着黝暗①的一架破灯，

再堆着一堆死白的报纸。

我不明白我来在此地作甚？

无数不认识的东西，

在我的眼前跳腾。

我无意识地蹬脚，

我忽然睡去般地迷昏。

朋友，一个半天我费了去，

我浸溺于这昏沉。

我遗忘了宇宙一切，

我也遗忘了自身。

又来，朋友，沉重的步声，

终至敲入了我的虚心。

又是四个灰色的兵丁，

这样，又搅起了我心弦的狂鸣。

那鲜红的鼻子②，

与这面貌的凶狞。

我要没骨③的记住，

虽我已骨碎身粉。

---

① 黝暗：原刊作"黯暗"，今依第003页注③同改之。

② 鲜红的鼻子：指灰色兵丁中的红鼻子。

③ 没骨：犹刻骨。

我明白了，这玩意儿，
我是要起解动程，
送到所谓"上方"去，
把我这个弱小的囚人。

我惊异那雨后夕阳的惨淡，
那万物的凄清，冷静。
看呵，小孩们停止了游戏，
就是麻雀们也停止了歌吟！

那一部黄包车上，
坐着我们两人。
强硕的那个走狗呀，
用手围着我的腰身！

哼，你们又何必多虑，
要铺排得这般周精！
我不会逃去，
我将血溅你们这些狗颈！

唉唉！可怜的车夫，
请你恕我的薄情。
我是将朽的残骨，
还多承你血汗超引①！

记着，你被侮辱的人们，

---

① 超引：超升、指引。超升，佛教指人死后灵魂升入极乐世界。

你们要团结得紧紧，
你们要起来奋斗，
来，来，来打死你们的敌人！

你们是世界的主人，
你们是地球的生命，
起来，起来，流血，
流着惨碧的血，拿着血色的旗旌！

兄弟，兄弟，快醒来，
你们的死期已近，
快刀已在你们的头旁，
血水已淹没了你们的脚胫！

哪！向光明，冲去！
那面是温热的光明，
只靠你们自己的力量，
才救得你们自己的生命！

像我，完了！恕我，兄弟，
我的责任一些未尽。
兄弟，惭愧将志上我的墓碑，
恶魔们已吞噬了我的生命！

微风拂我的衣襟，
四周还是麦浪青青。
远处犬吠的当中，
夹着一阵凄苦的劳动的呼声！

呵，呵，完了，完了，
我的日子终于告尽。
别了，宇宙，别了，地球，
我的赤血将把你润浸！

劳动的兄弟们，唱吧，
唱着你们要唱的歌吟。
你们受苦的日子也完了，
光明，解放，就在前面候等！

劳动的兄弟们，哭吧，
哭个淋漓尽情。
哭着那，无数勇敢的战士，
为着那，你们，流血殷猩！

唉，狭小的街道①，
你这旧狭的世尘。
我要有无限的大力，
我要破毁你个净尽！

唉，我要破毁，我要破毁，
破毁这狭小的死城②！

---

① 狭小的街道：此指殷夫被押渡过黄浦江烂泥渡，进入南市旧街道。

② 狭小的死城：此指南市旧城区。殷夫曾在这里就读民立中学新制初中三年。其间曾参加悲壮的"五卅"运动。1927年3月23日夜间又曾与浦东烂泥渡舢船工会工人武装纠察队一起在这里参加上海工人第二次武装起义，攻打军阀高昌庙兵工厂失败。而如今已不见有这种革命气象，故称之为"死城"，并有"要破毁""要建设"之遐想。

我要建设，我要建设，
建设世界的自由光明！

到了，朋友，这个所在，
我终于到临。
那灰红色的大门①，
正不知吞蚀了多少生命！

看，这拖着拖鞋的委员先生②，
睁着这凶狠而疲倦的眼睛。
学着什么人的样子呢？
这样一来便算吩咐把我这里送进？

四

朋友，这是何处的钟鸣③，
终把我的沉梦惊醒。
这又是何来的神符，
终召回了我久离的心灵。

朋友，我第一第二脚踏着泥泞，
我静听着这琳琅下锁的声音。
我醒了，我如从梦中回来般地醒了，
这里，这里便是我最后徘徊的人境！

---

① 灰红色的大门：即国民党反动派设在龙华的淞沪警备司令部大门。
② 委员先生：指时任国民党上海清党委员兼淞沪警备司令部司令杨虎。
③ 钟鸣：当指淞沪警备司令部附近龙华寺的钟声。

这长方的囚室，

排着板坑两行。

在这上面死人般地横置着，

是我的同路者五人①。

他们听了下锁的声音，

用倦困的眼光对我盯。

这是何等可怜的同情呀，

他们是在表示无限的欢迎。

呵，这和蔼的语声，

在我耳边回响荡震：

"你，你是哪里②来的？

你是犯了何种罪名？"

"唉，朋友，是呀，为了革命——"

"糟了，你还这般年青，

不该谈这可怕的字眼，

我们还不是吗，五个工人！"

朋友，别笑我这弱者，

我的心中有热火在燃焚，

我的心膜着了无限的震刺，

我的眼泪徐徐地流到衣领。

---

① 同路者五人：即下文"五个工人"。据殷夫 1929 年 5 月 14 日所作《监房的一夜》(见第
285—291 页)述及，他们分别姓华、姓吴、姓李和姓王（两兄弟），都是因为"参加以前的工会
的缘故，被'工统会'捉来"。"工统会"，即"上海工人统一工会"，反动组织。

② 哪里：原刊作"那里"。《殷夫集》依原刊。今据语意，改之。

他们破哑的喉咙，

发出可怕而慰藉的叹声：

"到了此地，还是安心些吧①，

谁，能，现在，保障自己的生命！"

五

我全身起了寒战，

我似乎想痛哭一阵。

然而我抑止了，朋友，

我突然又见了"可怕的革命"！

朋友，有什么呢？

革命的本身就是牺牲，

就是死，就是流血，

就是在刀枪下走奔！

牢狱应该是我们的家庭，

我们应该完结我们的生命。

在森严的刑场上，

我的眼泪决不因恐惧而洒淋！

忏悔吧，可怜的弱者，

死去！死是光荣的责任。

让血染成一条出路，

引导着同志向前进行！

_____

① 吧：原刊作"罢"。《殷夫集》依原刊。"罢"同"吧"，今改之。

六

从这灰白的高墙，

惨黄的夕阳①传进。

同志们，欣喜吧！

这正是象征着最大的斗争。

这正象征着统治者的运命，

同志们，快起来奋争！

你们踏着我们的血、骨、头颅，

你们要努力地参加这次战争！

我们现在完了，

我们卸去了责任。

但是工作正还多着，

快些下个决心把它做成！

你们去争回玫瑰的早晨，

你们要叫光明的曙曦照临。

我们的血、骨、头颅，

我们都将慰欣！

七

夜色徐徐下降，

如落叶的辞林②。

---

① 夕阳：原刊如此。《殷夫集》作"夕阴"，误。今从原刊。

② 辞林：辞别树林。

听呵，听，朋友，
这里有我生命的呼声！

黑暗慢慢地并吞了大地，
幽幽地显出这盏半明的短檠①，
朋友，看呀看，
这里有我生命的残灯！

这生命的呼声，
这生命的残灯，
像狂飙的旋突，
摧残剽劫②了我的心旌！

我的心旌，我的心旌，
这残破，这残破的心旌，
不久呵，唉，朋友，
将消灭在这无边的中心！

我十七年的生命③，

---

① 短檠(qíng)：低矮的油灯。檠，灯架。

② 剽劫：原刊作"剽击"。《殷夫集》依原刊。"剽击"系"剽劫"之误，今正之。

③ 我十七年的生命：与下一节"我十七年的青春"句，均可证殷夫作本诗之日"1927年6月5日夜半于狱中"，年仅17周岁。按他生于清宣统二年庚戌五月初五端午节(1910年6月11日)推算，17周岁还差6天，但他已是18虚岁。所以，同年2月在上海工人第二次武装起义失败后，可由杨白、刘积铨介绍加入中国共产党。

像漂泊的浮萍[①]。
但终于要这样的，
这样的埋葬了青春！

我十七年的青春，
这槁枯的灰尘。
消灭了，消灭了，
一切将随风散殒！

我不曾有快欢的日子，
我不曾有狂妄的野心。
我的生命，我的青春，
总像一朵浮萍！

像一朵浮萍，像一朵浮萍，
终日终月终年在水上漂零。
谁也不曾爱过我，

---

① 浮萍：殷夫"1928，于西寺"曾作《跋诗》一首，诗前小序中称："1928年夏，我曾写了一篇长诗《萍》，只成了一部分，约五六百行。因生活不安定，原稿失去不能追寻。"（见本编第二辑。）此处及下文"浮萍"，可证这首长诗《萍》的原稿并未"失去不能追寻"，即是本诗。

除了亲爱的同伴和我的母亲①！

我的母亲，我的母亲，
伟大的爱情与慰安的中心；
她是我最大的爱者，
我的热情都从她产生。

但是浮萍呀浮萍，
无定是你的行程。
归去了，归去了，
现在你找得了归径！

槁枯的青藤，
快变成无生的灰尘，
再培植富丽的新生，

---

① 同伴：当指革命同志，如他的入党介绍人杨白、刘积铨等。母亲：殷夫的母亲钱月嫦（1871—1940），本是陈山村（今属大徐镇）人，系吴越王钱镠后裔象山分派宗人。早年家贫，不曾读书，但天性聪慧。18岁嫁予殷夫父亲徐忠庸（字孔甫，后作孔父）后，耳濡目染，亦粗通文墨，能查历书择吉和诵读佛经，以及启蒙读物与唐宋诗词。她因是40岁生殷夫，又遇难产，产后曾大出血，得产后热，险些丧命，无乳哺养，只能向邻居乳妇"讨奶"和粥油喂养。而殷夫却被养得白白胖胖，聪明伶俐，人见人爱，小名阿白，所以十分疼爱，常言："阿白是我用性命换来的。"后来得知殷夫从事革命活动，她只说："阿白，你要小心一点呢。"又后来，她随次女徐素云生活，曾拜丹城西寺住持明耀法师为皈依师，潜修佛道。所以1928年秋冬殷夫转移至象山女子高小"代课"期间，曾随母亲住西寺，写下一系列立志献身革命的诗作。殷夫牺牲后，家人都瞒着她，说殷夫是去苏联莫斯科了，不久会回来的。1940年春，为躲避侵华日军飞机轰炸丹城，她随徐素云主办的"培本小学"师生转移至西乡黄溪村，突然发病，客死异乡。临终前，她还叮嘱徐素云："等阿白回来，要把分给他的东西（指老家西厢3间瓦屋和2亩田地）交给他。"有人也许会问，殷夫在本诗中为什么只说母亲而不说父亲？要知道，殷夫父亲徐孔父于民国9年（1920）1月28日就突发重病去世了。当时殷夫年仅10岁，还在家乡读初小四年级。据其三哥徐文达所说，殷夫在上海民立中学读书后期，曾作过一首很长的诗，怀念父亲。可惜此诗遗失了。

这是我的喜悦，但是，母亲……

母亲，你的儿子，
为了革命，去了，革命！
永远要别你去了，
请别再望穿了眼睛！

母亲，你的儿子，
去了，为了革命。
永远要离你去了，
请别再替我担心！

死的门早已开着，
你的儿子就将踏进。
请别为我流涕呀，
你的儿子已得了光荣的赐赠！

母亲，你可想到，
你儿子做了犯人。
在这黝暗的囚笼，
在流涕思念乡亲！

母亲，你可梦见，
你的儿子，已经
把生命的卷纸，
在火上烧做灰烬？

母亲，你可能幻想，

你的儿子的生命，
在这死沉沉的黑夜里，
竟会熄了残灯？

母亲，你不是希望，
你的儿子成人，
做了威凛的官员，
光耀你的蓬门？

母亲，你不是幻想，
你的儿将来成人，
献你多少财宝，
你呈着笑容盈盈？

母亲，你不是梦见，
你的儿子住在校里安宁，
天天伏在案上，
天天在房里用心？

母亲，你不是想着，
你的儿子在这时分，
他安安静静地躺在床上，
寻着甜蜜的梦境？

但是，母亲，完了，
这些都成烟影！
我从此以后，
要见你一面已是不可能。

你儿子的生命之残灯，
油已经枯涸干净。
你要恕我呀，
我不能把你孝敬！

你的儿子不孝，
不能奉养困苦的母亲。
永远的告别了，母亲，
拿回去我这热颤的心！

别了，母亲，别了！
此地是你儿子的冷吻。
吻呀，吻呀，吻呀，母亲，
请别祈祷着为我的安宁！

唉，母亲，母亲，
别了，永远的别了，母亲！
我要死去，这样光荣的死去，
我永久的爱者，亲爱的女神！

八

朋友，墙外传来无力的扑声，
应着我同路者的鼾声。
我正流着涕儿，
想念我永久的爱者——母亲！

但是朋友，我并不怕死，

死于我像一种诱引，
我对之不会战栗，
我只觉得我的光明愈近！

……………………………①

朋友，我不明了，
我挥着困倦的手腕不停。
麻雀儿尚且叫喊，
人也未始不可呻吟！

朋友，告别了，亲爱的，
我将告终我的生命！
我寄给你这些，
就代替一封长信！

别了，朋友，请别悲哀，
你该了解我的苦心。
死在等候着我，
和他一起的还有光明！

别了，永久的长别了，
快去，了解了革命。
努力的做人去，
别空望着我的心影！

---

　① 此为正诗与跋诗分界线，原刊如此。以上为正诗，8章，计111节，共444行。以下为
跋诗，计5节，共20行。

完了，完了，朋友，

我的手臂何等的酸困。

祝我的暗影，

永远扰搅了你的梦魂！

　　　　　　　　1927，6月5日夜半于狱中

第二辑　孩儿塔（诗集）

"孩儿塔"上剥蚀的题记[1]

　　我的生命，和许多这时代中的智识者一样，是一个矛盾和交战的过程，啼，笑，悲，乐，兴奋，幻灭……一串正负的情感，划成我生命的曲线[2]。这曲线在我诗歌中，显得十分明耀。

　　这里所收的，都是我阴面的果实[3]。

　　现在时代需要我更向前、更健全，于是，我想把这些病弱的骸骨送

---

　　[1] 这是殷夫为自编诗集《孩儿塔》所作的前言，记述了编辑这部诗集的用意与经过。1930年初，他将自己从1924年至1929年积累下来的76首短诗结集成帙，题作《孩儿塔》，署名白莽，并于同年2月24日投给了鲁迅，企求正式出版。这部原稿后来几经周折，终于由鲁迅先生和他的夫人许广平保存了下来，新中国成立后珍藏于北京图书馆（今国家图书馆）。这篇《题记》曾先后入选人文版《殷夫选集》、小丛书《孩儿塔》及《殷夫集》。

　　[2] 生命的曲线：犹曲折的心路历程。此前，他曾经历1926年春上海工人第二、第三次武装起义，并在第二次武装起义失败时加入中国共产党。接着又于1927年"四一二"反革命政变后期、1928年秋和1929年秋三次遭国民党反动当局逮捕入狱。1929年9月才进入共青团中央宣传部任干事，协助部长华少峰、李求实、陆定一编辑团刊《列宁青年》和秘密从事青年运动。在这些历程中，他的心灵自然会有啼与笑、悲与乐、兴奋与幻灭的感受。从中可见，殷夫的胸襟是坦的。

　　[3] 殷夫此话，可能是为争取《孩儿塔》能在当年公开出版而说。其实"阴面的果实"，并非是阴暗面，也并非是不健康。相反，我们从《孩儿塔》里读到的，是殷夫纯真的天性和革命的激情，以及他决心献身革命而抛却初恋情思的理智与行动。虽然，诚如他坦言，这"是一个矛盾和交战的过程"，但最后，他仍是一个"更向前，更健全"的胜利者。

进"孩儿塔"①去。因为孩儿塔是我故乡义冢地中专给人抛投死儿的所在。我不想说方向转换，我早知光明的去路②了，所以，我的只是埋葬病骨，只有这么，许或会更加勇气。

鼓励我出版的林林③，给我煞费心血画插图的白波④，我想都并不想赞赏我的诗，只也是可怜我，同时又鼓勇我而已。那样，我正当谢他和她。

已经是激荡中的一九三〇了⑤

①"孩儿塔"：一称"瘗孩塔"，雅称"徒名祠"。民间则以其石件结构形如石橱或石塔，呼之曰"呜娃橱"或"呜娃塔"。据1926年编纂的《象山县志》记载，全县各地共有孩儿塔48座（今尚存6座），其中附建于义冢地内的称"冢塔"。殷夫此处所言"故乡义冢地中"的孩儿塔，系指大徐村西南的"汤家店义冢地"（占地约1亩）内的"冢塔"，早已不存。今大徐村正在重建孩儿塔及殷夫诗碑，以供参观者一睹。

②早知光明的去路：指共产主义远大理想。殷夫自1927年3月入党起，至此已近3年，故可谓"早知"这一奋斗目标。

③林林：生卒不详，男，浙江义乌人（一说是福建人）。时为上海美术专门学校学生。1928年，与在国立同济大学德文补习科读书的殷夫相识，并曾同住闸北天通庵路2号寓所三楼亭子间内。两人情谊甚深，一起与蒋光慈、钱杏邨（阿英）等人的太阳社发生联系。他曾在1928年《太阳月刊》3月号上发表过漫画《凭吊》。1929年12月，他还曾向鲁迅投过画稿。又在1930年2月1日出版的《萌芽月刊》第1卷第2期上发表过一幕剧《独轮车》。后来不知下落（一说抗日战争期间牺牲了）。

④白波：姓梁名白波（1911—1972），广东中山县人。曾就读上海美术专门学校西洋画专业，擅长油画，后改画漫画，是一位很有才华的青年女画家。1925年，她曾向鲁迅投过画稿。1930年前后，与殷夫认识，并一起参加过"飞行集会"等革命活动。1935年，与画家叶浅予相识并前往南京共同生活，加入青年油画家组织"决澜社"，创作连环漫画《蜜蜂小姐》，在上海《立报》上发表，影响颇大。全面抗日战争初期，参加漫画宣传队，奔走于抗日宣传战线上，不断为《抗战漫画》月刊供稿，人称"勇敢女将"。1938年，在武汉结识一位"空军英雄"，离叶而去。解放前夕去了台湾。其为诗集《孩儿塔》所作插图9幅，因与诗作关系不大，今略去。

⑤此一时间，当视作1930年初。

放脚时代的足印① (八首)

一

秋月的深夜,

没有虫声搅破寂寞,

便悲哀也难和我亲近。

二

春给我一瓣嫩绿的叶,

我反复地寻求着诗意。

三

听不到是颂春的欢歌,

"不如归,不如归……"

只有杜鹃凄绝的悲啼。

四

希望如一颗细小的星儿,

在灰色的远处闪烁着,

---

① 放脚时代:禁止妇女缠足的年代。缠足之习,相传始于南朝李后主(一说始于南齐东昏侯)之时,即令女子以布帛紧缠双足,使足骨变形,呈新月状,且认为越纤小越美观。这是一种"害家凶国"的陋习,辛亥革命后逐渐禁止。殷夫母亲钱月嫦、大姐徐祝三与二姐徐素云均缠过足。徐素云于1920年入读县立女高后放了脚。殷夫这组小诗以"放脚时代的足印"为题,吟咏自己的所感所思,实即是思想解放时代的记录。这组小诗曾入选人文版《殷夫诗文选集》和《殷夫选集》及《殷夫集》。

如鬼火①般的飘忽又轻浮，

引逗人类走向坟墓。

五

我有一个希望，

戴着诗意的花圈，

美丽又庄朴，

在灵府②的首座。

六

星儿在天③微语时，

在带香的夏风中，

一条微丝柔柔地荡动了：

谁也不知道它。

七

泥泞的道路上，

困骡④一步一步地走去，

它低着它的头。

八

我初见你时，

---

① 鬼火：即磷火或"青磷"，磷化氢燃烧时发出的光焰。人和动物的尸体腐烂时，分解出磷化氢并自动燃烧，在夜间野地里常有白色带青绿色的光焰飘忽不定，俗称"鬼灯"。

② 灵府：人用于思维的器官，古指心，今指脑。

③ 天：原稿作"大"，误。各选本均改作"天"。今从之。

④ 困骡：困顿疲乏的骡子。骡，公驴与母马交配所生种间杂种，比驴大，毛多为黑褐色，体力强，寿命长，我国北方多用作力畜。殷夫父亲徐孔庸曾买驴子一头，骑着驴子替人看病。此诗即写此一情景。

我战栗①着；

我初接你吻时，

我战栗着；

如今我们永别了，

我也战栗着。

1924-5的残叶②

人　间③

山是故意地雄伟，

水是故意地漪涟，

因为我，

只有，只有，

只有干枯地在人间蹒跚。

---

① 战栗：颤抖，亦作"颤栗"。

② 1924-5的残叶：1924—1925年残存的诗页。殷夫当时正在上海民立中学就读"新制初中"二年级。殷夫1920—1923年在象山县立高小读书时开始学写新诗，经常发表在班级里的《习作园地》，人称"小诗人"。1923年随其大哥徐培根旅居杭州，受当年湖畔诗人影响，入上海民立中学后又学写此类新诗。

③ 此诗"1927，9月于象山"所作。其时殷夫刚由其大哥徐培根通过上海戒严总司令白崇禧从淞沪警备司令杨虎处举保出狱不久。徐培根因时任黄埔军校迁京委员会副主任委员（主任委员蒋介石），去南京忙于迁校事务，将殷夫托付给租住在虹口公园旁一幢小楼里的妻子张次云管教。张次云因害怕小叔再出事，将他关锁在二楼一间小房子里读书，只许一日三餐下楼就餐。不想殷夫当时正在自学俄语。一日，见公园中来了一对俄国青年男女，他立即从二楼窗口跳下，去公园求教俄语发音。这使张次云大为震惊，遂与丈夫商量，决定以回家省母的名义，让殷夫回到象山。这好比是从地狱来到了"人间"。但故乡的山水、景物与人们却令他感觉孤独与陌生。

景物是讥嘲地含着谄媚①，

人们是勉强地堆着笑脸，

　　因为我，

　　只是，只是，

只是丑恶地在人间徘徊。

1927，9月于象山

呵，我爱的②

呵，我爱的姑娘③在那边，

一丛青苍苍的藤儿前面；

草帽下闪烁着青春面颊，

她好似一朵红的，红的玫瑰。

南风欣语，提醒了前夜，

疏淡的新月在青空阑珊④。

我们同坐在松底溪滩，

剖心地，我俩密密倾谈。

古刹⑤的钟声，混淡，

---

　　① 谄媚：故意地讨人喜欢，犹"巴结"。

　　② 此诗亦"1927，于象山"作。曾入选人文版《殷夫诗文选集》和《殷夫选集》、小丛书《孩儿塔》及《殷夫集》。

　　③ 姑娘：系指殷夫姑母之女林梅英，大徐村人。她比殷夫年长一岁，是殷夫的表姐。两人从小在一起嬉戏，亲昵无邪。1927 年，林梅英已 18 岁，聪明美丽，人见人爱。后嫁予同村周姓，去宁波郊区开豆腐坊，客死异乡。

　　④ 阑珊：衰落，将尽。

　　⑤ 古刹：系指大徐村西山之福庆庵（俗称"西山殿"），后圮。今又重建，称"福庆禅寺"。

她的发香，似幽兰。

我们同数星，

笑白云儿多疏懒。

看，她有如仙嬛①，

胸中埋着我的情爱；

呵，我爱的是一朵玫瑰②，

五月的蓓蕾开放于自然的胸怀。

1927，于象山

在一个深秋的下午③

那正是青空缀浮鳞云，

碎波在周遭④追奔。

---

① 仙嬛:仙女。嬛,此处读 huán,女人名用字。

② 我爱的:原稿作"我的爱"。今改之,以与诗题一致。玫瑰:落叶灌木,茎干直立,刺甚密,叶子互生。花多为紫红色,也有白色的,有香气。果实扁圆形。

③ 这是殷夫"1928,于象山"所作一诗。从诗题看,此诗作于深秋时节。如此,应当是他当年在吴淞镇国立同济大学大学部德文补习科读书放暑假期间,在上海市内与同科同学王顺芳、陈元达(均共产党员)等参加声援济南"五三"惨案示威游行而被反动当局逮捕入狱(王、陈得脱)。其时徐培根尚在德国柏林陆军参谋大学留学,因此由其妻张次云出面,通过时任龙华淞沪警备司令部司令熊式辉之后妻(她与张次云早前是杭州广福路寓所的邻居,要好的麻将朋友),于一个来月后保释出狱,回吴淞上课。鉴于殷夫此事影响较大,反动军警又欲追究王顺芳与陈元达,学校地下党组织决定让他们三人暂时转移乡下"避风"。殷夫即以其二姐徐素云时任象山县立女子小学校长,遂与王、陈以及柔石于当年10月先后转移该校,以"代课"为名从事地下革命工作。不久,柔石和王顺芳先后离去。陈元达则于女小放寒假时回沪。殷夫因大嫂不给盘缠,于1929年3月才在二姐资助下,返回上海。因回不了同济大学,遂以"短期流浪"寻找地下党组织。故可以认为此诗是殷夫此次回乡之初所作。诗中的"姑娘"则是殷夫初恋女友盛淑真(见下页注①)。

④ 周遭:周边、四周。

镜般的海洋冷照了我的心，

我怎忘了你的红晕？姑娘①！

你的短发，散在微语风中，

你的眼珠儿，绒样柔黑，

你抚摸着栏杆②凝望，

哟，远处的地平线③也有我的心。

沙鸥和爱的轻歌徜徉④，

初起的金风带来缥缈的梦魂。

投在那颗雪珠似的水沫⑤上吧，

---

① 姑娘：盛孰真(1911—2005)，原名淑真，浙江浦江人。15岁随父至杭州，考入浙江蚕桑讲习所读书，与殷夫二姐徐素云同班。徐素云比淑真年长6岁，当时思想先进，积极参加校内外秘密革命活动，迎接北伐军入浙（一说是共青团员）。淑真视其为"大姐"，支持其革命活动。徐素云则称之为"小妹"，将她介绍给在上海民立中学读书的殷夫，两人建立通信关系，感情甚契合。1926年，殷夫还曾为她修改一篇短文，并以笔名"黛芬"发表在当年上海《天韵报》。1926年暑假，两人曾在杭州大哥家见过一面。后来得知盛父是杭州警察局事务科长，并且欲将淑真许配嘉兴赵某，殷夫曾怀疑淑真其情是真是伪，称之为"孰真"。淑真则以为此名甚好，遂改名"孰真"。1927年蒋介石发动"四一二"反革命政变后，盛孰真从其父处得悉徐素云名列缉捕名单，遂通知素云转移至郊区古庵。不日，素云潜至宁波新鼎街宁波公学小学部任代课教师，后转镇海小学任教。1928年秋，应象山县教育局聘请，出任县立女小校长，即邀请盛孰真与蚕桑学校同学周芬仙来校任教。因此，当殷夫转移至女小时，见到盛孰真，写下了此诗。

② 栏杆：当年女小教学楼二楼走廊外侧有一长排栏杆。此句可证殷夫是在女小见到盛孰真的。

③ 地平线：原刊作"地线"，今补"平"字。此指殷夫当年远在上海同济大学读书，亦有心于盛孰真。

④ 沙鸥：即海鸥。旧时象山多此类鸥鸟，因其鸣叫声如猫，民间称"海猫"。徜徉：原稿作"淌洋"，误。《殷夫集》依原稿。今正之。

⑤ 雪珠似的水沫：像雪球一般的水面上的小泡。据传，殷夫此次回象山之初，曾与王顺芳居住在大嫂与子女所住的丹城城隍庙隔壁"徐第"（今上进路21号），因为有留学德国的徐培根可作"挡箭牌"，比较安全。大嫂张次云曾悄悄告诉殷夫，说是盛父前不久曾来信催盛孰真回杭州与嘉兴赵某订婚。故殷夫有此"水沫"之说，意为与盛之间的关系很快就会消散。这也为两人日后的分手埋下了伏笔。

在藻叶荫下建筑我的坟茔①。

我幻见一朵五月的玫瑰开了，

姑娘，你当时若真说："跳！"

带着我爱的辽遥的幽音②，

我投到在屈子③的怨灵。

1928，于象山

挽 歌④

你苍白的脸面，

安睡在黑的殓布⑤之上。

生的梦魅自你重眉⑥溜逃，

只你不再，永不看望！

你口中含着一片黄叶，

---

① 句中的"藻叶"，此作辞藻之页解（"叶"通"页"）。全句意言他是以"辞藻之页"亦即作诗作文为荫蔽与敌人作斗争，所以犹如自筑坟墓。

② 辽遥的幽音：实指从前远处所作的诗文作品。

③ 屈子：即屈原（约前340—约前278），战国时楚国诗人。楚国危亡，他无力挽救，深感政治理想无法实现，遂投汨罗江而亡。留有楚辞《离骚》等。

④ 此诗作于"1928，1月8日晚"，是农历丁卯年十二月十六日（星期日）晚上，依例学校尚未放寒假，殷夫是在上海吴淞国立同济大学德文补习科读书。这是一首悼念死者的挽诗，但死者"你"是谁不明。今据诗中有"你口中含着一片黄叶""你生前宛妙的歌声""你死后的幽怨凄苦，草底的蟋蟀悲诉"等句，以及白波所作的插图（见后）分析，死者疑是一只纺织娘。况且殷夫另有《致纺织娘》一诗。若此，则殷夫热爱小动物之心可嘉！

⑤ 殓布：用于铺垫或覆盖死者的布。一般为白色，此为黑色。

⑥ 重眉：浓重的双眉。

这是死的隽句①。

窗外是曼曼②的暗夜，

罗汉松针③滚滴冷雨。

你生前宛妙的歌声，

迷雾般地散逝。

你死后的幽怨凄苦，

草底的蟋蟀悲诉！

1928，1月8日晚

醒④

微风的吹嘘之中，

小鸟儿的密语之中，

醒来吧！ 醒来吧！

梦儿姗姗⑤飞去。

我梦入广漠的沙滩⑥，

黄的沙丘静肃无生。

---

① 隽（juàn）句：隽永的语句，意味深长之义。

② 曼曼：同"漫漫"，即漫长。

③ 罗汉松针：罗汉松，常绿乔木，其叶呈针形，叶背有白粉。雌雄异株，可供观赏用。

④ 此诗作于"1928，4，20日"。即农历戊辰年三月初一（星期五）。其时殷夫在同济大学德文补习科读书。

⑤ 姗姗：原稿作"珊珊"，误。《殷夫集》改作"姗姗"，意即缓慢散去。今从之。

⑥ 沙滩：指上海吴淞口海滨沙滩。殷夫当年就读的国立同济大学德文补习科，即设立在吴淞镇北之"大学部"。此处距吴淞口海滨沙滩不远。

远地的飓风①卷起沙柱，

无边中扬着杀的声音。

我不留恋着梦的幽境，

我不畏惧现实的清冷。

在草底默默地流过，流过，

我宿命的悲哀的凄吟②。

生无所欢，

死无所悲，

愿重入黄沙之滩，

飓风吼着威吓音韵③。

1928，4，20日

---

①飓风:旧泛指强烈风暴。今按《蒲氏风级表》，专指12级以上的大风。发生在北太平洋东部和大西洋、墨西哥湾、加勒比海的热带气旋，今仍称"飓风"。

②宿命:佛教指前世注定的命运。凄吟:凄苦的沉吟。原稿作"溪吟"，误。《殷夫集》从原稿。今正之。

③此句暗喻当时学校中政治环境对殷夫不利。

白　花①

漫步②旷野，心空，

一朵小的白花！

孤零③的缀着粗莽的荆丛，

一朵傲慢的白花！

它④的小眼射着冷的光，

"一颗地上的星。"我嚅嗫⑤。

荆棘示威的摇曳，

"我回家去。"我喘息。

尖锐的刺在它周遭，

旷茫的野中多风暴。

它⑥在我视野中消去倩影，

我抚空心向家奔跑。

---

① 此诗作于"1928，5月5日"，即山东济南"五三"惨案爆发第三天。消息传来，殷夫义愤填膺。中午在食堂就餐时，他提议德文补习科同学们去上海市区示威游行，抗议侵华日军出兵济南，屠杀大批中国军民。但遭到同科同组的叶某（即长诗《在死神未到之前》中出卖殷夫的"獐头小人"）竭力反对。殷夫当场与之激烈辩论，因支持者不多（据说仅王顺芳与陈元达等公开赞成）而无果。所以写下这首《白花》，一是感慨环境恶劣，孤立无援，意欲离校"回家"；再是以"白花"献给"五三"惨案死难者。

② 漫步：原稿作"曼步"。人文版《殷夫诗文选集》和《殷夫选集》依原稿。《殷夫集》于"曼"后括注"漫"。今径改之。

③ 孤零：原稿作"孤另"，《殷夫集》改作"孤零"，今从之。

④ 它：原稿作"牠"，"它"的异体字。各选本作"她"，误。今正之。

⑤ 嚅嗫(rú niè)：强颜欢笑而又吞吞吐吐地说话。

⑥ 它：原稿作"牠"，"它"的异体字。各选本作"她"，误。今正之。

1928，5月5日

我们初次相见[①]

我们初次相见，
在那个窗的底下。
毵毵[②]的绿柳碎扰金阳，
我们互看着地面羞羞的握手。

---

① 此诗与前诗《白花》同时作于"1928,5月"。诗中的"你",据原象山县立女小毕业生钱定宝老人(丹城南门村人)生前解读,认定是与殷夫同来女小的王顺芳。因为诗中所写的"眼睛""两颐""颧下""头发"以及神情,都与她当年见过的王顺芳相似。但王顺芳是与殷夫同于1927年9月入读同济大学德文补习科的,至"1928,5月"已认识近9个来月,为什么还说"初次相见"? 这显然与前诗《白花》有关,因为王顺芳曾公开赞成殷夫的提议。这让殷夫回忆起与他"初次相见"的情景。故将此诗编在《白花》之后。

② 毵毵(sānsān):毛发、枝条等细长的样子。

044

我记得，我偷看看你①的眼睛，

阴暗的瞳子②传着你的精神。

你是一个英勇的灵魂，

奋斗的情绪刻在你的眉心。

我记得，我望望你的面颊，

瘠瘦的两颐③带着憔悴的苍白，

但你的颧下还染着微红，

你还是，一个年青，奋发。

---

① 你：即王顺芳(1911—1945)，又名征夫，后曾化名汪涅夫、王三川，上海浦东三林塘人。1925年秋曾入读同济大学附中机师科，与同科同学陈元达(1911—1931，原籍浙江诸暨，生于杭州马市街，在杭州读至高小毕业，即随父入宁波浸会初中读至毕业，1925年又随父至上海，考入同济附中机师科)一起秘密加入共产党(一说由团员转党)。1926年奉组织调派，两人同赴广东，王参加北伐，陈在广州中山大学从事学生运动。1927年春，两人随北伐军回沪，于同年秋一起考入国立同济大学德文补习课，王在甲组，陈与殷夫(学名徐文雄)同在乙组。三人同住教学楼三楼一间学生寝室。因互知都是中共党员，成为一个党小组，不久加入学校地下党组织(一说是支部)。他们则经常利用课余特别是晚上熄灯之后，秘密学习革命理论，研究斗争对策。去市区示威游行，抗议日军制造济南"五三"惨案，即为他们的共同决定。他们还曾创办油印文艺刊物《漠花》，传播革命思想。1928年暑假时间，他们在市区参与组织发动抗议日军制造济南"五三"惨案和国民党借口"继续北伐"的不抵抗主张的示威游行，遭反动军警围困。王顺芳、陈元达趁混乱之际逃脱，而殷夫第二次被捕入狱。8月初，殷夫由其大嫂张次云具保出狱，与王、陈回同济德文补习科上课。因他们曾组织上街示威游行，引起校方注目。又听说反动军警欲追究王、陈，学校地下党组织通知他们三人暂时转移乡下"避风"。殷夫与王顺芳遂约同柔石于10月间转移象山女小。陈元达则因患阑尾炎住院开刀，于1月间转移女小。柔石仅在女小一个星期左右便回其宁海老家。王顺芳也仅在女小一个来月，因其在上海的叔父为他在英商公用汽车公司找到职位而离校返沪。据说他在该公司任职很短时间，便转至沪宁铁路任职。1934年因在铁路线上从事革命活动而被捕，以政治犯囚禁于南京"中央军人监狱"。至1937年全面抗战，国共合作始得释放，赴延安学习。同年10月回上海浦东，在中共上海南路特委领导下从事武装斗争。后奉派至浙江余姚中共浙东军分委，打入日伪"余姚保安团"任副团长，从事搜集军事情报与策反工作。1945年5月1日，事情败露被害，被追认为革命烈士。

② 瞳子：即瞳孔，亦作"瞳仁"。

③ 两颐：两边面颊。

我记得，我瞧见你的头发，

浓黑的光彩表征了你丰富的情热，

我这般默默地观察，

我自此在心中印下你的人格。

1928，5月

清　晨①

清晨洒遍大地，

阳光哟，鲜和的朝阳。

在血液②中燃烧着憧憬的火轮③，

生命！生命！清晨！

玫瑰般的飞跃④，

红玉样的旋进。

行，行，进向羽光⑤之宫，

突进高歌的旋韵！

1928，5月

---

① 亦作于"1928,5月"，是殷夫在一个清晨里对生命的憧憬之歌，此诗曾入选人文版《殷夫诗文选集》和《殷夫选集》、小丛书《孩儿塔》及《殷夫集》。

② 血液:喻指朝霞。

③ 火轮:太阳之别称。

④ 此行,原稿紧接上一行。各选本依原稿。今据诗意,与后3行作分节处理。

⑤ 羽光:羽化之光。道家称得道成仙为羽化,意即"变化飞升"。

祝——①

这是沙中最先的野花，

孤立摇曳放着清香。

枝旁没有青鲜的荫叶，

也少有异族②争妍芳，

唯有她放着清香。

四向尽是干枯的沙砾，

展到无穷的天际。

近处没有一口泉源，

来把她嫩根灌溉③，

没有一杆小树伴过长夜。

祝福我们勇敢的小花，

她仍然孤傲地顾盼。

她不寂寞，放着清香，

天生的姿容日日光焕，

---

① 这首抒情诗作于"1928，5月8日"（星期二），殷夫时在同济大学德文补习科读书。诗题《祝——》，今据诗中有"祝福我们沙中最先的野花"句，可见是为他与王顺芳、陈元达创办油印文艺刊物《漠花》（见第45页注①）的祝词，或许即这个刊物的《发刊词》。曾入选人文版《殷夫诗文选集》和《殷夫选集》、小丛书《孩儿塔》及《殷夫集》。

② 异族：此喻其他种类的野花。

③ 此行，原稿作"来把她嫩根灌溉"，又圈去"她嫩"二字。有的选本如《殷夫集》以未圈去排印。今从之。

岑寂①的生存，没有喟叹②。

远星的微光死灭，
勇敢的灵魂孤单。
她忍受冷风的吹刮，
坚定的心把重责负担，
问何时死漠重苏甦③？

祝福我们沙中最先的野花，
孤立摇曳，放着清香。
枝旁没有青鲜④的荫叶，
也少异族来争妍芳，
只她孤单地放着清香！

1928，5月8日

致纺织娘⑤

写给一个姑娘——案上花瓶，插野花一束及柏叶两支。来了一个

---

① 岑寂：冷清、寂寞。

② 喟(kuì)叹：因感慨而叹气。

③ 苏甦：原稿作此。小丛书《孩儿塔》与《殷夫集》依原稿。人文版《殷夫诗文选集》和《殷夫选集》作"苏苏"。"甦"用于人名时可作"苏"的异体字。但作"苏苏"，则是畏惧不安貌或是拟声。故此处将"苏甦"改作"苏苏"，与语意不合。今从原稿。

④ 青鲜：原稿作"鲜青"。《殷夫集》从原稿。今改之，以与第一节的"青鲜"相一致。

⑤ 这是一首较长的抒情诗，计17节、68行。题为《致纺织娘》，未注写作年月，从诗前小序可知，是作者由"一个独腿的纺织娘"引发的情思。纺织娘，绿色的昆虫，头小眼大，善于跳跃，生长在草丛之中，因雄性能发出如同纺车纺纱之声而得名。但诗前小序首句又云"写给一个姑娘"。诗中有些拟人语句好像是对一位"可怜"而"柔心"的上海纺织女工而言。此诗曾入选《殷夫集》。

独腿的纺织娘，坐十余天不去，有感。

起初在黄花盛放，
缀映①你碧绿的新装。
我的心苏甦，
为了你那生的光芒。

心叶焦枯着人世的苦烦，
血流冲破创伤。
我凝望你美丽的双睛，
你抚慰了我的猖狂。

花萎弱地飘堕，
绿叶恼人地变成赭黄。
你哟，可怜的姑娘，
你的存在，和着我的惆怅！

是你心胸的惇善②，
不忍撇下我个儿③凄凉。
默对残的花儿死的叶，
抚着泪浪，咀嚼旧伤！

是你柔怀之中，
无辜的芽儿生长。

_____

① 缀映：原稿作"缀印"，误。《殷夫集》从原稿。今正之。
② 惇（dūn）善：忠厚善良。
③ 个儿：独个儿，犹独自。

榴花般的你青春年光，
填补我的枯肠？

可怜的爱的天使哟，
纯洁的心肠！
伟大的胸襟，
愿与天永长！

我，呵，孱弱的孤儿①，
世界所遗的困狼。
前途是：灾难、死灭，
我不能与人幸福分享。

老衰的痕迹几乎划上，
我失色的污秽高颡②。
心脏的壁内，
也已熄灭了我青春的火光。

我是羽翮③残敝的小鸟，
在杀身的网中回翔。
红的血肉，白的骨，
已奉献于自由的交响。

灾难，和袭来的凄凉，

---

① 孱(chán)弱：软弱、薄弱。孤儿：旧习"少年丧父，即为孤儿"。殷夫父亲徐忠庸于
1920年1月28日逝世，时殷夫年仅10岁，故自称"孤儿"。
② 高颡(sǎng)：高高的头额。
③ 羽翮(hé)：羽毛的根部。此指羽翼，即鸟的翅膀。

硬化我将死的心。
我不能，我的天使，
再煽引青春的火花①重迸。

去吧，日光在运行，
你的同伴在丰草中织纺。
萤火的舞群，幽虫的乐队，
正等着你——他们的新娘。

别辜弃了你的青春，
丝萝床②中正等着你的情郎。
渴着你的热情，
饥着你的火吻印贴唇上。

此处的野花，凋亡，
柏枝消散傲人③清香。
享乐已是日昨之去者，
留着无限的孤漠凄凉。

冷僵④的心壁鼓不起爱情的节拍，
青春的死灰难再燃耀耀光毫⑤。
我让微风吹白我的长发，

① 火花：原稿作"水花"，误。《殷夫集》改作"火花"。今从之。

② 丝萝床：指天萝叶。据说纺织娘最喜食天萝叶。

③ 傲人：令人感觉刚强不屈的样子。

④ 冷僵：原稿作"冷"，误。《殷夫集》改作"冷僵"。今从之。

⑤ 再燃耀耀：原稿作"再然跃跃"，误。《殷夫集》于"然"后括注"燃"，"跃跃"后括注"耀耀"。今径改之。光毫：原稿作"光豪"。《殷夫集》从原稿。"豪"虽通"毫"，但"光毫"宜用"毫"。今改之。

你的温情变为灵芝覆我墓道。

别了吧！你这柔心的姑娘，
我没有血、心，或者希望。
祝你鼓着翅翼，
重飞起把你同伴追上。

沥出你的血液和勇猛，
发扬你高亢的歌唱吧！
把屠瞌①着的地球，
用情热的火来震荡吧！

我祝福你的前途，
我不悲哀，也不怨叹。
青春是可宝，可宝的流影，
瀑洪的飞沫倏②向四溅……

花　瓶③

我有一个花瓶，
我忠实亲信的同伴。
当我踟蹰④于孤寂的生之途中，

---

① 屠瞌(kē)：软弱无力地打着瞌睡。
② 倏(shū)：极快地。
③ 此诗作于"1928"，未注明。当在前诗《致纺织娘》之后所作。因前诗小序亦有"案上花瓶"之说。曾入选人文版《殷夫诗文选集》和《殷夫选集》、小丛书《孩儿塔》及《殷夫集》。
④ 踟蹰(zhízhú)：徘徊不前。

她①作为上帝，与我同在。

她不是连城的奇珍，

不劳济慈②的诗灵，

来把她描划、歌咏。

她不闪放过往的风韵。

然而她的正直③和傲慢，

正使我心醉。

（那诣媚的笑脸，唉，

真是对我④灵魂的迫害。）

她矗立在我案上，

和一个哥萨克⑤一般英壮。

用她警告的神情，

显示忠勇的朋友在旁。

她不插芙蓉和玫瑰，

（这些，让他人狂味！）

野花采自田野，

集团中的成员！

---

① 她：应作"它"解。此为拟人用法，故予照录（下同）。

② 不劳：不需劳驾。济慈：即约翰·济慈（John Keats，1795—1821），杰出的英国诗人，浪漫派主要成员。代表作有《圣艾格尼丝之夜》《秋颂》《夜莺颂》等。

③ 正直：原稿作"正真"，误。各选本改作"正直"。《殷夫集》于"真"后括注"直"。今径改之。

④ 对我：原稿无"对"字。各选本依原稿。今据语意，加之。

⑤ 哥萨克：俄罗斯、乌克兰等地历史上游牧社群的总称。突厥语中意为"自由人"。哥萨克人英勇善战，其骑兵曾是沙俄的重要武装力量。

她们是被人摧残，

命运的判文①上书"迫毁"②。

但于今是武士的头盔，

散发着自由的光彩！

1928

宣　词③

亲爱的姑娘，真④，

你的心，颤震。

死以冷的气息，

吹透你的柔身。

我的罪恶，这是，

我的罪恶常深沉。

这是我最后的宣词，

愿神祇赦免我的灵魂！

---

① 判文：判决文书，如判决书。

② "迫毁"：迫使毁服。意为立刻引咎服罪。

③ 此诗作于"1928，8月17日"。当是殷夫在同济大学德文补习科读书放暑假期间，即其第二次被捕入狱之前。题曰《宣词》，即宣布："我不能爱你，我的姑娘！"（见全诗之末行。）曾入选《殷夫集》。

④ 真：即盛淑真（见第039页注①）。据盛淑真1983年在象山回忆，她于1928年7月从杭州蚕桑讲习所毕业。8月初应徐素云邀请，前往象山县立女小任教。为与殷夫会面，特地从杭州乘火车到上海，并于事前写信给殷夫，请他到轮船码头小旅馆来一见。结果，在小旅馆里等了他四五天还是不来，令她十分失望，便含泪与同行的其他人一起登上宁波轮船，到了象山。后来见读此诗，方知他当时还在监狱内。此诗可能是殷夫出狱后得读她的信而作的。

我们，一对友人，

相互地依偎于黑暗中心。

一对无告的小山羊，

互以诚挚的情热慰问。

纯洁的爱顾之花，①

舒展于我俩心的底层。

（哟，底层的②坎坷，

创伤和血腥！）

那是同情圣光的颤流，

那是③博爱洪涛中一颗微沫阴影。

天还没给我们春的晴明，

满山的杜鹃笑送光影。

我们的灵魂不曾投倒，

在流泪的茉莉蕊下。

含羞的蔷薇丛荫……④

远野的鹧鸪鸣叫，

不叫我俩梦入星径：

肩并肩，吻连吻。

---

①　原稿此行接上行。《殷夫集》从原稿。今据语意，改作另起一行，与后几行成一节。

②　底层的：原稿作"底层底"。《殷夫集》依原稿。后一个"底"，实即"的"，今改之。

③　那是：原稿作"这是"，与上行"那是"语意不连贯。《殷夫集》依原稿。今改之。

④　原稿此行接上行。《殷夫集》从原稿。今据语意，改作另起一行，与后几行成一节。

蔷薇：亦称"野蔷薇"，落叶灌木，茎细长，蔓生，有小刺。夏季开白色或淡红色花，有芳香。

花、根可入药。

只好似两粒小星，

流浪空中熬够清冷，

魅的影浮舞，

叹息，哭泣，难慰心情。

孤单的时辰，①

用微眴②相视，

我说我的，你，你的心！

怜悯的柔丝连系③我们。

每晚，天高风轻，

或是坠累又阴森，

我们问安我们的友人，

（好像一个虔诚的信女，

祈祷于每个黄昏。）

我的姑娘哟，

你是孤独生途中的亲人！

一朵在雨中④带泪的梨花，

你可裁判我的灵魂。

但我们，一对友人，⑤

---

① 原稿此行接上行。《殷夫集》从原稿。今据语意，改作另起一行，与后几行成一节。

② 微眴(shùn)：微微以目示意。

③ 连系：原稿作"连擊(击)"，实即"连繫(系)"之误。《殷夫集》于"击"后括注"系"。今径改之。

④ 雨中：原稿作"两中"，误。《殷夫集》于"两"后括注"雨"。今径改之。

⑤ 原稿此行接上行。《殷夫集》从原稿。今据语意，改作另起一行，与后三行分为一节。

从最初直至无尽。

你不看，曼曼的长夜将终了，

朝阳的旭辉在东方燃烧。

我的微光若不合着辉照，①

明晨是我丧钟狂鸣，青春散殒。

潦倒的半生殁入永终逍遥，②

我不能爱你，我的姑娘！

1928，8月17日

孤　独③

这是一颗不知名的星儿，

孤清地注射它④的辉光。

伴着我在绿荫⑤底下，

徘徊着，寂寞地徜徉⑥。

蓝的眼眶海洋般的深邃，

---

① 原稿此行接上行。《殷夫集》从原稿。今据语意，改作另起一行，与后三行分为一节。

② 殁（mò）入：即死后进入。逍遥：自由自在、优游自得貌。

③ 此诗作于"1928，8月10日"，亦是殷夫第二次被捕出狱不久（即比前诗《宣词》早一个星期）。因为是由其大嫂张次云保释，同伴怀疑，世人猜忌，以致"没谁转瞬""同情和爱慰的微光燃尽"，又无处"剖吐衷情"，好比是"软性的恐怖"，使他感觉有"被摈弃"的"孤零"。因此写下这首《孤独》。

④ 它：原稿作"她"。《殷夫集》从之。今据语意改之。

⑤ 绿荫：原稿作"绿影"，误。《殷夫集》从之。今正之。

⑥ 此行，原稿作"徘徊着寂寞的徜徉"。《殷夫集》依原稿。"徜徉"是"徜徉"之误，今正之。而"徘徊"实即"徜徉"，原稿语意重复。今于"徘徊着"后加逗号，使之分作两个短句。

透明的泪光水晶样的清莹。
涓涓地折叠①的愁情千丈，
萦回了高洁的心魂。

看看眼底的云雾追奔，
看看空中的风暴奔腾；
悲愤的血涛震荡了，
古老的②心壁上永不泯消的创痕。

环着是群浊的转运③，
没有理想，没有生命。
同情和爱慰的微光燃尽，
让那高傲的心儿孤零④。

只是无边袭人的寒凛，
阳春的温煦⑤吹不进心庭；
软性的恐怖和死的寂寞，
向谁堪剖吐衷情⑥？

月依妆台时，
群星争妍。

---

① 折叠：原稿作"搨叠"，误。《殷夫集》作"摺叠"，"摺"系"折"的繁体字。今正之。
② 古老的：原稿在上一行之末，不妥。今移至此行之首，以使语意连贯。
③ 群浊的转运：意为群众的观念浑浊而转变了方向。
④ 孤零：原稿作"孤另"。《殷夫集》改作"孤零"。今从之。
⑤ 温煦：原稿作"温嘘"，误。《殷夫集》依原稿。今正之。
⑥ 此行原稿作"向谁堪判吐衷悁"。《殷夫集》依原稿。"判吐"疑为"剖吐"之误，"衷悁"疑为"衷情"之误。今改之。

眩曜的五彩①，

迷跃苍青。

没谁转瞬，

我们被摈弃的小星。

她只伴我，

徘徊于冷漠的绿荫。

1928，8月10日

独立窗头②

我独立窗头蒙眬，

听着那悠然的苗音③散入青空。

新月徘徊于丝云之间，

远地的工场机声隆隆④。

我眩然地沉入伤感，

懒把飘零的黑丝⑤掠上。

悲怆的秋虫鸣歌，

岂是为我诉说苦想？

---

①　五彩：原稿作"五采"，误。《殷夫集》依原稿。今正之。

②　此诗"1928，于吴淞海滨"所作，可知殷夫其时在同济大学德文补习科。我们知道，他在第二次被捕出狱后的9月初，曾回同济读书。当时的环境对他很不利，同学们议论纷纷，已引起校方注目（一说要开除学籍），使他"眩然地沉入伤感"。因而所作《独立窗头》一诗，表示"我的英勇终要回归，热意不能离我喉腔"，足见其革命的信念是何等的坚定！

③　苗音：禾苗生长的音信。喻革命成长的声势。各选本均改作"笛音"，误。今依原稿。

④　此指学校远处吴淞镇上工场工人生产机器声。

⑤　飘零的黑丝：指头发。其中之"零"，原稿作"另"，误。各选本均校正为"零"。今从之。

说我热血已停止奔荡，
我魂儿殷然深创①。
往日如许豪烈的情热，
都变成林中的孤摇残光？

不！我的英勇终要回归，
热意不能离我喉腔②。
暂依夜深人静，寂寞的窗头，
热望未来的东方朝阳！

1928，于吴淞海滨

孤　泪③

你呀，你可怜微弱的一珠洁光，
照彻吧，照彻我的胸膛。
任暴风在四周怒吼，
任乌云累然地叠上。

不是苦难能作践我的灵魂，
也不是黑暴能冰冻我的沸心④。

---

① 殷然深创：殷切地深痛以往创伤。指先后两次被捕入狱。

② 此句意言他仍要以诗歌为武器与反动派作斗争。

③ 此诗亦"1928，于（吴淞）海滨"所作，或与前诗《独立窗头》先后成篇，题曰《孤泪》。全诗以"可怜微弱的一珠泪光"（亦即孤泪之说）、"照彻我的胸膛"为主旨，深沉地抒发了他要"冒雨冲风般继着生命"，使圣洁的光芒永存的坚定决心。

④ 黑暴：即下文的"黑暗和风暴"。沸心：沸腾的心情。

只有你日日含泪望我，

我要，冒雨冲风般继着生命。

忍耐吧，可怜的人，

忍耐过这漫长①的夜；

冷厉的暴风加紧，

秋虫的哀鸣更形残衰。

鲜红的早晨朝曦，

也是叫他们带来消信②，

黑暗和风暴终要过去，

你呀，洁圣的光芒，永存！

1928，于海滨

---

① 漫长：原稿作"曼长"。各选本依原稿。今改之。

② 消信：消息、音信。

给某君①

呵，冷风吹着你散乱的长发，

我瞧见你弱小的心儿在颤抖。

漫着暮气凝烟的黄昏中，

我们同踽踽②于崎岖的街头。

挺起你坚硬的胸壁，

担承晚风悲调的袭击。③

我们只应在今夜握手，

今晚我心跳得更促急。

在黑暗中动着是不可测的威吓，

后面追踪着时代的压迫。④

---

① 此诗又"1928，于(吴淞)海滨"所作，题曰《给某君》。此君实即陈元达(见第045页注①)。因各诗中对此君神情之描写，与后来象山女小学生钱定宝、周似春所见的陈元达很相像。他留"西式头"(头发较长)，穿西装，很沉稳，不多言，但两眼炯炯有神。又据陈元达之二哥陈元凯1978年回忆，他自己曾于1928年9月从上海闸北乘小火车至吴淞镇国立同济大学德文补习科探望陈元达。不想他不在教学楼三楼宿舍，而寄住于海滨沙滩的农民草房内。说是因为反动军警在追捕他，避居于此。当时元达正患阑尾炎，疼痛得很，不敢去医院，也不告诉在上海军界任职的父亲。后来还是陈元凯硬要他去市内同济医院住院开的刀。但出院以后的陈元达去过象山，陈元凯当时并不知道。直到1931年3月陈元达(当时化名柯涟，在中共江苏省委工作)与上海王顺芳一起参加英商公共汽车公司工人罢工斗争，被租界巡捕包围，突围后遭暗探跟踪，捕入龙华淞沪警备司令部监狱。不久牺牲，后由党组织通知家属追认为革命烈士之时，才听说有此事。这些是后话。此诗曾入选人文版《殷夫诗文选集》和《殷夫选集》、小丛书《孩儿塔》及《殷夫集》。

② 踽踽(jǔ jǔ)：本指一个人孤零零走路的样子。此指"我们"如此同行。

③ 此二行是殷夫劝慰并鼓动陈元达之语。

④ 此二行即是当时险恶环境的写照。

你轻蔑的机警的眼中瞳人①，

闪映了天际高炬的光影。

细胞撞挤在你脸上，

微风故意絮语。

我们笑那倾天黑云，

预期着狂风和暴雨！②

1928，于海滨

东方的玛利亚③

——献母亲

你是东方的圣玛利亚，

我见钉在三重十字架④之上。

---

① 瞳人：即瞳孔，亦作"瞳仁""瞳子"。

② 此二行则是殷夫与陈元达坚持斗争决心的表达。

③ 此诗"1928，于西寺"所作，是殷夫献给母亲钱月嫦的一诗。钱月嫦（见第026页注①）信奉佛道，中年以后曾拜县城北门外象鼻山（其巅一称"凤跃峰"）西侧"西寺"住持明耀为皈依师。她晚年因随次女徐素云在县城生活，时而寄居该寺念经礼佛。殷夫1928年10月至1929年3月转移象山县立女小"代课"期间，有时也随母寓居该寺念佛堂，先后写下抒情短诗22首（见后）。"西寺"始建于南朝宋元嘉二年（425）。北宋治平二年（1065），英宗诏赐"等慈禅寺"额。其后屡圮屡修，历为县内第一寺。后因寺东隔山处建有东寺（实名"宝梵讲寺"），形成东、西两寺，世称"象山两目"，故俗称等慈禅寺为"西寺"。于今寺内佛殿庄严，香火旺盛，号称"南朝古刹"，享誉浙东各地。殷夫称其母为"东方的玛利亚"。玛利亚，英文Mara之音译，是《圣经》所说的耶稣之母。《福音书》称之为"童贞女"，以"圣灵感孕"而生耶稣。天主教、东正教尊之为"童贞圣母"。此诗曾入选人文版《殷夫诗文选集》和《殷夫选集》、小丛书《孩儿塔》及《殷夫集》。

④ 三重十字架：三重，泛指多重，意谓十字架极高。十字架，罗马帝国的残酷刑具，相传耶稣即被钉死在十字架上。亦用以比喻苦难和死亡。

你散披着你苦血的黄发①，

在侮辱的血泊默祷上苍。

你迸流你酸苦泪水，

凝视着苍天浮云。

衣白披星的天使，

在云端现隐。

你生于几千年来高楼的地窖，

你长得如永不见日的苍悴②地草。

默静的光阴逝去，

你合三重十字架同倒③。

1928，于西寺

感　怀④

孤单的精灵⑤呵，

你别在无限静谧的海心，

用你破残的比牙琴⑥，

---

① 苦血的黄发：因消耗太过、缺乏血气而发黄的头发。

② 苍悴(cuì)：苍老瘦弱。

③ 合：即"和"。同倒：一起倒下来，意为回到人间，面对现实。

④ 此诗题曰《感怀》，即抒发内心有所感触。今据诗中所言，可知殷夫是对自己"孤单的精灵""潜伏的感伤""慈祥的母亲"，以及对故乡"雄伟珠山的邻村""修道士的山岩""故家园庭"和"逃跑的青春"抒发的感言。但他所抒发的感言，都是很正面的，没有一点消沉的意味。这在当年的他而言，是难能可贵的！

⑤ 精灵：此作灵魂解。

⑥ 比牙琴：即钢琴，英文piano的音译。今通译为"皮艾诺"。一作"披亚娜"。

弹引你悲冷的微笑。

潜伏的感伤，

终突破理智的封禁。

一个脸影，枯瘦又慈祥①，

以酸泪点缀我的飘零。

我抚扪②我过往的荒径，

蜿蜒从那雄伟珠山的邻村③。

唉，修道士的山岩④，

终古不破的沉静。

我不禁回忆故家的园庭⑤，

反响着黄雀歌儿声。

绿的草丛上飞金的苍蝇，

衰色的夕阳下逃跑了我的青春⑥！

---

　　① 此行实指其慈祥的母亲钱月嫦。

　　② 抚扪：抚摸，摸索。此作"摸索"解。

　　③ 珠山：在象山县东部，"蟠延雄踞，势压沧海"，主峰海拔541.5米，有"邑东少祖山"之称。因顶峰有巨岩"圆若宝珠，光射星汉"，故名。殷夫故乡大徐村，即在珠山支脉飞鹰山西侧，可遥望珠山顶峰。邻村：指今大徐镇塔幢、下院、杉木洋及涂茨镇珠山脚、泊戈洋、下盆岙等村。

　　④ 修道士的山岩：指海岛"道人山"，在珠山之东乱礁洋近海中，面积1.23平方公里。因主峰有巨岩，形若端坐的道人，故名。又因主峰有清泉两支，一称"双泉山"。相传秦方士安期生尝游历此山，故象山东乡古称"安化乡"，意为安期生羽化升仙之地。

　　⑤ 故家的园庭：殷夫的故家在大徐村东南隅沙朴树下，是座一正两横平屋院落，正屋5间，坐北朝南，东、西厢房各3间，两厢南山头间筑有蛮石围墙，中开双扇大门，构成单门独院。院内有弹石天井，天井南侧围墙下有东、西两个小花坛，当年植有月季花、鸡冠花等。院前原为田野，近大门处有古井一口，名曰"花园井"。院后有"后园"一方，亩许，原为殷夫一家果木、蔬菜种植之所。1992年，殷夫的故家庭园已重修为"殷夫故居"，被列为"象山县文物保护单位"。

　　⑥ 逃跑了我的青春：殷夫的孩提时代就是在故家园庭中度过的。

1928，于西寺

地　心①

我微觉地心在颤战，
于慈大容厚的母亲身中。
我枕着将爆的火山，
火山的口将喷射鲜火深红。

冷风嘘啸于高山危巅②，
暮色狰狞地四方迫拢。
秋虫朗吟颓伤歌调，
新月冷笑着高傲长松③。

青碧的夜色，秋的画图，
吞噬了光明的宇穹。
我耳边震鸣着未来预言④，
一种，呵，音乐和歌咏。

我枕着将爆的火山，
火山要喷射鲜火深红。

---

① 此诗亦"1928，于西寺"所作。地心：地球的中心，学名"地核"。殷夫在此诗中先以"地心在颤战"，引出"我枕着将爆的火山"，喻指他从事的革命运动终将大规模爆发。继以"耳边震鸣着未来的预言"，即"英特纳雄耐尔一定要实现"，引出"我祈祷一个死的从容"。足见其指为革命献身的坚强决心。此诗曾入选人文版《殷夫诗文选集》和《殷夫选集》及《殷夫集》。

② 高山危巅：当指西寺之东的象鼻山"凤跃峰"。

③ 高傲长松：指当年西寺门前的高大松林。

④ 未来预言：当指《国际歌》中的"英特纳雄耐尔就一定要实现"。

把我的血流成小溪，骨成灰，

我祈祷着一个死的从容①！

1928，于西寺

虫　声②

你受难遭劫的星星③，

压碎了吧，你期望的深心？④

此后，

你只有黑暗的无穷！⑤

是昨夜秋风搅着落花，⑥

黑夜轻曳薄纱衣裙。

一个失群的雁儿散布怆韵，

那时，我埋葬了我的青春。

虫声哟！那异国的音调，

秋的灵魂和谐的奏鸣。

---

① 从容：原稿作"从客"，误。各选本均订正为"从容"。今从之。

② 这是殷夫某夜在西寺听到秋虫鸣叫声后引发的自思歌吟。他自此"受难遭劫的星星"，又自比"失群的雁儿"。但在听到虫声之时，却不意识到"理性的禁符不能镇压真性"。因而决定"诀别了以往的心灵和生的憧憬"，意即不怕牺牲，献身革命。此诗曾入选人文版《殷夫诗文选集》和《殷夫选集》及《殷夫集》。

③ 你：此指殷夫自己（下同）。受难遭劫：当指此前两次被捕入狱。星星：即以夜空中的星星自喻。

④ 此处问号，原稿作逗号。各选本依原稿。今改之，意即自问。

⑤ 此行与上行"此后"，原稿作一行。各选本依原稿。今分为两行，以与上两行成一节。

⑥ 此行原稿接上一行。各选本依原稿。今改为另起一行，以与后三行成一节。

闭上你的小眼，睫毛堆上黑影，

听这交响带来多少象征①？

孤月冷光不能冰冻热情，

理性的禁符不能镇压真性②。

我在竹涛③的微怨声下，

已诀别了往年的心灵和生的憧憬！

1928，于西寺

青春的花影④

是谁送来我象征的消信⑤？

我哟，灵魂早不徘徊于蔷薇花影⑥。

那是最后的玫瑰⑦，

尖锐的刺陷破我朦胧梦境。⑧

---

① 象征：气象征候。本指事物所表现的意义。此喻革命运动如交响曲振奋人心。

② 理性的禁符：禁符，本指道家用以禁制鬼神作恶的书符。此作从理智上指导和控制行为能力的法条。真性：即指革命真理。全句犹言：不能用反动当局的法律条款镇压住革命的真理。

③ 竹涛：竹林中的风涛。西寺后山历有竹林，于今尚存。

④ 这是殷夫当年对别人说他与盛淑真初恋之传言的辩解之诗。他说，他的灵魂早已不徘徊于像"蔷薇花影"那样的花前月下谈情说爱，而只爱带刺"玫瑰"般的革命活动。尽管被刺被"朦胧梦境"。但面对"连续汹涌的波涛"似的革命形势，以及反动营垒的监狱，他还是要"送行我最后的憧憬"，哪怕是明天不一定来临。意即决心为革命献身。这才是他"青春的花影"。

⑤ 象征的消信：象征性的消息。此指当时殷夫与盛淑真初恋的传言。

⑥ 此行意言：其实他的灵魂早已不徘徊于像"蔷薇花影"那样的花前月下谈情说爱。

⑦ 此行意言：他最后所爱的是带刺的"玫瑰"。其实是以"玫瑰"喻指参加革命斗争。

⑧ 此行意言：尽管"玫瑰"有尖锐的刺，曾刺破他的革命理想（此指两次被捕入狱）。"陷破"即刺破。"朦胧的梦境"，喻指革命理想。

喘息地凝望连续汹涌的波涛①，

黑色的坚塔在后深闭铁门②。

我送行我最后的憧憬③，

不复有明日或然④的来临！

1928，于西寺

失了影子的人⑤

阳光，在草坪上舞踊⑥，

他纤洁的小小双脚，

吻着软嫩的草尖，

风波中浮举她的金发。

露珠，闪光在草之叶上，

溪水，低泣在修松林下，

我失了影的人，幽魂般，

悲郁地曳步归回故家。

---

① 此行意言：不过在短暂歇息之后又看到了连续兴起的革命运动。"喘息"本指呼吸短促，此作短暂歇息解。"波涛"喻指革命运动。

② 黑色的坚塔：此作反动营垒解。深闭铁门：疑指牢门。

③ 最后的憧憬（chōng jǐng）：最后的向往。意即为革命献身。

④ 或然：有可能，但不一定。

⑤ 这是殷夫离开当年革命中心上海转移象山女小后的感慨诗作。他称自己是"失了影子的人"。一如旧时迷信传言，人死后没有影子。亦即诗中所谓的"幽魂般"。因而使他感觉小小双脚"吻着软嫩的草尖""悲郁地曳步归回故家""无尽的奔波""征衣创处吹嘘着泥土呼吸"，好比"才归自青春的出殡""追逐磷光""带着死的尖刺""也一齐要散佚消亡"！从中可见，他对于革命的无限真性。此诗曾入选《殷夫集》。

⑥ 舞踊：舞动着向上跳跃。

他的皮孔放着异乡的气息，
眼眶下堆满绞泪①的纹痕。

　逝兮，是欢乐；
　死兮，是童心；
无尽，无尽的奔波。

山之巅，水之阴②，
探透幽毵毵的生之丛林③。
征衣创处吹嘘着泥土呼吸④，
他才归自青春的出殡⑤。

松鸣淡惨惨，⑥
溪流咽着⑦它宿命途程。
静夜的月凉如水，
秘密心病。

他曾追逐磷光，⑧

---

① 堆满绞泪:原稿作"堆绞满泪","绞"与"满"颠倒。《殷夫集》依原稿,亦颠倒。今正之。绞泪,绞结(错综纠结)的泪水。

② 此行原稿为另起一行。《殷夫集》改作接上一行,误。今依原稿。此行实即写西寺的山水,山之巅,指西寺之东的凤跃峰;水之阴,指西寺之西南之凤跃溪。古称山之阴为北,水之阴为南。

③ 此行意言:他曾探测穿过阴暗枝条细长的生活丛林。喻指社会之阴暗。幽毵毵(sān sān),此作阴暗枝条细长解。

④ 此行意言:他此前征战衣衫破口处已经呼吸着泥土气息。犹指他已入土。

⑤ 此行意言:他这次回乡好比是刚刚从出殡之后归来。

⑥ 此行原稿为另起一行。《殷夫集》作接上一行,误。今正之。

⑦ 溪流咽着:原稿作"溪咽流着","咽"与"流"颠倒。《殷夫集》依原稿,亦颠倒。今正之。

⑧ 此行原稿为另起一行。《殷夫集》作接上一行,误。今正之。

磷光消隐，偕去了他的影。

飞扬着叹息的微丝①——

归去，带着死的尖刺！

没有一个鸟儿会歌唱，

没有一颗星儿会闪光。

阳光在草坪上舞踊，

失了影的人在溪畔徜徉。

但一会儿也，和一切——

也一齐要散佚消亡。

1928，在西寺

我还在异乡②

孤荒！

我身还在异乡。

海崖下反覆空虚的悲响③，

拥挤着生淡容貌④。

秋虫传报凄凉。

---

① 微丝：《殷夫集》改作"微光"，误。今从原稿。

② 这是殷夫回到故乡大徐村时的纠结吟哦。因为是"孤荒"，使他感觉"我还在异乡"。但是当他身临其境，却又回忆起从前的生活情景和如今的别样感受。真所谓"乡愁是割不断的情怀"！此诗曾入选《殷夫集》。

③ 此行指大徐村之西的象山港支港西沪港海岸下海潮起落反复着的空虚悲响。反覆：原稿如此。《殷夫集》改作"反复"。今从原稿。

④ 此行指海浪前后相拥显示的陌生又冷淡的面容。生淡：陌生冷淡。

071

珠山①的顶戴,

云的冠冕,汽的帐。

这千古沉默的Sphinx②,

构想,构想,

人间荒凉,

谜样。

久忘的故家③,

残白,破户,和月季花,

薄云,帆般的飞,快。

古红的床儿④,

睡过哥姐,母亲,爸爸。

顶上的花饰已,已歪。

谁家,呀?

檐下;我记得,

读倦了唐诗,

抱膝闲暇⑤。

---

① 珠山:见第065页注③。

② Sphinx:英文,通译为"斯芬克斯"。指古希腊神话中一种长翼的狮身人面女神。传说她常在路边叫行人猜谜:"什么动物走路时,早晨四条腿,中午两条腿,晚上三条腿?而腿最多时最无能。"史称"斯芬克斯之谜"。行人若猜不出,即遭其杀害。所以,殷夫在后句称之为"谜样"。

③ 故家:见第065页注⑤。

④ 古红的床儿:指原在殷夫故家东首大房内的古红色镶倚栏大床。据说是殷夫祖父徐启岳与祖母王氏的婚床。后又作殷夫父亲徐忠庸与母亲钱月嫦的婚床,故殷夫与其哥姊六人皆生此床。1923年1月23日,徐培根与张次云结婚时,张家嫁来三弯凉床,才将此床移至西首大房。由此可知,殷夫1928年秋冬所见此床,是在西首大房。因历时已百余载,所以床顶的雕花板已经歪斜。殷夫甚至发问:"谁家,呀?"

⑤ 这是殷夫诗文中唯一述及童年曾读唐诗的文字。足见其诗歌学养的家教渊源。

浮想着天涯，海洋，

飞越而去，幻想，

涣散了现实的尘网①。

绿色泛溢的后园②，

春泥气氛。

草丛上露珠闪金，

旋舞着金的、绿的、红的苍蝇。

干草堆儿，

母鸡样，

慈和地拥我孵过③冬阳。

如今，异样，

我只感孤凉。

依旧，是天上的帆像④，

却衰老了罗盖般的孤桑⑤。

同样，

---

① 此行意言：家庭成员（主要是兄弟姊妹）因为各奔前程，使尘世间束缚人们手脚的罗网也涣散了。尘网：即尘世间种种束缚如罗网一般，故称。

② 后园：见第065页注⑤。值得注意的是，殷夫父亲徐忠庸卒后曾浮厝后园西北角小竹林旁。殷夫1928年回家时，其棺木尚在这里。而他却不曾一提，不知为何？

③ 孵过：原稿作"哺过"，误。《殷夫集》作"晡过"，亦误。因"晡（bū）"是黄昏或晚上之谓，而"哺"则是哺养，均与句意不合。今正之。

④ 天上的帆像：指天空中的白云像风帆似的飘动。

⑤ 孤桑：殷夫故家后园西首，原有古老桑树一棵，高大，形若罗盖。

分飞，漂泊，死亡①；

我也把我过去送葬。

不忍辨，

这已不是我的家乡。

唔，那云海中央，

淡轻的汽幰②，幽香。

云母似的月儿，

深碧的天衣笼我身上。

海底的女妖③交唱，

夜莺的清愁悲腔，

——我心的比牙琴的奏鸣哟！

我是在异乡，孤荒！

1928，在西寺

---

① 分飞：指其大姐徐祝三出嫁丹城蒋景辰，大哥徐培根赴德国留学，大嫂张次云与子侄寄居丹城城隍庙隔壁"徐第"，二哥徐兰庭去白墩码头通惠轮船公司打工，三哥徐文达在县立女小教书，三嫂周素菊与子女别居丹城小河头，二姐徐素云在女小任校长。母亲钱月嫦又随素云在丹城生活。故家仅留住二嫂陈素英及其子女。漂泊：当指这些家人在外以及殷夫本人在上海居无定所。死亡：指其父亲徐忠庸于1920年1月8日病故。

② 汽幰：此指西沪港港面上的水雾。

③ 海底的女妖：即传说中的海神之女。

给——好友①

冷风刮过你的面颊，

我只低头凝思②。

你呜咽③着向我诉说，

但天哟，这是最后一次。

死的心弦不能作青春的奏鸣，

凝定④的血液难叫它热烈的沸腾。

我今天，好友，告别你，

秋日的寒风要吹灭了深空孤星！

我没有眼泪来倍加你的伤心，

我没有热情来慰问你的孤零。

---

① 此诗作于"1928，10月31日"，题作《给——》。因诗集《孩儿塔》原稿中，以此为题的短诗有3首，故取本诗中"好友"一词加之，以成今题，避免重题之嫌。这位"好友"是谁？据当年象山县立女小学生钱定宝(丹城南门村人)和周似春(大徐村人，后为上海化工专家)于1980年前后回忆，他应当是宁海革命作家柔石烈士。她们都说，柔石是与殷夫、王顺芳一起来女小的。他戴眼镜，长头发，穿西装，宁海口音，住在女小教学楼楼上朝北房间，与她们高年级教室贴隔壁。她们曾问"白老师"(即殷夫)：这是谁？他说："这是宁海作家柔石先生。"柔石在女小住了大约一星期，他还曾指导她们排演《柏林之围》节目。后来不见了，可能是回宁海老家了。因此，可以认为此诗是殷夫写给柔石的告别诗。但是，柔石因何"呜咽诉说"，又因何"倍加伤心"，却是不得而知。况且宁海文史界研究柔石烈士，至今也未发现他曾经到过象山。所以，此事有待进一步考证核实。此诗曾入选人文版《殷夫诗文选集》和《殷夫选集》、小丛书《孩儿塔》以及《殷夫集》。

② 凝思：凝神思考。

③ 呜咽：小声哭泣。原稿作"咽呜"，误。《殷夫集》依原稿，亦误。其他选本均作"呜咽"。今从之。

④ 凝定：凝结固定。

没有握手和接吻，

我不敢，不忍亦不能！

请别为我啜泣①，

我委之于深壑无惜。②

把你眼光注视光明前途，

勇敢！不用叹息！

1928，10月31日

心③

我的心是死了，不复动弹，

过往的青春美梦今后难再。

我的心停滞，不再驰奔，

红的枫叶④报道秋光老衰。

我用我死灰般的诗句送葬尸骸，

我的心口已奔涌不出光彩灿烂。

---

① 啜(chuò)泣：抽噎、哽咽。

② 此行意言：我委曲于深谷沟壑并不可惜。委之：委托。此作委曲解。深壑：即深谷沟壑，犹深渊。

③ 此诗"1928，11月于西寺"作，题曰《心》，是殷夫抒发当时心情的心曲之一。他因为"过往的青春美梦今后难再""心口已奔涌不出光彩灿烂"，又看到西寺"红的枫叶报道秋光老衰"，听到"猫头鹰在深夜孤注"，因而"泪珠雨样飞散"。这可能是他这次初回象山的感觉。不日，他即呼唤"热情"归来，"在我胸中燃焚"（见后诗《归来》）。此诗曾入选人文版《殷夫诗文选集》和《殷夫选集》及《殷夫集》。

④ 红的枫叶：西寺旧时周边山上多枫树，每逢深秋时节，"满山红叶如火"，文人雅士结伴而来观赏，吟咏不绝。后因乱砍滥伐，逐渐消失。

猫头鹰①，听，在深夜孤泣，

我最后的泪珠雨样飞散……

1928，11月于西寺

归　来②

归来哟！我的热情，

在我胸中燃焚，

青春的狂悖③吧！

革命的赤忱吧！

我，我都无限饥馑！

归来哟！我的热情，

回复我已过的生命——

尽日是工作与兴奋，

每夜是红花的梦影！

回归哟！来占我空心。

1928，11月于西寺

---

① 猫头鹰：亦称鸮，领羽多褐色，缀黑斑，两眼同位于正前方，嘴和爪钩状、锐利，昼伏夜出，捕食鼠、雀及大型昆虫。其啼鸣之声，人们多以为不吉利，故称之为"嘱魂"。

② 此诗亦"1928，11月于西寺"作，题曰《归来》，意即呼唤"热情"归来，"在我胸中燃焚"。这是殷夫"回复我已过的生命"，希望"尽日是工作与兴奋，每夜是红花的梦影"誓词。此诗曾入选人文版《殷夫诗文选集》和《殷夫选集》及《殷夫集》。

③ 狂悖(bèi)：狂妄背理貌，此作革命斗争精神解。原稿作"狂狒"，查考字书无"狒"字。各选本均改为"狂悖"。今从之。

星 儿①

我们，手携手，肩并肩，
踏着云桥②向前。
星儿在右边，
星儿在左边。

霞彩向我们眨眼③，
我在你瞳人中看见④。
——我要吻你玫瑰色的眼圈，
这次你再不要躲闪。⑤

云雀的歌儿声清甜，
像飞散虹线⑥。
撩动着，
把我心门摇开。

---

① 此诗"1928，于西寺"作，题曰《星儿》，是殷夫某夜与好友在西寺观赏星星引发的对革命的赞美和向往之曲。诗中的"我们"，当指好友王顺芳与陈元达。"你"则是夜空中的"星儿"，喻指革命。此诗曾入选《殷夫集》。

② 云桥：神话传说中银河上的桥。此疑指西寺南侧凤跃溪上的高石桥。原为出入寺院的通道，后因开通沿山公路而废除，今仅存东、西两端古桥墩。

③ 此行意言：星儿放着彩色的霞光正在向殷夫他们眨眼。喻指革命正在召唤。

④ 此行意言：革命的眼睛应当还看见我殷夫。瞳人，即瞳仁，眼睛。

⑤ 此二行意言：因此他要接吻玫瑰色的革命眼眶，希望革命再不要躲避闪开。

⑥ 此二行意言：革命的歌声清新甜美，像彩虹飞散在空中的七色彩带。云雀，天空中的山雀（麻雀），此亦喻指革命。

心门里高坐奇美①，
颈儿旁围披了蔷薇花圈②——
青春底传奇的献礼，
还留在你的项边③。

心门不再流出火烟，
火烟已变成光华荣艳。④
灵府如一座宝牙宫殿，
你，你倚立阶前。⑤

太空多明星，
太空多生命。⑥
我们手携手，肩并肩，
向前，向前，不停！

1928，于西寺

---

① 此行意言：我心里依然高高地怀着奇异的革命美景。奇美，此作奇妙的革命美景解，犹共产主义远大理想。

② 此行意言：革命的头颈上还圈着蔷薇的花环。花圈，此作花环解。

③ 此二行解释"蔷薇花环"的来历：这是我们青春的革命传奇式的献礼，还留存在革命的颈项上。前的"底"，即"的"。后行的"你"，原稿作"她"，易生歧义。《殷夫集》依原稿。今改之。项边，原稿如此。《殷夫集》作"腮边"，误。今从原稿。

④ 此二行意言：正因为如此，殷夫心中不再流露怒火，怒火已变成了革命的光华和绝情。火烟：此作怒火，怒气解。

⑤ 此二行意言：我的心中好似是一座用象牙装饰的宝殿，革命就倚立在宝殿的台阶前。灵府，即心。宝牙宫殿，用象牙装饰的宝殿。此疑指西寺的天王殿和大雄宝殿。

⑥ 此二行意言：革命运动中有很多著名的志士（即明星），又有众多的参与者（即生命）。

给母亲①

我不怪你对我一段厚爱，
你的慈恺②，无涯。
但我求的是青春的生活，
因为韶光③一去不再来。

那灼人的玫瑰花儿影④，
燃心的美甜梦景。
要会一旦袭入你古老脑幕⑤，
我不须在深夜呻吟。

但现在，我也有新的生命，
不怕浪漫的痴情⑥再缠萦心庭。
在深夜山风呼啸掠过，
我聆听到时代悲哀的哭声。

此后，我得再造我的前程，

---

①这又是殷夫写给母亲钱月嫦的诗。钱月嫦，见第026页注①。此诗与前诗的主旨有所不同。此诗是向母亲表示，他已有了"新的生命"，要"再造前程"，"去获得新生"，犹如向母亲告别。而前诗仅对母亲提出希望，希望她能随着"光阴逝去"，重新回到人间，面对现实。此诗曾入选人文版《殷夫诗文选集》《殷夫选集》和《殷夫集》。

②慈恺(kǎi)：慈祥安乐。

③韶光：美好时光。通常指春光，亦指人的青春时期。

④玫瑰花儿影：喻指此前的革命活动。

⑤古老脑幕：指传统的思想观念。比如对殷夫参加革命活动的担忧。

⑥浪漫的痴情：指对于革命的深情。

收回转我过往的热情。

热情固灼燃起青春旧灰，

但也叫着我去获得新生！①

1928，于西寺

夜　起②

苍凉的孤月悬在中天，

她③的哭泣已有千年。

千年的韶光衰残，

她总孤独地在碧空蹁跹。

夜风在林间呼嘘，

淡影横过菜畦④。

谁把幽伤的琴声⑤，

奏弄于高石桥下？

夜，殓衣⑥般裹着吧！

---

① 这节四行即是殷夫决心回归革命决心的宣示。事实也是如此，他与王顺芳、陈元达在象山女小"代课"期间，曾以"游山玩水"为名，深入白墩码头调查海员工人生活状况，又到殷夫故乡大徐村了解农民经济收入和日常生活情状，还到渔村爵溪考察渔民生产与生活现状。同时利用当时全县学生文艺会演之机，组织女小学生排演《逼债》《柏林之图》和《小小画笔》等节目，宣传革命思想，社会影响较大，还曾引起当时国民党县党部书记长注目。

② 此诗"1928，于西寺"作，题曰《夜起》，是殷夫某夜随母住西寺念佛堂时，于"三更时分"起身，面对"苍凉的孤月"抒发"心中的幻象"的歌吟。此诗曾入选《殷夫集》。

③ 她：指孤月(下同)。

④ 菜畦：寺僧种植的菜地。原在山门外西侧。

⑤ 琴声：指高石桥下凤跃溪的流水声。

⑥ 殓衣：死者穿着的黑衣。此喻指夜色。

墓山中也飞不起半影青磷①，

无热的火光也难在冷夜，

燃起他们已死的青春。

谁知道我枯心却在焦渴，

谁知道我把泪珠偷滴？

我心将爆裂，心将毁灭，

心中的幻象永难扑熄？

正当这个时分，

也无人把残夜报道三更②。

幽怨的女神将对林低回③，

这，即是我枯寂的心影。

我的心有蔷薇刺儿痕，

鲜血珠泉泪流难停。

我生命即使早日夭亡，

伤痕中也留下她的面影④。

复活的情火把我硬骨灰化，

冷夜寒风中也幻见明春。

玫瑰花的容光⑤，

---

① 墓山：筑有众多坟墓的山坡，指西寺西侧山地。今已不存。青磷：即磷火，俗称"鬼火"。

② 三更：约半夜子时（23时至次日1时）。

③ 低回：原稿作"低徊"。《殷夫集》改作"低回"。今从之。

④ 她的面影：喻指"孤月"。

⑤ 玫瑰花的容光：喻指革命烈火。

照临吧，我的孤身！

寒凛的残夜，

苍月，凄风，远处虫鸣。

我默祷几时再对山窗①，

得着或失去我的生命！

1928，于西寺

你已然胜利了②

你永远的丑小鸭③哟，

你该在今宵告别你的痴情。

当你静听着丧钟鸣奏，

你该说："我最后获胜。"

死的胜利，永久的胜利，

人生最后的偎抱④是灰黑死衣！

今日还是你秉有憎恶和爱情，

---

① 山窗：念佛堂北墙对山的窗口。

② 此诗"1928，于西寺"作，题曰《你已然胜利了》。题中和诗中的"你"，皆指殷夫自己。"已然"即已经如此。是什么使殷夫觉得已经如此胜利了呢？今读全诗，可知他是因为"告别痴情"，"割断了恋念和情思"，所以称之为"最后获胜""永久的胜利"。这显然是他告别与盛淑真女士之间初恋关系的一种宣示。后诗《我爱了……》，即是个中原因之说明。此诗曾入选《殷夫集》。

③ 丑小鸭：《安徒生童话》的一个名篇，说的是有一只小鸭长得又大又丑，不仅鸭子们欺负它、取笑它，连鸡也不肯放过它，使它受尽了苦难。但它谦卑善良，一天竟然变成了美丽的白天鹅。殷夫于此以"丑小鸭"比喻处境困难的自己。

④ 偎抱：偎依怀抱。原稿作"慰抱"，"慰"疑为"偎"之误。《殷夫集》依原稿。今正之。死衣：即殓衣。

明晨，你得吹熄你鼻尖冷气。

光荣的野心①燃不起死的枯灰，

青春的绿光难照活黄昏的颓蓓②。

沙哑的诗喉对猫头鹰歌唱，

死骑的槁踵③在你坟上踏遍。

这时，别去你热情和高傲，

断割了恋念和情思；

埋葬了你忧烦、惊慌和苦恼，

丧钟即是你胜利的颂诗！

1928，于西寺

我爱了……④

我爱了俗人之爱⑤，

我的心，好难受！

---

① 光荣的野心：革命的雄心壮志。

② 颓蓓：原稿作"颓苦"。《殷夫集》改作"颓蓓"。今从之。

③ 槁踵：干枯的脚后跟。

④ 此诗"1928，于西寺"作，题为《我爱了……》。此题实即诗中多节首行"我爱，俗人之爱"的省略。俗人之爱，指平庸的人的恋爱。而在殷夫看来，爱情是至高无上的。他此前不是说"生命诚可贵，爱情价更高"吗？但他与盛淑真的初恋，爱的却是"不复是未放的蓓蕾"。因为她的父亲已将她许字给了嘉兴赵某，而且还连续来信催她回杭州订婚。所以使殷夫"好难受"，"几个深夜不会成眠"，"尽无忧间流泪""无日不悲叹"，认为"爱情的苦毒在我肩上磨难"，终于喊出了"我爱了俗人之爱"。这就是他在前诗《你已然胜利了》中宣称的"割断了恋念和情思"的原因所在。此诗曾入选《殷夫集》。

⑤ 俗人之爱：世俗或庸俗之人的爱恋。殷夫当时因为"已知道"盛家欲将盛淑真嫁与嘉兴赵某，故有此感慨。

五月的蔷薇①开上她的面颊，

两颗星眼②吸我不能回头。

我爱了俗人之爱，

几个深夜不会成眠。

梦中，她像棵③常绿小草，

长于桃红色的仙殿④。

我爱了俗人之爱，

使我尽天忧闷流泪。

因为我已知道，

她的心不复是未放蓓蕾⑤。

我爱了俗人之爱，

累我无日不悲叹。

担尽了惊悸、忧虑和烦恼，

爱情的苦毒⑥在我肩上磨难！

1928，于西寺

---

①五月的蔷薇：原稿作"五旬的蔷薇"，《殷夫集》依原稿。"五旬"疑为"五月"之误，今改之。

②星眼：星星一般的眼睛，指明亮的眼睛。

③"梦中"之后，原稿无逗号，今据语意加之。棵，原稿作"颗"，误。今正之。《殷夫集》均依原稿，不妥。

④桃红色的仙殿：神话传说中的西王母举行蟠桃大会的宫殿。

⑤不复是未放蓓蕾：不再是尚未开放的花蕾。意指盛淑真已经有了婚配。1985年盛淑真先生回访象山时，再三地说她当年来象山女小任教，是属于逃婚性质。但到了象山，殷夫及其母亲对她没有任何表示，只有大姐夫蒋殿英曾说："要不要与阿白（即殷夫）谈谈？"这使她有失自尊心，没有同意。盛先生还说："读这首诗，好比是冷灰里爆出青石子！他当年是如此爱我，为什么不对我说呢？"说到此，她即泪流满面，号啕大哭了起来。

⑥苦毒：苦恼与毒辣。

自　恶^①

把你自己毁坏了吧，恶人，
这是你唯一的报复。
因为你的是一个高洁的灵魂，
不如世人的污浊。

你是至美、至尊的^②恶人，
可以把世界鄙薄。
你不须求人谅解你的精神，
你的，^③是该在世上永久孤独。

世界只无价的才是宝星^④，
闪光的珠玉也尽是污浊，
肉耳总难鉴赏你的清音，
世人爱的是蠢豕愚鹿^⑤！

你胸中蕴藏了稀有^⑥的光和美，

---

① 此诗"1928，于西寺"作，题曰《自恶》，意为自己厌恶(wù)自己。诗中的"你"，即是殷夫自己。他自称"是一个高洁的灵魂，不如世人的污浊"，因此"该在世人永久孤独"，成了"至美、至尊的恶人"。面对"世人爱的是蠢豕、愚鹿"的社会现实，他只能"毁坏"自己，"尽可把人血饮沐"(意即参加革命斗争)。这便是他所谓的"自恶"。

② 此处原稿有逗号，疑为多余。《殷夫集》依原稿。今删之。

③ 此处原稿无逗号。《殷夫集》依原稿。今据语意，加之。

④ 宝星：宝贵的明星。

⑤ 蠢豕(shǐ)愚鹿：蠢猪笨鹿。喻指蠢材、笨蛋之辈。

⑥ 稀有：原稿作"希有"。《殷夫集》依原稿。"希"通"稀"，今据语意，改之。

日复一日幽幽泣哭。

你温热的泪水清澄，

每个早晨①把它们洗浴。

你是自然的独生精灵，

人们总难把你抚摸。

他们难见顶上晶莹的明星，

只是把龌龊的衣带②扪触。

你在世上只有毁坏，

这是你唯一的报复。

世人尽蠢逐污浪，

你也尽可把人血饮沐！

1928，于西寺

生命，尖刺刺③

生命，我今晨才把你认清，

在草丛中摇曳天风，

轻轻的散雾在四面浮动。

---

① 每个早晨：原稿作"每个晨"，《殷夫集》依原稿。漏了一个"早"字，今补之。

② 龌龊的衣带：不干净的衣服和帽子上的带子。此喻指高官厚禄。

③ 此诗"1928，于西寺"作，题曰《生命，尖刺刺》。这是殷夫对于生命问题的吟咏。他认为生命就像荆棘那样，"尖刺刺入人心"。自己虽有"一把火样的热情"，却又"带了一把剪刀般的薄命"。因为曾经被引入"黑暗森林"（指参加地下革命斗争），"渴饮人类灵魂"（指共产主义理想），结果被"尖的刺儿，刺进心的深境"！现在又因为离开了革命，生命成了"枯莽和死藤"。因此，他"想毁弃生命"，"拔去尖刺，和着生命"。可见他正是"不忘初心，牢记使命"。此诗曾入选《殷夫集》。

我立于高山之巅，

面对大自然的虚空。

哟！无限的感伤，①

硬性的泪水掩住瞳孔。

生命，我认清了你，

你荆棘②样的，

尖刺刺入人心！

生命，你生来就面目狰狞，

你是贪婪又凶狠。

你给我的赐赠——

一把火样的热情，

却孪带了一把剪刀般的薄命③！

你把我在黑暗森林中引进，④

我从你处接受了可诅咒的青春⑤。

但你又磨难着我，

看我在深谷中呻吟。

生命哟，我知道你的本性，

你渴饮的是人类灵魂。⑥

---

① 此行原稿紧接上一行。《殷夫集》依原稿。今据诗意，作分节处理。

② 荆棘：泛指山野丛生的带刺小灌木。常用以比喻纷乱的时局或艰难的处境，亦喻违逆的人心。

③ 剪刀般的薄命：俗称"剪刀命"。喻小命薄福。

④ 此行原稿紧接上一行。各选本依原稿。今据诗意，作分节处理。黑暗森林：喻指地下革命斗争。

⑤ 可诅咒的青春：可以咒骂人的青春。亦即与国民党反动派作对的青春。

⑥ 人类灵魂：此作共产主义理想解。

我呀，秉有这脆弱的虚心，
怎禁她那含情的转盼一瞬？
哪知道①这就是尖的刺儿，
刺进在我心的深境！

我曾几夜遗失了睡眠，
我曾决几斗酸泪②暗流不停。
焦渴的幻想扼住我的呼吸，
幸福的沉梦驱散我悲愁光阴。

呵！那朵白玫瑰的蓓蕾③，
我宁可早日诅咒她憔悴。
她的美好践碎我的心，
她的冷酷赛如冰的块。

我是想毁弃生命，
生命，枯莽和死藤！
我深悔在高傲的山崖上面，
不把畸零的影儿飞堕④。

呵！生命尖刺刺，
刺入我心流血丝。

---

① 哪知道：原稿作"那知道"。误。《殷夫集》依原稿。今正之。
② 决几斗酸泪：决泄几许酸泪。几斗，犹几许，许多。
③ 蓓蕾：原稿作"菩蕾"，误。《殷夫集》改为"蓓蕾"。今从之。
④ 此行意言：没有把孤零零的身影从山崖上跳下去。畸零：孤零零。飞堕：飞一般堕落，亦即跳下去。

只有死，伟大的死，

拔去刺，和着生命！

1928，于西寺

跋　诗①

　　1927夏，我曾写了一篇长诗《萍》，只成了一部分，约五六百行。
因生活不安定，原稿失去不能追寻。1928本有重写计划，但情绪已去，
只余下短短的一些，这便成这一篇。②

我的朋友，真③，

这就是我的残稿一份。

这印着的④是我过去，

过去的情热，

和我幼小纯洁的真心。

但这是过去了，朋友，

---

　　① 此诗"1928，于西寺"作，原稿题作《Epiloguc》，英文，即跋诗。今为方便阅读与引用，
改以中文名，题曰《跋诗》。跋诗是诗体的一种，因多写在长诗序诗与正诗之后，用以评介或
说明写作过程，故名。殷夫的长诗《在死神未到之前》就有跋诗。

　　② 此是这首《跋诗》的小序，说明它的由来。殷夫说，这是他的长诗《萍》的一部分，"因
生活不安定，原稿失去不能追寻"。其实那首长诗《萍》，就是发表在1928年4月1日出版的
《太阳月刊》4月号上的《在死神未到之前》，署名"任夫"。全诗共512行，诗末注"1927，6月5
日夜半于狱中"。他之所以称之为《萍》，有两种可能：一是可能这首长诗原题就作《萍》。因
为诗中确有"我十七年的生命，像飘泊的浮萍"等语。而《太阳月刊》编者改题为《在死神未
到之前》；二是可能殷夫为避免反动当局追查，让他的诗集《孩儿塔》能够公开出版，所以故
意改称为《萍》。

　　③ 真：指盛淑真。详见本书第039页注①。

　　④ 印着的：原稿无"的"字。各选本依原稿。今加之。

我已杀死我以往生命①。

　　我不是说明晨，

　　明晨我就要离去②，

离去故乡，和你的深情！

我觉得，我的青春，

已把热焰燃尽，

　　我以后的途道，

　　枯干又艰困，

我不能不负上重任！

离去我的故乡旧村③，

我要把我的新生追寻。

　　把以前的一切殡葬了，

　　把恩惠仇爱都结束了，

此后我开始在世上驰骋。

我恳求你忘去我，真，

我的影子不值久居你的心中。

　　今晚我跪着为你祈祝④，

　　明晨我也不能给你握手告行，

我要起程，我孤苦的奔行。

1928，于西寺

---

① 以往生命：指此前与盛孰真交友和初恋的年月。

② 此指殷夫原本打算与王顺芳一起返沪。后因其大嫂张次云怕他再生事端而不给盘缠与学费，未能成行。

③ 故乡旧村：即当年怀珠乡大徐村，1929年改属虎山乡。今属大徐镇。

④ 祈祝：祈祷祝福。

给——姑娘①

And though our dream at last is ended,

My bosom still esteems you dearly.

—Byron②

我今天，在这清冷的下午，

我见了你的侧影。

罪恶的差过③山样高耸，

我的心从胸中爆迸！

哪里是我思想的清高？④

哪里⑤有我真热的感情？

---

① 此诗"1928，于西寺"作，原稿题作《给——》。今如前诗《给——好友》题解，本诗第四节之"姑娘"加之，以"给——姑娘"为题。此"姑娘"，显然是指盛淑真，详见第039页注①。此诗仅入选《殷夫集》。

② Byron：英文，译音"拜伦"，即乔治·戈登·拜伦（GeorgeGordonByron，1788—1824），英国浪漫主义诗人。出身于破落贵族家庭，10岁承继男爵爵位，曾在哈罗中学和剑桥大学三一学院读书。20岁世袭上议院议员席位，后历游葡萄牙、西班牙、阿尔巴尼亚、希腊、土耳其等国，曾在上议院发表演说，反对政府镇压捣毁机器的工人运动。妻子忽然离他而去，上流社会又对他攻击，遂侨居瑞士。遇本国著名诗人雪莱，成为知己。后迁居意大利，并再婚，参加烧炭党反对奥地利占领者的斗争。又倾囊支持希腊人民反对土耳其的解放斗争，并亲临指挥。因淋雨发烧，病亡于希腊军中，年仅31岁。一生诗作极丰，代表作有长诗《恰尔德·哈罗德游记》《审判的幻景》等。上两行为其诗《给莱丝比娅》中的两行，大意是："虽然我们的梦最后已经告终，/我的心依然对你怀着亲切的敬意。"

③ 差过：差错与过失。指此前与盛淑真交友和初恋。

④ 此行，原稿紧接上一行。《殷夫集》作分节处理。今从之。哪里：原稿作"那里"。《殷夫集》依原稿。今据语气，改之。

⑤ 哪里：原稿作"那里"。《殷夫集》依原稿。今据语气，改之。

一切是巧调①，

一切是空论。

我是一枚酷毒的尖刺，

孤零②地在荆棘中生存。

你为我受尽苦辱，

你也是父爱母慈的中心。

我蹂躏你，

我侮辱你。

我用了死的尖刺，

透穿了你的方寸。

你伟大的心，

和解放的灵魂，

只换得讥嘲，

只换得伪笑，

掩埋了青春，

殡葬情热的梦影。

姑娘哟，我们的梦已终了，

我心中仍把你膜拜③尊敬。

是我罪恶，

是我残酷。

我见的侧影，

① 巧调：巧言调笑。指此前初恋不过是表面说得好听，而实际是不真实的。

② 孤零：原稿作"孤另"，误。《殷夫集》改作"孤零"。今从之。

③ 膜拜：原稿作"摹拜"，误。《殷夫集》于"摹"后括注"膜"。今径改之。

我说："救慰你非我可能……"

1928，于西寺

残 歌①

姑娘哟，你的乌云②，

我引用这破旧的名，

形容你秀散的头发。

你的发儿煽痛我的心，

我要，吞吃你那对兔儿眼睛！

你好似一枝白色的郁金香，③

孤傲傲地摇立在沙漠中心，

你的叶脉中混流着银河的甘露。

当朝阳新妆，哟，

你闪发你稀有④的静美，

呵，呵，你的美扼痛人的心！

---

① 此诗"1928，于西寺"作，题曰《残歌》，是殷夫与女友盛淑真分手之时的残存之歌。用他在诗中所说的话而言，这是"短音阶的哀乐中呻唱"！从中可见他对于盛女士的爱是多么的深切。1980年，盛淑真先生回访象山时读到这首诗，不禁失声痛哭，说："这真如冷灰里爆出青石子！白哥哥呀，你当年为什么只在肚子里做文章，不对我说呀？我如果知道你有这般深情，我是绝不会离开象山回杭州的。这真是天数啊！天数……"此诗曾入选《殷夫集》。

② 乌云：旧时常比喻妇女的黑色鬓发。北宋诗人苏轼有"行当要向钗头见，病起乌云正作堆"句。

③ 此行原稿接上一行。《殷夫集》依原稿。今据诗意，作分节处理。郁金香：多年生草本植物，叶广披针形，有白粉，花有多种颜色，花心黑紫色，花瓣倒卵形，结蒴果。可供观赏，根与花可入药。

④ 稀有：原稿作"希有"。《殷夫集》依原稿。今改之。

姑娘哟，你那末美好，①

你和稚鹿一样的活泼年青。

可是你丰满的胸脯底下，

伏的却是一颗冷硬的心？

焦思使我发狂，

我幻觉夺去了我的睡眠。

我的精神环飞穹宇，

到处，到处都有你的幻影！

伟大的姑娘，你这样支配着我，②

这样支配着我，

你的美好已吃食了我的灵魂！

天，谁能责我这单面狂热，

你的容颜不能战胜。

我的灵魂像根芦草，

你却是狂飙一阵，

把我整个地，整个地，

带入你的怀抱去吧！

我愿上山巅，③

我愿卷入海洋底深深，

只要你，你美丽的力士，

---

① 此行原稿接上一行。《殷夫集》依原稿。今据诗意，作分节处理。

② 此行原稿接上一行。《殷夫集》依原稿。今据诗意，作分节处理。

③ 此行原稿接上一行。《殷夫集》依原稿。今据诗意，作分节处理。

你抱着我轻渺的孤身。

我只要见你，
见你这对兔儿眼睛，
你的红润樱吻①，
我便是驾临世界的幸运！

我是名盖历史的凯撒，②
我是威震全球的拿破仑③。
可怜哟，我的幻影，
我若是还有青春，
我也该使它流亡如一热吻！

硬心的姑娘哟④，
你怎不能察我深心？
你昨天，唉，颊上飞浮桃雾⑤。
我要是，是你心中的……
不敢向你说出的深誓：
"为我，拿去我的心！"

---

① 樱吻：樱桃般嘴唇的亲吻。

② 此行原稿接上一行。《殷夫集》依原稿。今据诗意，作分节处理。凯撒：今通译"恺撒"，即盖尤斯·尤利乌斯·恺撒（Gaius Julius Caesar，约前100—前44），古罗马统帅，政治家和作家。他是罗马帝国的奠基者，史称"凯撒大帝"。著有《高卢战记》《内战记》等，文风简洁，有"拉丁文范文"之称。

③ 拿破仑：原稿作"拿坡仑"，即拿破仑·波拿巴（Napoléon Bonaparte，1769—1821），法国政治家、军事家。早年支持资产阶级革命，由上尉晋升为将军，历任内防军副司令、意大利方面军司令、埃及远征军司令，法兰西第一帝国皇帝，兼意大利国王，史称"拿破仑一世"。

④ 此行原稿接上一行。《殷夫集》依原稿。今据诗意，作分节处理。

⑤ 此行原稿与上一行分节。《殷夫集》依原稿。今据诗意，作并节处理。桃雾：桃色的雾气。雾，雾气。

只逗留在我的焦唇，

一天一天地在等，等，等……

你用你白皙的手儿，

承受这片白纸吧①！

我要你，要你，要你——

明白在字影底下，

怎样狂跳我的心，

怎样乱印热泪与吻痕……

这不是墨的痕迹，

黑的字儿也用我的心血。

难道要待青春枯萎？

难道要待秋雁南回？

短音阶的哀乐中呻唱②：

"残碎的心儿来墓门③，快归？"

1928，于西寺

---

① 这片白纸：即指此诗《残歌》。意言这首《残歌》就写在这片白纸上面。

② 短音阶的哀乐：节奏很快而短促的悲哀乐曲。呻唱：呻吟一般的悲唱。

③ 原稿"墓门"后无逗号。《殷夫集》依原稿。今据语意，加之。

飘遥的东风①

我幻见你是在浩茫的港中②，
港上吹啸着飘遥的东风——③
　东风来自太平洋心窝，
　深掩着古旧的伤剁④，
东风把你向暗沉沉的故乡⑤吹送。

无力的船只⑥戏着涟漪水波，
淡黄的月晖微和衰残的渔歌⑦。
　你有心底受惊的怔忡⑧，

---

①此诗"1928,于西寺"作,题曰《飘遥的东风》。这是殷夫为友人送行的诗作。此友即是王顺芳,他因为转移象山女小后不久,有上海亲戚为他在上海英商公共汽车公司找到了一个职位,于同年12月某日决定回上海谋职。为此,殷夫为他送行。地点是在象山港支港西沪港白墩码头。当年这里设有通惠轮船公司,有小客轮通宁波江北岸码头。再转乘宁波去上海的轮船,即可到达。殷夫二哥徐兰庭就在通惠轮船公司打工。所以,诗题意为飘往远处的东风。"东风"一般作春风解,含有祝福王顺芳一路春之义。此诗曾入《殷夫集》。

②港中:原稿作"江中"。《殷夫集》依原稿。今因知殷夫是在西沪港送行,故改之。后行的"江上"亦同改为"港上"。

③此处原稿作逗号。《殷夫集》依原稿。今改为破折号,以使与后一行语意连贯。第二、第三两节之第四行亦同改之。

④伤剁:即伤口。此指王顺芳转移象山女小之前因参加示威游行而遭反动军警追究之事。

⑤暗沉沉的故乡:指上海。因为王顺芳是上海浦东三林塘人。

⑥无力的船只:即指通惠轮船公司小客轮。因为马力较小,所以一般在傍晚时节开航,第二天早晨才到宁波江北岸。

⑦淡黄的月晖:即傍晚时节。衰残渔歌:西沪港涨潮时节,港面达8万亩左右,时有渔民张网捕鱼,故有远近轻微的渔歌传来。

⑧怔忡(chōng):发愣、忧愁,不安貌。

你有灵府①中难洗的创痛——

你的梦幻是碎破，碎破！

水，银灰色的波纹，

涌起的浪沫一层层。

　机械在重压之下微喟②，

　笛音③在远山之巅缭绕——

去兮，去兮，我的友人！

1928，于西寺

干涸的河床④

在人迹罕到的南山坳⑤边，

---

① 灵府：见《放脚时代的足印》一诗的注（第035页注②）。

② 微喟(kuì)：轻轻叹息。

③ 笛音：小轮船启航的汽笛声。

④ 此诗"1928，于西寺"作。今据诗中所言，这条"干涸的河床"是"在人迹罕至的南山坳边"，往昔是"两旁拱护芳郁青藤，/镜波微涟扰不破苴的绿影。/玉般的白色睡莲伫立，/瞌倦地等着水底的精灵"。可知殷夫少年时代常见此景。询之大徐村老，南山坳就在殷夫故家正对面不到半里处，遂前往实地考察。那里有一条发源于珠山西麓"大佛座"的枫溪自东向西流经而来，溪水冲刷山岩，形成了一个水潭。又因为平时溪水不多，常常呈现干涸的溪滩。后来还发现，从殷夫故家到这里，有一条田岸小路直通溪滩，并有一座古石桥跨溪而过，是从前大徐村通往大磊头、范家山、相思岭各村以及爵溪古城的通道。只可惜前些年枫溪小流域治理时，拆除了古石桥。但枫溪两岸驳砌了石坎，溪中又筑坝蓄水，常年不干。因此从前的情景尚可辨识。关于南山坳边这条溪滩，有个典故是必须一说的。殷夫在此诗中，以诗人的丰满想象，称"林泽的Nymph常来入浴"。Nypmh，英文，通译作"宁芙"，是古希腊神话中，居于山林山泽的半神半人的仙女，常被诗人以"林泽精灵"或"自然女神"入诗。"宁芙"之"宁"，若读作其姓，象山土音同"任"。我们知道，殷夫的第一个笔名就是"任夫"，显然是由"宁芙"谐音而来。不久，他又将"任夫"谐称为"殷夫"，成了他"较普通的笔名"（鲁迅语）。因此，这个干涸的溪滩实即殷夫笔名的得名之处。为此，大徐村目前正在这里打造"殷夫笔名得名处"，以供世人鉴赏与凭吊。此诗曾入选《殷夫集》。

⑤ 南山坳：原稿作"南山墺"。《殷夫集》改作"南山岙"，不妥。因为"岙"是山间平地，指可以住人的地方，如"村岙"。而此处是山下面的溪坳。故改之。

迤逦着一条干涸的河床①。
乌黑的云雾堆满了长天，
往昔的青春于今已往。

忆那时，两旁拱护芳馥青藤，
镜波微涟扰不破茸茸的绿影。
玉般的白色睡莲②伫立，
瞌倦地等候着水底的精灵。

阳光天真地游跃，
林泽的Nymph③常来入浴。
她们润黑的长发，
漂浮在波纹上奔逐。

但——这是一条干涸的河床，
没有青翠翠的屏障，
没有漪涟，
Nymph也都遁迹。
睡莲萎灭，
阳光——也不再停息，
只有乌云密密……

　　　　　　　　　　　　　　1928，于西寺

① 干涸(hé)的河床：见前页注④。
② 睡莲：一称"子午莲"，多年生水生草本植物。叶呈马蹄形，浮于水面，秋季开白花。
③ Nymph：已见前页注④。

别的晚上①

天下着牛毛细雨，淅沥不停，F姑娘将于次日返杭。晚，于惨切的灯光之下，伏枕大哭。我亦悲不能胜，作诗示之。

天空在流着别意的泪水，
我呵，胸中绞缠怨怼！
　但是也罢，
且托着幻想数计我们未来再会。

我生命之筏在时光波上溜过，
没有谁可②给我片刻的留恋。
　萍水一般的，
你的别离却赐赠了心的缠绵！

不用说此后难再同登珠山，
我的眼帘也不能燃灼你天真顾盼。

---

① 此诗"1928，于象山"作。题下之题记，原稿附于诗后。今为便于阅读此诗，移于题下。今据此记，可知殷夫是在"F姑娘将于次日返杭"的晚上写下这首送别诗的。"F姑娘"即指盛淑真。因殷夫1926年在上海民立中学读书时，曾替盛修改过一篇短文，并以盛的笔名"黛芬"发表在上海《天韵》小报上。F即是英文"芬"的声母，此即指代盛。据盛先生晚年回忆，她是1928年12月吃了"冬至汤果"后离开象山返回杭州的。这年冬至是农历十一月十一（阳历12月22日），因此，她应当是1928年12月23日离象返杭。另据当年女小学生钱定宝回忆，那天晚上，她们的盛老师在楼上房间里的床上蚊帐内大哭，边哭边诉说自己在象山受到的冷遇。她们的"白老师"（即殷夫）听到哭声后，在楼下房檐外徘徊于细雨中很久。此说与此诗之题记甚为相合。此诗曾入选《殷夫集》。

② 可：原稿作"何"，误。《殷夫集》作"向"，亦误。今据语意，改之。

　　但我有一句话留你：
　　"你第一个勾引起我纯洁爱念。"

　　姑娘，你别徒流悲哀泪水，
　　眼泪只会增添你胸中的块垒①。
　　　向前去呵，
　　创造去，你幸福的将来！

1928，于象山

致　F②

　　我总想把你的现状记算，
　　你现在已离我千里③。
　　凭我还有几多欢乐，
　　总也难压下我心的悲凄。

　　昨夜，一样的深夜冷气，
　　窗外也一般地阵阵细雨。

---

　　① 块垒：原稿作"傀儡"，误。《殷夫集》于"傀儡"后括注"块垒"。块垒，指郁积于心中的愁闷。今径改之。

　　② 此诗作于"1928"，殷夫致意已离象返杭的"F姑娘"之作。"F姑娘"即盛淑真女士（详见前诗《别的晚上》题注）。原稿此诗编排在《别的晚上》之前，今据诗中有"昨夜"（即1928年12月22日"别的晚上"）之说，可知诗中所言之"今宵"是第二天夜里，即此诗当作于当年12月23日之夜。故移至前诗《别的晚上》之后，以便于阅读理解。此诗曾入选《殷夫集》，依原稿排列。今改之。

　　③ 千里：形容路途遥远。据盛女士后来回忆，她这次是从象山白墩码头乘小客轮经定海至宁波转乘上海轮船，再乘火车回杭州家里的。据此推算，殷夫作此诗时，她还在上海至杭州的火车上。

你悲悒地道着伤感，

热泪也流得尽情如意①。

今宵何处再反响熟耳的音韵？

檐溜沉重的滴上心头。

听着寒缩的郊外孤吠，

我心上无端地掩上烦忧②。

你是别我而去了，我相信，

你必得重归你的家庭，和——爱人③，

祝你平安哟，我的姑娘，

请忘了我，这个潦倒的浪人！

1928

想④

当夜风奏鸣，

---

① 据此节描述，可知"昨夜"实即《别的晚上》，亦即1928年12月22日晚上（详见前诗题注）。

② 据此节所言，可知"今宵"即是1928年12月23日晚上。而且此诗是在丹城城内所作。因诗中有"郊外孤吠"（即城外孤犬在吼叫）。此晚，殷夫疑是寄居在其大嫂张次云之家，即"城隍庙隔壁徐第"（今上进路21号）。

③ 爱人：当指嘉兴赵某。据盛女士后来回忆，她一到杭州家里，父母就要她与赵某结婚，她不同意，要上大学，毕业之后再说。赵某则说，上海法科大学董事长兼校长褚辅成是他的亲戚，可以结婚后一起上大学。因此，盛遂与赵结婚，两人一同入读上海法学院。

④ 此诗"1928，于象山"作。这是殷夫在盛孰真离去后对她的遐想之歌吟。诗中，他漫无边际地想象与盛姑娘在夜风中缓步"平野中央"，在朝阳下共同"翱翔于万层锦云之上"，在星空里见她缓步上云桥，在天官中又见她佩着白花离去。由此可知他对于盛姑娘的感念之深切。此诗曾入选《殷夫集》。

竹涛萧萧①时，

我想起你，我亲爱的姑娘！

呵，夜的帷幕下降，

宇宙罩笼着愁惨微光。

我设想我俩缓步，

在旷茫的平野中央。

当朝阳放光，

彩霞与兴鸟齐飞，

赞声四扬时，

我想起你，我亲爱的姑娘！

我如梦般地想见，

你和我同在翱翔，

翱翔于万层的云锦之上；

哟！四望茫茫，

你轻渺的衣纱，

在风涟中奔荡，

我们——呵，如狂。

当星星闪眼，②

银河暗移，

夜莺在南欧林中歌唱③，

---

① 萧萧：原稿作"箫箫"，误。《殷夫集》于"箫箫"后括注"萧萧"。今径改之。

② 此行原稿接上一行。《殷夫集》作分节处理。今从之。

③ 南欧：欧洲南部地区。此指巴尔干半岛（欧洲南部三大半岛之一）两次战争平息。第一次（1912—1913）保加利亚、塞尔维亚、黑山及希腊组成的"巴尔干同盟"对土耳其的战争，结果以土耳其战败割地告终。第二次（1913）"巴尔干同盟国"之间为争夺领土的战争，结果保加利亚战败。正因两次战争平息，所以有"夜莺"在村中歌唱。

梵尼斯的海波静谧^①时，

我想起你，我无价的姑娘！

我头披白色的纯纱，

泪光在玉色茉莉叶^②上闪耀。

你轻提着你姗步，

走上一座云桥。

你高洁的脸，圣光，^③

你无言，又无微笑，

独步上云桥。

天使的幽乐洋溢，

流星的光沫四溅，

你离地去了，去飘缈，

飘缈的天宫，寂寥^④，

姑娘哟，我见你，

佩着白花离我去——了！

1928，于象山

---

① 梵尼斯：今通译"威尼斯"。各选本依原稿。但《殷夫集》有注："梵尼斯即威尼斯，意大利东北部城市，亚得里亚海岸重要港口。全市建于118个岛屿上，用400座桥梁相连，有'水都'之称。"海波静谧：此指旧时威尼斯共和国历史上曾被罗马帝国、法国等占领。1866年并入意大利后，战事平息。

② 玉色茉莉叶：喻指盛淑真的脸面。

③ 此行原稿接上一行。《殷夫集》依原稿。今据诗意，作分节处理。

④ 寂寥：原稿作"寂寮"，误。《殷夫集》于"寮"后括注"寥"，今径改之。

给——F①

F哟，我何时得再见你呢？
我纯洁的初恋哟，
你是东方的Beatrice②，
我何时得见你于梦的天堂？

在珠山③的绿荫下，
依旧醴泉溜过白石，
只是你的小脸，
何时再与我同映一次？

西寺的高桥④边，
长松依然晖映着夕阳，
只是我得何时，
再在此醉你幽香？

---

① 此诗"1928，于象山"作，原稿题作《给——》。今以诗中之"F"加其后，题为《给——F》。亦即殷夫写给盛淑真的回忆"纯洁的初恋"歌吟。此诗曾入选《殷夫集》。

② Beatrice：英文人名，曾译作"贝亚德""比亚德丽丝"或"贝雅特里齐"。殷夫在《记起我失去的人》中译作"皮屈丽司"。意大利诗人但丁（1265—1321）童年时一见钟情的女孩，不幸早死。但丁一直将她铭记于心，在早期抒情诗集《新生》中歌颂了他理想中的爱人贝雅特里齐。后来，又在《神曲》中选择理想中的爱人贝雅特里齐作为游历天堂的带路人。

③ 珠山：见《感怀》一诗的注（第065页注③）。珠山主峰有古寺，始建于北宋建隆二年（961），名"法王寺"，分上、下两院，香客、游人络绎不绝。南、北两路登山道旁，林木茂盛，多清泉，甘甜宜人（即醴泉）。

④ 西寺的高桥：西寺，见《东方的玛利亚——献母亲》一诗的注（第063页注③）。当年西寺山门朝西，香客、游人出入需跨越凤跃溪上的石砌拱桥。此桥颇高，故称"高桥"。桥畔有古松林，环境优美。

爵溪的黄沙十里[①]，
依然是平坦无际，
只我得何时，
和你共作球戏？

哟，姑娘哟，往事重提，
愈想愈有深意。
旧创再理，
刺心的苦痛怎禁得起？

你是离我去了，
我每空向浮云道你安宁。
若我今日即撒手长逝，
我最宝贵着你的小影！

1928，于象山

旧　忆[②]

你有如茅蓬中的幽兰，

---

① 爵溪的黄沙十里：爵溪在象山县城东南滨海处，古为抗倭所城，后为著名渔镇，今为工业园区，已成县中心城区街道之一。从前滨海处多沙滩，从牛丈岙经爵溪城外，至白沙湾，延绵10余里，平坦无际，故有"黄沙十里"之称。20世纪六七十年代围海成陆后，沙滩已减少许多。

② 此诗"1928，于象山"作，亦是殷夫对于与盛淑真姑娘旧日初恋情景的回忆歌吟。旧日初恋情景曾"战栗于我灵魂的深关"，虽然"逝光难再""和梦一般"，但他认为"纯情不能死亡"，因此仍要说祝福祈祷："愿我俩同梦珠山！"这更使他们的初恋值得回忆！此诗曾入选人文版《殷夫诗文选集》和《殷夫选集》、小丛书《孩儿塔》及《殷夫集》。

纯白的肌肤^①——

如天使的花环。

你的幽香，

战栗于我灵魂的深关……

天！^②

逝光难再！

桦林下同坐闲谈，

冷风中默向红炭。

模糊，朦胧，

和梦一般。

姑娘，纯情不能死亡，

赤忱不易消散。

你今在天涯，

还在地角，还……？

且由我祝祷，

愿我俩同梦珠山^③！

1928年，于象山

---

① 原稿此处无标点。各选本均依原稿。今据语意，加破折号，以表过渡。

② 此行原稿与上一行间空一行。各选本均不作分节处理。今据诗意，作分节处理。

③ 同梦珠山：珠山，参见《感怀》一诗的注（第065页注③）。据盛淑真晚年回忆，她当年在象山曾与殷夫等人同游珠山，故殷夫有"同梦"之念。

死去的情绪①

F哟，我初次握你手时，
你的手冷润如玉。
忽而感伤袭击②我的胸怀，
我想伏在你胸前痛哭！

你是一棵苦伶③的小花，
命运示你以凶残齿牙④。
我对你有无限惶愧，
我是个惰怠的懒汉！

如今，你创造，
我也征战了⑤。
我遥寄无限的同情，
我爱幻见你那种热情的微笑……

1928，于象山

---

① 此诗"1928，于象山"作，是殷夫与"F"（即盛孰真）初恋分手之后过往情绪的沉吟之曲。他们虽然因为"感伤袭击"而分手了，使殷夫有"无限惶愧"，甚至自称"是个惰怠的懒汉"。但当他想到"F"已在"创造"前程，又"遥寄无限的同情"。此诗曾入选《殷夫集》。

② 感伤袭击：当指盛父将"F"许字嘉兴赵某之事。

③ 一棵：原稿作"一颗"，误。《殷夫集》依原稿。今正之。苦伶：即孤苦伶仃。

④ 凶残齿牙：此作无情的齿牙余论解。意指当年家人对殷夫与盛女士初恋微末的奖饰之词也很无情。

⑤ 我也征战了：此指殷夫当时欲与王顺芳一起返沪参加革命。只因大嫂张次云怕他再生事端，不给学费与盘缠，未能成行。

我醒时……①

我醒时，天光微笑，
林中有小鸟传报，
你那可爱的小名②。
战栗的喜悦袭击着我，
我不禁我诗灵③鼓翼奔腾！

我的诗和虹彩一样，④
从海起入天中，
直贯着渺漠的宇宙，
吹嘘着地球的长孔。

只有你的存在，⑤
我的生命才放光芒。

---

① 此诗"1928，于象山"作，是殷夫在某个早晨从梦中醒来，听到林中小鸟在"传报"自己的小名"阿白"之时引发的对于"诗灵"的吟咏之篇。他自称"我的诗和虹彩一样，/从海起入天中。/真贯着渺漠的宇宙，/吹嘘着地球的长空。"并且指出，只有"诗灵"的存在，他的"生命才放光芒"，"笔可腾游宇寰"，使"每个歌鸟都要吟唱"！同时又意识到，他那朵"白色的玫瑰花"要迎着阳光（喻指革命斗争）"开苞"。只有如此，才能使太平洋平静，昆仑山不倒，意即世界和平。这也正是他的革命理想和诗歌创作的理念。此诗曾入选人文版《殷夫诗文选集》和《殷夫选集》、小丛书《孩儿塔》及《殷夫集》。

② 小名：指殷夫的小名"阿白"。

③ 诗灵：作诗的灵感。

④ 此行原稿接上一行。各选本均依原稿。今据诗意，作分节处理。这节四行，常被作家引用为对殷夫诗歌创作的总体评价。

⑤ 此行原稿接上一行。各选本均依原稿。今据诗意，作分节处理。你的存在：指诗灵的存在。

我的笔可腾游宇寰，

每个歌鸟都要吟唱！

白色的玫瑰花，[①]

你要迎光开苞。

太平洋为着你平静，

昆仑山为着你不倒……

我从你的梦中醒时，[②]

林中的鸟儿把你小名传报……

1928，于象山

现　在[③]

呵，牧歌[④]的已往逝矣，

我不得不面对丑恶的现在[⑤]。

我的诗魂已随她[⑥]去矣，

现在的我是罪恶凶残！

---

① 此行原稿接上一行。各选本均依原稿。今据诗意，作分节处理。白色的玫瑰花：此喻指殷夫自己。

② 此行原稿接上一行。各选本均依原稿。今据诗意，作分节处理。

③ 此诗"1928，于象山"作，是殷夫在盛孰真离去后"不得不面对丑恶的现在"之深沉歌吟。他决心了结"过去纯洁的恋幻"和"以前美妙的诗景"，做一个"罪恶凶残"的现实社会造反者。即使"今日是一个黑色的现在，明日是一抔荒凉的孤坟"，也要这么去做。此诗曾入选《殷夫集》。

④ 牧歌：泛指以农村生活情趣为题材的诗歌。此喻指殷夫此前与盛孰真的恋情诗作。

⑤ 丑恶的现在：指丑恶的现实社会。

⑥ 她：即盛孰真。

不再，是过去纯洁的恋幻，

死亡，是以前美妙的诗景。

今日只是一个黑色的现在，

明日也只是一抔荒凉孤坟①！

1928，于象山

---

① 这又是殷夫誓为革命献身决心的宣示。

无题的^①（四首）

一

沉醉，

天！

无从排遣！

---

① 这组小诗共4首，作于"1929春，流浪中"，是殷夫从象山回上海后进不了同济大学，寻找党组织不遇期间（他自称为"流浪中"或"短期流浪中"），对于上海都市丑恶现象的批判歌吟。据他的大姐徐祝三晚年回忆，殷夫1928年秋冬回象山，大约住了5个来月。主要是因为大嫂张次云怕他回上海再生事端，说是无钱可给他学费与盘缠，一直拖延至农历过年，还是不给。这引起了她母亲钱月嫦的反感，说徐培根虽在德国留学，但国内尚有每月几百块大洋津贴可领，不可能无钱给阿白读大学。于是发生了婆媳口角之事。徐素云为平息此事，给了阿白20多块大洋，他才决定动身回上海。祝三老人清楚记得，殷夫是在当年过了正月十五（1929年2月23日）动身去白墩码头乘夜轮船去上海。因为正月十五是元宵节，她曾请母亲和阿白、素云三人来家里过节。第二天（2月24日）下午便起身去白墩码头。母亲一定要为阿白送行，素云本想陪母亲同行。不意学校开学，来了一批学生报名入学，一时走不了。于是派学生来叫祝三陪母亲送殷夫。三人出校门，路过"上尊殿"（奉祀真武大帝），母亲拉着阿白的手进殿烧香，祝他此去平安。出东门，路过东门外"罗汉堂"（奉祀十八罗汉），母亲又拉着阿白的手进堂烧香，祈求罗汉保佑他平安。从罗汉堂到虎啸铺，一路上母亲再三叮嘱："阿白，你到上海后一定要小心呢！"阿白则一再答应："我晓得的。"到了虎啸铺，迎面来了二弟徐兰庭。他是在大徐老家过元宵节，听说阿白要回上海，前来接送他乘轮船，因为上年阿白回象山时，随身行李（包括被头、书籍等）都存放在兰庭打工的通惠轮船公司房间内。这时，阿白向母亲鞠躬辞行。谁知这竟是母子、姐弟之间的最后一别！又据楼适夷先生（即鲁迅在《为了忘却的记念》中述及的《白莽印象记》作者林莽先生）晚年寄象山县委党史小组专函，殷夫这次回上海，仍与林林一起租住闸北天通庵2号公寓三楼的一间亭子间。楼先生也租住在2号公寓，是殷夫与林林的邻居。但与殷夫不常见面，更少说话。他只是听林林说，殷夫当时心情很沉重，一方面是从前的女友与他分手了，另一方面是回不了同济大学，寻找当年的好友又找不到，与党组织接不上关系，所以只得成天在马路上转悠。楼先生还说道，他当年的党组织关系在太阳社，在那里过组织生活时也不见殷夫曾来参加。

湖面①，银灰色的水，
　　青天，铅片②，
　　小桨散线，
　　远鸟清脆。

　　煤烟，
　　蔽目的灰——③
　　纷飞！
摩托车在路上驰逐，
　　暗角有女人叫"来……"④
电车暴嗔，⑤
　　来个洋人，撞了满面……

二

是夜间时辰，
火车⑥频频的尖着声音，
楼上有人拉着胡琴⑦。
"馄饨……点心……"
有牌儿声音⑧。

────────────

　　① 湖面：疑指三林塘湖面。因王顺芳是这里人士，殷夫也许为探寻他的去向，到过这里，见此湖面。
　　② 铅片：喻指湖面。
　　③ 原稿此处无标点。各选本均依原稿，今据语意，加破折号，以示过渡。
　　④ 此指暗娼招客之声。
　　⑤ 暴嗔(chēn)：猛烈地发怒。此指电车行驶捷速。
　　⑥ 火车：此指闸北至吴淞镇之间的小火车。
　　⑦ 此指天通庵2号公寓四楼棚屋住户夜间拉胡琴之声音。
　　⑧ 牌儿声音：指天通庵2号公寓附近住户打麻将牌声音。

乞儿呻吟——①
都市的散文！

三

篱笆旁边，
臭味冲天。
上面写着大字威严：
"此处不准小便！"

流着黄、绿、白的曲线②，
滚着肥肥的白蛆累累。
呵，此地在溃烂，③
名字叫做"上海"！

四

写着字，
光线渐死。
注意！
油已经到底。

都市有电灯，④
不装给穷人。

1929春，流浪中

---

① 乞儿：即乞丐。句末原稿用逗号。各选本均依原稿。今据句意，将下一行之破折号移至此，亦以示过渡。
② 此行原稿接上一行。各选本均依原稿。今据诗意，作分节处理。
③ 此行原稿与上一行分节。各选本均依原稿。今据诗意，作并节处理。
④ 此行原稿接上一行。各选本均依原稿。今据诗意，作分节处理。

春①

春，带着你油绿的舞衣，
　　来吧，来弹动我的心弦！
我的心已倦疲，
我的创伤十分深陷，
我久寂的心弦望你挥弹。

鸟，带来你婉转②的歌簧，
　　来给我一个激励的歌唱！
我的泪泉已然枯干，
我的感觉十分麻顽，
我盼你的歌声复活我情感。

水，带来你青苔下的水仙③，
　　来给我一个沉醉的良夜吧！
我的手，疯瘫，
我的血，迟缓，
我求你给我一个生的灵感。

---

　　① 此诗作于"1929春，流浪中"，是殷夫当时寻找党组织不遇而以"春"隐喻中组织关系的响往之歌。若从此一视角来读全诗，可见他当时是何等热切地盼望党组织挥弹自己的"心弦"，复活自己的革命"情感"，给自己一个"生的灵感"和"慰安"！这也是一个离开组织已久的共产党员心情的真实写照。此诗曾入选《殷夫集》。

　　② 婉转：原稿作"啘啭"，误。《殷夫集》作"宛啭"，亦误。今正之。

　　③ 水仙：水中仙女。犹如殷夫《干涸的河床》一诗中所言的"Nymph"。

春，带了舞衣、水和鸟，

　姗姗①地踏遍了人间。

没把我心弦挥弹，

没把我泪泉复还，

也没给我一个生的灵感。

死，那末你带尖刺来，

　来给我最后的引渡②吧！

我的心，疲怠，

我的生，十分枯干，

求你来，来给我慰安。

1929春，流浪中

写给一个姑娘③

姑娘，叫我怎样回信？

---

① 姗姗：原稿作"珊珊"，误。《殷夫集》改作"姗姗"。今从之。

② 引渡：本指应别国请求，将该国逃亡本国的犯人拘捕并解交该国。此作引向死亡解。殷夫于1931年1月17日在东方旅社被租界老闸捕房逮捕，19日被引渡给国民党上海市公安局，2月7日被害于龙华淞沪警备司令部墙外的一个荒场上。他的此一"最后的引渡"，不幸竟被言中！

③ 此诗作于"1929年春，流浪中"，是殷夫当时写给已分手的盛淑真女士的诗作。诗中主要说明他此前"为何不交你以我的心"因由。原来他也"希求玫瑰花房甜的酒"，只是因为"寂寞的青春""不曾留一丝云影"，"无限的前面是不测的黑暗"，"火样的热情只能自焚"。甚而要"把血流入黄浦江心，/或把颈皮送向自握的刀吻！"亦即时刻准备为革命牺牲生命。因此"不配接受你的深情"。据盛女士晚年回忆，她与丈夫赵某结婚后，1929年春一起在上海法科大学读书，殷夫还曾几次来学校看望她。记得有一天晚上为他送行时，他还曾叫她靠近一点说话，以免路人引起怀疑。此诗曾入选人文版《殷夫诗文选集》和《殷夫选集》及《殷夫集》。

我为何不交你以我的心？

但是哟，看过去它在①刻上伤痕，

　　伤痕中还开着血花盈盈。

死去是我寂寞的青春，

　　青春不曾留我一丝云影，

不曾有过握手，谈心，

　　也没有过吻染脂粉。

我现下是孤凄地流泪，

　　无限的前面是不测的黑暗。

过去的生命剪去了十九年②，

　　人生的秘密不曾探得一线！

这却是上帝的公平，

　　也是造物的普慈婆心③。

因为我，我是那末畸零，

　　火样的情热只能自焚。

我知足地，不生妄求，

　　虚伪的矜持代替着抖擞。

人的性是不死的魔头④，

　　在清夜不禁叹声偷漏。

---

① 它在：原稿作"在它"。《殷夫集》依原稿。今正之。

② 此行可证殷夫1929年春为19岁。以此推算，他确实生于1910年。

③ 普慈婆心：慈爱心肠。

④ 这是殷夫对"人性"的基本看法。因此，他也"希求玫瑰花房甜的酒"，"看见花影也会发抖"。意即他也有"人性"的"不死的魔头"。魔头：神秘而又令人爱好的念头。

我何曾不希求玫瑰花房甜的酒，

　　我看见花影也会发抖。

只全能者未给我圣手①，

　　我只有，只有，只有孤守。

姑娘，原谅我这罪人，

　　我不配接受你的深情。

我祝福着你的灵魂，

　　并愿你幸福早享趁着青春。

我不是清高的诗人，

　　我在荆棘上消磨我的生命。

把血流入黄浦江心，

　　或把颈皮送向自握的刀吻②！

1929年春，流浪中

---

　　① 全能者：在一定范围内样样都擅长的人。此指造物主。圣手：某方面技艺高超的人。此指谈情说爱的高手。

　　② 刀吻：即刀口。

赠朝鲜女郎①

朝鲜的少女，东方的劫花，
你就活泼地在浮木上飞跑。
我看见你小腿迅捷的跳动，
你是在欢迎着浪花节奏的咆哮。

浮木是你运命的象征，
远离故乡，随水漂泊，
谁掬向你一杯同情？
你真该合这浪花同声一哭。

你，少女，是那样美好，
你仿佛是春日的朝阳。
你小小的胸口有着复仇的火焰，
你黑色的眼底闪耀着新生燎光②。

---

① 此诗作于"1929年春，流浪中"，疑是殷夫当时"流浪中"在某处见一朝鲜少女玩"浮木"（即练习平衡能力的体育器具"浪木"）而引发的歌吟。自19世纪末日本发动侵朝战争后，李氏王朝腐败无能，朝鲜逐渐沦为日本殖民地。大批爱国人士流亡中国上海等地，这位少女即为其一。故殷夫称之为"东方的劫花"，并对她"远离祖国，随水漂泊"深表同情。进而又希望她回归故里，像在浪木上"不停地向前跳去"，燃起"新生的火把"，与"那边的仇敌"作不息的斗争。据徐素云之子马瞻回忆，他早年曾在母亲收藏小舅舅殷夫遗物的铁箱内见过一叠朝鲜文书信。后来母亲被错杀，连同铁箱子都不见了。因此，那叠朝鲜文书信与这位朝鲜女郎有无关系，便无考了。此诗曾入选人文版《殷夫诗文选集》和《殷夫选集》、小丛书《孩儿塔》及《殷夫集》。

② 燎光：火炬的火焰。燎，此作火炬解。

请立在这混浊的黄浦江头，
倾听着怒愤的潮声歌着悲调。
你的故乡是在冰雪垓心^①，
痛苦的同胞在辗转呼号。

要问这天空几时才露笑容，
问这罪恶何日得告终结？
何日你方可回归故里，
在祖父的坟头上剖心啜泣？

浮萍般的无定浪迹，
时日残蚀了生命花叶。
偷生在深的，深的暗夜，
何时得目睹光荣的日出？

你请放高歌吧，
你胸中不是有千缕怨丝？
你的心不是在酸楚地跳抖？
对着黄浦你该发泄你的悲嘶！

你不停地向前跳去，
你是欢迎着咆哮的旋律。
我知道越过一片汪洋波涛，
那边有着你的仇敌。

女郎，愤怒地跳舞吧！

---

① 垓(gāi)心：战场的中心。

波浪替你拍着音节。

把你新生的火把燃起吧！

被压迫者永难休息。

1929年春，流浪中

梦中的龙华①

哥哥②哟，上海在背后去了，

　　骄傲地，扬长地。

我向人生的刺路踏前进了，

　　渺茫地，空虚地。

呵，吃人的上海市，

---

① 此诗作于"1929春，流浪中"，是殷夫当时离开上海市区去浦东乡下寓居于一位农友之家，寻找党组织期间梦见"龙华塔"醒来后所作的诗篇。说是"梦中"，其实是他的刻骨铭心的记忆。因为他此前两次被捕都被关押在"龙华塔"北侧的"淞沪警备司令部"监狱内。正所谓"日有所思，夜有所梦"。龙华，在今上海徐汇区南部，南临黄浦江。旧以盛产水蜜桃、蟠桃著称。每逢桃花盛开或桃子上市，游人与商贩云集城市。龙华塔，相传始建于三国吴赤乌十年(247)，至唐末曾毁。北宋太平兴国三年(978)重建，塔身高40.64米，七层八角，砖木结构，红砖黛瓦，飞檐高翘，今存。塔之东北侧，五代吴越时期初建"龙华教寺"。北宋治平元年(1064)重修，改额"空相寺"。明永乐间复名"龙华寺"。清咸丰间毁，光绪间重建。今为全国著名寺院。寺之东北，光绪末曾置高昌庙兵工厂分部。1927年前改设"淞沪警备司令部"。蒋介石发动"四一二"反革命政变时，国民党反动派作为监禁和屠杀共产党员、革命志士场所(今遗址尚存)。殷夫第四次被捕后即关押于此。于1931年2月7日晚与其他22位党的重要干部被枪杀于这座监狱墙外的一个荒场上。如今，于"淞沪警备司令部"遗址之西建有"上海革命烈士陵园"，殷夫等23名烈士遗骸即埋葬于此。此诗曾入选人文版《殷夫诗文选集》和《殷夫选集》、小丛书《孩儿塔》及《殷夫集》。

② 哥哥：殷夫有三个哥哥。当时，大哥徐培根正在德国柏林陆军参谋大学留学，二哥徐兰庭在象山白墩码头通惠轮船公司打工，三哥徐文达在象山县立女子小学任教。此当指大哥徐培根(下同)。

铁的骨骼，白的齿。
马路上扬着死尸的泥尘，
每颗尘屑都曾把人血吸饮。

冷风又带着可怕的血腥，
夜的和音中又夹了多少凄吟。
我曾，哥哥，踯躅于黄浦江头，
浦江之上浮沉着千万骷髅。

只有庄严伟丽的龙华塔，
日夜缠绕着我的灵魂。
我如今已远离上海，
龙华塔只能筑入我的梦境。

呵，龙华塔，龙华塔，
想你的红砖映着天白。
娆娇的桃枝衬你孤拔，
多少的卑怯者由你顶上自杀。

白云看着你返顾颤惊，
雷神们迅速地鼓着狂声。
电的闪刃围绕你的粗颈，
雨般的血要把你淋，淋……

可是你却健坚地发着光芒，
仇敌的肌血只培你荣壮。
你的傲影在朝阳中自赏，
清晨的百灵在你顶上合唱。

你高慢地看着上海的烟雾，

心的搏动也会合上时代脚步。

我见你渐把淡烟倾吐，

你变成一个烟突，通着创造的汽锅①。

1929春，流浪中。

春天的祷词②

春风哟，带我个温柔的梦儿吧！

环绕我的只有砭骨③的寒冷，

　　只有刺心的讽刺，

　　只有凶恶的贪困，

我只祈求着微温，

即使微温也足使我心灵苏醒！

我的心不是没灼热的希望过，

我的心不是没横溢的情火过。

只是哟，冰般的泪水曾泛遍心田，

剩下的只是现今的一片无垠焦枯。

---

① 汽锅：原稿作"汽㶽"，误。小丛书《孩儿塔》依原稿。《殷夫诗文集》与《殷夫选集》及《殷夫集》改作"汽锅"。今从之。

② 此诗作于"1929,2,27"（原稿曾涂去"2,27"，今保留之。可证此诗是殷夫从象山重返上海后第三天所作）。"祷词"即祈祷之词，多用于祈求神祇保佑自己。此作是殷夫重返上海之初对于春天里的"春风""春阳"（疑指地下党组织）的"祈求微温"之词。此诗曾入选人文版《殷夫诗文选集》和《殷夫选集》及《殷夫集》。

③ 砭（biān）骨：原稿作"贬骨"，误。人文版《殷夫诗文选集》和《殷夫选集》、小丛书《孩儿塔》改作"砭骨"。《殷夫集》于"贬"后括注"砭"。今径改之。

春风哟，偕着你的春阳来吧！

让我周遭飞跃些活泼玲珑的小鸟。

竞放些馥郁的万紫花儿吧！

即使这只装饰了我心的墓道，

我死的灵魂也给与个陶醉吧！

1929，2，27

月夜闻鸡声①

哟，友人，静寞的月夜不给你桃色的梦，

摇荡着的灵魂漂上了水晶仙宫。

但，这儿，听，有着激励的鸡鸣，

是这时候你便该清醒。

若是朝阳已爬上你的窗棂，

还需要你把赞歌狂吟！

荣冠高蹈的时代先知②，

---

① 此诗作于"1929,3,23"(原稿曾涂去"3,23",今亦保留之。可证此诗是殷夫从象山重返上海后第26天所作)。诗中的"友人"是谁？按例应当是室友林林。因为他俩同住闸北天通庵2号公寓三楼亭子间，而且还有"月光的清辉正洗照了楼头"句。但是这儿"有着激励的鸡鸣"，又不像。因为2号公寓是在市区弄堂里，居民不可能养很多鸡。况且诗末还有"你因为必要做着第一个百灵"句，更不像是林林。有论家以为，此友实即殷夫自己，主要依据是"月夜不给你桃色的梦"(当时殷夫还沉浸于与盛淑真初恋的梦中)，而且还有"在月夜就唱就了明晨新诗"以及"束着你闪光的刚亮的宝剑"句(这与殷夫是诗人、会武术相合)。所以，只能二说并存，待日后考定。此诗曾入选人文版《殷夫诗文选集》和《殷夫选集》及《殷夫集》。

② 荣冠高蹈的时代先知：指雄鸡。原稿"蹈"作"踏"，误。人文版《殷夫诗文选集》和《殷夫选集》改作"蹈"，《殷夫集》于"踏"后括注"蹈"。今径改之。

在月夜就唱就了明晨新诗。

友人，起来，这正是时候，
月光的清辉正洗照了楼头。
束着你闪光的刚亮的宝剑，
趁着半夜正可踏上银河白练。

踏着虹的桥，星河的大道，
星儿向着你的来向奔跑。
你向前走去欢迎明晨，
你因为必要做着第一个百灵！

1929，3，23

寂寞的人①

  晚与征夫同步公园，颓丧得非凡，自觉这冷寂的过去，好像一条横旋翠微的山道，在暮霭中隐现，真有一种无可奈何的感慨。会征夫

---

  ① 此诗作于"1929，8，5"（原稿"8，5"涂去，今仍保留之）。题下之题记，原稿附于诗后。各选本均依原稿。今移至题下，用作点题。据此记，可知"寂寞的人"系指殷夫与他的战友王顺芳，因为"征夫"是王顺芳的一个别名。又据上海瞿光熙先生考证，这年8月5日是殷夫第三次被捕出狱的第三天。其主要依据是《鲁迅日记》所记与殷夫来往，1929年7月11日至8月3日是空缺。因此，认为这段时间是殷夫第三次被捕入狱期间。也就是鲁迅在《白莽作〈孩儿塔〉序》中所说的殷夫"热天穿着大棉袍，满脸油汗，笑笑的对我说道：'这是第三回了，自己出来的。前两回都是哥哥保出，他一保就要干涉我。这回我不去通知他了。'"另一依据是殷夫"1928，8.5深夜"所作的《给林林》一诗中，有"我方从黑暗的笼中出来"句（详见后诗注解）。正因为有这样的经历，所以他找到了王顺芳，两人在傍晚时节"同步公园"，"有一种无可奈何的感慨"。王顺芳则谈起了"故友新交等纠葛，都不禁感伤地沉默了下来"。而这些都在此诗中隐约可见。此诗曾入选人文版《殷夫诗文选集》和《殷夫选集》及《殷夫集》。

又谈起了故友新交等纠葛，都不禁感伤地沉默①了下来。像一对醉了的浪人似的，在一对对的金钮丝衣的爱人群中，踉跄而归。

公园的夜凉如水，
静寞的桦林也停止嗫嗫。
微风哟，把薄云儿推，
流星在银河旁殒灭……

寂寞的人缓步着长夜，
他的影儿有如浓雾。
风吹拂他无力身上的衣衫，
细软的发儿向四方轻舞。

灯下他也不低徊，
树荫他也不留恋。
他不停着听水漪的睡歌，
他也不细聆莲花的吟哦。

他只是走着，走着路，
如醉着，如睡着，如病着。
他是一个寂寞的孤儿，
他是一个秋夕的凋残②花托。

沉重的步伐踏着软的草，
细弱的呼吸嘘着轻轻叹息。

---

① 沉默：原稿作"沉没"，误。《殷夫选集》均改作"沉默"。今从之。
② 凋残：原稿作"雕残"，误。各选本均依原稿。今正之。

心的花残，血干，叶儿槁，
骸骨的飘游还不舍个寻觅。

"我不愿再问你无信的白云，
你只带了我虚渺的音耗。
说在那高山巅上有青春，
我却徒然跋涉，徒然潦倒……

"我再不愿问你轻薄的波涛，
你只欺骗去了我血花样的年青光阴。
在那河的湾上，塔尖儿高，
教堂只是传扬别人的婚礼钟声……

"我要徒步地向前，向前，
手捧着心儿，心满着爱情，
我要寂寞地走向冷静墓前，
玲珑的芝草轻摇着坚柏的荫。

"你莫问我泪光的尖锐，
希望的灯火①即是葬礼的准备。
但我爆裂之心的血花血蓓蕾②，
也要在永久的幻影之下耀着光辉。"

1929，8，5

———————————

① 灯火：原稿如此。人文版《殷夫诗文选集》和《殷夫选集》依原稿。《殷夫集》改作"灯光"，误。今依原稿。

② 蓓蕾：原稿作"菩蕾"，误。各选本均改作"蓓蕾"。今从之。

给林林①

我方从黑暗的笼中出来②，

就闻得你重来海上③的音耗。

我巴不得④立刻就飞向南陲，

来和你握手接吻拥抱！

但是，人事的不测的波浪，⑤

终击打着我们软弱的羽翼。⑥

我只有空望飞云箭归虚寂之乡⑦，

失望的心儿在幽暗的夜中吞泣。

你只漂浪人间的孤儿哟，⑧

今日你，你独访西子⑨。

---

① 此诗作于"1929,8,5深夜"（即与前诗《寂寞的人》同夜作成）。林林，即殷夫室友林林（见第033页注③）。此诗曾入选人文版《殷夫诗文选集》和《殷夫选集》、小丛书《孩儿塔》及《殷夫集》。

② 此行即瞿光熙先生认定1929年8月5日是殷夫第三次被捕出狱第三天。

③ 海上：即上海。

④ 巴不得：原稿作"把不得"，误。人文版《殷夫诗文选集》等改作"巴不得"。《殷夫集》于"把"后括注"巴"。今径改之。

⑤ 此行原稿接上一行。各选本均依原稿。今据诗意，作分节处理。

⑥ 此二行亦意含被捕之事。其中第二行，喻指此次被捕入狱遭反动军警毒打之事（见阿英《殷夫小传》）。

⑦ 虚寂之乡：当指殷夫与林林同租的闸北天通庵2号公寓三楼亭子间。因林林"独访西子"，无从居住。故称。

⑧ 此行原稿接上一行。各选本均依原稿。今据诗意，作分节处理。

⑨ 西子：即杭州西湖。据上海美术专门学校史记载，当年该校每学期均组织学生赴杭州西湖写生。

石头城下白鹭洲的泪影①，

洗濯②多少不断的烦恼春丝？

我祝福你，自由的穷人，③

湖山的媚光总诱启你的天才，

我虽没握手倾听火车朗鸣④，

无依的灵曲⑤中也插歌着慰安。

1929，8，5，深夜

给 茂⑥

这是我青春最初的蓓蕾⑦，

是我平凡的一生的序曲。

---

① 白鹭洲：原稿作"白露洲"，误。因石头城（即江苏南京）无"白露洲"，而只有"白鹭洲"，原为南京城西南长江中沙洲。杜甫曾有名句"二水中分白鹭洲"。今已与陆地相接。泪影：系指北宋大将曹彬于开宝七年(974)率军攻打南唐，曾于白鹭洲大败南唐兵。南唐后主李煜降，常流泪作诗。殷夫即以此一典故喻自己在狱中之悲伤。

② 洗濯：原稿作"洗浊"，误。人文版《殷夫选集》作"洗濯"。小丛书《孩儿塔》依原稿，亦误。《殷夫集》于"浊"后括注"濯"。今径改之。

③ 此行原稿接上一行。人文版《殷夫选集》等均依原稿。今据诗意，作分节处理。

④ 朗鸣：原稿作"郎鸣"，误。各选本改作"朗鸣"。今从之。

⑤ 灵曲：即心曲，犹灵府。

⑥ 此诗作于"1929年流浪途中"，是殷夫写给象山县立高小同学王永茂的诗作。王永茂(1909—1990)，本名永发，象山县松岙村(今属东陈乡)王家墙弄人。1921年秋入读县立高小预备班，比殷夫低一个年级。因同住校内一个寝室，朝夕相处，亲密无间，宛如一家兄弟。1924年毕业后，曾休学一年。1925年秋至宁波民强初中读书。初中毕业，又赴上海惠灵中学读高中。高中毕业，至舟山沈家门学校任教。不久转入定海农民银行任职，后调外地银行，历任会计、主任会计。新中国成立之初，调回中国人民银行宁波分行工作，至1970年退休。此诗曾入选人文版《殷夫诗文选集》和《殷夫选集》、小丛书《孩儿塔》及《殷夫集》。

⑦ 蓓蕾：原稿作"菩蕾"，误。各选本改作"蓓蕾"。今从之。

我梦中吻吮这过往的玫瑰，
幼稚的狂热慰我今日孤独。

现今哟，是春的季候，
故乡的田野撒满黄花。
六年前①我要拿住小手，
和你并肩地踏完春假。

记否呀，那郊外的田阱，
<u>丛丛密密</u>地长着毛茛②。
我们在一个晴明早晨，
我束了黄花向你献呈？

这都是散消了的烟云，
暮春的杜鹃催去了憧憬。
只我在梦中还见你小影，
沉重的怅惘，空望天青！

老人的岁月的巨轮，
已辗碎了我青春幻影；
我现今是孤独奔行，
往日的回忆徒勾伤心。

---

① 六年前：当指1923年。据王永茂先生1982年回忆，那年放春假，学校组织远足，他曾与殷夫等同学游览城南瑞龙禅寺、爵溪沙滩等地，很是快乐。但殷夫有否"束了黄花"向他"献呈"，已经不记得了。

② 密密：原稿作"蜜蜜"，误。各选本均改作"密密"。今从之。毛茛(gèn)：多年生草本植物，茎叶有茸毛，单叶，掌状分裂，花黄色，有光泽。植株有毒，可入药。

但我不能压制血液，

血和泪的交并①。

我要理我当日狂歌，

花束般向你献呈！

1929年流浪途中

幻　象②

和风中，我依窗向月凝望，

月哟，孤凉地注射银光。

消隐了，玉兔和金桂香，

青空中，浮动着——③

我的幻象，永久的幻象！

愿如烟儿般轻飘，

如萍片样无边地荡漾④。

让春也死，秋也逝，

天堂，地狱，和净修场，

---

① 交并：原稿作"交併"。各选本均作"交迸"，误。"併"系"并"之繁体字，今改之。

② 此诗作于"1929"，是殷夫当时对于由幻觉产生的意象所作的一首诗作。亦即诗中所言的月亮"消隐了玉兔和金桂"，在"青空中，浮荡着"，如"烟儿般轻飘""萍片样荡漾"。因此"让春也死，秋也逝"，"天堂、地狱，和净修场"都成了"无记忆的心的故乡"。这使他感到"推、压、刺、榨扼心肠"，从而"无情地燃起火的光，/不眠地踏破夜的漫洋洋"，甚至看到月辉也如同冰雪和眼泪一样。其实，这些意象并非是"幻象"，而是殷夫对以往革命经历的深刻反思。此诗曾入选人文版《殷夫诗文选集》和《殷夫选集》、小丛书《孩儿塔》及《殷夫集》。

③ 此处原稿无标点。各选本均依原稿。今加破折号，以示过渡。

④ 荡漾：原稿作"荡洋"，误。各选本均改作"荡漾"。今从之。

都是①我无记忆的心的家乡。

只是幻象呵，

你推，压，刺，榨扼我心肠。

你无情地燃起火的光，

你又不眠地看我踏破夜的漫洋洋②，

看那月辉，冰样，雪样，泪样……

1929

夜的静……③

天的星环，水池的闪光，

暗风中传布着野草野花香。

但我的世界哟，

无涯的悲伤，一片荒场！

天，给我一支现实的歌吧，

给我一个明媚光华的晴日吧！

我灵魂是病着的，病着的，

---

① 都是：原稿无"是"，属错漏。人文版《殷夫选集》补之。小丛书《孩儿塔》依原稿，亦错漏。《殷夫集》加"（是）"。今径补之。

② 漫洋洋：原稿作"曼洋洋"。《殷夫集》依原稿。小丛书《孩儿塔》作"漫洋洋"。此系形容夜长，今从小丛书《孩儿塔》。

③ 此诗作于"1929"，疑是殷夫在上海浦东农村寻找党组织时某夜所作的歌吟。因为诗中有"水池的闪光"，又有"野草野花香"，可知是在农村。但这时"夜的静"，没有夜间革命活动，他找不到党的地下组织。因而以"天，给我一支现实的歌吧"和"明媚光华的晴日"喻党组织，让他"跃向光亮"。可见其心情是何等的迫切！此诗曾入选人文版《殷夫诗文选集》和《殷夫选集》及《殷夫集》。

愿天莫给我重重磨折吧!

我颓衰不如感伤的诗人,

我勇猛不及气吞山河的战将。

日中的眼皮点着梦的刺,

夜的静默,给我悲伤,

想见,想跃向光亮。

1929

残酷的时光,我见你……^①

残酷的时光,我见你,

鼓着黑色的翅膀逝去。

剩留下我,

无依地,

在忏悔的深渊里,

没奈般饮泣!

黑色的蔷薇^②呢?

你的尖刺,你的尖刺,

进来吧,这,心头,

直刺,刺到深深的底!

---

① 此诗作于"1929",是殷夫当时对于"一去不再来临"的时光的咏叹之歌。今据诗中有"剩留下我,无依地","黑色的蔷薇"直刺到"深深的底","幽蛇般的痛苦,/啮吃我无辜的心"等句,可知其时他尚在寻找党组织。而时光却又"一去不再来临",有时不我待之感。故称之为"残酷的时光"。可见其寻找党组织之急迫心情。此诗曾入选《殷夫集》。

② 黑色的蔷薇:蔷薇无黑色的。此系指夜幕下的蔷薇。

我不让——

幽蛇①般的痛苦，

啮吃②我无辜的心……

时光，我见你——

一去不再来临。

1929

记起我失去的人③

白色的稚花，

开满了幽径。

青高天空，

游飞着罗④般的白云。

我静听着萧诉⑤残怨，

不禁想起你，我失去的人。

F，你在何处？

---

① 幽蛇：躲在幽暗处的蛇。

② 啮(niè)吃：咬着啃着地吃。

③ 此诗作于"1929"。据诗中有"F，你在何处"句，可知殷夫所说的"失去的人"，即是盛
孰真女士。他当时明知盛女士在上海法科大学读书，这里因何还发问："你在何处？"不仅如
此，还有"失在人海""无时相见"等语，这是为什么？很显然，这是殷夫为保护盛女士的曲
笔。他是怕自己出事时牵连盛女士，故意如此说。从中亦足见其用心之良苦。此诗曾入选
《殷夫集》。

④ 罗：捕鸟雀的网。

⑤ 萧诉：冷清的倾诉。

赤阳①无知。

遥询轻云，

轻云无语溜过。

我悲痴的声音沉入

宇宙无底的过去……

我的姑娘，我的姑娘，

我在想着你，你可知？

昔日，多少温情蚀我心，

昔日，你给我多少生命的花影。

如今，你失在人海，

如今，我们无时相见。

永久失去的人，

偕着我的心去吧！

偕着我的心去，

踪迹高山的麋鹿②，

同登——我的皮屈丽司③，

同登天堂，同入地狱。

往日的梦，消逝，

黑色的前途……

休，休！

---

① 赤阳：原稿作"赤杨"。《殷夫集》依原稿。杨树，落叶乔木，有白杨（银白杨、毛白杨）与小叶杨等，而无"赤杨"。与下两行之"轻云"关联，"赤杨"显然是"赤阳"之误。故正之。

② 麋鹿：哺乳动物，毛淡褐色，雄性有角，似鹿，头似马，体似驴，蹄似牛，俗称"四不像"。原产于中国，生长于高山，以植物为食。

③ 皮屈丽司：意大利诗人但丁的恋人（见第106页注②）。

把生命的手儿轻挝①。

失去了你，

我立于世上空孤……

1929

是谁又……②

是谁又使我悲悒③呢？

是谁扰起了我的幻灭？

我本不欲幽叹，

也不愿哀哭泣！

我清冷的一生，

无人顾惜。

我周遭静静地，

沉寂！

有火和力，

我要燃起生命的灯，

---

① 轻挝：作动词"抓"（zhuā）读，即轻轻地抓住。

② 此诗作于"1929"。题中的省略号，实即诗中第一、第二行之间。此两句的答案是第三节："有火和力，/我要燃起生命的灯。/冷漠的世界，/要叫我有力声音。"但是，因为自己告别了"旧的衣履"（意指离开了革命），"周遭静静地，/沉寂"（意指找不到党组织），因而只能以"裸热的胸怀"，"迫受在暗夜的冷风和凄雨"里。此诗曾入选人文版《殷夫诗文选集》和《殷夫选集》、小丛书《孩儿塔》及《殷夫集》。

③ 悲悒（yì）：原稿作"悲唈（yì）"。"唈"同"悒"，都是心情忧闷不快之义。但"唈"已不常用，故各选本均改为"悲悒"。今从之。

冷漠的世界，①

要听我有力的声音。

只是，

我告别了旧的衣履，

裸热的胸怀②

却迎受在暗夜③、冷风和凄雨。

1929

短期的流浪中④（二首）

一、想着她

爱情——狡恶的混蛋！

这是我第一次把你痛骂。

要是你始终没把我，

也⑤麻烦头脑昏花……

想着她，书也难读，

字行中浮沉着她的眼睛。

想着她，哭也难哭，

---

①冷漠的世界：原稿置于上一行之末。各选本均依原稿。今据句意，移作另起一行。

②裸热的胸怀：即坦诚的胸怀。

③却迎受在暗夜：原稿作"却迎受，在暗夜"。各选本均依原稿。今据语意，删去其中逗号。

④此二首短诗作于"1929"，殷夫此时尚在寻找党组织之中。第一首题为《想着她》，实即想着与他分手的初恋女友盛淑真女士。第二首题为《望》，系回望儿时在故乡大徐的趣事，引发如今对于"不上不下"处境的思考。此二诗曾入选《殷夫集》。

⑤也：原稿置于上一行之末。《殷夫集》依原稿。今据句意，移至本行之首。

心的烈火把泪水沸蒸。

想着她，难望故乡，
珠山的回路引到心创——
是榆林的荫影底下，
我曾梦见过伊甸①、天堂。

如今谁也不听我的声音，
只残酷地让我在回忆中辗转。
枯灰，落叶，干涸的河床②是我青春，
我的心愿上，上昆仑山③。

二、望

望望天空，青，灰，混沌又下雨，
心里悲哀，无聊亦发愁。
鬼影夜叉般，书籍④围上我，
干草丛中我又俯拾了黄金年头⑤。

小的白的双脚浸在凉水中，

---

①　伊甸：英文 Eden 的音译，《圣经》中所说的"人类始祖居住的乐园"，一称"伊甸园"。此作爱情美梦解。

②　干涸的河床：在故乡大徐南山坳边，是枫溪的一处溪滩。殷夫曾以此为题，作有《干涸的河床》一诗（见第099—100页）。

③　昆仑山：西起帕米尔高原东部，横贯新疆、西藏间，东延入青海境内。长约2500千米，海拔6000米左右。是神话传说西王母瑶池所在。殷夫"心愿"上此山，当作为实现革命理想共产主义解。

④　书籍：原稿作"书藉"，误。《殷夫集》订正为"书籍"。今从之。

⑤　此行语出自前诗《我还在异乡》"干草堆儿，/母鸡样，/慈和地拥我孵过冬阳"之句。意言他小时候曾在故家后园的"干草丛中"度过"黄金年头"。

脏的黑的手儿放在馋口。

莫说不知天地、人生和宇宙，

满心只想捉水下的泥鳅。①

如今我忽然离去故园庭，

知识、经验、年龄带我苦哀愁。

既不飞，飞上虹的、花的、光的国，②

又不落，落下污泥、深水、地狱口。

1929

孩儿塔③

孩儿塔哟，你是稚骨的故宫，

伫立于这漠茫的平旷。

倾听晚风无依的悲诉，

谐和着鸦队的合唱！

呵！你是幼弱灵魂的居处，

你是被遗忘者的故乡。

---

① 此行即回忆他儿时在水田、溪滩里捕捉泥鳅的趣事。据其家西邻应茂庭（殷夫儿时玩友）回忆，他们小时候经常在门前水田或溪滩里捕捉泥鳅、稻蟹、黄鳝等。捉到后由两家母亲烧烤后分着吃。殷夫当时的个性沉稳，所以往往比他捉得多。但又很大方，不计较分多分少，他都很高兴。

② 此行原稿作"既不飞飞上上虹的花的光的国"。《殷夫集》依原稿，难以读通。今参照下一行句式，改之。

③ 此诗"1929，于上海流浪中"作，是诗集《孩儿塔》的主题篇。孩儿塔，已见《"孩儿塔"上剥蚀的题记》注释。今因白波所绘插图之造形，与象山实际之孩儿塔迥异，故将今存月楼岙村泥岭的孩儿塔照片，附于白波插图之后，以识其真。此诗曾入选人文版《殷夫诗文选集》和《殷夫选集》、小丛书《孩儿塔》及《殷夫集》。

白荆花①低开旁周，

灵芝草②暗覆着幽幽私道。

地线上停凝着风车巨轮，

淡漫漫③的天空没有风暴。

这哟，这和平无奈的世界，

北欧的悲雾④永久地笼罩。

你们为世遗忘的小幽魂，

天使的清泪洗涤心的创痕。

哟，你们有你们人生和情热，

也有生的歌颂，未来的花底憧憬。

只是你们已被世界遗忘，

你们的呼喊已无迹留。

狐的高鸣，和狼的狂唱，

纯洁的哭泣只暗绕莽沟。

你们的小手空空，

指上只牵挂了你母亲的愁情。

夜静，月斜，风停了微嘘，

---

① 白荆花：落叶灌木或小乔木，叶子略呈圆形，表面光滑，花白色，供观赏，亦可入药。

② 灵芝草：蕈的一种，菌盖呈肾脏形，赤褐色或暗紫色，有环纹，并有光泽，可入药，有滋补作用。古时常用以象征祥瑞。

③ 淡漫漫：原稿作"淡曼曼"。各选本均作"淡漫漫"。今从之。

④ 北欧的悲雾：指欧洲北部波罗的海两岸国家当年社会民主革命几次失败的悲情。

　　　　不睡的慈母暗送她的叹声①。

　　　　幽灵哟，发扬你们没字的歌唱，
　　　　使那荆花悸颤，灵芝低回。
　　　　远的溪流凝住轻泣，
　　　　黑衣的先知者②默然飞开。

　　　　幽灵哟，把黝绿的磷火③聚合，

象山县月楼岙村泥岭孩儿塔（今存）

---

　　① 当年象山因为"七日疯"（婴儿破伤风症）流行，初生婴儿死亡率很高。村子里常有"生一班、抛一山"之类的伤心事。后来，因不忍婴尸被豺狼、野狗偷食，故兴起构筑孩儿塔之习俗。殷夫母亲也曾将第一、第二、第七胎死婴抛入孩儿塔。所以，她也有这样的"愁情"和"叹声"。
　　② 黑衣的先知者：即乌鸦。
　　③ 磷火：即末行的"鬼火"（见第035页注①）。

照着死的平漠，暗的道路。

引住无辜的旅人伫足[1]，

说：此处飞舞着一盏鬼火……

1929，于上海流浪中

妹妹的蛋儿[2]

妹妹哟，我亲爱的妹妹，

呵，给我力，禁止我的眼泪。

我的心已经碎了……片片……

我脆弱的神经乱如麻线。

呵，那是你，我的妹妹，

你就是一朵荆榛中的野玫瑰！

你哥哥，是流浪在黄浦江畔，

黄浦的涛歌凄惨难堪。

上海是白骨造成的都会，

---

[1] 伫足：原稿作"贮足"，误。各选本均改作"伫足"。今从之。

[2] 此诗作于"1929春"，是殷夫在上海"流浪"期间的某一天，收到他"亲爱的妹妹"从故乡寄出的蛋儿，对手足之情的深沉歌吟。但是，殷夫只有三个哥哥、两个姐姐，没有妹妹。这个"妹妹"是谁？询之于殷夫大姐徐祝三老人和二嫂陈素英，她们生前也都说，殷夫没有妹妹。况且，他是家里兄弟姐妹六人中最小的一个，也不可能有妹妹。而且，她们两人都说，自己从来不曾给殷夫寄过鸡蛋。要么是他的二姐徐素云给他寄过。因为诗中有"我从虎口跳出"之说，是指徐素云资助殷夫重返上海之事。祝三老人还记起当年与母亲为殷夫送行，素云就叫学校厨工煮了鸡蛋，给阿白当路菜。那么，既是二姐，又为什么称为"妹妹"呢？后来，承一位曾经从事地下工作的老党员指点。他说，殷夫将二姐徐素云称作"妹妹"，这是地下斗争的需要。因为他当年身处斗争第一线，随时都有生命危险。万一出事，可以子虚乌有的"妹妹"保护徐素云，免遭国民党反动派追查。这也是殷夫手足之情的使然。原来如此！此诗曾入选人文版《殷夫诗文选集》和《殷夫选集》、小丛书《孩儿塔》及《殷夫集》。

鬼狐魑魅到处爬行。
哪得如故乡呵，
世外桃源地静穆和平。
只有清丽的故家山园，
才还留着你一颗纯洁小心。

妹妹，自我从虎口跳出，
我便开始在世上乱奔。
如一个小舟失去舵橹，
野马溜了缰绳！
呵，茫茫的前程，
遍地是火，遍地是苦的呻吟！
血泊上反响着强者狞笑，
地球上尽是黑暗森林！

我遇着是虐行和残暴，
欺诈，侮辱，羞耻，孤伶！
我眼看地球日趋灭亡，
人类的灵魂也难再苏醒。
厌恶的芽儿开了虚无的花，
想把生命归与地球同尽！

但今天，你使我重信，
地球不死，人的灵魂
也好似一丛茂繁的森林。
荆棘上开放着白的玫瑰，
顽石旁汩流着珠泉清清……

妹妹，你救拯了我，

以你深浓的同情①。

我不能为黑暗所屈服，

我要献身于光明的战争！

妹妹哟，我接着你从故乡寄出的蛋儿，

我不禁泪儿流滚！

但请信我吧，

我不再如以前般厌憎生命！

1929 春

---

① 深浓的同情：当指徐素云对于殷夫的手足之情，以及革命友情。徐素云年长殷夫 6 岁，两人从小一起生活，姐弟之情甚深。1925 年，她在杭州省立蚕桑讲习所读书期间，因受革命思想影响，表现新进，曾加入共青团。1927 年春，北伐军进入杭州后，她的社会活动更为活跃。因此，"四一二"反革命政变后期，曾遭杭州市警察局追捕。幸有同班同学盛孰真通风报信，及时躲避，始得脱身。1928 年出任象山县立女子高小校长后，她明知殷夫及王顺芳、陈元达是共产党员，仍接收他们在校内"代课"，让他们秘密从事革命活动。殷夫后来重返上海，缺乏盘缠，她又想方设法给予资助，使殷夫得以成行。后来，她还与殷夫保持联系，经常给以接济。殷夫牺牲后，她更是冒着风险，到上海搜集殷夫遗物，精心保存。抗日战争期间，她仍坚持办学，与敌伪势力作斗争。后因大哥徐培根的关系，加入国民党，并担任了县党部执行委员、妇女会理事长等职。1950 年土改中，她被以"不法地主"判处极刑。1986 年，法院改判为"错杀"，恢复名誉。

第三辑　红色鼓动诗

呵，我们踯躅于黑暗的丛林里！[①]

呵，我们踯躅于黑暗的，黑暗的丛林里！

毒藤绕缠着脚胫，荆棘刺痛了手臂。

呵，我们手牵着手，肩并着肩，

踯躅着，踯躅着，在这黑暗的丛林里！

在这儿，无边，无穷的黑暗，黑暗，

把我们重重地，重重地包围，包围！

我们看不见美丽的灿烂的星海，

我们看不见温热的太阳的光辉。

---

① 此诗作于"1928，6，4"。其时，殷夫正在上海吴淞镇国立同济大学德文补习科读书。他与同科同学王顺芳、陈元达三人（即诗题中的"我们"）曾于5月上旬主张发动同学去市内举行示威游行，抗议山东日军出兵济南，屠杀中国军民，制造骇人听闻的"五三"惨案。不意遭到同科反动学生叶某的竭力反对，令他们感觉好比是在黑暗的丛林里徘徊不前。虽然诗中的"多液的毒藤""带刺的花朵""古怪的灌木""黑色的牡丹"，以及"怪鸟的狂鸣""最大最毒的蟒蝎""绿的眼睛红红舌尖"等等，都是殷夫的意象，却也真实地反映了当时校内的险恶环境。更值得肯定的是，他们面对这种环境，依然"肩并着肩，手牵着手"，"忍耐着一起地踯躅前进"，并且宣告"反抗的热焰已经激动""世界大同的火灾已经被我们煽起"，"在火中看见了天上红雾，旖旎"！诗题中的"踯躅(zhí zhú)"，系指徘徊不前。此诗原刊于1928年8月20日出版的《我们月刊》第3期，署名任夫。1984年2月入选《殷夫集》。

多液的毒藤蔓延着，蔓延着，在路旁，
带刺的花朵放出可怕的麻醉的浓香。
古怪的灌木挂着黝青色①的细叶，
开放着妖魔的死的光芒的黑色牡丹！

这儿有刺人灵魂的怪鸟的狂鸣，
也有最大最毒的蟒蝎荡着怕人的呻吟。
绿的眼睛、红的舌尖，这黑暗中也看得分明，
但是，没有天上的音乐，也没有地球的歌声！

我们是受饥饿、寒冷所压迫的一群，
苦痛和愤恨像蚕一般地吞噬着我们的心灵。
我们没有欢乐和幸福，也没有叹声，
我们只是手牵着手，肩并着肩，踯躅前进！

我们肩并着肩，让冷风吹着我们的赤身，
我们手牵着手，互相传递着同情和微温。
我们带着破碎的心灵和痛苦的命运，
忍耐着，忍耐着，一起地踯躅前进！

呵，我们踯躅于黑暗的，黑暗的丛林里，
痛苦像小虫般地吃噬着我们肉体，
饥寒像尖刀般地刮刺着我们肌肤。
然而我们的心哟，愤怒的炬火已经烧起！

---

① 黝青色：黑青色。

在我们的心里，愤怒的炬火已经燃起，

反抗的热焰已经激动，激动了我们的血液！

我们手牵着手，肩并着肩，把脚步整齐，

向前走去，冲去，喷着愤怒的火气！

呵，我们踯躅于黑暗的，黑暗的丛林里，

世界大同的火灾已经被我们煽起，煽起。

我们手牵着手，肩并着肩，喷着怒气……

在火中我们看见了天上的红霞，旖旎！

1928，6^①，4

怀拜伦^②

唉，你高晶的红星^③哟，

望着生身的母亲^④吧！

在地球上喷着多少火山，

---

① 6:原刊作"Juni"，即德语"6月"。《殷夫集》依原刊。今径改之。据阿英《鲁迅忌日忆殷夫》，殷夫当时曾说到，现在学校的环境对他也不利。

② 此诗"1929，于西寺"作，是殷夫1929年2月24日(元宵节)重返上海之前随母寄住象山等慈禅寺(俗称"西寺")所作的抒情短诗之一，未收入诗集《孩儿塔》，而发表于1930年6月14日出版的上海《野草周刊》第2卷第11号(中国现代名家作品专号)上，署名白莽。《怀拜轮》，"怀"即怀念或感怀。"拜轮"是英国著名浪漫诗人乔治·艾登·拜伦英文名Byron之别译，通译为拜伦(见第092页注②)。此诗1982年曾入选《殷夫集》，题依原刊，作《怀拜轮》。今以通译名改之。兹读全诗，说是感怀拜伦，实则殷夫以拜伦自比，抒发自己革命心志。

③ 高晶的红星:喻指曾经红极一时的诗歌明星拜伦。一说是指前苏联莫斯科克里姆林宫上的红星。

④ 生身的母亲:喻指拜伦的祖国(即英国)，因为他病亡异国(希腊军中)。一说是指前苏联，因为它是俄国十月社会主义革命的摇篮。

滚沸着多少白热真心^①！

瞌睡^②或会过于深沉，
你的精神可别让迷昏。
即使你现在还感得孤独，
你也定耐得短期的候等^③。

严冬的雪帐内育生了阳春，
黑暗的前夜领引来明晨。
即在罪恶的地狱中，
也几句透出了觉醒的呻吟^④！

1929，于西寺

---

① 此行与上一行，当指当年世界各地革命斗争风起云涌的形势。其中的"白热真心"，
自然包括殷夫的革命心志。此行之"多少"，原刊作"多小"，误。《殷夫集》依原刊，却又于
"小"后括注"少"。今径改之。

② 瞌睡：疑指殷夫作此诗时已经夜深。

③ 短期的候等：当指殷夫转移象山女小，等候重返上海参加革命。

④ 觉醒的呻吟：指殷夫当年在象山(包括在县立女小、西寺、城隍隔壁"徐第"等处)所
作的立誓为革命献身的诗篇。

梅儿的母亲①

"母亲，别只这样围住我的项颈，
　　你这样实使我焦烦。
我怕已是软弱得无力离开床枕，
　　但即使是死了，我还要呼喊！

"你怎知道我的心在何等地沸腾，
　　又岂了解我思想是如何在咆哮？
那你听，这外边是声音，解放的呼声，
　　我是难把，难把热情关牢。

---

① 此诗未注写作年月日，又注"在乡下"，但见之于原刊在1929年5月出版的《海风周报》第17号(特大号)，目录署名徐殷夫，正文署名殷夫。由此可知，此诗当作于1929年5月之前。其时，殷夫正在上海"流浪中"，曾赴浦东农村，寓居于一户农友家中，寻找地下党组织。因此，这位"梅儿的母亲"当是那个"乡下"的一位上了年纪的农妇。不过，读此全诗，不见一字是写"梅儿的母亲"的，而尽是写她的革命女儿梅儿因患肺结核病，垂危之时向母亲和"穷苦兄弟们"告别之言，只是从侧面可见那位母亲"圈住梅儿项颈"不忍她离去的动作。从而反映梅儿誓为革命献身的坚定心志。这是一种特殊的表现手法，也是此诗的特色所在。此外，《海风周报》是以共产党人蒋光慈等为主体的"太阳社"机关刊物，创刊于1929年元旦，属文艺类周刊，由上海四马路泰东图书局发行。殷夫自1928年5月于《太阳月刊》上发表长诗《在死神未到之前》以后，即为"太阳社"成员之一。所以将此诗投给了《海风周报》，一则便于发表，再则有利党组织发现自己以恢复组织关系。据说王顺芳与陈元达就是得读此诗，才知殷夫重返上海的。但是同年7月22日，香港国民党支部宣传科长邓协池向国民党中央宣传部举报称："反动刊物《海风周报》假借文艺作品，鼓吹阶级斗争，显系共产党之宣传品，呈请通令各省一并查禁。"因此，上海特别市党部于8月3日伤令上海特别市政府并令江苏省政府转上海临时法院，于8月9日勒令泰东图书局停止发行《海风周报》。此诗1951年7月起，先后入选开明版《殷夫选集》、人文版《殷夫诗文选集》和《殷夫选集》、小丛书《孩儿塔》及《殷夫集》。1956年秋季，此诗还曾入选教育部编发的初中《文学》课本。当年教育界曾就如何教学此诗在报刊上开展各种讨论，影响全国各地。只因不曾了解此诗写作背景，其中不乏猜测之议。

"听呀①，这—吁—吁—吁！

　　子弹从空气中飞渡。

妈呀，这是我，你，穷人们的言语，

　　几千年的积愤在倾吐！

"那②，外面是声音，声音，

　　生命在招呼着生命。

解放，自由，永久的平等，

　　奴隶，是奴隶们在搏争光明！③

"上前哟，劳苦的兄弟们，

　　不怕流血，血才染红旗旌！

世界的创造者只是我们，

　　我们要在今天，今天杀尽魔君！

"母亲，让我呼吸，让我呼吸，

　　我的生命已在这个旦夕。

但使我这颓败的肺叶④，

　　收些，收些自由气息！

"别窒死了我，我要自由，

---

①　听呀：原刊作"听吸"，误。各选本改作"听呀"。《殷夫集》于"吸"之后括注"呀"。今径改之。

②　那：原刊作"哪"。各选本均依原刊。此处应是指示词"那"，而非疑问词"哪"，今正之。

③　此行，原刊作"奴隶是奴隶们在搏争光明"，行末作逗号。人文版《殷夫诗文选集》和《殷夫选集》删去前一个"奴隶"，误。小丛书《孩儿塔》与《殷夫集》依原刊。今于前一个"奴隶"后加逗号。行末改逗号为感叹号。

④　颓败的肺叶：当指梅儿罹患当年流行的肺结核病。

我们穷人是在今日抬头。

我是快乐的，亲见伟举，

死了，我也不是一个牢囚！"

——在乡下

春天的街头①

呵，烦闷的春吹过街头，

都市在阳光中懒懒地抖擞。

富人们呀没头地乱奔：

"金钱，投机，商市，情人！"

塌车发着隆隆的巨吼，②

报告着车夫未来抬头。

哼哼唷唷地把力用尽，

只有得臭汗满身。

---

① 此诗作于"1929,3,15"，原与其后之《一个红的笑》《别了，哥哥》《意识的旋律》《上海的礼赞》《都市的黄昏》以及《血字》等诗，以组诗《血字》刊登于1930年5月出版的左联刊物《拓荒者》第4、5期合刊上，署名殷夫(这期《拓荒者》另有一种版本，名曰《海燕》)。今据考证，这期《拓荒者》与《海燕》之所以将这七首短诗合称为组诗《血字》，乃是编辑阿英(即钱杏邨)所为。因此从1951年7月起，入选开明版《殷夫选集》、人文版《殷夫诗文选集》和《殷夫选集》、小丛书《孩儿塔》及《殷夫集》，均称之为组诗《血字》。今鉴于这七首诗题材与主题各不相同，写作的时间跨度又较大，故不以组诗入编，而以各诗的写作时间先后独立编排。此诗为七诗中最早写作之篇，故排在最先。其时殷夫正在上海街头"流浪中"，诗中所写的就是其时街头所见的种种众象，属批判性鼓动诗。

② 此行原刊接上一行。各选本均依原刊。今据诗意，作分节处理。塌车：人拉的两轮平板车，也叫"榻车"。

汽车上的太太乐得发抖，①

勾情调人又得及时上手。

电车上载着一切感情，

轮子只压碎了许多人心。

还有诗人像春天的狗，②

用眼光向四方乱瞅。

呵，女眼女腿满街心，

满天都是烟士披里纯③。

向着咖啡电影院快走，④

也无暇把腐烂的韵脚搜求。

强盗走着也像个常人，

只心里在笑巡捕怪笨⑤！

"拍卖心，拍卖灵魂！"

"拍卖肉，拍卖良心！"

但是轰的一声，

塌车翻在街心。

一切的人都在发抖，

不见拉车的人哼唷地走在车的前头。⑥

1929，3，15

---

① 此行原刊接上一行。各选本依原刊。今据诗意，作分节处理。

② 此行原刊接上一行。各选本依原刊。今据诗意，作分节处理。

③ 烟士披里纯：英文 inspiration 的音译，意即"灵感"。

④ 此行原刊接上一行。各选本依原刊。今据诗意，作分节处理。

⑤ 巡捕怪笨：指租界巡捕敌我不分。

⑥ 此行意言塌车夫倒在街心没有起来，或已经劳累死去！

一个红的笑①

我们要创造一个红色的狂笑，
在这都市的纷嚣②之上。
牙齿与牙齿之间架着铜桥③，
大的眼中射出红色光芒。

他的口吞没着全个都市，④
煤的烟雾熏染着肺腑。
每座摘星楼台⑤是他的牙齿，
他唱的是机械和汽笛的狂歌！

一个个工人拿着斧头，
摇着从来未有的怪状的旗帜⑥。
他们都欣喜的在桥上奔走，

---

　　① 此诗作于"1929,4,9"，原刊、署名及入选文本，与前诗《春天的街头》同。诗题之"一个红的笑"，即诗中第一、第二行所言之"我们"要在都市的"纷嚣之上"创造一个红色的狂笑"。意指掀起一个红色的革命运动。当时殷夫正在上海街头"流浪中"，寻找党的组织。他因为看见"一个工人拿着斧头，/摇着从来未有的怪状的旗帜"，与许多工友欣喜地在高楼与高楼之间的天桥上奔走，并且"合唱着新的抒情诗"（疑指《国际歌》），所以引发了要创造"一个红的笑"的企盼和鼓动。

　　② 纷嚣：纷乱喧闹。

　　③ 此指高楼与高楼之间的天桥。牙齿：见后一节第三行所指："每座摘星楼台是他的牙齿。"铜桥：即天桥。

　　④ 此行原刊接上一行。各选本依原刊。今据诗意，作分行处理。

　　⑤ 摘星楼台：历史传说中商纣王为宠妃妲己所建之楼台。因其极高，被称为"摘星楼"。此喻指当年上海之高楼大厦。

　　⑥ 怪状的旗帜：系指标有斧头、镰刀的中国共产党党旗。

他们合唱着新的抒情诗①！

红笑的颌颚在翕动②，

眼中的红光显得发抖。

喜悦一定使心儿疼痛，

这胜利的光要照到时空的尽头③！

1929，4，9

---

① 新的抒情诗:疑指《国际歌》。

② 此行原刊接上一行。各选本依原刊。今据诗意,作分节处理。颌颚:原刊作"领颚",误。各选本依原刊。今正之。翕(xī)动:嘴巴一张一合地动着。疑指工人们在高空中呼喊革命口号。

③ 时空的尽头:革命胜利之日。

别了，哥哥①

（作算是向一个Class的告别词吧！）

别了，我最亲爱的哥哥②，

你的来函促成了我的决心。

恨的是不能握一握最后的手，

---

① 此诗作于"1929,4,12"（即蒋介石发动"四一二"反革命政变两周年之时），是殷夫向其大哥徐培根告别之作。题下括注中的Class，英文，此作"阶级"解。可见他作此诗既是向徐培根的手足之情告别，又是向徐培根所在的国民党反动统治阶级告别。我们知道，殷夫于1926年3月26日参加上海工人第二次武装起义失败后加入中国共产党。作为一名中共党员，自然要与反动阶级划清界线。同时，他在1927年"四一二"反革命政变后期曾遭反动当局逮捕入狱，险被枪决，后由徐培根设法保释。1928年7月又在一次示威游行中再次被捕入狱。徐培根当时在德国留学，不便再次举保，后由其夫人张次云（即殷夫大嫂）出面保释。在常人看来，似乎界线不清。其时，他正在上海"流浪"寻找党的地下组织，亦有表白自己政治立场之必要，故而写下这首名篇。这与他1930年1月12日所作的散文《写给一个哥哥的回信》，堪称"姐妹篇"。此诗原刊、署名以及入选文本，与前诗《春天的街头》同。

② 哥哥：指殷夫的大哥徐培根（1895—1991），本名孝瑞，号芝庭，学名根培，后改培根。早年毕业于象山县立高小，以第一名保送南京，考入浙江陆军小学。二年级时适逢辛亥革命，参加"光复杭州"之役，曾配合新军攻打旗营"军械局"。后又随浙江新军参加"光复上海"之役。1912年入江苏陆军中学。三年后毕业，分发河北保定第八师当入伍生。半年后考入保定陆军军官学校第三期。至1916年毕业，分发浙江陆军第一师任初级教官。1919年考入北京陆军大学第六期，在读三年。毕业后发回浙江陆军第一师，历任营长、团参谋长、师副参谋长、团长。1926年春，曾奉师长陈仪之命，秘密赴广东革命军总司令部接洽一师改编事宜。1927年1月，参加浙江一师"易帜"，任国民革命军第十九军一师四团团长，并率部在宁海抗击军阀孙传芳所属周荫人部。失败后，潜至江西南昌，任北伐军总司令部参谋处长。"四一二"反革命政变之前，调任"黄埔军校迁京筹备委员会"委员。同年冬，奉派赴德国考察军事教育，后入柏林陆军参谋大学留学。1931年5月学成回国，任第五军第八十七师参谋长，参加"一二八"淞沪抗战。淞战结束，转任陆军军官学校高级教育班主任。1933年，出任航空署副署长，署长兼航空、防空两校校长。"航空署火案"后，改任兵工署军械司长。全面抗日战争时期，历任军令部二厅长、驻美军事代表团参谋长、陆军大学教育长。1949年南京解放前夕，随校迁往台湾。1991年，病逝于台北。

再独立地向前途踏进。

二十年来手足的爱和怜，
二十年来的保护和抚养①。
请在这最后的一滴泪水里，
收回吧，作为恶梦一场！

你诚意的教导使我感激，
你牺牲的培植使我钦佩。
但这不能留住我不向你告别，
我不能不向别方转变。

在你的一方，哟，哥哥，
有的是，安逸、功业和名号。
是治者们荣赏的爵禄，
或是薄纸糊成的高帽。

---

① 作为长兄，徐培根对四弟殷夫一直关爱有加。在父亲亡故后，他决心承担起培养殷夫的责任。1923年秋，他就将刚从象山县立高小毕业的殷夫接往杭州，并为殷夫选择了上海名校"私立民立中学"，就读"新制初中"。殷夫初中毕业，他又支持殷夫越级报考当时全国有名的"上海浦东中学"，就读"高三级"（高中第三册）。1927年3月22日，他随北伐军总司令部进驻上海枫林桥"外交涉公署"，遂于4月1日在那里约见殷夫，并暗示："将来时局一下变了，你是一定会吃苦的。""四一二"反革命政变不久，殷夫被捕，关押三个月，险遭杀害。他想方设法，保其出狱，并于同年秋送殷夫入名校"国立同济大学"修习德文。1928年秋，殷夫第二次被捕入狱。他又从德国柏林备信，由夫人张次云出面具保，使殷夫获释。殷夫向他"告别"后，他还一如既往，关心他的"白弟"。殷夫第四次被捕牺牲后，他学成回国，曾四处寻找他的"白弟"。在证实殷夫已被秘密枪杀后，他还大哭了一场。这种"手足的爱和怜"、"保护和抚养"，不能不说是"诚意的哥哥"，"做得和我父亲一般地周到"，"和一片薄云似的柔软，那么熨贴"。面对这样一个哥哥，殷夫要向他作最后的"告别"，也正说明殷夫革命性是何等的坚决！

只要我，答应一声说：
"我进去听指示的圈套。"
我很容易能够获得一切，
从名号直至纸帽。

但你的弟现在饥渴，
饥渴着的是永久的真理。
不要荣誉，不要功建，
只望向真理的王国进礼！

因此机械的悲鸣扰了他的美梦，
因此劳苦群众的呼号震动心灵。
因此他尽日尽夜地忧愁，
想做个Prometheus①偷给人间以光明！

真理和愤怒使他强硬，
他再不怕天帝的咆哮。
他要牺牲去他的生命，
更不要那纸糊的高帽。

这，就是你弟弟的前途，
这前途满站着危崖荆棘。
又有的是黑的死，和白的骨，
又有的是砭人②肌筋的冰雹风雪。

---

① Prometheus：英文，通译作"普罗米修斯"，希腊神话中造福人类的巨人，曾从天上盗取火种到人间，因而触怒主神宙斯，被锁在高加索山崖上，受尽折磨。又，原刊英文作"Protnmea"，误。各选本均作了订正。今从之。
② 砭人：原刊作"贬人"，误。各选本均改作"砭人"。今亦从之。

但他决心要踏上前去，

真理的伟光在地平线下闪照，

死的恐怖都辟易①远退，

热的心火会把冰雪溶消！

别了，哥哥，别了，

此后各走前途。

再见的机会是在，

当我们和你隶属着的阶级交了战火！

1929，4，12

意识的旋律②

银灰色的湖光，

---

① 辟易：退避、避开。

② 此诗作于"1929,4,23"。意识，本指人对客观世界的反映，或即对社会存在的反映，但具有相对独立性，对社会发展起着巨大的能动作用。旋律，本指音乐有组织有节奏的和谐运动，其高低不同形成的旋律线，体现调式特征，表达乐曲意义。殷夫此处则是以"意识的旋律"喻指他曾经亲历的革命运动旋律。诗中写了他"五年前"（1924年）从杭州西湖的湖光山色中得到"憧憬的芽儿破晓"，到1925年"五卅"惨案中"南京路的枪声"，再到"五卅"反帝爱国运动"振动满缀石窟的长城"，到1926年黄浦滩上"三次的流血"，1927年"四一二"反革命政变中"英雄受着无限的屈辱"、"一二·一一"广州起义中"五千个无辜尸首沉下珠江"。但是"憧憬的旋律"依然"奏着神力"，甚至"离了键盘""直上天空飞翔"！这对于当时正在上海街头"流浪"寻找党的地下组织的他，是多么的难能可贵！此诗原刊与署名，以及入选的版本，同《血字》。

五年前的故乡①；

山也清，水也秀，

鳞波遍吻小叶舟。

平和，惰怠的云，

渺茫，迷梦似的心；

在波风黑暗的高台，

遥望 Milky Way② 上的天仙。

星在苍空上闪耀，

憧憬的芽儿破晓。

南京路的枪声③，

把血的影迹传闻，

把几千的塔门④打开，

久睡的眼儿自外探窥。

在群众中羞怯露面，

抛露出仇恨，隘狭语箭⑤！

实际！实际！第三实际！

"科学！"旋律迫至中央 C⑥。

呵！高音的节奏，

---

①　五年前的故乡：此诗作于"1929，4.23"，"五年前"当指 1924 年。因此"故乡"系指浙江杭州。因为这年殷夫母亲在杭州徐培根家居住，他在上海民立中学读书，寒暑假也曾在杭州度过，故称。同时，杭州有西湖"银灰色的湖光"，又有"鳞波遍吻的小叶舟"即西湖上的脚划游船。而老家象山都没有。

②　Milky Way：英文，即"银河"。

③　南京路的枪声：指五卅惨案。参见《血字》一诗的注。

④　塔门：此指上海居民家的窗门。

⑤　语箭：像箭一般的语言。指"打倒帝国主义"之类口号。

⑥　中央 C：指以钢琴中央键为 1 的音调，即"C 大调"。

山高的浪头！

《月光曲》①的序幕开展，

洪大巨波起落地平线！

碧绿的天鹅绒似的波涛，

在天边，天边，夹风怒嚎！

卷上昆仑的高顶，

振动满缀石窟的长城！

愤怒的月儿血般地放光，

叛逆的妖女高腔合唱！

流血，复仇，冲锋，杀敌，

新的节拍越奏②越急！

黄浦滩上唱出高音，③

苏州河旁低回着呻吟！

炮，铁甲车，步声，怒吼，

新的旗帜飘上了人头！

三次的流血④，流血，流血，

无限的坚决，坚决，坚决！

---

①《月光曲》：德国音乐家贝多芬(1770—1827)所作的第十四钢琴奏鸣曲。全曲分3个
乐章，表现的情感极其丰富，有冥想的柔情、悲伤的吟诵，也有克制着的冲动和暗阴的预感。
后来德国诗人路德维希·莱尔什塔勃(1799—1860)将第一乐章比作瑞士琉森湖上的月光，
故称《月光曲》。

② 奏：原刊作"增"，误。各选本均依原刊。今正之。

③ 此行原刊接上一行。各选本依原刊。今据诗意，作分节处理。

④ 三次的流血：指第一次国内革命战争时期，上海工人为配合北伐进军，推翻北洋军
阀反动统治，在中国共产党领导下举行的三次武装起义。

"四一二"①的巨炮振破欢调，

哭声夹着了奸伪的狂笑！

颤音奏了短音阶的缓曲，

英雄受着无限的屈辱！

报仇！报仇，报仇！

Dec.11②喊破了广州！

白的黑衣掩了红光，

五千个无辜尸首沉下珠江！

滔天的大浪又沉没了神州，

海的中心等候着最大的锤头！

最高，最强，最急的音节，

朝阳的歌曲奏着神力！

力！力！力！大力的歌声，

死！胜利！决战的赤心！

朝阳！朝阳！朝阳！

憧憬的旋律到顶点沸扬。

---

①"四一二"：即"四一二"反革命政变。1927年3月下旬，上海第三次工人武装起义胜利后，蒋介石赶赴上海收买青洪帮流氓冒充工人，于4月12日向分驻各地的工人纠察队发动袭击。随后，国民党第二十六军周凤岐部借口调解"工人内讧"，强行解除工人纠察队武装，并打死打伤纠察队员二三百人。13日，上海工人举行总罢工，10余万工人、学生、市民集会示威游行。当队伍行至闸北宝山路时，再次遭到国民党军队屠杀，群众死百余人，伤无数。此后，蒋介石借口"清党"，继续对共产党人和革命群众大肆捕杀。这次反革命政变为蒋介石建立反动的南京政府"扫清"了道路。

②Dec, 11：英文，即12月11日，是广州起义纪念日。1927年大革命失败后，中共广东省委根据中央指示，于12月在广州发动起义。12月11日，在张太雷、叶挺、恽代英、叶剑英等领导下，以国民革命军第四军教导团、警卫团和广州工人赤卫队，以及市郊农民武装分别向敌军各据点发起进攻，占领大部分广州市区，宣布成立以苏兆征为主席的"广东公社"。12日，国民党军队大举反扑，张太雷与5000多名革命群众牺牲，起义失败。

金光！金光！金光！

手下生出了伟大①翅膀。

旋律离了键盘，

直上，直上天空飞翔，飞翔！飞翔！

1929，4，23

上海礼赞②

上海，我梦见你的尸身，

瘫③在黄浦江边，

在龙华塔畔！

这上面，攒动着白蛆千万根，

你没有发一声悲苦或疑问的呻吟。

这是，一个模糊的梦影，

我要把你礼赞，

我曾把你忧患。

是你击破东方的谜氛④，

是你领向罪恶的高岭！

---

① 伟大：原刊无"大"，错漏。以前各选本均补"大"。《殷夫集》于"伟"后括注"大"。今径补之。

② 此诗与前诗《意识的旋律》同作于"1929，4.23"。礼赞，本是礼仪赞辞。殷夫在此诗中却在礼赞"上海功就"的同时，"清数"了帝国主义、国民党反动派在上海所犯下的罪恶，使全诗成为揭露与控诉之辞。这在诗坛上是极为少见的，是殷夫的创新之笔。此诗原刊、署名以及入选版本，亦与前诗《上海的街头》同。

③ 瘫：原刊作"摊"，系"瘫"之误。各选本均依原刊。今正之。

④ 谜氛：原刊作"谜雰(fēn)"。"雰"是"氛"的异体字，今改为"谜氛"，即迷惘的氛围。人文版《殷夫选集》与小丛书《孩儿塔》即改为"谜氛"。而《殷夫集》仍依原刊，不确。今正之。

你现在，是在腐烂，

有如恶梦，

万蛆攒动！

你是趋向颓败，

你是需经一次诊探！

你是中国无产阶级的母胎①，

你的罪恶，

等于你的功业！

你做下一切的破坏，

到头还须偿还！

"五卅""四一二"②的血不白流，

你得清算，

你得经过审判！

我们礼赞你的功就，

我们惩罚你的罪疣③！

伟大的你的生子④，

你的审判主，

---

① 母胎：孕育幼儿母亲的胎盘。此指中国产业工人阶级首先诞生在上海。

② "五卅"：指1925年的"五卅"惨案，参见前诗《血字》之注。"四一二"：即1927年4月12日蒋介石发动的"四一二"反革命政变。

③ 罪疣，此作罪恶解。

④ 生子：亲生的儿子。此指上海曾诞生中国共产党。1921年7月23日，中国共产党第一次全国代表大会在上海法租界望志路106号（今兴业路76号）召开。7月30日转移至浙江嘉兴南湖一艘游船上举行最后一天会议，通过了《中国共产党纲领》，选举产生了中央局，宣告中国共产党成立。这是中国历史上开天辟地的大事件！

他能将你罪恶清数！

但你将永久不腐不死，

但你必要诊探一次！

1929，4，23

都市的黄昏①

街上卧坠下白色暮烟，

空气中浮着工女们的笑声。

都市是入夜——电灯渐亮，

连续地驰过汽车长阵。

Motor②的响声嘲弄着工女，

Gasoline③的烟味刺人鼻管。

这是从赛马场归来的富翁，

玻璃窗中漏出博徒④的高谈。

灰色的房屋在路旁颤战，

全盘的机构⑤威吓着崩坍。

街上不断的两行列：工人和汽车。

---

① 此诗作于"1929,4,27"。这是殷夫当时在上海街头"流浪"寻找党组织于黄昏时节所见的情景。诗中着重写了"白色暮烟"下工厂放工回家工人们的笑声和从赛马场赌马归来富翁们的高谈。进而引申出"看谁人占有明日清朝"的疑问。明日清朝(zhāo)，此作指代未来世界解。答案自然是工人们。

② Motor：英文"马达"，即发动机。

③ Gasoline：英文"轧士林"，即汽油。

④ 博徒：即赌徒。此指从赛马场赌马归来的富翁。

⑤ 全盘的机构：指全上海的机关单位。

蒙烟的黄昏更暴露了都市的腐烂!

富人用赛马刺激豪兴,
疲劳的工女却还散着欢笑。
且让他们再欢乐一夜,
看谁人占有明日清朝?

1929,4,27

一九二九年的五月一日①

一

最后的电灯还闪在街心,
颓累的桐树②后散着浓影。
暗红色的,灰白色的,
无数的工厂都在沉吟。

夜还没收起她的翅膀,
路上是死一般的荒凉。
托,托,托,按着心的搏跃,
我的皮鞋在地上发响。

---

① 此诗原刊于1930年5月1日出版的《萌芽月刊》第1卷第5期(五月各节纪念号),署名白莽。1951年7月起,先后入选开明版《殷夫选集》、人文版《殷夫诗文选集》和《殷夫选集》、小丛书《孩儿塔》及《殷夫集》。五月一日,即国际劳动节(见本诗后文注)。苏联Г.亚罗斯拉夫采夫、Н.Ф.马特科夫称此诗是"长诗"。但其中序诗、正诗与跋诗难分。故仍作一首较长的叙事诗处理。

② 桐树:行道树法国梧桐之省称。

没有戴白手套的巡警，

也没有闪着白光的汽车眼睛。

烟突①的散烟涌出，——

纠缠着，消入阴森。

工厂散出暖的空气，

机器的声音没有惫疲。

这儿宇宙是一个旋律——

生的，动的，力的大意。

伟长的电线杆投影，

横过街面有如深阱②。

龌龊的墙上涂遍了白字，——

创口的膏布条纹③。

纪念五一劳动节④！

八小时工作！

八小时教育！

八小时休息！

---

① 烟突：即烟囱。

② 深阱：原刊如此，指陷坑。各选本作"深井"，误。今依原刊。

③ 此指以下两节标语口号。

④ 五一劳动节：1886年5月1日，美国芝加哥20余万名工人举行大罢工，要求实行八小时工作制，经过流血斗争，获得胜利。1889年7月，在法国巴黎举行的第二国际成立大会上，决定以象征工人阶级团结、战斗、胜利的5月1日为国际劳动节。中国工人阶级于1920年第一次大规模集会纪念国际劳动节。新中国成立后，中央人民政府政务院于1949年12月规定，每年5月1日为劳动节。

打倒国民党①!

没收机器和工场!

打倒改良主义!

我们有的是斗争和力量!

这是全世界的创伤,

这也是②全世界的内疚。

力的冲突与矛盾,

爆发的日子总在前头。

呵,我们将看见这个决口,

红的血与白的脓汹涌奔流。

大的风暴和急的雨阵,

污秽的墙上涂满新油。

呵,你颤战着的高厦,

你底下的泥沙都在蠢爬;

你高傲的坚挺烟突,

烟煤的旋风待着袭击……

二

勤苦的店主已经把门打开,

老虎灶③前已涌出煤烟。

---

①国民党:原刊作"××党"。人文版《殷夫诗文选集》和《殷夫选集》、小丛书《孩儿塔》均改作"国民党"。《殷夫集》依原刊。今依《殷夫诗文选集》等,改之。

②这也是:原刊作"这也",漏"是"。人文版《殷夫选集》等作"这也是"。《殷夫集》于"也"后括注"是"。今依《殷夫诗文选集》等,径改之。

③老虎灶:当年烧开水的大灶,亦指供应开水之处。

惺忪睡容的塌车夫，
坐在大饼店前享用早点……

上海已从梦中苏醒，
空中回响着工作日的呵欠声音。
上工的工人现出于街尾，
惨白的路灯残败于黎明。

我在人群中行走，
在袋子中是我的双手。
一层层，一叠叠的纸片①，
亲爱地吻我指头。

这里是姑娘，那里是青年，
半睡的眼，苍白瘦脸。
不整齐地他们默着行走，
黎明微凉的空气扑上人面。

她们是年青的，年青的姑娘，
他们是少年的——年青力强。
但疲劳的工作，不足的睡眠，
坏的营养——把他们变成木乃伊②模样。

他们像髑髅般瘦孱，

① 纸片：指革命传单。
② 木乃伊：原指古埃及人用特殊防腐药剂和埋葬方式保存下来的干尸。亦比喻僵化事物。

他们像残月般苍黄。

何处是他们的鲜血，青春……

是润着资产阶级的胃肠。

他们、她们默默地走上，

哲学家般地充满思想，

这就是一个伟大的头脑，

思慕着海底的太阳。

呵，他们还不知道东方输上了红光，

这个再不是"他们"的朝上①。

这五一节是"我们"的早晨，

这五一节是"我们"的太阳！

三

我才细细计划，

把我历史的工作布置。

我要向他们说明：

今天和将来都是"我们"的日子。

——"今天是五月一号，

这是他们的今朝，

我们要拒绝做工，

我们呼出②三个口号：

---

① "他们"：此指资本家。朝（zhāo）上：同"早上"。

② 呼出：原刊作"叫出"。今改之。

我们呼出三个口号：①

"八小时工作，

八小时休息，

八小时教育！"

我们总同盟罢业②，

纪念神圣的五一节。

这是我们誓师的大典，

我们要继续着攻击……③

四

怒号般的汽笛开始发响，

厂门前涌出青色④的群众。

天，似有千万个战车在驰驱，

地，似乎在挣扎着震动！

呵哟，伟大的交响，

力的音节和力的旋律。

踏踏的步声和小贩的叫喊，

汽笛的呼声久久不息……

呵，这杂乱的行列，

这破碎零落的一群。

他们是奴隶，

---

① 原刊无此行，今据上行加之，以成一节。

② 罢业：即罢工。

③ 原刊省略号另起一行。今移至此。

④ 青色：犹青菜色。指营养不良的面色。

又是世界的主人！

这被压迫着的活力，
这被囚困着的精神！
放着大的号呼了，——
欢迎我们的黎明……

我突入人群，高呼：
"我们……我们……我们……"
白的红的五彩纸片，
在晨曦中翻飞像队鸽群。

呵，响应，响应，响应，
满街上是我们的呼声！
我融入于一个声音的洪流，
我们是伟大的一个心灵。

满街都是工人，同志——我们，
满街都是粗暴的呼声。
满街都是喜悦的笑、叫，
夜的沉寂扫荡净尽。

呵哟，这是一阵春雷的暴吼，
新时代的呱呱声音。
谁都溶入了一个憧憬的烟流，
谁都拿起拳头欢迎自己的早晨。

"我们有的是力量①，

我们有的是斗争！

我们的血已沸荡②，

我们拒绝进厂门！……"

五

一个巡捕拿住我的衣领，

但我还狂叫，狂叫，狂叫！

我已不是我，

我的心合着大群燃烧。

他是有良心的狗：

"这是危险的事业——

只要掉得好舌头，

也可摆脱罪孽……"

谢你哟，我们的好巡警，

我领受你的好心。

从你，我已看出同情的萌芽，

却看不见你阶级的觉醒。

这是对垒的时候，

只要坚决地打下心肠——

不替杀人者杀人，

---

① 力量：原刊作"力最"，误。以前各选本改作"力量"。《殷夫集》于"最"后括注"量"。今径改之。

② 沸荡：原刊如此。各选本均作"浮荡"，误。今依原刊。

那就是我们的战将。

群众的高潮在我背后消去，
黑暗的囚牢却没把我心胸占据。
我们的心是永远只一个：
无论我们的骨成灰，肉成泥。

我们的"五一祭"是誓师礼，
我们的示威是胜利的前提。
未来的世界是我们的，
没有刽子手断头台绞得死历史的演递！

1929，5，5

血　字^①

血液写成的大字，

斜斜地躺在南京路。

这个难忘的日子——

润饰着一年一度……

血液写成的大字，

刻划着千万声的高呼。

这个难忘的日子——

几万个心灵暴怒……

---

① 此诗未注写作年月。今据诗中有"'五卅'哟！/立起来,在南京路走",又有"四年的血液润饰够了"等语,可知作于1929年5月30日"五卅"惨案四周年纪念日前夕。原刊、署名以及入选文本皆与前诗《春天的街头》同。1925年的"五卅"惨案起因是这年5月15日上海日商内外棉纱厂第七厂茧厂不许工人上工。下午5时30分,夜班工人数百人进厂与厂主交涉,发生冲突。日本人元木、川村开枪射击,工人代表顾正红身中4弹,重伤倒地。同时中弹的受伤工人有10余人。捕房巡捕还捕工人11人。至当晚7时,顾正红在医院抢救无效而死亡。从而引起公愤,于同月24日举行"顾正红烈士追悼大会",工人、学生及各界万人到会。30日上午,上海学生2000余人在南京路散发传单,发表演说,抗议帝国主义屠杀中国工人、逮捕中国学生,又被捕房拘捕数十人。下午3时,学生及各界群众近万人聚集老闸捕房门口,要求释放被捕学生。英国捕头爱伏生竟下令印度巡捕开枪射击,当场打死学生与群众11人、重伤8人、轻伤数十人,并逮捕50余人,造成震惊中外的"五卅"惨案。据许福莹先生晚年回忆,殷夫在"五卅"反帝爱国运动后期回象山参加县内运动期间曾对他说,5月30日是星期六,那天下午学校无课,殷夫正在福州路书店看书。突然之间听到南京路传来枪声,他出于好奇,立刻跑了过去。见老闸捕房门前血流成河,人们正在抢救伤员,送往医院,始知惨案发生。因此,殷夫也是"五卅"惨案的目击者之一。正因为亲眼所见,所以这首《血字》写得如此真实、形象、生动,成为他红色鼓动诗中的名篇。也正因为如此,"五卅"运动成了他生命的一个转折点,即从天真无邪的初中学生转向充满反帝爱国之心的革命青年。

血液写成的大字，

记录着冲突的经过。

这个难忘的日子——

狞笑着几多叛徒……

"五卅"哟！

立起来，在南京路走！

把你血的光芒射到天的尽头，

把你刚强的姿态投映到黄浦江口，

把你的洪钟般的预言震动宇宙！

今日他们的天堂，

他日他们的地狱。

今日我们的血液写成字，

异日他们的泪水可入浴。

我是一个叛乱的开始，

我也是历史的长子。

我是海燕，

我是时代的尖刺！

"五"要成为报复的枷子，

"卅"要成为囚禁仇敌的铁栅；

"五"要分成镰刀和铁锤，

"卅"①要成为断铐和炮弹！……

---

① "卅"，原刊误作"三"，误。各选本均改作"卅"。今从之。

四年的血液润饰够了，

两个血字不该再放光辉。

千万的心音够坚决了，

这个日子应该即刻销毁①！

前　灯②

汽笛，火箭般的飞射，

飞射进心的深窝了。

呵哟，机械万岁！

展在面前是无限的前途，

负在脊上是人类的全图。

呵哟，引擎③万岁！

燃上灼光的前灯吧，

让新的光射透地球！

以太④掀着洪涛，

---

① 销毁：原刊作"消毁"，误。各选本依原刊，亦误。今正之。

② 此诗作于"1929，6，23"，是殷夫以"前灯"喻指共产主义远大理想的歌吟。因为诗中的主体是汽笛"飞射进心的深窝"，脊上负着"人类的全图"的工人阶级。为了"让新的光射透地球"，所以他要"燃上灼光的前灯"，亦即用伟大的共产主义理想武装工人阶级，永续地突进。最后呼出"前进万岁"的口号。这首《前灯》与后边的《罗曼蒂克的时代》《拓荒者》《静默的烟囱》《让死的死去吧！》《议决》共6首，以"我们的诗"为总题，原载于1930年1月10日出版的《拓荒者》第1卷第1期，署名殷夫。先后入选开明版《殷夫选集》、人文版《殷夫诗文选集》和《殷夫选集》、小丛书《孩儿塔》及《殷夫集》。今依各诗写作时间，与其后原刊《诗四首》作分篇穿插排印。

③ 引擎：英文 engine 的音译，即"发动机"。一般特指蒸汽机、内燃机等热机。

④ 以太：古希腊哲学家所设想的一种介质。17世纪时解释为光的传播，认为是一种机械弹性波，无所不在，没有质量。但20世纪以来，所有寻找以太的实验都归于失败。

电子的波浪咆哮，

呵哟，光明万岁！

机械前进了，

火箭似的急速。

点，点，点连成长线……

永续的前途，

突进哟，前进万岁！

1929，6，23

流浪人短歌①

冷幽幽的微风袭上胸口，

呵，我只穿着一件衬衫。

身旁走动着金的衣，珠的纽②，

落拓的穷人也要逛夜来。

不见那边电影院口耀明灯，

电灯也高傲地向着你眨眼③。

---

① 此诗与后边的《夜的静默》《青的游》《最后的梦》，以"诗四首"为总题，原刊于1929年8月20日出版的《奔流》第2卷第4期，署名白莽。1951年7月起，先后入选开明版《殷夫选集》、人文版《殷夫诗文选集》、小丛书《孩儿塔》及《殷夫集》。今将这4首诗，穿插于此分篇。这首《流浪人短歌》未注写作时间。今据其题可知，亦是殷夫当时在上海街头"流浪"寻找党组织时所作。不过，此诗在1929年8月20日于《奔流》上发表之时，他已找到了地下党组织，结束"流浪人"生活。但诗中所写的所见所闻依然存在，因此仍具有针对性和战斗性。

② 金的衣、珠的纽：系指代富人。

③ 眨眼：原刊作"貶眼"，误。以前各选本改作"砭眼"。《殷夫集》于"貶"后括注"眨"。今径改之。

还不是嘲弄地给你询问——
"我们的门下你可要进来？"

大商店开着留声机，
广东的调儿也多风韵。
跳舞场里漏出颓废乐意①，
四川路的夜已经深沉。

电车没有停，汽车飞奔，
咖啡店的侍女扬着娇音。
黄包车夫，搔头，脱了帽②，
在街头、巷口、店前，逡巡③。

我走着路，暗自骄傲，
空着手儿也走街沿。
也不搔头，又不脱帽，
只害得爱娇的姑娘白眼……

哈，哈，姑娘，彩花的毒蛇，
理④去，理你蛊惑人心的艳装！
我不是孤高怨命的枯蝉，
我的褴褛是我的荣光。

---

① 乐意：欢娱之意。各选本改作"乐音"。《殷夫集》于"意"后括注"音"。均不妥，今依原刊。

② 搔头：即搔首，心绪烦乱焦急貌。喻没有顾客乘车，生意不好。脱帽：即摘下帽表示敬意，招徕顾客。

③ 逡（qūn）巡：欲进不进，迟疑不决貌。

④ 理：此作整理解。后一个"理"亦同解。

你白领整装的 Gentlemen①，
脑儿中也不过是些污秽波浪：
女人的腿、高的乳峰、柔的身，
社会的荣誉，闪光的金洋②。

巍峨挺天的邮政总局，
铁的门儿深深闭紧。
气窗也漏出人类幽哭③，
厚墙，坚壁可难关住声音。

桥的这边多白眼，
桥的那面耸高屋④。
苏州河边景凄凉，
灯影乱水惹人哭⑤！

我不欲回头走刺路⑥，
我不欲过桥攀高屋。
凉夜如水雾如烟，
我要入河洗个泪水浴⑦……

---

① Gentlemen：英文，即"绅士们"。

② 金洋：金元、金币。

③ 人类幽哭：此指邮政工人昼夜劳作之怨声。

④ 此二行之"桥"，均指苏州河上之外白渡桥。这边多白眼：即指外白渡桥南端外滩一带多姑娘的白眼。那面耸高屋：指外白渡桥北端之上海大厦。

⑤ 惹人哭：原刊作"惹痛哭"。各选本依原刊。今参照殷夫小说《小母亲》"灯影水乱惹人哭"句，改之。

⑥ 刺路：指上节第一行外滩曾受人白眼讽刺的道路。

⑦ 泪水浴：用泪水洗浴。因为苏州河是"灯影乱水惹人哭"，河水都是泪水，故有此说。

夜的静默^①

夜不唱歌，夜不悲叹，

巷尾暗中敲着馄饨担。

闹钟的啜泣充满亭子间^②。

我想起我幼小情景：——

鹤群和鸽队翱翔的乡村，

梦的田野，绿的波，送饭女人……

黑的云旗，风车的巨翼，

青苍苍的天空也被吞吃，

颤动的雷声报告恶消息。

燕儿归，鸽群回，女人回家去，

红的电，重的雷，愤怒的诗句，

狂风暴雨之暴风和狂雨！

---

① 此诗未注写作时间，亦当是殷夫当年在"流浪"中寻找党组织时所作。诗中写的是他夜里在亭子间因为感觉"静默"而想幼小时期在故乡大徐生活情景。这是一个和平的乡村，却也时而有"雷声报告恶消息"，甚至会有"狂风暴雨之暴风和狂雨"。其意显然是表达他对于当年农村革命形势的基本看法，什么时候也会爆发新的革命运动。此诗原刊、署名以及入选文本与前诗《流浪人短歌》同。

② 亭子间：上海里弄住宅中位于每一楼层楼梯中间平台处的住房。一般半层在上一楼层，朝北或朝西，且面积较小。殷夫当时即租住在赫德路（今常德路）一条弄堂院子内的三楼亭子间。

青的游^①

青是池水，
青是芳草。
苍蝇、甲虫、粉蝶，
白兔儿在天际奔跑……

你的心如兔毛纯洁，
你的眼如兔走飘疾。

我拈花，摘花，插襟，
你微笑，点头，红晕。
　　花上有水珠，
　　花下有深心。

青是池水，
青是芳草。
天上有白，白，白的云，

---

① 这首诗历来被认为是殷夫最佳的抒情诗。有位作曲家还曾为之谱了乐曲，可以用来抒情地演唱。但诗中所抒的是什么情，却有不同的解读。一般认为是表达"纯洁的爱情"，因为诗中的"你"有"微笑，点头，红晕"，还有"深心"，所以殷夫向之表示"永在一道"。不过，也有论家认为殷夫将此诗与《流浪人短歌》一起发表，说明作此诗时他还在上海"流浪"寻找党组织中，也许是在浦东农村某地某夜找到了地下党组织，面对"青是池水，青是芳草"和在天际上奔跑的"白兔儿"（即月亮），向党组织抒发自己的"深心"："我们是永，永，永在一道"。更有论家认为，这位"你"是党的女干部，殷夫在找到她时即是向党表示"深心"，又有向她表示爱慕之情的可能。因为此诗后边的《最后的梦》，即是一首求爱诗。正所谓"诗不达话"，读者可以有各自解读。此诗原刊、署名及入选版本，同《流浪人短歌》。

我们是永，永，永在一道。

最后的梦①

我从一联队的梦中醒来，
　　窗外还下着萧瑟的淫雨。
但恐怖的暗重云块已经消散，
　　远处有蛙儿谈着私语。

哟，我在最后的梦中看见了你②，
　　你像女神般端正而又严肃。
你的身后展开一畦绿的野地，
　　我无可慰藉地在你脚下泣哭。

若是你对我还有，还有一些温意，

---

① 这首诗若与前诗《青的游》连读，殷夫梦中所见的"你"（亦即本诗下文之"姊姊"），确为前诗中的"你"。因为诗中有"远处有蛙儿谈着私语""你的身后展开一畦绿的野地"，与前诗所写的农村环境相同。而且是在"恐怖的暗重云块已经消散""你像女神般端正而又严肃"的情形下，才向这位"姐姐"直白地求爱。这位"姐姐"是谁？1983年前后，经访问上海市北中学退休教师苏曼莎女士（广西临桂人）和时在中共中央宣传部工作的石西民同志（上海人），始知这位"姐姐"姓谢，名绮孟，当年化名"苏曼华"，是中共沪东区委宣传部长，生于1907年7月，比殷夫大3岁，故殷夫称之为"姐姐"（详见下文注解）。此诗原刊、署名及入选版本，同《流浪人短歌》。

② 你：即下文"姊姊"。即谢绮孟，广西临桂县人。读师范时加入共青团。1926年参加共产党，留学苏联。1929年回到上海，化名"苏雪华"，任中共沪东区委宣传部长，负责妇女工作。当时，殷夫是共青团中央宣传部干事，从事青年工人工作。两人工作关系紧密，志趣相投，经常在一起，犹如一对情侣。殷夫曾向谢求过爱，但谢是生活上很严肃的一个人，况且她是有夫之妇，因而不曾跨越"姐弟关系"。

那末你①说吧，说一句"我爱"。

若是你那颗心终也没有我的居留地，

　　　你只要轻笑着说："滚蛋！"

"——你的身世，漂泊，烦恼，我同情，

　　　我只当你是我一个可怜的弟弟。

因为我的心，我的心留在远的都城②，

　　　我不能背了他，背了他说'我爱你'。"

……罪恶的爱！罪恶的爱！……

　　　呵，爱到今日再不是独有的私产。

未来的社会是大家庭的世界，

　　　千百万个爱你，你爱千百万。

若你是个紫外线儿，或 X 光，

　　　你一定总窥见了我的心怀。

你试看它的血波多末激荡，

　　　不久，失望的情火要烧它成焦炭。

我说过我是一棵春笋，

　　　坚壁的泥中埋藏了我的青年。

我今日是，是切望着光的温吻，

　　　请哟，请说："弟，立起来！"

---

　　① 你：原刊作"我"，误。以前各选本依原刊，亦误。《殷夫集》于"我"后括注"你"。今径改之。

　　② 远的都城：指莫斯科。谢绮孟 1928 年冬在莫斯科孙逸仙大学留学期间，与共产党员曾任良（广东五华人）在中国饭馆结婚。谢回国时，丈夫还在莫斯科步兵学院留学。

……我吻着你了，你的朱唇，

　　冷颤颤地不胜春寒①。

姊姊哟，即使你只给我一个冷的吻，

　　我心中也爆了新生的火山！

Romantik 的时代②

罗曼蒂克的时代逝了，

和着他的拜伦③，

他的贵妇人和夜莺……

现在，我们要唱一支新歌，

或许是"正月里来是新春"④，

只要，管他的，

只要合得上我们的喉音。

工厂里，全是生命：⑤

---

① 春寒：与上文的"春笋"，均可证此诗作于1929年春天。其时，殷夫尚在上海"流浪"寻找党组织之中。

② 此诗作于"1929，11"，殷夫已进入共青团中央宣传部任干事。Romantik，德语，音译罗曼蒂克。英语作romantic，意即浪漫，指不拘小节，无拘无束。文艺领域则用以形容富有诗意、充满幻想的笔法，历来有"浪漫主义"一说。此诗原刊、署名及入选的版本，同前诗《前灯》。人文版《殷夫选集》、小丛书《孩儿塔》改作英文 Romantic，与原刊不符。开明版《殷夫选集》与人文版《殷夫诗文选集》均改题为《罗曼蒂克的时代》。《殷夫集》依原刊。但殷夫却在诗中说"罗曼蒂克的时代逝了"。这显然与他当时已在共青团中央宣传部工作有关。因为工作性质不允许他浪漫。这也正是他组织性纪律性的一种表现。

③ 拜伦：英国浪漫主义诗人（见第092页注②）。

④ "正月里来是新春"：民间普遍传唱的《孟姜女调》首句。

⑤ 此行，原刊紧接上一行。各选本依原刊。今据诗意，作分节处理。

我们昨天闹了写字间①，

今天童子团怠工②游行，

用一张张传单串成，

说"比打醮③还要灵"。

……

这些，据说上不得诗本。

1929，11

Pionier④

我们把旗擎高，

号儿吹震天穹。

只是，走前去呵，

我们不能不动！

这尚是拂晓时分，

我们必须占领这块大地。

---

① 写字间：工厂主的工作室。

② 童子团：共青团领导的童工组织。怠工：有意地不积极工作。此指罢工。

③ 打醮：原刊作"打樵"，误。打醮(jiào)，祷神的祭礼，亦指道士设坛念经做法事。各选本均作"打醮"，今从之。

④ 此诗作于"1929,11"。Pionier，德语，意译为"拓荒者"。这与原刊刊名相同。而原刊是1930年1月10日出版的《拓荒者》第1卷第1期，其前身是太阳社文艺刊物《新流月报》，同由蒋光慈主编。殷夫是太阳社成员，故作此诗以明其改版的主旨。或即为蒋光慈授意殷夫作此诗，以鼓动太阳社成员："我们把旗擎高，/号儿吹震天穹。""这尚是拂晓时分，/我们必须占领这块大地。""荒芜的阵地，/开着战斗的血花吧！""走前去呵，同志们！/工作的时候不准瞌睡。/大风掠着旌旗，/我们上前，上前！"若此，则此诗犹如太阳社将《新流月报》改版为《拓荒者》的发刊词。人文版《殷夫选集》、小丛书《孩儿塔》及《殷夫集》诗题均依原刊。开明版《殷夫选集》、人文版《殷夫诗文选集》改题为《拓荒者》。

最后的敌人都已逃尽，
曙光还在地平线底。

荒芜的阵地，
开着战斗的血花吧！
胜利的清晨，
太阳驰上光霞吧！

走前去呵，同志们！
工作的时候不准瞌睡。
大风掠着旌旗，
我们上前，上前！

1929，11

静默的烟囱①

烟囱不再飞舞着烟，
汽笛不再咽叹着气。
她坚强地挺立，有如力的女仙，
她直硬的轮廓象征着我们意志！

---

① 此诗作于"1929，11"，是殷夫鼓动工厂工人"罢业"（即罢工）的诗篇。他号召工人兄弟们"不再为魔鬼（指工厂主）做工"，并且要坚持到胜利，做"世界的主人"！这说明进入共青团中央宣传部任干事的殷夫，除协助部长编辑团刊《列宁青年》外，还从事工人运动工作。此诗原刊、署名及入选的版本，同前诗《前灯》。

兄弟们，不再为魔鬼做工，①

誓不再为魔鬼做工！

我们要坚持我们的罢业，

我们的坚决，是胜利的条件。

铁的隧道中流着我们的血，②

皮带的机转中润着我们的汗水，

我们不应忍饥寒，

我们不应受蹂躏，

我们是世界的主人！

看，烟囱静默了，③

死气笼住工场的全身。

这只是斗争时的紧张，

胜利时，

汽笛将歌咏我们的欢欣。

1929，11

---

① 此行原刊接上一行。各选本依原刊。今据诗意，作分节处理。做工：原刊为"作工"。人文版《殷夫选集》改作"做工"。今改之。

② 此行原刊接上一行。各选本依原刊。今据诗意，作分节处理。铁的隧道：疑指纺织厂翻转布面的铁长筒。原刊"隧道"作"坠道"，误。以前各选本改作"隧道"。《殷夫集》于"坠"后括注了"隧"。今径改之。

③ 此行原刊接上一行。各版本亦然。今据诗意，作分节处理。烟囱：原刊作"烟卤"，误。各选本均改作"烟囱"，今从之。

让死的死去吧! ①

让死的死去吧!
他们的血并不白流。
他们含笑的躺在路上,
仿佛还诚恳地向我们点头。
他们的血画成地图,
染红了多少农村、城头。

他们光荣地死去了, ②
我们不能向他们把泪流。
敌人在瞄准了,
不要举起我们的手!

让死的死去吧,
他们的血并未白流。
我们不要悲哀或叹息,

---

① 此诗作于"1929,11",是殷夫悼念为革命光荣牺牲的烈士之作。同时,正告革命同志不要面对敌人的枪口而"举起我们的手"投降,也不要因为烈士们的牺牲而"悲哀或叹息",更不要走漏"斗争中的消息"。诗中所悼念的烈士是"他们",而且是曾经用"他们的血画成地图,/染红了多少农村、城头"的人。这不禁使人联想起时任中共中央政治局委员、中央农委书记兼江苏省委书记彭湃,中央政治局候补委员、中央军事部长杨殷,中央军委委员兼江苏省委军委委员颜昌颐,江苏省委军委干部邢士贞四同志因叛徒白鑫告密,于1929年8月24日在上海被捕,同月30日在龙华被杀一案。这四位烈士的牺牲,一度在党内造成了震惊,导致了江苏省委被破坏。也正因为是叛徒告密所导致的严重后果,殷夫在此诗中才会有上述正告。此诗原刊、署名及入选的版本,同前诗《前灯》。

② 此行原刊接上一行。各选本依原刊。今据诗意,作分节处理。

漫的长途横在前头。

走去吧，
斗争中消息不要走漏。
他们尽了责任，
我们还要抖擞！

1929，11

议　决①

在幽暗的油灯光中，
我们是无穷的多——合着影。
我们共同地呼吸着臭气，
我们共同地享有一颗大的心。

决议后，我们都笑了，
像这许多疲怠的马。
虽然，又静默了，
会议继续到半夜……

明日呢，又是另一日了，

---

①此诗亦作于"1929，11"，是殷夫参加工厂工人罢工前夜秘密会议时的情景描写。这次会议有"无穷的多"工人在一起，形成了罢工斗争的《决议》。大家都笑了，"会议继续到半夜"。因为明日要罢工了，所以殷夫说"今晚睡得早些也很重要"。可见他是这次罢工斗争的组织者和领导者。也许就在这次工厂罢工斗争中，他第三次被捕，而惨遭反动军警毒打。所幸当局不知底细，不久就释放了出来。这只是一个推测，但关于殷夫第三次被捕别无其他证据，故不妨附记于此。此诗原刊、署名及入选的版本，同前诗《前灯》。

我们将要叫了！

我们将要跳了！

但今晚睡得早些也很重要。

1929，11

我　们①

我们的意志如烟囱般高挺，

我们的团结如皮带般坚韧，

我们转动着地球，

我们抚育着人类的运命！

我们是流着汗血的，②

却唱着高歌的一群。

目前，我们陷在地狱一般黑的坑里，

在我们头上耸立着社会的岩层③。

没有快乐，幸福，……④

---

① 此诗作于"1929,12,2"，与后边的《时代的代谢》《五一的柏林》，以"诗三篇"为总题，原载于1930年2月10日出版的《拓荒者》第1卷第2期，署名殷夫。1951年7月起，先后入选开明版《殷夫选集》、人文版《殷夫诗文选集》及《殷夫集》。今因见这三篇诗的题材与主题各不相同，故作分篇校注。这首《我们》是殷夫为"十二万万五千万的工人农民"所作的"高歌"。唱出了团结"转动地球"和"抚育人类命运"的心声，向着"胜利的早晨走近"的决心。从而显示"无产者是资本主义社会的掘墓人"这一主题。

② 此行原刊接上一行。各选本依原刊。今据诗意，作分节处理。

③ 头上耸立着:原刊作"头耸着"，不通。各选本作"头上耸着"，亦不通。《殷夫集》作"头(上)耸着"，又不通。今改之。社会的岩层:喻指当年半殖民地半封建社会制度。

④ 此行原刊接上一行。各选本依原刊。今据诗意，作分节处理。

但我们却知道我们将要得胜。

我们一步一步的共同劳动着，

向着我们的胜利的早晨走近！

我们是谁？

我们是十二万万五千万①的工人农民！

1929，12②，2

时代的代谢③

忽然，

红的天使把革命之火——④

投向大地！

这不是偶然的，

这不是偶然的！

严坚的冰雪，⑤

覆盖着春的契机；

---

①十二万万五千万：原刊作"十二万五千"，疑是后诗《与新时代的青年》中"十二万万五千万"之误。人文版《殷夫选集》、小丛书《孩儿塔》依原刊。《殷夫集》正文亦依原刊，但有一注：宜参考《与新时代的青年》中的"十二万万五千万"。今从之，系指当年全世界无产者之总数。

②12：原刊作"XII"，罗马数字"12"。各选本均改作"12"。今从之。

③此诗作于"1929，12，2"。"代谢"，更迭、交替之意，出自《淮南子·兵略训》："若春秋有代谢，若日月有昼夜。终而复始，明而复晦。"亦作生物学名词"新陈代谢"之简称。殷夫这里是用作"时代的更迭"或"交替"，意即从旧时代进入新时代。因为作此诗时即将要进入20世纪30年代，故称。诗中所写的"昔日，/我们(指无产阶级)在地底""今日，/你们(指反动统治阶级)走向桌下去"，这就是"时代的代谢"。此诗原刊、署名及入选的版本，同前诗《我们》。

④原刊此处无标点。各选本均依原刊。今加破折号，以示过渡。

⑤此行原刊接上一行。各选本依原刊。今据诗意，作分节处理。

阴森的云霾，

掩蔽着太阳的金毫万丝。

怒气——①

是该爆发了！

愤意——②

是该裂炸了！

昔日，③

我们在地底，

流血，放汗，

劳筋，瘁骨④！

今日，

你们走向桌下去吧！

我们要以劳动的圣歌，⑤

在这世界——

日光耀放，

寒冰流解，——

建筑一座人类的殿堂⑥！

1929，12⑦，2

---

　　① 此行原刊接上一行。各选本依原刊。今据诗意,作分节处理。原刊"怒气"后无标点符号。各选本依原刊。今加破折号,以示过渡。

　　② 原刊此处无标点。各选本均依原刊。今加破折号,以示过渡。

　　③ 此行原刊接上一行。各选本依原刊。今据诗意,作分节处理。

　　④ 瘁(cuì)骨:因劳累而毁坏骨骼。

　　⑤ 此行原刊接上一行。各选本依原刊。今据诗意,作分节处理。

　　⑥ 人类的殿堂:此喻指共产主义社会。

　　⑦ 12:原刊作"Ⅻ",罗马数字,即"12"。各版本均改作"12"。今从之。

May Day 的柏林①

我们严肃的队伍，
开始为热烈的波涛冲破。
袭击！袭击！
愤怒的信号在群众中传播。

好像铁的雨点，从云端下落，
一阵紧迫一阵。
宪兵的马蹄敲着②路道，
向，向着我们迫近！

迎战哟！我们的队伍，
为勇于迎敌的热情，
开始突破了行列，
满街，瞧！都是③我们在狂奔！

---

　　① 此诗作于"1929,12,11"。"May Day"，英语"5月1日"，即国际劳动节。"柏林"，当年德国首都。1929年5月1日，德国柏林劳动群众纪念第四十个劳动节。一早就有成千成万的劳动群众分别聚集在行动委员会指定的场所。柏林市警察便用枪托和手棍殴打群众，企图驱散群众。群众散了又聚拢，与警察发生严重冲突，伤者无数。这时城外的工人队伍冲破警察防线，举行示威。警察开枪屠杀，死伤极众。这场斗争一直延续三天，到5月3日为止，史称"德国无产阶级革命演习战"。过了半年多，殷夫作此诗，用以鼓动国内无产阶级的革命斗争意志。此诗原刊、署名及入选的版本，同前诗《我们》。人文版《殷夫选集》与小丛书《孩儿塔》以及《殷夫集》依原刊。而开明版《殷夫选集》与人文版《殷夫诗文选集》均改作《五一的柏林》。

　　② 敲着：原刊作"搞着"，误。以前各选本均改作"敲着"。《殷夫集》于"搞"后括注"敲"。今径改之。

　　③ 都是：原刊漏"是"字，《殷夫选集》补之。《殷夫集》于"都"后括注"是"。今径改之。

雷电似的冲突！
暴怒的狂飙振摇全城！
铁与铁，肉与肉，血与血，
伟大的抗争！

暴乱的笑容展开在街头，
柏林的"五一祭"！
宪兵，军警，社会民主党，
我们是世界普罗列塔利亚^①的一分！

冲突吧，这是开始，
胜利的开始，
我们用枪来射击，
射击布尔乔亚^②的德意志！

队伍，突进，蜂聚，袭击，
街战栗，漫着杀的烟雾。
狂热的号呼代替了静寂，
每逢马路上奔驰飞步！

枪声鼓唱了新时代的新生，
红旗摇展开大斗争的前战！
攻击，攻击，永远的攻击，
斗争中没有疲倦！

---

① 普罗列塔利亚：英文 proletarian 的音译，即"无产者"，亦指"无产阶级"。
② 布尔乔亚：英文 bourgeois 的音译，即"资产阶级"。

1929，12①，11

与新时代的青年②

是战争的时代！③
大地上，
漫涨着烽烟。
天穹底，
响振着战号的吼嗔④。

狂澜的汹涌，
军旗的翻腾，
报告我们：
转变地球的剧战⑤，
向我们一步一步跨近。

新的青年们，
我们得参战，
这边或那边，

---

① 12：原刊作"Ⅻ"，罗马数字"12"。各选本均改作"12"。今从之。

② 此诗作于"1929，12，12"。原刊于1930年4月10日出版的《摩登青年》第1卷第2期，署名殷夫。这期《摩登青年》实际由殷夫主编。因为发现较迟，此诗前出殷夫诗文选本均未收录，1984年2月才首次入选《殷夫集》。这是殷夫写给"战争时代"新青年们的一首参战动员诗。全诗以急促的短句、强烈的节奏，催人奋起参加"转变地球的剧战"，并且"不能再逡巡徘徊"，"在这一小时内/你也得决定"。

③ 此行原刊作单独一行。《殷夫集》依原刊。今将其归并为第一节。

④ 吼嗔（chēn）：大声嚷叫地发怒。

⑤ 转变地球的剧战：指解放全人类之剧烈战争。

一刻也不准再徘徊！

这是前夜的对垒：

光明，对抗——黑暗①，

真理，对抗——强暴，

解放，对抗——剥夺！

流血的歌声巨涛般冲激着了，

嘹亮的汽笛山瀑般合唱着了！

告知胜利的属主——②

十二万万五千万的一群③：

坚强，固执，

愤怒，团结，确信。

不能站在中间，④

这不是时候！⑤

把武器拿起，

走去战阵头……

我们得参战，

去这边，或去⑥那边。

向光明，或向黑暗，

---

① 原刊此行与后两行中间无标点。《殷夫集》依原刊。今据语意，分别加逗号与破折号。

② 原刊此处用冒号。《殷夫集》依原刊。今改用破折号，以下一行注释"胜利的属主"。

③ 十二万万五千万的一群：指全世界无产者总数。

④ 此行原刊接上一行。《殷夫集》依原刊。今据诗意，作分节处理。

⑤ 此处原刊作逗号。《殷夫集》依原刊。今改为感叹号。

⑥ 原刊此处无"去"字。《殷夫集》依原刊。今加之，以与后行之"或向黑暗"对称。

不能再逡巡徘徊!

不用害怕,
时代的潮头已推涌起山的高峰,
决战的血钟①响彻了大地的茫茫,
用真理和正义,
武装我们的意志吧!

不要停留,②
上前或即是退后,
杀敌或即是杀友③。
在这一小时内,
你也得决定——
你也得决定,走!

1929,12,12

伟大的纪念日中④

纵然,冷雨的飞沫翻腾,
在我们,这是血波的汹涌。
纵然,凄风的锐剑刺骨,

---

① 血钟:血色(即深红色)的铜钟。此指战钟之声。

② 此行原刊接上一行。《殷夫集》依原刊。今据诗意,作分节处理。

③ 此行语意接上一行,意言"上前"是"杀敌";"退后"是"杀友"。

④ 此诗作于"1929,12,16"。原刊于1930年4月10日出版的《摩登青年》第1卷第2期,署名殷夫。1984年2月,入选《殷夫集》。这个纪念日,系指1927年12月11日广州起义纪念日。殷夫则于1929年12月16日作此诗以纪念广州起义三周年。

猛烈的火焰煽起在我们胸中。

不能忘，

羊城的血旗飞展，①

——昨日变成了今日，

——现在代替了未来。②

虽然我们的血又和泪水泛滥，③

虽然我们的骨又堆积高如山。

但这是我们永久的纪念日，

这是我们流血的礼拜④！

没有血水的灌溉，

光明火种不会灿烂。

没有风雪的冬宵，

新春的温阳永难到来……

我们宣誓过：

我们永不悲悼！

我们记清这血的债数，

我们死也难忘掉！

---

　　① 此行原刊在上一行"不能忘"之后。《殷夫集》依原刊。今移作单立一行，以与后两行成一节。其中之"羊城"，是广州别名"五羊城"之简称；"血旗"，此作血战的旗帜解。

　　② 此行意言："现在"（即今日）的"血旗飞展"可以代替未来（即明日）的"血旗飞展"（不再战斗）。原刊"代替"之后无"了"字。《殷夫集》依原刊。今加之，以与上一行的"变成了"对称。

　　③ 此行原刊接上一行。《殷夫集》依原刊。今据诗意，作分节处理。

　　④ 流血的礼拜：1927年12月11日广州起义发生在礼拜天（即星期日）。

真的，除非是海洋枯干，

除非是嵩岳的伟岩糜烂①。

即是我们的骨骼磨成了沙沫，

我们也②永远要他们偿还！

现在，看呵！

雨点淋打我们的头脑，

恐怖的雷电威吓在天的高，

打吧！无情的水点，

我们的愤火总永久在燃烧！

我们怕什么呢？③

时间已到——

全地球划分成两个战壕④。

枪实弹，剑儿出鞘，

这是最后决战的血周⑤，

这是结算旧账的年头！

我们没有惧怕，⑥

我们不肯逃跑！

只有向前，浴血，饮弹，咆哮……

即使是天，

---

①嵩岳：即今河南登封之北的嵩山。以此山高大，古称"嵩高"。亦称"中岳"，为"五岳"之一。糜烂：原刊作"糜烂"，误。《殷夫集》于"糜烂"后括注"糜"。今径改之。

②也：原刊作"边"，误。《殷夫集》于"边"后括注"也"。今径改之。

③此行原刊接上一行。《殷夫集》依原刊。今据诗意，作分节处理。

④两个战壕：此指无产阶级与反动资产阶级的两个阵营对立。

⑤血周：即血战的一星期。因广州起义发生在星期日，是一个星期的开始，故称。

⑥此行原刊接上一行。《殷夫集》依原刊。今据诗意，作分节处理。

我们也有胆把它打倒!

1929,12,16

写给一个新时代的姑娘①

姑娘,你很美丽,

但你不是玫瑰,

你也不是茉莉。

十年前的诗人,

一定要把你抛弃!

你怎末也难想到,

你会把你的鞋跟提得高高,

头发卷而又卷,

粉花拍而再拍,

再把白手裹进丝的手套。

你是一株健美的英雄树②,

把腰儿挺得笔直,

把步儿跨得轻捷。

即使在群众的会场上,

---

① 此诗作于"1929,12,25"。原刊于1930年3月10日出版的《拓荒者》第1卷第3期,署名殷夫。先后入选开明版《殷夫选集》、人文版《殷夫诗文选集》和《殷夫选集》、小丛书《孩儿塔》及《殷夫集》。诗题中之"新时代的姑娘",据诗中对其形象与举止描述,苏曼莎和石西民两位知情人认为,应当是当年中共沪东区委宣传部长谢绮孟女士(化名"苏雪华")。见第183页注①②。

② 英雄树:即两广地区常见的落地乔木红棉,枝干高大,早春先叶开花,花形大,深红色,人称"英雄花"。其果卵圆形,内有白色纤维,质软,可作枕芯用。

你的声音没有一些羞涩①。

姑娘，你的手为劳作磨得粗黑，
你的两颊为风霜吹得憔悴。
但你的笑声却更其清脆②，
你的眼珠也更加英伟，
你很配，姑娘，扯着大旗进前！

姑娘，你是新时代的战士；
姑娘，你是我们的同志！
我们来和你握握手吧，
我们来和你亲亲嘴吧！
最重要是，我们合你同作战，同生死！

1929，12，25

囚窗（回忆）③

你，惨然地，沉默地，
我们透过只看见雪似的霜，雪似的霜。

---

① 此指谢绮孟做群众宣传工作之老练。

② 清脆：原刊作"清呢"，误。各选本改"呢"为"脆"。今从之。

③ 此诗作于"1930，1，16"，原刊于1930年4月1日出版的《萌芽月刊》第1卷第4期，署名白莽。先后入选人文版《殷夫选集》和小丛书《孩儿塔》，以及《殷夫集》。今据诗题，可知这是殷夫回忆此前被捕入狱时对于监狱窗口（即"囚窗"）的诅咒之作，从中抒发他身陷囹圄，心系自由、光明的革命情怀。但殷夫此前曾三次被捕入狱，这是回忆哪一次？今见诗中有"我们透过只看见雪似的霜"句，可知这是他深秋时节被捕入狱那一次，亦即1929年9—10月进入共青团中央宣传部之后组织纱厂工人罢工斗争被反动军警包围而第三次被捕。所幸，反动当局不知他的底细，他被毒打后不久就释放了出来，继续回团中央工作。

何时，你映射着红日，

你这苍白的，死寂的窗，死寂的窗！

你幽然地睁视，

兀似地狱的眼睛。

你绿苍色的光，

钻痛着，扭扼着我们的灵魂！

我们要自由地呼吸，

你沉惨地沉默不语。

我们要光明的太阳，

你的黑暗，沉默，苍白充满了穹宇！

1930，1，16

前进吧，中国！ [①]

前进吧，中国！

目前的世界——

一面大的旌旗。

历史注定：

一个伟大的搴手 [②]，你——

---

① 此诗作于"1930,1,19"，其原刊、署名及入选文本同前诗《囚窗（回忆）》。这是殷夫放眼世界，胸怀祖国，判断精准，抒情豪爽的革命放歌。读此，诗中的"每个砂砾都叫喊你：/中国，前进，中国"与我们的国歌《义勇军进行曲》之"冒着敌人的炮火前进！前进！前进！进"真有异曲同工之妙。还有"你是第二次十字军的领首，/你是世界大旗的好搴手"，与我们当下构建人类命运群众同体的倡议，也何其相似乃尔！

② 搴（qiān）手：拔取旌旗的人。搴，拔取。此指旗手。

前进吧，中国！

一九三——①的地球，

是新的圆体。

我们的时代，

是浸在狂涛里。

不一定是为了太平洋的叛乱②，

不一定是为了乌拉尔的旌旗③，

每个砂砾都叫喊你：

中国，前进，中国！

你是宇宙的次子，

复得乐园不在这时。

一切的罪恶，

都磨练了你的意志；

一切的魔障，

都寄附在你身体。

你今日，听，

从波罗的到好望角④，

从苏伊士到孟买城⑤，

---

① 一九三——：意为20世纪30年代。

② 太平洋的叛乱：指当年太平洋西岸（即东南亚各国）殖民地人民的革命斗争。

③ 乌拉尔的旌旗：指苏联十月社会主义革命旗帜。乌拉尔，即乌拉尔山脉，在苏联（今俄罗斯）东欧平原与西伯利亚平原之间，东麓为欧、亚两洲分界线的一部分。

④ 波罗的：即波罗的海，大西洋北部内海。好望角：非洲最西南端的岬角，大西洋与印度洋的交接处。

⑤ 苏伊士：即苏伊士运河，亚、非两洲分界线。孟买城：印度最大港口城市，马哈拉施特拉邦的首府。

从菲律宾到南美洲①，

都是声音：

中国，兴起！

你是第二次十字军②的领首，

你是世界大旗的好搴手！

前进！中国！

1930，1，19

奴才的悲泪③
——献给胡适之先生

主人，你万主之主④，

---

① 菲律宾：原刊作"菲列宾"，误。今依通用名改之。南美洲：原刊作"南美州"，误。以前各选本改作"南美洲"。《殷夫集》于"州"后括注"洲"。今径改之。

② 十字军：指1096—1291年西欧封建主、意大利商人与天主教会对地中海东岸地区发起的侵略性远征，因军旗上标十字符号，史称"十字军东征"。殷夫这里是以"第二次十字军的领首"，喻指当年世界无产阶级革命的领袖。

③ 此诗亦作于"1930，1，19"，原刊于1930年4月11日出版的《巴尔底山》（英语Partsan的音译，即"袭击队"或"游击队"。是左翼作家联盟主办的刊物之一），署名白莽。目录中题作《奴才的悲泪（讽刺诗）》。正文诗后有"附白"："中国没有过讽刺诗。这是我的试作，亦仿胡适先生的'尝试'之意，故以献胡先生。"胡适（1891—1962），安徽绩溪人。早年接触新学，信奉进化论。1910年赴美留学，师从实用主义哲学家杜威，反对文言文，提倡白话文，主张文学革命。回国后任北京大学教授，曾参与编辑《新青年》，发表新诗集《尝试集》，为当时新文化运动著名人物。后提出"多研究些问题，少谈些主义"的主张，宣扬"好人政府"，并参加段祺瑞策划的"善后会议"。1928年后发起"人权运动"，反对国民党独裁与文化专制，倡导自由主义，主张"全盘西化"，因而受到革命人士和进步力量的批判。殷夫此诗即在此一背景下作成。全诗以"我"对"万主之主"的独白，揭露胡适向蒋介石反动统治表忠与献策，读来讽刺意味十足。

④ 万主之主：当指蒋介石反动统治集团。

用火烧我①的骨吧，

用铁炼我的皮吧。

我是你最忠诚，

最忠诚的奴才。

你残暴的高压，

已燃灼了叛乱的火焰。

你拙笨的手腕，

已暴破了你白的假脸②。

你狂跄的步调——③

报道已走到坟墓前！

愿哟，天，

把你的眼光回转。

奴隶们只尚为欺骗，

革命的火焰，

只有用温水还得暂时敌对。

是的，忠言逆耳，

是的，良药苦口。

但你不能不相信，

即使火化了我的骨头，

我始终未二我④的忠心！

---

　①我：即胡适。

　②白的假脸：原刊如此。各选本作"苍白的假脸"，误。《殷夫集》于"白"前括补"苍"，亦误。今依原刊。

　③原刊此处无标点。各选本依原刊。今加破折号，以示过渡。

　④未二我：没有别的用心，意即专心如一。

主哟，万主的主，

死迫在我俩头顶。

只有，只有你把手段稍改变，

主奴俩还得一时逃成生，

"至少，至少"你要把粉搽搽脸！

1930，1，19

附白——中国没有过讽刺诗，这是我的试作，亦仿胡适先生的"尝试"①之意，故以献胡先生。

五一歌②

在今天，

我们要高举红旗！

在今天，

---

① "尝试"：指胡适当年所作的新诗集《尝试集》。

② 此诗作于"1930，4，25"，是殷夫为这年"五一"国际劳动节所作的战歌。因为此前中共中央曾于3月13日发出第71号通告《组织"五一"劳动节全国总示威》，要求"各地党组织在'五一'劳动节这一天于上海、南京、武汉、香港、天津、唐山、哈尔滨、奉天、青岛等重要城市与产业中心必须极力组织广大群众的示威行动，广大农村和红色区域也要组织广大群众的集会和武装示威"，以形成"全国的伟大的总的革命斗争，推进直接革命形势更快到来"。其实，这是李立三"左"倾盲动错误指令。但是到了4月19日，上海公共租界公用汽车公司全体司机因要求增加工资未果而举行罢工。公共租界电车公司2000工人随之罢工声援。罢工声势很大，影响极广。所以殷夫在此诗中不仅动员劳动群众"冲到街上去"，"冲破那座资本主义的恶魔官"，而且还提出要"冲锋陷阵，奋不顾身"，"用血，用肉，用铁斗争到底"，"把敌人杀得干净"，"建立我们自己的政权"。此诗原刊于同年5月1日出版的《列宁青年》第2卷第12期，署名莎菲。殷夫牺牲后，"左联"于1931年4月25日秘密出版的《前哨》(纪念战死者专号)曾于"被难同志遗著"中转刊了这首《五一歌》，署名改为殷夫。1951年7月起，先后入选开明版《殷夫选集》、人文版《殷夫诗文选集》和《殷夫选集》、小丛书《孩儿塔》及《殷夫集》。

我们要准备战争！

怕什么，铁车坦克炮，
我们伟大的队伍是万里长城！
怕什么，杀头，枪毙，坐牢，
我们青年的热血永难流尽！

我们是动员了，
我们是准备了。
我们今天一定，一定要冲，冲，冲，
冲破那座资本主义的恶魔宫！

杀不完的是我们，^①
骗不了的是我们！
我们为解放自己的阶级，
我们冲锋陷阵，奋不顾身！

号炮响震天，
汽笛陡然^②催。
我们冲到街上去，
我们举行伟大的"五一"示威！
我们手牵着手，
我们肩并着肩！

我们过的是非人的生活，^③

---

① 此行原刊接上一行。各选本依原刊。今据诗意，作分节处理。
② 陡然：原刊作"徒然"，误。各选本依原刊，亦误。今正之。
③ 此行原刊接上一行。《前哨》分为一节。其他各选本依原刊。今从《前哨》，作分节处理。

唯有斗争才解得锁链。

把沉重的镣枷打在地上，

把卑鄙的欺骗扯得粉碎，

我们要用血，用肉，用铁斗争到底！①

我们要把敌人杀得干净！②

管他妈的帝国主义国民党，

管他妈的取消主义改组派③，

豪绅军阀，半个也不剩，

不建立我们自己的政权，——

我们相信，我们相信，永难翻身！……

1930，4，25

巴尔底山的检阅④

虽则，我们没有好的枪炮，

虽则，我们缺少锋利的宝刀，

---

① 用血，用肉，用铁：原刊无逗号。各选本均依原刊。今据语气，分别加之。

② 此行原刊接上一行。各选本依原刊。今据诗意，作分节处理。

③ 取消主义改组派：指中国共产党内以陈独秀为代表的对革命前途悲观失望，接受托派观点，进行小组织活动的取消主义者。

④ 此诗作于"1930，5，2"，原刊于同月21日出版的《巴尔底山》（参见第205页注③之括注）第1卷第5号，署名白莽。1954年起，入选人文版《殷夫诗文选集》。"巴尔底山"既然是英语"袭击队"或"游击队"的意译，那么此诗题中的"检阅"对象应是当年的革命武装队伍，但殷夫当时在共青团中央宣传部工作，不曾与党的武装工作发生关系。要么是他想象中的江西苏区"袭击队"或"游击队"的"检阅"情景。因为他当时人在上海，心系江西苏区红军，曾作《在红军中的宣传教育工作》一文，又为红军战士编写剧本《斗争》（分别见第499—502页、第350—358页）。因而，此诗的基调与前诗《五一歌》近似："整一整队伍，/点一点人数"，"冲，冲，冲到战阵前头！"

这有什么关系呢！①

我们有的是热血，

我们有的是群众，

我们突击，杀人，浴血，

我们守的是大众的城堡！

同志们！

站近来吧。

整一整队伍，

点一点人数。

举起我们的拳头来，

检阅了，再开步。

看，我们砍了多少横肉的头？

看，我们屠了多少凶恶的狗？

我们的成绩，不够，不够！

野火烧红了地线，

喊声震撼了九天！

我们的口令："开步走！"

冲，冲，冲到战阵前头！

1930，5，2

---

① 这有：原刊作"还有"，误。人文版《殷夫选集》与小丛书《孩儿塔》改作"这有"。《殷夫集》于"还"后括注"这"。今径改之。

我们是青年的布尔塞维克^①

我们是青年的布尔塞维克，

一切——都是钢铁：^②

我们的头脑，

我们的言语，

我们的纪律！

我们生在革命的烽火里，

我们长在斗争的律动里，

我们是时代的儿子，

我们是群众的兄弟，

我们的摇篮上，

招展着十月革命^③的红旗！

---

① 此诗作于"1930,'五卅'纪念"（即 5 月 30 日），原刊于同年 6 月 20 日出版的《列宁青年》"6 月号第 2 期"（即第 2 卷第 15 期），署名莎菲。1954 年 8 月起，先后入选人文版《殷夫诗文选集》和《殷夫选集》、小丛书《孩儿塔》及《殷夫集》。诗题中和诗中第一行的"布尔塞维克"，是俄语 Ъолщевик 的音译，今通译为"布尔什维克"。"布尔什维克"，意为"多数派"。1903 年在俄国社会民主工党第二次代表大会上，以列宁为首的马克思主义者同马尔托夫等机会主义者在党纲、党章问题上展开了斗争。后在选举党的中央领导机构时，拥护列宁的人获多数选票，被称为"布尔什维克"（多数派）；马尔托夫等机会主义者只得少数票，被称为"孟什维克"（俄语 Меивщевик）。此后，"布尔什维克"即成为俄国马克思主义者的代称。在列宁的领导下进一步发展了马克思主义关于无产阶级革命和无产阶级专政的理论和策略，把马克思主义推进到新阶段。列宁逝世后，"布尔什维克"才逐渐被列宁主义所取代。因此，殷夫所言的"我们是青年的布尔塞维克"，实即"我们是青年的马克思主义者"，或即"列宁主义者"。

② 此行末，原刊作逗号。各选本依原刊。今据语意，改作冒号，以提起以下三行。

③ 十月革命：即俄国无产阶级社会主义革命。因发生在 1917 年 11 月（俄历 10 月）而得名。

我们的身旁是世界革命的血波，
我们的前面是世界共产主义！

我们是劳苦青年的先锋军，
我们的口号是："斗争！"
嘹亮，——我们的号筒，
高扬，——旗儿血红，
什么是我们的进行曲？
《少年先锋》！

伟大是我们的队伍，
无穷是我们的弟兄！
共产主义青年团①，
新时代的主人翁！

我们是资产阶级的死仇敌，
我们是旧社会中的小暴徒。
我们要斗争，要破坏，
翻转旧世界，犁尖破土，
夺回劳动者的山、河！

我们要敲碎资本家的头颅，②
踢破地主爷的胖肚，
你们悲泣吧，战栗吧！

---

① 共产主义青年团：始建于1922年5月，原名"中国社会主义青年团"。1925年改称"中国共产主义青年团"（英文缩写为"CY"）。抗日战争期间曾改组为群众性青年抗日组织。1949年4月重组为"中国新民主主义青年团"。1957年，复称"共青团"。

② 此行原刊接上一行。各选本依原刊。今据诗意，作分节处理。

我们要唱歌，要跳舞，

在你们的头顶上，

我们建筑起新都！

在你们的废墟上，

我们来造条大路！

共产主义的胜利，

在太阳的照耀处！

我们不怕死，

我们不悲泣。

我们要破坏，

我们要建设。

我们的旗帜鲜明：

斧头、镰刀和血迹。

战斗的警钟响彻了天空，

是时候了，全世界无产青年快团结！

齐集在共产青年团的旗下，

曙光在前——

准备刺刀枪炮，袭击！

1930，"五卅"纪念①

---

① "五卅"纪念：即5月30日。

【存目】

《伏尔加的黑浪》（诗集）1929

《一百〇七个》（诗集）1930

《诗集（包括译诗）》1928—1930

【考略】这三个存目，见于中国左翼作家联盟1931年4月25日秘密出版的《前哨》第1卷第1期"纪念战死者专号·被难同志传略"中的"五、殷夫"，即阿英（钱杏邨）所撰的《殷夫小传》。此传之末云："他（殷夫）底诗稿，此次遗失了很大的部分——一些是遗失在他自己住处，一些则因为放在左联编辑部主任柔石同志处，被查抄时搜去了。现在将可以试查到的他底著译，列表如下。"其中即有以上三个诗集目录。

今据查考，1928—1930年的殷夫不可能有这三部诗集。因为1928年上半年，他是在同济大学德文补习科读书。7月因组织示威游行而第二次被捕入狱，关押两个多月，由其大嫂张次云托人具保获释。9月回同济读书。10月即奉地下党组织指示，转移象山县立女小，至1929年2月才重返上海。此后又因寻找党组织，在上海街头"流浪"了三四个月，至同年9—10月进了共青团中央宣传部任干事。在协助部长华少峰（即华岗）、李求实及陆定一编辑团刊《列宁青年》的同时，还从事青年工人运动工作。用他1930年7月7日在《给二姐徐素云的一封信》中所说："我的工作是忙碌的。在整天的太阳火中，我得到处奔跑！"这也就是说，他根本没有时间和精力编写这三部诗集。

就以上第一个存目诗集《伏尔加的黑浪》而言，伏尔加河在苏联，殷夫没有到过那里，不会有吟咏此河诗作，更不可能有诗歌成集。由此，不禁使人联想起殷夫曾作过美国电影《党人魂》的影评《伏尔加的黑浪》一文，原刊于1928年12月8日出版的《文艺生活》周刊第1号，署名殷夫（详见本书第八辑"文艺评论"）。也许此文原题就是《伏尔加的黑浪》,《文艺生活》周刊改为《伏尔加的急流》。如此,诗集《伏尔加的黑浪》就根本不存在了。

又就以上第二个存目诗集《一百○七个》而言,其题似苏联某作家之报告文学《第一百零七个》,写反法西斯战争中的故事。要么是殷夫翻译此文(不见文本),也不可能是他所作的诗集。

再就以上第三个存目《诗集(包括译诗)》而言,至今未发现殷夫除诗集《孩儿塔》以外,另有诗歌成集。要么是他将1928—1930年所作诗歌(包括译诗)曾经辑录成诗稿,后来被反动军警查抄去了。但说是诗集,不大可能。因为当年殷夫没有时间和精力辑集这样的诗集(见上文所述)。

第四辑　译　诗

裴多菲诗九首[①]

黑面包[②]

你的忧烦，我亲爱的小母亲，

---

① 殷夫翻译的《裴多菲诗九首》译于"1929……"（未注月日），今据鲁迅《为了忘却的记念》和1929年6月25日《致白莽信》言及分析，可知大约译于同年7月。他因为1928年上半年在同济大学德文补习科读书期间，收到了大哥徐培根从德国柏林寄给的奥地利文学家阿尔弗雷德·滕尼斯于1887年编辑的匈牙利诗人裴多菲德文版诗集《从春天到秋天的诗人》一书，即翻译了其中的《彼得斐·山陀尔行状》（即"裴多菲传"）。1929年5月，他将这个译稿投给了鲁迅，与鲁迅第一次见面。鲁迅"决计要登在《奔流》上"，但又感到"只一篇传，觉得太冷静"，因此致信殷夫："可否再译十来篇诗，一同发表"，而且"要快而避免重复，还要译短篇"。所以殷夫遂翻译了裴多菲的这九首短诗。7月4日，他将这些译诗送到鲁迅家里。这是他与鲁迅第二次见面。鲁迅还"贶以泉廿"（即预付稿费20元）。5个来月之后，鲁迅才将《裴多菲诗九首》与《彼得斐·山陀尔行状》一起发表在1929年12月20日出版的《奔流》第2卷第5期（译文专号）上，署名均为"白莽译"。但这期《奔流》目录却题作《黑面包及其他——匈牙利Ptöfi Sándor诗八篇》，正文亦题作《PETOFI SANDOR诗八篇》。而实际是九篇（即九首）。故1954年8月入选人文版《殷夫诗文选集》时改题为《裴多菲诗九篇》，1984年2月入选《殷夫集》时亦改题为《PETOFI SANDOR诗九篇》。今为明确起见，称之为《裴多菲诗九首》。裴多菲（Petofi Sándor，1823—1849），裴多菲（殷夫译作"彼得斐"）是其姓，山陀尔是其名，匈牙利诗人。早年当过巡回剧团演员，又在步兵营当过兵。1842年开始创作生活，先后作得短诗800多首、长篇叙事诗8部。1848年3月领导佩斯人民起义，反抗奥地利统治。同年9月参加匈牙利革命军，任少校。不久，在抗击沙俄干涉军战斗中牺牲，年仅26岁。他还作有剧本、小说和散文等，对匈牙利文学的发展具有重大影响。

② 黑面包：以黑麦粉为主要原料烤制的面包，因其粗而黑，故名。据说这种面包不但味道好，而且营养价值也比白面包丰富。

只因为你的面包那样粗黑？

虽然，你的儿子确曾，
确曾有更白的面包吃吃。

但，即使黑色，味儿也好，
只要从充满爱的人们，得到。

请信我哟，我的小母亲，
黑的面包，更有味道。

只要是在故家制成，
远胜客乡白的面包。

在野中

荒野上，黑暗笼罩，
路途儿，左颠右倒。
我错乱地向前游行……
谁哟？谁给我点破迷津？

茫茫的苍空中心，
我瞟见那闪烁明星。
但我还是迷离地向前，
何时我才信任这些光影？

美女郎的明眸幽睛①，

---

① 明眸幽睛：明亮而幽静的眼睛。

远胜过星儿的光明。
我曾寄托过虔诚的信仰①，
它却骗走了我的幸运。

酒　徒②

一钟③千愁消，哟！
我生命幸福地流进。
一钟千愁消，哟！
狂歌笑骂你——不幸！

请君哟，且莫惊讶，
我礼赞的惟是酒神。
惟有在，在他的脚下，
我把我心儿献敬。

乘着酒的火般热情，
我把你，硬心的人世，嘲弄。
你泛着洪流样的烦闷，
残酷地围我周遭，浮动。

酒哟，教我唱歌，
喉头狂放诗的音响。
酒哟，教我遗忘，
遗忘你这负心的女郎。

---

① 据传裴多菲曾经信仰东正教。
② 《酒徒》一诗是裴多菲的处女作，1942年发表在《雅典论坛》杂志上。
③ 钟：酒器，犹大酒杯。

若一旦哟，末运来临，
我突向死的苦酒——
还有一滴！我纵笑①倾倒，
埋葬在你冰的"胸口"。

我要变为树……

我要变为树，假使你是花，
假使我是花，你要变成露。
若是我为露，你为日之光；
我俩同誓约，此生长相顾。

假若你，女郎哟，你是苍天，
我愿变为星星，在空中放光。
假若你，女郎哟，你是地狱——
那我也要沉沦，和你厮傍②。

听哟，那迷人的……

听哟，那迷人的声音！
许是谷底的暮钟，
发自那虔诚的乡村，
诱人走向神座祈颂③？……

怎么，或竟发自我的心底，

---

① 纵笑：放纵地无拘束一般的欢笑。
② 厮傍：奴役般地守在一旁。厮，此作从事贱役的奴仆解。
③ 祈颂：祈祷颂唱。

提醒了我过往的爱情。

我青春花期的嫩蕾，

她的死亡①伤我柔心？……

生与死

呵，幸福哟，谁能够——

承得命运的贵手？

生为爱情生为酒，

死——为祖国抛轻头②！

我的爱情——不是……③

我的爱情——不是一只夜莺，

当朝光④灼赤时惊醒吟唱。

以她甜蜜的歌喉震动世界——

玫瑰似的在旭日吻下展放。

我的爱情——不是一座蒙茸绿林，

中有白鹅，浮在谧静的池面。

雪样的皓颈⑤，浴染月辉，

月辉在泛的涟漪上颤闪。

我的爱情——不是一座沉穆的小屋，

---

① 她的死亡:疑指裴多菲第一个爱人爱台尔珈早夭(详见后诗《雪哟,大地的……》注释)。

② 轻头:轻贱的头颅。

③ 鲁迅从别的德译本转译的《Petöefi Sándor 的诗》中，此诗题作《我的爱——并不是……》。

④ 朝光:鲁迅译作"夕阳"。

⑤ 皓颈:洁白的项颈。此指白鹅的头颈。

花园样地锁闭着和平。
慈母般的"幸福"，这小女妖哟，
时进出，创造"欢欣"。

我的爱情是一片荒凉的旷野，
潜匿的嫉妒有似盗贼；
他的剑，疑虑的狂情，
千重的创伤是他的刺击。①

原野有小鸟②

原野有小鸟，
园囿栽小花。
苍空有星，
青春有爱人。

鸟儿歌唱，花儿展放，
星星的微光沾染人寰。
女郎歌唱，开花，又闪光，
赐给人人，以幸福花环。

然而小花终将萎谢，
鸟儿远飏，星失色。
只有你不认季节，
爱的幸福，永不熄灭。

---

① 诗句中的两个"他"，疑是裴多菲自己的代称。
② 兴万生译自匈牙利文的《裴多菲诗选》，此诗题作《林中有鸟儿》。

雪哟，大地的……①

雪哟，大地的殓衣，——
整个夜里。
下降霏霏，
有力地。

冷冷凄凄，
太阳的光烈。
忧郁地——
向荒野寒谷睥睨②。

哟，茫茫，上帝的园庭，
惟有爱台尔珈③的坟茔。
半片雪影，
也难寻。

并非日温，
才把雪花溶吞。
这只由泪光的火星，
我悲哀地哭泣——消解严冰。

这几篇短诗，是在极不安定的生活中，硬压心头地译出来的，选
择也十分偶然，并不能算Petöefi的代表作品。要是我生活还有安定的

---

① 兴万生译《裴多菲诗选》，此诗题作《雪哟，你是冬天的寿衣》。
② 睥睨(pì nì)：斜视或窥察。
③ 爱台尔珈：Etelka的音译。原刊诗后有殷夫的注："爱台尔珈，Petöefi(彼得斐)的第一
个爱人，早夭。"

日子，那我想集本小册子，献给中国。只是我不懂匈牙利文字，德文

程度又不十分高明，读者的指教，是万分地切盼着的。

白莽志于穷愁病梦四骑士的困扰之中[①]

1929……

咏彼得菲铜像[②]

迷雾下降，星光明亮，

挺立着诗人的铜像，

庄严的花圈围在周身，

他的精神尚有[③]花的热情，沸腾。

千颗泪珠中发微音，

和匈牙利过早，过早离分[④]。——

还在青春可爱的时节，

火的情感充着豪气，手臂[⑤]充着力！

洪涛的年分，大的时代，

---

① 殷夫这则附记，述说了他当时的生活状况和翻译这9首短诗的经过，以及今后的打算。其中"极不安定的生活"，是指他当时正在上海街头"流浪"寻找党的地下组织，一如他落款中所言，处于"穷愁病梦四骑士困扰之中"。所以，他是"硬压心头"才翻译了这九首短诗。

② 这首译诗，系本次从1929年12月20日出版的《奔流》第2卷第5期"译文专号"中殷夫的译文《彼得斐·山陀尔行状》录出。原作者Heinrich Gluckmann，即亨利·格吕克忙（1864—1947），捷克人，教师出身。移居奥地利后，改任期刊编辑，后为剧作家，死于南美阿根廷。彼得斐，今通译为"裴多菲"。裴多菲铜像由著名雕塑家胡萨尔·阿道夫作，于1882年10月15日落成，耸立于匈牙利布达佩斯的布达皇宫对面（今存）。

③ 尚有：原刊作"尚由"，误。《殷夫集》依原刊，亦误。今正之。

④ 此指裴多菲26岁就战死。

⑤ 手臂：原刊无"手"字。今加之，以与"情感"相对应。

你是最美的涌出的花瓣。

你的歌是蹂躏者的死耗，

你的歌是我们自由的灵鹊赞文！

你是我们的旗，我们的旌，

火的柱石，伟大的首领①！

你导我们跃出奴从②的昏雾，

走向光明烁闪的自由皇土。

你用宝剑砍断我们的锁链，

你用火舌熔烧了钢刚铁坚。

你的声如洪雷，响动大陆，

如闪电的光，在穹宇互逐！

下界③的心都已燃烧，

寸火也瞬息集成狂飙④。

我们又觉得如同胞般密接，

我们滋生了无限的大力！

如今哟！……无论自由有否获得，

你点燃的飙火总不熄灭。

以无限的奋勇往前燃烧，

终有一日实现——你的遗教⑤。

---

① 伟大的首领：此指裴多菲曾于1848年3月领导佩斯人民起义，反抗奥地利统治。

② 奴从：奴隶、仆从之简称。

③ 下界：本指佛道教称凡人居住之地。此作百姓群众解。

④ 狂飙(biāo)：速疾的飙风。飙，亦作"火焰"解，如下文之"飙火"。

⑤ 遗教：此指裴多菲遗留下来的教训。

你的语言鼓动未来的青年，

你①的精神培养了多少后辈。

你现在休息吧②，你匈牙利的守兵，

把铜睛注视你美丽的故境！……

立于匈牙利布达佩斯的裴多菲铜像

---

① 你：原刊作"它"，误。今正之。

② 吧：原刊作"罢"。"罢"同"吧"，改之。

青年的进军曲①

伟大的公社②，光明的火焰！
劳动者点燃，照耀世界。
这火焰在我们青年的胸中，
也爆发了烈火灿烂。

对前辈的伟大英雄，③
无产阶级生活的创造者，
和带来光明的战士——

---

① 这首译诗亦未注翻译年月日，原刊于1930年3月20日出版的《列宁青年》第2卷第10期，署"沙洛译"。1984年2月，始入选《殷夫集》。今据诗中有"伟大的公社，光明的火焰！/劳动者点燃，照耀世界"等句，可知是一首"礼赞"法国无产阶级于1871年建立的巴黎公社诗作。至殷夫翻译并发表于共青团中央团刊《列宁青年》时，已经58年。同时，诗中称"巴黎公社"创造者是"前辈的伟大英雄"，在"老年人"看来，巴黎公社是"风暴"。据此分析，此诗原作时间大约是在20世纪20年代后期，只惜原作者难以查明。不过他在诗中自称"我们青年"，可知是一位青年诗人。因而以巴黎公社"光明的火焰"鼓动工人和农民青年"取过红旗傲然高擎"，"坚决地进行彻底的斗争"，并作得这首"进行曲"。这与当时已进入共青团中央宣传部任干事近半年的殷夫创作基调完全相符合。为此，他翻译了此诗。

② 公社：系指法国无产阶级于1871年在巴黎建立的工人革命政府——巴黎公社。法国在普法战争失败后，资产阶级政府的阶级压迫和投降政策激起了广大群众不满。1871年3月18日，巴黎工人举行起义，推翻了资产阶级反动统治，建立无产阶级政权。以梯也尔为首的资产阶级政府逃往凡尔赛。26日，进行公社选举。28日宣告公社成立。公社委员中，以布朗基主义者和新雅各宾派组成"多数派"，蒲鲁东主义者成了"少数派"。在工人阶级的积极支持下，建立了民主集中制的国家政权，提出并实行了建设无产阶级政权和社会改革措施。但公社缺乏坚强、正确的领导，未能建立工农联盟，没有及时向凡尔赛反革命军队进攻，没有坚决镇压反革命。5月21日，凡尔赛反革命集团在普鲁士军队帮助下攻入巴黎。经激烈巷战，至28日，公社失败。但它作为人类历史上第一个无产阶级的政权，却是永载史册的。

③ 此行原刊接上一行。《殷夫集》依原刊。今据诗意，作分节处理。

都给以兄弟的礼赞！

在老年人是风暴，在我们——
漫漫长夜后的光明。
我们是工人和农民的青年，
前进，前进，前进，前进，前进！

当我们和着他们共同——①
高唱壮雄的胜利歌声，
我们要从疲乏颤抖的手中，
取过红旗傲然高擎！

现在可毫不犹豫惊恐，
坚决地进行彻底的斗争。
哈，描在我们的胸中，
是青年的生活，前程！

在老年人是风暴，在我们——
漫漫长夜后的光明。
我们是工人和农民的青年，
前进，前进，前进，前进，前进！

---

① 此处原刊无标点。《殷夫集》依原刊。今加破折号，以示过渡。

格　言①

生命诚宝贵，
　爱情价更高：
若为自由故，
　二者皆可抛！②

---

① 这首译诗，殷夫大约译于1928年上半年在同济大学德文补习科读书期间。因为他收到了大哥徐培根寄给的奥地利文学家阿尔弗雷德·滕尼斯于1887年编辑的匈牙利诗人裴多菲德文版诗集《从春天到秋天的诗人》，见书中正文第18页有《Wahlspruch》(即德语《格言》)一诗，即在其左侧翻译了此诗(参见本诗后所附的原稿)。殷夫翻译时，有一处笔误，即第四行"二者皆可抛"的"抛"字后多了一个"□"。同时，全诗四行后都无标点。是鲁迅于1933年2月7—8日所作的《为了忘却的记念》中引用这首译诗时作了订正，并依据德文原文的标点符号，于各行之末加了标点，即第一行加逗号、第二行加冒号、第三行加逗号、第四行加感叹号(这里需要指出的是，现行文本往往将第二行之冒号改作分号，这是错误的。因为冒号有提示下文的含义，更可突出后两行诗意，而分号不具这一含义)。另外，这首译的行文格式，殷夫是依据德文于第二、第四两行开头各脱一格。鲁迅引用时即如此。但现行文本却往往忽视了这一点，将四行齐头排印。严格地说，这会影响人们对此诗内在意义的理解，是不妥的。

② 这首译诗的原始文本，是裴多菲于1847年元旦所作《自由与爱情》。据传，他当时曾想把自己所作的诗歌整理成集，并为之写《自序》，其中就有《自由与爱情》一诗。原诗六行，大意是："自由与爱情，/我需要这两样。/为了我的爱情，/我牺牲我的生命；/为了自由，/我将我的爱情牺牲。"这是他生命的一个转折点，从此走上了匈牙利民主革命的道路，最后战死沙场，牺牲了年轻的生命。因此，匈牙利学者称之为"箴言诗"(即劝诫他人和自己的格言)。奥地利阿尔弗雷德·滕尼斯译作德文四行《格言》，大意是："生命对我来说是宝贵的，/可爱情更宝贵得多；/但为了独立自由，/我宁愿把二者抛弃！"而殷夫则将其译成近乎五言的诗唱。其实，他同时翻译的《彼德斐·山陀尔行状》(即《裴多菲传》)一文(见本书下编第十一辑)第四部分中，还曾将此诗译作两行："我比生命更可贵，/全为自由尽可抛！"并称："——他(即裴多菲)执着剑，冲入战士的队伍，去实行他的格言了。"所以，这首译诗之题应是《格言》。它是殷夫的一首再创作诗篇，更是殷夫以青春年华践行"生命、爱情与自由"的人生格言，为中国人民解放事业献身的写照。

中编　殷夫艺文校注

　　殷夫不仅是最优秀的现代革命诗人，而且是一位在小说、散文、剧本以及文艺评论等领域都有卓越成就的作家。他还曾翻译了世界著名作家的一些文学作品。本编所称的"殷夫艺文"，即指其除诗歌以外今所能见的其他文学作品（包括译文），分设小说、散文、剧本、文艺评论以及艺文译文等五辑，分篇予以校注。

第五辑　小　说

音乐会的晚上①

四月五日

　　玛利亚②今天去参加市政厅音乐会的服务团去了，我很难过。怎么早不生病，迟不生病，偏偏要在今天，俄罗斯妇女爱国团公开演奏的一天，我可爱的玛利亚要去那儿服务的一天，会生起病来呢？呵！天哪，你真太苦了我啦。看，我身旁躺着的是无边的、无边的沉默。霞飞路③上除了电车的铃声、汽车的咆哮，什么也没有了！唉，这无边的沉默呵，我仿佛觉得我是躺在Volga④河边的高楼上。呵！那夜半的伏尔加河，温婉的

---

　　① 这篇日记体中篇小说作于1929年4月24日，原刊于同年12月15日出版的《新流月报》第4期，署名徐任夫。篇后括注："这是我在马路上拾到的一本簿子。这时我在学习俄文，就用了字典把它译成中文。"篇中"四月十四日"之末也括注"译者"。据此，本篇小说疑是男主人公安德列维支日记的中译本。但细读全文，篇中的"C君"描写多处隐含着殷夫的自我形象与经历。况且篇末所注的是"一日写完"，而非"一日译完"。由此可证，这是殷夫的原创小说，系以流亡上海十年的俄罗斯病态青年安德列维支的10则日记的形式，塑造了一位受中国革命青年"C君"影响而逐渐觉醒，认同苏维埃革命，最后回归故国苏联的青年女子玛利亚形象。

　　② 玛利亚：原刊作"玛利"。今加"亚"字，以与下文一致。

　　③ 霞飞路：上海旧街名，即今之淮海路。

　　④ Volga：英文，音译"伏尔加"，即后句之"伏尔加河"，欧洲第一大河，俄罗斯内河航运干道。源出瓦尔代高地，曲折流贯东欧平原，注入里海。

浪语、轻微的四月的和风，多末使人可爱，使人振作幻想哟！……我记得那时正是少年有为、血气方刚的十六岁，还在贵族学院里念书。里面都是活动，游乐，愉快……我想将来大学毕业了，要做个御卫。那种辉耀的制服、鲜明的徽章，真够多末吸人，令人颠倒呀！……唉，不料……我说着心就会痛，怎么一刹那，那大好的江山会像桌子一般的翻转了面，那威凛显赫的罗曼诺夫皇家①竟会像烟泡似的消散了，竟会一蹶不振，竟会把天下让那些下流的黑骨、卑污的毛脚、野兽一般的布尔塞维克②统治了呢？……难道，唉，上帝是没有眼的！到现在二十世纪报应是消失了作用的吗？……唉，我想着就要流泪。可怜我的父亲和舅父呀，他们俩穿着皇家的制服，竟死在街上的暴乱里，像以前冬宫③前面躺着狗尸似的工人一般地。难道他不是一个虔诚的正教④徒，不是很和气的待人，难道他曾作过什么罪恶吗？自然他们两个都是在冬宫前下令开枪的将军，果然⑤杀死了一千多的工农。但这不是为保护皇家的神圣，卫御祖国的安宁吗？难道这可算是罪恶而报以裂尸街头的处罚吗？……我是过于兴奋了，用着无神论的口气了，我们还是要信仰上帝，上帝是公平的。不久，不久的将来，我们是可以由各列强的帮忙转回旧日的故国去！我相信那时，我依然可以在伏尔加的楼上开夜宴，我和玛利亚要在啧啧称羡的声中尽情跳舞啦！

---

① 罗曼诺夫皇家：俄罗斯原沙皇家族。自1613年罗曼诺夫家族中的米哈依尔·费多罗维被选为沙皇，至1917年"二月革命"推翻末代沙皇尼古拉二世之前，俄罗斯均由罗曼诺夫家族沙皇统治。

② 布尔塞维克：即俄语"多数派"（见第211页注①）。

③ 冬宫：俄罗斯沙皇官殿，址在彼得堡，属俄国古典主义建筑。1917年"二月革命"后，资产阶级临时政府设于此宫。俄历同年10月25日（公元1917年11月7日），"阿芙乐尔"巡洋舰遵照列宁起义计划，炮击冬宫。工人、士兵接着占领此宫，宣告十月社会主义革命胜利。

④ 正教：本称"东正教"或"希腊正教"，与天主教、新教并称为基督教三大教派。16世纪末，俄罗斯正教自称"第五牧首区"，并受沙皇控制，成为"国教"。1715年，俄罗斯正教开始派遣"驻北京传教士团"，后曾被沙皇利用。

⑤ 原刊"果然"后有"他们曾"三字，与前句"他们两个"重复。今删之。

说起玛利亚，真是可怜。她父亲①现在竟会变得那末卑俗可厌了，我简直再不相信他以前是御前顾问，那是②戴着博士帽进出皇宫的学者了。生活的压迫，世事的多变，把他的脑子会刺激到这般地步。他现在竟拼命的喝啤酒，像牛一般的喝，喝醉了便会像一个莫斯科小车夫般的唱起俗谣来。他开着商店，做得真像一个一毛不拔的小经纪似的，卑陋的向英国人、法国人说谎话，讲虚价。难道他那贵族的精神是颓坏了，整个旧日俄罗斯的精神都变坏了？这真是天大的疑问呵！玛利亚现在也给他弄坏了，常常叫她操作③。难道是一个二十岁青年小姐所能堪的？而且他还教她读高尔基④的作品。这种农夫读的东西，怎么可以教她去读呢？为什么他不给她读些普希金⑤写给贵妇人的情诗，才这是俄国的国粹，俄国精神的花呵！……

现在已经是十一点了，怎么音乐会还没完吗？呵！我恨不能去那儿呵！那末伟大的元色旗⑥，严肃的合唱队，唱出雄壮的国歌，哪个会不挥泪，不遥思故乡呢？……呵！恨不得飞到那边，去对国旗散抛我美丽的泪花呵！去看看我小鸟似的穿着绿衣的玛利亚，在可贵的俄罗斯面庞中走来走去卖着Programme⑦呵！我要吻着她的脚迹啦！这为祖国服务的玛利亚呀！……

我头痛了，必得休息一下，神经是过于兴奋了。

---

① 她父亲：指玛利亚父亲格来哥里（见下文）。原刊作"他父亲"。今正之。

② 那是：原刊作"是那"，颠倒。今正之。

③ 操作：系指像格来哥里那样"说谎话，讲虚价"。

④ 高尔基：前苏联无产阶级革命作家马克西姆·高尔基（1868—1936），作表作有长篇小说《母亲》，以及自传体三部曲《童年》《在人间》《我的大学》等。

⑤ 普希金：俄罗斯著名诗人亚历山大·谢尔盖维奇·普希金（1799—1837），出身于贵族，童年开始写诗。后因参加"十二月党人"活动，写诗抨击农奴制度，歌颂自由与进步，被流放南俄。1837年，沙皇任命他为宫廷近侍，他拒不接受。政府怂恿一逃亡的法国保皇党人与他决斗而被害。代表作有长诗《波尔塔瓦》《青铜骑士》和《叶甫盖尼·奥涅金》等。

⑥ 元色旗：即黑色旗。沙皇俄国的军旗。

⑦ Programme：英文"节目单"。

四月六日

多么的苦痛呵！玛利亚真被她父亲给她①的托尔斯泰②、高尔基教坏了！昨晚，她回时，竟兴奋到不可相信的程度。那时候已经二点多钟，她竟不肯去睡，一定要在我床前坐下，说她在音乐会中的经过。说什么俄罗斯的国歌变调了，说什么俄国的贵族精神灭亡了。她说在音乐会中，没有一个是穿夜礼服的，一起都是便衣便帽，同莫斯科下等商人一般的；会场没有严肃的空气，只有下流的叫闹，丑态百出的男女调情，无礼的怪叫拍手；甚至有些向她取笑的青年，叫她③"绿衣的女郎""小绿叶雀""金丝鸟"……

她还说，她遇到了一个中国的青年，"一个完全的平民"。她那末说。

她将她的故事完全告诉了我，说在这许俄国人的斯拉夫面孔④丛中，最初她发现了一个蒙古种⑤的黄脸是很引她注意的。她想，他大概不懂英文吧，所以他看差了市政厅布告⑥，以为今天也是普通的演奏，也买了票进来，并且他穿得那样单薄的长衫，许是很穷的，却又坐在头等厢内，这是什么缘故呢？……她思考着⑦。一面想着，越想越有些奇，越想越觉得有趣。于是她故意地在他面前走，一次一次地，她看他的脸孔！这是很吸人的，一对黑色的眼光，很灼灼地逼人⑧。她经过了几次，觉得有试一试他的必要。她于是走近了去。

---

① 她：原刊作"他"。今正之。

② 托尔斯泰：即俄罗斯作家列夫·托尔斯泰(1828—1910)，贵族出身，曾参加塞瓦斯托波尔之战。后试图解放自己领地农奴，但不为农奴信任。代表作有长篇小说《战争与和平》《安娜·卡列尼娜》《复活》等。

③ 叫她：原刊作"做她"。今正之。

④ 斯拉夫面孔：俄罗斯人属欧洲斯拉夫人种，即白种人。故称。

⑤ 蒙古种：指黄种人。中国人属此人种。

⑥ 布告：原刊作"报告"。今正之。

⑦ 此句原刊作"她那思考着"，与后句相连。今删去"那"字，并于"着"后加句号。

⑧ 逼人：原刊作"迫人"。今正之。

"你要 Programme 看看吗？"她用英文说了。

"谢谢。这多少钱一份呢？"这使她大吃一惊，他竟用很流利的英文回答起来。这英文里含着强硬的重音。

"二角。"她说，他们的眼光互相看着了。

"不要。"他平静地说。[①]于是她只好走过去，但她觉得他是看着她，感到一阵紧张的难受时间过往了。林登托夫奏了他们的《幻想 Sonata》[②]之后，群众飞舞了一阵下流的喝采声[③]。电灯亮了，是休息的时候了。她为刚才的一次事情激动着，很不安地在跑来跑去。但那时，观众都走下座来散步，所以她老是给人家拦阻着。不得已，又避入那刚才中国青年坐的厢里去。他是坐着，一见她来，他立起来说：

"Miss[④]，坐吗？"

"你们中国青年对女子是用这样的态度吗？"

"许是的。但在中国，青年男女交际不多。"

"你是学生吗？"

"是，是 W 大学学生。"

"你喜欢音乐吗？"

"不，不。"

"怎么你来听我们的演奏呢？"

"那玩玩而已，我们中国的学生，有的很舒意，有的很穷。我到此地还是第一次。"

"你爱俄国歌吗？"

"我不懂俄文。"

"你爱俄国吗？"

---

① 此句原刊作"'不要'她平静地说"。今据语意，于"不要"内加句号，并将"她"改为"他"。

②《幻想 Sonata》：幻想奏鸣曲。原刊无书名号，今加之。Sonata：英文，即奏鸣曲。

③ 句中之"喝采声"，原刊作"采声"。今加"喝"字。

④ Miss：英文"小姐"。音译为"密司"。

"很爱。"

"你爱俄国人吗?"

"是。"

"我那样问你,太不客气,很抱歉!"

"不要紧。我很愿与俄国人结朋友。"

"你?"

"是。"

"你听过俄国的歌吗?"

"没有,除了《伏尔加船夫曲》①之外,这我是在电影场听来的。"

"呵!伏—尔—加—船—夫—曲——那个歌!"

"唔,很感动我。"

"哦——"光线黑了。

"……"

"哦,我愿意你能来看看我们,我家住在霞飞路863号②。再见!"

"再见!"

就是这样乏味的故事,她却提高着嗓子,像小雀儿般喈喈的告诉我,使我真好难过。我神经衰弱的症本来已经很深,经昨夜的一度兴奋,今天更显得疲惫。什么事情都懒得做,懒得想,但是她昨夜最后的一席话,却总牢牢地贴着我的脑幕,不能减去:

"安得列维支,我们现在将有一个'平民的'中国友人了!本来,我们,爸、你和我三个③都住得异常厌倦。一个异国的友人,是很足给我们换换空气的!"

---

① 《伏尔加船夫曲》:原刊加引号,今改书名号。此指美国影片 *The Volga Boatman*(即《伏尔加船夫》,中译名《党人魂》)的主题曲。殷夫曾作文艺评论《伏尔加的黑流——〈党人魂〉在革命艺术上评价》,批评了这部影片(见本编第四辑)。

② 霞飞路863号:据实地查考,今淮海路从前并无此号。属殷夫虚构之门牌号。

③ 三个:原刊作"三字"。今正之。

为什么她要特地指出"平民的"三字①呢？还是她受了一批坏小说家的影响，而倾向于下流了呢，还是她想这"平民的"的支那人②来做开胃的药料呢？

玛利亚呀！你神秘的夜莺呀！你是要爱着我哟！故国的命运和你的爱是我生命的支柱。现在，根是空虚了，你又要读这些坏作家的东西，这不是对我公开的弃绝吗？上帝，愿你帮助她清醒呵！

四月九日

几天没有记日记，心里很觉不爽快，拉莫支医生的话怕不见得那末准确③，我一给他止住不许做日记，心里岂不反而觉得骚乱了吗？这原因我是知道的。第一，如格来哥里骂我的一般，的确是因为我太闲的缘故。我想若在以前的俄国，像我这末一个二十八岁的青年，正是过着最忙碌的生活的。不消说，我一定可在御卫队中供职，在十点钟起来的时候，我便吃咖啡，吃点心，看看报纸上的爱情小品。然后是坐汽车去皇宫转一转，那儿当然等候着宴会的帖子④啰，看戏的邀函啰！那儿可以和几个同事叽叽咕咕谈了一阵什么夫人、什么太太等等的话，可以乱骂一会仆人。尤其是叫擦靴的人把我的靴特别地擦得发光……于是吃饭了，于是又睡午觉。醒来时，可吃苏打水，再吃些点心，可以打电话问晚宴的事情。时光很容易过去，天色渐渐地晚了，于是忙着梳洗，穿宴礼服，刷靴子……于是出去了，又是宴饮，大家都是军官、贵族、夫人、太太。大家都牛一般的喝，猪一般的吃，吃了像羊儿求春似的跳舞。提琴，披亚娜⑤的声音嘈杂地杂奏起来，像哭诉似的……然后是戏场、歌剧，或者

---

① 三字：原刊作"之字"。今改之。

② 支那人：本指印度人。因希腊和罗马等人称中国为 Clin Thin Sinae，或以为皆是秦国的"秦"的对音。后在佛教经籍中译作"支那"或"至那""脂那"。故近代日本人曾称中国人为"支那人"。

③ 准确：原刊作"真确"。今正之。

④ 帖子：原刊作"贴子"。今正之。

⑤ 披亚娜：英文 piano 的音译，即钢琴。

是什么描写某某大王的恋爱戏文……这样，两点钟时回家，睡觉……这是我自己的一些幻想。可怜我刚从大学里出来，预备展开这个梦的画布来时，革命起来了。克伦斯基政府①还好，一到了布尔塞维克凶神一到，便万事皆休了！白军②被击破了，我们只落得做一个上海的寓公③。我，安得列夫，系世代将军。现在却寄居于人，还受这位堕落的顾问的讪笑，说什么"在中国的租界也别再摆贵族架子了"啦，什么"二十八岁的青年人闲得连神经都点病了"啦！真也淘气呵！

但我现在只有一点儿光明。那是，那是玛利亚的爱了。我一等过了这个圣诞节，是要和她结婚了。那时我唯一的安慰，就只这一点了！愿时光过去呀！我要抓住这个玛利亚。抓住玛利亚，这是我生命的纤线呵！

呵，偷写得太多了，给拉莫支老头知道，又要闹气啦！

但是玛利亚这几天为什么会变得异样了呢？她也不读小说了，却时常跑出店堂去，难道她爸不会照顾客人吗？要她那末孝顺吗？难道看看马路上走着的人儿昂然阔步的神气，能不禁慨然流涕吗？我真不明白她呀！

而且她近来也不再常给我来笑说了，也不叫我"安得尼"或"爱里"，而老是用单调又沉重的语气叫我"安得列维支"！

老天呀，这是什么缘故呢？

四月十四日

呵唷！那个"换换空气"的中国朋友，毕竟来拜访过我们了。这次是我们第一回④同中国人的接触，并且在这次事件中，我觉我过往的疑

---

① 克伦斯基政府：俄国1917年"二月革命"后建立的以克伦斯基为总理的资产阶级政府。"十月革命"时，克伦斯基化装出逃，并纠集反动势力进行武装叛乱。失败后逃往国外，定居美国。

② 白军：旧俄沙皇及资产阶级军队。与苏联工农武装红军对称。

③ 寓公：古指失其领地而寄居他国的贵族。后泛指闲居客地的官僚、地主。

④ 第一回：原刊作"第一会"。今正之。

心①和恶梦都解除了。因此我不能不一破拉莫支的戒，把他的来访，记一下子。

他是一个矮小的中国青年，几乎还没有玛利亚高。据他自己说，他是二十二岁了。

他有一个平常的红黄夹杂的面孔，布着很多雀斑，嘴常张着，牙齿倒还清洁。他来时穿着一件旧的褪色的西装，不合身又不合时，显然是从旧货摊上淘了来的。灰色的软领下，打了一个歪的领结，看去很像俄国一个刚刚进城的乡下人，很有可笑的地方。或照玛利亚的成语说"很足换换空气"！他全身若一定要拣出一些可取的地方，那是他的眼睛和头发。这是黑色的、严肃的、吸人的，最重要还是反抗的、刺人的。

我不大赞成玛利亚父女他们的态度，他们对他真像一件宝货似的接待他，请他吃饭，请他坐。我只冷淡地给他握一握手，也就罢了。我自信我还不会失却贵族的自尊的态度。

"叫我C君吧，你们。"他说。很坦然的。

"可不是姓张吗？"她问。

"没关系，只叫C君好了。"

她和格来哥里与②他谈得很好。他问了许多关于俄国的问题，很愚蠢的。他只都问着俄国以前的工人生活怎样，农民情况怎样？这回③，这位学者可难住了，他以前只会进出皇宫，在沙皇的面前炫耀博学；到上海只会喝啤酒，讲虚价④。但给一位"平民的沙皇"一问，他呆着了。他搔着他的红头发，不好意思似的说：

"这……这……实在不知道呢！"

"那末现在呢？"

"现在怕更坏了！现在……"

---

① 疑心：原刊作"疑"。今补"心"字。

② 与：原刊作"和"，与前一个"和"字重复。故改之。

③ 这回：原刊作"这会"。今正之。

④ 讲虚价：指讨价还价。

"那里!"他大声的说:"现在是工农们在管理国家了,他们的生活都比以前要好。所苦的只有贵族、地主和资本家!"

"哈,"玛利亚笑着说:"你也是布尔塞维克①吗?"

"不,不,我也不确切知道,只是那末想罢了。"

"现在是——"我说,"现在是一切都非常糟呢!C君,你知道布尔塞维克是野兽一般地凶猛,它在把俄罗斯的人民和土地都吞食了。从这恐怖的土地传来的消息,只有杀戮和饥荒。"

"但人民为什么不反抗呢?"

"没有能力呀!"

"没有能力?你所说的一方面,当然是沙皇了。那末他不是有很多很多的兵吗?"

"……"我迟疑了,没有回答他。这其实也很容易回答,那些兵也都是坏蛋啰!他们都变成了布尔塞维克呢!不是吗?可是我感到侮辱了,这真是第一次。我看见玛利亚用眼光看我,我更显得难过,岂不是她当我是失败了吗?不,我怎么会失败呢,决不会的!虽然,我刚才毁谤布尔塞维克的话是同格来哥里讲的价钱一样,但我却确信,布尔塞维克是凶暴,是野兽,是我们永久的敌人!只要看我的父亲,不也是无辜地被治死了吗?所以我不愿再辩下去,我很狂怒的立了起来说:

"C君,恕我!"

我就退入我的房间里去了。自然他们并没有什么影响,那个赤色的学生的强硬重音老是在耳鼓上击撞。不过我知道,他们现在是在谈文学,那个人也推崇高尔基,那个流氓作家,但同时也批评他的不彻底、他的个人主义的色彩!真是一位怪物呵!我恨极了,"砰"的把门儿关上,于是声音渐渐远了。我才感觉我周身包围着的沉默,我仿佛觉得什么都自我远离了。故国、爱情、生命,都远远地、远远地飞开去了,只有自己一个人沉在沉默、冷静的深渊里!我恐怖地悲愁地战栗了。

---

① 布尔塞维克:原文作"布尔塞克"。今补正之。

"答！答！"门响了。

"进来！"我说。

玛利亚笑着走了进来，随手又关上了门，小心翼翼地对我说：

"安得尼，别生气啰。你又何必给一个刚才认识的外国人争短长呢？他是中国人，自然对于俄罗斯，对于我们是不大了解的。"

她说，爸爸已经从 Voronvsky①馆子叫了一桌体面的菜来，现在请我到食室里去。

"他是一个布党，完全一个布党！"

"布党也罢②，我们好歹③是住在外国呀！"她拿住我的手，热气从她流了过来。我开始和解了，就答应走下楼去。

食事已经预备好了。大家便坐了下来，他和格来哥里坐在并排。我呢，我挨着玛利亚④坐。他看我一眼，刺人的一眼，但我也还他一眼，他便不再看我了。他和格来哥里谈着生活的事情似乎很能相投。

"你这店不用人吗？"他问。

"自己人勉强还可维持，用人就困难了。"

"难道，这样一家店只够维持生活吗？"

"只够，只够！"

他们就只谈些这种无聊的话。

后来我听他问：

"这位青年先生是令郎吗？"

"不是⑤的，我小女的未婚夫。"

我和他又交了一次眼光。

餐终于用完了，那青年从袋里掏出一块手巾来揩嘴，随后又落下一

---

① Voronvsky：英文"伏伦斯基"。当是菜馆的名称。

② 罢：原刊作"吧"。今正之。

③ 好歹：原刊作"好在"。今正之。

④ 玛利亚：原刊作"玛利"。今补"亚"字。

⑤ 不是：原刊无"是"字。今补之。

片纸来。他郑重地把它拾起，把上面的中国文看了一看：

"我得告辞了！"

"这样匆忙？"玛利亚问。

"有事。"

"吃了咖啡呀！"

"不，来不及了！"

他竟自出去了，我们三个都呆呆的站着①，互相询问的看着。最后还是我说：

"一个赤党！"

"不要随口伤人。安得列维支，他是一个很实际的青年啦！"这话自然是②，格来哥里拿来嘲笑我的。

"你自然看中了他哩！"我恶声地说。

"好，别发气呀，我还得再吃些酒。"他走开了。

……

把这事情记了那末许多，真也无聊呵！不过"小女的未婚夫"五字多末温柔，多末含着希望的酊酪③呀！我再祈祷吧！圣诞节快乐，圣诞快来！……（此处有墨迹斑斓④，大概这神经衰弱的贵族乐得发抖了。——译者）

四月十九日

又是紧紧被闭了五日！在这五日里，我开始思想了。虽然说我神经衰弱的症候，依然未退，然而我却感觉到我二十八年的生命中，没有一个阶段是像⑤这五天以内用着病脑思考出一个结论时，那末感到沉痛、深

---

① 站着：原刊作"站"。今补"着"字。

② 此句原作"这话是自然"。今正之。

③ 酊酪(dǐng lào)：醉人的奶酪。

④ 斑斓：原刊作"斑烂"。今正之。

⑤ 原刊"像"前有"有"字。今删之。

刻、真切的了！我以前只会幻想怎样才可能①的幸福和享乐；我以前只会
坐在霞飞路的楼头遥忆着故国的Volga，玄想着黑色的呻吟着的微波、朦
胧的灯影、渺茫的夜莺！但这儿，我已充分觉到一个人最悲痛的境况，
是不在于失了压着热情的胸脯②、灼人欲醉的香唇、带着丁香花味的秀
发；不在于告别了清秀典丽的故乡，踏上了荆棘当道、伸手不能见指般
黑暗的前途；也不在于贫困颠倒，也不在于穷途落拓！③而是在于被人视
作空虚无为的东西呵！那样的人正是现在的我。格来哥里说④了："二十
八岁的青年把神经都闲散的坏了！"这是很对的话，他岂在讽刺我？他没
有恶意，他是在鼓励我呵！我以后要振作，要努力的振作。难道上海⑤以
及散落各方的我们的同胞，联合起来竟不能为残破的祖国作一次最后的
光荣的挣扎吗？难道我们从小⑥就沐着皇家的恩典的，从小就给皇家豢养
的，从小就惯于踏在人家头上跳舞的我们竟不能作一些的报答，作一些
我们天赋优性的表扬吗？是的！安得列维支⑦！你正是要担任这巨责的
人，是你该领导同胞杀回莫斯科去，是你该把从前升平光荣的俄国重建
起来，是你该作一个舍身勤王的⑧、效忠故主的英雄呵！

格来哥里和玛利亚都没有差，他的骂我，她的近来的冷淡我，都是
因为我，我太没有作为，太无血气了呵！

呵！格来哥里和玛利亚，你们不是天天心里在⑨焦煎着去看你们的故
乡吗？去亲亲你们所从生出的母亲——俄罗斯大地吗？去看看你们宏丽

---

① 才可能:原刊作"不可能"，误。今正之。

② 压着热情的胸脯:原刊作"压着胸口的热情的胸脯"。今删去"胸口的"三字。

③ 此句两个"也不在于"，原刊无"于"。今加之。

④ 说:原刊作"说完"。今删去"完"字。

⑤ 难道上海:原刊作"难道以上海"，今删去"以"字。

⑥ 从小:原刊作"从幼"。今改之，以与后两句一致。

⑦ 安得列维支:原刊作"安得列夫"。今正之。

⑧ 勤王的:原刊作"勤皇的"，今正之，以与下文同。勤王:为帝王尽力，一般指臣子出
兵救援王朝以解危难。

⑨ 心里在:原刊作"在心里在"。今删去前一"在"字。

的彼得堡、繁华的莫斯科吗？去见西伯利亚的积雪、高加索的回山峻岭、乌拉尔岭的高崇姿态吗？好的，只要你们爱着这故国，爱着这故乡，你们的愿是能偿到的，是能偿到的。因为我，你们的爱者，已然觉醒了，已然知道自己的责任了，已经决意要起来，要杀回莫斯科去，要扑灭布尔塞维克去！

呵！我的病好了！我的病好了！……

四月二十日

我的身体毕竟还很柔弱，昨夜写了日记，兴奋过度，竟又昏了过去。

今晨玛利亚来我房中闲谈，我立刻给她看我的日记。她没有说话，粉红的红晕从她颊上退去，显得和死一般的苍白。她的嘴唇抖索着，含泪说：

"安得尼①哟！别妄想了，这是于你病体有害的。你的希望是空虚的，虚渺同一个梦一般的！但尼根不是比你更勇敢吗？但他也打败。上帝应该比我们更有智慧，但他沉默着。或许真理是不在我们一边呢？或许俄国除了皇家、贵族、地主、资本家之外，别无什么人在受苦呢？那我怎么说法呢？"

"玛利亚②，那末毒的思想竟钻在你的心里了吗？那样神圣的真理，你也竟怀疑了吗？上帝任命了皇帝，难道这是我们所该否认的吗？那天的一个中国流氓，你竟信了他的话吗？我告诉你，神圣的俄罗斯是在毁灭着，唯一的救他是我们流居的同胞了！玛利亚，你不爱俄罗斯了吗？你不爱我了吗？"

"你安静些呵！我的安得列维支。我爱俄罗斯，我夜夜都梦见彼得堡。但在我梦中的彼得堡总飘着红旗，我怎样不能想象它再插一支三色旗③上去，觉得这是太不鲜明了！……但是安列尼，你莫生气，我爱你。

---

① 安得尼:安得列维支之昵称(下同)。

② 玛利亚:原刊作"玛利霞"。今正之。

③ 三色旗:旧俄罗斯国旗。

你在上海，我觉得还是在此永久继续着做商人好了！"

"……"我昏倒了！

我的玛利亚，她的话就是这样。唉，叫我怎样呢？她是不爱着我了，她的心已经给魔鬼变动了！但我，神圣俄罗斯的后裔呀！振作吧，我要去找洛维埃夫①去！

下午

洛维埃夫说的不错，我们在上海应该召集一个会议。我知道单在霞飞路上就住着很多的过去的军官，我们的计划是应该召集他们讨论的——

什么？那个不成样的中国青年又来过了！偏偏我不在的时候他来了！

"坐了五分钟！"玛利亚说。但谁又知道呢？格来哥里是醉着。

"那流氓讲些什么呢？"

"安得尼，你也应较为有礼貌些呀。近来疯疯癫癫的，病是更深了吗？"

"好了，谢谢！"我拿了她的手响响的接了一吻说，"我们对这种流氓、'赤党'，是不讲礼貌的！"

"不，你……他也是一个绅士！"

"哼！他，什么绅士呢？我请你告诉我，他说了些什么？"

"他问我们几时结婚，他也来吃酒啦！"

"他——这样说么？"我为喜悦所软了！呵！说起结婚，这是多末的醉人呵！我同可爱的玛利亚结婚了！这是何等的幸福！然而玛利亚不是不爱我了吗？这只是我的幻想吗？还是真实呢？我又不是要给祖国去战吗？说不定在圣诞前就要到哈尔滨去，又怎样能结婚呢？……上帝呵！天呵！我又陷入痛苦了！我抓住玛利亚呢，还是抓住俄罗斯呢？并且，玛利亚爱我呢，还是不爱我呢？呵！这个痛苦！这个痛苦！我的血的沸

---

① 洛维埃夫：即下文P路正教堂开会中"和着叫"却"没有举手"的人。

腾又降低了，我呼吸的速度又激增，我的头又昏迷旋转了，我的手软瘫得不能写字了！……

四月二十二日

唉！可怕的人生哪！我昨天足足昏迷了一天，矛盾和焦躁会磨难我到这般地步！我觉得我又失去了，失去在失望的沙漠上，失去在黑暗的森林里……

那C君又来了。他拿一本中文书，面上画着胡七八糟的画，我不大看得懂呢！他问玛利亚说：

"你想回故国吗?"

"怎么不? 十年了呀，先生。"

"那末回去！哈！哈！"

"……"玛利亚低着头。

"你怎么会愿意交①俄国朋友呢?"格来哥里问。

"那是，我什么国人都愿交。只要是人，光明、正大、真实!"

"你对于我们的印象怎样?"玛利亚问。

"很好!"

"你们大学现在不上课吗?"（这时是十点钟②。）

"……唔……我逃出来的……"

"你……逃? 可以的吗? ……你怎么总是匆匆忙忙③的呢?"

"呃！是，可以逃，教员简直不管呢!"

"……"沉默暂时支配了全室。

"你，Miss玛利亚娜④，这天我给你讲的话，你有想好吗?"他问。

---

① 交:原刊作"接"。今正之。

② 十点钟:原刊作"十点"。今补"钟"字。

③ 匆匆忙忙:原刊作"忽忽忙忙"。今正之。

④ 西方人称女士,名字后边常加"娜"字,以示亲热。

"……"她低下头去。我用怀疑的眼光看着她的脸部[1]。她已经红晕了。

"好，我要走了。"他穿着的是灰色的长袍。他撩一撩起，看看表说。他穿着蓝色的布裤。

"呵——C君！——你停一停——"玛利亚恐怖地看着周围，"爸，安得尼，你们准我与C君一同去散步吗？[2]"

"可以，可以。"格来哥里点头说。

"慢慢。C君，我与你们一道去。"[3]我说了。

我们走了出去。我[4]和他并道而走，玛利亚沉思地、难堪地跟在后面。

"C君，你懂得决斗[5]吗？"

"呵唷，安得尼，你说什么呀！"她惊恐张开臂膀[6]，追了上来喊道。

"我说决斗，决斗，决斗！"我用俄文说了。

"呵！"她流泪了，"我们回去吧！回去吧！C君，请原谅，再见了！"

"再见了！"他很快的走过街去，我们便回来了。

四月二十三日

昨天，我真后悔。为什么竟那样的狭小呢？玛利亚吓得生病了。她回来时大哭了一场，但她不知道，我当时的心情，贵族的心情是怎末受了侮辱呀？

决斗！这我一些也没有说差，这就是俄罗斯贵族的便饭。我是不受侮辱的，任可以死也不愿给一个外国流氓欺辱去的！玛利亚，她病了，

---

① 脸部：原刊作"头部"。今正之。

② 此句原刊作"你们准我同C君一同走去会散步吗"。今改前一"同"字为"与"，又删去"走""会"二字。

③ 与：原刊作"同"。今改之。

④ 我：原刊作"我们"。今删去"们"字。

⑤ 决斗：旧俄贵族之间流传的一种习俗，即两个同爱一个女子的男人各持刀剑或手枪之类对杀，以决胜负。诗人普希金即在决斗中被对手所杀。

⑥ 张开臂膀：原刊作"张开臂"。今补一"膀"字。

格来哥里铁青着脸。这两人难道都在恨我吗？或许的，但我要去造个旧日的光明灿烂的俄国给他们，看他们还恨我不？

四月二十四日

我现在是真的要死了，一切一切的希望都毁了！一切一切的幻想都破了！唉！我的上帝，我的天哪！多末的磨难呵！

今天我们在P路正教堂开了会。唉，天呀！真正爱国的人就只有四五十个人吗？只到四五十个人！我记得很清楚，只到了四十七个人①呀，天哪！

我把我的提议公布了，我用了我全生命的力灌注在这演说上。我说了我们皇家的伟功勋业。我说了我们皇族和贵族是怎样的独厚得之于天，应该怎样②承上帝的命令去统治世界！又说了③布尔塞维克怎样的惨酷残暴，我们先前受恩皇家的人应该怎样与之作战，为最后的报答，最后的勤王！我记得，我的拳头是何等热烈地挥动，我的眼睛是怎样射出闪烁的火光……但这热情，这火光，却遇到了冰、冰、冰！一切一切的周围，都是冰。唉，我是真要完了吗？俄罗斯是永久布尔塞维克的了吗？

"先生们！"一个老头儿说，"这位青年讲的话是好的。但是我们现在连面包都没有了，连滋养血和肉的东西都没有了！我们还能做什么呢？还能做什么呢？"

"但，我们要奋斗，奋斗！"我高呼道。

"奋斗！奋斗！"洛维埃夫④和着叫。

"奋斗。"老头继续着说，"谁不会说，可是要杀布尔塞维克，'奋斗'两字是不够的！"

"你是奸细吗？"我发火地问，"你是亡国奴吗？你是神圣俄罗斯的毁

---

① 据史料记载：十月革命后，俄国大批贵族人士流亡中国各地。其中流寓上海的就有7万—8万人之多。而这次集会只到了47人，可见安德列维支之提议不得人心。

② 应该怎样：原刊作"怎样应该"。今正之。

③ 原刊"又说"后无"了"字。今加之。

④ 洛维埃夫：原刊作"洛埃维夫"。今依上文改之。

坏者吗?"

"年青的先生，不要这样。"老者坚定地说，"我是爱国者，不是亡国奴；是你同胞，不是奸细；是俄罗斯的救护者，不是毁坏者。但我却比你更知道，做些空虚的冒险的狂叫是不够的；违逆了天运是不对的。……你们，同胞们，对于这年青先生的提议，请付表决好了!"

没有一只手，没有一只手! 连洛维埃夫①都没有举……

于是我昏倒了……

现在我在床上，我的病将继续的加深，我的死期是到了。玛利亚的病也还没有好，但她是会好的。我相信，只有我是不行，生命的两个支柱②都倒下了! 上帝呀! 收我去吧!

四月二十九日

我在病中，知道那C君来过几趟。他似乎没有注意到我的不在。可是玛利亚有一次却对他说了，我听得很清楚。他狂暴的笑了! 要是我病痊愈了，我一定要杀他，要杀他!

……

五月一日

格来哥里今早来对我说，玛利亚失踪了，留下一封遗书。

这还说什么? 我早已料到，她是要离我而去的。我呢，今晚也决定了! (日记中夹着一张字迹草乱、划着许多爪痕的信笺。)

爸爸和我的"未婚夫"：

今天是五月一日，这是劳动节。我遐想到莫斯科，彼——列宁城③

---

① 洛维埃夫:原刊作"洛埃维夫"。今依上文改之。

② 生命的两个支柱:指身体和理想信念。

③ 彼——列宁城:意为彼得堡——列宁格勒。格勒,俄语"城市"的音译。"十月革命"后,彼得堡更名为列宁格勒。前苏联解体后,才恢复旧名。

是有多末闹盛的示威游行呀！这种话要伤害你们①了，但我爱着讲呢！爸爸，我很小的时候，就由②你带到了上海，度着异乡的生活！但我③幼小的脑里，却深印故园的美景。这种④企慕和憧憬一天一天的长大起来，像燎原的星火一般地扩大扩大！到了⑤我现在的时候，真是忍无可忍了！你们狠狠地诅咒所谓布党，所谓兽类，说他们怎样的残暴，怎样的酷辣。我因为没有亲见，也无从证确！只是我慕故乡的心，日见迫切，任何时都想冒险一行。安得尼说要带我去，我起初是确信着。但是我年纪长大了，而故乡却日日地离开去了！

中国青年的C君，现在我知道也是布党，可见布党是并不十分残暴的。他不但解说了布尔塞维克革命的真意义，而且直接⑥指出我们的痛苦就是积世怨恨的报复啦！他说只要我们能不破坏革命，能不想把沙皇的制度重架起来，布尔塞维克是欢迎我们的。这我相信，也并不完全相信，待我到那里之后再给你们一个报告吧！我现在给你们告别，不过是暂时的。我要向故乡去，我往俄国去吸新的空气、经验新的经验！我不去做小姐，我却想去做女工！

爸、安得尼，恕了我吧！

玛。

（这是我在马路上拾到的一本簿子。这时我在学习俄文，就用了字典把它译成中文。不过里面也有一个逻辑⑦，也有一个意志或可看看！）

---

① 你们：原刊作"你"。今补"们"字。

② 由：原刊作"给"。今改之。

③ 但我：原刊作"但我们"。今删去"们"字。

④ 这种：原刊作"这一种"。今删去"一"字。

⑤ 到了：原刊作"真到了"。今删去"真"字。

⑥ 直接：原刊作"直"。今补"接"字。

⑦ 一个逻辑：系指在中国革命青年C君影响下，玛利亚逐渐觉醒，认同苏维埃革命，最后回归故国的因果关系。

1929，4，24。一日写完。

小母亲①

她醒转来的当儿，附近工厂的汽笛正吹着合唱。这个声音，宏伟而又悲怆，像洪涛似的波荡着，深深地感动了她。

天色并未大亮，她拿手表一看，针儿正指出是五点四十分的时候。这在这个冬天的早晨，不消说是一个阴郁凄凉的时分。她抬起头来望望亭子间②的窗儿，透进的还是一股愁惨惨的天空。并且，当她一动的瞬间，冷气便乘着机会钻进她的被口，这使她不禁打个寒战。

"冷呵！"她下意识地喊了一声，但她并没有③就更钻下去些，因为她心里立刻就想起了一桩事情：

"怎末，是上工的时候了，我不是约了小洪谈话的吗？……"

这样一想，她立刻便跳了起来，把她厚呢的旗袍往头上一套，很快的就把脚垂下床沿来找袜、鞋子了。

穿了鞋之后，她站了起来，这里便显出她是一个强健的忍苦耐劳的女性，莲蓬的短发，散披上她表示出坚强意志的肩头，也掩笼了一个惺忪而很少表情的脸上，构成一个相当美丽的形相。

---

① 这篇短篇小说作于1930年2月18日，原刊于同年4月1日出版的《萌芽》月刊第4期，署名白莽。这期《萌芽》在《编辑后记》(相传由冯雪峰作)中，特别指出："白莽先生的创作小说《小母亲》，是想写一个女革命家。她已大部分握有布尔塞维克的意志。在这点上有着感动人的力量，而且也有真实性。但在这里也还可看见浪漫谛克的要素。这大约从两方面而来，一方面是作者的观察带了浪漫性；他方面是小资产阶级出身的青年革命家在现在也还不能不有浪漫性。"关于小说中的"浪漫蒂克要素"，系由主人公"林英"和她的表妹"曼妹"，以及"岑"的原型人物的"真实性"而来。关于这，将于下文中分别予以注释。

② 亭子间：上海旧时里弄住宅中于每一楼层中间平台上的住房名称。一般半层在上一楼层，朝北或朝西，面积狭小，出租别人居住。

③ "没有"之"没"字，原刊空缺。今补之。

她的动作，是轻快而又熟练的；她不费多少时间，就把扣衣①、整裤的工作告了结束。一转身，她就把被也整理好了，只花了②两回动作，把皱皱③的被单，也弄了舒直。

她这末一做完，马上就捧了脸盆往楼下去，掏水来洗脸。她有个习惯，不肯用热水洗脸，一方面固然因为她这样匆忙的生活方式，使她没有暇闲去泡开水；一方面也是她忍苦的惯性，觉得要做得像小姐似的，有些不贴服。有一次，她竟出了这样的一桩笑话：她的表妹④，有一天来给她同住，泡了些开水给她洗了。她洗了之后，两只手竟肿⑤起来了。

洗脸这桩十分女性的事情，给她做，却是异常的男性。她没有搽粉的习惯；雪花膏在桌上有一瓶，这是因为，她要终日地在寒风中奔跑，说是为了"美学"的目的，毋宁还是说是为"卫生学"的，来得确当。她的头发，用不着梳，所以擦了擦面，什么都完了。

她的时间，短短的一刻钟，堆满了动作，好像一个在极高度分工的情态下的工人一样，差不多没有一秒钟给她白花⑥了，没有一步路是多走的。

洗完了脸，心里自然是"小洪……小洪……"的念着。她在床底箱子里取出一包纸包，挟在手臂下，摸一摸袋，再在抽屉内拿出几个铜元。她就走出房去，下了锁，出门去了。

这时，弄堂里只有倒马桶的人大声地叫着，其余的一切，都仿佛还沉在一种连续的沉闷的梦中。

这个上海的冬朝。

---

① 扣衣：原刊作"纽衣"。今正之。

② 花了：原刊作"化了"。今正之。

③ 皱皱：原刊作"绉绉"。今正之。

④ 表妹：原刊作"妹妹"。今正之。

⑤ 肿：原刊作"睡"。今正之。

⑥ 白花：原刊作"白化"。今正之。

她是谁呢？这最好让她自己来说明。

她是一个，当然是许多个中的一个女性。这种女性是：她所从出的环境，对她们呼喊："你们是幸福的，你们不用愁穿、不用愁吃，你们可以享受的好，你们可以生活的好……"但她们自己却挺然地回答："不必，不必，我们不想好的享受、好的生活，我们已经给自己找了路道，正义和真理给我们造下了壁道①，我们不能不往前走，我们是不怕什么的。在过去，在现前，在未来，我们都准备迎受一切的苦难和不幸。我们能够自己支配自己，我们能够面当一切地狱来的黑暗。……"

她，刚才说起的她，就是这样一个。

本来，无论就什么来论，她可和许多别的一样，在华美的环境中，做她女性的春梦，可以用她青春的面容来替自己找个赞美者、拥抱者。可以用她娇小的喉音，来唱些《毛毛雨》②之类的歌曲，或进一二步，唱些西洋曲，如《How can I leave thee》③等等。

然而，她对这些叛逆了。

她不但是真理的探求者，她是为真理而战的斗士。她仗着她的能力，是那群想引下天火给人间的勇士中之一个。④

真是她的幸运，同时也该感谢她敏捷的动作，小洪并没有上工去。她在一间靠近一条臭水浜的平房里，遇见了这个女工。

这条路，她是再熟没有的了，一些泥泞和破壁，她都看得异常熟习，仿佛是故乡的山水一般。

"呵哟，大阿姐，这样早！"小洪蓬着头。

"咦，笑话，还早吗？六点一刻啦，你晓得吗？"她本来不是上海人，

---

① 壁道：本指两侧砌有墙壁的通道，即甬道。此指革命道路。

②《毛毛雨》：20世纪二三十年代流行歌曲名。原由黎锦晖作词作曲，由其女黎明晖首唱，是中国第一首流行歌曲。后因曲调软绵绵，被认为黄色歌曲。

③《How can I leave thee》：英文歌名《我怎能离开你》。本为德国民谣，一称《勿忘我》。

④ 此句暗喻林英是希腊神话中从天上盗取火种给人类的勇士普罗米修斯。

然而上海话却讲得好。（但为叙述的一致起见，她说上海话①时特有的孩稚音味，也只有牺牲，话也被译成普通话了。）

"猪猡②又要骂啦！"小洪不在意地接上一句。

"自然，女管车恐怕还要扣工钿。"

"你东西拿来了没有？"

"拿来了，哪，这一包。"

小洪接了就要拆。

"不要动，我来告诉你，哪能③去分发？呃，听，你把这包放在饭篮里，拿进厂去，起初勿要动，直等到吃中饭，等到猪猡都吃饭去了时，你把这个很快的散在各车间里，最好是贴在墙上。……"

"…………"

"这样做了之后呢，你不要以为事情就完了，却正不然，这还不是主要的事情，等到工人们看到了这些传单④，她们一定要讲：'对呀，对呀，要年赏，反对关厂，但是怎样办呢？'在这时候，你就要对她们解说。晓得了吗？……"

小洪这女孩，痴痴的望着她，听她讲，到这时，忽而大笑起来，脸泛着红色。

"怎末，小孩子，什么好笑哟？"

"我觉得你像我的小母亲。"

"笑话，你这孩子，……你说，你是没有父母的，是不是？"

"是的，所以你做我的小母亲呢！"

"不要瞎说，我是你的同志。"

"小母亲同志。"小洪笑得更甚了。

---

① 此处"上海话"，原刊作"上海语"。今正之。

② 猪猡：工人对工头的贬称。即下文之"女管车"。

③ 哪能：上海话，意为如何。原刊作"那能"，今正之。

④ 传单：原刊"单"字空缺。今补之。

"别讲笑话吧，赶快拿一件棉袄给我，我还要到××工会①。你呢，赶快进厂去，今天夜里在学校里再碰头。"

不久，她挟了一满包，又沿着这熟悉的路出来了。

她推门进去的时候，里面透出一阵笑声。

"我们的林英来了！"这是一个脸色苍白的青年说的。

"来了，怎么的呢？"她眨一眨眼说。

"没有怎么。"那青年说，"我们刚在讲一个问题，为什么像L、D、P等些人②，平时话讲得那样好，又那样用功、那样努力，竟也会错误到这么的地步？"

"这有什么奇怪呵。"她一面说，一面把包放在一只帆布床上。

这房子里面有两个人，一个是刚才说了话的苍白青年，还有一个较长大的，还躺在床上，显然是他还没有起床。

"朴平，还不起来，七点半了！"她说。

"林英，"青年说，"×厂现在怎样了？"

"其余都没有问题，最中心的是：工人都怕动。她们说'要来就大来一下'。这很明白，她们都需要一个扩大的斗争。至于我们方面呢，委员会的健全，已相当地加强。小洪已正式地转入了××厂，今天已开始去这最后一厂活动了。成绩怎样，现在当然还是问题。不过只要坚决地工作，同盟罢工③一定有实现的可能。"

"那你现在还没有脱离妇女部吧？"

"没有。委员会又责成我和成两人负责，真忙啦！"她笑了起来。

"此地的事情，你今天提出，或可摆脱。你最好是专注力于委员

---

① ××工会：当指共产党领导的红色工会。因当年国民党反动派实行白色恐怖，"文化围剿"，故隐其名。下文中凡用"××"代替的文字，均此。

② L、D、P等些人：当指那些本来革命、后来走向反面之人。至于L、D、P所代之姓名，无考。这也说明当年革命斗争形势复杂。

③ 同盟罢工：联合罢工。当年各业工会组织结盟罢工之谓。

会去。"

"我也这样想。"

"但是我们少了她，怎样的冷落呵！"床上的男子大声地说。

"笑话，我是给你们开玩笑的吗？"

谈话茫茫地展开来，人呢，也不久都到了。林英只是有些生气的样子，她恨声的说：

"我最恨不按时间！"

林英吃的是什么中饭，别人是不晓得的。

那时，她从会场中出来，同着她的是那个苍白的青年。她因为刚才的激烈争辩，脸上还留着激动的表情，颊儿上微微有些红色的痕迹。

"林英。"那青年叫她，"你挟的一包是什么？"

"是小洪的衣服。"她颓然的说。

于是他俩又默然地走上去。

"唅，今天我请客，我们去吃饭去。"

她看一看表，正是十二点半的光景，心里想："倒真的有些饿，可是时间不早了，还得到××工会去……"

"不去。我还有事情，你知道吗？"

"吃得很快，不会迟的。"

"不要，我不愿迟到一分钟！"

这样，莫名其妙的，他们分开走了。林英在走向一个工人家去的途中，想了一阵不连贯①的事情，觉得疲倦。结果还是从袋里摸了铜元，买了两个烧饼。

在李阿五家里，她换好了衣服，就拿冷了的烧饼往嘴里送。刚刚唇片触着饼的时候，她忽然呆了一呆。因为，她第一次回想起从前的事情：

---

① 连贯：原刊作"联贯"。今正之。

那是六七年前的事了，她①不消说还很小，正在家乡的女师中读书。

因为家境是很可以的，所以她也自然而然地养成些小姐的脾气。

在一个冬天的时辰，那时正预备过年。她家里的一切，都弄得丰丰满满的。她祖母、父亲母亲、两个弟弟，这样组成的家庭，在这种节期中，常常是和乐融融的。

就在那天，她因为睡得迟，来不及吃着中饭。她就有些不舒服，阴沉沉的脸相，立刻使母亲忙碌了一阵，替她特别的做一顿好饭菜。可是她，不行！她执拗着，她说她不要吃什么。她祖母把她抱住，把她的头搂在怀里，说：

"乖孩子，谁叫你贪做梦呢？现在你看，妈替你当娘姨，快吃吧。吃下去，明年大一岁了……"

但是她还执拗着，不吃也不响。

这样的坚持，过了很久很沉闷的一些时间，最后却激怒了父亲：

"随她的便！硬性的孩子，看她以后有没有这样的福分？……"

她于是哭了。这哭不但是表示她的屈辱，而且在心中，有一种悔恨扰乱着平静。

这是她第一次"悔恨"，也是她最后一次如小姐似的做人。到了后来，她从家乡出来，经过广州、上海，以及其他的地方，她变成了一个新的女性。

但这样回忆，一些没有花②了她的时间，只一转瞬，她就恢复了她自己。她想：

"这还不是我第一次开始看见我自己生活的弱点吗？……"

这样想着，她很快的把烧饼吃完，从阿五家里出来，到××工会里

---

① 她：即林英。据当年知情人解读,原型人物姓谢,名绮孟,广西临桂县人。见第183页注①②。

② 花：原刊作"化"。今正之。

去了。

她回家的时候，已经是四点半的时光了。她又穿着她的呢袍子，仿佛一个快乐的女人似的，含着些微笑，推进她的后门去。在灶披间里，她遇见了她的房东太太，这好心的广东女人便和悦的问：

"林小姐，你放学回来了?"

"唔，是的。"

"教书很辛苦吧?"

"还好呢!"她笑了，"小孩子很有味的。"

在楼梯上，她不禁在心里放声大笑。这房东太太只知道她是一个教员，却也并没有再想想，为什么她每天要起得那样早，而且穿又穿得那样的不好。"这真是个忠厚太太……"她想，她再不会想到她亭子间的房客，是现社会所惯称的一个"暴徒"①呵!

她推门进去，房里坐着她的表妹②。她表妹是在一个学校读书的，时常会来看她。她呢，也给她表妹一个钥匙，省得有时碰壁。

"你们学校几时放假?"林英问。

"下星期。"她表妹是个极静默的女孩，不大说话。她那时在看一本

---

① "暴徒"，原刊无引号。今加之。

② 她的表妹：即下文之"曼妹"。据上海市北中学退休女教师苏曼莎老人生前解读，她就是"曼妹"的原型。她说，她是广西桂林人，生于 1907 年 11 月 30 日。与谢绮孟同年，仅小 4 个多月。大革命期间在家乡读书时，与谢一起加入 CY。后来，广西军阀见共产党、共青团就杀。她于 1928 年逃到上海，寄居于山阴路一位同乡家里，一边教书一边读书，生活非常困难。1929 年夏天，老同学谢绮孟来找她，叫她一起去住。谢还依了她的姓，化名"苏雪华"，对外以"表姐妹"相称。不久，"苏雪华"认识了殷夫，他们三人经常在一起。这时，苏曼莎正在复习功课，准备报考大学。殷夫曾帮她复习数学和英语。不久，她终于考取暨南大学教育系。因此，她在 1983 年前后多次说到："当时的情景，与殷夫后来写的小说《小母亲》一模一样。'林英'就是谢绮孟，'曼妹'就是我，'岑'就是殷夫。"此处"表妹"，原刊作"表妹妹"。今删一"妹"字，以与后句一致。

讨论"一九二七革命"①的书籍，只在林英进来时稍稍抬起头笑一笑，一直就没有别的动作。

林英从袋子里掏出一个纸卷，郑重地放进靠窗台子的抽屉里，又郑重的把它推好。于是才靠了台子，微微的仰起头来，用右手掠她的头发，轻轻的叹了一口气。

"我有信没有？"她轻轻地问她表妹。

"有的。"她表妹把拿书的手垂下一边，"在这抽屉里。"等林英拿出来的时候，她又添上一句："我拆了看过咧，是岑写的，写得很伤感。"她把尾音拖得长长的，带着一种同情的微颤。

林英拿出了信，读着，她没有讲话。她表妹也只缄默着看书，房间里充满着一种苦闷的、执拗的紧张。

这封信载着什么重要的东西呢？它把强硬的林英，压得坐了下去；她的脸，通过了种种不同的情感，终于是，变成了虔然的严肃。她把信折好，重复放进封里去，重复放进抽屉里；默然地看向前方：前方是什么呢，是森林，是朝日，是繁星？她是都没有看见。她在生命中第二次又看见了烟霞的团片②……

但这为什么要支配她好久呢？这不可能，她英雄般的自制力，她地球般的责任心，恢复了自己。她开始微笑地眨眨眼，低声说：

"这小孩子③……"

"他为什么这样消极呢？"

"还不是，现代的青年啰？……"林英回答她表妹。

"人生真没趣，像他那样的人，也要说这些消沉话；真怪不得别人。

①"一九二七革命"：指1926—1927年的大革命,因蒋介石发动"四一二"反革命政变,终致失败。

②第二次又看见了烟霞的团片:指"岑"(即殷夫)在信中向她求爱的语言(见下文)。第一次系指曾任良在莫斯科向她求爱。

③据苏曼莎老人生前说,林英(即谢琦孟)当年曾称呼殷夫为"小孩子"。因为她们都比殷夫大3岁。加之殷夫比她们矮小,"老气横秋"似的。

我家里又来了一封信，我真不晓得怎样办好呢！……"

"怎末的，家里信怎末的?"

"下半年不得读书了。……"

"是你母亲写来的吗?"

"唔。"

林英见她渐渐现出悲沉的样子，赶快说：

"不管这套，我们来烧饭，我吃了上学堂①。你今天住②在此地好吧?"

"好的。"

在学校中，我们应该引为安心。她差不多把刚刚的情感，完全被一种广大的喜悦和兴奋冲散了去；她是这样的一个人，从这样环境中长成的，情感和理性的矛盾，还不能说完全没有。我们一定知道她在以前，就是一个喜欢伤感甚至喜欢哭泣的人。她的神经，是向来多感的。在她起初突向自我牺牲的道路时，说是理性的把握，还毋宁说是情感的突击。只是在接近了许多人，和许多事物之后，她理性的力，一天天的坚强起来。但虽如此，她情感的成分却并没有减弱。她现在是，在紧张的工作过程中，可以不笑，不哭，不叹息；然若偶然有一种火药似的东西，引发了她内秘的情感，她还要——

还要怎样呢? 这就是她在李阿五家中吃烧饼③时的一刹那，也就是接读了岑的信时的一刹那。在这里，她会对自己说：

"这不是偶然的，这有必然的原因。还多想什么呢? 这种问题的解决是一条线，是一条用血写成的线④。这就是我们所踏着的道路。"

但她有时，也可以发呆，可以直视前方，可以轻轻地叹息。

---

① 学堂：指工厂职工夜校。

② 原刊此处无"住"字。今补之。

③ 烧饼：原刊作"饼"。今加"烧"字。

④ 用血写成的线：指林英(即谢绮孟)在莫斯科与曾任良结婚的教训。婚后不久，曾任良被打成"托派"，她则独自回国。

在现在呢，在她面前站着的是一个孤苦而傲慢天真的工人，虽然她的脸是为过度劳动、营养不良而带着苍白，但她的眼就像某种精灵的灯光，一种不可屈的、蔑视一切的光在眩然地闪耀着。小洪用手摇着林英的肩：

"你看，这样不是一个不平常的事情吗？我们再不能放过这个机会！——我到那边去了三四天，我知道，这工厂里，从来就没有那样的情景过：工人们活像压在脚底的一只蚂蚁，他们奴隶的惯性使他们缄默着。他们是常在追求中沉思着。她们是缺少一根把她们串起来的线……我告诉你，今天下午，那真是一个活生生的场面，平常只闻到缫车叹息的车间，今天是充满了讨论的语声：

"'这是谁发的呀？'①

"'管他，这话是对的。'

"当我说：'我们怎末办哟？'她们差不多都同声的说：'试一试啦！'

"你看，只要我们坚决，明天就可以……"

"我还须要问你多一些的问题；事情一定不像你说的那末简单，难道说他们的政党②一些也没有防范吗？这是无疑的。若果因她们说试，我们立刻就试，那是小孩子玩的把戏。这是会失败的，所以我们明天一定要你去用第二步的方法。"

"但是不要太迂缓③了才好哟！"

"当然不迂缓，但也不是太急切。"

这时门口又走来了四五个女工，都齐声的叫：

"林先生和小洪姐来得这样早哟！"

"对了，早啦！"林英笑了。

"呃，小凤。"小洪说，拍着一个瘦女孩的肩，"她是我的小母亲。"

---

① 此指传单。

② 他们的政党:指国民党反动派。

③ 迂缓:原刊作"纤缓"。今正之。

"不要瞎说！"林英在她们的笑闹声中，和软地抗辩着。

不久，功课照常开始了。林英耐心地用她特制的上海话，讲了一课"平民千字课"。

在教完一课之后，她叫她们自己读。这时候，因为喧闹的利害，只有一个沉默的她，便感觉到分外的孤单。

"这是我要想我自己问题的时候了。"她坐下时，那末想。

于是一开始，一个可怕的幻影便袭上她的视境。这是一个青年，满面是扭曲着的筋肉。在眉底的眼中，射出苦闷的光。他的唇，是颤抖着，仿佛有种尖锐的东西，在磨砺着他的心、他的皮肉，以至他每个的细胞。

这，她知道，是岑，是她叫做弟弟的那个同志。她能在什么时候，都想起他们初见的一次。这时是夏天，他穿着他灰色的布衫，局促地、懦怯地看她。于是她便想：

"他是一个最受压迫的阶层里出来的呢？……"

以后她和他熟了。"他是一个诚恳的青年。"她是这样印象着。

他现在作为一个幻影现在林英眼前的，是多末可怜的样子。这是为什么呢？他恳求似的眼光，是在追求什么呢？他颤抖的嘴唇，是要讲什么可怕的字句呢？……

林英是明白的。她老实说确是阅历了些人世的老手。在 M 都①的时候，还不是那样的一幕悲剧②！那是她第一次入海的经验，连头带发的浮涌在苦恼的波浪之中，过了一个学期。

现在呢？第二次的事件海潮似的又卷来了。她是镇定的，虽然有时也不免动摇，但她目前那种工作、那种责任，确给她不少的救援。

"姊姊，我说过，我是缺乏一种发动的力。我的生命是愈趋愈下的一支病笔。我的理性，其实何尝有什么决口，只是我在情感上，是狂风暴

---

① M 都：苏联首都莫斯科的代称。
② 一幕悲剧：指林英(谢绮孟)的丈夫曾任良被打成"托派"。

雨的牺牲。我夜不能睡。我白日坐着时，却梦着不可知的幻境。我走在马路上，仿佛是一个吃醉了酒的白俄，柏油的路面，像棉絮似的蠕动着。

"我昨晚独自在D公园里徘徊，我突然感觉到死的诱惑，高耸的大树，鬼怪一般的伸上天空去。铁青的天空，只点缀了嘲弄似的几点星光。我面对着栏外的江面，无尽的水波，倒映着凌乱的灯影……

"我不是以前有句诗叫'灯影乱水惹人哭'①的吗？那是真的。我最怕见这景象，见了一定是悲伤、是追忆、是哭泣、是死的憧憬。

"我那时觉得，我为什么没有一个来扶持一下的人呢？为什么没有一个握着我生命之缰的人呢？再想，如果我放弃了我生命的占有，而勇敢地跃入无尽的碧波中去，一切会怎样呢？一切要依旧的。公园依然是那末静美的，上海的夜依然是那末呻吟的，乱水灯影依然是那末凄凉的，一切都不会改变。……

"但我终于是想起了你。我想你怕是我最后阶段中生命的握有者吧！我，怎么讲呢？我若没有你，那是只有坚决的去死呵！我理性上是不要死，情感也一定要自杀的……

"姊姊，你听我……"

她把这封信背了这许多，沉重又在她的心头了。

但是学生们的喧声叫醒了她。她看看她们，呀，她们的脸，她们的脸！疲劳、兴奋，混在一起。她们是奴隶，她们是社会建筑地下室中的小草。但她们却一些死的表现都没有！她们单独的，或整个的都表现着一种向上的蓄意。她们是准备着获得什么东西，她们是准备着完成一些什么的！她们苦心地读着不熟习的字句，但每一个音节都用着整个生命所流露的力量。她们仿佛是一列疾驰着的火车，从没有停下来想一想："这有什么用呢？"②

她们用她天真的心坚信着，她们的努力是会有报偿的，……

---

① "灯影乱水惹人哭"：见上编第三辑《流浪人短歌》一诗。
② 此句原刊另起一行。今移接于上一行。

林英看了，理性支配了她，她于是对自己说：

"我要回他一封信。我要打破他的幻想①！"

她坚决地握一握拳头。

"曼妹。"林英一踏进房门就兴奋地叫她的表妹，"我今天得到一个信念，我以为少认识一个人总少一分痛苦……"

但使她吃惊的是，她表妹并没有回答她。

"怎末的？"

"没怎末的。"她表妹低声腌气②地说。

"我知道了，你不是为了你家里的来信吗？这又有什么呢？"

"但我是不知怎末的惶惑。……"

"我要告诉你的是，我今天得到了很多新的启示，我是觉得更坚强了。曼妹，你不要难受。这是小问题，读书没有读，不算什么事。一个人一生就是一个学习的过程，难道一定要进学校的吗？这是容易解决的，容易解决的。就是岑那末烦闷的情绪，我也决心去把他打破……"

谈话是无趣味的，林英是兴奋，表妹是颓然地沉默。……

她果真写了一封信给岑，但写不到一半，扯碎了。她说：

"其实，这都是无聊！……"

她于是推开抽屉，拿出她的纸包来，郑重地誊写她的《记录》与《决议案》。

心里想：

"而且明天小洪厂内事，实在是非常严重的问题。"

1930，2，18。

---

① 幻想:原刊作"幻灭",误。今正之。

② 她表妹:原刊作"她"。今正之。腌(ān)气:将气含在嘴里。

"MARCH 8"S^①

——A sketch

洩精器联合会^②——

有这样一座房子，据说是上海的一种联合会的会所。自然用不着多说，门前交叉着的旗子^③表明着阶级性。但在名义上，和一切事物一样，都有"全"什么的^④……

读了之后，一定要见鬼！但是不，在三月八日的一个早晨，这个联合会所忽的来了很多的漂亮女人，无疑地她们不是鬼。

"喂，密司林^⑤，你今天穿得太标致了。"

"笑话，这件衣服是旧的，难道你还没看见过吗？"

"呵哟！"另一个说，"你们不知道，今天林女士要演说呢！"

"不要瞎说，密司黄今天才要显一显身手啦！因为……哈哈，陈先生也到会哟……"

---

①　本文作于1930年3月20日，原刊于同年5月5日出版的《拓荒者》第4、5期合刊，署名殷夫。这期合刊，当时又以《海燕》之名印行，内容相同，书脊亦印"拓荒者月刊社印行"。本文正题《"MARCH 8"S》，目录中作《"March 8"S》。英文MARCH，是March的大写，即"3月"。8，是"8日"。S，表示复数，如"们"。直译为《"3月8日"们》。剧题"A shetch"，英文，意译是"一篇速写"。本期《拓荒者》之末有《编辑室消息》称："殷夫的《March 8th》，就是对比的在描写两个阶级的三八。"故此题可译为《三八们》。副题"A sketch"亦英文，即"一篇速写"。但本期《拓荒者·目次》却将此文编入"小说"栏，故此次亦据以辑入小说编。

②　洩精器联合会：即妇女联合会。洩精器，是旧时对既不做饭又不洗衣家庭主妇的一种贬称。此指资产阶级太太们组成的"妇女联合会"。

③　门前交叉着的旗子：即后文指明的国民党党旗和国旗。故表明着资产阶级的阶级性。

④　"全"什么的：意言全市"妇女联合协会"，属作者的讽刺语。

⑤　密司林：英文"Miss Ling"的音译，即"林小姐"。下文"密司黄"，即"黄小姐"；"密司汪"，即"汪小姐"。

"你呢？周委员哟……"

……

"不要胡闹了。密司汪，你的议事日程拟好了没有？标语传单等统统预备好了吗？……"

"拟好了。标语我昨天叫阿金①去贴了一天，大概总贴遍了吧！"

"今天你要演说，我们当中还算是你最能干了。我们假使没有你，怕这联合会也终归倒台的……"

"对，对，密司汪是妇协的蒋总司令②！"

"哈哈，拥护蒋总司令！"

于是高跟皮鞋在楼板上急速地杂乱地奏鸣起进军曲，无数块涂上各种香料的肉，包着各种颜色，都在沙发上跳动，像一队Jazz③乐队似的，笑声、尖叫声、挣扎声、号呼声，杂然并奏……

"拥护，拥护……"

"呵哟，我眼镜落了！快，给我爬起来！"

"密司汪万岁！"

…………

"快不要吵，汽车来了。听，不是吗？"

"时间快到了……"

"呃，真的，演讲怎样讲法呢？……"

"还不是三八的历史、妇女解放的意义，和妇女要参政……"

"对了，关于妇女参政，我有些意见。现在各机关用的女同志实在太少，我们一定要呈请中央，以后在各党政机关里，要用女同志。真的（语气激昂），现在看来，我们女同志是太倒霉④了，好像什么时候、什么

---

① 阿金：旧小说常用作女佣人的代称。即下文整理沙发之人。

② 蒋总司令：即时为国民革命军总司令的蒋介石。此以妇协的"密司汪"（即汪小姐）喻称蒋介石，亦极具讽刺意义。

③ Jazz：英文，音译作"爵士"。

④ 倒霉：原刊作"倒楣"，误。今正之。

地方都被男同志压在身上（面红）……"

"哈哈……"

"其实，你且莫讲，女同志真正的挟起皮包来，也有些讨厌吧。譬如像我，老实说倒还是家里安闲住着方便。否则，连大光明①去走一次也要请假，那真苦死……"

"我也不懂，三八是第三国际②的日子，要我们也纪念是什么道理呢？……"

"不，这是讲妇女解放的日子，第三国际是把它定作劳动妇女解放。假使照这意思说，就要有阶级斗争。但我们总理③却说社会并无阶级。他定的政纲里的男女平等，就是讲全妇女的。所以我们纪念三八，另有我们的意义……"

"密司洪真是理论家！"

"……"

"汽车已来了，我们走吧！"

高跟皮鞋响了一阵之后，汽车的门"嗺"的一声，喇叭呜呜地叫着，马托④"拍拍"的作着威。一会⑤，终于载着笑声逝了。

溲精器联合会的会所寂然，只剩下阿金抱怨的整理着沙发，两支代表阶级性的旗子，颓丧地沉默不动。

小资产阶级的"闲话"——

这时候，正有一位西装革履的青年，在马路上走。他是谁，我且不

---

　　① 大光明：指上海南京西路216号"大光明电影院"，始建于1928年。后曾称"远东第一影院"。

　　② 第三国际：即"共产国际"，全世界共产党和共产主义组织的国际联合组织。由列宁发起，成立于1919年3月。至1943年5月解散。

　　③ 总理：指孙中山。

　　④ 马托：英文motor的音译，即发动机。今通译为"马达"。

　　⑤ 一会：原刊作"一回"，误。《殷夫集》从原刊。今正之。

管。他是一个典型，是社会建筑上抽出的一个枝饰①。作为一个新闻记者，他向系着他重量的社会剥削层尽应尽的义务。这剥削层给他多少的喂养，便利用了他的一切：他的头脑、思想、情感，具体地就是他的文字、理论、观念、感觉、喜怒哀乐，甚至于他的"闲话"与牢骚。

他是这剥削与浴血的社会建筑的一个枝饰，剥削层可以随时把他推送到无底的深渊去。所以他必须照着他的这个生存关系来思想、感觉，来讲"闲话"。

他这时在走着，没有一些兴奋，也没有一些欢乐。他心里，在打着一篇底稿。这是过了三天在报上要发表的。

在三月八日的早上，我经过方斜路②等处，果然看见许多红绿纸的标语。从这些标语中，大概可以看出市妇女协会的几位女同志的努力的目标和奋斗的决心。——私心③欣幸，但愿有一天中国社会里的可怜的妇女，都能受到这几百张标语的影响，而跳出了惨苦的火坑。

然而，我毕竟笑不出而叹息起来了。在一带满贴标语的竹篱的对面，有一家卖烧饼油条的商店，商店里一个女人已在掩面哭泣。一个很粗暴的男子一只手④擎着筷子在滚热的油锅里撩油条，一面却大声地斥骂着那个人，说：

"只会吃饭不管事，可没有这许多钱给你花用。"⑤

"别神气活现吧！⑥人家嫁个男子享享男子的福。我嫁了你，说享甚么福哩，连新衣裳也没穿上身过。"那个女人高声地但又凄咽地说。⑦

---

① 枝饰：枝（读 qí），同"歧"。即歧生的装饰物。此指新闻记者。

② 方斜路：上海街名，今存，在徐汇区。

③ 私心：作者个人看法。

④ 原刊"一只手"后有"在"字。今删之。

⑤ 原刊此二句前有破折号，作另起一行，而无引号。今删去破折号，加引号，移接至上一行。

⑥ 原刊此句前有破折号，而与后几句均无引号。今删破折号，加引号。

⑦ 原刊此句前有破折号，"那个女人"后有逗号。今均删之。

　　这样的一瞬，总算在西门的路上一切红的绿的标语闪动中消失①。我又看见路旁林立着的许多卖高跟皮鞋的店，我看见许多打扮得很漂亮的涂着浓红的唇脂的女郎。我又看见一个年青的丐妇追逐着一位老太太讨钱。呵，我还看见共和影戏院②门前的影戏广告上画的一个女子正倒在一个男人的怀间。

　　不说了，当我从华界而转入法租界后③，又在大世界④背后一条马路上，看见了一群地狱中的鬼⑤而打了一个寒噤。

　　吃了饭以后，我早决定去参加市妇协的纪念会。我预料一定有很可听的演说，能给我以新的考量。果然，到了会场以后，我依然能看见许多标语，我依然能看见许多打扮得很漂亮的涂着浓红的唇脂的女郎，我依然能看见许多高跟皮鞋在会场中的移动。但我不见了可怜的丐妇，我总算也不见了那个影戏广告中的倒在男人怀里的女郎。

　　接着，就开会了。除了林女士（是主席），此外演说的几位，全是男先生。我如何的不荣幸呢？演说的各位男先生，也很有忠实的说话。尤其是许先生，说得极委婉而又句句打入女同志们的心坎。

　　后来口号喊过了，游艺开始了。真使我肉麻而又羞惭得不堪了。因为竟有一位男先生敢在堂堂妇女协会纪念世界妇运节的会场，公然侮辱妇女。——他是扭扭捏捏装扮不自然的女人的声调，饱含着那种妓女的媚态而唱了多时的戏。一阕⑥完了，接着就听见有人喊"再来一个"，他真个"再来一个"，而鼓掌声、喧笑声杂然并作。唉，我真不懂，这到底是什么意义呢？

---

　　① 标语闪动中消失：原刊无"标语"二字。今补之。"消失"：原刊作"消灭"。今正之。

　　② 共和影戏院：址在上海南市方浜桥（今中华路、方浜路岔口），原为西班牙人兴建。1927年后售给中国人，更名"共和大戏院"。

　　③ 华界：华人居住区。法租界：法国人租住区。

　　④ 大世界：在上海西藏南路、延安东路岔口。原为游乐场，今已更名为"上海市青年宫"。

　　⑤ 地狱中的鬼：指穷苦百姓。

　　⑥ 一阕：即一首。

一直忍到散会，我也退了出来，听得许多来宾在评论：

——戏唱得不错！

——今天怎么没有影戏①？

——那个胖胖的女主席口才倒厉害②。

——……

这一个纪念会究竟能给与社会以多少影响？我又怀疑而感叹起来。

但愿妇协诸同志，依照了她们所写的标语、所喊的口号、所提出的议决案，而做些真实的工作出来！

否则，年年三八节，将成为"唱戏先生"出风头之机会也无疑。

末了，我还希望妇女运动之平民化，我更希望下层社会的妇女能先享到妇女运动之福利。否则，仅仅是各机关多用女职员，又何足道乎？

在伟大的建筑上——

这里没有什么再可记的了。

只有两个伟大的地方，不应让它辱没在河泥之中：

——纪念典礼节目的前六个，在五分钟内完全做好。这是"意想不到"的成绩。

叫口号的时候，有两个口号特别叫得响：

"打倒多妻制！"

"铲除娶姨太太的思想！"③

后来有人问："我们要提出'平民化'的口号不要呢？"④

"要的。"有个女士红着脸回答，"女工在生产期间休息！"⑤

有个劳动运动者、社会局的委员对这口号加以诠释、说明：

---

① 影戏：即电影。

② 厉害：原刊作"利害"。今改之。

③ 这两句口号，原刊均另起一行。今移接此行。

④ 原刊此句原作另起一行。今移接上一行。

⑤ 原刊此句另起一行。今移接上一行。

"女工在生产期间，必然双手无力，不能直立，不休息也无法叫她做工。并且她叫痛喊疼，必然要惹起别个工人的怒恨和同情，于工厂大有妨碍。至于污血染脏商品，也是重大的理由。"

于是这口号便和和平平地各人叫了一声。幸而，据说并没有传到街上去。

另外一种兴奋与杂感？——

剪下的一条新闻：

"本月二日下午起直到七日下午，一连几日都是天公不作美，把我们的工作加以阻难！使我们在上海，东跑西走饱尝雨水。因此我们雇了一乘汽车，去远住在法界的鼎鼎大名的某女博士的寓所，亲身恭请，惜不遇。后来由她的秘书给了我们一个时间约定，五号的早晨八时半去会她。我们自是维恭维敬的从命，到五号的八时半，就去她的寓所。门者引入，名片呈上，坐候于西式的她的厅里。廿①分钟的光景，才有一位男士出来接见。不知这位是秘书还是什么，不过不见女博士亲身出来，总知事不能如愿了！果不出所料，他劈口就说：'C女士近来身体欠妥，不能到贵校去……'接着我们就说了很多诚恳的话、仰慕的意思，同时将我们郑校长的信和女同学会的信，请他代为转达婉说。他倒也拿了信再向楼上去，但足足半个钟头了，还未见他下来。我们越等越心急，只有自慰着说：'这样久不下来，一定C女士装身，亲自出见了……'再等仍未见来，我俩又笑着说：'或者要把我俩那封信背熟了才下来呢……'这时候我们雇来的汽车在门外'不！不！不不！'底叫着，催我们回去吧②！果然那'不！不！不不！'的汽车响声，把他们惊起了。不多时下楼的脚步声响了，我俩欢喜到极点了。但一瞬间，则哑然失望极了！呵！还是一

---

① 廿：原刊作"念"。今改之。
② 吧：原刊作"罢"。今正之。

位男士出来说:'C女士不日因要公①到南京去,恐来不及到贵校演说。'这时我们虽然仍勉强说几句恭维和愿望的话,但同时即急步儿向外去,登上汽车,相并坐着,不觉异口同声叹了一口气!……妇女的先觉呵!……妇女的领袖呵!谁不摆架子……?有几个能不腐化……?算了!我们从真茹②到法界的几个钟头,和六七块钱的汽车费,就这样算了罢!

"下午我们去请××女学的校长王女士。她亲自出来接见,礼待有加,和蔼可亲,谈吐可敬,真不愧乎有学问而又有干才的人,又没有那腐化的臭架子,真令我们钦佩到十二万分。而且事实上,她也很爽快底答应在'三八'节那天,到我校演说,使我们得到省时而又满意的结果。我们的内心觉有无限的安慰,知道愿意出来引导我们青年妇女的长姐姐们尚属不少呢。"

夺回我们的"三八"! ——

在"三八"的前两天,幽暗的地下室里,也煽起了春日的温风。虽然白色大理石的山座压着熔火的奔流,虽然黑暗的暴风吹折着光华的火焰,但火没死,依然在奔行、在冲激、在滋长!但太阳并没熄,依然在照耀,与黑云作最后的抗争!但新世界的萌芽并没有憔悴,依然在地底里发荣、生长。春日的风也侵入了地下的冰窖,也养育了赤火的炎炎。

C伏在堆满了纸片的小桌上,精细地看一种极细小的用复写纸誊好的报告,不时地咳着嗽。他是一个肺病患者,医生威吓他不准劳动。否则,他说:

"你会死!"

但他觉得"不会③工作,那就是④只愿意简单地当一个动物的人,也和作死的宣告一样"。所以他没有认为应该接受医生的忠告。

---

① 因要公:原刊作"有要公"。今正之。

② 真茹:上海地名,旧有真茹镇,在原市西部。今有真茹路。

③ 不会:原刊作"不为"。今正之。

④ 原刊"就是"后有"对"字。今删之。

其实他不会死，他是要永存的……

门响着，一个女子挟了大包的东西走了进来，没有作一声响，从袋里拿一封信给他。他拆了看一看，看一下那女子，说：

"你坐一坐，我写好东西给你带去。"

他便拿笔来，好像红毡上的舞女的脚一般的，笔尖在纸上跳跃着……

最后，他这样在纸上号呼：

"……全国的劳动妇女，劳动阶级：三八，不仅是劳动妇女的，也是全劳动阶级的。纪念'三八'就是要你们更坚决的握一握拳头，说：'全世界无产者联合起来，打倒资产阶级！'……后天，无耻的资产阶级的小姐太太们，当然也要用一种改良的手段来欺骗你们的，但记住：'三八'是我们的，是全世界无产阶级的。我们要以我们的行动来夺回我们的'三八'！我们要以'International'①来和他们的《毛毛雨》②对立起来！"

前夜的一部分——

"三八"的前夜，上海的脉搏加速到了极高度。此处只记一部分，为的是：上海太大了，阵线太长了，从世界的这端直到世界的那端，对立着两个阶级。"三八"是注定他们要交火的一日。

晚上警察全部出动，于是全上海都好像一条毛虫似的，遍身都出了刺角。

"今天会有什么岔子吗?"一个警察问。

"怎末知道呢?"

"××党③真太厉害④了。你看，这墙壁上竟写着这样大的字，还画着

---

① "Interntional"：《国际歌》歌词。英文，音译为"英特尔特耐尔"，今通译为"英特纳雄纳尔"，即"共产主义"。

②《毛毛雨》：见第253页注②。

③ ××党：指共产党。下同。

④ 厉害：原刊作"利害"。今正之。

他妈的星、×头×刀①……"

"可不是!"

"据说明天要大示威,可惜我没有工夫,否则我一定也要去看。"

"看了又怎末的呢?"

"我要看看××党究竟是什么样子的,究竟要怎样实行××②。"

"那简直用不着再看。"他说着从表袋里郑重地拿出一张折叠得很小的纸,"看,这是刚从那面拾来的传单,你来看看他们的主张吧!"

那个慢慢的一个字一个字的读了。

"咦,他妈的,讲的不差呀!可惜……"

"嚷什么,嚷!将来他们是要胜利的。"

"对!他妈的××革命③……"

"轻些!"

"管他娘,我停一停④总要去告诉……"

"告诉谁?"

"告诉弟兄们。"

"当心些!"

工厂门前——

这是放工的时候。

阴沉的天空,真比一个法官的脸皮还要难看,一些也没有表情,没有生意。

可是在地上是相反着吧?汽笛的声音像潮水似的汹起汹落,而汇成一个旋律的洪流。工厂区的街道上,走着成队成队的工人,有的是笑,有的是骂,有的拉着大声唱些不成音的歌调,想舒息舒息他们十二点钟

---

① 星:指红五星,当年红军军徽。×头×刀:即斧头镰刀。星、斧头、镰刀,即共产党党徽。

② 实行××:即实行共产(主义)。

③ ××革命:代指共产革命,或无产革命。

④ 停一停:原刊作"停停"。今补"一"字。

劳动后的疲倦。许多小贩都麇集在工厂的入口，知道他们的饵儿很足勾引工人的饥肠。于是便互相竞逐地叫出他们所卖的东西：

"香——瓜子！"尖锐的声音。

"大饼油条！"

"生煎馒头，火热！"

"白糖油酥饼……"

"花生米、瓜子……"

这时的街道，真是和一头①从深睡中醒来的小羊一般，每一段、每一点都充满活的意味。

在街灯放光的时，在××厂门口，忽然来了"噠"的一响，显然是爆竹的声音。这声音如果②是在某条街上突然发生，一定会和炸弹一样会吓得几个平静的神经，别别乱跳。但在工人区里，这却并不是这样的。

当响了之后，满满的人都统一地走动了。

"喂，开会了，去呵，去呵！"

人起初是像潮水似的集中在一起，仿佛立刻便构成了一个单一的机器似的。

火色的大旗现在中间，上面写着：

"明天去××路③示威！"

"喂！"一个尖锐的女子的声音，"明天是三月八日了！这个全世界劳动妇女的斗争纪念日，我们要怎样纪念？"

"罢工，示威！……"四围都反响着。

"我们明天到××路去示威，赞成吗？"女子的声音。

"赞成，赞成！"一百个声音。

"喂，劳动的女工和男工，都受着资本……"

---

① 一头：原刊作"一条"。今改之。

② 原刊"如果"前有一"若"字。今删之。

③ ××路：疑指南京路。下同。

"打倒资本家!"雷也似的一个口号。

"……"女子继续着,"都受××党①的欺骗和压迫……"

"打倒××党!"又是一个伟大的波浪。

那时,人的潮头掀动了,原因是:

工人都细声地说:"巡捕来了!"

"巡捕来了,"女子说,"不要怕,列队游行,向前去!"

于是口号、传单、脚步的声音,……像交响乐似的噪鸣起来,立刻有一种进军的空气,浮荡在这工厂区里……

International②——

这个早晨,什么东西都显得异样似的,天色有些阴惨,空气有些凝停的气概,汽车不像往常那末有威风,市街上也失了从前"工作日"的烦躁。而代之的,不是一种假日的情调,却是一种沉默的紧张。仿佛是,什么大的爆发要立刻在地球上发生似的,人们和一切,都期待着、焦虑着,在心底……

"今日华、租两界特别戒严!"新闻纸用大号字报知这个消息。这是一个战斗的警号。第二行则是:

"妇协今日召集代表会,在总商会楼上纪念三八。"

所以新闻纸到底是观察统治阶级的镜子。在这种斗争的节目上,它必然要有两个特性:一种威吓,一个欺骗。到了平日,则换上另外两个特性:一个是他自身的矛盾冲突,一个是他们一致的威吓——白色恐怖……

街市上,四个一队的巡捕,扳着鹳鹤③似的脸嘴,沉重的踱着步,从这条街看到那条。这种黑色的队伍,蠢蠢的很多的在移动着……

马路上,好像是很清静的。

可是在人行道上,看哪,这是一个什么现象呢?临着马路的那一条

---

① ××党:此指国民党。下同。

② international:已见第273页注①。

③ 扳着,原刊作"板着"。今正之。鹳(guàn)鹤:鹳科鸟名,嘴直而长,飞翔轻快,宿树上,捕食鱼、蛙、蛇等,以白鹳为常见。因形似白鹤,故名。

最前线的街上，一眼看去，整齐排着都是稳固的脚，和天寒风紧时排在屋脊上的乌鸦一般，静默地、稳定地、整齐地排着……

他们有的长，有的矮①；有的小，有的老；有的是学生，有的是工人；有的穿着西装，有的却穿着最破陋肮脏、涂着油污的青衣；有的穿着时式的旗袍，披着散发，有的却穿着不合身的粗布衣服，病状的脸上是一头的黄发、一根不洁的辫子，发丝上甚至有棉絮在轮转着。

他们是谁呢？他们是整个的。把他分开来看，每一个人都是懦弱、病态、疲倦、无力，可以随便给一个穿着发光皮靴的脚踢到阴沟里去。然而，他们是排列着，几乎是手挽②着手、心接连着心、呼吸合并着呼吸。他们是强大的，强大的一列，谁也不能冲破他们。他们的队伍是铁一般的坚韧……

人行道拥挤着了：队伍不是单行列的，却是重叠着，重叠得③像土堤似的，威吓着要侵前到马路上来……

马路上依然巡行着鹳鹤之群，在他们无表情的脸上，有着一种上火线的沉默与惊呆。他们发现着他们是在重围之中徘徊着，他们感觉着他们的任务已不是袭击、已不是进攻。他们要取的手段，只是防御，只是怎样使自己杀出一条血路……

但他们不怀疑，他们的生存关系命令着他们、督促着他们。他们不时地看看路旁的土堤，苦笑着。"怎样办哟？"仿佛说："早些过去吧！"每部汽车颓丧的走过时，他们都看一看，心里想："还是把黑色玛利亚④全部开出来吧，还是把武装陆战队全体开到马路上站着吧！……"

九点钟的时候，阴沉的天忽然醒起来了，扳⑤死样的阴暗消去了，太阳用着它⑥红色的光芒，四向扫射，号召着："前进吧！全世界的奴隶！

---

① 矮：原刊作"短"，不确。今改之。

② 挽：原刊作"弯"。今正之。

③ 重叠得：原刊无"得"字。今补之。

④ 黑色玛利亚：警车名称。

⑤ 扳：原刊作"板"。今正之。

⑥ 它：原刊作"他"。今正之。

红日当前，夺取失去的光明哟！……"

果然，这不是偶然的象征……

"嗵，嗵！"

上海爆裂了！人行道上的土堤跟着声音的长浪崩到马路上来了！黑色的队伍①冲散了！纸片如②秋风的落叶般从空中散下来，整个的街，整个的市区，从这端到那端，从此处到那处，都动弹地像炸弹似的爆发了！声音是整个的，行动是整个的，街道充着人的头、手、帽和纸片。口号的声音像机关枪似的袭击着天空——

这是整着队的军伍哟！

前进！

黑色的个体，分散着，失落在汹涌的人潮中。他们冲突、挣扎、击打，都失了效用。群众的波浪，把他们像坟墓似的埋葬着了！

"哗……"

——一支红色的长蛇在波涛上舞跃着。阳光助着威，威武地、有力地向前走动着了……这是群众的血液哟，这是群众的意志。它的出现，立刻组织了群众爆燃着的情感，土堤式的队伍形成了。×旗③在它的尖顶，它挺直地、勇敢地向前，群众都随着……

那时，只有步声和号呼声控扼着天空。交通停滞着，全上海在声涛中沉默下去。这群众的声音，代替全中国的奴隶，以反抗的语句回答着全地球的声音……

《××歌》④和雄厚的巨人似的在街上迈步了：

"谁是世界的创造主，

都是我们劳苦的工农……

一切都为生产者所有，

---

① 黑色的队伍：指巡警。

② 如：原刊作"和"。今改之。

③ ×旗：红旗的代号，下同。

④《××歌》：《国际歌》的代号，下同。以下4句均为《国际歌》初译本歌词。

那里容得寄生虫……

…………"

它的双臂展开着、展开着，接着美洲，搂着俄罗斯。它①的喉音是世界的，从空气似的传播于地面……

"呜——"，黑色玛利亚开到了。迎战的热情，像野火似的燃烧着队伍。队伍乱了，人都奔跃着，迎上去呵！迎上去呵！人跳得和搏兔的猎狗一样，手拿着帽子在空中招展，长蛇的队伍变成一个似待袭击的刺猬，×色的旌旗②飞扬作为中心……

"冲过去呵！"

黑色玛利亚倾倒着黑色的队伍，慌乱地跳跃了。他们突到这边，群众集中在这边；他们跳跌到那边，群众跟着到那边。×旗在骄傲地笑着，《××歌》的声浪像世界的喇叭似的鼓励着群众！

"前进呵，袭击！"

×旗移动了，群众迫上去了！

黑色玛利亚后退着……

群众再迫上去……

"拍！拍！拍！"

排枪响着了！群众为爆怒所袭击，进迫的阵势变成了③散兵线的形式……战争的旋律开始到了最高点。群众的袭击，不为指挥所统制，电车玻璃的破声、铁与石的声音遥应着。……

流着血的人开始在人群中现出，他们脸上兴奋的汗与血液混在一起，蒸发着汽，吐喷着气……

枪声继续着。

"打，打，打！"群众的呼声！

---

① 它,原刊作"他"。今正之。

② ×色的旗:红旗之代号。下同。

③ 变成了:原刊作"取着"。今改之。

人群拥挤着，旋风似的突进……

倒地的……号呼的……

一个青年扬着长发，流着满脸的血，奔驰着。在他身旁①护卫着一队苍白的女工。她们用尖锐的喉音号呼着：

"我们夺回我们的'三八'了！"

接着又是一阵《××歌》声，与"拍，拍"的枪声呼应②着……

这早晨，是斗争的……

一九三〇，三，二〇

基督教的"人道"③

因为有某种的需要，我跑进一家青年会④的书店买书。

---

① 原刊在"在"字前有"从"字。今删去。身旁：原刊作"身上"。今正之。

② 呼应，原刊作"应呼"。今正之。

③ 这篇小小说作于1929年12月18日，原刊于1930年4月10日出版的《摩登青年》月刊No.2（即第2期）"青年俱乐部"栏，署名一俘。殷夫的这一笔名，国内从未有人提起过。而前苏联Н.Ф.马特科夫却在他的《殷夫——中国革命的歌手》一书中，将本文认定为殷夫的短篇小说，并称："殷夫以高超的艺术技巧，描写了神职人员——这些帝国主义和国民党的奴才的残忍性。"为此，今据这期《摩登青年》复印本，发现殷夫不仅有他的政论文《中国青年反帝运动的战术》、诗歌《伟大的纪念日中》和《给新时代的青年》，还有他的《编后记》和《摩登青年社发起宣言》，可见他是实际主编者。在"青年俱乐部"栏中，他还以"一俘"的笔名发表了《基督教的"人道"》《下着毛毛雨的那个早晨》《名人与生意》《两个美国小朋友的文章》4篇短文。此外，又以笔名"雪华"，发表了他的长篇散文《关于斯巴达卡斯团》。他之所以使用"一俘""雪华"等笔名，显然是为了回避笔名"殷夫"使用太多，以防备国民党书报检查之不测。今从本文行文风格分析，与殷夫其他遗文极为相吻。所以，认定这是殷夫的小小说，是当时"非基督教运动"（反对帝国主义利用基督教入侵中国的运动）背景下的作品。原刊题中的"人道"无引号。今加之。

④ 青年会：基督教新教社会活动机构之一，以提高青年教徒"灵性修养"为宗旨，主张在青年中进行德、智、体、群教育，因此经营书店、公寓、宿舍和自助食堂，1885年由美国传入中国。中华人民共和国成立后，中国基督教青年会是中华全国青年联合会的团体会员。

这里的房子真好呵！温暖的热汽管，像脉骼似的贯串着全屋。①光亮的粉漆，立刻可使我的衣服成为可怕的褴褛。我侷促②起来，蹑着脚在地毯上跨向前去……

书架旁，站着一位高大的绅士。我的眼光没有差，他是一个中国人。他的脸在白洁中显出一带康健的红晕，润黑的头发，也作作地发光。我走前去时，他看我一眼，稍稍走远些。

"你们给我些便宜吧，我是教会里的。"不久，他用了极漂亮的英文向伙计说话。

"给你一个八五折。"伙计也用英文答。

他出去后，我也做完我的事了，差不多随后的退出来。可是在门口，一幕悲剧正进行达于顶点：

那绅士愠怒的直立在大门当中，好像Apolo③的造像似的，又高傲，又勇壮。门角里战栗着一个——，呵，他是谁呢？怕是从社会的地窖中滚出来的吧！脸、手、衣服，都一色的黑污，头发散乱着。两手尽力的向袖子里缩。牙齿和全身的骨骼都在"格格"的响振之中剧动着……他是谁呢？我相信他是从高尔基的小说中爬出来的……

"你还不滚出去！"绅士说。

"老爷，饶我……我……要冻……死了！"

"我管你冻死不冻死。此地是青年会的地方，给你这种畜生弄脏，还了得？"

"唉，老爷……"

"滚！不滚我叫巡捕……"

"唉，老爷……"

绅士怒气冲冲④的走出去。不一会他回来了，和着一个巡捕。这是一

---

① 脉骼：人体中脉络与骨骼。此喻指屋内热汽管密布。

② 侷促：拘谨不自然。

③ Apollo：英文"阿波罗"。古希腊之神，或即太阳神。此喻指绅士之威严。

④ 怒气冲冲：原刊作"怒气匆匆"。今正之。

个大汉子,又阔又高,掣着①短棍。门角的人见了,仿佛是一只猫前的老鼠似的,"霎"的站了起来,走了。

"我走,我走!"他说。

"你走?妈的……"巡捕追上去,用棍子使命的打在他头上,发出一声好似弹子相撞的脆声。这脆声,连"呵唷"的回音都没有,在高厦的峨巍之间,游荡一刻,消散了。

绅士笑了,点一点头,挥着手杖得意地走了。

报纸上,鼓吹着圣诞节②的"黄包车苦力募捐会"。有一篇文章这样起头:

"有一种人,为了生之不辰③,教育不完备④,时运之不济,便流而为黄包车苦力……"

好个资产阶级迷人的音调!不说帝国主义侵略的结果,不说教会是侵略的先锋队,不说募捐是一种欺骗。可怜为阶级所束缚的新闻家!

1929,12,18。

下着毛毛雨的那个早晨⑤

那天,天色是阴惨惨的,云团缓重地推移着,带着雨意。——果然,

---

① 掣(chè)着:迅速抽取着。

② 圣诞节:耶稣诞生的节日,在每年12月25日。殷夫作本文时,仅距1929年圣诞节一个星期。

③ 生之不辰:出生不是时候。辰,时光、时候之谓。不辰,即不是时候。

④ 教育不完备:原刊作"教育不完"。今补"备"字。

⑤ 本篇小小说未注写作日期,原刊于1930年4月10日出版的《摩登青年》月刊NO:2(即第2期)"青年俱乐部"专栏,署名一俘(详见《基督教的"人道"》题注)。苏联 H.Φ.马特科夫在《殷夫——中国革命的歌手》一书中称:这篇小小说与《基督教的"人道"》是一脉相承的。殷夫怀着极大的痛苦讲述了一个农民的悲惨遭遇,揭示了"中国人民的无权痛苦生活";同时"唱起了革命的赞歌。作者坚信那样的时刻很快就会到来:这个庞大的人群在等待与统治者决一死战号令"。

还不到十点钟，满天飞起白皙①的水沫，仿佛像柔软的鹅绒似的，抚弄着世界。

我茫然地往外跑，真似乎有种灵感在催促着我。

"反对帝国主义义勇团示威游行！"墙壁间②突然伸出他的脸面来，白色的字③捉住我的注意。

"什么回事哟？"我无声地说。

忽然，人们的步声变成一个骤然④的旋律，并且空气肃然地紧张起来了。巡捕呼喊着，像一匹疯了的狗似的：

"唉！操你——！停住，你想死吗？队伍来了！"

于是在街上，仿佛和出丧的开路神一般的，一个坐在一匹高大马上的军官走来了。这马走得非常慢，高傲地喷着气。那位军官是一个英国人，脸像个瘪了的冬瓜，臃肿而又可怕。但这并不损事，他那八字形的胡子、辉耀的勋章、歪戴⑤的军帽、高大的躯干，都能配合成一个懔然⑥的印象。至少，在一个行人稀少的街上遇到他，你是要退让几步的。

接着，队伍便潮水似的继续走来了！看呵，他们齐齐的并列着走⑦，每个人似乎没有个性，都似乎是一部机械。他们都木偶似地⑧用眼看着前面同伴的后脑。他们都木偶似地用右臂死劲地挟着枪托。他们都木偶似地用牛蹄般的大足使力地发出大声，使这步音合着整个的拍调，……在这里，他们缺乏一个活的气氛⑨，他们都是木偶，他们没有热情，也没有信仰……

---

① 白皙：原刊作"白晰"。今正之。

② 墙壁间：原刊作"墙壁"。今补"间"字。

③ 白色的字：指反动标语。

④ 骤然：原刊作"骤忽"。今正之。

⑤ 戴：原刊作"带"。今正之。

⑥ 懔(lǐn)然：使人担忧害怕。

⑦ 并列着走：原刊无"并"字。今补之。

⑧ 都木偶似地：原刊无"似"字。今补之。后两句同此。

⑨ 气氛，原刊作"氛氛"，误。今正之。

他们，里面包含着英法意德奥美中日各国各种的人，但相同地，他们都是金钱光下的奴隶，他们自己也明白，他们是为着什么而存在的。我不能想象他们是"十二个"①，因为他们前面领袖着的白旗，上面写的是白德芮宜的"资本"呵！②

事情是这样发生的：队伍突然停了，拥在我身旁的观众从很长很长的屏息③中恢复回来，私声地谈话、移动，并且向前方去了。这使我冷冷的起了一种预感。

走向前面去，人堆聚着，声音像岩下的水沫似的嘈杂④并奏。

"真木林⑤，这还有什么便宜的呢?"一个中年人低语着。

"什么回事?"另一个人问。

"一个乡下人⑥想冲过对街去，被机器脚踏车⑦轧坏了。轧坏了不算，还遭毒打一杠。"

我停住了，这故事是使我想起街墙上的标语⑧：

"对的。一种示威，对的。"

队伍又走动了，我站着望着它⑨在烟漫的街上消去。天下着毛毛雨，我幻见一个战阵：一边是这一群木偶似的人，臃肿的人拿着白旗领着他们；一边是更大的纯色的大众，有生气，有决心，有确信，每个人都有一面旗帜在心的深奥。——他们对垒着，等待着历史的号令！

①"十二个"：疑指基督教《圣经》中记载的耶稣选定的十二门徒。这十二门徒是：彼得、西庇太的儿子雅各和约翰、安得烈、腓力、巴多罗买、多马、马太、亚勒腓的儿子雅各、达太（又作雅各的儿子犹大）、奋锐党的西门以及加略人犹大。

②白德芮宜：疑指西方传教士。

③屏（bǐng）息：即忍住呼吸。

④嘈杂：原刊作"噪杂"。今正之。

⑤真木林：真是呆笨的人。木林即木头人。上海话有"阿木林"，指呆笨之人。

⑥乡下人：当指农民。

⑦机器脚踏车：摩托车之旧称。

⑧街墙上的标语：指上文"反对帝国主义义勇团示威游行"句。

⑨它，原刊作"他"。今正之。

第六辑　散　文

监房的一夜[①]
——随笔

　　我被带进这地上的地狱[②]以来，第八个晚上又忽然降临了。一点灰白色的天光，一些一些的减薄下去，和摆在热气中的一块冰，和没有油的一盏灯一般地慢慢地消灭了。于是灰色的栅木的前面，本来是紧紧地站着一堵高墙，使人连呼吸都不得不短促的，现在也渐渐（自然是似乎的）地扩大开来。苍霭的暮色，把那惨青着脸的、满着瘢痕的高墙也变成了一面无边的海洋，使人冥想出神起来了……

　　不过这舒服是很短的。不久一盏十六支光的电灯亮了起来，狭小的存在又突然的露出脸来。

---

　　① 本文作于1929年5月14日，原刊于1930年3月1日出版的《萌芽月刊》第1卷第3期"三月纪念号"，署名白莽。这期《萌芽月刊》正文中，本文题为《监房的一夜》，无副题。而在书前"内容"（即目录）中，却题作《监房底一夜》，并有副题"随笔"。故此次辑录时，文题从正文，加副题"随笔"，以表明这是殷夫写他1927年"四一二"反革命政变后期被捕入国民党上海龙华"淞沪警备司令部"监狱生活与感受的随笔文章。犹如有位革命烈士曾云："监狱是个大课堂。"殷夫在本文中最后所写的感受是极其深刻的。这也许是促成他后来与大哥徐培根彻底决裂的一种内生动力。因此，本文是研究殷夫烈士第一次被捕入狱与出狱经历的重要史料。

　　② 地上的地狱：指国民党上海龙华"淞沪警备司令部"监狱。当时大批共产党员和革命志士都被关押、枪杀于此，堪称"人间地狱"。

　　我们这一间，一共住了十二个人。五个是工人①，据说是因为参加过以前的工会的缘故，被"工统会"②捉来送到这儿来的。他们都和我同睡在一个炕上。对面一个是工会运动的青年，三个是乡绅，一个报馆访员③，一个是孩子。……人真没有办法，就在牢监里，还是讲阶级。那三位乡绅先生，据说是为了争办鸦片公贩事业而被人诬告为共产党捉进来的，但他们始终不会同任何人合得来。他们俨然是"乡绅"，保持着不可侵犯④的威严。那工会运动者是一个很好深思而静默的人，常常把眼睛盯⑤着天花板，像考究什么问题似的。孩子呢，不很懂事，但这样重大的打击，似乎在他脑中起了教育的作用⑥（我不知他是为什么捉进来的），虽有时会说说笑笑，但常常也会很成人的静思起来。那访员也不大多讲话，只时时自己对自己说些极轻的话。

　　所以我最觉得合得上的是我同炕的几个工人了。他们也是很不相同的，譬如说：姓王的两兄弟，是完全的忠厚人，性情虽然不十分孤僻⑦，但我从来就没听见他们发表意见过。所差的只有那弟弟是特别会笑一些罢了！至于那最年长的一个姓华的，他是不然了，他那双活泼的眼睛就足表明他的性格。他是有机谋、有思想的。那个姓吴的，则是一位乐观的人物。他很能随遇而安，没有像姓华的那末有血性、有反抗。其他一位姓李的，则又是一个很会怀疑的人。

　　我们的晚饭是早在三点钟就吃过了。这时本来是可以睡的时候了，不过牢内的生活，实在太缺乏运动，睡眠常是不长的。电灯一亮了，房里是很寂寞，只有外面守兵的京戏的破腔，不断地传来。我仰面躺着，

---

　　① 五个是工人：此与殷夫长诗《在死神未到之前》中所言"五个工人"相同。

　　② "工统会"：是1927年"四一二"反革命政变第二天，原上海市总工会被取消后成立的反动组织"上海市职工总会"（后改称"上海工会统一组织委员会"）的简称。

　　③ 报馆访员：即报社记者。

　　④ 侵犯，原刊作"侵"。今补"犯"字。

　　⑤ 盯，原刊作"钉"。旧时二者通用，今已不用，故改之。

　　⑥ 作用：原刊作"工作"。今正之。

　　⑦ 孤僻：原刊作"孤癖"。今正之。

也没有响，也没有想什么。华坐着。

"老华，"吴忽然叫起来，"快把刚才讲的接下去！"

"咳，"小王说，"老和尚后来哪能①了呢？"说着笑了。

"唉，不要讲了，这种东西还有什么好听的呢？明天不晓审不审，这样闷住真比死还难过！"

"管他妈的！"吴说，"做人还不是有一日活一日，在工厂里也是一日，在牢监里也是一日，又有什么分别呢？"

"我想判死刑总不会的吧？"李小声的说。

"判死刑也只好让他判死刑，还有什么办法呢？"吴说。

"判死刑？"我抬起身来问，"你们究竟是怎样才捉来的呢？为什么总不肯对我讲？"

"咦，我不是对你讲过了吗？"华睁着眼看我说。

"喏，许②先生。"吴说，"你听我讲吗，我们五个人，赛过，是很好的朋友；从前呢，是在一道做工的。刚刚国民军没有到的前半年③，我们工人是有工会的，当然，这时还有什么工厂没有工会呢？我们自然也加入的啰！华，他是会写字的，就做个工会书记④。其实我们是糊里糊涂，一些也不晓得什么的。后来国民军，'碰'⑤，打落⑥上海了。又是'碰'的一声响，杀共产党了⑦！那末……我们的工会改组，是以前重要些的人也捉去杀的杀，关的关了。……我们是糊里糊涂的，依旧还是做工的，不晓得在一个月之前'工统会'护工部派来一个人，叫我们进去。我们

---

① 哪能，原刊作"那能"，误。今正之。

② 许：土音与殷夫本姓"徐"相近。

③ 国民军：国民革命军，亦即北伐军。前半年：指1927年上半年上海工人为迎接北伐军入沪举行的三次武装起义期间。

④ 工会书记：工会里的书记员，犹今之文员。

⑤ 碰(pèng)：象声词，与"砰"同音。后句之"碰"同此。

⑥ 打落：土语，意为攻下。指北伐军进入上海。

⑦ 杀共产党了：此指蒋介石发动"四一二"反革命政变，大肆搜捕、屠杀共产党员和革命志士。

进去了，他们却把我们禁起来，又送到此地，一直到现在还没审过。"

"还没审过？"我说。

"审一审，就好出去了。我们是冤枉的——"华说。

"这样方便？"李反问。

"那末你呢？许先生，"吴问："我们也没问过你咧。"

"我，"我回答："我不要紧，我阿哥①会来保我出去，而且我也是冤枉的。"

"是的，现在的人是太②不好了，动不动就拿共产来冤枉人。"吴③说。

"你哥哥是做什么的？"华这样问我。

"他是在总司令部做事的。"我说。

"唔，总司令部，总司令部……"吴喃喃的说。

谈话到了一个停滞的所在了，静默又认真起来。

到次日醒来的时候，他们自然早醒了，但似乎有什么事发生过似的，大家都面看着面，不做声响。而我呢，素来是康健而又活动的，再加了一个礼拜的静养之后，精神更加充足起来，随便什么时候都兴奋着，都想说笑。我看看他们这副样子，我想他们一定是刚醒过来，带着一种惺忪怅惘的情绪，所以不说话。再不然，他们是想着家，想着过去和未来而在悲哀着吧！我这样想着，不时用询问的眼光，看看他们……

肚子饿了起来。我又想起前几天的故事了，所以我不好意思的踏着被头，走过他们那边去说：

"吴，我去买些烧饼来，你肚饿吗？"

"不，不，不。"吴和华同声的回答。

---

① 我阿哥：指殷夫的大哥徐培根，详见上编第三辑《别了，哥哥》一诗注释。其时已由国民革命军总司令部参谋处长改任黄埔军校迁京（南京）筹备委员会委员（主任委员蒋介石），来往于南京、广州之间。但其家属租住在上海虹口公园附近一幢小楼内。

② 太：原刊作"大"。今正之。

③ 吴：原刊作"他"。今改之。

　　我不管，我还是走到栅边去招呼了我用四元大洋贿买的那个兵①，叫他设法给我四毛小洋烧饼。

　　烧饼买来了，我们实行起"共餐"来了。我分成十二份②，每人各得一份。这已是我们第三回的排演了。

　　然而别人都用感激的眼光吃了，独独只有华一个人不要。他说：

　　"我肚子饱，你吃吧！"

　　"不要客气啰！"

　　"不，我不客气。"很冷漠的口气。

　　这也就罢了。时间虽然在囚人的眼光中过得很慢，但它③毕竟是走着的。中饭（其实是第一顿）吃了之后，我照例的幻想起来。我常常设想我是被判决死刑了，那时怎末样呢？我想象得和一篇小说差不多，甚至竟联想到杜斯妥也夫斯基④的故事来。有时，我又带着确定的意念，以为我是会得到释放的。那时，我想，我一定要求哥哥把这五个人也救了出去。我觉得他们是很好的。

　　"华，"我突然说："你们的案子这样宕着，你们可不可以做张禀单⑤请求早审吗？"

　　"是哟！"吴马上热烈的说。华向他狠视一会，说："怕没有用吧！"

　　"做得恳切一些，自然要——我替你们做好吗？"

　　"不要！"

　　"叫许先生做不好吗？"吴问。

　　"……"他没有回答。

　　我开始有些奇怪，从前那末好谈的华，怎么今天会那末沉冷起来了

────────────

　　① 殷夫曾通过那个兵给大哥徐培根寄信。

　　② 份：原刊作"分"。今正之(后句同此)。

　　③ 它：原刊作"她"，误。今正之。

　　④ 杜斯妥也夫斯基：即俄国著名作家陀思妥耶夫斯基(1821—1881)，著有长篇小说《穷人》《被侮辱和被损害的》《罪与罚》等。1849年因参加M.B.彼得拉舍夫斯基小组，反对农奴制度而被捕，并判处死刑。后改判四年苦役，被流放而失去信心，企图从宗教中寻求出路。

　　⑤ 禀单：申诉书之旧称。

呢？怕是有病吧！否则，那他一定是想着他的家、母亲或者妻子了吧！我忽然对他注意起来，像初见面似的常常看他。他的容貌也一些一些地似乎与①从前不同了。实在，这因为我对任何人的观察都是马虎而又马虎，除非有了主观的用意，那末无论哪个人在我的印象中，轮廓总是模糊的。

这对华也是这样，我以前就没注意他，到这时我才开始观察他。于是他的棕色的前额、短硬的头发、大大的黑眼，和猪毛一般坚挺的胡子，方才印到我心里去。尤其是他的眼，他看你的时候，你是要寒悸的……

这晚上，我本来又想像昨天那样的谈。然而华却说：

"吴，我今天要接续我的故事了，我说到什么地方呀！……哦，那老和尚在山里迷了路，是不是？"

他滔滔地述说着他的故事，很有能干的把五个人甚至连对炕人的注意都吸引②了去。但我除了听着之外，还有一种无端的烦怨闷在心里，觉得这里不是我的居处。我极想出去，而又不得，一种火不觉被烧灼起来了。

华的声音，很有抑扬的在沉寂的监房中回响着，但感觉着空漠。我不禁回想到以前的几夜③，他们都是何等活泼的。这时他们总叫我"穷学生"，说：

"你的钱，不付学费，却来付狱费咧！……"

这类的话，自然他们是根据了我的谎话④而说的。他们不但很同情我，并且有时竟说了一两句在牢外不能说的话⑤。似乎我是他们的同路人一样。华吧，他以前可以在我请求之下，不说故事，而讲他以前当兵的生活、漂浪的生活的。而这种真诚鼓励了我向他谈些真话，这原是人情

---

① 与：原刊作"同"。今改之。

② 吸引：原刊作"吸"。今补"引"字。

③ 此句原刊无主语"我"。今补之。

④ 谎话：指殷夫在狱中拒不承认是共产党。

⑤ 牢外不能说的话：当指拥护共产党，反对国民党之类的话。

分内的事情。但为什么他们都变了呢？我是感到无限的孤独、凄寂……默默地看着黄暗暗的电光睡了过去。

从不好的梦中，给臭虫和蚤儿攻击得醒来时，已然是过半夜了。对炕的绅士先生把鼾声提得很高，几乎使人想起家乡的水车房里的车歌咧！外面也静谧着，整个的世界也似乎合着绅士先生的鼾声而呼吸着，任何的不调和、冲突、矛盾、罪恶、反抗、暴力都失去了似的。夜是十二分的熨贴着人的灵魂……

但一种微细的语声，使我注意，那是华和吴在耳语。

华说：

"……你真瞎想。……你不晓他哥在做官吗？他一出狱，还不是立刻会把一切忘记，你还真想他来救咧！……你对这种人，似乎不很了解，其实我就碰见了许多。譬如说以前在十六师时，那里一个营长的儿子，是常到我们那边玩的。有时请我们吃东西，帮我们写信……但到后来要开拔了，有一个弟兄说他要逃……不料他竟去报告了他爸爸，这弟兄马上便被枪毙了。……我们只当是个穷学生，却不意他真有大来历。……他对我们好，那是玩玩，消遣而已，何尝真同情我们呢？……不要接近他好的，否则谁又保得住他不与委员同鼻孔出气呢①？"

我听了，眼泪不禁流下颊来。提起勇气来，向下一钻，耳边除了洪洪的声音之外，便什么声音也没有了。

一九二九，五，十四日。

---

①　不与，原刊作"不同"，与其后之"同"重复。今改之。委员：系指原国民革命军总司令部特务处长杨虎，为"清党委员"，时兼淞沪警备司令部司令。即殷夫后来在《写给一个哥哥的回信》中所称的"杀人不眨眼的'人虎'"。殷夫这次被捕险些被枪决。杨虎因为在"四一二"反革命政变前在徐培根那里见到过殷夫，所以被延押了下来。结果在三个月以后，由他的大哥徐培根通过原保定陆军学校同科同学、时为"上海戒严总司令"白崇禧，才由杨虎宣布"开释"的。

"剧运"的一个幼稚闯入者——一九二九剧团①

我提笔的当儿，正是一个首夏②的夜晚。从窗间透进③一些轻微的凉风，送来一片悲沉凄毅的远地笛声④。天空上⑤缓缓地纠缠着春烟样的云，散发般的烟。月亮似乎是深葬在这层叠的殓衣⑥里，透不出她水银似的光辉来。云隙中间或漏出几粒星星，可是收敛⑦着光，像一个历尽世故的老人的双睛一样，又庄严又迟板地盯视⑧着我。哎，我怎未有些朦胧，有些沉闷哟？心里是一种不可捉摸的迷惘和压抑⑨呵！我幻想，即使月亮还不出来吧，若也闪出一颗星呢，一颗较有青春的活力的星呢？她的光若是会像带泪的蛛网在凄风中⑩似的颤动着呢？她的跳舞若是会像一个天真的

---

① 本文作于1929年5月20日夜，原刊于同月29日上海《民国日报》副刊"青白之园"，署名白莽。题中之"剧运"，当是戏剧运动之简称。"一九二九剧团"，当是以年号命名的剧团。但文中却称是"合唱无字的歌"的剧团，文后落款又是"于一九二九剧团"，此处疑是殷夫当时在上海闸北天通庵2号公寓租住的三楼一个亭子间的代称。他与上海美术专门学校学生林林为室友。林林曾作有一幕剧《独轮车》（后发表在1930年2月出版的《萌芽月刊》第1卷第2期）。邻居还有余姚楼适夷（即后来曾作《白莽印象记》的林荪）。同时，文末还有"汽笛尖叫着，末班列车开过屋边去了"等语。这是因为当年闸北有小火车通往吴淞镇，天通庵即为一站。殷夫在吴淞镇同济大学就读德文补习科，即由小火车来来往往。另外，文中尚言及："一九二九剧团是由几个流浪的青年组织起来的。"这与殷夫当时因找不到地下党组织而自称"1929春流浪途中"或"短期流浪"完全相吻。由此可知，所谓"一九二九剧团"，并非真的演剧团体，而是殷夫用来公开表述寻找党组织心迹。

② 首夏：入夏的第一个月份，即农历四月，那年阳历为5月9日至6月6日。

③ 透进：原刊作"偷进"。

④ 笛声：原刊作"苗声"。今正之。

⑤ 天空上：原刊作"天空土"。今正之。

⑥ 殓衣：死者穿的衣服。

⑦ 收敛：原刊作"收效"。今正之。

⑧ 盯视：原刊作"钉视"，旧时通用，今已不用，故改之。

⑨ 压抑：原刊作"抑压"。今正之。

⑩ 在凄风中：原刊无"在"字。今加之。

姑娘似的步武①呢？那我想我首先要透口气，我感着她光的锐尖了！我的心业要白杨似的萧骚②起来，我的泪腺③会沟通起来，我记忆的、憧憬的键盘会跳跃起来。我怅望着未来的、光明的灵魂会咆哮起来。……她虽那末小，我也得向她流些感激的泪水了④。

　　我在写一篇散文诗了。我得讲我们的剧团哟！"一九二九剧团"是由几个流浪的青年组织起来的。假使比她⑤像个孩子，那末这是一个身体孱弱、性子急躁⑥的孩子。照⑦算命先生来说，他的命一定是非常"硬"的。为什么那末硬呢？说来也有来历。原来他的父母没有一个是留过学的，没有一个是戴"作家"的高帽的，没有一个是偶像般给人崇拜的，也没有一个曾在袋里响过大拉斯⑧的。——他们有的是贫穷和热情，仅仅是贫穷和热情！以这两件金属⑨铸成的合金，硬是必然的。他们的儿子自然也秉着这个遗传的特性了。所以，他孱弱的身上，却配着一颗粗野的心脏。虽然在他哺乳的时代，他不能或不愿用清楚的口齿说出他内心的要求来，但你若看看他的名字，不是也已窥见验他野性的一面吗⑩？一九二九，这简单粗硬的几笔，或许是暗示他也要执着时代的舷边，"世界底"地进行去吧？

　　他的生地是在笼罩着沉重的北欧气氛的北市⑪，但在这里他经过了几回碰壁的奋斗⑫之后，他的胆是壮起来了：他要成为一颗游星，用他不十

---

① 步武：古以六尺为一步，半步为武。谓步子不大，常用以比喻跟着前人足迹走。

② 萧骚：风吹树木的声音。

③ 我的泪腺：原刊无"的"字。今加之。

④ 句中的两个"她"，原刊均作"它"。今正之。以与上文一致。

⑤ 她：原刊作"他"。今正之。以与上文一致。

⑥ 急躁：原刊作"急燥"。今正之。

⑦ 照：原刊作"叫"。今正之。

⑧ 大拉斯：英文美元dollars的音译。亦译作"多拉斯"。

⑨ 两件金属：此指贫穷和热情。

⑩ 已：原刊作"以"，旧时通用。今已不用，故改之。一面：原刊作"一至"。今正之。

⑪ 北市：指上海闸北区。殷夫当时与林林、林莽（楼适夷）即居住于此。

⑫ 几回碰壁的奋斗：暗指殷夫因参加革命而曾两次遭反动当局逮捕。

分健稳的步伐走入大世界①去！虽他知道在别处也有壁等着他去碰，并且又有傲慢敌视的眼光向他盯视②，或甚至有黑暗的云雾会向他择砻③。但依然有获得朋友的信心，战取一切的赤忱④，他或许终也会找到他应有的轨道⑤吧？

在现在的"剧运"圈子里，他不能不算是一个幼小粗莽的闯入者。但若让我以第三者的口气说，则我们为什么不让他闯入呢？静谧的林宥⑥中的微风，平滑的湖面的涟漪，或是夏夜梦境中突叫的夜莺，空山渺茫中的"叮叮"伐木之声，不都是诗的灵感的激刺，一种令人喜欢的慰藉吗？艺术是公众的花园，谁都可以来游息、徜徉，或培栽、耘耨的。我们应该欢迎闯入者！我们当他是个小孩子，是颗嫩菩蕾。只要没有天灾或暴风，他或许终于会给我们一曲天真的没字歌⑦，或一朵闪光的鲜葩吧？又譬如⑧这个黄昏，天上没有月亮，只纠缠着云和烟，只闪烁着几点迟板、老练而缺少青春的活力的星，谁又能禁止我希望有颗发颤光、能活跃的星的出现呢？我们当然不能拿她来比拟月亮的光明，但我不是说过，她的光的尖锐总会使我们感激的，因为我们需要的是活动和热情⑨呵！

"一九二九剧团"是平凡、幼稚的。它既没有名人或"作家"的参加，又没有资本家、老少爷的援助。它只想集合所有的平凡、幼稚、无名而有热情的青年同志，合唱没字的歌，表白表白幼稚的悲欢哀乐，呢喃些那严整傲慢、高坐大殿的人所不能或不愿了解的话，诉说我们真挚

---

① 大世界：语意双关。明指"一九二九剧团"将去上海游乐场"大世界"表演，暗指他们意欲投身世界革命。

② 盯视：原刊作"钉视"，今正之。

③ 择砻：选择磨砺。

④ 赤忱：原刊作"赤忱"。今正之。

⑤ 轨道：原刊作"规道"。今正之。

⑥ 林宥："宥"通"囿"。此作林区解。

⑦ 没字歌：没有文字的歌。即用哼腔唱歌。

⑧ 譬如：原刊作"譬如"。今正之。

⑨ 活动和热情：暗指革命活动和热情。

的憧憬①。……愿一切的平凡、幼稚、无名而有热情的青年都来参加"一九二九"哟！将来——

住笔了。汽笛尖叫着，末班列车②开过屋边去了。明天见！

1929，5，20夜于一九二九剧团

"King Coal"③
——流浪笔记之一

"呃，"朋友S君突然截住我的话，说："你以为一个有智识的人，贫穷对他是比较的没有痛苦吗？"

"是的。"

"那我不能赞同！"S君④显得异常兴奋的样子，"那我可不能赞同！你不信，只要看看我的故事吧！"

他于是停一停，便说下去了：

"那已经是前个月的事情了，我当时还住在唐家湾附近的K君家里⑤，

---

① 真挚的憧憬：暗含对于革命前景的向往。

② 末班列车：已详本文题解。

③ 本文作于1929年（未具月、日），原刊于1930年1月1日出版的《萌芽月刊》第1卷第1期，署名白莽。今据文中有"《申报》分类广告，闸北一个小学校登的聘请小学五六年级英国算教员"，以及"那已经是前个月的事情了"等语，查考《申报》发现，1929年4月5日确有闸北鸿兴小学校招聘教员的广告。依此推算，本文当作于1929年6月5日之后。当时殷夫正在上海寻找党组织，处于"短期流浪"期间。文题"King Coal"，英文《石炭王》。此书系由美国著名作家辛克莱（1878—1968）著作，描写美国工人与资本家作斗争的长篇小说。当年"易坎人"（郭沫若笔名）中译本即称《石炭王》。后通译为《煤炭大王》。本期《萌芽月刊》于"内容"（即目录）中，在"King Coal"题下有副题"随笔"二字。而正文题下的副题是"流浪笔记之一"。今从后者。

④ 此处"S君"，原刊作"他"。今为点明说者，改之。其实"S君"下文所说的"故事"，都是殷夫"短期流浪"期间所经历之事（见下文注释），此文是他假借"S君"之口，诉说自己当时"流浪"生活之艰难。

⑤ 唐家湾：上海南市旧时的一个贫民区。K君：无考。

295

当然那时的情形同现在是没有一些不同，生活是十二分的不安定。这种我可不必向你说，你是明白地知道的，而且我当时虽然每日跋着漏了底的破鞋，整天的东跑西走，混些饭或讨些钱度日，而精神也没有多大的痛苦，我的神经是陷于麻木状态了的。

"有一天，我在很早的清晨，跑去看同乡T①。他是一个医生，专门治花柳啦、白浊啦等等性病的，生意很好，生活自然也很阔绰的。我因为从前同他同过学，所以这天我就大胆的跑去，想至少一次饭总能够揩油来的。

"走到他那儿，他还睡着，做得同真正的上海人一样。我的来访，自然给他许多不舒服啰。不过，他不好意思说出来，也就勉勉强强爬了起来：

"'S君，你现在在哪个学校读书呀？'

"这把我难住了。我想：是回答他不在读书好呢？还是骗骗他说在某校读书好呢？说我在流浪，把我苦况告诉他，他或许会同情，会设法，会帮助吧？但是，倘若他也和一般人一样的缺乏同情呢？倘若他只把假装的苦笑来敷衍我的门面呢？要是他做出一副绝对的冷漠的态度，叫我不好再留，甚至不好再来呢？那又怎末办呢？

"我心里多末难过呵！我的脸涨得很热，我若能看见，那一定是紫色的了。我觉得我的嘴在喃喃着，但鬼也没有知道我是在说什么。

"'哪儿②？'他又问。

---

① 同乡T：确有其人，姓周，名宗文，又名方岐，象山县城羊行街人。他与殷夫是县立高小同班同学。后来在宁波学医，参加共产党，并曾担任中共象山县特别支部书记。"四一二"反革命政变后，遭反动当局通缉，逃往上海。在四马路开设"延龄诊所"，专治花柳病，人称"杨梅疮医生"。其实，他当年的诊所还是中共地下组织的秘密联络站。后来被国民党特务发现，周曾被捕，遭严刑拷打。但他拒不招供，才无罪释放。中华人民共和国成立之初入上海市总工会医务室从医，后因犯事入狱，死于狱中。有史料显示，殷夫当年在上海从事革命工作期间，因居无定所，"延龄诊所"是他的主要通信处。他象山家人和在德国陆军参谋大学留学的大哥徐培根的信函，大都由周宗文转达。

② 哪儿：原刊作"那儿"。今正之。

"'我……我不在读书，'我终于大着胆说了：'我现在是寄居在一位朋友那里，他也一般的穷，失着业。'

"他毕竟是我的同乡，还不是透底透面的上海人，所以我的话，马上使他同情心发起作用来。他现出并不虚假的脸相，很怜悯似的给我谈关于生活上的问题，问我这样那样，并且说他能够尽量帮助我……我这时是多末在一种激动状态之下呢。我自从同家庭发生了冲突①，开始漂泊的生活以来，我所遇到的一切人，都没有这样和蔼②、同情的脸，站在他那末同排的人都装着冷笑、不关心的样子，同我站在同等地位的人又都是穷光蛋，生活使他们刚强、暴躁起来，差不多没有一个是有好脾气的。这些，你都有些知道的，也毋庸③我来多说……但，这时，一个和悦、慈悲、同情的脸突然在我眼前显现了！这个突然的、出乎意外的发现，却给我莫大的威吓和惊疑！在先，我去找什么走了运的友人、同乡时，我是怀着愤恨和厌恶的，我公开的或暗示的去揩油他饭和钱，我都以为这是应该的，这是他们对我的义务。我之对他们，是用仇敌般的眼光，仿佛说：你，有钱呀！给些我啰！难道你不应该给我吗？你的钱还不是向别人揩油来的吗？……在这样时，我的心是同专在作战的兵士的心一样的，非常安定，并且陷在一种蒙昧的愉快里……但 T 君却显得同情我，脸上充满着诚意和怜悯，这对我和骤然在逍遥玄想时突然听见怒吼的汽车喇叭一样的可怕，心突突的跳了起来，脸热热的，一种久久在意识下压着的情绪，浮动起来，一直升上，迫着心的壁膜扣打起来了，这是多

---

①　同家庭发生了冲突：指殷夫1928年夏天在上海同济大学读书期间，因参加校外革命活动遭国民党当局第二次逮捕。后由其大嫂张次云托人保释，回同济大学读书。同济大学地下党组织决定让他转移乡下避风。他则与同学王顺芳、陈元达(均共产党员)先后避至象山丹城，在殷夫二姐徐素云任校长的象山县立女子小学以"代课"为名，从事革命活动。女小放寒假，王、陈先后离校回上海，殷夫亦欲同回。但他的大嫂因怕他回上海再生事端而不给盘缠。因此发生矛盾，甚至引发殷夫母亲与大嫂之间冲突。直到1929年春节过后，殷夫方由二姐徐素云资助，重返上海。

②　和蔼：原刊作"和爱"。今正之。

③　毋庸：原刊作"无用"。今正之。

末痛呵！……

"后来，报纸来了，我们就读读报纸，不消说，这于我是无意味，所谓革命的战争啰，统一的战争啰，于我有什么关系呢？我始终是在一种痛苦的激动中呵！

"'S君，我看你最重要还是找个职业咯！'

"'那自然，但哪里有呢？'

"'你看，哪，'他指《申报》的分类广告①栏给我：'这里有许多聘请的广告，你不妨去试一试看呀！'

"于是我看了，那是聘请小学教员和各种职员的广告，我看见有一个是闸北的一个小学校登的，说要请个教小学五六年级的英国算教员②，其余的都是要女的。我便决心想去试一试这一个看。

"'但我连车费都没有呢！'我苦笑着说。

"结果，他给了我三元钱，说除了车钱之外，余下③的还可以维持生活，直等到这事情④成就了为止。

"三元钱！半年多没有捻过三张以上的钞票了。呵，这是天鹅绒一般温柔呀！怎样用呢？我移脚向四马路⑤去了。二月不到的四马路，改了不少的样子，造了不少的新屋，而最吸引人⑥的是添了不少新书！那些有着五颜六色封面的新书，如一个一个妖装的妓女，都会向你装出一副鲜艳献媚的样儿，使你不得不在她面前徘徊！

"'生活！生活！'我心底有声音在叫，所以我压制着欲望，从C书馆，荡到K书店、M书店，但是一到了L书店的门口时，一个广告吸引了我：

---

①《申报》分类广告：已见上文题注。

②英国算教员：系英语、国文、算术教员之合称。

③余下：原刊作"余"。今补"下"字。

④这事情：指应聘之事。

⑤四马路：上海旧街名，即今福州路。当年有不少书店在此路。

⑥吸引人：原刊作"吸人"。今加"引"字。

"'《石炭王》!'什么生活生活的声音也压制不住了,我终于花了一元三角钱买了一本!出来之后,我又到 P 书店转了一转,就一直搭车到闸北去接洽职业去了。

"在车上,我是那末开心,我像在一种完全新的、过去所不认识的环境中了,对于外界的憎恶,逐渐在心中消去。我偶尔看看一丛丛的房子,这在过去,我是当作一排排的牙齿,等着吃人的;但这时,我仿佛觉得,我已然是走进上海了,上海是容受了我啦!一丛丛^①的房子,不是牙齿,却是一棵^②生着果子的树梗了,在我眼前展开的是一种从来未有的青绿的原野呢。我真轻快,我怀着感激和欢乐的情绪达到我的目的地。

"下了车,还须经过一个忙碌的街。在一家工厂的门口有一面旗子写着'招工'两字,下面拥挤着一群男男女女的工人,嘴里骂着嚷着,褴褛的衣服,和污浊的脸面,表示他们是失过业了。有的是乡下刚来的孩子,一面挤着,一面还惊疑似的看着一切,但在他眼里,终究也射着和我同样的感激的欢欣的光,这在另外一些人是没有的……

"'我也去找职业呀,'我微笑着,心里这样说。

"在学校的办事处,等着两三个人,虽然他们都穿得比我整齐,头发^③修得比较漂亮,但他们眼里有一种恐怖和不安的神情。这提醒了我,我也不安起来了!一个问题是:

"'我会落选吗?'

"终于见了教务长,他叫我填一张表,说三天后无论中否都一定有回信的。我就很坦然走出来。路上依然看见那拥挤的人群,我更微笑着,'我是没有那末推挤着。'

"那天晚上,钱是剩得一元了,但我很开心,三天后不是有职业了吗?我买了两个面包、一包花生米、两支洋烛,预备开读《石炭王》了。

---

① 一丛丛:原刊作"一丛"。今补一"丛"字。

② 棵:原刊作"颗"。今正之。

③ 头发:原刊作"发"。今补"头"字。

但是看到了一百七十页左右的时候，错版发现了，足足缺了二十几面。我恨恨地把书一掼，就睡了。睡得很好。

"日子一天一天的过去。眼看第三日是过去了，信是没有，然而我还没有失望，因为我身边还有六角钱，很可以去跑一趟，并且我想《石炭王》还可以向书局去掉换。这两件事都使我快乐。

"第四天，我又跑到那学校去，时间是很早，在那忙碌的街上，我看见好几个熟悉的脸，提着饭篮，从这家先前招工的厂口出来。

"我到学校的时候，教务长还没有来，这自然是上海的普遍①现象，我也并不奇怪。好容易他来了，带着惺忪不快的样子。

"'先生，我的，教员的事情怎样了?'

"'唔，我们教员请定了!'他漠然地说。

"'那末不是我吗?'

"'不是!'

"'怎么不来信呀?'

"'你是来应征过的吗? ……不过我们不录取②是不复的!'

"'怎么你以前说无论录否都要复呢?'

"'不，'他不耐烦地说。'我们不会那末说的!'

"'你亲口说的。'

"'那是你听错了!'他大声的说了，预备退下桌，上去写字去了。但我却完全激怒了——

"'我问你，先生，'我颤声的说，'你们那末叫人来填张表，凭什么来录取呢? 你知道我怎样不合格呢? 你怎么知道我是一个大学读过书的人呢? ……'

"'不要那么啦! 录取不录取是我们的自由! ……'他也发火了，'随你大学生不大学生，去教中学生吧。看看你这样子……'他喃喃的说

---

① 普遍：原刊作"普通"。今正之。
② 不录取：原刊作"不录"。今加"取"字。

了手一摊①，回头就走了。

"这时的我，朋友，愤怒的火焰像怒涛般的澎湃起来，我恨不得有一把刀，或一支手枪呀。否则我一定要使这学校被血涌没了，这屋子被烧了，全个上海毁灭，地球爆裂了呵！可是呀，我发现我孤独地坐在冷漠的教务室，这不属于我的屋子里。早晨的空气，带着凉意侵入窗来，操场上有一两个孩子在喧嚷着……周遭是何等冷漠的讥嘲，无限的辱侮呀……

"'看看你这样子……'针一般的刺着我。我走出了学校，失望地悲哀地。我又经过响着机器的噪音的工厂。

"'掉换《石炭王》去呵！'这是我唯一的慰安了。我仿佛想到一句成语：'书中自有黄金屋。'得了，我要往书中去找安慰呵！袋里还有四毛钱，我搭了车又向四马路来。

"'掉一本是可以的。但现在这已经重版，并且加价了。你得加二角大洋。'一个穿藏青②哔叽长袍的伙计这么说。

"争辩没有用，我只得付了二角大洋。

"'包一包好吗？'

"'这马马虎虎！拿去好了啦！'他轻蔑地用手一摇。

"鬼使我踏进P书局去，许多新书和杂志引诱着我。我正在翻一本《Torrent》杂志③的时候，我抬头在镜上看见我自己的样子了，头发、胡须二个月不曾剪修，真弄得像刚才出狱的犯人一般了。我不禁脸难受的红起来。

"'……'一种私语的声音。

"'你，你那本《石炭王》……'一位中年的伙计刁滑地问我。

"'怎样？'

"'怎么不包呢？我们那儿也有卖的呵！'

---

① 说了，手一摊：原刊作"说了一摊"。今加"手"字。

② 藏青：原刊作"常青"。今改之。

③《Torrent》：英文《奔流》，期刊名。当时由鲁迅、郁达夫合编。

　　"'这是我掉错版掉来的！难道我刚才进来时，你们不曾看见么？……'我的脸更红了。

　　"'唔！唔！'不信的笑声中，我走到街头。

　　"四马路一般地烦扰，我发怒了。

　　"'嘶！'的一声，我把《石炭王》扯了，一页一页地分飞开来，我大声的叫着：

　　"'去吧！去吧！你印在纸上的黑字，造孽的东西，我要毁灭你！没有你，我不会到上海来；没有你，我不会同家庭冲突；没有你，我不会受教务长的欺辱；没有你，我不会在工厂门前踌躇，而挨着饥饿！没有你，我不会把钱花了，还要受嫌疑！去吧！去吧！我要毁灭你！……'

　　"纸片飞舞着，群众围住我。

　　"'看看那个样子呵！……'一个声音浮荡着。"

1929 年

苏俄妇女生活近况①

　　苏俄对于妇女的待遇，在未革命以前，也是非常不平等的。尤其是农村的妇女，她们常常受外国资本家或本国的资产阶级与男性的种种压

---

　　① 本文未注写作日期，原刊于1929年10月出版的上海《女青年月刊》第8卷第8期，署名综白。"苏俄妇女"指1917年俄国十月社会主义革命后苏联的妇女。"生活近况"即殷夫在本文中列举的苏联妇女婚姻的改良、知识妇女的勤劳、劳动妇女的优待、妇女解放后的便利、组合法的美善等五方面状况。涉及苏联妇女政治、经济、文化、工作与劳动、婚姻与家庭等等生活内容。并指出："苏俄妇女已为世界妇女生活史开了一个新纪元。"其赞扬之情溢于言表。妇女解放一直是殷夫革命思想和创作题材的重要内容。早在1924—1925年创作的组诗《放脚时代的足印》中，他就关注妇女解放。1929年4月进入共青团中央宣传部工作前后，他又与中共沪东区委宣传部长苏曼华（谢绮孟）一起从事青年女工的工作，并写下了一系列关于妇女运动的诗文。本文中的一些素材，很可能由从苏联留学归来的苏雪华提供，或者是综合有关文献资料而成，既原则又具体，生动感人。

迫；其痛苦悲惨，实难尽言。至于在都会的知识阶级妇女，虽说她们同样受不平等的待遇，但究竟有物质方面的相当享乐，与农村妇女比较起来，可说好的多了。最幸福的，要算是上流的知识阶级妇女，她们虽在旧帝政管束之下，但所居的地位，并不稍逊于欧美的贵族妇人，她们不仅可在本国受高等教育及享乐，到西欧留学或旅行①的，亦在在皆是。

自从经过了1917年的大革命以后，一般下层阶级的妇女便很得势。她们不仅是健康的劳动者，而且遇必要时能掘②战壕，抬洋炮，出入于革命战火之中。经过了那次困苦危急的无产革命，她们才完全得到政治的自由平等，社会的解放，以及各种选举权。

革命后，对于妇女生活最有所补益改进的，约有下列几种：

（一）婚姻的改良

（A）革命前后婚姻的相异之点，是在树立结婚中夫或妻所获得财产的共有性。而且，革命后的离婚，是规定一方对他方须有救助之必要；即就离婚后经过半年而失业，一方对他方亦须负有救助之责任。

（B）结婚前所有的财产，结婚后也承认是个人的所有，但结婚后所获得的财产，却为夫妻所共有。

（C）结婚的登记本是重视的，但却并不强制。即未登记而结婚，法律亦负保护之责。不过登记的结婚，对于子女的保护，在社会上觉得比较便利而已。

（二）知识阶级妇女的勤劳

苏俄的有产阶级妇女，自从经过革命以后，大都已被杀或逃住海外去了。凡有特别技能或是学识丰富，而愿服从苏维埃政府的，仍能得有相当的地位。但最可注意的，是无产知识阶级的妇女，她们与男子共同

---

① 旅行：原刊作"游行"。今改之。
② 原刊"能掘"前有"要"字。今删之。

服务，共同忙碌，而且，常常担任超过八小时以上的劳动。除公务外，还需担负无报酬的党务，如集会宣传文化等等。她们的休息时间的稀少，与所得报酬的微薄，正成了反比例。但她们却有一种内心的欣喜，以为这是走向理想的实现。虽劳苦，但为主义，亦无不甘心如愿。她们到了夏天，便有一月左右的假期。在这假期内，不仅工资照付，且更予以旅行公费，俾可往海滨等处去避暑。

（三）劳动妇女的优待

革命政府单于妇女以政治上平等的权利，似乎还不够，同时必须与女子以经济独立的机会。从她们家庭的劳动解放出来，引她们入社会作公众的服务，以及种种社会运动。结果，苏维埃的劳动妇女便增加了不少。

又以为妇女生理上的关系，不便作过于重大的工作①，订了许多规则，予以特别保护。其重要的，略举如左：

（A）禁止夜工以及非卫生的劳动。尤其十八岁以下的少女与妊娠的妇人，更宜严守这规则。

（B）不得做负重过度的劳动，但在必须用于女子时，手提物也不得过三十六斤。轨道车行李超过半吨，无轨道车行李超过一百六十斤，也在禁止之例。

（C）禁止有碍卫生的劳动，例如制造烟草或有毒气产生，高热的工作，都在禁止。当妇女劳动的时候，更需经过医生严格的检验，施行特殊的防御手术。

（D）节制足踏②机械的工作。足踏机械的工作，在女子月经期，亦得停止，并给两日的工资。但在女子自身，却希望在月经期中亦能做轻微的劳动。

---

① 重大的工作：原刊作"重的大工作"，误。今正之。
② 足踏：原刊作"足蹈"，误。今正之。下同。

（E）工场中妊娠的妇女，得予产后八礼拜的休息。在这期中，不但保留她的职务，而且还给全数的工资。如果经过八礼拜的休息，尚不劳动者，由医师的诊断，得再继续八礼拜的休养。至于非筋肉的劳动妇人，出产后的休养期是七礼拜至八礼拜之间。若遇流产，则给两三礼拜的休养。休养期间，仍得照付工资。

除妊妇有以上之特权外，劳动妇女或劳动者之妻在产儿的时候，社会对于她们也有相当的补助金。在产后九个月间，更予以四分之一的工资给她家人①，作为哺乳之用。若双生儿，则给以加倍工资。

劳动妇女中，有在襁褓期间的子女的，每隔三小时，即有半点钟授乳的休息。所以，这等劳动妇女，操七小时的工作，却有八小时的薪金。在工场内，更有一小孩室，好似中国的育婴堂，并备有清洁室，以供乳妇安静授乳。

（四）妇女解放后的便利

革命后的苏俄妇女，既然从家庭中解放出来，参加政治的活动，与男子共同谋经济的独立，那么家务怎样去料理呢？这是个很堪注意的问题。

女子要解放，欲得到平等的地位，第一步必须从家庭改革始。先前的女子，只是终日劳役在厨房内做个厨娘而已，现在要把这项劳役所费的时间和精力②，移到社会上去干有益的事务，不可不谓③非易事。现在苏俄各工场，凡是民众集合工作的地方都设有公共食堂，供一般劳动者的聚餐。这种公共食堂是妇女解放的中心，壁上并贴有宣传的各种标语，堂内更附有阅报室、休息室、图书室、游戏场等等。此外，更有公共洗濯所等。

---

① 她的家人：原刊作"她们家族"。今改之。

② 精力：原刊作"精神"。今改之。

③ 不可不谓：原刊作"不可谓"。今补"不"字。

但是，劳动妇女既然增多了，同时孩子也不得不连带关注①，因此，在劳动俱乐部内，更有童室的建设。这儿童室是专给孩子们游玩的，其中更聘有育儿专家，尽力保护。一面，妇人们便可与丈夫参加社会组织合组的运动，没有丝毫牵挂；更不会感到儿女多的各种苦痛。这不特不能说是破坏家庭，而且是的确为家庭增进不少的幸福。若说女子只配干厨娘一类的工作，只能把宝贵的光阴尽费在那件单调的事上，那么女子的人生似乎太不值得了。

（五）组合法②的美善

苏俄的妇女，因了组织组合，他们的经济地位，益加巩固。一旦有了疾病，便可有组合拿出钱来医治。至于死后的丧葬费，亦有组合供给。总之，什么意外的钱，自己都可以不必担忧了。

礼拜日照例不劳动，但须费半日的光阴与种种政治运动或组合的集会里。大多数的集会，都是在工场中俱乐部举行的。这与在大家庭间集会有什么分别呢？除集会外，俱乐部更举行各种的游艺如活动电影、音乐会、跳舞会等等。而且，不收费的俱乐部，更有组合分配不取资的入场券送赠各家庭，可以至市镇去看影戏。有时，更能看到从前除贵族外不能见到的歌剧。

总之，苏俄妇女已为世界妇女生活史开了一个新纪元。她们已由附属者的地位，一跃而平分了一半的社会统治权，绝不是其他各国那些有名无实的妇女运动所能比拟的；不但我们中国比不上，就是欧美各国也没有像她们似的脚踏实地。

---

① 关注：原刊作"注意"。今改之。
② 组合法：指工厂单位与职工之间组合互助与济的办法。

李卜克内西生平事略①

一、身世

卡尔·李卜克内西（Karl Liebknecht），是德国老革命家威廉·李卜克内西②的儿子，生于1871年③，莱不齐希（Leibzig）④是他的故乡。威廉是一个非常勇敢的革命家。在1875年之前⑤，德国的社会主义者有两派：一是拉塞尔派⑥，另一派是威廉所领导的。到1875年⑦，这两派合并为德国社会民主党，威廉就成为党内的干柱。在"铁血宰相"俾斯麦⑧的

---

　　①　本文作于1930年李卜克内西纪念日（即1月15日，李卜克内西牺牲11周年纪念日），原刊于同年1月16日出版的《列宁青年》第2卷第7期，署名沙洛。李卜克内西（1871—1919），是德国和国际工人运动领袖，德国共产党创始人之一。生平事略，是记述人物一生传略的一种文体。不过，殷夫在本文中还穿插着自己对李卜克内西革命事迹的景仰之情和对于时政的看法与感言。这也表明李卜克内西是他心中的偶像。

　　②　威廉·李卜克内西（Wihelm Liebknecht），出生在德国基森，小李卜克内西的父亲。他是德国社会民主党和第二国际创始人之一，工人运动领袖。后卒于夏洛滕堡。

　　③　1871年：原刊作"一八七一年"。为统一起见，改为阿拉伯数字。以下公元纪年、纪月、纪日同改。

　　④　莱不齐希：德国城市Lebzig音译，今通译为"莱比锡"。

　　⑤　1875年之前：原刊作"1860年之前"。今正之。

　　⑥　拉塞尔派：今通译为"拉萨尔派"，即"全德工人联合会"。1863年5月23日由其首任主席拉萨尔成立于莱比锡，是带有政治目标的工人联合组织。后因继任者完全听命于拉萨尔，故称"拉萨尔派"。1875年在哥达与威廉·李卜克内西领导的德国社会民主党合并，成立德国社会主义工人党。

　　⑦　1875年：原刊作"1860年"。今正之。

　　⑧　"铁血宰相"俾斯麦：奥托·菲尔斯特·冯·含恩豪森·俾斯麦（Otto Forst Von Schonhausn Bismack，1815—1898）之省称。他是普鲁士王国首相、德意志帝国宰相。在任首相期间违背《宪法》，擅自施行"军事改革"，推行"铁血政策"，先后发动丹麦战争、普奥战争、普法战争，完成德国统一。1871年德意志帝国成立后，任宰相期间曾帮助法国镇压巴黎公社。在国内打击异党，开展所谓"文化斗争"，并颁布"反社会党人非常法"，镇压工人运动。外交上实行"大陆政策"，争夺欧洲霸权。执政后期，在威廉二世即位后被迫辞职。

统治之下，努力奋斗，宣传革命，终于使政府定的"社会主义取缔法"①，不得不自动取消。就在小李卜克内西②出世的那一年，威廉被政府逮捕下狱，所以卡尔的革命精神，可说在很小就熏陶成的了。

李卜克内西在本地的学校毕了业之后，又到柏林来受大学③教育，他学的是法律，所以在大学毕业后，他就一面做律师，一面继续着他父亲干革命的工作。

二、奋斗

1906年9月，德国有个青年团体请他去演讲，他就拿"军国主义"作为题目，把帝国主义抢夺市场殖民地，把军备疯狂地发展起来的真相，毫不客气地暴露出来，并且说明军国主义与反军国主义在国际青年运动中的特殊地位，大声疾呼地号召青年群众为消灭军国主义而战！这些演讲稿，后来印成一本小册子④，在青年中有很大的影响。

1907年4月23日，德政府认为这本书宣传的是危险思想，下令禁止发卖，并且把李卜克内西拘捕起来。在法庭开审时，德皇⑤用特别装置的电话，听李卜克内西的口供，所以这事件差不多可说是德皇亲审的。在未判决之前，法官和软的说，如果他肯认罪，他是可以减轻刑罚的。但

---

① "社会主义取缔法"：原名《镇压社会民主党企图危害治安法令》(即"反社会党人非常法")，是俾斯麦政府为镇压工人运动而制定的反动法令。1878年10月21日由帝国议会通过，原定有效期2年，结果延长了12年。至1890年10月1日，在工人阶级英勇反抗下，才自动取消。

② 小李卜克内西：即卡尔·李卜克内西。他出生于1871年8月13日。

③ 李卜克内西于1890年入莱比锡大学读书。后转入柏林大学就读法学和国民经济学。1894年毕业后，曾任候补法官。1897年获维尔茨堡大学法学博士学位后，在柏林当律师。1900年加入德国社会民主党，从事革命活动。后因反对伯恩斯修正主义，成为社会民主党左派领袖之一。

④ 这本小册子，题为《军国主义与反军国主义》。

⑤ 德皇：指德意志帝国皇帝威廉二世(1859—1941)，是前任皇帝威廉一世的长孙，1888年继承皇位后试图独揽大权，以"改革"内政外交为名，迫使宰相俾斯麦下台，采取所谓"世界外交"政策，与英国争夺世界霸权。1897年强占中国胶州湾，1900年又出兵参加"八国联军"，镇压中国义和团运动。1918年十一月革命爆发后退位，逃往荷兰，结束统治。

倔强①的他，哪里②会肯屈服呢？他还是大声的喝骂，指出军国主义的谬妄。因此，结果就被判监禁一年半③。

但他一向就是实行的革命家，非常受④劳动者的拥护的。因此，他的入狱，使柏林工人阶级非常愤恨。当时适是普鲁士议会改选的日子，于是工人阶级就一致地选举他为议员。

三、议会中

他入狱之后，进到会议，还是保留着他的灼火似的革命精神，随时都努力的向着普鲁士军阀作猛烈的攻击，有时议场的秩序都为之大乱。他这样勇敢的行为，更得到劳动阶级的拥戴，所以不久，他又被选到帝国主义议会中去做议员⑤了。

1914年，德国政府提出第一次军费案。当时许多的社会民主党议员忽然抛弃了平素的主张，变"世界无产阶级联合起来"的口号为"工人阶级保护祖国而战"，一致表示赞成战争。只有李卜克内西等十三人，坚决地反对帝国主义的战争，因此当时竟有谣言说他们十三个是被德皇枪毙了⑥。

实际上，他是劳动阶级的领袖，德皇是不敢枪毙他的。不过他是一个候补中尉，因此他不得不到军队中去。但他到了波兰的前线，并没有帮助帝国主义者残杀劳动兄弟。他却不倦的在军队中宣传非战的思想，向兵士说明这次大战的意义，并且指明只有工农兵联合起来革命，才是消灭帝国主义战争的唯一法门⑦。

---

① 倔强:原刊作"屈强"。今正之。

② 哪里,原刊作"那里"。今正之。

③ 一年半:原刊作"一年"。其实此次莱比锡帝国法院是以"叛国罪",判处李卜克内西徒刑一年半。今正之。

④ 受:原刊作"得"。今改之。

⑤ 李卜克内西于1912年当选德意志帝国国会议员。

⑥ 其实,李卜克内西是因参加反战游行而被捕,反动当局判处其服苦役4年。

⑦ 法门:本指佛教之得法门径。此借指方法、途径。

议会开会时，他从前线回来出席。政府提出第四次军费案，改良派、修正主义者伯因斯坦①等在表决以前都退出会议，只有李卜克内西一人，不屈不挠地大声叱喝，表示反对战争。

到第五次军费案提出时，反对的人增加到二十个之多，但是不要脸的社会民主党干部却以为他们这样态度，大大得罪社会民主党的主人资产阶级了，议决把他们开除出党。

那时李卜克内西便更坚决的为自己革命的主张而奋斗，并发行《敌人在国内》一书，把一切资产阶级及其走狗的欺骗暴露无遗。这书也给政府禁封了。

在议会中，李卜克内西是德皇军阀以及资产阶级的最强的劲敌，他大胆地反对政府压迫一切自由、欺骗民众的手段，揭破一切帝国主义的阴谋。也只有他才不愧为真正马克思主义者、真正的革命者。真正的革命者不过借议会来揭破统治阶级的假面具，只有机会主义者才会把议会主义来代替无产阶级专政呵！（只有不要脸的取消派才会跟着改组派第三党来大叫以国民会议代替苏维埃呵！）

四、斯巴达卡斯团②

大战发生之后，德国的社会主义者分为三派：第一是由爱伯尔特

---

① 伯恩斯坦：原刊译作"柏因斯坦"，今改之。此指德国社会民主党和第三国际右派领袖爱德华·伯恩斯坦（Eduod Bemstein，1850—1932），生于柏林一个犹太火车司机家庭，曾在银行当学徒和职员。1872年加入社会民主工党，受欧根·杜林思想影响，批评党的纲领，鼓吹改良主义，遭到马克思、恩格斯批判。1890年开始对马克思主义政治经济学和社会主义理论产生怀疑并进行攻击，宣传阶段调和，反对暴力革命，对马克思主义理论进行全面"修正"，成为修正主义鼻祖。

② 斯巴达卡斯团：英文 Spartkus Bund 的音译。原称"斯巴达克同盟"，德国社会民主党左派组织，主要领导人是罗莎·卢森堡、卡尔·李卜克内西、克拉克·蔡特金、弗朗茨·梅林等。1915年，他们创办《国际》杂志，得名"国际派"。1916年，"国际派"出版秘密政治通讯《斯巴达克信札》，由此得名"斯巴达克派"，坚持无产阶级立场，反对帝国主义战争。1918年十一月革命爆发后，正式成立"斯巴达克同盟"。同年12月，领导成立了德国共产党。又，殷夫还有《关于斯巴达卡斯》一文（见后），故依其所译之名不改。

（Ebert）①、霞德曼（Schedemaun）②为首的多数派社会党，即社会民主党。第二是由考茨基③领导的骑墙派，后来成为独立社会党。第三是李卜克内西和卢森堡④的一派，后来组成一个斯巴达卡斯团。其实，社会民主党是资产阶级最忠实的走狗，独立社会党是彻头彻尾的机会主义者，只有斯巴达卡斯一派才配称为真正的社会主义革命者。

---

① 爱伯尔特（Ebrt）：通译为艾伯特，1889年参加德国社会民主党，1912年当选国会议员，1913年任党的执行委员会主席。第一次世界大战中支持帝国主义战争。十一月革命后接掌帝国政权，联合成立"人民委员会"临时政府，参与组建魏玛共和国，任第一任总统，曾镇压巴伐利亚苏维埃共和国和汉堡工人起义。

② 霞德曼（Schedemaun）：通译为谢德曼，又译作"谢致孟"。早年做过印刷工，1883年加入德国社会民主党，从事党务工作。1903年当选国会议员及党中央委员，支持右倾机会主义。第一次世界大战中支持帝国主义战争，堕落为社会沙文主义者，并参与杀害李卜克内西、卢森堡。后出任魏玛共和国第一任总理。至希特勒上台后，侨居丹麦哥本哈根。

③ 考茨基：卡尔·考茨基（Karl Kautsty，1854—1938），捷克布拉格人，后至维也纳大学读书。1875年加入奥地利社会民主党，后又加入德国社会民主党。1881年在伦敦结识马克思、恩格斯，曾撰文宣传和解释马克思主义著作，并主编德国社会民主党理论刊物《新时代》。后被选入党的领导机构，在恩格斯逝世后多次代表德国社会民主党参加第二国际活动，常以"正统"马克思主义者自居，遂成为第二国际和德国党的"理论权威""思想领袖"。但在反对伯恩斯坦修正主义斗争中，常支持机会主义者观点。1900年10月，在第二国际巴黎代表大会上，以模棱两可的形式为法国独立社会党人辩护，成为机会主义"中派首领"。故殷夫称之为"骑墙派"。第一次世界大战期间，考茨基又支持帝国主义战争，成为社会沙文主义者。1918年发表《无产阶级专政》一书，遭列宁严厉抵制。德国十一月革命失败后，进入右翼社会民主党政府任外交部长。

④ 卢森堡：即罗莎·卢森堡（Rosa Luxemburg，1871—1919），无产阶级女革命家，生于波兰华沙，犹太商人家庭出身，1887年参加波兰无产阶级党。1889年被迫流亡瑞士，就读于苏黎世大学。1897年到德国，积极参加社会民主党和第二国际活动，与伯恩斯主义等"中派"作斗争，成为德国共产党的创始人之一。曾三次被捕入狱，后参与创建斯巴达克同盟，领导1919年柏林工人武装起义，1月15日与李卜克内西一起遭谋杀。

斯巴达卡斯（Spartkus）①这字本是一个罗马奴隶的名字，他曾做过牧人、山贼，最终就做了武士角斗②的奴隶。但他却是一个革命家，曾煽动了奴隶起来暴动，与压迫者的军队血战几年，后来终于被杀。李卜克内西拿这个字③来形容他的团体，并不是无意义的。他是要集合饥寒交迫的奴隶向一切资产阶级、贵族及其食客宣战呵！

斯巴达卡斯团的活动，是一段极有光彩的斗争史，便是修正派做的《德意志革命史》（李华译）④里也这样写道：

"斯巴达卡斯是在大战中用作一批著名的小册子的别名，这些小册子的著名只在一点，就是他们能恰恰表白了大多数不能写或不能说的群众心中所涌现的意志。斯巴达卡斯并不耗费工夫去讨论军事公债股票的是非，但它很暴烈地再三说道'打倒战争'时，那些在陋室的暗光之下偷读这些刊物的人即与之心心相印。斯巴达卡斯的确是替被压迫的人说话。"

"打倒战争！""变帝国主义战争为阶级的国内革命战争！"是斯巴达卡斯团自始至终号呼的口号，也实在是由这两个切实的口号，才推动了德国的革命！社会民主党人及独立社会党人在前都异口同声的说："革命是过去了！"所以他们都钻到议会，去忠实地为资产阶级德皇服务。等到革命的浪潮在斯巴达卡斯的口号之下汹涌起来时，他们这批投机派才走过来大叫："不流血的革命呵！"乘机取巧的夺了政权⑤，冒了革命之名，

---

① 斯巴达卡斯(Spartkus)：今通译作斯巴达克(约前111—前71)，生于古罗马包雷斯，在第一次反罗马人战斗中被俘，成为卡鲁亚角斗学校角斗奴隶。后为争取自由，密谋逃亡。事泄，率众起义，占领维苏威火山，聚众数万，突破罗马军队包围，转战于意大利南部地区。旋因内部分歧，率部北上，击败罗马军队，攻克摩提那城，直指罗马，并欲渡海去西西里岛。未成，又回师北上，打算东渡亚德里亚海去巴尔干半岛。又因内部分裂，公元前71年春在鲁卡尼亚北部与叛军决战，失败而壮烈牺牲。其残部继续斗争达数年之久。革命导师马克思誉之为"古代无产阶级的真正英雄"；列宁则称之为"最杰出的英雄"。

② 武士角斗：原刊作"武士的敌"。今正之。

③ 这个字：当指斯巴达卡斯。

④《德意志革命史》原作者不详，显然是个修正主义者。译者李华，无考。

⑤ 夺了政权：原刊作"拿了政权"。今正之。

实行资产阶级独裁的所谓"民主政体"。

斯巴达卡斯团当时虽然幼弱以致失败，但它①是不会给社会民主党、机会主义者消灭得了的。它现在是强大的德国共产党，是德国工人阶级唯一的政党。它是德国的布尔塞维克，只有真正的布尔塞维克才能在资产阶级、改良主义、机会主义取消派的围攻之下，坚强地成长起来。

五、"五一"示威

在1916年中，欧战②的烟雾正笼罩了大地，一切无耻的社会民主党叛徒都歌功颂德的为自己的资产阶级辩护，赞助成千成万的无产阶级去为资本家送死。在这个疯狂似的迷雾中，只有李卜克内西的洪钟似的声音是可以听到的：

"前进，打倒资本主义，打倒政府，打倒帝国主义战争呵！"

在这年的"五一"劳动节，他号召了一个伟大的群众反对战争的示威。他在几千万的群众之中，大声的喊道：

"打倒无耻的帝国主义战争！打倒战祸的负责人！我们的敌人不是英国或俄国的工人，而是德国的地主、德国的资本家政府！"

"前进！我们和政府战斗！我们和自由底死敌战斗！我们是工人阶级的胜利，为人类与文化的前途而战斗！"

这真是一个盛大的示威，不但工人，并且连一切的妇女都英勇地参加这次示威。民众对帝国主义战争的罪恶已认明得如同白日。（只有走狗社会民主党还叫着："工人为保护祖国而战！"）忍耐已经破裂了，广大的暴怒的群众，把示威变成了暴动，革命的情绪像火一样蓬勃着。

政府采用了高压手段，死伤堆满了街道。李卡克内西和同志八人，立刻被捕。本来他是议员，得议会的多数同意可以释放，但是议会把这

---

① 它：原刊作"他"。今正之。下同。
② 欧战：指第一次世界大战。

提案否决了。于是革命的李卜克内西不得不受了军法的裁判，判处①了两年半的监禁！

六、革命

但是革命并不是少数英雄的事业，革命不是白色恐怖能淹没的。李卜克内西是被幽禁在牢里了，但他的口号却深印在几千万人的心底，民众对帝国主义战争的厌恶像火焰似的猛炽起来。终于在1918年的10月初旬，昔日似虎似狼的威廉第二，在革命浪潮的威胁之下，也不得不把李卜克内西释放出来。并②在9日的早晨，也不得不宣布退位，逃到荷兰去作一世的寓公。只便宜了一班投机的社会民主党人，乘此机会，抢了政权，与独立社会党人组织联合内阁，向咆哮的群众宣称："德国不流血的革命成功了！""政权归于民众了！"（其实这政权③是资产阶级的！）

那时只有李卜克内西与卢森堡及他们的斯巴达克斯团是清醒的："我们不要这种联立政府，我们要无产阶级独裁的苏维埃政权！"④

这个声音，像暴雷似的响震了德意志，几千万的群众在这声音之下团结起来了。社会民主党受了资产阶级的指使，开始用卑鄙的敷衍手段来回答这个声音，终于看见革命高潮的澎湃，不得不剥下最后的假面，用机关枪、大炮来与民众相见了！

12月6日的"射击争斗"雄辩地向世界无产阶级以及一切被压迫的群众说明，社会民主党还是法西斯蒂⑤的亲兄弟，它⑥不但欺骗革命，并

---

① 判处：原刊作"处"。今补"判"字。

② 并：原刊无此字。今加之。

③ 这政权：原刊无"这"字。今补之。

④ 这两句话，原刊另起一行。今移接上一行。

⑤ 法西斯蒂：意大利语 fascisti 之音译。今通译为"法西斯"，指法西斯主义——资本主义发展到帝国主义时期的一种对内专制独裁、对外武力侵略的反动思想体系（因意大利墨索里尼建立法西斯党而得名），以及法西斯主义成员。

⑥ 它：原刊作"他"。今正之。

且公然无耻的压迫革命了！

于是德国革命的全责，整个儿落在斯巴达卡斯团①的肩头上，它像斯巴达卡斯一样，领导了饥寒交迫的奴隶们与一切反动势力作战！

七、一月十五日夜

1919年的1月4日至15日，是这个预期着的爆发终于临到的时候，德国无产阶级于是第一次演习他们夺取政权的暴动。这无疑地，和1927年广州暴动②一样，准备工作上有很多的缺点。但它伟大的意义是在于它号召了空前的广大群众，他们的旗帜是鲜明的"苏维埃政权"！

在这几日里，柏林以至于全德国都陷于特别的非常状态之中，群众像潮水一般的塞拥着街道。李卜克内西站在汽车的顶上往来驰骋，对群众作极煽动的演说，叫出他们的口号："推翻资本家政府，建立工农兵苏维埃！"

整个的柏林，在狂热的波涛之中沉没下来。李卜克内西以及斯巴达卡斯成了它的代名词，全世界都倾听它们的声音。

但这是德国无产阶级第一次的演习，他们缺少一个1905年的"流血

---

① 斯巴达卡斯团：原刊无"团"字。今补之。

② 1927年广州暴动：指1927年大革命失败后，中共广东省委根据中央指示，于同年12月发动广州起义。12月11日，在张太雷、叶挺、恽代英、叶剑英等人领导下，国民革命军第四军教导团、警卫团和广州工人赤卫队以及市郊农民武装分别向敌军各据点发起进攻，占领了广州市区，宣布成立以苏兆征为主席的"广东公社"。12日，国民党军队大举反扑，张太雷与5000多名革命群众牺牲，起义失败。

的日曜日"①，他们又缺少一个"三月革命"②，而且斯巴达卡斯团，还是刚刚从地下跑出来的嫩芽。因此，他们对暴动这门艺术，还不能十分运用得圆熟。领袖李卜克内西花③了过多的时间于鼓勇群众、煽动群众。政府的准备得以充分地做成，缓慢了一分钟的袭击，已不能挽救转这个危险的局势：政府开始武装力量向革命反攻，群众的热情在机关枪与大炮之前，变成了碧血。斯巴达卡斯团的壮举终得了悲惨的结局。群众被冲散了，李卜克内西与卢森堡为军队所捕。在1月15日夜，在解往总司令部的途中，社会民主党奉了资产阶级的严命，终于在黑暗中把两个领袖残杀了！这是李卜克内西生命的最终，但不是他事业的终结④，他的斯巴达卡斯团没有死，德国革命也没有死！

明日的德国，还是李卜克内西的！

八、李卜克内西与青年

"李卜克内西和青年中间还有一种亲密的关系把他们缠结⑤着，他时

---

① 1905年的"流血的日曜日"：即俄国"九日事件"，又称"流血星期日"（按古代星期记法，"日曜日"即星期日）。这年俄历1月9日（公历1月22日，星期日），彼得堡工人及其家眷共14万人列队前往冬宫请愿，要求享有言论、出版、结社等自由，以及八小时工作制与土地归农民所有。沙皇下令开枪屠杀，死伤3000余人。从而导致了俄国1905年革命的爆发。

② "三月革命"：指1848年3月德国柏林人民反对普鲁士政府的革命运动。这年2月初，柏林群众集会要求取消等级特权，召开议会和赦免政治犯。当时的普鲁士国王弗里德里希·威廉四世调动军队镇压，发生流血冲突。3月13日，奥地利首都维也纳人民推翻梅特涅政府统治的消息传来，柏林的斗争进一步激化。威廉四世慑于群众威力，于17日、18日先后颁布特别命令，宣布取消报刊检查制度，允许召开联合会议，实行立宪君主制。资产阶级自由派遂与政府妥协。群众要求把军队撤出柏林，却遭到镇压。18日，群众构筑街垒，举行武装起义。最后迫使威廉四世于19日下令撤军。起义获得胜利，成果却被资产阶级窃取，于3月29日成立了康普蒙森·汉泽曼内阁。但这次革命在德国革命史上，是一个具有实质性进展的重要事件，为革命的最终胜利打下了基础。

③ 花：原刊作"化"。今正之。

④ 终结：原刊作"打击"，误。今正之。

⑤ 缠结：原刊作"缠击"。今正之。

常总是给青年们围绕着的。"——布哈林①

这句话可作为李卜克内西全生事业的骨干。他从小孩子变为青年，从青年又变为壮年，但他的一生，都只建筑在一种青年的精神之上。他是一个青年领袖，他不但以为青年是将来建设共产社会的主人翁，并且认为在目前，把未来的社会拉近来的，主力军也还是全世界热烈的纯洁的青年群众！他的一生，就在于领导青年为"打倒自由之敌而战"，为"工人阶级的胜利和文化与人类之前途而战"！

在1907年，他便召集了一个青年的代表会，反对帝国主义战争，反对军国主义，规定青年的革命任务等。这个会议成为少共国际②的雏形。我们说列宁是世界革命的领袖，我们不能不说李卜克内西是国际共产主义青年运动的领袖！

他对青年群众说的话，是永远不会从记忆中磨灭了去的！

"军国主义不仅是反对国外敌人的工具，它还有第二种作用，这种作用在阶级冲突愈加厉害③和无产阶级的阶级觉悟不断地发展时便愈加明显。"

"这种军国主义的作用就在维持现社会的秩序，支持资本主义的命运，和镇压无产阶级争自由的斗争。军国主义完全是统治阶级在阶级斗争中的工具，它和警察、学校、教堂等一样妨碍④无产阶级觉悟的发展。"

---

① 这是布哈林的话。布哈林，即尼古拉·伊凡诺维奇·布哈林(Николай Ивановиуъухарин，1888—1938)，生于俄罗斯莫斯科，1906年加入俄国社会民主工党，曾就读于莫斯科大学经济系，多次被捕。1917年任中央委员、《真理报》主编。1920年为共产国际执行委员。1924年任俄共(布)中央政治局委员。后因与斯大林在农业集体化问题有原则分歧，于1938年被开除党籍。1938年3月15日以"反社会主义右倾集团"罪名被捕并被处死。1988年2月，苏共中央政治局宣布为其恢复名誉。

② 少共国际：即少年共产国际，原称"青年共产国际"，是共产国际(第二国际)领导下的各国革命青年的国际组织。1919年11月20日，14个国家29名代表在德国柏林举行的秘密大会上成立。组织独立，但与共产国际保持密切联系，领导机构为执行委员会。各国设有支部，总部设在莫斯科。至1935年9月解散。

③ 厉害：原刊作"利害"。今正之。

④ 妨碍：原刊作"防碍"。今正之。

"反军国主义的宣传一定要像网一般的笼罩全国，无产青年一定要浸润在对于军国主义的憎恨里。……在社会民主主义影响下的青年，我们必要尽我们的责任夺取过来。谁得到青年，谁就得到军队！"

九、我们的誓语

李卜克内西死了，他的精神永存。我们青年的未死者，踏着他的血迹，向前冲去呵！

"前进，打倒资本主义！"

全世界无产阶级联合起来！

继续着斯巴达卡斯团的精神，与一切机会主义者、投降派、取消派作誓死战！

继续李卜克内西的精神，坚决反对世界第二次大战，以无产阶级的革命战争来消灭世界大战！

继续李卜克内西的精神，反对军阀混战，以工农兵武装暴动消灭军阀混战！

以斯巴达卡斯团的精神来推翻帝国主义及豪绅资产阶级国民党的统治！

坚决反对军国主义！

以李卜克内西的国际主义精神来与国家主义、爱国主义作战！来给与全世界无产阶级及被压迫民族以最密切的提携！援助朝鲜、印度、安南、南非、菲列宾①的民族解放斗争！

武装拥护世界第一个苏维埃政权——苏联！

继续李卜克内西的精神，反对改组派、第三党等等的改良派！只有苏维埃政权是一切无产阶级及被压迫阶级的救星！

最后，我们记住我们的格言：

"人生必定要勤劳的、奋斗的、辛苦的，不要安闲地过快活日子。因

---

① 菲列宾：今通译菲律宾。

为困苦中就有你的幸福了！……当我在斗争中不顾死活地向前冲时，痛苦刺激是最厉害时，我特别快乐！"——李卜克内西给儿子的信。

1930年，李卜克内西纪念日。

关于斯巴达卡斯团①

（Spartkus Bund.）

文前小引②——因为看到最近李华君译的《德意志革命史》中对斯巴达卡斯团颇有不值③其所为的地方，并且著者还诋毁李卜克内西不是一个真知灼见的人。这倒④引起我考据的癖性，搜集了一些材料，来编这短短的"斯巴达卡斯团史"，给人家看看这位修正派的话可对也不对。同时呢，也正可给李、卢二人作个十一周年的小纪念⑤。

一、名词的来历

斯巴达卡斯（Spartkas），这是一个多末古怪的名词呵！这是什么东

----

① 本文未注写作日期，原刊于1930年4月10日出版的《摩登青年》月刊 No.2（即第2期），署名雪华。今据"文前小引"，殷夫是因为见李华（此人无考）所译的《德意志革命史》中有对于斯巴达斯卡团和李卜克内西诋毁言辞，所以写这篇《关于斯巴达卡斯团》予以批驳。同时也是对于李、卢牺牲十一周年的"小纪念"。由此可知，此文的写作时间与前文《李卜克内西生平事略》相近，或许也是1930年1月。文题《关于达巴达卡斯团》之下括注的"Spartkus Bund."是英文，通译为"斯巴达克思同盟"。殷夫则译作"斯巴达卡斯团"。文中第四、第五部分所译的《斯巴达卡斯团宣言》和《李、卢被杀告世界无产者书》，既是对两位革命先烈业绩的充分肯定，也是殷夫对社会主义理想的明确宣示。因而是探究殷夫革命初心和坚定信念的重要依据。

② 文前小引：相当于本文"小序"，说明作者写作此文的动因与目的。

③ 值：原刊作"直"，通"值"，今改之。此句意言：书中有不值得著者写的内容。

④ 倒：原刊作"到"，今改之。

⑤ 李卜克内西和卢森堡牺牲于1919年1月15日，距1930年1月15日为11周年。

西呢？是一只古怪的野兽吗？是一颗闪烁在渺茫的天涯的星星吗？我们在一切之先，得考究考究这个名词的来历。

斯巴达卡斯，是古代罗马的一个有名的奴隶的名字。他是一个风姿堂皇的伟丈夫，他的勇气是可以撼山盖天的。他虽然是一个奴隶，但他却是一个最有血性、最勇敢的革命家！

他曾做过牧童，当过军人，后来又做过山草英雄的头领；他正像中国旧小说里的人物。有一天，他带领他的部下，下山举行一次大规模的抢劫。可是不幸抓着了他，他被人家逮捕了，卖到武士家里去当个奴隶。这就是他悲惨生活的开始。

但是，他的反抗性是不会消灭的。他做了奴隶之后，不断的煽动周围的奴隶，爆发伟大的暴动。这个暴动继续地扩大起来，差不多在三个年头里，他领导了一群叛乱的奴隶，与罗马的军队英勇地作战。战争中，斯巴达卡斯获了不少次的胜利。可是因众寡悬殊，终于在纪元前①71年，被罗马猛将格拉卡斯捕了起来，死于非命。

斯巴达卡斯，这五个字就代表着这一个伟大的性格，这一个英雄的故事。

二、斯巴达卡斯团

仿佛是一定不易的天律②似的，每在一个革命进展过程中，革命党的内部，总会有一次的分化：一部分人动摇、没落，另一部则继续着坚决向前冲去。在俄国有布尔塞维克与孟塞维克，在德国革命中则有社会民主党与"斯巴达卡斯团"。

社会民主党在欧战初起时，因为有多数党员竟赞助了这惨酷帝国主义战争，所以就马上分为两派：一派是爱伯尔特（Ebort）③、谢致孟④等

---

① 纪元前：即公元前。

② 天律：天然存在的规律。

③ 爱伯尔特（Ebort）：艾伯特的别译，见第311页注①。

④ 谢致孟：谢德曼的别译，见第311页注②。

主持的，完全是资产阶级的代表，宣传工人阶级应该为"保护祖国"而战。一派是以李卜克内西（Liebknecht）、卢森堡（Luxemburg）为首的，站在无产阶级的立场上，喊出"以无产阶级的革命阶级斗争消灭帝国主义的战争"的口号。他们是大无畏的一群集，不但对德皇专制政府加以无情的抨击①，并且对这批代表资产阶级改良主义的多数派，也绝不妥协，自始至终与之斗争！他们是与俄国布尔塞维克一致的。他们自称为"斯巴达卡斯团"，也只有他们这种灼火似的革命精神才配称这个名儿。

1918年②11月13日，德皇威廉在革命浪潮的威胁之下，不得已退了位，于是政权便落在社会民主党的手里。可是这民主党是资产阶级的第三党，它获得政权当然是对无产阶级不利的。所以，斯巴达卡斯团的战士用尽努力，要把这个革命夺取过来③，在斯巴达卡斯团领导之下，以建立无产阶级专政的国家——苏维埃政权。斯巴达卡斯团的首领李卜克内西在德皇退位后四日的柏林劳兵大会中，提出他们的意见来。但是当时社会民主党的势力还很大，这个提议被否决了。

斯巴达卡斯团并不因此灰心，反而更坚决地下了决心来推翻社会民主党的政权。因此，自1918年④11月起，该团在李卜克内西与卢森堡的指挥之下，活动得非常的厉害⑤，工人、兵士参加的很为踊跃。12月9日夜，该团乘机起事，与政府军巷战，结果是因寡不敌众⑥，政府军终占了胜利。

1919年⑦1月初旬，社会民主党政府举行选举，结果是资产阶级大占优势。一般无产阶级的革命情绪又异常高涨，斯巴达卡斯团于是又发起暴动，想推翻政府。可是当时的政府不惜利用最卑鄙最残酷的手段来摧残革命，勾结了一切的反动势力来镇压这个暴动。结果是，斯巴达卡斯

---

① 抨击：原刊作"拼击"。今正之。

② 1918年：原刊无"年"字。今补之。

③ 过来：原刊作"遇来"。今正之。

④ 1918年：原刊无"年"字。今补之。

⑤ 厉害：原刊作"利害"。今改之。

⑥ 寡不敌众：原刊作"众寡不敌"。今正之。

⑦ 1919年：原刊无"年"字。今补之。

团在巷战中失败，它的领导者李卜克内西、卢森堡被逮捕①，并且不久即被社会民主党密令暗杀了。

斯巴达卡斯团虽失了李、卢，但却没有丧失了革命的精神。它不久即改为德国共产党②，至今尚强盛地存在着，为德国的无产阶级唯一的前卫。

三、李卜克内西与卢森堡

卡尔③·李卜克内西（Karl Liebknecht）是威廉·李卜克内西的儿子，生于1871年④。他父亲是一个实行的革命家。卡尔⑤出生时，正是他为革命被捕的当儿。他是莱不齐希人，在柏林大学毕业后，一面做律师⑥，一面继续着他的父业。1906年9月，他在一个青年团体中演讲"军国主义"，后来把记录集印出版。至1907年，德政府禁止发行，并且把他判处一年半的徒刑。但劳动者非常拥戴他，在普鲁士⑦议会改选时，就公举这阶下囚来当议员。

1914年，德政府提出第一次军费案于议会，社会民主党员多数都无耻地抛弃了平日的主张，表示赞成了。只有李卜克内西等十三人剧烈的反对。

当时，他是预备中尉，政府就命令他出去从军。但他在前线，并不打仗，却尽力宣传帝国主义的罪恶，并且通电政府，主张交还侵地，无条件讲和。

当第四、第五两次军费案提出时，李卜克内西始终猛烈地反对，遂被社会民主党除名，同道的有二十人。于是李卜克内西就做了一本《敌

①逮捕：原刊无"捕"字。今补之。

②德国共产党：原刊作"德国××党"。今改之。

③卡尔：原刊作"喀尔"。系"Karl"之直译，今以通译"卡尔"改之。

④1871年：原刊无"年"字。今补之。

⑤卡尔：原刊作"喀尔"，今亦改之。此系卡尔·李卜克内西之省称。

⑥原刊"一面"前有"他"字。今删之。

⑦普鲁士：原刊作"普当士"。今正之。

人在国内》的小册子，痛快的攻击军国主义的罪恶与社会民主党的无耻。可是这也遭了禁止。

五一节时，李卜克内西集合了非战派党员，举行盛大的示威。参加的群众非常之多，到处发生暴动。政府用暴力弹压，牺牲的人为数不少。李当时亦被捕，判了两年半的徒刑。

到1918年①11月时，他才被放了出来，数万个劳动者热烈地欢迎他。他鉴于社会民主党的反动，决计以暴力推翻它的政权。

卢森堡生于1865年②，是波兰华沙人，很小时，就加入革命运动了。她是非常聪明伶俐的，懂得好几国文字，思想很急进，才华很丰富，又很爱好文艺，又有流利的口才，真是一个难得的女革命家。

她的一生，都是战争的历史。她与军国主义战，与帝国主义战，与反动变节的社会民主党战，无一不是热烈的斗争、猛烈的搏战！

欧战开始，她同李卜克内西等同道大声反对战争。迨1918年③11月革命起，社会民主党获得政权后，她又与李共同指导斯巴达卡斯团，谋图彻底④的革命。终于在1月与李氏同时遭社会民主党人的毒手。

她的著书有《资本的集中》《波兰产业的进化》《革命呢？改良呢？》《德国社会民主党的危机》等等，都为社会主义文献中的佳品。

她同李卜克内西与⑤斯巴达卡斯团三个名字是永远不能分开的。

四、斯巴达卡斯团的宣言⑥

1918年11月9日，德意志的工人们和士兵们把旧制度推翻了。那个

---

① 1918年：原刊无"年"字。今补之。

② 生于：原刊作"满于"。今正之。1865年：原刊无"年"字。今补之。

③ 迨(dèi)：此作大概、也许解。1918年：原刊无"年"字。今补之。

④ 彻底：原刊作"沏底"。今正之。

⑤ 与：原刊作"同"，与前一"同"字重用。今改之。

⑥ 这部分从以下行文看，即是殷夫据德文《斯巴达卡斯团的宣言》翻译而成。因此，有些文句颇为冗长，甚而多有重复，给校注带来困难。故本次仅对有些词语做些注释、有些标点符号做些校正，余皆一仍其旧。

压服全世界于军国主义底掌握之下的血腥气的梦，像烟气一般地在法兰西战场上消散。在这一天，点着全世界爆发的火星和驱使德意志到血海里去的一队罪人逢到了他们的末路。而这些人民，那些被欺骗了四年，而且因为侍奉①首摩洛克（Moloch，腓民基的神，是以人身为牺牲的——译者），遂至于忘了他们文明人的责任，失了一切名誉和人道的感觉，而放任他们自己被人当作一切卑贱行为的傀儡的人民，都从四年以上的昏迷梦寐中醒来，看见他们自己正酣卧在一个深渊的旁边②了。

11月9日是德国工人们起来抛去那个可耻的轭木③的日子。霍亨淑伦的一族④都被逐出；工人和兵士们派代表组成的苏维埃会议成立了。

但是那些霍亨淑伦氏的人们都不过是帝国主义资本家和贵族党的经理人呵。只有资本家们的阶级政治——那才是德、法、俄、英、欧洲、美洲，全世界大战的真原因。只有各国的资本家——那才是开战和杀戮人民的真凶手。国际的资本主义是一个欲壑无底的摩洛克⑤呀，鲜血淋漓的人身供献到他那血污的巨吻内去的，已有几兆几兆⑥了。

世界大战逼迫社会到两条非此即彼的路上：不是让资本主义继续存在，让他继续铸造战争，继续他的混乱与无政府状态，使世界不免的而且快快的毁灭，便是把这资本主义完全毁灭。

大战完毕，资本家的阶级政治跟随着失去它⑦的存在权了。它再没有力量把社会从这帝国主义的荒淫宴会与可怕的经济紊乱之中救出来。

生产手段已经毁坏到了可怕的范围。几兆几兆的工人，劳动阶级中最好最健全的分子，都被杀害。那些留得性命的，当回家的时候，也不过受一个贫穷和失业的嘲弄。饥饿和病苦时时威吓着人民。而且因为战

---

① 侍奉：原刊作"事奉"。今正之。

② 深渊的旁边：意指战争的边缘。

③ 轭木：本指拉车牛马颈上的人字形曲木。此喻指束缚人们思想的条条框框。

④ 霍亨淑伦的一族：亦译作"霍亨索伦家族"，即德皇威廉二世家族。

⑤ 摩洛克：即上文 Moloch 之音译，腓民基之神。

⑥ 兆：数目。百万为兆。旧亦以万万为亿，万亿为兆。亦极言众多。

⑦ 它：原刊作"他"。今改之。

债的负担过重的缘故，财政破产是万无可免的事。

只有社会主义能救出人民离这血污的紊乱、这绷裂着的深渊，没有别的方法。只有全世界无产阶级革命能在这无政府状态中建起秩序，消除各种人民趋极端的现象，为全体筹备工作和面包，而且带了和平、自由和真的文化给这被压迫的人类。"推翻工银劳动制①呀！"这样就是今日厮杀的喊声。工银劳动和阶级政治是必须退让给社会主义制度的。生产手段必须不是一个阶级的专利品；必须变成全体的公共产业。现行的生产制度，除利用和劫掠以外便没有什么，必须取消。再没有剥削者和被剥削者之分了。生产和生产品分配必须以利于民族全体为标准而被调度。

世界上将要都是自由的工作伙伴呀！哪里②还有什么主人和工银奴隶？劳动既然变成个个人的义务，便再不会成为少数人的负担。凡对于社会完成他们的义务的人，都稳稳的可以有一个值得人们生活的生活。工作的人们再不致于愁饿；只有懒惰的人才受这惩罚。

只有在这样一种社会里面，民族间的奴隶和冤恨才能消除③。只有当这样一种社会成立了以后，地球上才可以消灭兄弟相残的杀声。只有到那个时候，我们才能够说："天下太平了！"

在人类史中，再没有比建设一个社会主义社会的事业再伟大的了：国家的结构要完全从新造过，社会的社会基础和经济基础要完全从新换过。

这个新的改造是不能由几个官吏、委员会或议院发出几纸空文所能了事的。只有由人民自己起来干，才得成功。

从前的革命，总是少数人主持。这少数人定下目标、指导战略，把人民只当工具使用，去谋得他们的利益，少数人的利益。社会主义革命唯一的使人民自己起来活动以谋得自己利益的革命。

无产阶级的人民不但必须明白地而且有意识地决定革命的目的和方

---

① 工银劳动制：见《共产党宣言》，指工人的劳动所得只能维持其最低生活之需的制度。亦即下文之"工银奴隶"。

② 哪里：原刊作"那里"，今正之。

③ 消除：原刊作"破坏"，今改之。

向，他也是必须在他自己的活动之中一步一步地把社会主义建设起来的。

社会主义社会的要点，用一句话来说明它①，就是这一大群的劳动者不再是被统治②的阶级了，却是相反于此，将要由它③自己去享受一个饱满的政治与经济生活，而且将要由它④自己用自觉的和自由的自决能力去指导那种生活。

所以无产阶级非把他自己的阶级机关——工人和兵士代表会议——去替代那遗传下来的资本主义阶级政治不可：不论他什么同盟会、市会、国会，上而至于国家的最高机关，下而至于乡僻的最小会集，都要用这原理去一一替代他们。劳动阶级必须尽数占有政府中的位置，必须管理一切职务，必须把一切国家的需求用本阶级的社会主义的目标和利益去一一的衡量过。

唯有群众和机关——工人的苏维埃和兵士的代表团——能不绝的相互接触，然后他们的种种活动能把一个社会主义的精神弥漫⑤于国内。

同样，经济的改造也是只能由劳动阶级的群众活动去实行。

单是由高级革命机关中公布出来的条文，无非是空空洞洞的声响罢了。只有劳动阶级自身努力才能把这些声响变成事业。只有用他们的直接压力，用罢工运动，建设他们自己的永久代表机关，在件件事上和资本主义拼命地短兵相接，劳动者们才能稳固地达到他们实行管理生产权的目的。

劳动者们必须注意改变他们自己，从资本主义生产过程中所雇用着的"机器"，改变成生产过程中一个自由、活泼、有思想的领袖。他们必须练习公共事业中活动分子所必须具有的责任心，因为只有这些人才是一切社会财产的所有者。他们必须不用雇主的皮鞭而能自己勤奋工作，不用资本

---

① 它：原刊作"他"。今正之。

② 被统治：原刊作"被治"。今补"统"字。

③ 它：原刊作"他"。今正之。

④ 它：原刊作"他"。今正之。

⑤ 弥漫：原刊作"靡漫"。今正之。

主义马夫的刺马钉①而能自己极快的做出生产品，必须不用轭木而纪律自严，不用管辖而秩序自整。人民的兴趣方面有最高尚的理想主义，群众相处的时候有最严属的自律，和真正的公民精神——这三者是社会主义社会中的道德基础。正像呆蠢、自利和腐败是资本主义的道德基础一样。

劳动者要得到这些社会主义的公民精神，也仿佛管理社会主义工业的知识才能相似，是只有亲自去活动、亲自去经验才行的。

而这社会，也只是要靠劳动者在一切劳动和资本，人民和资产阶级政治肉搏相争的所在，不绝不退的奋争，才能达到社会主义化呢！

劳动阶级的解放全在劳动者们自己。

在资产阶级的革命中间，流血、恐怖手段和政治的暗杀，差不多是新兴阶级不可缺的手段。

无产阶级的革命可用不到恐怖手段。他见了杀人是痛恨而且嫌恶的，因为他不是向个人争，乃是向制度争，所以用不到这些手段。他开始革命也不是由于抱着什么纯朴②的幻觉，因幻觉的被人毁碎而出于复仇的一法。无产阶级的革命不是那种少数按一己理想的去谋改革世界的热狂者的革命呀！相反的，他是广大群众的活动，是无数人民被历史所唤醒过来去实现历史上一件必须实现的事的活动呀！

但是无产阶级革命，同时也就是一切奴隶制度丧钟响起来了。这就是那些资本家、贵族党、小资产阶级和官吏，以及与掠夺图利者寄生虫们，之所以拼命地起来和无产阶级革命战斗呵。

你想那些资本家肯情情愿愿地去服从社会党或民族会议的判断，肯默默地交出他们的财产、他们的利益、他们的掠夺的特权吗？那不是疯了！一切治人的阶级都会死战到山穷水尽去保守他们的特权。罗马的僧侣们、中古世纪封建国的诸侯、英国的贵族和美国的奴主、瓦拉契阿

---

① 刺马钉：即马刺。
② 纯朴：原刊作"纯仆"。今正之。

（Watlachia）的波耶尔（Boyars，大地主）和里昂的造丝厂家——都流了成河的血。他们践踏死骸而前进，他们杀人、放火、陷害良善。他们不恤制造①内乱去保护他们的特殊地位和权力。

帝国主义的资本主义阶级，这一族掠有者中间的最后一个子孙，更比他一切的祖先野蛮、狡诈、无信、卑鄙得万倍。

他是要保护他那"神圣的神圣"——他那掠夺的牙和爪的利益和特权的。他保护这些，是要用那种当他施展殖民地政策和最近的世界大战中所显示过的冷血的卑贱手段的。他要翻天覆地的来和劳动者们为敌。他要运动农人来和工业劳动者为敌。他要差遣无产阶级中的退化分子来和社会主义的先锋为敌。他要强逼他的官吏虐杀平民。他有多少法子好想，是要想出多少消极的阻力来阻碍到社会主义者的进行的。他有二十个"梵地之兴"②，是要把它③放在革命的道上的。到不得了的时候，他会不恤求救于外敌，召一个克勒曼索④、一个路易·乔治⑤或一个威尔逊⑥的残酷的武力进来，与其甘心取消他那掠夺劳动阶级所用的权力，他是宁可把全国变成一堆冒烟的灰烬呀！

这个阻力是必须用一个铁手去把他拿下，用全力去把他扑灭的。无产阶级必须用革命的力量去打击资产阶级的反革命势力，必须用不息的防备、清楚的眼光，和无产阶级的随时随刻可以动作的准备，去打击资本阶级的种种诡谋、企图和暗算。必须把平民武装起来，把治者阶级卸除武装，去击败⑦反革命的威吓。必须用工人和兵士的活泼的组织去击败那议院里偏袒资产阶级的阻挠分子的策略。资产阶级压制工人们的手段

---

① 不恤：不怜惜。制造：原刊作"铸造"。今正之。

② "梵地之兴"：疑指教皇世俗领地。

③ 把它：原刊作"把来"。今改之。

④ 克勒曼索：无考。

⑤ 路易·乔治：法国国王。

⑥ 威尔逊：美国总统。

⑦ 去击败：原刊作"去迎击败"。今删去"迎"字。

和工具其数无穷，要和它①对敌，劳动阶级是必须把团结力发展到最高程度才行哪！只有全德国无产阶级——南德与北德、城市劳动者与农村劳动者、劳动者与兵士——所团结起来的阵势和德国革命与全世界革命联系起来。就是说，只有把德国的革命扩张到成为全世界无产阶级的革命，才能创造那花岗石②的基础来作为将来建筑之用。

社会主义之争是历史上最大的国内战争了，无产阶级必须预备好不可少的武器才好去出战。它③还要会用这些武器以取得胜利。

要使这劳动民众的牢固团结有完全的政治权力可以的革命，所以非无产阶级专政、非建立真正的民主政治不可了。我们要真正的民主政治，不要资产阶级那种欺骗的虚伪的国会式的民主政治。真正的民主政治是只有劳动群众才能把政府一切权力拿在他们粗硬刚硬的手里，因而得以发挥他们像雷神挥锤子一样地向治者阶级迎头痛击。

要使无产阶级能解决这个问题，所以斯巴达卡斯团便提了以下的要求：

A.为使革命稳固起见，我们要求以下的直接手段：

（一）全部的警察、全部的官吏，和全部非无产阶级的兵队，都要解除武装。

（二）劳动者和兵士会议要攫取一切武器军火和一切战事工业的供给。

（三）全体成人以上的男子平民都要武装起来组织劳动军。由劳动军中间编出一个工人的赤卫队来，以作对付反革命者的阴谋和起事的一种有效的防御。

（四）取消官吏和无任命的官吏的命令权。以④兵士们的志愿和纪律代替旧日的野蛮军律。一切长官由行伍中选举出来，并且随时可以使他们退职。

---

① 它：原刊作"他"。今正之。

② 花岗石：原刊作"花刚石"。今正之。

③ 它：原刊作"他"。今正之。

④ 以：原刊作"把"。今改之。

（五）兵士会议中没有一切官吏和武官。

（六）以①工人会议和兵士会议所用了权力保证着的代表去代替制度中一切的政治机关和职守。

（七）设立革命裁判所，审判那些延长战争的罪魁祸首②几个人，就是霍亨淑伦氏③的两个：路登道尔夫（Ludendorff）④、兴登堡（Hindenburg）⑤，底批尔支（Tipirtz）和他们的同党犯罪者⑥，以及一切图谋反革命的奸徒。

（八）立刻攫取一切生活资料，维持人民的粮食。

B.在政治的和社会的方面：

（一）取消一切邦国的界限，造成一个合众的日耳曼社会主义共和国。

（二）撤销一切国会和市区的会议，他们的职务应用工人会议和兵士会议这些团体、委员会和机关等来代行。

（三）由全德意志⑦劳动阶级全体成人、城中与乡中的男女和各级工

---

① 以：原刊作"把"。今改之。

② 审判：原刊作"审问"。今改之。罪魁祸首：原刊作"祸首罪魁"。今亦改之。

③ 霍亨淑伦氏：即霍亨索伦家族。

④ 路登道尔夫（Ludendorff）：通译为鲁登道夫（1865—1937），德国陆军上将，副总参谋长，军国主义者。出生于波森一个地主家庭。早年毕业于陆军士官学校，任少尉。后入柏林军事学院，毕业后入陆军参谋部，历任处长、旅长。第一次世界大战初任比利时集团军司令部作战部长、东线集军参谋长、德军最高统帅部副参谋长，掌握了德国武装力量，实行军部独裁。十一月革命时，流亡瑞典。后回国从事政治活动，成为反动势力核心人物，企图恢复君主制。当选国会议员后，反对共产党和犹太人，为纳粹篡权做准备。

⑤ 兴登堡（Hindenburg）：德军元帅，魏玛共和国总统。生于波森一个军官家庭，军官学校毕业，参加过普奥战争、普法战争。后毕业于军事学院，入总参谋部任职，历任团长、军参谋长、军团司令、军长、东线司令官，晋升为元帅、陆军总司令，曾参加镇压十一月革命及武装干涉俄国苏维埃政权。1925—1934年出任魏玛共和国总统，支持法西斯组织，并与纳粹党组成反动的"哈尔茨堡阵线"，任命希特勒为总理，建立法西斯专政。

⑥ 底批尔支（Tipirtz）：原刊作"底尔批支"。今正之。但其人无考。和：原刊作"叫"。今正之。

⑦ 全德意志：原刊作"全意志"。今补"德"字。

业种类工人会议选出的议员①，以及由兵士们选出的兵士会议议员（官吏和武官除外）②，工人们和兵士们有随时罢斥他们的代表之权。

（四）由全德意志的工人会议和兵士会议，选出代表到中央劳工兵士会议；由中央会议选出中央执行会议，以为最高立法、行政之机关。目前中央会议至少每三个月开会一次，每次重选代表使中央执行会议常保有活动进取的精神，而且使乡下的许许多多劳兵会议能和他们的政府中最高机关有活的接触。地方劳兵会议③当发见中央委员会有不照他们的意志行事的事情，随时有罢斥旧代表，另遣新代表赴任的权力。中央执行会议有委任或撤销人民代表及该地中央当局的权力。

（五）取消一切阶级分别、爵位和品级④；男女两性有完全的法律上和社会上平等地位。

（六）采用激进⑤的社会法制，减少劳动钟点以免失业，并苏息世界大战时所加于劳动阶级的困乏；每日工作限定至多六小时。

（七）一本⑥无产阶级的革命精神，立刻并且根本改变对于粮食、居住、卫生和教育的政策。

C.几条更进一步的经济要求：

（一）没收一切皇族的产业和所得，用来⑦润益人民。

（二）取消国债和其他公债，以及一切战费贷金。除开某有限的数

---

① 原刊此句作"城中与乡中的男女,都各接工业的种类选出工人会议的议员"。今删去"男女"后逗号,改"都"为"和",改"各接"为"各级",并删去"工业"后之"的"字,将"选出"移至"工人会议"之后。

② 原刊此句作"由兵士们选举出兵士会议的议会,官吏和武官吏除外"。今于句前加"以及",删去"举"字,"出"后加"的","兵士会议"正为"兵士会议",其后去"的"字,并改"议会"为议员。删去其后之逗号,将"官吏和武官吏除外"加括号,并删去"武官吏"中之"吏"字。

③ 劳兵会议:原刊作"劳乒会议"。今正之。

④ 品级:原刊作"品极"。今正之。

⑤ 激进:原刊作"急进"。今正之。

⑥ 一本:原刊作"本"。今补"一"字。

⑦ 用来:原刊作"把来"。今改之。

目，这数目是要由工兵会议的中央委员会决定的。

（三）没收被一切大的和中等的农业经营家所握有的土地，建设新社会主义的农业合作社，全国归于一个中央的行政管理之下。小农户所有的田准他们主有，直到他们自己决定愿意加入社会主义农产合作社的一天。

（四）各种银矿①、石矿、煤炭矿，以及一切重大的工业商业建设物，都收归劳兵会议共和国所有。

（五）一切财产，凡超过某限度者尽皆充公。此限度由中央委员会决定之。

（六）一切公共的运输和交通手段都归劳动会议共和国所有。

（七）在一切事业中选举行政委员会，由这些委员会协同劳工委员会管理各事业内部的事情。如工作情形的调节，生产的管理②以及这事业中的行政事件。

（八）设立一个中央罢工委员会，经常③和各工作会议联合做事，保证全国的罢工运动一致行动④，展现⑤社会主义的精神，而且借劳兵会议的政治权力给与它们最有效的支持⑥。

D.国际问题：

赶快和各国兄弟党谋取⑦联络，使社会主义获得⑧一个国际的基础，而且从世界同胞的精神和国际劳动阶级革命性的群起中，维持和平。

这便是斯巴达卡斯团所要求的条件！

---

① 银矿：原刊作"银行矿"。今删去"行"字。

② 原刊"管理"后有"一"字。今删之。

③ 经常：原刊作"常常"。今改之。

④ 原刊此句作"将为通国的罢工运动担保一致的行政"。今将"将为"改为"保证"，"通国"改为"全国"，删去"担保"及"一致"后之"的"字，并改"行政"为"行动"。

⑤ 原刊无"展现"，今补之。

⑥ 原刊"权力"后有"将"字。今删去。支持：原刊作"维持"，今改之。

⑦ 谋取：原刊作"谋"。今补"取"字。

⑧ 获得：原刊作"得到"。今改之。

　　因为他要求这个，因为他有①这个号呼，为这个争斗，因为他是革命的社会主义的良心！他是被一切公开的机密的工农群众仇敌②所嫉恨、迫害，而且诽谤了。

　　"十字架上钉死他！"资本家们喊着③、颤抖着恐怕失去他们的钱袋。

　　"十字架上钉死他！"小资产阶级、官吏们（Anti-Semtes）、资产阶级的报界走狗们，为了资产阶级政治的剩血残肉而抖颤地喊着。

　　"十字架上钉死他！"谢致孟（Schiedemann）④一流人喊着。这班人，曾像犹太人一样地出卖过劳动阶级给资产阶级，而现在是正在抖颤着恐怕失去他们的"雪该尔"了（犹太钱币名。新约⑤：犹大卖耶稣，所得的是二十个"雪该尔"。——译者）。

　　"十字架上钉死他！"像回声一样，出自那般被蒙蔽⑥、被欺弄、被迷惘着的工人和兵士⑦分子的口中，却不晓得他们攻击斯巴达卡斯团就是攻击他们自己血和肉。

　　凡一切属于反革命的、做民众仇敌的、反对社会主义的人，凡一切态度暧昧的、思想扰乱的、怕见光明的人，现在都在联合着攻击斯巴达卡斯团。这个不过是证明有一个革命的心正在斯巴达卡斯团的心中搏跳，证明将来的胜利还是属于我们的。

　　斯巴达卡斯团不是想踏了民众的肩头，上爬到权力的党会。斯巴达卡斯团不过是无产阶级中一个有自觉的团体。他步步不忘记回过身来警告一般劳动者认清他们的历史的责任。他在革命的每一阶段中，是为着社会主义的最终目标而作战的。他在一切民族问题中是代表着不讲民族界限的革命的劳动阶级所抱的意气的。

---

　　① 原刊无"有"字，今加之。

　　② 原刊"工农群众"后无"仇敌"二字。今补之。

　　③ 原刊"喊"后无"着"字。今补之。

　　④ 谢致孟（Sehiedwann）：即谢德曼，见本书第311页注②。

　　⑤ 新约：即《圣经》。

　　⑥ 蒙蔽：原刊作"蒙闭"。今正之。

　　⑦ 兵士：原刊作"兵土"。今正之。

斯巴达卡斯团谢绝和资产阶级中的走狗们，如谢致孟、爱伯尔特（Scheidhmann，Ebert）一流人同掌政府的政权。因为他看出在这种样子的合作中间含有妨碍社会主义的根本原理的奸谋，和使革命流产以令敌党增气焰的恶计。

斯巴达卡斯团若单单因为谢致孟、爱尔伯特一党已经完全败露奸谋及独立社会党和他合作以致成了无目的同盟的缘故，也是要拒绝取得政府的权力的。

斯巴达卡斯团不得德意志全国最大多数的无产阶级的一个明明白白的坚决表示，是永远决不接受政府的政权的。换一句话说，他唯有等到劳动阶级都赞成了斯巴达卡斯团的理论、目的和进行计划，才接受政府的政权。

因为要想无产阶级革命成功，劳动者是只得在他自己的痛苦经验中，在他忽胜忽败①的旋涡中，一步一步的挣扎前进，以致于圆满的成熟的地步。

斯巴达卡斯团的胜利不是革命的开始，乃是革命的终局。他的胜利就是社会主义的劳动阶级底大群众的胜利。

起来吧②，无产阶级的朋友们！到战场上吧③！我们该去和世界斗争，去赢得一个世界了。

我们乃是为了历史中一个最高尚的目的作最后一次奋斗。在这奋斗中，我们喊向仇敌的口号乃是："手儿叉在咽喉上，膝儿④嗑在你的胸脯上！"

——斯巴达卡斯团启

五、斯巴达卡斯团为李、卢被杀告世界无产者书

无产阶级呀！同志们呵！

---

① 忽胜忽败:原刊作"葱胜忽败"。今正之。

② 吧:原刊作"罢"。今改之。

③ 吧:原刊作"罢"。今改之。

④ 膝儿:原刊作"滕儿"。今正之。

　　我们在最悲痛的时候叫唤你们了，我们在可怕的痛苦中转身向你们了。我们呼求你们，正当我们痛心于最大的损失，比这损失再大是没有的了。

　　卡尔·李卜克内西和罗莎·卢森堡再也不能和我们相见了①。

　　法兰西的同志呵，你们记得那一天，当你们的扬·柔列（Jean Jaures）②被夺去的那一天么？盲目的狂疯③、流血的狂信，这就是指导中产阶级的摧残的屠戮④的手的。中产阶级需要一个人做他们的牺牲，他们不得不推开那站在当路阻止他们好战争心的最后的障碍。于是谁的话最有力、能维持和平，谁就被他们选出来做牺牲。这是怎样的恐怖的波浪贯澈了国际（指国际社会党）。悲悼的喊声喊的这样响，竟至超过那些好战之狼的嗥声。而在这里德国，社会主义者中凡已和凯撒（德皇之称号）私下有过成约的，凡已无普鲁士的军国主义、德意志的帝国主义暗表同情而且秘密与之合作的——他们也怎样的提高了嗓子，哀悼那位已死⑤的柔列，实在他们是想卖弄他呢！他们怎样的愤愤于正义与公平之被破坏、愤愤于人类的残暴。

　　然而那时做下的罪恶和现在发生的过犯互相比较起来，还是从前的罪小可恕呢！那时犯罪的是中产阶级，他们是为了自己的利益而犯罪，正像多余千把条罪状一样，那时杀害我们的最好同志的人本是我们的仇人。我们本不希望仇人能待我们好些。但是现在，现在是社会主义者当国，现在的政府是革命的产物。现政府的得以成立，全靠劳工和兵士的武力和革命精神，然而现政府竟使得第一等的革命先锋受人谋害了！

　　是呀，工人们！同志们，在你们面前，在第三国际面前，在全世界面前，在时间在历史之前，我们声诉，我们告发：

---

　　① 卡尔：原刊作"加尔"；罗莎：原刊作"罗札"。今正之。

　　② 扬·柔列(Jenn Jaures)：今通译为让·饶勒斯(1859—1914)，法国政治家、社会党领袖。1914年7月31日被沙文主义者威廉刺杀身亡。

　　③ 盲目的狂疯：原刊无"目"字。今补之。

　　④ 屠戮：原刊作"屠僇"。今正之。

　　⑤ 已死：原刊作"死"。今补"已"字。

爱伯尔特、谢致孟、诺斯克（Ebert，Scheidemann，Noske）的政府①有意的而且愿意的使得李卜克内西和卢森堡被人谋杀。

这政府怂恿那些凶手去做这件事，而且出事后又卵翼那些凶手。

无产阶级的同志们呀！

请你们记清我们②在那时的地位呀！从1918年10月底起，德国难免要有个革命是显然的事。资产阶级都怕到发抖了，资产阶级知道这革命就是要审判他们所犯一切罪恶的革命。但是他们又很明白晓得，他们只有③那一个可靠的护身卫兵就是爱伯尔特、谢致孟党。这一个党，在这近四年里，常常宽恕军国主义派的一切无赖行为，外交上的一切掠夺、资产阶级的一切野蛮举动，都当着无产阶级的眼前做的。那么自然，资产阶级当窘迫的时候要转身去靠这护兵。而爱伯尔特、谢致孟，以及他们的同党遂很欢喜的允承了保护的责任。他们用尽能力想使那已觉醒的精神再去睡眠。万一不能遏止风潮的爆发，至少也要把它④弄得和缓些。11月3号第⑤一次的水手风潮在克尔（Kiel）爆发的时候，派到克尔去压熄这次的革命运动的是诺斯克，就是现在坐在内阁里的诺斯克。到了11月9号，不安的现象扩布到柏林了。爱伯尔特、谢致孟，以及他们的同党就开始反对革命的工作。直到他们看见革命终不可免，他们就公然出马做反革命运动的首领，立刻要把那久在他们眼前的目的办到完成，这目的就是救资产阶级脱险！

自从11月9号以后，他们全力用在这方面。他们的第一步就是宣布私有财产的神圣不可侵犯。实业界中人都受政府最优等保护。旧时取缔自由结社开会的法令、征税纳租的法令，都又一项一项的恢复起来。陆军总司令，这职位本是被兵士们打破的了，又设立起来。威廉第二的同党和亲信，从兴登堡和外交部起，直到最后一个的守夜人，一齐都复职

---

① 爱伯尔特、谢致孟、诺斯克的政府：指德国"人民委员会临时政府"。

② 我们：原刊作"我者"。今改之。

③ 原刊"只有"后有"的"字。今删之。

④ 它：原刊作"他"。今正之（以下类似的同改）。

⑤ 第：原刊作"等"。今正之。

起用了。兵士们被勒着缴回枪械，都由军官们收去。工人们用尽力量要求工钱方面的公平待遇的，都被拒绝，只用一句"为保护祖国不得不然"。什么祖国？简直就是"为保护资产阶级，故不得不然"呵！

爱伯尔特、谢致孟政府明白地见到他们那目的——保护资产阶级出险是能够①达到的，只要用最猛厉的打击加到这无产阶级革命的代表人们身上就行，特别②是现在已被谋害的两个同志：卢森堡和李卜克内西。

这样，他们就在这次的无产阶级③革命发动后的第一个星期内，开始对于斯巴达卡斯团以及他们这两位同志攻击了，诽谤的攻击，和这相像的，历史上恐怕找不出来的！11月初，柏林城里已有人分传单、贴广告，呼唤暗杀李卜克内西和卢森堡。这种事竟都是公然当着政府面前做的，甚至于悬有赏格，购求二人的生命。爱伯尔特、谢致孟政府对于这些事，连指头都不动一动。人人知道这些传单、赏格是哪里④来的。然而还让它留在那里好好的，不动一动。资产阶级⑤的报纸全都活动起来，怂恿，教唆，煽动。爱伯尔特、谢致孟的机关报《Vorwarts》⑥当先打头阵。反革命的举动一天加甚一天的公然无耻地显露出面目来：爱伯尔特、谢致孟政府竟自己电调反革命的军队到柏林来了。一切全都水落石出：反革命的首领、无产阶级的大仇敌，决心想把革命沉到血海里的，就是政府的爱伯尔特、谢致孟。

1919年1月⑦这一个月，他们的计划成熟了。爱伯尔特和谢致孟预备一个新的攻势了。柏林警察局长，革命时举立的，而且就是他发见反革命的阴谋，被爱伯尔特政府免职了。柏林的无产阶级到此时实在忍无可忍了，打算出了来。那时爱伯尔特、谢致孟政府背后没有兵的。在这危急万

---

① 能够：原刊作"能彀(gòu)"，"彀"同"够"。今改之。

② 特别：原刊无"别"字。今补之。

③ 无产阶级：原刊作"无产阶酵"。今正之。

④ 哪里：原刊作"那里"。今改之。

⑤ 资产阶级：原刊作"资产阶被"。今正之。

⑥《Vorwarts》：德语《前进军报》。

⑦ 1月：原刊作"正月"。今正之。

分的时候，他们把革命的假脸丢开，露出真相来了。他们把大学校的学生武装起来，单用武官编成了联队，把军械分配给银行、商人的儿子们，和雇佣着的人，召集几队纪律不良的军队，都是些十八到十九的老孩子——于是，芬兰革命、乌克兰革命时的那些喋血的刽子手在柏林开刀屠戮人了。无产阶级的人不用审问就拿去枪毙。议员都被鞭死。大捕无产阶级的人，而且破入他们的家，恣意掠夺。爱伯尔特、谢致孟等一伙强盗简直要做给人看，他们也能在柏林做出那像鲁登道夫①公司（按：此指德将鲁登道夫及其同党）在比利时及法国北部所做的野蛮手段。他们简直要给人看，他们配做加列勿公司（Gallifet and Co.）的继承人，那加列勿就是巴黎公社（按：此指法国1870年革命在巴黎的短期的无产阶级政府）的屠杀者。

这是很明白的，若果斯巴达卡斯运动的领袖，同志李卜克内西和卢森堡，不幸落到这伙强盗的手里，他们②的性命一定难保的。柏林的小孩子，个个都知道这个。爱伯尔特、谢致孟的政府也知道这个。他们何曾想中止他们的阴谋。《Vorwarts》天天鼓吹着呢。于是可怕的事不能不来。

李卜克内西和卢森堡被捕的时候，受着来福枪枪柄的打击倒在地下，又受排枪的轰射而死了的。爱伯尔特、谢致孟用尽他们职权所及的能力去庇护那些凶手，他们教唆出来的凶手，他们散布最拙劣的谣言，想卸脱自己的罪过，说李卜克内西的死由于他的想逃逸。这话的虚伪，个个人都明白晓得的。他们说卢森堡是被暴动的群众③打死的。这又是说谎。卢森堡绝对的是被预先埋伏著行狙击的兵丁④打死的，当伊被他们从军政执法处提解⑤往监狱的途中。他们犹以为自己所犯的罪恶未足，把死者尸身也弄走了。爱伯尔特和谢致孟又说是被人偷去的。一个身体，被兵士

---

① 鲁登道夫：原刊作"鲁登多夫"。今正之。下同。

② 他们：原刊无"他"字。今正之。

③ 群众：原刊作"群选"。今正之。

④ 兵丁：原刊作"乒丁"。今正之。

⑤ 提解：原刊作"提在解"。今删去"在"字。

打烂在地下，被①武装巡兵抓去，又被偷去！直过了十四天还找不着一个真凶②。缉捕凶手是军政处该管的，个个小孩子都知道所谓军政处者，只有一个利己的目的，故意放纵凶手逃遁。人们③提议请把缉捕凶手案要交给没有党派关系的人去办，政府也不答允。那些有罪的军官，他们自己的供状早毂成立罪案的，反释放他们自由了。重要的证人④也被诱骗避开了。

世界的无产阶级呵！

这次的谋杀将受到别的裁判。我们转身向你们，同志。这是全赖你们来宣布判决他们的罪恶了。他们⑤是为了你们，无辜的被谋杀者舍了他们的生命。他们是你们的引导你们的朋友。

无产阶级呀，举起你们的声音来。可羞呀，杀人者永久可羞。不论他们走到哪里⑥，在我们同志中间，决不放过他们。屠戮新巴黎公社的屠夫呵，愿他们和他们的资本家的主人一齐死灭。

在这可怕的时候，我们召唤⑦你们，不要让这些吾党的死者枉然的死了。他们最后的思想也是为你们和你们的自由。来呀，向⑧反抗你们的压制人而作战呀，各自在你们自己国内开始作战呀。

如果有一天，资本主义和他的走狗都恶贯满盈，罪重到沉沦到坟墓里去了，那就是吾党的死者重复抬身的一天。将能唤醒他们的，不是最后审判日的军号声，却是万千喉咙里发出来的喊声：

世界的无产阶级，联合⑨起来呀！

——德国斯巴达卡斯团白

---

① 被：原刊作"破"。今正之。

② 真凶：原刊作"正凶"。今正之。

③ 人们：原刊作"人失"。今正之。

④ 重要的证人：原刊作"多要的证人"。今正之。

⑤ 他们：原刊无"们"。今补之。

⑥ 哪里：原刊作"那里"。今改之。

⑦ 召唤：原刊作"叫唤"。今正之。

⑧ 原刊无"向"字。今加之。

⑨ 联合：原刊作"连合"。今改之。

名人与生意①

光华②出了一本《新俄诗选》。这消息给我这种也有时会诌歪诗的人看了，不可不算好。而且，在光华的《书目单》上写的是"郭沫若③译"。这更其值得一买。于是我把它买了。

可是回来一看，书面写的是"L.郭沫若译"。这使我有些奇怪：L.Tolstoy④，或L.Trotsky⑤都不足奇怪，因为他们是洋鬼子。然而我们的郭沫若先生也冠之以这"L."，是什么道理呢？难道说他在日本像"吉诃德先生"⑥一样地受了什么封不成吗？不解。

幸而，沫若的《序》里说明了：诗是L译的，给他校改了一遍。因

---

① 本文作于1930年1月6日，原刊于同年4月10日出版的《摩登青年》月刊 No.2(即第2期)"青年俱乐部"栏内，署名一俘。这是殷夫关于当年文化界怪象的一篇小品文，短短500余言，却点明了对此类名人弄虚作假、骗取钱财的实质。

② 光华："上海光华书局"简称。

③ 郭沫若(1892—1978)，原名郭开贞，后以笔名"沫若"行，四川乐山人。1914年留学日本，先学医，后改攻文艺，开始新诗创作，发表诗集《女神》。1924年再度赴日，不久回国，参加北伐，任国民革命军总政部副主任。1927年3月31日写下轰动一时的檄文《请看今日之蒋介石》。同年参加"八一"南昌起义，并加入中国共产党。1928年旅居日本，研究中国古代史、甲骨文和金文。抗日战争全面爆发后回国，从事抗日救亡运动，创作《屈原》等历史剧，抨击国民党黑暗统治。抗战胜利后，坚持反独裁、反内战。中华人民共和国成立后，历任中央人民政府委员、政务院副总理兼文化教育委员会主任、中国科学院院长、中国科学技术大学校长、中国文联主席、全国人大常委会副委员长、全国政协副主席等职。一生著作丰富，计有诗集16部、剧本20部、散文12卷、小说30篇。

④ L.Tolstoy：列夫·托尔斯泰，俄国著名作家。

⑤ L.Trotsky：其人不详。

⑥ "吉诃德先生"：本是西班牙赛万提斯长篇小说《堂吉诃德》中的主人公。后由英国菲尔丁改编为政治讽刺喜剧，述其在漫游英国期间被一个乡村选区提名为国会议员候选人，受到许多心怀自私之人奉承。此处用以怀疑郭沫若流亡日本期间可能亦有此"封号"。

此，（我想）书贾①就使这样花巧来用"郭沫若"的羊头，大卖②"L"的狗肉了。这句话讲得过于失敬是真的，然而L君译笔的不高明也是不假的③。

这耍疑是书贾弄的玩意，可是郭沫若君与L君难道也不觉有些被侮辱了吗？

我至今方知道，名人与生意大有关系。譬如像我这种阿木林④，天下怕不在少数吧？

李季⑤出一本《马克思传》，却一定要请党国元老做篇《序》，也不问他的《序》是不是同书的内容合不合调。这种精神，或者是"老于世故"的表现。如以给我们戆直⑥的青年看来，有些刺眼！

接着又想起一桩故事，上海有位三角恋爱文学家，有过这样的一种买卖：无名作家的稿子拿给他，他签了名，去向书店老板要⑦十元、十五元一千字的"发表费"。他呢，给无名作家三元钱一千字。这不用说是好生意呵！

有一次，报纸上的书籍⑧广告报，六本书有四本是鲁迅作《序》的。这大概也可以招揽一下！

这种"名人与生意"的故事，多着！

1930，1，6。

---

① 书贾：即书商。贾（gǔ），坐商。

② 卖：原刊作"买"。今正之。

③ 也是不假的：原刊作"也是不是假的"。今删去后一个"是"。

④ 阿木林：详《下着毛毛雨的那个早晨》校注。

⑤ 李季：（1892—1967），湖南平江人。毕业于北京大学英文系。1920年参与筹建上海共产主义小组。1922年留学德国，1925年归国，任上海大学教授。后埋头笔耕。著有《马克思传》等，译著有《社会主义史》等。

⑥ 戆（zhuàng）直：即耿直。

⑦ 要：原刊此处无此字。今加之。

⑧ 书籍：原刊作"书藉"。今正之。

写给一个哥哥的回信①

亲爱的哥哥：

你给我最后的一封信，我接到了。我平静地含着微笑的把它读了之后，我没有再用些多余的时间来想一想它的内容。我立刻把它揉了塞在袋里。关于这些态度，或许是出于你意料之外的吧？我从你这封信的口气中，我看见你写的时候是暴怒着，或许你在上火线时那末的紧张着也说不定，每一个字②都表现出和拳头一般地有一种威吓的意味，从头至尾都暗示出：

"这是一封哀的美顿书③！"

或许你预期着我在读时会有一种忏悔会扼住我吧？或许你想我读了立即会"觉悟"过来，而从新走进我久已鄙弃的路途上来吧？或许你希

---

① 此文写于1930年3月11日晨,原刊于同年5月5日出版的《拓荒者》月刊第4—5期合刊,署名lvan(英文,音译"伊凡")。殷夫有三个哥哥:大哥徐培根、二哥徐兰庭、三哥徐文达。此文是以散文方式写给当时在德国柏林陆军参谋大学留学的大哥徐培根的公开信。此前,1929年4月12日(即"四一二"反革命政变两周年),殷夫曾作《别了,哥哥》一诗。亦同时发表在这期《拓荒者》上,署名殷夫。此诗与此信,有异曲同工之美。关于这封公开信,"左联"诗人丁锐爪(1912—1986,本名丁瑞章,江苏金山县人)1984年5月15日曾有一则回忆:"1928年我在上海江湾立达学园读书时参加CY(即共青团),有一次殷夫(当时用的是徐任夫的笔名)来做青年运动工作。大家通过组织认识,知道他在共青团中央编辑《列宁青年》,喜欢写诗。后来我住在沪东(杨树浦),他和林林来过几次,因此更加熟悉。大约1930年初,我曾到他在闸北租住的亭子间,见他床头上钉着一只信封,是他大哥从德国陆军大学写来的,上面还有'徐培根'的具名。我感觉奇怪,他说这是用来作掩护。我则以为如果被革命同志看到,恐怕会有错觉,以为你阶级界限不清。他当时只是笑笑。过不多久,我读到了他发表在《拓荒者》上写给徐培根的那封公开信,很是感动。"

② 每一个字:原刊无"字"字。今补之。

③ 哀的美顿书:拉丁文ultimatum的音译。今通译"哀的美敦书",即最后通牒。本指一国就某一问题用书面通知另一国,即在一定时间接受本国条件,否则将采取某种强制措施。殷夫此处借以指大哥徐培根的"最后的一封信"。

望我读了立刻会离开我目前的火线，而降到你们的那一方去，到你们的脚下去求乞吧？

可是这，你是失望了。我不但不会"觉悟"过来，不但不会有痛苦扼住我的心胸，不但不会投降到你们的阵营中来，却正正相反，我读了之后，觉到比读一篇滑稽小说还要轻松，觉到好像有一担不重不轻的担子也终于从我肩头移开了，觉到把我生命苦苦地束缚于旧世界的一条带儿，使我的理想与现实不能完全一致地溶化的压力，终于是断了，终于是消灭了！我还有什么不快乐呢？所以我微微地笑了，所以我闭了闭眼睛，向天嘘口痛快的气。好哟，我从一个阶级冲进另一个阶级的过程，是在这一刹那完成了：我仿佛能幻见我眼前，失去了最后的云幕。青绿色的原野无垠①地伸张着柔和的胸膛，远地的廊门明耀地放着纯洁的光芒！呵，我将为它拥抱，我将为它拥抱！我要无辜地瞌睡于这和平的温风中了！哥哥，我真是无穷地快乐，无穷快乐呢！

不过，你这封信中说："×弟②，你对于我已完全没有信用了。"这，我觉得你真说得太迟了。难道我对于你没有信用，还只有在现在你才觉着吗？还是你一向念着兄弟的谊分，而没有勇敢地或忍心地说出呢？假如是后者的对，那我不怪你，并且也相当地佩服你，因为这是你们的道德，这是你们的仁义；如果是前者的对，我一定要说你是"聪明一世，矇瞳一时"了③。

为什么呢？你静静气，我得告诉你：我对你抽去了信用的梯子，并不是最近才开始，而是在很早。当我的身子已从你们阶级的船埠离开一寸的时候，我就始欺骗你，利用你，或甚至卑弃你了。只可惜你一些都没有察觉而已！

---

①　无垠：原刊作"无恨"。今正之。

②　×弟：应是"白弟"。因为徐培根历称殷夫为"白弟"。因信后以笔名 Lvan 具名，故以"×"代"白"。

③　原刊此处作"聪明一世，矇瞳一时了"。误，今正之。

在1927年春季，你记得吗？那时你真是显赫①得很，C总司令部的参谋处长②，谁有你那末阔达呢？可是你却有一次给我利用了，这是你从来没有梦想过的吧？自然，这时我实在太小，太幼稚，这个利用仍然是一种心底的企图，大部分都没有实现。尤其是因为胆怯和动摇，阻碍了我计划的布置。这至今想起来有些遗憾，因为如果我勇敢地"利用"你了，我或许在这时可以很细小的帮助一下我们的阶级事业呢！

"你这小孩子③，快不要再胡闹，好好地读书吧！"你在C总司令部参谋处④里，曾这样地对我说。

"这些，为什么你要那末说呢？我不是在信中给你说过了吗？"我回答。

"但是，"你低声地说："我告诉你，将来时局一下变了，你是一定会吃苦的。"

"时局要变，你怎末知道呢？"

"我……怎末不知道？"

"那末，告诉我吧！"我颤抖了，那时我就在眼前描出一幅流血的惨图。

"你不要管。小孩子，我要警告你的是：不要再胡闹，你将来一定要悔恨……"

那时，一位著名的刽子手，姓杨的特务处长⑤进来了：他那高身材、

---

① 显赫：原刊作"显吓"。今正之。

② C总司令部：即蒋介石总司令部（以英文"蒋"的第一个字母代称之）。参谋处长：徐培根原任此职。但他在蒋介石发动"四一二"反革命政变前夕，已改任"黄埔军校迁京筹备委员会"委员。

③ 小孩子：徐培根比殷夫年长15岁。故有此称。

④ 此指殷夫1927年4月1日前往上海枫林路原"外交交涉公署"探访徐培根之事（见附编《致何志浩的信》注①）。

⑤ 姓杨的特务处长：即杨虎，时为国民革命军总司令部特务处长。"四一二"反革命政变后，改任"清党委员"兼淞沪警备司令部司令。殷夫第一次被捕入狱时，即由他延押下来，未被枪决。后由徐培根通过上海戒严总司令白崇禧具保出狱。

横肉和大眼眶，真仿佛是应着他的名字，真是好一副杀人的魔君相。我悸慑①着，和后来在法庭中见他一眼时一样的悸慑②。

你站起了说：

"回学校去吧！知道了吗？多用用脑子，多看看世面！"

我颤战着、动摇着走回去③。一路上有两个情感交战着：我们的劫难是不可免的了，退后呢？前进呢？这老实说，真是不可赦免的罪恶，我旧的阶级根性完全支配了我，把我整个的思维、感觉系统，都搅得像瀑下的溪流似的紊乱、纠缠，莫衷一是。

一直到三天后④，我会见了C同志⑤，他才搭救了我。他说：

"你应该立即再去，非把详情探出来不可！"

"是的。"我勇敢地答应了。

可是这天早晨⑥再去见你，据说C总司令部全部都于前一夜九点钟离开上海了！我还有什么话呢，就在这巍峨的大厦⑦前面，我狠命的拷我自己的头。

过了一夜，上海便布满了白色的迷雾⑧。你的警告，变成事实来威吓我了。

到后来，你的预言不仅威吓我，而已真的抓住我了：铁的环儿紧扣着我的手脚，手枪的圆口准对着我的胸口，把我从光明的世界迫进了黑

---

① 悸慑(chù)：悸惊害怕。

② 此指殷夫第一次被捕入上海龙华淞沪警备司令部监狱期间之事。

③ 此指殷夫从枫林路原"外交交涉公署"回浦东中学路上。

④ 三天后：当指1927年4月4日。

⑤ C同志：当指与殷夫保持联系的党内同志。此以共产党英文代号"CP"之"C"代称。或即是殷夫入党介绍人之一的杨白，他当时尚在浦东烂泥渡舢舨工会工作。

⑥ 这天早晨：今据下文"过了一夜，上海布满了白色迷雾"，可知这是1927年4月11日早晨。

⑦ 巍峨的大厦：系指原上海"外交交涉公署"大楼。

⑧ 白色的迷雾：此指1927年4月12日蒋介石在上海发动反革命政变造成的白色恐怖。

暗的地狱①。到这时候，在死的威吓之下，在笞楚皮鞭的燃烧之下②，我才觉悟了大半；我得前进，我得更往前进！

我在这种彻悟的境地中，死绝对不能使我战栗。我在皮鞭扭扼我皮肉的当儿，我心中才第一次开始倔强地骂人了：

"他妈妈的，打吧！"

我说第一次骂人，这意义你是懂得的。我从小就是羞怯的，从来没骂过人呢！

同时我说："我还得活哟，我为什么应该乱丢我的生命？我不要做英雄，我的生命不是我自己可支配的。"所以我立刻掏出四元钱，收买了一个兵士，给我寄一封快信给你③。这效力是非常的迅速，那个杀人不眨眼的"人虎"④，终于也对我狠狠地狞视一会，无声地摆头示意，叫他的狗儿们在我案卷上写着两字：

"开释⑤。"

这是我第二次利用你哟。

出狱后，你把我软禁在你的脚下⑥，你看我大概是够驯伏的了吧，但

---

① 黑暗的地狱：指当年上海龙华"淞沪警备司令部监狱"。

② 笞(chī)楚皮鞭：即用皮鞭毒打。燃烧：形容凶猛，或即因遭毒打而皮肉有发烫之感觉。

③ 此说与《监房的一夜》中所写一致(详见此文此注)。

④ "人虎"：即杨虎(见上文此注)。

⑤ 殷夫这次"开释"，事实并非如此简单。因为徐培根当时忙于黄埔军校迁京事务，奔波于广州、南京之间。等他见信得悉殷夫被捕消息时，殷夫已被关押了一段时间。他曾向杨虎求情，但作为"清党委员"的杨虎不卖其账，因为殷夫是"共党案犯"，蒋介石有"宁可错杀一千，不可放过一人"口谕。所以，徐培根只得疏通他旧时保定军校同期同科的同学、时为"上海戒严司令"白崇禧，并出具保单，殷夫方于关押了三个多月始得"开释"。

⑥ 此指殷夫出狱后，徐培根将他交给暂住上海虹口公园附近公寓的夫人张次云管教。张因担心小叔殷夫再次出事，平时将他关锁在二楼房内，让他安心补习高中功课。不想，殷夫根本无心补习功课，而是心想出国留学苏联，自修俄语。一天，听到楼外公园内有两个俄罗斯人在说话，他立即从二楼窗口跳下，去请教俄语发音。这让他大嫂十分吃惊，立即与在南京的徐培根电话商量，决定让殷夫回乡省母，以安定其情绪。

你却并没知道我在预备些什么功课①呢？

当然，你对待我确没有我对待你那样凶，因为你对我是兄弟，我对你是敌对的阶级。我站在个人的地位，我应该感谢你、佩服你，你是一个"超等的哥哥"②。譬如你要离国的时候③，你送我进 D 大学④，用信、用话，都是鼓励我的，都是劝慰我的。我们的父亲⑤早死了，你是的确做得和我父亲一般地周到的。⑥你是和一片薄云似的柔软，那末熨贴。但是试想，我一站在阶级的立场上来说呢？你叫我预备做剥削阶级的工具，你叫我将来参加这个剥削机械的一部分⑦，我不禁要愤怒，我不禁要反叛了！

D 大学的贵族生涯，我知道足以消灭我理想的前途，足成为我事业的威吓，我要以集团的属望来支配我自己的意志，所以我脱离了⑧，所以我毅然决然的脱离了，也可说是我退一步对你们阶级的摆脱。

但我不是英雄，我要利用社会的剩余来为我们阶级维持我的生命，所以我一、再、三的欺骗你的钱，来养活我这为我企图消灭的社会所吞

---

① 此处"功课"，即指自修俄语。

②"超等的哥哥"：原刊作"超等的'哥哥'"。今改之。

③ 此指徐培根于1927年9月奉蒋介石之命赴德国考察军事教育。第二年，他才请得蒋介石准许，入柏林陆军参谋大学留学，至1931年5月回国。

④ D大学：指上海国立同济大学。D是同济大学英文的第一个字母，故用以代称。

⑤ 殷夫父亲徐孔父(本名忠庸，后以字行)卒于民国9年农历十二月初八(公元1920年1月28日)，卒年54岁。其时殷夫年仅10岁，徐培根尚在北京陆军大学读书。

⑥ 殷夫此话，乃是实话。徐培根在父亲亡故居，曾发誓承担"长兄代父"之责，决意培养殷夫成才。

⑦ 一部分：原刊作"一部门"。今正之。

⑧ 殷夫脱离同济大学，是1928年7月在校外(市区)参加一次革命活动，被反动军警第二次逮捕入狱。在龙华淞沪警备司令部关了两个多月，因徐培根当时远在德国柏林陆军参谋大学留学，故由其夫人张次云疏通时为淞沪警备司令熊式辉之后妻(她们从前是杭州广福路6号邻居)，才得具保出狱，回校续学。同年10月，同济大学地下党组织以为他与同学王顺芳、陈元达(均中共党员)已引起反动当局注目，要求他们转移乡下暂时避风。因此，殷夫与王、陈三人先后转移至象山丹城由殷夫二姐徐素云任校长的县立女子小学，以"代课教师"为名，继续从事秘密活动。

噬的生命。

我承认欺骗你，你千万别要以为我是忏悔了。不，我丝毫也想不到这讨厌的字眼！我觉得从你们欺骗来一些钱，那是和一颗柳絮给春风吹上云层一般地不值注意的。你们的钱是哪儿来的？是不是从我们阶级的身上抽刮去的？你们的社会是建筑在什么花岗石、大理石上的？是不是建筑在我们阶级的血肉上的？虽然我明白，欺骗不是正当的方法。我们应该用的是斗争，是明明白白的向你们宣言，我们要夺回你们手中的一切！但是，即使是欺骗，只不过是一个不好的方法，绝不是罪恶！

我说了这一大篇，做什么呢？我不过想证明给你，你到现在才说对我失了信用，是已经迟到最最迟了。

最后，我要说正面的话了：

哥哥，这是我们告别的时候了，我和你相互间的系带已完全割断了。你是你，我是我，我们之间的任何妥协，任何调和，是万万不可能的了。你是忠实的、慈爱的、诚恳的，不差。但你却永远是属于你的阶级的。我在你看来，或许是狡诈的、奸险的，也不差。但并不是为了什么，只因为我和你是两个阶级的成员了。我们的阶级和你们的阶级已没有协调、混和的可能。我和你也只有在兄弟地位上愈离愈远，在敌人地位上愈接愈近的了。

你说你关心我的前途，我谢谢你的好意，但这用不着你的关心。我自己已被我所隶属的集团决定了我的前途，这前途不是我个人的，而是我们全个阶级的。而且这前途也正和你们的前途正相反对，我们不会没落，不会沉沦到坟墓中去。我们有历史保障着：要握有全世界！

完了，我请你想到我时，不要常常①当我还是以前那末羞怯、驯伏的孩子，而应该记住，我现在是列在全世界空前未有的大队伍中，以我的瘦臂搂挽着钢铁般的筋肉呢！我应该在你面前觉得骄傲的，也就是这个：

---

① 不要常常：原刊作"常常不要"。今正之。

我的兄弟已不是什么总司令、参谋长，而是①多到无穷数的世界的创造者。

别了，再见在火线中吧，我的"哥哥"！你最后的弟弟在向你告别了，听！

1930，3，11晨。

---

① 而是：原刊作"而无"。今正之。

第七辑　剧　本

斗　争①

　　这剧本是仿效美国左翼作家哥尔德②的群众朗读剧作成的，因此我希望同志们能把它来试演一下。不过这里应该注意：

　　一、舞台是极简单的就可以了，最好只高一尺至二尺光景。或者一些不高起也可以。不要幕。

　　二、布景和演员装饰，最好由观众来设意。

　　三、演时最好是用方言。

　　剧中的演员有帝国主义者一，有国民党一、资本家一，有改组派一，有取消派一，有兵士二，有青年工农群众若干人（散在观众之中）。青年工人之一，立在观众前面的一排（即剧文中的青工）。

---

　　① 这本剧本未注写作日期，原刊于1930年5月25日出版的《列宁青年》第2卷第13期（即第37期），署名莎菲。这期《列宁青年》为避免国民党报刊审查机关注目，印刷了伪装封面"《青年半月刊》第2卷第13期"。剧本原题为《斗争！》，而目录无感叹号，今从之。又目录则于题下括注"独幕剧"，而剧本开头又称是仿"群众朗读剧"，并且"不要幕"。这是殷夫配合他的政论文《在红军中的宣传教育工作》（见本书中编）所编写的剧本，政治性与战斗性都极强，犹旧时"活报剧"。但将"资本家""改组派""取消派"与"帝国主义者""国民党"并提，未免欠妥。这只能从当时革命斗争（包括党内斗争）背景上去理解。因此，本次校注一仍其旧，不予改动。

　　② 美国左翼作家哥尔德：无考。

——国民党偕资本家、帝国主义者上。

资：恭喜，恭喜！上次"赤色五一"① 总算平安的过去了。

帝：倒不是，我也费了不少的力：捉了几百个工农青年，杀了也不少。

国：那真该感谢亲爷！屠杀民众本是我的责任，现在竟也劳你亲自出马了。不过我说来，也可算鞠躬尽瘁了。你们看各地的屠杀，不是我的劳力吗？

帝：好孩子！不必这样说，工农革命起来，我们是同条命的，没有什么分别的。

资：过了"五一"，那真是喜事。我们从此可以更为所欲为的剥削、压迫了！

国：那当然，那当然！

资：不过工农们总是还要再接再厉②的。现在你看，"五卅"③ 又到了，他们难道不会更来得厉害吗？因此老国的欺骗手段还是少不了。

国：不消说是老早打好算盘了。

群众：罢工，罢课，罢操④，示威纪念"五卅"！打倒帝国主义！

　　　打倒国民党！

　　　打倒资本家！

　　　释放被捕的战士！

　　　增加工资！

国：啊哟哟，你们还没有死吗？你们又来示威了吗？

资：糟糕，糟糕！快快叫狗……

---

① 上次"赤色五一"：指 1929 年 5 月 1 日劳动节上海大游行。原刊"赤色五一"无引号，今加之。

② 再接再厉：原刊作"再接再励"。今正之。

③ "五卅"：指 1925 年 5 月 30 日"五卅"惨案及其后的"五卅"反帝爱国运动。

④ 罢操：指国民党兵士不操练。

帝：不慌，不慌。喂，我们的军队呢，哪里①去了呢？

——士兵上。

兵：什么事？

国：坏了，坏了！他们又示威了，快捉人！

群众：来捉吧②，我们群众，我们是无穷多的群众，来捉吧！

国：（见势不好——兵士不前）好了吧！你们不要哗啦哗啦，有什么话，安安分分的讲吧。我是代表你们的，我替你们讲。

青工：亲爱的兄弟们，你们看，国民党明明是帝国主义、资本家的走狗，自从1927年反动了之后③，不晓得有多少的工农群众被这狼心狗肺的刽子手杀死了。尤其在最近，特别在各地发疯的屠杀人！这种专门屠杀工农的狗东西，现在又在骗我们了！

群众：打倒国民党！打倒帝国主义、资本家的走狗国民党！打倒屠杀工农、欺骗工农的国民党！

——国民党鼠窜而逃。

帝：啊哟，一只走狗假面戳穿了，怎样好呢？

资：还有，还有一只。

——改组派摇摆而上。

改：（向群众）你们要打倒蒋介石吗？哈哈！

---

① 哪里：原刊作"那里"。今正之。

② 吧：原刊作"罢"。今正之。下同。

③ 1927年：原刊无"年"字。今补之。此指1927年蒋介石发动"四一二"反革命政变。

群众（一）：对了，蒋介石要打倒，冯玉祥①要打倒，张学良②、阎锡山③也要打倒，所有的军阀统统要打倒！

群众（二）：所有的国民党军阀统统要打倒！

群众（三）：一切的军阀都是帝国主义、资本家、豪绅地主的走狗！

群众（四）：整个国民党是工农的敌人！

改：错了，错了！蒋介石……

群众：放屁！

改：且慢，介石不好，改组派却很好。我们主张革命，你们最好拥

---

① 冯玉祥：安徽巢县人。行伍出身，曾任北洋陆军检阅使。1924年发动北京政变，电邀孙中山北上，并将清逊帝溥仪逐出紫禁城。后被直系联军打败，赴苏联考察。1926年宣布脱离北洋军阀，响应北伐，任国民革命军第二集团军总司令，曾参加蒋介石"清党"反共。1928年任国民政府行政院长兼军政部长。因与蒋介石发生冲突，先后爆发"蒋冯战争""中原大战"，故殷夫于此视其为军阀。但他在九一八事变后赞成抗日，反对蒋介石不抵抗政策和独裁统治。1933年与共产党合作，组织抗日同盟军，并与宋庆龄等16人提出恢复孙中山联俄、联共、扶助农工三大政策。抗日战争全面爆发，在美国组织"旅美中国和平民主同盟"，反对美国援蒋内战。1948年参加国民党革命委员会，任中央政治委员会主席。7月回国参加新政协筹备工作，因轮船失火遇难。

② 张学良：奉天海城人，张作霖长子。东北三军讲武堂毕业后，历任奉军营、团、旅、师及军团长、空军司令、东北三省保安总司令。1928年12月宣布"易帜"，服从南京国民政府，任东北边防军司令长官。1930年任国民政府陆海空军副司令。故殷夫于此剧称其为军阀。1931年九一八事变后，他执行蒋介石不抵抗命令，使日军很快占领东北三省。1933年3月通电下野，出国疗养。1936年12月发动西安事变，逼蒋抗日。后被长期软禁。1946年去台湾，1995年离台，侨居美国。

③ 阎锡山：山西定襄人。日本陆军士官学校毕业，后长期执政山西。1928年5月任第三集团军总司令、陆海空军副司令兼山西省政府主席。1930年联合冯玉祥发动反蒋"中原大战"。九一八事变后受中共抗日民族统一战线政策影响，组织"牺牲救国同盟会""山西青年抗敌决死队"，参与抗日。1939年发动"十二月事变"后，消极抗日，积极反共，参加反人民内战。1949年6月任南京政府行政院长，兼国防部长。后去台湾。

护汪精卫①。

　　青工：1927年在武汉杀工农的是谁？②

　　群众：是汪精卫，是改组派！

　　青工：在广州杀工农五千余人的是谁？③

　　群众：是汪精卫，是改组派！

　　青工：在北京杀洋车夫的是谁？④

　　群众：是阎锡山⑤，是改组派的军阀！

　　青工：最近在北方屠杀"五一"示威群众的是谁？⑥

　　群众：是改组派……

　　改：呵哟……

　　群众：打倒改组派！打倒帝国主义、资本家⑦的走狗改组派！打倒屠

---

　　① 汪精卫：原籍浙江山阴，生于广东番禺。日本法政大学毕业，参加同盟会，曾主编《民报》。1910年回国，因参加暗杀清摄政王载沣被捕。辛亥革命后被袁世凯收买，参与组织国事共济会，拥袁窃国。袁死，投奔孙中山。1925年在广州任国民政府常委会主席兼军事委员会主席。1927年在武汉发动"七一五"反革命政变。后任南京政府行政院长兼外交部长。因对蒋介石独揽大权不满，1928年指使陈公博、顾孟余在上海成立"国民党改组同志会"，成为"改组派"首领。九一八事变后，主张对日妥协。1932年汪蒋合作后又任行政院长，支持蒋介石"围剿"工农红军。抗日战争全面爆发，任国民党最高会议副主席，为党内亲日派首领。1938年任国民党副总裁。同年12月逃离重庆，前往越南河内，发表"艳电"，公开投降日本，成为汉奸卖国贼。1939年3月在南京成立伪国民政府，任主席，并建立伪军和特务组织，残酷统治沦陷区人民。还配合日军对敌后根据地实行封锁、清乡。1944年11月死于日本。

　　② 此指汪精卫1927年在武汉发动"七一五"反革命政变，与南京蒋介石"汪蒋合流"，屠杀共产党人。

　　③ 此指汪精卫镇压共产党人于1927年12月发动的"广州起义"，被屠杀的共产党和革命群众达5000多人。

　　④ 此指1929年11月6日北平警备司令奉国民政府电准，以"捣毁电车，扰害公安，破坏秩序"罪，将人力车夫领导人、北平市工会执委、监委陈子修、贾春山、马文禄、赵永昌判处死刑，当日在天桥执行。

　　⑤ 因阎锡山时在北平，于11月5日通电就任中华民国陆海空军副总司令，故称。

　　⑥ 此指1930年4月20日北平学生及各界代表200余人集会筹备纪念"五一"。会后进行示威游行。国民党北平当局以学生中有"共党"嫌疑，派军警镇压，逮捕学生58人。

　　⑦ 资本家：原刊无"家"字。今补之。

杀工农、欺骗工农的改组派！

……

——改组派遁去。

资：又是一只走狗①完了，在群众面前简直没有办法了！

帝：我们还有一只宝贝呀，哪里去了呢？

——取消派②上。

资：好小子！你来唱一个。

取：你们是谁？

群众：我们是群众！

取：你们做什么？

群众：我们的生活太苦了，我们受的压迫太厉害③了，我们要求生路！只有反抗，只有起来打倒帝国主义、资本家、国民党，换句话说，我们只有来革命！

取：革命是好的，但是要看风扯篷④哟！

群众：什么意思？

取：现在是资产阶级统治全盛的时代，一些革命征象⑤都没有。革什么鸟⑥命呢？

群众（一）：那末依你怎么办呢？

取：好好的做工种田，不要革命。革命是盲动，是送死！休息一下，等几年再来。现在应该和和平平，不要乱来！

群众：呸！这个他妈的货色，是国民党同祖宗的。现在资产阶级的统治是稳定的吗？

---

① 原刊无"走狗"二字,今加之。

② 取消派:指以陈独秀为代表的右倾机会主义。

③ 厉害:原刊作"利害"。今改之。

④ 篷:原刊作"蓬"。今正之。

⑤ 征象:原刊作"象征"。今正之。

⑥ 鸟:原刊作"岛"。今正之。

群众（一）：军阀战争，只有一天天的扩大，只有一天天的延长下去。所以，那南京的鸟政府，命令走不出江浙两省；各地的小军阀不东一块西一块的割据，你来我去的打杀，这样局面是稳定吗？

群众（二）：况且帝国主义侵略加深，民族工业是一天天的破产，农村经济是一天天的没落……

群众（三）：还有激烈的罢工潮流，武装冲突，兵变，农村暴动，红军与苏维埃区域的扩大。这是不是革命呢？

群众：那个主张和平合法的！这个①是帝国主义、资本家的走狗！

群众：打倒取消派！打倒帝国主义、资本家的新走狗取消派！

——取消派滚下去。

资：怎样办呢？怎样办呢？

帝：士兵，开枪，向群众开枪！

——士兵不动。

青工：兄弟们，冲上来呵！

——青年挺身走到士兵面前。

帝（大叫）：开枪，把这暴徒打死！

青（对兵士）：亲爱的朋友，你要打我吗？我是"你"的仇敌吗？不是的。你也是穷苦人，也穷苦群众一分子……

——一群众上前，拍士兵肩。

资：他骗你，他骗你，开枪！

兵士：他说的不错，我们以前也是工人农民。只因破了产，才来吃他妈的粮，替那些军阀当炮灰杀弟兄，真太蠢了！我们的生活比狗都不如，同工农是一样的。我们是同阶级的，同阶级的人要这末（两手紧握）就好，不要那末（两拳相击）、那末，不行。我们一同来打敌人，帝国主义、资本家、国民党……

青工：兄弟们，相信你们自己！群众是伟大的，团结就是力量！

---

① 这个：原刊作"那个"。今正之。

群众（一）：是呵，是呵！在工厂中，我们转动着沉重的机器，创造了无尽的生产品。可恨那些寄生虫，从中抽刮了去我们的血汗！我们是贫穷，手空空！

群众：工人要罢工，总同盟罢工，不为资本家生产！

群众（二）：是呵，我们终年在田里劳动着。是我们，只有我们才种得白米和高粱。可是我们的家依然饥饿、贫穷！农民群众①要团结起来组织地方暴动，杀地主，没收土地！

群众（三）：是呵，是呵，我们是拿枪的，我们英勇的冲过锋。我们过去只为了军阀作炮灰，今后要为自己阶级去打先锋！

群众：兵士要举行兵士暴动和兵变，杀长官，杀国民党，杀帝国主义，到红军去！帮助工农革命！

青工：是，团结就②是力量！谁是世界的主人翁？

群众：我们是世界的主人翁！

青工：对，相信自己，才会胜利！只有我们是要干到底的！

群众：因为我们的生活使我们不能不干！我们不怕流血，不怕牺牲！

青工：五年前的"五卅"，流血不是我们吗？1927年③直到现在，牺牲的、受剥削屠杀的不是我们吗？

群众：我们不会忘记这些血债。我们要纪念先我们死去的烈士！我们要——罢工，罢操，罢课，罢耕，打倒帝国主义、国民党，建立苏维埃政权，来纪念他们！

（远地有群众呼声。）

青工：听，这是我们兄弟的呼声，多末雄壮，多末浩大！我们要一致斗争，斗争，斗争！

群众：青年是先锋，上前上前！

---

① 农民群众：原刊作"群众农民"。今改之。

② 就：原刊无此字，今加之。

③ 1927年：原刊无"年"字。今补之。

青工：冲上前去！胜利的光在前面了，斗争！

——群众向前，资本家、帝国主义逃下。

青工：向前呵，向前呵！

　　　我们团结起来了，我们斗争起来了！

　　　我们使敌人颤抖了，我们使敌人逃跑了！

　　　更向前，不断的斗争下去啊，我们要获得最后的胜利！

群众（一）：兄弟们，冲向前去高唱我们的进行曲哟！

群众：起来，饥寒交迫的奴隶……

（《国际歌》全首，由全体观众合唱。）

（完了。）

　　注：一、剧中"群众"指全体扮演群众演员。如观众也发言，应巧妙地穿插①进去。

　　二、群众（一）（二）可指定人扮演，但仍然夹杂②在群众中。

---

① 穿插：原刊作"折串"。今改之。

② 夹杂：原刊作"杂居"。今改之。

第八辑　文艺评论

伏尔加的急流[①]

——《党人魂》在革命艺术上的评价

在艳艳的革命艺术的炬火光野之中，我们无论如何不能放弃任何方面的作品。尤其是对于一般大众有深厚影响如电影、戏剧之类，不可不以无产阶级的眼光，给以一个明白的评价，使得大众明白地认识。

《党人魂》这片电影连在上海开映五六次，每次都能哄动耳目地引起许多人的注意。我们很足以[②]看出它吸引力的大小，及其对上海一般市民影响的深厚了。因为这些，我们更觉得有把它探讨评定的必要。

---

① 本篇影评未注写作日期，原刊于1928年12月8日出版的《文艺生活》周刊第1卷第2号，署名殷夫。这年7月殷夫在同济大学德文补习科读书，因暑假期间参加校外革命活动第二次被捕，后经其大嫂张次云托人保释返校。学校地下党组织指示，他与同学王顺芳、陈元达(均中共党员)转移暂避。他即于10月中下旬与王、陈至象山，在由他二姐徐素云任校长的县立女子高小以"代课"为名，从事秘密革命活动。由此可知，本篇影评是他在同济大学读书时，即1928年7月之前所作。电影《党人魂》，英文名"*The Volga Boatman*"，意译是《伏尔加船夫》，当年中译片则称《党人魂》。这是由美国著名导演西席·地密耳根据罗马尼亚籍小说家康莱德·博科维奇同名小说改编的一部电影，以苏联十月社会主义革命为背景，描写俄罗斯王子迪美塔里、公主薇娜与革命者费多尔的三角恋爱故事。1926年11月12日至17日在上海静安寺路奥林匹克大戏院上映，引起社会轰动。当时才十七八岁的殷夫，竟对这部影片从"革命艺术"的视角进行评价，指出它"是非革命的"，即便在表现技巧方面也"大体上都是陈旧的俗套"，最后还"实希望有更正确更有力的批评"。此举实在不凡！

② 足以：原刊无"以"字。今补之。

《党人魂》在结构①方面说来，是非革命的。因为它是一场小有产者浪漫的喜剧。它整个的故事是写着革命队伍中的一个堕落者的一幕喜剧，它的主体不在描写那划破时代的无产者的英勇的伟举。在其整个的事实中，我们难找到一些煽动、暴露、教导的地方，也找不出一丝一毫无产者意识的表现。这就是它的失败、它的缺点——它是小有产者的，非无产者的，是非革命的!

革命的艺术是以无产者意识为主体的。《党人魂》是以小有产者浪漫游移②的意识作为主题，这是可怕的倾向!

在技巧③方面说来，《党人魂》仅有几处是比较可取的——这留在后面来说——而大体上都是陈旧的俗套。因为它不是以无产者意识为主体的作品，所以一切的技巧都没有脱却资本社会中艺术的令人作呕的烂调。英雄美人、冒险历劫、破镜重圆，本来是旧社会中的艺术——尤其是小说、戏剧、影片——的陈套。《党人魂》不但没有脱却，反而着力铺张，这就暴露了这片电影的根本意识!

关于人物的性格，一个王子是成功的，因为他坚强、忠勇，不妥协，是他阶级的代表。他代表了他的阶级，向劳苦群众④施行虐待，施行报复，都是真正的写实的表现。但对于革命者性格的描写，因为编者根本没有无产者的意识，刚足以⑤显示了编者的自身的马脚。费多尔⑥之被作者派作革命的无产者，是却足以⑦给人看明作者是一个小有产者，一个唯心论者。费多尔会是真正无产革命的领袖？真正无产革命者真会那末浪漫、那末游移、那末不能自己克制、那末混蛋？我们不禁要问李宁⑧：卢

---

① 结构：当指主题思想。

② 浪漫游移：意为既浪漫又迟疑不决、动摇不定。

③ 技巧：原刊作"技术"。今正之。

④ 原刊"劳苦群众"后有"的"字。今删之。

⑤ 刚足以：原刊无"以"字。今补之。

⑥ 费多尔：指影片中"革命队伍中的一个堕落者"。

⑦ 却足以：原刊无"以"字。今补之。

⑧ 李宁：苏联十月社会主义革命领袖列宁的别译。

森堡①是有些像费多尔吗？不，决不。费多尔不过是作者用自己的情感和意识创造出来的人物，那里是真正的革命者呢！薇娜②的性格也是小说的、剧作的③，并非真实的、健全的。

因为我们说过，这片子是小有产者的作品，所以对于革命的描写不但不会尽力，并且有所误解。《党人魂》里所映出的革命，是"英雄事业"，是浪漫的幻影，并非真实在的俄罗斯的十月革命④！当年十月在彼得堡、莫斯科几千万工人农民兵士用血用肉和世纪以来⑤残酷的统治者搏战的情形，岂为《党人魂》的作者所曾梦见？又岂是《党人魂》敢于逼真地描写以供世界的压迫者作一个强烈的刺激和模型的⑥！

《党人魂》，我终结的说一句：是一片非革命的电影。它是小有产者的，它是缺乏革命的写实的，它是没有真正党人灵魂的表现的，它是不革命的，没有新的技巧的。

好的地方，也有几处：

开幕时，一幅拉船的全景，配上雄伟的歌声乐音⑦，颇足煽起心头火焰。同时，也是一个强烈的象征：这些辛苦的弟兄们，他们在背着世纪的重载、世界伟业的大船。

老王⑧与群众挣扎时，暗示出阶级之不能妥协、调和。仆人的阴谋⑨，使人觉得这没有阶级觉悟的走狗的可怜、可杀！

---

① 卢森堡：见前文《李卜克内西生平事略》校注。

② 薇娜：指影片中的俄罗斯公主。

③ 剧作的：意指戏剧般的创作，非真实的。

④ 俄罗斯的十月革命：指1917年11月17日（俄历10月7日）发生的苏联十月社会主义革命。

⑤ 世纪以来：原刊无"以"字。今补之。

⑥ 逼真地：原刊作"迫真地"；描写：原刊作"描下"。今分别正之。模型：此作模式、规范解。

⑦ 雄伟的歌声乐音：指《伏尔加船夫曲》。这本是俄罗斯一首著名的传统民歌，后改成反映沙皇俄国人民在水深火热中劳动拉纤的歌曲。

⑧ 老王：指影片中曾出现的俄罗斯沙皇。

⑨ 仆人的阴谋：指沙皇奴仆与沙皇之间的周旋情节。

红军一看薇娜的手，就知道她是贵族。这也是颇好的表现。再其他的，我不说了。

话是完了，《党人魂》有着那末巨大的影响于上海的市民，我实希望有更正确更有力的批评！

过去文化运动的缺点和今后的任务①

目前，是一个新的大革命的前夜。②全世界统治阶级的矛盾、动摇、恐慌、崩溃，和全世界阶级斗争（包含帝国主义和苏联的对立）的激剧化，都预言着未来的剧战的临到。这必然是人类历史上最大、最激烈的一次斗争。在这斗争中，最后的最革命的无产阶级很显然担负着把全世界资产阶级埋葬到坟墓中去，要完成它解放自己，同时也就是解放全人类的任务。

在这个世界革命的高潮之前，我们应该怎样坚决的负起这伟大的使命来哟？我们应该怎样在各方面准备着、武装着自己，协助这伟大斗争的成就呵？我们要毫无惧惮的领导群众，以铁、以血来与帝国主义、国民党各派、资产阶级、封建残余作战，同时也要武装我们的思想，在意识形态的分野③中获得我们全盘的胜利——我们也要推动我们的文化运动。

---

① 本文作于1929年12月22日，原刊于1930年1月1日出版的《列宁青年》第2卷第6期（总第30期），署名沙洛。这期《列宁青年》也印了假封面"中华邮政特准挂号"认为新闻纸类《青年半月刊》第2卷第6期，以蒙骗国民党报刊审查当局之眼目。这是殷夫当年关于文化运动(包括文艺工作)的一篇论文。文中从无产阶级革命需要的高度，指出了此前文化运动的缺点和错误，提出了今后的实际任务和战术，针对性和战斗性都极强。即使时隔90年以后的今天来读此，对现下加强新时代社会主义文化建设，增强文化自信，也不乏参考价值。

② 原刊此句错排在文题之前。今据第2卷第7期《列宁青年》一则"更正"移入。

③ 分野：原指古代星象学将天空星空分为十二次，配属于各国。后泛指划分的范围或界限，此作领域解(下同)。

文化形态，都不过是经济基础上的上层构造①。这是唯物史观告诉我们的真理，我们丝毫用不着怀疑。但我们不是机械的唯物论者，我们深切地了解上层构造与经济基础所起的辩证法的作用②。经济基础的改造毫无疑义可以影响到文化形态的转变，文化斗争的浪潮也可以促进社会机构的变革。

随着民族资本主义之兴起而来的五四运动，虽然因为阶级基础的不稳固，随着帝国主义侵略的恢复而分化、消沉，但它无疑的是一个伟大的启蒙运动。热烈的"五卅"和1926—1927年的大革命③，都是从它发展下来的浪潮。

不过，五四运动始终是一个失败的运动。它的没有收很好的成果，也不能专责④民族资产阶级后来的叛变。正和革命运动一样，主观上的错误，也是造成这个失败的主因。

历史是不停地向前发展的，不能理解这点便是前期文化运动与整个革命运动共同的缺点。在"五四"以后，阶级的分化愈形明显，在整个革命运动中和文化运动中都呈出对峙的现象。这是不能否认的事实。然而，正和整个革命运动一样，在文化运动的分野中能负起完成这个革命的阶级意识，没有坚决地起来争取领导的权能，没有毫不客气的把握着革命的意识，而给与动摇着、幻灭着的思想以最严刻的批判。这是最大的一个错误。

我们知道，中国革命的基本任务是打倒帝国主义与彻底完成土地革命。而能完成这个革命的阶级只有是工农阶级。前期的革命运动，没有认清这点，致遭了民族资产阶级的叛变，受一打击。前期的文化运动，也只有模糊的做到文学革命的地步，而没有进一步去做到意识的斗争。

---

① 上层构造：犹今所称的上层建筑。

② 辩证法的作用：即辩证关系相互依存、相互促进。

③ "五卅"：指1925年"五卅"反帝爱国运动。"1927"后无"年"字，今补之。"大革命"，即北伐革命。

④ 专责：专门指责。

到了1927年末、1928年初，和整个革命运动一样的快，这个错误是相当改不了。但立刻跟着而来的是，和整个革命运动中的盲动倾向一样，是一种毫无内容、不切实际的口号运动。幸而这个错误，没有支配多少的时日。

那时期中的主潮是无产阶级文学运动。这个口号的提出，虽然有些过于忽略思想斗争的倾向，但是并不错误。所可惜的是，所谓"无产阶级文学"，内容是十二分的空虚，所有的只是①几个口号的排列，几声单调的叫喊！这不能不算是第二次的错误。

这个错误不久也渐渐改正了，文化运动的主要任务正确地归向到思想的斗争。唯物史观、社会科学理论的介绍，反动思想的克服，都有相当的成就。缺点是有的，这就是②：文化运动只成为一种上层的运动，没有意识到深入群众争取大多数③。文化运动不能与工农、学生实际斗争联系起来，因此就缺乏了一种战斗的活力。

现在，摆在我们目前是一个新的前途。我们的革命运动已经正确地在新的路线上执行。我们的文化运动也不能不重新确定我们基本的任务与战术。

现在摆在文化斗争阵地上的应该是下列几个实际的任务：

一、实行尖刻的思想斗争——这是一个最基本的任务。对于一切的反动思想，从封建时代遗流下来的宗法礼教、迷信邪说，一直到拥护剥削制度的唯心论、资产阶级的自由主义、欺骗群众的三民主义④、国家主

---

① 只是：原刊作"只有是"。今改之。

② 这就是：原刊无"就"字。今补之。

③ 此句原刊作"意识的争取大多数没有深入群众"，语意不清。今改之。

④ 三民主义：孙中山提出的中国资产阶级民主革命纲领，即民族主义、民权主义、民生主义的合称，主张同时进行民族革命、政治革命和社会革命，推翻清朝封建专制制度，建立资产阶级共和国。但还不是一个彻底反对帝国主义和封建主义的纲领。后来，在俄国社会主义革命胜利的影响下和中国共产党的帮助下，孙中山又确定了联俄、联共、扶助工农三大政策，使"三民主义"成为"新三民主义"，掀起了大革命高潮。大革命失败后，蒋介石之流仍高唱"三民主义"，显然是欺人之谈。

义①、无政府主义②、改组派③、第三党④的反动理论，以及一切破坏革命的托洛斯基主义⑤、机会主义，我们都要毫不客气的用革命的马克思列宁主义加以严厉的批判。我们要坚决的，一步进一步的与⑥他们斗争。一定使他们在群众面前，彻头露骨的暴露出他们反革命的面目来。

　　二、运用马克思列宁主义的方法来研究中国的问题——紧接着思想斗争而来的，我们就有这样的一个任务。我们不但要把各派反动的思想不客气的克服，并且在建设方面，我们不能不用着马克思列宁主义的思想方法，来整理、考研中国的各个问题，使中国的特殊问题也在革命的辩证法唯物论的理解之下，有正确明了的答复。这不消说是一桩最艰苦的工作，比翻译几本唯物史观的理论书籍更加繁重，但这却绝对不是我们应该畏缩回避的理由。客观上的必要不能不由我们不把这重任负起。

---

　　① 国家主义：以抽象的国家概念掩盖国家的阶级本质的资产阶级思潮。对内以"国家至上"的口号欺骗人民服从剥削阶级国家；对外宣传"民族优越论"，唆使本国人民与他国对立，并以"保卫祖国"的名义鼓动侵略战争。

　　② 无政府主义：主张个人绝对自由，否定一切国家政权，反对一切权威的小资产阶级社会政治思潮。

　　③ 改组派："中国国民党改组同志会"的简称，是国民党内部以汪精卫、陈公博为首的政治派别。以"改组国民党"相标榜，与蒋介石争夺党权、政权，曾策动各派军阀联合反蒋。后因军事失败，于1931年初在香港宣布解散。

　　④ 第三党：1927年大革命失败前夕，国民党左派邓演达等人和共产党个别领导人曾酝酿解散共产党，再改组国民党，另组第三党。此议理所当然被共产党所拒绝。同年冬，谭平山、章伯钧、季方等在上海成立"中华革命党"，表示继续奉行三民主义。这是第三党形成后的最早使用的名称。1930年8月，邓演达等人将其更名为"中国国民党临时行动委员会"，积极从事反蒋活动，主张"平民革命"，推翻南京政府，建立"平民国家"，进而实现社会主义。1935年11月，又更名为"中华民族解放行动委员会"。1941年3月，参加"中国民主政团同盟"（即后来的"中国民主同盟"）。1947年2月，改建为"中国农工民主党"（即今参政党之一）。

　　⑤ 托洛斯基主义：托洛斯基，今通作托洛茨基(1879—1940)，俄罗斯人，早年曾参加孟什维克，十月革命后加入布尔什维克，成为苏共中央委员和军事、外交领导人之一。1924年列宁逝世后，因反对列宁主义、组织"托派"被解职，后又被开除党籍并驱逐出境。其主要政治主张是一国不能建成社会主义。

　　⑥ 与：原刊作"给"。今正之。

如中国社会史的分析、中国农民问题、民族问题、土地问题、阶级问题等等的正确解答，都是我们主要的工作内容。

三、继续介绍革命的理论——继续介绍革命的理论，我们还是必须要做的。假使我们不学习、不获得正确的理论，则我们的思想斗争和中国特殊问题的理解，都将无从着手。我们必须要加紧马克思列宁主义的介绍、各国革命经验的学习，这样方才能够更保证我们胜利的迅速。

四、教育青年工农——在先前的文化运动，只注意于一般智识分子的群众，在青年工农群众之中丝毫没有影响。这是一个严重的缺点，必须予以①立刻的补救与纠正的。今后的文化运动应该与教育青年工农的运动结合②起来。只有这样，才使文化运动的意义深入到广大劳苦群众去。

五、建设革命的文艺——我们不否认文艺的伟大作用，它是诉诸情感与直觉的最有效果的东西。在整个的文化运动之中，文艺是一个极有力的武器。所以，我们第二个实际任务，应该是"建设"（注意——不是提倡）革命的文艺——无产阶级的文艺。（不消说，这"建设"的途中，依然不能放松对反动文艺如所谓"三民主义的文艺"等的斗争。）

六、介绍苏联的工农生活状况——在政治上，目前有一个刻不容缓的急务是：武装拥护苏联。在协助政治上完成这个任务时，文化运动须注意于苏联工农及青年生活的介绍，使一般的工农都知道苏联的社会内容。

要完成这些任务，我们必须：

一、勇于自我批判——因为我们是必须与敌人斗争的，因为我们是必须建设革命的文艺的，所以自我批判是十分的必要。我们不怕在斗争中犯错误③，但怕的是我们不能勇敢地改正这个错误。这必然会动摇我们自己的路线，而给敌人以进攻的机会。在过去，这种精神的缺乏，也是一大缺点。譬如有人攻击无产文学为"标语口号文学"④，而我们固执的

---

① 予以：原刊作"与以"。今正之。

② 结合：原刊作"接合"。今正之。

③ 犯错误：原刊作"犯了错误"，今删去"了"字。

④ "标语口号文学"：原刊作"口号标语文学"。今依现代文学史之说改之。

不肯予以①承认，这是不好的。我们为什么不承认自己的缺点呢？我们只要能想法把这缺点克服，那就是我们的胜利了。

在这里，我们还可附带地指出一个极严重的工作上的错误来。这是必须加以纠正的。在过去的经验中，做文化运动的人，不但没有把任务看得很清，并且有一种极端的忽视的倾向。如拿翻译理论书籍来说，译者往往不能很忠实的把这理论介绍过来，反而常常犯着很大的错处，不知加以纠正。这种影响非常之大，是不能不注意的。

其他如观点的错误、理论的含糊，过去都只会掩饰，而不加以克服。这是要不得的。像在1928年创造社②掩蔽着创造社的错误，太阳社③讳言着太阳社的缺点。这不用说是工作上的重大错误，也是一种没有以阶级为立场的意识的表现。

二、文化运动要与实际斗争密切结合起来——在这点，我们的意见是文化运动应视为实际斗争的一部分，有密切关系的部分。做文化运动的人，也即是参加经济斗争、政治斗争的人。文化斗争的内容不应该单是思想和文艺，并且也是活生生的生活！在过去，有一部分④智识分子，自以为是革命的文化运动者，然而却舍不了眼镜、脱不下大衣。虽然会

---

① 予以：原刊作"与以"。今正之。

② 原刊"1928"后无"年"字，今补之。创造社：1921年6月成立于日本东京，发起人郭沫若、郁达夫、成仿吾、郑伯奇。回国后，积极从事文学创作与翻译。早期强调自身独立价值，作品倾向浪漫主义，反映反帝反封建要求。1925年提出"革命文学"口号，此后大部分成员投入大革命。1928年又增加了一批具有革命思想的新成员，提倡"无产阶级革命文学"，先后创办《创造》季刊和《创造周报》《创造日》《创造月刊》《洪水》以及《文化批判》《思想》等刊物。1929年2月被国民党政府查封。

③ 太阳社：1928年成立于上海，最初成员都是共产党员，有蒋光慈、钱杏邨（阿英）、洪灵菲等，在革命文艺理论宣传和创作实践上起过积极作用。1929年下半年曾由蒋光慈、冯宪章等在日本东京成立支社。先后创办《太阳月刊》《时代文艺》《海风周报》《新流月刊》《拓荒者》等刊物，并出版"太阳小丛书"。1930年"左联"成立后，自行解散。殷夫因在《太阳月刊》《新流月刊》以及《拓荒者》上发表诗文作品，亦为其成员之一，并参与发起成立"左联"，以"发起人"参加"左联"成立大会。

④ 一部分：原刊作"一部"。今补"分"字。

向工农去说:"你不要怕我,我是要来接近你了,和你谈谈了。我大衣是旧的,眼镜是近视眼镜,不能拿下来。……",然而这都是要不得的。因为你仍然不能接近,更不能深入工农群众去。今后的文化运动者,不但应然毅然地脱下大衣、拉了眼镜,到工农中去,并且要积极地做他们最忠实、最勇敢的朋友,和他们一起呼吸,和他们一起争斗。

有一部分小资产阶级分子,因为畏惧实际斗争,怕做艰苦的工作,便自动的投到文化运动的旗下去呐喊几声,自以为这是既安全又革命的妙计。这里我们必须注意:没有以实际斗争为基础的文化运动,是过去了,是失败了。我们再不能沿这条泥路走去。我们要了解,真正的文化运动也无疑义是一桩艰苦的实际工作,而且只有与实际斗争连结着的文化运动,才能完成目前阶段的任务。

三、与合法运动倾向奋斗——过去文化运动,还有一种合法运动的倾向,这是很不好的。文化运动要完成它的任务,和革命运动一样,不可避免的有它的障碍与压迫。我们如果在这种压迫之下,为了争取公开的活动就降低了我们的口号,掩盖了我们的面目,这不仅不能得到效果,而且必然是一个极大的错误。我们应该这样理解:一切的反动统治势力,都是要在马克思列宁主义、辩证法唯物论底下战栗的东西。一个革命的文化运动,每一步①都是他们的恐惧,都一定要引起他们的压迫的,合法根本就是不可能的。如果把口号降低、面目掩遮,则又何异为反动思想作护符呢?这在过去,是很明显的一个缺点,今后是必须克服的。

四、力求群众化——这也是一个严重的问题。如果要使文化运动深入群众,这点是非改正不可的。在过去,我们看一般做文化运动的人,满口是"奥伏赫变"②、"战取"、"意特沃罗基"③、"布尔乔亚"④、"普

---

① 步:原刊作"部"。今正之。

② 奥伏赫变:德语 Aufheben 之音译,意即"扬弃",亦译作"消灭"。

③ 意特沃罗基:英语 Ideology 之音译,意即"社会意识形态"。早期中国现代文学理论认为,文学是"意德沃罗基"的一部分。

④ 布尔乔亚:法语 bourgoisie 之音译,意即"资产阶级和中产阶级"。

罗列达利亚"①……不一而足。笔下也都是诗意葱茏，做得又温雅又漂亮。可惜这种文章，连中等以上的学生都看不大懂（现在有许多所谓"无产阶级文艺"，势必要无产阶级的博士才看得懂），奈何？至于翻译，尤其是咭唔咬牙②，莫名其妙了。此后这点必须励行转变，要使文字上的做到群众化。其次，文化上运动中的文学运动、戏剧运动，本来是一种有力的利器，可惜在过去，这些都是一些极层的运动，不但文学运动完全只号召一部分学生智识分子，就是戏剧运动也没有在工农群众中做过些工作。这是不行的，今后须努力求其群众化。

五、注意国际的联系③——文化运动与整个革命运动没有两样，是不能由孤军来奋斗的。今后的文化运动应该注意到国际的联系。这样，积极的，可以获得许多同战垒的友军的帮助；消极的，又可以免去许多错误的发生。

1929.12.22

---

① 普罗列达利亚：法语 broletariat、英语 proletariat 之音译，意即"无产阶级"。

② 咭唔咬牙：应为"佶屈聱（áo）牙"，指（文章）读起来不顺口。

③ 联系：原刊作"连系"。今正之。下同。

【存目】

《中国革命运动和中国革命文学》

【考略】此一存目，见于前苏联 Н.Ф.马特科夫《殷夫——中国革命的歌手》第八章"政论文章"。马氏于此文题后括注"1930.1"，此当指殷夫写作此文的年月。但接着却说："论文手稿也保存了下来。作者在这篇文章中指出了摆在中国进步作家面前的任务。"并指出："现在，中国人民在中国共产党领导下，正进行着一场反对蒋介石集团与外国压迫者的残酷斗争。作家不应该袖手旁观。文学该带有战斗性，文学事业是革命工作的一部分。所以，文学应该反映广大群众的利益。""革命运动与革命文学是一个统一的整体。作家应该站在无产阶级立场上。超阶级的文学，在阶级社会是不存在的。"

今据以上所说，可知此文由前苏联 Н.Ф.马特科夫依据殷夫手稿译成俄文，再由俄文转译成中文，其基本观点无疑是正确的。只可惜在上海等地查找殷夫此文手稿，有关单位都说不曾见过此手稿，不知马氏当年见于何处。

第九辑　艺文译文

彼得斐・山陀尔行状[①]

I

　　这篇文字是讲述一个出于美丽的国土Magyar[②]的诗人和勇士的。他的

---

　　① 本文未注翻译日期,原刊于1929年12月20日出版的《奔流》第2卷第5期(译文专号),署名"奥国 AIfred Teniers 作,白莽译"。奥国:即奥地利。AIfred Teniers:德文,音译阿尔弗雷德・德涅尔斯(亦译作"滕尼斯")。原文载于1887年维也纳出版社出版的由他编译的德文版《从春天到秋天的诗人》(鲁迅称之为《彼得斐诗集》)。40余年后,此书由时在德国柏林陆军参谋大学留学的徐培根购得,寄赠正在上海国立同济大学就读德文补习科的殷夫,目的是想帮助殷夫学习德文。殷夫则从此书中翻译了这篇《彼得斐・山陀尔行状》,并于1929年投给了鲁迅。鲁迅后来在《为了忘却的记念》中称之为《彼得斐传》。彼得斐・山陀尔,是殷夫根据德文 Petofi Sandor 的音译,通译为裴多菲・山陀尔。裴多菲是姓,山陀尔是名。裴多菲(1823—1849),匈牙利革命民主主义诗人,一生作有800多首抒情短诗、8部长篇叙事诗。他以诗歌为武器,抨击封建势力,并手持武器奔赴反抗外国侵略者的战场。最后死在入侵匈牙利的哥萨克马兵的铁蹄下,为民族的独立与解放献出了年轻的生命。本文原作者阿尔弗尔德・德涅尔斯(原名卡尔・马尔里奇,笔名古尔特・瓦林),是奥地利德莱斯顿的一位作家。殷夫即以其德文本翻译。此文曾入选《殷夫集》。

　　② Magyar:德文,音译"马札尔",是匈牙利占统治地位的民族,亦即"马札尔人"。据传,原为芬兰语系的一支,从乌拉尔一带迁徙而来。9世纪与土耳其上层混合后,占据今匈牙利中心地区,同化当地日尔曼人和斯拉夫人。13世纪蒙古西征,在与土耳其战争中,马札尔人遭受巨大损失。直至19世纪末,居民仍占少数,但在国内具有特权。后强制推行"马札尔化"(包括使用匈牙利语),人口增加。今占匈牙利总人口的97%。

一生充满着天才的苦斗、不幸、失意的恋爱和勇敢的战争。

关于彼得斐的幼年，可讲的很少；就是他的生地，也很可以置疑，而且又不如荷马的事件①一般，有七个城镇围着它，②却并不互相争夺；只是Kis-Koros和Felegyháza③两处都不肯放弃作为这诗人的故乡的光荣。

他生于1823年的第一天④。他的诞生一方面给他父母以喜悦，而同时也给他们以烦乱。父亲是一个小康的屠户，因此他希望他儿子能继父业。然而他的母亲却不然，她对于她的小宝贝是另有打算的。这位Petrovics⑤夫人预计——她的预计没有错——她的儿子此后应该照着他的天赋去发展，所以在1829年的时候，她便叫他别了故家，独自到Keoskemét⑥"学习"去了。不过这年仅七岁的活泼孩子，并没有在那种生疏环境中住得多久。他父母在一种悲惨的情况之下，也来Keoskemét了。因为他们在老家，财产给"无义之友"骗光，并且天灾继至。洪水，这匈牙利的国灾，又把他们剩余的一部统统毁坏了。命运似乎非使良善人们彻底破落是不息的。深经了忧患的父亲不得已，就把他的山陀尔送到Selmez⑦去。但这地方，对于彼得斐实在是不幸的穹门⑧呵！

不幸！……这个小小的字儿，里面蕴蓄着多少可怖的气氛呀！有钱的人给与他⑨以冷漠的讥嘲。聪明的人惶恐地视为经常威胁着的灾祸。但贫穷的人们呢，他是被它侵袭着。然只有暗弹悲泪，低声呻吟罢了！

然而，彼得斐却很勇敢地把一切的不幸担当起来。他在节制食欲一

---

① 荷马的事件：指古希腊名著《荷马诗史》中所描写的特洛伊战争。

② 它：原刊作"他"。今正之。

③ Kis-Koros和Felegyháza：德文，音译"基斯·科尔斯"和"弗莱扎哈兹"，匈牙利中西部两个小城镇名。裴多菲生活过的地方，但他的出生地在基什克勒什。

④ 1823年的第一天：即这年1月1日（元旦）。

⑤ Petrovics：德文，音译"彼脱维克斯"，裴多菲父亲的名。《殷夫集》注称这是"裴多斐父亲的姓"，误。今正之。

⑥ Keoskemét：疑为kecskemet，德文，音译"凯奇凯梅特"。匈牙利中部一个城市。

⑦ Selmez：德语，音译"塞尔梅兹"，匈牙利一个城市。

⑧ 穹门：中央隆起、四周下垂的地方。喻环境不好。

⑨ 他：原刊作"它"。今正之。

方面，也用了殉教者的勇气①。虽然他的胃肠是不时地发着辘辘的饥鸣，但他却激昂地、迅速地学习了忍饥的方法。这个天赋给德国诗人的本领②，也磨练着这匈牙利诗人了。

不久，他十四岁了。现在他灵敏的耳朵上，除了"愚笨的教员"的声音之外，反响着另外一种和谐的音韵③了。他幼稚的灵魂张开翼子来，在时空中高高地飞翔着了。在日里，他注视着云朵，那在天空轻盈地漂浮着的云朵；在晚上，他望着牧人的野火。星和月在海样渺茫的原野上闪耀，有如展开于他目前的永久一般！……忧郁地他倾听着流浪人的琴声、铜钹的噪音、跃马迎主时快乐的嘶鸣。他倾听着民众的精神了；他是他们的儿子，他们未来的有灵感的申诉者呵！纺织机旁的故事、牧童队中的歌唱，都是十分的美丽的！……

坠在他脚下的落叶，能引起他精细的静观。还有那烟霭，也被他同情的碧眼视为小小的爱人！苏格兰人Burns④歌咏营巢的田鼠，彼得斐却歌颂忧伤的鹳鹤，称他为牧场的守者、运命的象征。在诗歌里，他礼赞同他⑤发亮的"金甲虫儿"。

当一个"逍遥的"剧团来到Selmez献艺的时候，他热烈的幻想又获得新的食料了。这些优俳⑥，这些"生命的浮浪者"（此处引用Ada·Christen⑦的形容词），完全是别一种人，不同于山陀尔所习见的。他们日里穿着破碎的衣服在各处跑，但一到晚上，他们却穿起丽都的衣服，戴起眩耀的珠饰，加上武士的头盔或皇冠朝帽来了。只要魔术似的一霎，男人变成

---

① 此指西方教徒斋戒习俗。

② 此指德国诗人大多穷困潦倒。

③ 和谐的音韵：指诗韵。喻指裴多菲开始作诗。

④ Burns：英国苏格兰诗人彭斯（1759—1796），作品题材多根源于劳动人民日常生活，构成一幅幅18世纪苏格兰社会风情画。他的创作是当时诗歌发展的新高峰，开创了英国浪漫主义诗歌的先河。

⑤ 同他：原刊作"她同"。今正之。

⑥ 优俳：亦作"俳优"，原指以乐舞、戏谑为业的艺人。亦泛指演员。

⑦ Ada·Christen：德文，音译阿达·克里斯滕（1839—1901），奥地利作家。

了武士和贵胄，原来扮皇女的女子便变成王后或牧羊女郎了！这一时令人悲泣，一时引人发噱的神话般的梦境，虽然是装扮的，虽然是串演的，但对于他的脑，这些都是何等的真实呵。也难怪他每天不再上学校，而专往戏场；把古典的书籍抛开，而到"女艺员"的那么美丽、清醒、迷人的秋波中去读古代的悲剧了。也难怪他羞避了他死用功的同学们，而愿去和一般梨园的情人和武士称兄道弟，说亲昵的"你"（du①）字了！

诗人②也想到过他自己的前途。不过这和他同住在Selmez的好人的想法是不同的。那位好人曾写短信给他父亲Petrovics说，山陀尔不但是一个懒学生，并且是一个夜游神了。不久，父亲来了回信，非常严重的谴责他。这使这自尊的、热血的，开始要自己估量前途的青年觉得不能忍耐。他终于在一个冷的二月的早晨，逃出Selmez，而走向"广的，广的世界"去了。

历尽千辛万苦，他终于得到首都。那时的美丽的Pest③呀——空气的海，光辉地浮涌着；在他的周遭，每处都是辉耀、富丽、奢华和尊严。然而他在这一切之中，所能占有的，只是最末的一部分。这就是全匈牙利民族的特性。可怜的他，在这里试练遍了自然给与他的才能。最先的一次，他加入了"艺员竞技团"。于是我们的诗人，就成为一个优伶了。他在国家剧院担任了"哑剧员"的职务，这却是他不幸的开始，并且和先前忍耐着的不幸一比较，还更显得黑暗了。多回的抑郁和失败，不过使他得到许多知识。以后，他得了一个Pest的亲戚的援助，走向Aszzon-fa④去。在这小地方受些小苦之后，他血脉中的大冒险的精神刺激他。有一天他终于走到Komorn⑤去投名入伍，作为常备军中的一员了。

---

① （du）：犹"都"。德语"你"的注音。

② 诗人：此指裴多菲。

③ Pest：德语，音译"佩斯"。匈牙利首都布达佩斯在多瑙河左岸城区。

④ Aszzonfa：德语，音译"阿琼法"。匈牙利的一个小地名。

⑤ Komorn：德语，音译"科莫尔"。裴多菲参军的地方。

这时——照Jokai（育珂①）的想象——他只好成了一个真的滑稽的兵士，②一个兵士Schiller的诗而加以头盔、Horaz的歌交以药袋。③他在站岗的时候，袋里也藏着一本《荷马》④。这很足使人想起卓绝的Seume⑤，到Syrakus⑥去的勇敢的"闲行者"的图画来。

然而我们的诗人的穿"皇家制服"⑦时期并不长，只继续了两年，在1840年他就退出队伍了。但这短短的包两色布⑧的一段时间里，却很够他向生活的真相投以深邃的观察，对自己的民众也下个正常的批评，正如他后来在诗中痛苦地叫喊着的：

"Magyare，不要注视未来的憧憬吧⑨，

你枯坐暗中，微小又且悲沉；

不要看民众尊严的伟大吧，

你无力的眼睛或将失明。"⑩

---

① 育珂：德语 Jokai 的注音。指匈牙利浪漫主义作家 Jokai Mor，通译为约卡伊·莫尔（1825—1904）。他1845年在佩斯与裴多菲组织进步文艺团体"十人协会"，1847年主编进步刊物《生活场景》，1848年参加领导佩斯起义，1861年当选国会议员。作品带有乌托邦色彩。

② 此句即是约卡伊·莫尔的想象：裴多菲成了一名滑稽的兵士。

③ 此二句疑言：裴多菲以一个兵士因能诵 Schiller 的诗而加了头盔，且因能唱 Horaz 的歌而得到常备的药袋。Schiller：德国诗人、剧作家席勒（1759—1805）。作品有长诗《希腊的神》《欢乐颂》，剧本《阴谋与爱情》等。Horaz：古罗马抒情诗人荷拉斯（公元前65—公元8）。

④《荷马》：即古希腊传世名著《荷马史诗》。

⑤ Seume：即德国诗人、启蒙思想家约翰·戈特弗里德·佐伊梅（Johann Gttfried Seumer，1763—1810），1780年入莱比锡大学读神学，却爱好历史、文学、哲学。一年后辍学，被黑森公园引行征兵，作为雇佣军派往美国。1783年回德国，又被当局捉去，强行编入普鲁士军服役。1787年后回国任私人秘书。后浪迹意大利、法国、德国，著有游记《漫步锡错库扎》等，反映社会黑暗。诗歌有《野蛮人》等。

⑥ Syrakus：即锡拉库斯，佐伊梅浪游之地。

⑦ 皇家制服：疑指军服。原刊作"王家制服"。今正之。

⑧ 包两色布：穿军装。

⑨ 吧：原刊作"罢"。今正之（以下类似的同改）。

⑩ 这是裴多菲吟咏 Magyar（梅格尔）的一节诗。

从此以后，他自称为"Petofi"。只有几首在十五岁时所作的诗，是署名Petrovics①的。

以后呢，我们也要叫他那爱着的、信仰的、不朽的新姓名了："Petofi Sandor"。

‖

同以前一样，他还是在许多的地方流宕，不安定的、冒险的、充着愁苦的。到后来，他心中觉醒了"学习"的要求，就到Papa②。在那里不久，他为了面包的关系，又加入了一个流浪的剧团，一同漂泊了两个月。他似乎很配合得上各村的公众，因为在他的一首诗里，记载了他第一次的成功。

到了第七十一天，他别了舞台，依旧回到Pápa来，过他"交友"、"学习"和"诗歌"的生涯。并且为了生活的缘故，他交到了两个朋友：Moritz Jokai 和 Samuel Orlai③。这两人，在当时也和他一般的，是不被尊敬、注意的穷青年。他们都很快活，为了生活的需要，努力作诗、画画、朗诵。他们每人都有一种天才，一种足以引致财富、幸运、不朽的天才——Orlai自拟于莎士比亚④，Jokai自拟为如神的拉斐尔⑤，彼得斐却自拟于伟大的Jalma。⑥我们能看到，这些精明的人们对自己的审察是如何

---

① 这是裴多菲以父名署名。他到布达佩斯后，始改名裴多菲·山陀尔。

② Papa：帕巴。匈牙利小地名。

③ Moritz Jokai：匈牙利诗人、作家莫里兹·约凯（1825—1904）。Samuel Orlai.：匈牙利画家塞缪尔·奥雷。

④ 此指画家塞缪尔·奥雷自我比拟为英国戏剧家威廉·莎士比亚。

⑤ 此指诗人、作家莫里兹·约凯自我比拟为意大利文艺复兴时期著名画家。拉斐尔与达·芬奇、米开朗基罗并称"三杰"。

⑥ 裴多菲则自我比拟为扎尔梅（Jalma），穆罕默德之子。

的错误，幻想是如何地狂背①——因为Jokai幻想成为次于Eötvös的最好的小说家②，Orlai幻想成为驰名的画家③，而彼得斐又幻想成为他所谓"神的冠上的花丛"的故国的大抒情诗人了④。

彼得斐还是常常想起他的父母来。他觉得，他只要能够去看看他们，即使是徒步，走到二十哩⑤以上的长途，也是情愿的。后来，他毕竟和他朋友Orlai一起走到Duna-Vecse去访他的老家去了。⑥父母更形得衰老，但他父亲开的一家供平民饮玩的茶馆里，却已回响着他的诗歌了。——他的诗歌已有一部流入民众的心坎了。他在家住了一礼拜。

他的诗《家中的一晚》《可爱的老茶馆》和特别感人的《黑面包》就是表白诗人在当时感到的、体验到的家乡的夜的世界。

大概就在这"Donan水滨的小屋"中决定的吧，他后来又回到了Pápa，对于"烛光灯影"的旧趣，使他重上舞台。但这次当他小心翼翼地、十二分小心翼翼地走上台面的时候，他却给人家嘲弄了；就在这刹间⑦，他美丽的"除下假面"，怕已在他灵魂中种下根苗了吧。

1842年来了，跟着就是在Pressburg⑧举行的匈牙利国庆典礼。冒险家，旅行的贵妇人，学生，闲汉，juraten⑨的趾高气扬、佩剑铿锵的青年们，赌徒，以及放重利的恶商贾，各种人都向这古旧的皇都而来了。

彼得斐也将他拉杂的幻想告一结束。他一切对幸福追逐的结果却只是一笔债务而已。要是当时这位志气冲天的诗人没有容纳Lissnvay⑩的忠

---

① 狂背：狂妄背离。

② 原刊此句无"幻想"二字。今加之。Eotvos：匈牙利政治家、作家约瑟夫·埃奥特奥斯（1813—1831）。

③ 原刊此句无"幻想"二字。今加之。

④ 原刊此句无"幻想"二字。今加之。

⑤ 哩：即英里。1英里=1.609344公里。

⑥ Orlai：即画家塞缪尔·奥雷。Duna-Vecse：音译多瑙-费克赛。裴多菲的老家地名。

⑦ 就在这刹间：原刊作"就这在刹间"。今正之。

⑧ Pressburg：普莱斯堡，匈牙利古都城名。

⑨ juraten：音译"约莱特"，其义不详。

⑩ Lissnvay：德文，音译"利斯凡"。其人无考。

告，那么凭他有怎样不屈不挠的精力，也非心身交瘁地颓落了不可吧。他从 Pressburg 跑到 Pest，决心以文学为生。这就是……就是以他那富于诗底创造力的、最有天禀的头脑，来翻译一种外国的不很动人的小说为匈牙利文。

但这对于一个十九岁的青年是太厉害①了：求名的狂热和严重的失望终于将他推到病床上去。直到他用书籍，方才拯救了他，因为是"书中自有一女妖，既诡智亦娇娆"的。他到后日，在诗中曾狂叫过：

"父哟！你为什么不使我留在犁边，
为什么指示给我这些书籍？
——这从地狱带到天堂的，
这从星球上抛掷下来的书籍呢？"

好了，舞台又引诱了他。但是在 Debreczin②地方，他还是一样地遇着早年的失败。他就别了这个城镇，很苦的漂泊开去了。于是：

"唉，唉，可怜的优俳，
疲乏地到处漂泊，——
没有汗衫，也没外衣，
只有饥饿他很富足！"

他就在他第一次扮演主人公的小剧团里做一个十分可怜的角色。但他不久又离去了，依然像《福音书》③上的失掉了的儿子一样，赤着脚，穿着破衣，没有慰藉的流浪下去。

---

① 厉害：原刊作"利害"。《殷夫集》从原刊。今正之。
② Debreczin：德语，音译"德布勒森"，匈牙利小城名。
③《福音书》：基督教称马太、马可、路加、约翰四人讲述耶稣言行故事的书。原刊无书名号，今加之。

虽然他沉浸在上述的苦恼里，但他大半的醉歌却正在这时候，在De-breczin最末的屋子里写下的。

终于，在1843年，那个有势有力的法朗堪堡的伯爵记起这孤寂、怀疑世界的诗人了。他邀他到Pest去。彼得斐答应了他的邀请，并且在不久之后，他又从一位可敬的能诗的公爵Vorosmaity①那儿得到了父亲一般的爱，获得一个博学著名的团体"Remzeti Kör"②作为他诗歌大量的出版者了。

这些诗歌所得的成功是很伟大的，出人意外的。它们有如亲昵的故人、野中的鲜花——赐予力量的、馥郁芬芳的、眩人眼目的。有十分的生命在它们中间喷涌，Tokay葡萄③所沸腾的热情，梵阿林④弦上流滑下的悲哀，奢逸的匈牙利舞的肉感的狂欢，月光银辉浸浴牧原的朦胧，渔夫天真的歌吟，Betryaren人⑤狡恶的作乐，贵族的无天无法的傲态。——这一切都像一个集成千万声音的和韵一般，在这位"自然诗人"（如一个嫉妒的批评者蔑称的）的诗歌里回响出来。

Kertbeny⑥用很有力的文字尽力给彼得斐颂扬，说他是第一个使下层民众走入文学领域的匈牙利作家；是第一个在诗歌中歌唱民主精神的诗人；是一个用血肉来复活希腊美丽而冷硬的大理石神像的匠手；是一个实现了挽救衰颓乐园的希望的神人；是一个对"贵族之国"鼓舞自由精神的煽动者。这果真是对的。到了后来，就是他最初的制作也被视为"民众"的盾甲——抵抗一切危险、沉沦和灭亡的盾甲了。民众唱着他的歌，便鼓舞起精神来了。他的诗歌、他的智慧，都和磁石矿一般地显出

① Vorosmaity：德语，音译弗洛斯马提。公爵名字。
② Remzeti Kör：德语，音译丕梅再特·科尔。团体名称。
③ Tokay葡萄：吐凯葡萄。此当指这种葡萄酿的酒。
④ 梵阿林：英文Violin的音译，即小提琴。
⑤ Betryaren：别提兰恩。人种名称。
⑥ Kertbeny：奥地利作家克达本尼(1824—1882)。

伟大的作用来。于是，这位饱尝失败的彼得斐，也和拜伦①一样，过了一夜便闻名了。

现在，他歌颂葡萄和桂冠，他得意，如他母亲的意，于他的荣誉；所以他只要求一件东西了，这是：

"自身的黄金的欢乐"。

而在这一切胜利之中，他的青年的爱人 Etelka②却死去了。

他说她 "……不是凡母所生，有如在五旬节的黎明时微风嘘开的玫瑰一样"。

他依着风俗，只好虔诚地将她放进棺里去。

Ⅲ

Etelka 死后，他厌恨了 Pest，就到 Debreczin 去。那里人家要他参加的事情，也没有使他愉快，只徒然勾起他痛苦的想念来："1843—1844那个冬天，我也就将光阴花费在这个丰腴的城里……受饥挨渴，贫病交加的依着一个良善的老妇过日。呵，愿上帝祝福她！要不是她可怜我，那我现在怕是在另一世界给你写信了。我在那时，是一个孤独潦倒的青年伶人，谁曾注意过我呢？谁曾理睬③过我呢？而如今就在三年半前我曾扮过一个可怜角色的剧院里，博得很高的采声，观众雷一般地叫：'彼得斐·山陀尔万岁！'但我再过几年重来，谁还会想到他曾给我编过花圈呢？所以这就是所谓荣誉——未来，又去了！而且这也就是世界——给你捧场，转瞬却已忘了你啦！匈牙利人是善于遗忘的人们，我的声名也难垂永久的。"……

岁月鼓着翅膀，卷向前去，差不多每年都能从彼得斐笔下，拿得一本新的作品。出版家和新闻纸争着要他的诗，所给的酬报是空前地高的。

---

① 拜伦：英国浪漫诗人乔治·戈登·拜伦（Byron，1788—1824），代表作有《恰尔德·哈罗尔德游记》《审判的幻景》等。

② Etelka：爱台尔迦。裴多菲的第一任妻子，早死。

③ 理睬：原刊作"睬理"。《殷夫集》从原刊。今正之。

并且他的荣誉不限于国内，外国也开始翻译他的诗歌，最先就是 Adolf -
Dux①德译本的出现；彼得斐是名闻世界的了。但这一切的荣誉和成功依
然不足使这诗人幸福，因为他想着祖国的未来，心里比想念 Etelka 还要
痛苦。这"世界自由"梦者的天才预知将来的暴乱，匈牙利是必要流血
的。他时时警惕着去想着民众！

那直至1848年还存立的可笑的匈牙利贵族的特权时常激怒了他，他
这样写：

"你们到刑台上去高傲吧。你们贼、强盗们，人家要把你们挂上绞架
去的！"

对于"外国的匈牙利人"，他叫道：

> "你们祖国的疮疣，
> ——我这样称呼你们，多么战栗——
> 愿我，我是一团烈火，
> 得烧掉你们的罪恶、你们的血！"

"你们要在外国浪费你们的财产，难道祖国是了不起的富有吗？天将
不收你们的魂，地难容你们的骨呵！"……

不过彼得斐是太愤怒了。匈牙利的贵族，由 Stephan Szechényi②伯爵
指导，也曾在 Pest 建立了那迄今还存在的、在 Franz Pulssky③精密管理之
下的匈牙利国民博物院等等的。

在这样的暴怒和预感之中，他似乎已先知了他早年的、流血的夭
殇了。

---

① Adolf Dux：德语，音译阿道夫·都克斯,德国文学家、翻译家。

② Stephan Szechenyi：匈牙利伯爵姓名。

③ Franz Pulssky：弗莱兹·普尔斯基(1814—1894)，匈牙利文学家、考古学家、政治家,国
立博物馆馆长。

"我可以知道……

当我死且冷僵，

在刑台或在战场，

谁会在我身旁，

静静的守着祈祷?"

　　然而彼得斐以他那么强烈的爱和憎，虽然他没有，完全没有享受了人生的幸福、荣誉和尊敬，但他毕竟是有精力、有灵感的人。当他第一章画像出现时，他觉得喜欢。这喜欢是表现在他给雕刻家Tyroler①的那封德文信里的。他之关心他自己的髭须，甚于"该撒"（Kaiser）②，他不愿遗下一根毫毛。不过他之对于桂冠，却又不那么小气。……他很愿让给另外的天才，——当时继他而起的诗人Johann Arany③。

　　"你知道——他写给一个朋友——Johann Arany，那作'Toldi'④的诗人，是我的朋友吗？要是你没有读这部作品，那么我也徒然称赞它的价值。要是你读过了，那我也无庸多说了。这诗是纯朴的村人写的，在一间五尺长、差不多三尺阔的小房子里。然而，这却是很整齐的诗篇！诗神现在不再贵妇似的，她要顺从地接受这时代的进步和口号'民众万岁'了。她是要从崇高的Helikon⑤降到简陋的村舍里来了。唉，我也生在一个村舍里，这是我的快乐哟！……"

　　可是彼得斐也遇到天才的误解，一如哥德和席勒似的。有一部分以

---

　　① Tyroler：音译蒂罗尔，匈牙利雕塑家。

　　②"该撒"（kaiser）：原刊作"该撒"。今正之。Kaiser：实指德国剧作家凯撒（1878—1945），著有《加莱的市民》《清晨和夜半》《煤气》等剧本。是表现派代表作家。

　　③ Johann Arany：约翰·阿拉尼（1817—1882），匈牙利诗人。作有三部曲《托尔迪》，以及谣曲《秋天的果实》等。

　　④"Toldi"：即约翰·阿拉尼的三部曲《托尔迪》。

　　⑤ Helikon：音译"海里空"。

迁居伦敦的 Zerffi 为首的批评家，^①恭维陨星一闪似的 Hiador（原名 Paul Jámbor）^②远在彼得斐之上。

固然，那个摇着灼热的诗的 Jámbor，在"一个贵妇人"看来，也不能不谓是一个天才。但他毕竟是被青年所遗忘的，因为彼得斐的光是永久清朗朗地在闪耀。但这里也有使彼得斐醉饱^③的"新的爱光"。当女诗人 Julie Szendrey^④一近了他时，他什么都忘了，什么荣誉、毁辱，都置之度外了。

"这是夜，一个静穆的、繁星灿烂的、月辉清耀的夜——没有一些细响或高声，只有一个夜莺在歌唱。这，就是我的心哪！……美的女郎哟，在我青春的曙光中，我就在追求你了。我踏尽了天下，走遍了世界，但总是失望着，总只有向一个幻影祈祷，而如今你是这个幻影了！"……

这次，他的爱是幸福的。他的诗响得如同百灵的赞歌，直冲九霄。他们^⑤在一个寂寞荒凉的农村里举行了婚礼，并且为了 Julie 的关系，决心放弃了他长久打算好的计划，不再去访莎士比亚的故乡（他当时正译他的 *Coriolan*）和他所爱好诗人 Béranger^⑥的热情的法兰西了。

要是这个后者是被称为"有鹰爪的夜莺"，那么彼得斐就是"用莺喉的鹭鸟"了。有人比他为 Heine^⑦，但这是多么不相称的比拟啊！

现日的匈牙利不消说，不是 1848 年前的匈牙利，也不复是革命后四年的匈牙利了。谁若要知道 1852 年前的匈牙利，他该读彼得斐、Arauy、^⑧

---

① "一部分"：原刊无"分"字。今补之。Zerffi：音译"舍尔菲"，当指迁居英国伦敦的批评家首领。

② Hiador(原名 Paul Jambor)：音译"汉多尔"(原名保罗·扬博尔)，英国诗人。

③ 醉饱：犹陶醉。

④ Julie Szendrey：音译尤丽亚·森德莱。她是女诗人，裴多菲的第二任妻子。

⑤ 他们：原刊作"他"。今补"们"字。

⑥ *Coriolan*：莎士比亚所作的悲剧《科里奥兰》，又称《科里奥兰纳斯》。Beranger：法国大革命时期著名诗人贝朗瑞(1780—1857)，以用民歌体作诗著称。

⑦ Heine：德国著名诗人海涅(1797—1856)。

⑧ Arauy：音译阿莱，其人无考。此处顿号，原刊作逗号。今改之。

Vörösmarty①，和原出匈族、以德文作诗的 Karl Beck 及 Nicolaus Lenan②。若他要知道现在的，那他该读 Joseph Kiss③。他虽不是最民众化的，但也算是现时最普遍的匈牙利抒情诗人了。

回到彼得斐来！……他现在是过一种安乐的幽居生活了。以前那么暴怒着的人，也终于有一天安静了下来。他以前在诗里那么徒然地憧憬着的目的，也终有一日给达到了。——现在是，他有一颗专为他而跳的爱的心了！

过后，他又变了一个儿子的父亲。这使他喜悦，叫他为"灵魂的稚芽"。

然而，"正如麦轻摆着"欢迎游人一般的，突然地，1848年的3月13日早晨，血红的，然而号召幸福的早晨来了。这便使彼得斐由一个诗的和梦的人，一变而为实行的男子。

在3月15那天，他就救出了 Tánsics④。他是匈牙利第一个社会主义者、宣传者，为了共产主义的活动，被收在 Pest 的新监里的。

彼得斐马上捉住这次天启⑤，他将他第一次为自由而呼号的诗 *Talpra Magyar*⑥送到群众里去。这声战争的口号"开步走，匈牙利人！"后来虽给长久地禁止了，在其原稿时代，却真简直和 Rouge de Llislē⑦的《马赛曲》一般地煽动了群众的热情。他是和 Tyritäns 的七弦琴般的狂暴起来了。这首歌将匈牙利革命的高潮，激得异常猛烈，整个故乡痛苦地呼喊它的孩子了。他们答他的问：

---

① Vorosmarty：音译弗洛斯马提（1800—1855），匈牙利作家、诗人、翻译家。

② Karl Beck：音译卡尔·贝克（1817—1879），德国诗人。Nicolaus Lenan：音译尼古拉斯·莱瑙（1802—1850），奥地利作家、诗人。

③ Joseph Kiss：音译约瑟夫·基仆。其人无考。

④ Tansics：音译谭启奇，即匈牙利政治家、工人领袖谭启奇·米哈依（1799—1884），因创办《工人报》，组织工人罢工，被反动当局逮捕下狱。

⑤ 天启：疑是天机之误。

⑥ *Talpra Magyar*：即裴多菲的诗《塔尔帕·马札尔人》。

⑦ Rouge de Llislē：即《马赛曲》的词曲作者鲁热·德·利勒。

"什么，什么时候，

喇叭会雷样的发吼？"

是用哄然的喊声："武装起来！"

IV

我不愿把这些悲惨的故事同许多的错误、失败、延宕，在此费了时间来写；只关于这跟着自由的圣光而去的诗人，我是要讲一些的。他执着剑，冲入战士的队伍，去实行他的《格言》了：

"爱比生命更可贵，

但为自由尽该抛！"①

在 Perczels 的上部匈牙利的 Siebenburger②，他在有才干的 Bem③ 身旁，用剑和语言打着仗。

在 1849 年的开头，"自由"是宣布了，他也和十二个重要的革命领袖共享这次欢乐。他的诗歌就是他最好的告白者。不过随着民众给他创造的旋律而来的，却是 Houveds④ 的大队。于是，在三色旗下，又激起了一个新的战争。

无论如何，命运是不能轻减这世界给一个最有力的灵魂，一个为自由、正义、祖国而跳的心所预备下的绞架底凌辱的。他终于找到了一个光荣的、他所切盼着的死——死于为故乡的斗争之中了。他们将他被哥

---

① 这首《格言》，裴多菲原诗六行。德涅尔斯译成四行。殷夫即据以译成四行："生命诚可贵，爱情价更高。若为自由故，两者皆可抛！"

② Percezls：本利兹勒斯，匈牙利地名。Siebenburger：斯本堡格尔，亦匈牙利地名。

③ Bem：本。匈牙利将军之名。

④ Houveds：霍惠提斯。匈牙利军队名称。

萨克马兵所踏死的地方作为圣地。这或许是他的痛苦；但无论如何，Világor①节日的莫可名言的恐怖，和俄将Paskiewitsch②的傲慢，他可以不经验着了。他也可不再闻到这位将军对俄皇尼古拉的声音：

"匈牙利躺在陛下的脚下！"

他做着Bem的副官③，死于1849年7月31日Schàssburg（Szegesvár）之战④了。

"没有谁杀他，没有谁见到他的尸身。"他的朋友Jokai这样说，匈牙利和全世界也都同样的说。

死后，人们还闹了他显灵的故事。有时一个说看见他，有时另一个说看见他。那样闹了许久，直至个个人相信他死了的时候为止。这种显灵一部是虔诚的错觉，一部是故意的捏造，一部是无理的欺骗罢了。

> "什么是荣誉？——虹之一现，
>
> 泪中闪烁的日光……"

他的国人每一想到他们这二十七岁的、将很大贡献给他们的、为他们殉难的诗人时，常不禁脱口念出这两句诗来。

在他那个"年青的、美丽的妻，生命的华饰"，那等待是太久了。所以在1852那年，彼得斐还在当作失踪而追寻着的时候，官报却依了"他的夫人之请"宣告了他的死耗。于是彼得斐夫人就不久嫁给了别人。

这就是世事的姿态！……

---

① Vilagor：凡拉格。匈牙利节日名称。

② Paskiewitsch：帕斯基耶维奇，俄国镇压匈牙利人起义的将军。

③ 裴多菲战死前是本将军的副官。

④ 此战发生地难译。据裴多菲传记，说他是战死在齐格基授阿拉。

V

　　而现在呵！……Julie Szendrey——Petöfi①是死了。诗人的儿子也死了，Zoltán②没有实现他父亲的遗志。匈牙利也变得不同了。这是更好了呢，更有幸了呢，还是更坏了呢？——那只有待来日为之解答。但在这美丽的大地之上，却总浮动着一种罗曼蒂克的神奇。

　　1882年10月15日那天，彼得斐的铜像③在Bude-Pest竖立起来了。在一个寺院之前的广场上，立着这田园的诗人。足下展开一个市场，渔人们会来谛视他，娼妇们会向这"太阳神"眨着奇怪的眼。

　　以下我要抄一首Heinrich Gluckmann④做的咏他铜像的诗：

<blockquote>

迷雾下降，星光明亮，

挺立着诗人的铜像，

庄严的花圈围在周身，

他的精神尚有⑤花的热情，沸腾。

千颗泪珠中发微音：

和匈牙利过早，过早离分，——

还在青春可爱的时节，

火的情感充着豪气，臂充着力！

</blockquote>

------

　　① Julie Szendrey-Petofi：即裴多菲第二位妻子尤丽亚-森德莱·裴多菲。她后来也死了。

　　② Zoltán：佐尔坦，裴多菲之子。他后来也死了。

　　③ 这座铜像由著名雕塑家胡萨尔·阿道夫作，1882年10月15日竖立于布达佩斯的布达皇宫对面。

　　④ Heinrich Gluckmann：亨利·格吕克忙（1864—1947），捷克人，教师出身，移居奥地利后改从期刊编辑，后为剧作家，死于南美阿根廷。他曾作《咏裴多菲铜像》一诗，即以下所录之诗。此诗收入本书上编第四辑。

　　⑤ 尚有：原刊作"尚由"。今正之。

洪涛的年分，大的时代，
你是最美的涌出的花瓣，
你的歌是蹂躏者的死耗。
你的歌是我们自由的灵鹊赞文！

你是我们的旗，我们的旌，
火的柱石，伟大的首领！
你导我们跃出奴从的昏雾，
走向光明烁闪的自由皇土。

你用宝剑砍断我们的锁链，
你用火舌熔烧了钢刚铁坚，
你的声如洪雷，响动大陆，
如闪电的光，在穹宇互逐！

下界的心都已燃烧，
寸火也瞬息集成狂飙①，
我们又觉得如同胞般密接，
我们滋生了无限的大力！

如今哟！……无论自由有否获得，
你点燃的飙火总不熄灭，
以无限的奋勇往前燃烧，
终有一日实现——你的遗教。

---

① 狂飙(biao)：速疾的飙风。飙，亦作火焰解。如下文之"飙火"。

你的语言鼓动未来的青年，

它的精神培养了多少后辈，

你现在休息吧，你匈牙利的守兵，

把铜睛注视你美丽的故境！……

我们此后也可以引用 Dranmors① 的话 "歌者又是战士"，于我们的大诗人——"Petöfi Sándor"！

译后小志：——这是一篇旧译稿②，从一本由旧书摊买到的德译《彼得斐诗集》③ 里译出来的。这篇文章并不好，经了坏的译笔之后，更加一塌糊涂，但我因为很敬仰彼得斐的为人，又见中国尽有介绍拜伦的文章，却从没有讲过彼得斐的④，所以就贸然的把这不好的文章来和世人见见面。将来有机会，我希望能由自己来作篇介绍，比这更有系统一些，更详细一些。并且，我现今正在译他的诗⑤，或者有机会也可供诸位一读。——再，我译文里写了很多外国字⑥，这是我疏懒的结果⑦，不肯费力将它译出。希读者原谅。

----

① Dranmors：即德国文学家德拉摩尔斯。

② 旧译稿：《鲁迅日记》1929年7月4日记有"午后，白莽来。送来《彼得斐传》"。至12月20日的发表，已时隔近半年。若往前推测殷夫翻译本文，当在1929年之前。故有"旧译稿"之谓。

③ 此疑指徐培根在柏林旧书摊买到奥地利阿尔弗雷德·德涅尔斯1887年编的《从春天到秋天的诗人》(即《彼得斐诗集》)。

④ 对此，鲁迅在这期《奔流》的《编辑后记》中有一解释："绍介彼得斐最早的，有半篇译文叫《斐(裴)彖飞诗论》登在二十多年前在日本东京出版的杂志《河南》上，现在大概是消失了。其次，是我的《摩罗诗力说》里也曾说明，后来收在《坟》里面。后来，则《沉钟》月刊上有冯至先生的论文。《语丝》上有 L.S(即鲁迅)的译诗，和这里的诗(指殷夫的译诗)有两篇相重复。近来孙用先生译了一篇叙事诗《勇敢的约翰》，是十分用力的工作。可惜有一百页之多，《奔流》为篇幅所限，竟容不下，只好另出单行本了。"

⑤ 此指殷夫翻译裴多菲的《黑面包及其他》九篇(亦原刊于本期《奔流》上)。

⑥ 此指文中用德文写匈牙利的人名、地名。

⑦ 此处"疏懒"之说，是俏皮话。试想，殷夫在当年的条件下，一无资料，二无时间，如何去翻译这么多的德文名词？那是不可能的事。

决　斗①

　　她很朴素，一般轻薄的少年不懂怎样在丑陋的肉身上欣赏她美丽的灵魂，因此很不留心她。然而她颇富有，她深悉男子追逐女子原是为财产；他们这样干，因为知道一切的财产必均操在男子手中的缘故。所以要求异性的经济，或是为了别种原因，他们是不明白的。她是富女，她怀疑而且藐视男子。她学过许多有用的东西，她是个可敬佩的有智慧的少妇。她已达到二十芳龄。她的母亲尚活在世，可是她没有心志再等五年作她自己的主妇。因之，报告她订婚时，很使她的友朋惊骇。

　　"她的结婚因想有丈夫。"有的人说。

　　"她的结婚因想有仆役和得着自由。"另外有人说。

　　"她的结婚多愚蠢啊！"第三者道，"她不知道她作了结婚后的主妇，还不如作她现在自己的主妇呢。"

　　"不要怕。"第四者道，"虽则结了婚，她仍能自己站立稳固的。"

　　她像是怎样的？他是谁？她在何处相遇他的？

　　他是位青年律师，腰部宽阔，举止文雅，外表非常温柔。他是独生子，由他母亲和姨母养大。他常常害怕女子，并且痛恨无耻的官吏。因

---

　　① 本篇短篇小说未注翻译时间，原刊于1930年2月出版的上海《女青年杂志》第9卷第2期，署名"史特林堡著，徐白译"。史特林堡，瑞典剧作家、小说家，全名通译为约翰·奥古斯特·斯特林堡（1849—1912），代表作有历史剧《奥洛夫老师》《古斯塔夫·瓦萨》和长篇小说《红房子》、两卷本短篇小说篇集《结婚集》等。这篇《决斗》即写一对男女婚后财产之争的故事，宣扬"男女平权"思想。殷夫一直关注妇女解放运动，这从他的诸多诗文中可以证明。但是，据说《女青年杂志》是当年上海基督教会举办的刊物，而殷夫当时已进入共青团中央宣传部任干事半年之久，是一名坚定的"非基督教"运动斗士。为什么会将本文发表在此类杂志上，令人费解。或许别有因由。同时，本文原文应当是瑞典语，而殷夫只懂英文、德文与俄文。他翻译的本文如果是这三种文本之一，则是二次翻译。所以，译文中存在一些不为常见的用词用语（见下文校注）。

为他们都是娱乐场中的得宠者。这便是他的类似。

他们住在近水的地方，在一个舞场上会面的。他来得很迟，所有女子的秩序①都填满了。无论在何处，他想找个伴侣跳舞，总有一种嘲笑而带得胜的"拒绝"涌到他的面上。后来秩序的更动，赶走了他，似乎当他是只嘤嘤②的苍蝇。

受了侮慢③的压制，他离开了跳舞厅，坐在露台上抽雪茄。明月映出她的素光，照在公园中的柠檬树④上。木犀⑤从花房中射出香气。

他用一种伤神的无力恋慕的态度看窗里的双双舞侣。二人舞中的音律，阵阵地使他动魂。

"孤思着没有伴侣吗？"忽然有人声这样说。

"你为什么不跳舞？"

"你呢？"他昂头说道。

"因为我很朴素，没有人和我跳。"她回答说。

他向她看了一眼。他们早已是认识的，但他从未仔细凝视她的面貌。她穿得十分华丽，然而她眼中表现出无限的痛苦，是种空虚、失望、反抗大自然不公平的痛苦。他很诚挚地和她表示同情了。

"我——我也是人人所鄙夷的一份子。"他说，"所有的权都操在官吏手中，无论在什么时候，一有自然选择问题发生了，那么公理是常站在有力和美丽方面的。看他们的肩头和他们的肩章！"

"你怎么可以那样讲？"

"恕我无礼。逛一回输了的游戏，是使人伤心的！你可与我跳舞一下吗？"

"为怜惜的缘故吗？"

---

① 秩序：此作"次序"解（下同）。

② 嘤嘤：本指鸟的和鸣声，此作飞蝇之象声。

③ 侮慢：欺侮、轻慢。

④ 柠檬树：原刊作"柠柠树"，误。今正之。

⑤ 木犀：即木樨，桂花。有金桂、银桂、丹桂之分。

"是的，为我发些慈悲吧!"他抛掷了雪茄。

"你曾知道被命运所注定所捆绑的事情吗？会永远作落伍的人吗？"他热情地开始重说。

"我已知道那些事情了，但落伍的人不会永远落伍的。"她郑重的接下说，"除了漂亮以外，还有别的品格呢!"

"你最看重男子的哪一种品格?"

"仁爱。"她很诚恳毫不踌躇地答道，"因为这是男子中所希罕的品格了。"

"仁爱和懦弱是相互并行的。女子所崇拜的是强壮。"

"你所讲的是那种女子，粗野蛮力的已经不适时了。我们的文化已达到超点，使我们重视宝贵的肌肉了。粗野的蛮力万不及仁爱的心肠啊。"

"仁爱是应该有的！然而——看那双双的舞侣!"

"我以为真正豪侠的气概，是定要在伟大的情感和颖敏的心灵中表现出来。"

"结果，凡世界称为懦弱和无能的男子。……"

"我不注意全世界的人和他们的批评。"

"你知道你是位特殊的女子吗?"青年律师说道。他觉得渐渐地感到投机了。

"没有一点特殊的地方！然而你们男子尊重女性常常偶像崇拜的……"

"你的意思说那种男子。我呢，小姐！自幼就把女子和最高贵的男子一样重视的，而且我爱上了一位女子以后，如果她用爱情报答我，我愿作她的奴隶呢!"

哀蒂丽很久很仔细的注视着他。

停了一息，她说道："你是位特殊的男子啊!"

彼俩互相赏识了各各的特殊及论到跳舞无谓之后，他们又谈起月光的影响等。然后他们回到跳舞厅，在四人桌的位子上坐下。

哀蒂丽是个善跳舞的女子。律师很蒙宠幸，因为她①舞得像天真的少女。

跳舞完毕，他们仍走到露台坐下。

"爱情是什么？"哀蒂丽问，昂头朝着月光②，似乎希望等天来回报她。

"灵的同情！"他说道。他的声音像轻吹的微风。

"然而同情要转为嫌恶的。这是常碰到的事情啊！"哀蒂丽辩驳道。

"那是不纯正的同情呀！唯物者说世界上如果没有两性，也便没有什么爱情了。而且他们还竭力主张肉体的爱要比精神的爱来得永久呢。你不以为这是对心上所爱的女人的一种卑鄙兽性的行为吗？"

"不要讲唯物论者！"

"我定要讲，这样你才能明白。如果我恋爱了谁，我对于女人有如此高洁的情感，她毋需美丽，因为美丽不久便会凋衰。我要以亲爱的朋友和知己的眼光去看待她。我决不含羞的与她交游，我要看她像寻常的女子一样。我将毫无畏惧地和她亲近，犹如和你亲近一样。我要问：你愿为我的终身伴侣吗？我绝对不畏缩，像普通的情人求婚时全身战慄着，因为他的思想是不纯洁的。"

哀蒂丽注视着这位紧握着她手的青年，两眼表显出无限的愉快。

"你是个唯心论者啊！"她说，"我深切地和你表同意呢！我深知你是要求作我的朋友，我愿意的。可是我先要试试你看，你能证明为你的朋友缘故而失体面吗？"

"说吧，我听你的吩咐！"

哀蒂丽脱下她颈上③的一条有锁的金链。

"把这条金链戴上④，做我们友谊的标记⑤。"

---

① 她：原文作"他"。今改之。

② 月光：原刊无"月"字。今补之。

③ 颈上：原刊作"头上"。误。今正之。

④ 金链：原刊作"金边"，误；戴：原文作"带"，亦误。今均正之。

⑤ 标记：原刊作"表记"，误。今正之。

"我准戴①。"他用一种踌躇的口气说道，"不过这要使别人疑心我们订婚的。"

"你不赞成吗？"

"不，如果你不反对的话。你愿作我的妻子吗？"

"自然，我愿意的！因为社会轻视男女的交友②，社会上的人很是浅薄。他们绝不信任有这样可能的事。"

他戴上③金链了。

社会上人的心很趋向于物质，她的朋友们坚决再三地说："她嫁给他因为她想结婚；他娶她因为他想得妻子。"

社会上的人更露出淫猥的观察，更说他娶她原是为财产。他自己没有说过，像爱情这样羞耻④的东西，不能在他们中间存在的吗？朋友是无须像妻子一样住在一块儿的。

他们的婚礼举行了。社会上的人受了这种暗示，知道他们会像兄妹一样同住。他们怀着恶意的微笑，等看他们结婚后根本的改革⑤。

新婚的伉俪同往国外去了。

当他们回来的时候，年轻的夫人脸色很惨白，脾气也变坏。她立刻开始作她骑马的功课。社会上的人等待着赏鉴这祸患的来临。她的男人呢，自己很惭愧，似乎犯了极下流的事情的罪犯。最后，种种事情都起来了。

"他们没有像兄妹一样住在一块儿啊。"社会上的人说。

"什么？没有互相亲爱吗？但是那——哼，这是什么缘故？"

"是种禁欲的友谊啊！"唯物者道。

"这是精神上的结婚！"

---

① 戴：原刊作"带"。今正之。

② 交友：原刊作"交支"，误。今正之。

③ 戴上：原刊作"带上"，亦误。今正之。

④ 羞耻：原刊作"差耻"，误。今正之。

⑤ 改革：此作改变解（下同）。

"或者是血属相奸①呢？"一个无政府主义者提议说。

事实依旧是事实，然而同情却减少了，真的生活被虚伪的事情所剥夺了。他们反抗着要复仇。

律师实行他的职业，可是妻子的职业却被女仆和奶妈所揽，因此她便失业。因为没有职业，所以努力生育。她生育了许多，超过了合度。她依然觉得不满意，像她这样颖敏的女子终日优游岁月，这是应该的吗？有一回，她的丈夫冒险地说："没有人强迫她空闲。"他再也不叫她游逛了。

"她没有职业。"

"固然，懒惰是没有职业的。她为什么不养育孩子？"

"养育孩子吗？她要一种赚钱的职业呢。"

"那么，她是个守财奴吧！她已有了不少的钱可花费。她怎样还想赚钱？"

"她要和男子平权。"

"那做不到，因她所愿干的职业都没有希望得的。女子成为母亲，决不是男人。这是自然的定律。"

"这是一种很愚笨的布置②呀！"

"很不错！颠倒或能成为事实，但要同样的愚笨了呢。"

"是的，然而她的生活是痛苦极了。光是住在家中，她是不满意的。她同时还想为他人服务呀！"

"不是最好在她家里开场吗？她尽有不少时间去顾念他人呢。"

这样的谈话可以无穷无期的接续下去。幸而一点钟以后停止了。

律师自然每天都在外边，甚至有时在家还有和外人指定的接洽时间。这使哀蒂丽几乎疯狂了。他常和那些来陈述案情的女客关在会议室中，

---

① 血属相奸：古代议婚的一种习俗，指有血缘关系的亲属（一般指兄弟与姐妹之间）通奸。

② 布置：此作"安排"解。

而他又有保守秘密的必要。这些秘密，遂成为他们夫妻间极大的隔膜，使她觉得他是比她仇敌更甚的一个人。

她的心中激起悲伤的愤怒了。他抱怨他俩友谊间的不公。她想用方法推倒他，一定要推倒他。这样他们才可共同站在水平线上。

有一天，她提议建设一所疗养院。他却竭力反对，因他为事务所羁绊。但他仔细一想，觉得职业也许对她有所资助，也许可以使她定心。

疗养院建起来了，她是其中指导员之一。

她执着委员带管理的职权。当她管理到半年时，她自以为已有精良的医术，她能诊察病人和指导他们了。

"这是多么容易的事啊。"她说。

有一天院中的外科医生不幸做错了一件事情，因此她立刻失去了信任他的心。同日，适逢医生不在时，另有这样的事情临到了：她适值自负着自己超众的智慧，便给一个病人误开药方。病人受了她的吩咐，依法配服了她的药方，死了。

这使她不得不向别处去活动，但这又扰乱了她的心。她同时又产生了第二个孩子，使她较前更烦恼。于是更糟，这不幸的风声传到市镇去了。

他们夫妻间的情感遂转为憎恶与忧伤。因为他俩失去了恋爱，康健的强而有力的大自然的天性已经永不再现。所遗下的只是些可疑的自私自利的一种不快感的性欲。

她自知误信了她的使命后，她从未将她的思想在憔悴的愁眉间表显出来。然而，她却使她丈夫受苦。

她的身体衰弱了，食量也减少，而且不想出去。她很瘦弱，似乎得了长期的咳症。她的丈夫再三叫她忍耐着去给医生诊断，然而医生不能验出她病症的来源。结果，他对于她不绝的抱怨视为习惯了[1]，甚至不去注意它们了。

---

① 他：原刊作"她"，今改之。抱怨：原文作"抱冤"，误。今正之。

"娶了个有病的女人作妻子，我晓得是不快乐的。"她说。

他心里承认是快乐的。他若爱她，他决不至既不感觉，又不表同情。

她瘦削得令人惊心。他再不能袖手旁观了，得了她的同意，请来一位著名的医学博士。

哀蒂丽由①医学博士诊察。"你得病多少时候了？"他问。

"自从离开了乡村以来，我的身体便永不曾康健过。"她说，"我是生长在乡下的。"

"那么你觉得在城里不舒服吗？"

"舒服？谁留意我的舒服与否呢？"她的面上装出一种绝无疑惑的表情。

"你以为乡间的空气于你有益吗？"医生接着问。

"对啦，我相信只有这新鲜空气可以救活我的生命。"

"那么你为何不住在乡下呢？"

"我的丈夫不能为我的缘故而放弃他的职务啊。"

"我们乡间有许多律师呢！而他有一位很富的女人，失业也不要紧。"

"那么你以为我们应该住在乡间吗？"

"自然，如果你信任这法，能使你获益。你并没有罹着肌官②的疾病，不过你的神经很不清健，乡间的空气的确于你有益。"

哀蒂丽回到家中，很丧颓的对着她丈夫说："怎样？医生判定我会死，如果仍住市镇间。"③

律师非常烦恼，但是他对于脱离律师职务是痛苦的。她有很确实的证据，深悉她的死亡的问题，与他是毫不紧要的。

"什么？他不相信这是生死的问题吗？他以为医生不如他吗？他要让

---

① 由：原刊作"为"。今改正。

② 肌官：指肌体和器官。原文作"机官"，今改之。

③ 原文此二句另起一行，今改接上行。又，前句之"我"，原文作"她"，误。今正之。后句"如果"后有"她"字，相应删去。

我①去死吗?"

他并不随她去死。他在乡下买了一点产业,雇用一个看守者在那里照顾。律师是那里的地方官而兼司法官,他没有别的职务。他觉得时日纡长而乏味。自从他的进款和职务停止后,他只得靠他的女人生活。在起初六个月,他读了许多书和玩着福忒挪(注:Fortuna,是司命运的女神)。再六个月,他连书也不读了,因为觉得读书没有目的。最后六个月,他学习着针线生活,使他自己娱乐。

同时,他的女人却很热诚的到田间工作。她将衣裙针黹②在膝上,在马房里进出工作。她到那龌龊的房子,闻着牛棚中的气息。她觉得很悦意,而且支配工人工作。她的内心快乐,因为她是从乡间长大的,所以她知道一切。

当她的丈夫抱怨③着空闲的时候,她便嘲笑他说:"在家里找点工作吧,谁也不应该这样懒在家中。"④

他也愿意到外边去找点事情做,可是他没有勇气。

他只是吃睡散散步。如果他走进牛棚或马房,他便要被阻拦,受他妻子的怨声⑤了。

有一天他愤怒得异乎寻常,同时孩子们又在外边奔跑,保姆怨着⑥他说道:"你为什么不看顾孩子?那可给你点工作呢。"⑦

他被她惊骇了:她真的是这意思吗?

"唉,我为何不应该看顾孩子呢?她的提议有何奇异?"

他再三思索,觉得并没有什么奇异。因此他每天提携着孩子出外散步了。

---

① 我:原文作"她",误。今正之。

② 针黹(zhǐ):即缝纫。原文无"黹"字,今补之。

③ 抱怨:原文作"抱冤",误。今正之。

④ 原刊此二句另起一行,今移接上一行。

⑤ 怨声:原刊作"冤声",误。今正之。

⑥ 怨着:原刊作"冤着",误。今正之。

⑦ 此二句原刊另起一行,今移接上一行。

有一天早上，他正要预备出去了，孩子的衣服尚未穿好。律师大怒，斥责着他的女人，因为他是怕保姆的。

"为何孩子的衣服还不穿好？"他说。

"因为玛丽①事忙，你为何不给他们穿好？你既没有事做，你以为给自己的孩子穿衣服是倒霉的事吗？"

他又思索了一会，觉得并没有什么倒霉，也就给他们穿了。

有一天，他很想独自执着枪出外，虽然他从未打过猎。他回来时遇见他的妻。

"今天早上为何不携孩子出去走走？"她带着严酷责骂的口气问道。

"因为我没有心志。"

"没有心志？你以为我应该终日在马房、牛棚中工作吗！一个人天天总应该做些有益的事情。即使有碍于心志也无妨的。"

"你意思说我应该付你饭钱吗？"

"你愿意这样说也好！如果我是像你一样大的人，我真会惭愧一天到晚躺在沙发上不做什么事。"

他果真觉得惭愧，因此他自荐的作了孩子们的看护者。他从此不懈于职，他并不觉得倒霉。然而也不觉得快乐，他稍有错处，他的女人便指点他。

她坐在办公室里会见监督和指导员。她站在货房内秤她卖给村人们的货物。无论什么人到了那里，终来找主妇商量，却没有谁要见主人。

有一天，他携着孩子经过牧牛的草场。他要使他们看牛，因此便很小心地引他们到牲畜队里去。忽然，有一个黑头从别的牲畜背后升起，凝视着参观的人，微微地叫着。

律师挈着孩子如飞的往后面围墙跑去。他把他们向隔墙丢去，而自己却在跳上时被墙角钩住了。他看见外边有妇人，便喊道："牛啊！

---

① 玛丽：女主人公哀蒂丽的别称。

牛啊！"①

然而妇人们终是笑着，走去将满身粘着泥水的孩子从阴沟里拖起。

"你没有看见牛吗？"他狂喊道。

"先生，并没有牛啊！"年长的妇人说，"这匹牛在两礼拜以前就被杀了。"

他回到家里，非常愤怒和惭愧，向他的女人诉了苦。但她只是笑着。

午后，夫妻坐在会客室里，听见有人叩门声。

"进来！"她喊道。

来的是一位证明牛已死的女人，她手里执着律师的金链走入。

"我相信这是属于你的，太太。"她犹豫不决地说。

哀蒂丽先看这女人，于是望着她的丈夫。然后睁开眼睛凝视着金链。

"不，这是属于你主人的吧！"她说，接着求纳的金链："谢谢你！你的主人会给你拾着的酬报的。"

他坐在那边，脸色很惨白，一动也不动。

"我没有钱，向我的女人去取吧！"他说后，接收了颈饰。

哀蒂丽从大腰袋里取出一古龙②给那个女人。她似乎不懂其中的情节，马上就走了。

"请你饶恕我的耻辱吧！"他说着。他的声音也隐露出无限的痛苦。

"你不是个肩负重担决不食言的丈夫？你希望我戴上③你的首饰，而你自己却怕羞的不敢戴上我给你的赠品。你是个懦弱者！你还自己以为是男子哩！"

嗣后，这位可怜的律师永无平安。无论走到什么地方，他都遇着冷笑的面孔。当他经过的时候，有些农夫和女仆从那偏僻幽荫角落里呼道："牛啊！牛啊！"

---

① 此二句原刊另起一行。今移接上一行。

② 古龙：瑞典货币"克朗（krona）"之别译（下同）。

③ 戴上：原刊均作"带上"，误。今正之（下同）。

哀蒂丽为拍卖货物事，要离家一礼拜。她叫她丈夫在她出门时监督着仆役。

第一天，厨司问他要钱买糖和咖啡①，他便给了她。三天以后，她又重来问他要钱买同样的东西了。他奇异的望着她，说他已付过咖啡的钱。

"不是我自己要钱。"她说，"而且主妇不会介意的。"

他又付给她了。但是，他不能确信，他便翻开她女人的账簿，算了一算。

末了，便很奇怪。当他算完每日所用的金镑②时，他见了一个巨大的数目。

他接续地算她的账目，结果到处都是一样。整数倒并不错，可是少数的加法不对了。于是他知道他的女人是不懂小数点的。这种少见的受仆役的欺骗，非改革不可。

他的女人回来了。听了拍卖货物的事情以后，他嘹亮起他的喉咙，想告诉他的经过时，她已先问他道："呀，你把仆役监督得怎样？"

"你！成绩很好。不过我知道他们欺骗你呀！"

"欺骗我？"

"是的。譬如就这糖和咖啡两项而言，费用已经不少了。"

"你怎么会知道？"

"我在你的账簿上看见的。"

"真的吗？你检查我的账簿吗？"

"检查你的账簿？不，但我对过你的账目了。"

"这是你干的事情吗？"

"我发现你记账时没有小数点的常识。"

"什么？你以为我不懂的吗？"

---

① 咖啡：原刊作"啡咖"。今改之。

② 金镑：原刊作"金磅"，误。今正之。

"是，你是不懂的。所以根本就不成为簿记。大姑娘①，你的账目只是哄骗人的啊!"

"我的簿记除我自己外，与别人并无关系。"

"不正确的簿记是法律所禁止的。如果你不负责任，我便要负责任了啊!"

"法律？我不屑谈法律。"

"我敢说，但是将来要陷入罗网的。若不是你，那自然是我了！因此我来日要当账房。"

"我们可以聘个人来负责。"

"不，那倒不须！况且我现在没有别的事情可干。"

事情便这样解决了。

不过当丈夫占着写字台办事，大家来见他的时候，妻子又失去在田间工作和喂牛②的趣味。

于是有一种猛烈的反动③光临了。她不常去照顾母牛和小牛，只是留在家中。她坐在那里设筹新奇的计划。

然而丈夫已重新得到新鲜的生活了。他很有兴趣的掌管财产和应酬宾客。现在他握权了，管理一切，指督一切，以及支付款项等。

有一天，他的女人走进事务所，问他要一千古龙买一只钢琴。

"你想些什么？"丈夫问，"我们正想重建一所马房啊！我们没有这批款来买钢琴。"

"你说的是什么意义？"他问，"我们为何没有这批款子？难道我的钱不够吗？"

"你的钱？"

"是的，我的钱，我的嫁资。"

---

① 大姑娘：律师丈夫对妻子哀蒂丽的讥刺性称呼。

② 喂牛：原文作"餧牛"。"餧"通"喂"，前者今已不通用，故改为"喂牛"。

③ 反动：此作行动反复解。

"现在那些钱都变为家庭中的公产了。"

"那么就说是你的吗?"

"不，是家庭的。家庭是个小社会，它所有公产，尽归丈夫管理的。这是唯一的规例。"

"为何必须男子管理，而女子不可呢?"

"因为他有充足的时间去做，既然他不须养育孩子。"

"为何他俩不能合作管理?"

"这与交易所中只有一位监督一样的理由。若是妻子也能管理，那么子女们也要请求同等的权利了。因为这也是他们的财产呀!"

"这是极细微的事情。拿我自己的钱去买钢琴，还要征求你的同意，这事实难以办到。"

"这是你的钱了呢。"

"那么，是你的吗?"

"不，也不是我的，是家庭的。你说你要征求我的同意，你好些说。你须和管理人商量。照现在看来，你是否应该花大批款子去买这种奢侈品?"

"你称钢琴是种奢侈品吗?"

"已经有只旧的，还要再买新的，那便称为奢侈品了。我们现在所处的境地，只是舒服罢了①，因此不许你再买新的。可是我个人并没有什么话可反对。"

"一千古龙的费用，并不能算破产呢。"

"负担一千古龙费用的债务，便是破产的第一步。"

"这些尽是你拒绝我买钢琴的意见吗?"

"不，我并不拒绝。不过那些不固定的事业……"

"啊，何日才能见天日呢! 要到几时，妻子才能掌管她自己的事业，无须再向丈夫请求呢?"

---

① 罢了:原刊作"吧了"。今改之。

"要到她能自食其力时。一个男子，就说你的父亲吧，为你赚的钱。男子们占得世界上所有的财产，因此姊妹们所受的遗产较三兄弟为少。尤其是因为兄弟们天生是负着供给女人责任的，而姊妹却无须供给男子。你懂得吗？"

"你称那种事情是公平的吗？你能坚持你的主张到底吗？我们难道不可均分的吗？"

"不，不是常例。我们要看情形和功绩的大小而分配。譬如说懒汉躺在草地上看泥水匠造房子。那么这懒汉所分到的应少于泥水匠了。"

"你意思是暗指我懒惰吗？"

"哼，那种事我实在不愿再提。当我躺在沙发上读书的时候，你称我为度死①的。我很记得清楚，我对于这一点，说了好些很明了的话。"

"但你叫我去干什么呢？"

"带孩子们出去走走。"

"我不是指定要看顾孩子的。"

"但是，我也曾有过一个时期做这些事。让我来告诉你，一个女子若说不指定看顾孩子的，那便不是女子。然而事实上终究不能变成男子。那么，她是什么东西呢？"

"对你自己孩子的母亲说这种话，是多么的不怕羞呀！"

"一个和女人没有接触的男子，世界上便称他为什么呢？那不是很坏的现象吗？"

"我不愿再听到别的话了！"

因此她离开他，把自己关在房内。

她病了，那个万能的医生，他过度注意肉体，甚于牧师的注意灵魂，便说："乡间的空气太荒凉而有害。"

他们都不得已回到市镇。这样，这妻子的病才能得合宜的诊治。

市镇对于她的健康很有效验，小街僻巷的空气使她的两颊变为红润。

---

① 度死："度（读作 zhái）"同"宅"，意言在家闲居死去。

于是，律师行其故职，夫妻各得其所，不复再有恶癖①的发现了。

不及久待②

在佛莱狄麦镇上住着一位名叫伊凡·特密忒利支·阿克西纳夫的青年商人。他有他自己的两间店和一幢屋。

阿克西纳夫是个漂亮的美发的满头生着卷发的人，非常有趣，并且喜欢唱歌。在年纪很轻的时候，他极喜欢喝酒。喝得过多了，便变得很放纵。但是结了婚后，他只偶然喝点酒，不再像先前那样了。

有一个夏天，阿克西纳夫要到尼失尼市场去。在他和他的家人告别的时候，他的妻子对他说："伊凡·特密忒利支，今天不要动身。我做了一个关于你的恶梦。"

阿克西纳夫笑了起来，说："你怕我到市场之后，会去大喝一回吧？"

他的妻子回答："我不知道我害怕些什么。我所知道的，不过是我做了一个恶梦。我看见你从城里回来了，当你除下你的帽子的时候，我看见你的头发非常地灰白。"

阿克西纳夫又笑了。"这是个良好的预兆。"他说，"我一定会把完全的货色卖掉，还会从市场上买些礼物回来送给你。"

所以他告别了他的家人，驱着车子走了。

---

① 恶癖(pǐ)：不好的习惯。

② 本篇短篇小说未注翻译时间，原刊于上海妇女杂志社1930年6月发行的《妇女》第16卷第6号，题为《不及久待》，署名"徐白译"。文后括注"托尔斯泰原著"。托尔斯泰，是俄国著名作家，全名通译为列夫·尼古拉耶维奇·托尔斯泰(1826—1912)，出身于贵族之家，是一位虔诚的基督教徒，主张道德自我完善。这篇短篇小说《不及久待》亦以此为主题。我们知道，殷夫当时已进入共青团中央任干事近一年，忙于协助编辑团刊《列宁青年》和从事青年工人运动。而上海妇女杂志社是基督教团体，他为何翻译此类小说又发表在此类刊物上，亦令人费解。但从这篇译文的原状来看，却与殷夫的其他译笔相似，特别是有些用词用语多见于其他译文。还有标点符号的使用，更为类似。故可认定本文为其所译。

走到半路上，他碰见了一个他认识的商人。那一天，他们便在同一家客栈里投宿。他们一齐喝了些茶，便回到两间邻室里，预备上床去睡了。

阿克西纳夫是惯于早起身的，并且打算在气候凉一点的时候动身。天还没有亮，他便唤醒了他的车夫，叫他预备好马。

于是他便走到了客栈主人那儿（他是住在背面的一个茅屋里的），付清了账，便继续旅行了。

当他约摸走了二十五哩①的时候，他停下车来喂饲②他的马。阿克西纳夫在客栈的走廊上停留了一会儿。于是他走进了房内，吩咐要热起一个茶炊来，又拿出他的琵琶开始弹奏着。

忽然间有一辆铃声叮哝的马车赶到了那儿。一个军官走了下来，后面跟着两个兵。他走到了阿克西纳夫面前，开始盘问他，问他是谁，是从哪儿来的。阿克西纳夫很完全地回答了他，并且还说："你可要喝一杯茶吗？"但是那军官还继续盘问他："你昨天夜里在哪儿？你是一个人呢还是和一个商人一道的？今天早晨你看见那个商人吗？你为什么天没有亮就要离开客栈？"

阿克西纳夫很奇怪，为什么他要问这些话。但是他将碰到的事情都讲出了。于是又再说："你为什么要当我是个贼或是一个强盗那么盘问我呢？我旅行是为我自己的事情，你没有这样盘问我的必要。"

于是那位军官将兵士叫了过来说："我是这一区的警官。我盘问你，是因为和你一起过夜的那个商人被人割断喉咙了。我们一定要搜查你的东西。"

他们走进了屋子。兵士和警官解开了阿克西纳夫的行李，在里面搜查着。那警官突然从一只囊里抽出一把刀来，喊道："这把刀是谁的？"

阿克西纳夫注意着，看见从他的囊里抽出一把有血的刀。他吃了一惊。

"这把刀怎么会有血的？"

---

① 哩：即英里。

② 喂饲：原刊作"餧饲"。"餧"同"喂"，今已不用，今改之。

阿克西纳夫要想回答，但是一句话也说不出，只是泣泣地喊着："我——我不知道——这不是我的。"

于是那警官说："今天早晨发现那商人在床上已经给人在喉咙边刺死了。屋子是里面锁着的，并没有一个别的人在那儿。这把有血痕的刀是在你的囊里，你的面貌和态度给你泄漏了出来！告诉我，你是怎么将他杀死的？你偷了多少钱？"

阿克西纳夫发了誓，说并不是他干的；说在他们一起喝了茶之后，他并没有看见那个商人过；说他除了自己的八千卢布外并没有别的钱；又说那把刀并不是他的。但是他的声音的破碎了，他的面色是灰白了。他害怕得颤抖着，好像他真是一个罪人。

警官吩咐兵士将阿克西纳夫绑起来，放他在车子里。当他们将他的两脚缚拢，丢他上车子的时候，阿克西纳夫画了个十字架哭泣着。他的银钱、货物是被拿去了，他自己又被送到了最近的村镇上，在那儿入了狱。他们到佛莱狄麦镇上去打听他平时的行为。那镇上的居民和商人都说他从前老是喝酒①度日的，但是现在却是个好人。于是便审判，他被认定是杀死一个从雷安生来的商人，并且抢了他的二万卢布的人。

他的妻子悲伤极了，不知道应当相信谁的话。她的孩子们都还很小，有一个还是抱在她怀里的婴儿。她将他们完全带在身边，到了她丈夫幽囚着的那村镇上。最初，他们不许她进去见他。但是，再三地请求了之后，她才算得到了官厅的许可，被带到了他面前。当她看见她的丈夫穿着囚衣，戴②着镣铐，和偷贼们、罪人们关在一起的时候，她晕倒了。过了许久才醒转来，于是她将孩子们拉到了面前，在他身旁坐下了。她告诉他一些关于家里的事情，然后问起他所遭到的事情。他将一切的话告诉了她，又问："现在我们怎么办呢？"

"我们一定要到俄皇那儿去请愿，不要冤死一个无罪的人！"

---

① 喝酒：原刊无"酒"字。今补之。
② 戴：原刊作"带"。今正之。

他的妻子告诉他说，她已经送请愿书到俄皇那儿去过了，但是并没有被接受。

阿克西纳夫并不回答，只是低着头。

于是他的妻子说："我从前梦见你的头发灰白了，这并不是完全无稽的。你可记得？你那一天应该不动身的。"她用手指掠了掠头发说："最亲爱的范亚①，老老实实告诉了你的妻子吧，这毕竟可是你干的？"

"连你也疑心我了？"阿克西纳夫喊道，用手掩住了面，开始哭了起来。这时候一个兵走过来说，他的妻和孩子们应当走开了。于是阿克西纳夫对他的家人作了最后的一次的离别。

他们走了之后，阿克西纳夫记起了他所听到的话。当他想到了连他的妻子也疑心他的时候，他便对自己说："似乎只有上帝明白了，我们只能到'他'面前去求诉，只能从'他'那儿得到怜悯。"

于是他不再写请愿书了，不再怀什么希望了，只是祈求着上帝。

阿克西纳夫被判决要受笞刑②，还要流到矿山去。他是被用一条鞭子来抽打的。在鞭伤医好了之后，他便和别的犯人一起被赶到西伯利亚去。

阿克西纳夫在西伯利亚过了二十六年罪犯的生活。他的头发变得雪一般白了，他的髭须长了、细了，又灰色了。他一切的乐处都没有了，他的身体伛偻③。他走得很慢，说得很少，永远也不笑。但是他常常祈祷着。

在狱中，阿克西纳夫学会了做靴子，赚了一点钱。他便用这点钱买了一本《使徒行传》④。在狱中光线好一些的时候，他读着这本书。礼拜日在狱中教堂里，他读着功课，还在唱诗队里唱着诗。因为他的声音还是很好的。

---

① 范亚：疑是俄语"伊凡"的别称。

② 笞(chī)刑：古时五刑之一，即用竹板或竹鞭抽打罪犯臀部或脊背之刑罚。

③ 伛偻(yǔlǔ)：即驼背。

④《使徒行传》：基督教经典《新约全书》中叙述早期教会情况与使徒们的书信、启示录部分。亦称《圣经》。

司狱的长官很喜欢阿克西纳夫，因为①他的和善。而他的同狱的人又敬重他，他们称他"祖父"和"圣人"。当他们对于司狱长官要有所请愿的时候，他们总叫他去做代言人，并且当囚犯们之间有了争端的时候，他们总叫他评理，去判断这事情。

阿克西纳夫得不到一些儿从家乡来的消息，他甚至不知他的妻和孩子们可还活着。

有一天，一队新罪犯来到了监狱里。在晚间，旧的囚犯将那些新的召集了拢来，问他们是从哪一个村镇里来的，为什么被判定刑。阿克西纳夫和其他的人一起坐在新来者的近旁，神色颓丧地听着他们的话。

新囚犯中有一个又长又强壮的年纪六十岁的人，生着剪得很短的灰发，正在告诉别人他被拘捕的原因。

"啊，朋友们！"他说，"我只牵走了一匹缚在车子上的马，便被拘捕了，说是为了偷盗。我只借来用一用，为了要早一点赶到家里，然后再放它走。并且，那车夫还是我的朋友。所以我说'这并没有什么'。'不，他们说你偷的。'但是他们却说不出我怎么偷的，是在哪儿偷的。我从前确实干过一件错事，照法律应当早已到这里来了，但是那一次没有给人家知道。现在我却无缘无故的被送到了这儿。……唉，但是我对你说的是谎话，我从前曾经到过西伯利亚，不过并没有住得长久。"

"你是从何处来的？"有一个人问。

"从佛莱狄麦。我的家是在那个镇上。我的名字是马卡尔，他们也叫我赛米约尼支。"

阿克西纳夫抬起头来说："告诉我，赛米约尼支，你可知道一些儿佛莱狄麦地方的商人阿克西纳夫家里的情形吗？他们可还活着吗？"

"知道他们吗？我当然知道的。阿克西纳夫的家很有钱，虽然他们的父亲是在西伯利亚，怕是和我们同样的一个犯人吧！不过你，老伯伯，你怎么会到这儿来的？"

---

① 因为：原刊作"为了"。今改之。

阿克西纳夫不喜欢说他的不幸。他只是叹了一口气，说："我为了犯罪，在这牢里已有二十六年了。"

"什么罪？"马卡尔·赛米约尼支问。

但是阿克西纳夫只是说："啊，啊——我总是该受的！"他不想再说什么了。但是，他的同伴们都告诉了那个新罪犯，阿克西纳夫是怎样到西伯利亚来的：说有一个人怎样地杀死了一个商人，却将一把刀放在阿克西纳夫的东西里面。于是阿克西纳夫便冤枉定了罪。

当马卡尔·赛米约尼支听到了这话的时候，他对阿克西纳夫望了望，拍了拍自己的膝盖喊着："咦，这是奇怪的，真奇怪！但是你怎样变得这样老了？老伯伯！"

别的人问他为什么这样诧异？从前他可在哪儿看见过阿克西纳夫？但是马卡尔·赛米约尼支并不回答。他只说："我们会在这儿碰头，这真是奇怪的，孩子们！"

这些话使阿克西纳夫很疑心杀死那商人的或许就是这个人。因此他说："赛米约尼支，这事情或许你是听到过的，或许你从前看见过我？"

"我怎么会不听到呢？到处都散着谣言。但是年数多了，我已经忘记我从前所听到的了。"

"也许你听到过这商人是谁杀的吧？"阿克西纳夫问。

马卡尔·赛米约尼支笑起来，于是回答："总是被发现囊里有刀的那个人杀的！假使有别个人将刀放在那里，那么俗话说得好：'他没有被捉住，便不能算贼。'囊是放在你的头下面的，别人怎么会放进一把刀去？他可不是一定会把你惊醒了吗？"

阿克西纳夫听到了这些话，他觉得杀死商人的一定是这个人了。他便起来，走了开去。整整的一夜，阿克西纳夫老是清醒着。他感觉到非常地不快，各种的幻象都在他心里起来了。这是他妻子的幻象，正像他从前要到市场去和她分别的时候一样。他看见她，似乎她就在眼前。她的面貌和眼睛在面前升了起来，他听到了她的说笑声。于是他又看见了他的孩子，非常地小，正像从前那个时候一样：一个披着斗篷，还有一个在母亲的怀里。于是他又记起他自己从前常是——年轻而愉快的。他记起他怎样地坐在他被拘捕的那客栈的门边弹琵琶。他在心里看见了他受笞刑的那地方。那行刑者、站在四周的那些人们、那些镣铐、那些罪犯、那二十六年牢狱生活的全部和他自己过早的衰老。这些思想使他这么难受，他竟想要自杀了。

"这些都是那个混蛋干出来的！"阿克西纳夫想。他对于马卡尔·赛米约尼支怀着这么大的忿怒。他竟渴望着要报仇，就是牺牲了自己的性命也愿意。他整夜地祈祷着，但是心境还不能平静。在日里，他不走近马卡尔·赛米约尼支，也不对他看一看。

这样地过了两星期，阿克西纳夫几夜都睡不着。他是不幸得不知道怎么办。

有一夜他正在狱中踱步的时候，他看到有一些泥土从犯人们睡着的架床下面滚了出来。他停下来看是什么东西。突然地，马卡尔·赛米约尼支从架床下面爬出来了，面上很惊惶似地抬头望着阿克西纳夫。

阿克西纳夫想一眼都不去看他的走过去，但是马卡尔拉住了他的手，对他说他已经在墙下面掘了一个洞，每天将泥土放在他的长统靴里，在犯人们要赶出去做工的时候，便将这些泥土丢在路上。

"你不要响。老头子，你也可以逃出去的。假使你话一句，他们一定要用鞭子将我抽死的。但是我却要先杀你。"

阿克西纳夫看看他的仇人，竟忿怒得发抖了。他抽开了他的手说："我并不想逃去。你也不必杀死我。你早已将我杀死了！我告诉你——我的要说与否，一切照上帝的吩咐。"

第二天，当犯人被带出去做工的时候，护送兵看到有犯人从靴子里倒出泥土来。在狱中搜寻了一遍，便发现了那个地洞。司狱官走来盘问所有的因犯，要查出掘洞的人。他们大家都说不知道。有几个知道的也不肯说出马卡尔·赛米约尼支来，知道他是会被打个半死的。最后他转过身来问阿克西纳夫（知道他是一个公正的人），他说：

"你是个诚实的人。告诉我：在上帝面前，这个洞是谁掘的？"

马卡尔·赛米约尼支装做一点关系也没有似地站在那儿，看着那司狱官，更不时地瞟着阿克西纳夫。阿克西纳夫的嘴唇和手都颤抖了，许多时，他一句也说不出。他想："这个谋害我一生的人，我为什么还要替他庇护？让他偿还我所忍受的痛苦吧！但是假使我说了，他们或会将他打死，或许我是冤枉疑心他的。并且，这于我自己有什么好处呢？"

"好，老头子！"司狱官又说，"老老实实告诉我：谁在这墙下面挖掘过？"

阿克西纳夫向马卡尔·赛米约尼支瞟了一眼，说："我不能讲出来。大人，上帝的意志是要我不讲出来，你随便怎样处置我吧！我是完全在你手里的。"①

无论那司狱官怎样地审问，阿克西纳夫总不再说什么。这事情便只能算为罢论了。

那一晚，当阿克西纳夫躺在床上正要入睡的时候，有个人静悄悄地走了过来，在他床边坐下了。他在黑暗中张望着，看见是马卡尔。

"你还要我些什么吗？"阿克西纳夫问，"你为什么到这儿来？"

马卡尔·赛米约尼支沉默着。因此，阿克西纳夫便坐了起来说："你要些什么？走开！否则我要喊守卫兵了！"

马卡尔·赛米约尼支屈着身体，更挨近阿克西纳夫，低声地说："伊凡·特密忒利支，饶恕了我吧！"

"为什么？"阿克西纳夫问。

"杀死那个商人，并且把刀放在你的东西里面的人就是我。我原想将你也杀死的，但是我听得外边有些声息，因此我便把刀放在你的囊里，从窗口逃了出去。"

阿克西纳夫沉默着，不知道说些什么好。马卡尔·赛米约尼支溜下了床架，跪在地上。"伊凡·特密忒利支，"他说，"饶恕了我吧！为了上帝的爱，饶恕了我吧！我可以自己承认杀死那商人的是我，你便可以释

_____

① 这些话,便是基督教主张道德自我完善的宣示。

放回家去。"①

"你说是容易的。"阿克西纳夫说，"但是我却替你受了二十六年的苦。我现在还可以到哪儿去呢？……我的妻子死了，我的孩子是把我忘了。我现在没有什么地方可以去了。……"

马卡尔·赛米约尼支并不站起来，只是在地上敲着自己的头。"伊凡·特密忒利支，饶恕我吧！"他喊着，"他们用鞭子抽着我的时候，还没有像现在看见你那么难受……你却肯怜惜我，并曾说出来。为了基督，饶恕我吧！我是多么痛苦呀！"于是他开始哭泣了。

阿克西纳夫听见了他在哭泣，便也哭了起来。

"上帝会饶恕你的！"他说，"或许我比你坏到一百倍。"说了这些话，他的心轻松了。他不再渴望着回家了。他再也不希望离开监狱，只是在盼望着最后死期的来到。

虽然阿克西纳夫这样劝阻他，马卡尔·赛米约尼支承认了自己的罪恶。但当释放的命令传来的时候，阿克西纳夫已经死了。

---

① 这些话,也是基督教主张道德自我完善的宣示。

下编　殷夫政论文校注

作为无产阶级革命战士，殷夫在进入共青团中央宣传部任干事后，先后协助部长华岗（号少峰）、李求实（一名伟森）、陆定一编辑团刊《列宁青年》以及主编上海青年反帝大同盟刊物《摩登青年》过程中，撰写了一系列批判性和指导性极强的时政论文和编务论文，并翻译了诸多"少共国际"的重要文献，足见他还是一位政论家和翻译家。只因当年处于地下斗争环境，他根据斗争需要，采用了一些不为常人所知的笔名或化名，加之有些篇章被团中央作为文件或通报下发各级团组织，给我们今人识读带来了困难。本编则依据考证，认定属于殷夫所作所译的篇目，分设时政论文、编务散论及政论译文等三辑，分篇予以校注。

第十辑　时政论文

反帝大同盟扩大会与今后的反帝运动①

一

今年1月中旬，国际反帝大同盟执委所召集的扩大会议，在它发展的历史上开辟一个新的阶段。反帝大同盟已到了必须团结一切革命势力与帝国主义做实际斗争的时候。这次会议是为准备本年下届的大会而开的。会议上除执委委员和书记外，还有各民族的代表、各工会的代表参加。再，这是第一次执委会议通过赤色职工国际与苏联工会加入反帝大同盟。反帝大同盟从此添上了一支新的生力军。会议上在欢迎苏联代表

---

① 本文未注写作日期。原刊于1927年5月15日出版的《列宁青年》第1卷第15期（假封面《青年杂志》第1卷第15期），署名伊凡（系殷夫英义笔名Lven之音译）。"反帝大同盟扩大会"即文中之国际反帝大同盟执委扩大会议。该同盟于1927年在德国普鲁士成立，由各国社会民主党、工会及反帝国主义组织代表组成，以英国工党代表林斯白里为主席。1929年1月召开执委和书记扩大会议，吸收国际赤色工会和苏联工会参加。殷夫当时尚在象山县立女小，过了元宵节（2月24日）才返回上海。他大概是在进入共青团中央宣传部协助编辑《列宁青年》期间，根据这次执委扩大会议资料而撰写此文。文中虽未就"今后的反帝运动"提出具体部署与意见，但对于第二国际、社会民主党改良派的分裂无产阶级队伍的批判，却是旗帜鲜明。最后还对苏联、各国无产阶级、殖民地半殖民地工人和农民"三种势力"一致联合起来彻底推翻国际帝国主义统治，提出了希望和要求。

的致辞中说："执委认为这次苏联工会加入反帝大同盟，对于世界反帝国主义运动有莫大的意义。"又说："执委认为随着苏联工会之加入，有好些地方如印度、南美洲的工会都已加入，则其他一切帝国主义国家中和殖民地半殖民地国家中的工会，也有很快地加入的可能。"

但是①，有许多组织和个人，过去很积极参加反帝大同盟的工作的，这次却没有参加。这完全不是偶然的。反帝大同盟包含着最复杂的成分：从小资阶级的民族革命的组织、一部分"左派社会主义者"，一直到共产党员，差不多应有尽有。当广东革命军进行北伐，取得武汉和上海时，当中国革命还带着"全民"的性质时，小资产阶级的民族主义者和"左派社会主义者"对反帝国运动的同情确是很大的。但是等到土地革命一深入，国民党反投向反革命的营垒中去，帝国主义者在第二国际社会民主党的赞助之下，假手中国的新旧军阀摧残工农运动，这种同情就烟消云散了。

1927年反帝大同盟在普鲁士②开大会时，英国工党的代表林斯白里、比利时社会民主党的代表马尔加都是大会的主席团之一。当时如匈牙利的 *Arb iter Tzeitung* 报③，甚至比利时社会民主党的机关报都竭力鼓吹反帝大同盟的大会。但当中国民族资产阶级拿着武器反对革命，当国际革命表现土地革命的性质，同时其他许多殖民地半殖民地中也产生反帝国主义的组织，积极援助中国革命时，第二国际马上开始向反帝大同盟做卑鄙的攻击了，什么这是共产党的把戏咯、"第三国际的阴谋"咯……不一而足。1927年的秋天，第二国际的执委终于命令所有的社会民主党员与反帝大同盟断绝关系。连反帝大同盟的主席林斯白里也屈服在这道使命之前。只有棉克斯登、费斗、柯克④等少数人没有服从。

---

① 但是：原刊作"但而"，误。今正之。

② 普鲁士(Preussen)：德国城市。原刊作"不鲁塞"，系殷夫之音译。今改之。

③ *Arbeiter Tzeitung* 报：德语工人报或劳动者报。

④ 棉克斯登、费半、柯克：此3人均无考。

二

从实际经验中证明，第二国际底下的改良派和殖民地的民族资产阶级，都是反帝国主义运动的敌人。殖民地民族资产阶级虽然受帝国主义经济的压迫，因而相当地要求反对帝国主义。但它①的自身本由买办地主阶级蜕化而来，与帝国主义还保持很密切的关系，因此当工农运动的发展触犯自己的利益时，马上转而反对革命，成为帝国主义的工具。至于第二国际的改良派则更明显的是帝国主义在工人运动中的奸细，是维持垂死的资本制度的有力支柱。他们用劳资合作的政策来破坏工人运动，削弱它②的战斗力，分裂无产阶级的队伍，使无产阶级的利益附属于资产阶级的利益。他们投票通过自己的帝国主义政府的战费预算，对群众宣传帝国主义的思想，提出"保护资产阶级祖国"的口号，并用好听的"社会主义"的话掩饰自己帮助政府压迫殖民地的事实。举几个例吧：法国的改良派曾经帮助资产阶级政府压迫摩洛哥的战争；英国的工党帮助保守党政府对中国、印度和埃及的武力政策；德国的社会民主党赞助资产阶级政府建造大炮舰的计划；美国的工联为美帝国主义者在南美当直接代理人；日本的改良主义者召集亚细亚劳动大会，企图扩大日本帝国主义在东方劳动群众中的影响。这就是各国改良主义者的真面目。在反帝大同盟的扩大会议上，柯克做的报告中并没有揭破改良主义的真面目。柯克只是说：这些人（改良主义者）好像迷路的小羊一样，他们不知道自己是在做什么。柯克对于改良派的领袖做如此的估量，当然是根本错误的，难怪引起会议上革命派的热烈的反对。扩大会的议决案虽然大体上按照柯克的报告通过了，但关于改良主义的本质问题，确有各种不同的意见。柯克等认为改良主义者只因为不懂得，所以不能坚决地反对帝国主义。革命派的代表则认为社会民主党老早就自觉地为帝国主义效忠。

---

①② 它：原刊作"他"。今改之。

三

在一定的情形之下，殖民地的民族革命的组织，和少数"左派社会主义"的分子，仍然是有反帝的作用。但不可忽略的是：他们决不能，也不愿与帝国主义做坚决的革命斗争，领导他们共同反对帝国主义是有利益的。但这种合作必须有具体的政纲，并且革命派无论如何不做原则上的让步，保持自己自由批评的权利才行。会议上苏联的代表说得很明显：苏联工会加入反帝大同盟，决不能放弃他的自由批评的权利，同时也不拒绝任何人对苏联职工运动的批评。当然的，如果对于棉克斯登、柯克、费门等动摇犹豫和不公开地反对帝国主义不加以批评，那将是非常的错误。同样，对于国际运输工人总会的指导者的不反对帝国主义而①反苏联斗争之准备，假使不加以批评，那也是错误的。

四

谁是世界上最彻底的反帝国主义的势力呢？我们可以回答说：只有苏联、各国的无产阶级、殖民地半殖民地的工人和农民。苏联是世界上第一个社会主义的祖国，它不但打倒了俄国地主资本家的统治，解放了数千万的工农群众，而且竭力援助殖民地人民的反帝国主义运动。一切帝国主义者都恨之刺骨，企图进行武力干涉。各国的工人阶级在资本家的生产合理化政策之下，工资减少，工作时间加长，生活日益痛苦；他们渐渐脱离改良主义领袖的欺骗，举行英勇的罢工。殖民地半殖民地的工人和农民受国际帝国主义及国内资产阶级地主的严重压迫，他们的革命要求尤为迫切。只有这三种势力一致联合起来，才能彻底推翻国际帝国主义的统治。

① 而：原刊无此字。今加之。

目前青年反帝运动的战术①

一、帝国主义在中国统治之巩固与扩大

在 1925—1927 年②的大革命失败了之后，帝国主义在中国的统治便进一步的更加巩固而且扩大了。中国的政府，虽然在先还空口的喊几声"打倒帝国主义！""修改不平等条约！"的口号，欺瞒欺瞒群众的眼光，然而到现在，则索性连口号也不叫了。于是帝国主义便在实质上名义上都成为中国民众的"太上皇"了。

证明帝国主义在华统治巩固与发展的事实是很多的。我们现在分几方面来说：

A.帝国主义对华商品侵略的发展。

自 1927 年的中国伟大的民族革命给叛变的资产阶级和帝国主义封建势力用铁血政策压镇下去之后，帝国主义的对华贸易都有长足的发展。尤其是日本和美国，勾结了中国的反动军阀政府，在国内严厉的取缔反帝运动。因此，他们的对华商品输出，增加得真是一日千里。如：

国民社 6 月 23 日华盛顿电——据今日总商会本年初季之国外贸易分析表之计算，本季对中国之出口较去年同季超出美金五百二十三万二千

---

① 本文作于 1929 年 12 月 17 日，原刊于 1930 年 4 月 10 日出版的《摩登青年》月刊 NO.2（即第 2 期），署名殷夫。本文从写作至刊出时隔近 4 个月，这对于时效性极强的政论文而言，简直是不可思议。问题出在这期《摩登青年》"编辑部因为人事关系，临时换了负责人，所以出版误了期"，使原本应于 1930 年 1 月出版的，延至 4 月出版（最后由殷夫主编辑出版）。好在本文所论的是青年反帝运动，是一个大论题。殷夫是在搜集了大量资料基础上，提炼自己的观点才成文。而且这些观点（亦即战略战术），对当年的青年反帝运动是极具针对性和指导性的。要知道，这是出自一位不满 20 岁青年的手笔，实在是难能可贵！

② 1925—1927 年：原刊作"一九二五——二七"，今改之（下文公元纪年、纪月、纪日同改）。

元。以百分数计算，为添加百分之二十五。对中国的出口，汽车与纸、棉大增，纸类一项输入中国者，计全季共运出一百七十八万五千磅，而去年同季则只有十二万三千磅。橡胶①一项亦为前所未有之盛。

世界新闻社云，据美国商务部发表，本年五月份及一月至五月的美国对华输出额如下②（单位为千元）：

	五月份	本年统计	上年同期总计
中国本部	9572	53321	47712
香　港	1067	8802	10428
旅　大	741	4238	2239
总　计	2380	66361	60397

有人以为美帝国主义只想实行财政资本的侵略，而不需要商品经济的侵略。这实在是错误的意见。我们只要看看上面的两件例子，都可以明显的看出，美帝国主义不但在财政资本的侵略上是一个拿手，并且在商品经济的侵略上也是非常厉害的。这种商品输出的增加，当然可以证明美国在中国市场与经济力量的扩大。

其次我们要看日本。

日帝国主义自从济南出兵③，屠杀了二三千人，对中国政府实行武装威吓。而完全得到胜利之后（济案之解决，反日运动之取缔），它④对华商品输出的激增，是以极大的速度进行的：——

据7月14日东京电，日本对华输出贸易，列年夏季为宽松的时期。现在7月上旬，由大阪港向中国输出之额已见激增，比往年同期的输出，大见畅旺。开沪各轮竟皆满载，为近年所没有的。

---

① 橡胶：原刊作"橡皮"。今正之。

② 如下：原刊作"如左"。因原刊系横排印刷，不存在左与右。今正之。

③ 济南出兵：指1928年5月3日驻山东日本军队出兵济南，大肆屠杀中国军民的"济南五三惨案"。

④ 它：原刊作"他"。今正之。以下类似的同改。

其他的各帝国主义者对中国的商品经济侵略情形①，因为我们手边没有详细的统计，但是在这种取消"打倒帝国主义"的局面之下，这毫是无疑地是在激增着的。

B.帝国主义在华投资额的增加。②

虽然这里没有详细的统计可以调查，但单就现在新借款的增加。这事实上（这留在下面说），也立刻就可以看得出来的。

比较得可以看一看的，是日本纱厂在1927—1928年③的发展情形。在这一年中，在十八个主要的日本纱厂之中，有十一个是无增减。其余的七个之中，却有的增分厂，有的增纱锭，有的增布机。

自然，日本在中国的投资不止于纱厂，帝国主义在中国投的，也不止是日本。然而正是所谓"反日"的年头（1928）中，④日本的纱厂仍有发展。可见其余的帝国主义投资，更加不用说了。可惜我们没有统计在手边呵！

C.日本帝国主义侵略满洲⑤之激进。

日帝国主义对满蒙的侵略，是用着最积极的手段从事的。它不但在满洲拥有⑥既得权，并且还要积极的把满洲作为它的完全殖民地呢！

日帝国主义在满洲的设施，只就报章的所载，便有：

1.尽量扩大"南满铁路会社"的经济势力，发行社债七千万元，作为侵略南满之用。

2.开筑安东港⑦，作为大连的辅助港⑧。

3.进行满蒙五大铁路之建筑。

---

① 此句原刊接上一行，今改为另起一行。

② 此句原刊与后句相连，今拎出作为"B"的小标题。

③ 原刊"1927—1928"后无"年"字，今补之。

④ 此处原刊作"然而正是所谓'反日'（1928）的年头中"。今改之。

⑤ 满洲：指今东北地区。

⑥ 拥有：原刊作"拥护"。今正之。

⑦ 安东港：今辽宁省丹东市港口。

⑧ 辅助港：原刊作"补助港"。今正之。

4.在安东设立海军制钢工厂，及实行之道浪筑港等事。

5.营口"伊藤洋行"，霸占海城滑石矿区。

6.日商"劝业公司"强行耕种七公台村民土地二百四十余亩，并用武秋军士杀伤无数村民。

7.日人在长春建筑大兵营，工程费一百万元。

8.日本在和龙县南坪强设警署。

9.南满路乘着"中东路事件"①爆发，派多数船舶运材料至会宁转天图路，实行开筑吉会路线。

10.日人拟设"满蒙中央银行"，统一东三省金融，予中国金融界以致命伤。

11."关东厅"议决增守备队两营，并增警两千，加经费三百万，准备窥伺北满。

12."关东厅"为充实警备计，旅大②又增警五百名。

13.日本于"中东路事件"爆发后，在长春增兵一万三千余名。24日③开始放哨。

14.日人盛传南满路禁运华军。

此外，在12月9日的《申报》还有一段消息：

满洲日青年会议

北平日组满洲青年会议，到六十三名，议决提案重要者：（一）拥护满蒙既得权，并促进充分行使案。（二）南满航空运输促进案。（三）组满蒙调查团。（四）成立满洲制钢所。（五）赞助撤废领判权，须在商租及内地杂居权取得之后。（六）筹备满蒙博览会。（七）

---

①"中东路事件"：指1929年5月27日中国东北地方当局在蒋介石的指使下，借口苏联"赤化东北"，派军警搜查和逮捕苏联驻哈尔滨领事馆及其外交官，又以武力接管两国共管的中东铁路，从而引起的外交和武装冲突事件。

②旅大：今旅顺、大连之合称。

③24日：原刊作"二十四"，无"日"字。今补之。

援助在满洲朝鲜人机关设置案。（八日）

这更足透露日本侵略的野心了。

对于这些，本来是举不胜举的，读者如参照《世界月刊》第二卷一二期之日本外交秘件，更可得一明确的印象。

D.新的不平等条约。

不平等条约是帝国主义束缚中国的锁链。这是昭彰①的事实。最近中国政府声言修改不平等条约，也只做到一些些。而这个"修改"（！）事实上却只有替旧的不平等条约加上一层新的保障。我们且举出最显著《中美航空条约》与《中英海军协定》：

I.根据了中美航空合同的内容看来，不但中国的航空事业全部由美帝国主义一手包揽，并且中国政府②还有对美国公司"应尽的义务"。美国公司在中国有许多特权可享。内容的要点是：

1.将广州长沙汉口、上海南京汉口、南京天津③北京三个大航空路线一并交给美国公司管理。

2.中国公司担保美国公司每日有飞行三千英里之收入，每英里由中国公司付给报酬美金一元五角至五元。（若平均以每英里三元计算，则每日当付美金九千元，合中国大洋二万元。每年当损失七八百万元。）

3.前项款项由中国政府担保付给。若营业收入不足，中国政府得付期票，八厘起息。

4.美国公司在中国不完纳任何税，不承认任何损失④。

5.美国公司由外国运来的材料，在入口时需付关税。这个关税在中国公司付给酬报时，应归还美国。（这就等于说美国不付关税。）

从这五项看来，就很明显的可以看出这合同是和旧的不平等条约有

---

① 昭彰：原刊作"照彰"。今正之。

② 中国政府：原刊无"府"字。今补之。

③ 天津：原刊作"天律"。今正之。

④ 损失：原刊无"失"字。今补之。

过而无不及的。并且这种航空事业，还包含着军事性的。美帝国主义不但在中国夺取了商业的、邮务的航空权，并且还专有了中国的军事航空。这必然会引起日、英帝国主义的妒忌，而更促成了太平洋冲突的爆发。

II.中英海军协定：

1.由英国派海军专家来华训练海军。

2.中国的海军士官赴英见习。

3.由英承造巨舰数艘。

这三条虽然在表面上看来是非常的简单，而实际上却有这样的几个意义：英帝国主义有全权训练中国海军，监督中国海军；英帝国主义可以有指挥中国海军的权能，这是它在瓜分中国；爆发世界第二次（大战）时所必要的准备。英帝国主义可以借第三条的理由，威胁中国政府向之借款，以获得许多特权。

E.各种新的借款：

1.西原借款的承认。

2.关税项下每月提出五百万元，整理旧债，作借新债的准备。

3.美费德公司借款二千万美金，作为整理旧债之用。

4.沪宁中英银公司借款一百八十万元。

5.中美航空借款一百万英磅①。

6.中日借款尚在进行，数目不得而知。

其他还有许多秘密进行的借款，报纸没有发表，所以局外人无从知道了。

F.最近各地的惨案：

帝国主义直接用枪炮屠杀中国民众的事，到今日已是数见不鲜的了。一展开几十年来的中国史来，所见的都是这些殷殷的血斑。在1927年②

---

① 英磅：原刊作"金磅"。今改之。

② 1927年：原刊作"一九二七"，无"年"字。今补之。

之后，最使我们触目动心的是：济案①、汉案②、宁案③。这几个虽然是马马虎虎的解决了，而此外的惨案还是很多。这许多惨案，有的也是屈服的解决了；有的却悬在那儿，政府和帝国主义都置之不理。

已解决的有：

1.上海的张学良案——张学良给英国水兵打死之后，民众异常愤慨。然而偏偏政府却要禁止民众运动，同胞给人家打死却不准援助。所以到头，自然英帝国主义占了上风，打死人的凶手只监禁一年了事，并且还是解到英国去的，关不关还是问题。

2.汉口的水杏林案——汉口车夫水杏林给日本炮车压死之后，曾引起全国民众的反对，即汉口亦组织罢工委员会以对待。然而，到了解决，只赔钱三千六百元了事。可以说是完全的失败，并且当局还要禁止抵制日货。

未解决的：

1.辽宁日警在盖平县枪杀我们农民张玉堂案。

2.日人大庭政治郎乔装华人，十七日由济南来青岛，下车时拒绝检查，殴伤宪兵。

3.龙野丸撞沉新康轮。

4.日本人在青岛殴毙车夫马洪成惨案。

5.日本水兵在芜湖刺伤船夫宓义隆案。

6.日人在长春殴伤华人数名。

7.龙井村井日警刺毙郑长海案。

---

① 济案：指1928年5月3日日本军队在山东济南制造的"五三惨案"。

② 汉案：指1928年5月10日日本大批驱逐舰由上海驶抵汉口，声称"警戒长江沿线"事件。或指1929年3月2日日本水兵在汉口登陆，并在一字街开枪打伤罢工指导组长余金山事件。

③ 宁案：指1927年3月24日英、美军舰为阻止北伐军东进而炮轰江苏南京事件，以及同年6月19日，日本轮船"南阳丸"号由汉口过南京驶上海，在南京下关违例不靠码头，不接受检查，在不鸣汽笛的情况下突然开驶，以致撞沉中国船4艘，溺死乘客150余人，酿成惨案。

8.辽宁日警刀伤李万林案。

9.7月26日上海示威中，日本巡捕枪毙示威群众陆永生案。

10.崇安丸撞沉元利轮案。

G.帝国主义在华冲突的加紧。

这是非常明显的事实。展开在我们目前的国内战争，虽然其中包含了军阀争地夺权的冲突，而其最主要的动力还是帝国主义国家间的矛盾。因为自从1927年①之后，帝国主义在华统治稳固之后，每个对中国的侵略，都加着速度进行。这自然要促成他们以利益不均的争斗了。在目前，我们很能看出，美国因为获得中国名义上的中央政府的要好，在华的势力一日千里，于是便引起英、日的共同的妒忌。这看一看各帝国主义报纸对目前内战的批评，就可一目了然的。

而且，中国的许多许多军阀，在对苏俄的态度上都是一致的。这完全反映出帝国主义在联合进攻社会主义国家时的心理。这无论如何不是偶然的。

综合上述各点，我们可以看出，自从1927年②大革命经资产阶级的叛变而失败之后，帝国主义在中国的统治是一日巩固一日，一天发展一天。

二、全国反帝运动的复兴

在上面，我看见帝国主义在中国的统治只有一天一天的发展、扩大。自然，他们对中国劳动群众的剥削和压迫也跟着而更残酷，更深入。物极是必反的。压力大，反作用力③也大。你看，中国的反帝运动的浪潮也跟着这压迫而日益汹涌澎湃了。

---

①② 1927年：原刊均作"一九二七"，无"年"字。今补之。

③ 反作用力：原刊作"反动力"。今正之。

A.①我们不必举出1928年②"五三"惨案后的反日运动来，因为这个运动是悲惨地给不要脸的反动派干脆出卖了③。济南城的二千多个民众的鲜血，激刺醒了一个伟大的、热烈的反应。然而我们的政府却只会叫："镇静！镇静！"私下进行其卖国的交涉。于是禁止民众运动的命令也无耻的发表了，禁止贴反日标语的行动也发生④了。从日本回来的反日大同盟也给他们破坏了，连抵制日货也给禁止了。这是我们不可忘的失败，也是他们最无耻的出卖！

我们不必说这些过去的，我们只要看1929年⑤的各处反帝运动的开展，就是证明反帝运动虽然在严重的禁令、无耻的欺瞒、残酷的暴压联合进攻之下，是没有消沉下去，反而是只有一日一日的增长起来，开展起来。

汉口水案的政治罢工——汉口的日兵轧死了车夫水杏林之后，汉口的劳苦民众都非常愤慨，至自动的罢工反日。这个轰轰烈烈的行动虽然给豪绅资产阶级利用了去，转移了罢工的性质，而用他们欺骗的口号来借机扩充英美帝国主义的势力，实行他们改良的宣传。但是这罢工的意义是伟大的。这证明劳苦群众对帝国主义的怨恨是已忍无可忍，随时都可激烈的出来反对帝国主义的。可惜当时的反帝运动，没有好的领导，没有把反日扩充为反一切帝国主义的运动。因此就被政府无耻的出卖了。这是非常严重的一个教训！

B.上海"五一"以后的青年反帝运动——上海自"五一"以后，反帝运动呈出了一个很大的复兴。"五九"纪念那天，虽然各学校奉了市党部的命令，照常上课，但学生群众却都自动的罢课，召集纪念大会，并且出发演讲游行，甚至参加市民大会、示威运动。在这次行动之后，一

---

① 原刊此处无"A."。今补之。

② 1928年：原刊作"一九二八"，无"年"字。今补之。

③ 出卖了：原刊作"出城卖了"，多一"城"字。今删之。

④ 发生：原刊作"发现"。今正之。

⑤ 1929年：原刊作"一九二九"，无"年"字。今补之。

方面是压迫的加重，如三校被封、各校的逮捕学生。然而他方面却是群众情绪的高涨。尤其是在张案后援运动之中，"五卅"那天的示威，全上海的民众参加，继续至七小时之久。革命的《上海白话报》，一日能销去十五万份①。甚至为了张案，单独的②爆发了好几次的群众示威运动。这个浪潮，经过"八一"、"九一"、"九二一"等示威运动之后，不断的高涨。

C.到了③东京事件后援运动——更表现得十分汹涌了。东京事件一发生，上海竟发动了七个学校的罢课，产生了轰轰烈烈的示威（10月27日）。这并不是偶然的，这绝对不是几个人煽惑得起来，而是群众对于帝国主义的积愤所造成的。

D.哈尔滨的民众反日示威——上海的东京事件后援运动正在蓬勃的时候，哈尔滨又产生了一个民众的反日示威。成千成万的工农市民都勇敢的参加这个示威，提出"打倒日本帝国主义"的口号，以致日本竟老羞成怒，不客气的派兵数万，准备武力压迫。

E.各处反帝运动的开展——其他各处如厦门、香港、天津、无锡等处，反帝运动也日有开展之势。尤其是厦门甚至有过政治的反日罢工，急得政府无法，立刻下令严重的压迫。这才④总算讨好了日帝国主义。

F.反帝组织的扩大——在张案运动中，上海的青年界就自动组织了"上海青年反帝大同盟"⑤，包含了一百多个民众团体，工作异常紧张，并且派代表出席国际青年反帝大会。到了现在，该同盟的发展非常迅速，各处都成立分同盟。

单根据了这一点来说，反帝运动的浪潮毫无疑义是向上发展的。

---

① 份：原刊作"分"。今正之。

② 的：原刊此后多一"的"字。今删之。

③ 到了：原刊在上一行之末，今移至此。

④ 这才：原刊作"只才"。今正之。

⑤ 上海青年反帝大同盟：殷夫亦曾参加这个组织。

三、目前反帝运动的阶段性

　　根据上面的分析，可以看出中国反帝运动的浪潮重复高潮，是毫无异义的了。现在的问题是要考察：在这阶段的反帝运动是不是和以前的反帝运动相同的呢？我们必须对于这点有清楚的了解。否则，我们是无从应付这伟大的行动的。

　　中国是一个半殖民地国家，根据其经济的特殊形态，其革命运动有两个根本的任务：一是推翻帝国主义的统治；二是肃清封建的残余势力。从这点，我们可以看见：反帝运动是怎样与中国革命有着联系①的！因此，在我们考究反帝运动的阶段性时，中国革命的性质与变迁的考察是必要的。

　　中国目前的革命，是什么样性质的一个阶段呢？这是一个很重大的论争问题，回答是很多方面的。归纳起来，差误的大约有两个路线：一个是认为现在中国是资产阶级统治稳固的时代，中国革命主要的任务是准备社会主义的革命；一个是主张：中国一向的统治者，是一种超阶级的社会层，其余的各阶级都是被统治者，因之现在的革命应该是各阶级联合革这特殊社会层的命。第二个理论完全是唯心的论调，是资产阶级恶意的欺骗，不值一驳。第一个差误却是在于他忽视了中国经济的殖民地性，根本不懂得帝国主义和封建势力在中国政治经济上扮演的一套把戏。这些，本刊一期上丘旭君的那篇②已说得非常详细，我暂置不说。我这里只想简短的说一说对中国革命正确的分析。

　　自从③帝国主义侵入了中国之后，中国经济便起了很大的变化。新式工业资本的势力，冲破了闭关社会的一切政治经济的阻碍，渐渐传布下了它的种子。中国经济在孕育了这个新式工业资本经济之后，的确有个

---

　　① 联系：原刊作"连系"。今正之。

　　② 此指《摩登青年》No.1中发表的丘旭的文章《中国社会之分析与中国革命目前阶段性——对于拉狄克、陶希圣之分析的批评》。

　　③ 自从：原刊作"的从"。今正之。

大大的进步。（关于中国在帝国主义未侵入之前，为什么没有发展到工业资本经济这一点的说明，请参看丘旭君的文章。）

这本来是帝国主义者为便利他自己剥削的一种设置。起初它还停留在商品侵略的时代，他必须在殖民地①装敷铁路、开辟商埠，以便运输商品。到后来发展到资本输出的阶段，它又得输出他大批的资本，来殖民地开设工场，以便夺贱价的劳动力。

然而，在这样的一个过程中，中国工业资本经济的关系便被动的造成了，因而就促进了中国生产力，产生了中国的民族资本主义的发育。这发育了的民族资本主义继续的成长起来，特别是在帝国主义经济危机的时代（1914—1918年的世界大战②），这民族资本主义得着比较畅快的发展。

在先，帝国主义带着了它的先进的生产技术侵入中国，使中国起了与"产业革命"相似的进步。但帝国主义为要保障它这个经济的特权，进一步又抢了政治的特权，于是便为中国实际的统治者。到了中国民族资本主义发达起来之后，它和帝国主义统治的矛盾日益尖锐起来。到这时，帝国主义不复是中国生产力的提高者，而成为阻碍者了。

并且，帝国主义为要维持它在中国的特权，为要阻止民族资本主义的发展，它还与中国的封建势力有坚固的勾结，支持着封建军阀的统治③。它豢养了一群地主豪绅的封建关系以间接的剥削广大的农民群众。但民族资本阶级为革命势力所驱使而开始反动时，帝国主义者亦要利用以作一工具。

这是中国革命的一般的分析，也就是反帝运动的一般的分析。这在中国革命方面说明：中国的革命目前是一个资产阶级性的民权革命。在反帝运动方面又特别指出：这是与反封建势力的斗争相互联系着的，但

---

① 殖民地：原刊无"地"字。今补之。

② 原刊括号内作"1914—18的大战"，今补正之。

③ 原刊句首有"他"。今删之。

这还不是目前的阶段性。

因中国革命的发展一样，反帝运动的第一浪潮是资产阶级与[1]工农联合着来发动的。从"五四"直到"五卅"的前期，这个形势继续着没有变。但到了"五卅"的后期，工农势力的积极的发展，恐吓了幼弱的资产阶级，于是开始动摇、犹豫，而有离开革命的倾向。但是那时的革命高潮迅速的升涨，资产阶级虽然害怕着工农势力的发展，但始终还带着一些侥幸的幻想，企图夺得革命的领导权，以造成它的地位。所以在1926—1927年[2]上半年这一期内，资产阶级始终还不曾公开脱离革命，实行叛变[3]。但是，工农势力的膨胀[4]，速度是非常的大，甚至和资产阶级自身的矛盾也加了锋锐。因此，资产阶级不能再附在革命的战线上了，便毫不客气的滚过反革命的阵营中，去做帝国主义的买办，与封建势力同朝称臣了。

在这样一个转变的过程中，反帝运动的形式虽还依旧，其实质和其参加的成分是大大的变动了。这时期中，反帝的只有是受剥削、受压迫的广大工农群众。而且与反帝运动相联系，必然的还有反资产阶级和封建势力统治的斗争[5]。反帝运动必然会成为牵动整个革命的斗争，而决非是一个单纯的行动了。

这就是反帝运动目前的阶段性。

四、过去反帝运动的教训

我们一检查过去[6]反帝运动的成绩，我们就发现了许多的错误，也获得了许多的教训。这些对于我们今后反帝运动策略的决定，是有很大帮

---

① 与：原刊无此字。今补之。

② 1926—1927年：原刊作"一九二六——一九二七"，无"年"字。今补之。

③ 叛变：原刊作"背变"。今正之。

④ 膨胀：原刊作"澎涨"。今正之。

⑤ 原刊句首有"是"字。今删之。

⑥ 检查过去：原刊作"检查过"。今补"去"字。

助的。我们不能不把它们列举出来：

1.反帝运动和别的群众斗争缺乏联系——在过去的反帝运动，有被视为单独斗争的倾向，以为反帝运动和别的关于自身的利益的政治经济的革命运动没有多大关系。因此在做反帝运动时便忽略了其余的工作了。这是很不对的。我们只要看一看今年上海的两个反帝高潮——张案和东京事件，这两件都证明给我们看：反帝运动在现阶段中，是不复为单纯的反帝运动了，而一开始便是一个复杂的斗争。如张案发时，连接着便是三校的被封；东京事件来了，连接着便是泉漳的查封，反帝群众的被逮。这立刻会把反帝运动牵涉到自身利益的实际斗争上来。如果把反帝运动看成一个独立的运动，而在做反帝运动时忽视了其他的斗争，这不但是一个错误，并且必然是会招致失败的。其次，还有以为只有反帝运动做起来时，别的运动才能有出路。这是不理解帝国主义和其走狗的统治关系，才造成的错误。其实，只有把一切的运动和反帝运动同时并进，那末一切的斗争才有出路，才有胜利的可能，否则什么都要失败的。

2.领导的问题——其次的一个错误是关于领导权的。我们根据了第三节的分析，很明白目前阶段的反帝运动是应该属谁领导的。然而在过去的成绩上，我们有知明显的错误倾向：以为反帝运动是可以由学生来领导的。固然，学生是一个参加反帝运动的群众，但是我们却不应该忘记，此外还有多少为帝国主义直接或间接剥削压迫得更厉害着的工农群众哟！尤其是工人阶级，我们从"五卅"一直看到现在，确是唯一的最彻底反帝战士。没有工人阶级来领导，"五卅"是不会扩大的，省港罢工是不会胜利的。所以，以为学生可以领导反帝运动这观念，是极不正确的。1928—1929年①的反帝运动，其失败的主要原因，就都在于忽视了这一点。这是必须严重的加以克服的。

3.没有国际的联系②——第三个缺点是：缺乏国际的呼应。反帝运动

---

① 1928—1929年：原刊作"一九二八————一九二九"，无"年"字。今补之。

② 联系：原刊作"连系"。今正之。

不但应该在国内与别的斗争连接起来，并且极应该和各帝国主义国家内部的工人阶级斗争、其他殖民地的民族解放运动汇合①起来。这样，方才可使反帝运动不陷于孤军奋斗的地步。在中国过去的反帝工作中，这一点是很忽略了的。如果在中国这样的国家内，反帝运动不想法深入到帝国主义的军队、工人阶级去，不想法与各殖民地的解放运动有所联络，那末成功是困难的。

4.反改良宣传的忽视——因为中国不是属于一国的殖民地，各帝国主义的势力是在中国的土地上永恒的竞争着、角逐着的。它和它②所雇用的某一集团的豪绅资产阶级，当看见反对另一个帝国主义的反抗运动起来时，它们是要把它当做发展自身势力的机会的。这时，它们一定会利用这个运动，来随行其反革命的企图。举个例说，去年的反日运动为什么会在严重的禁令之下，得到合法的允许了呢？这我们必须明白，这运动是对美英两帝国主义是大有利益的，所以它命令它的走狗来窃取这运动的领导权，来提出利于他们的口号：

A.单独对日！

B.抵制日货！

C.提倡国货！

D.筹救国基金！

这些是什么呢？③无非是想藉反帝运动来推进他们利益的一种企图，是反帝运动的一个最严重的敌人。我们必须尽力④打破这个诡计。过去就忽略了这些，至有很大的损失。

5.不正确的合法运动倾向——反帝运动，上面说过，不是简单的斗争。它是与别的斗争有着联系的。而且，帝国主义者统治中国也不是单纯的，而必然有其走狗代办者的。因此，反帝运动一起，必然而来是压

---

① 汇合：原刊作"汇连"。今改之。

② 此处两个"它"，原刊均作"他"。今正之。

③ 原刊此句无"是"字，今加之。

④ 尽力：原刊作"尽加"。今正之。

迫和摧残。若果有一种合法的概念，那末豪绅资产阶级一定来收买这运动，使这运动陷于泥沼。所以这观念是极端出卖群众的。

不消说，在过去的反帝斗争中，经验与教训是繁多的。此地因为有许多不能详述，只能原则的举出以上的五大点①来。

五、目前反帝运动的实际任务与正确的战术

在这阶段中，帝国主义对社会主义国家苏联的进攻，方日日加紧，瓜分中国更是猛烈的进行。世界大战的危机是在千钧一发的形势之下。因此，我们的反帝运动应有下列的几个实际任务：

1.反对军国主义、反对世界大战、反对摧残世界革命这三个斗争，合起来应该是我们行动的前列。因为军国主义是资本主义的产物，是构成帝国主义，促成世界大战的动力，而同时青年又是军国主义最直接的牺牲品。世界大战必然是摧残世界革命、瓜分中国的战争。因此，我们反帝的任务之一，是连接着反对军国主义、反对世界大战、反对摧残世界革命。

2.反对瓜分中国——瓜分中国是帝国主义共同的企图，与它的摧残世界革命同时并进的奸谋。反帝运动必须以反对瓜分中国为第二任务。

3.反对帝国主义的文化侵略——基督教、青年会是帝国主义对华侵略的急先锋，是麻醉中国青年的一种最恶毒的手段。②尤其是最近，他们借了什么"慈幼运动""征求大会"等大做宣传。这是极危险的现象。反帝运动应该把反对基督教的斗争列为任务之一。

4.巩固并发展青年反帝的组织——反帝运动必须有健全的组织，才有成果。在这个严重的阶段中，怎样去健全、巩固、发展反帝组织应该也是实际任务之一。

----

① 五大点：原刊作"三大点"。今正之。

② 这些是当年反对帝国主义对华文化侵略特定历史背景下的特殊斗争时期的说法，与现在的宗教信仰自由无涉。

5.建立正确的反帝理论——反帝运动和其他的革命运动一样，也有鱼目混珠的狗屁理论出来欺骗群众的。这种不正确的理论，不但是一种可怕的障碍物，而且是反帝运动中一个厉害的敌人。反帝运动对于这些必须加以克服。

为要执行这几个任务，以及综合了过去的经验，我们确定我们正确的战略：

1.反帝运动与其他斗争切实地联系①起来——帝国主义统治中国的主要工具是中国封建或半封建的残余，所以反帝和完成土地革命是中国革命的不能分离的两个基本任务。自然，除了土地革命之外，单独的反帝斗争是可能的。但反帝运动却根本需要工人或农民的经济斗争作为基础。尤其是在现在帝国主义进攻世界革命、瓜分中国的企图日益紧张，反帝运动是必须与这些斗争结合起来的。总之，反帝运动与别的斗争是互相影响、互相联系的。这个联系须切实的执行。这样才不致有以前那末只反帝、不反其他的错误了。

2.巩固工人阶级对于反帝运动的领导权——工人阶级在反帝运动中之为领导力量，无论在理论上、事实上都是没有问题的。"五卅"、省港罢工的伟大事件都昭示着这个真理。今后，特别要实现这个口号，无论在组织上、理论上，反帝运动的基础应该放在青年工人阶级之上。只有如此，反帝运动才不没落。

3.切实的注意到国际的呼应——今后的反帝运动须切实的注意到国际的联络上去。反帝运动最低的行动限度，也应该不断的向驻华的外国水兵②宣传鼓励，使他们明白自己的地位，不来为帝国主义压迫中国的劳苦弟兄。同时，对世界的一切被压迫的群众，我们的反帝运动须直接的或间接的给与应援③。

---

① 联系：原刊作"连系"。今正之。以下同改。

② 外国水兵：原刊作"外兵水兵"。今正之。

③ 给与应援：原刊作"给他应援"。今正之。应缓：响应声援。

4.坚决的反对改良宣传——反帝运动须坚决的反对改良主义、和平主义、"爱国主义"的宣传。因为这些思想都只是国内资产阶级拿来欺瞒群众，使群众的反帝情绪转移到别方面，使他们可以顺利的帮助帝国主义摧残世界革命、瓜分中国的事业。正确的反帝运动口号是"以革命战争消灭反革命战争"的，是"以阶级的立场反对帝国主义"的，是"反对帝国主义同时反对进攻世界革命"！这不能不加以注意！

1929，12，17。

继续扩大我们的"非基"运动①

反对基督教的运动，我们在过去曾有好多的成绩，后来只因为整个的革命经豪绅资产阶级的叛变而失败，所以也跟着消沉下去了。但是到了现在，帝国主义对华侵略的激进，世界大战危机的紧迫，帝国主义联合进攻苏联进行的猛烈，和他们唆使中国国民党军阀为瓜分中国而爆发的混战，都使中国的劳苦群众，忍无可忍，促进他们左倾的过程，更加有起来根本推翻帝国主义、国民党的统治，而建立自己政权的决心！中国的革命，已合着全世界的浪潮，开始明显地复兴了。在这个场合里，为反帝运动的一部分的"非基"运动，也有更加扩大起来的必要。

中国革命的基本任务，是推翻帝国主义统治与完成土地革命，这是

---

① 本文作于1929年12月22日，原刊于1930年1月1日出版的《列宁青年》第2卷第6期（总第30期），署名沙洛。"非基"，原刊无引号，今加之（下文同加）。"非基"运动，即反对基督教运动。基督教产生于公元1世纪，开始传播于巴勒斯坦及小亚细亚地区，随之发展到古罗马帝国全境。4世纪末成为罗马帝国的国教，并影响整个欧洲。近代以来，随着欧洲殖民主义的扩张，基督教传入非洲、美洲、亚洲、大洋洲等地，成为世界上信众最多、影响最大的宗教。在中国，由于历史的原因，外国帝国主义者和国民党反动派往往利用传教活动，在宗教的外衣下，干着别有用心的危害社会的罪恶行为。在20世纪三四十年代，则表现为与无产阶级革命争夺青年群众的斗争。因此，在当年曾发生了"非基"运动，并成为反帝大同盟组织的中心工作之一。殷夫即据此，撰写了本文。

毫无问题的。基督教不但是帝国主义麻醉中国民众的一种毒药，并且在许多的乡村里，教会往往同豪绅地主有一种狼狈的勾结，作为封建剥削的一个附庸、一个工具。因此，对基督教的斗争，必然是保障中国革命胜利前途的条件之一。

在帝国主义本国，基督教会是统治阶级欺骗工农群众最有力的一个工具。无论对美国或英、法诸国，资产阶级每年要拿出巨万的金钱来供给教会，豢养一群牧师、教士，天天向工农群众宣传："资产阶级是天生的骄子""要爱你们的仇敌""不要抵抗，人家打你右颊，你要叫他再打左颊"……这样子，他们才达到消磨工农群众反抗意识的目的。同时，再拿工农汗血千万分之一出来，由教会做些假仁假义的所谓"好事"，可以欺骗劳苦人民，使资产阶级的统治寿命永保万岁！

在殖民地国家里，教会尤其是帝国主义侵略的开路先锋。我们试看一看西欧帝国主义侵略殖民地的历史时，则我们一定会发现，没有一处殖民地不是由教会探路的。

尤其是在中国，基督教为帝国主义尽的反革命的"功绩"，真是十分的"伟大"。全国的教会学校，为数不下几万，多少活泼的青年被他们奴性的教育灌注得七窍昏迷，使他们只会盲从迷信、读经祈祷，掩没了活泼反抗的本性。等到长大起来，也只会做洋奴买办，做帝国主义侵略的工具了。其他如各地的教会医院、所谓"慈善机关"，也都假意惺惺的，用帝国主义向中国民众剥削去的汗血金钱，来到中国民众面前做些所谓"好事"。这样才可掩盖帝国主义的凶恶面目，使中国民众永远为帝国主义剥削压迫而不能反抗。这是何等狡猾的计谋呵！

最近世界革命已发展到第三时期，资本主义各种新旧矛盾都日益尖锐，因此瓜分殖民地、抢夺市场的需要日甚一日的紧迫起来。但因工农国家苏联的存在，是对帝国主义在各方面的一个威吓，所以，在一切之先，联合进攻苏联的行动，进行得非常迅速。自国民党政府奉令夺取中东路起，一直到现在，这个进攻是一天紧张一天，勾心斗角的准备着，在每一秒钟都想着怎样向苏联挑战。①虽然目前因为苏联和平政策（和平政策不是和平主义。苏联是站在保护无产阶级利益观点上的，只要谁企图破坏无产阶级的利益，苏联是要与之对抗的）的结果，形势似乎和缓了一些，但只仅仅是一表面的延缓。帝国主义进攻苏联的危机，仍是一天一天的②在增长，没有一秒钟是减退或停顿的！

我们知道：帝国主义之进攻苏联，必然是与瓜分中国、爆发空前的世界大战同时并进的。如果我们再不以阶级战争的态度来武装拥护苏联，则不但全世界的革命受一损失，而我们中国的劳苦群众将更受残酷的剥削压迫，永劫难返了。基督教在这情形之下，最主要的职务是和平主义的传布。它帮助资产阶级用巧妙的手段来夺取青年群众，使他们在虚伪的和平主义宣传之下，在唯心迷信之下，失去了他们阶级的觉悟。不但这样，青年会③全国会议上面，还公然有反对苏联的决议。这十分明显的表示，基督教不仅仅在消极方面，想尽方法以模糊青年的阶级的自觉，并且在积极方面，它亦公然以法西斯蒂自任，指使青年去为帝国主义作进攻苏联的工具。这是多么值得注意的事实呵！

最近青年会召集全国会议，以及他们的"拒毒运动"、"慈幼运动"和他们举行的讲演会等等，处处都可显露出这种反革命的意义。帝国主

---

① 此指1929年中苏两国因中东铁路主权问题而引发的外交和武器冲突事件，即"中东路事件"。这年5月，中国东北地方当局在蒋介石的指使下，借口苏联"赤化东北"，首先派军警搜查和逮捕苏联驻哈尔滨领事馆、外交人员，接着又以武力接管两国共管的中东铁路，驱逐苏方职员。事发后，苏联政府向中国政府提出抗议照会及最后通牒。7月，苏联宣布与国民党政绝交，并于10月出动大批军队进攻中苏边境的中国守军。12月，南京政府被迫派代表赴伯力，同苏方代表谈判，同月22日签订了《中苏伯力会议议定书》，中东铁路才恢复冲突前状态。

② 一天一天的：原刊作"一天的一天"，误。今正之。

③ 青年会：是基督教新教社会活动机构之一，1844年创立于英国伦敦，最初以"提高绸布业和其他行业中青年的灵性修养"为宗旨。后来发展成为进行广泛社会活动机构，主张在青年中进行德、智、体、群教育，并经营公寓、宿舍及自助食堂。1845年由美国传入中国。中华人民共和国成立后，中国基督教青年会经改造后，已成为中华全国青年联合会的团体会员。

义经过教会的手，夺取了一部分阶级意识模糊的青年，借了拒毒、慈善的美名，更可掩盖他们露骨的侵略和进攻苏联同时并进的瓜分中国的阴谋了。我们知道，青年会的召集全国会议①，不但是一种和平主义宣传的机会，并且是要把基督教的毒计更深入青年的一种表现。"拒毒运动"不是在于真正的拒毒（因为鸦片就是基督教主人帝国主义输入中国、毒害中国人民的毒药，在中国，有着国民党军阀的包卖，是永远不会消灭的②），却只在于借这名字，来欺骗一般群众而已。至于"慈幼运动"，更不用说是一种最卑鄙的手段。他们把无抵抗的、奴从的品性，灌输到儿童纯洁的脑中去，使他们怎末也不会反抗，怎末也不会革命，一辈子③只做帝国主义、国民党的孝子顺民！而且，在陕、甘、晋、绥各省④的灾区中，几千万的儿童为贫穷所播弄，只有做人家的食物，做人家的商品。数千万无辜的小生命，无端地沉沦于永劫不返的苦海之中。他们这批"慈善家"，为什么不去慈一慈这些灾童，或去慈一慈工人家里草棚底下啼饥号寒的幼童，而偏要在上海拉几个资产阶级的少爷来做其慈善运动呢！这无非是要借此来掩遮帝国主义的罪恶，使帝国主义在这掩护之下，可安然准备进攻苏联，瓜分中国，准备更严重的来剥削中国苦劳群众而已！

在目前革命复兴形势之下，帝国主义要维持他们对中国劳苦群众的统治，要苟延他们的残喘，自然在厉行白色恐怖之外，另一方面想法欺骗群众，作一种改良的小惠，以和缓革命群众情绪⑤的高涨。在这一点上，基督教就是他们认为最有力的工具。所以，今年基督教的弄得特别热闹，什么全国大会啦、"拒毒运动"啦、"慈幼运动"啦，……闹得一天星斗。这并不是偶然的。

---

① 会议：原刊作"会义"。今正之。

② 的：原刊作"过"。今正之。

③ 原刊无"子"字。今补之。

④ 陕、甘、晋、绥各省：即陕西、甘肃、山西、绥远各省。绥远省今已撤并。

⑤ 情绪：原刊作"特绪"。今正之。

"宗教是人类的毒药"，马克思这句话是永远的真理。①你试看一切的经典，没有不是教人消极、教人做顺民孝子的。再试看一切的宗教，也没有不是为统治阶级拿来做愚民的工具的。尤其是基督教，它是帝国主义、资产阶级最忠实的走狗。看看他们的《圣经》，所讲的都是一些欺人自欺的话语。假仁假义，和国民党的"三民主义"不相上下，都是包含着愚民作用的东西。我们现代的青年，只有把握着科学的马克思列宁主义，来理解世界，来观察人生，才是②真正的态度，才是不愧为青年的战士。一切的宗教，不论是佛、道、回教、基督教都是科学的敌人。即在这一点，我们也不能不反对基督教来迷惑青年！现在他们的鸟圣诞③又到了，这班徒子徒孙又要兴高采烈的进行他们欺群惑众的工作。④然而，我们没有忘记，世界大战的号炮⑤，已经在哈尔滨响动了⑥。军阀混战的枪声，还不断的在扰乱我们的耳鼓！我们的前途是：如果我们不能赶紧以坚决的意表、实际的行动，以阶级的武装斗争消灭反动军阀的混战，来推翻国民党军阀的统治，则我们只会陷入于更苦痛的泥坑。一切的劳苦群众和青年群众，只会受严重的屠杀和剥削，更厉害⑦的白色恐怖的下降！认清了这点，我们对于基督教的笑里藏刀的欺骗，实行严厉的斗争，是多么的必要呵！

青年的群众们，记着："非基"运动是实际斗争的一部。"非基"运

---

① 马克思此话是对原始宗教而言,并非指人文宗教。原始宗教流行于文化科学不发达时期,大多数地区生产落后,交通闭塞。宗教则又宣传"灵魂不死"与"上帝存在"、"意志自由",阻碍了人们对自然、社会的认识。同时,宗教并非孤立于社会之外,而是社会政治、经济、文化的一面镜子。因此,从唯物辩证的视角,自然应揭示其本质。但是,随着人类社会生产的发展、智力的提高、科学的进步,出现了人文宗教。其教义、教仪、教团与原始宗教都发生很大的变化。基督教新教义即如此。

② 才是:原刊无"是"字。今补之。

③ 圣诞:即12月25日圣诞节。

④ 以上这些话,只能从当年"非基"运动所需来理解。其中不乏偏颇或过激之词。

⑤ 号炮:原刊作"炮号"。今正之。

⑥ 此指当年发生的"中东路事件"。

⑦ 厉害:原刊作"利害"。今正之。

动的胜利必然是保障中国革命胜利的必要条件之一。

继续扩大我们的"非基"运动呵！

1929，12月，22日

东方殖民地解放运动之发展①

虽然国际帝国主义者正在召集什么海军会议②，中国反动军阀正在讲什么"和平曙光""革命外交"来粉饰太平；虽然自投于资产阶级脚下的取消派正在鼓吹着世界革命潮流低落，国际资本主义稳定，中国国民党统治稳定，然而，不争气的帝国主义及中国军阀，却只有一天天③的冲突下去。而革命却不是由他们可以诅咒④得消灭的，中国革命复兴了（各地的工人不但有不断的斗争，并且每次都走向武装冲突；农村游击战争有极大的发展；兵士哗变消息，几乎每天都可在报上看到），世界革命的新浪潮也显然已经兴起（各国都有工人的斗争，如美国的大罢工、澳洲的矿工暴动、柏林的失业工人暴动⑤、英国的⑥棉织工人罢工等等），而且殖

---

① 本文作于1930年1月12日，原刊于同年1月16日出版的《列宁青年》半月刊第2卷第7期(伪装封面《青年半月刊》)，署名殷孚。这是殷夫关于东方殖民地解放运动的一篇论文。文中对于当年朝鲜、印度、安南(今越南)、印度支那(今东南亚各国)、斐列宾(今菲律宾)以及中国台湾地区的人民争取民族解放独立运动，给予了热烈的赞扬，并且从世界革命的高度，提出中国青年要以国际主义精神，起来给予殖民地同志以最大的援助。同时提出，要发展我们自己的反帝国主义、反国民党的斗争，用武装暴动推翻反动统治。这才是我们最有力的援助。

② 海军会议：指英、美、法、意、日五国于1930年1月初开始酝酿召集的国际海军会议。这次会议于同月21日在英国伦敦召开，一直开到4月22日，整整开了三个月，最后签订了一项条约，对潜艇战争作出了规定，并限制潜艇的吨位和火炮口径。条约有效期为至1936年。

③ 一天天：原刊作"天天"。今补"一"字。

④ 诅咒：原刊作"咀呪"，误。今正之。

⑤ 暴动：原刊作"震动"。今正之。

⑥ 英国的：原刊无"的"字。今补之。

民地解放运动也已经搅起绝大的浪潮。特别是朝鲜的伟大斗争和印度独立运动，都能铁锤般地击破它们①的欺骗！

由我们所能得到的贫乏的新闻上，我们可以看到，朝鲜这次的事变②，已经不是一个寻常的局部的骚动，而是一个伟大的民族解放运动的开始了。在最初的时候，我们还只看见朝鲜的青年学生继续不断的与日本警察搏战，但是没有过了多少时候，斗争形势的开展是非常的紧张、迅速。这个运动不但号召了全朝鲜的青年学生群众，并且商人、市民、三十万的工人群众，甚至连朝鲜的"名士"、教徒……等等都卷到革命的浪涛中来了。

据28日《中央日报》所载汉城讯③："韩国反日暴动，尚未平息，空气颇形紧张。公立第二两等学生四百名，于13日突然罢课，奔出教室外，齐发喊声。经日警百余名出动镇压，迫令归家，学生队干部被捕者四十五名。据日警当局宣布，查得学生间有秘密组织，决定府内全部学生于14日左右齐行蜂起，加入决死队，教导暴动，煽动民众，引起大骚扰。再于全韩诱致骚扰，各思想团体皆暗助学生，煽动府内韩商人，结果钟路商店街突然罢市。日当局极狼狈，立命市内各警署竭力压阻。而各工厂劳工与交通运输业劳工，亦纷起响应。日警四出捕人，并搜查新韩会、权友会、韩国劳工总同盟、天道教等各事务所，捕去新韩会总务干事许宪等六名，以及④韩国总同盟干部朴汉卿、天道教等李钟麟等干部四名。据日警方面表示，此次事件带有重大性质云。"

---

① 它们：原刊作"他们"。今正之。

② 朝鲜这次的事变：即下文所言的"韩国光州学生反日暴动"。1929年11月初，光州学生因日籍学生侮辱朝鲜女生，举行总罢课和反日游行。汉城、平壤等地学生纷纷响应。到翌年3月，全国有194所学校、约4万名学生参加罢课和反日示威游行。釜山等地工人也举行了同情罢工。

③ 28日：指1929年12月28日。《中央日报》：南京国民党中央机关报。汉城：韩国首都（今名首尔）。

④ 原刊此处无"以及"两字。今加之。

29日《申报》所载韩京特讯①："韩国光州②学生反日暴动后，全国学生咸起响应，全国各校一律停课。警察当局继续检举主谋者，被捕学生竟达一千二百名。而稍形沉寂之光州学生，忽再起暴动，游行示威。警备中之日兵向学生群众开枪，当场被杀者四十余名，被伤者不知确数！……此案发生系十二日，日当局严禁各报记载及谣传，韩国各地皆茫然不知。新韩会拟派人前往调查，日警竟拘禁该调查员。同时，韩京方面，韩人各团体被总督当局解散。新韩会之委员及《东亚日报》记者等，凡属领导阶级之重要人物，一律在拘禁中。迨至二十日平壤地方学生数十，高呼'韩国独立万岁！''打倒日帝国主义！'等口号，在街上游行，瞬息之间，由各校会集之学生，达于数千，形势紧张。日兵与警察协力防守各要地，遏阻暴动。至晚间有女学生队发现于日兵营附近，向群众演讲。日兵力劝解散，遭群众殴打，遂又发生一大混战，死伤尚未详。"

单根据③这两个已经旧了的消息看来，我们也立刻能够断定：朝鲜这次伟大的斗争，必然会和"五卅"一样，无论结果是胜利的或者暂时失败的，它一定是朝鲜的民族解放运动更加深入、扩大、发展的！

至于印度的独立运动，我们所得到的材料只是关于印度豪绅资产阶级的代表——甘地④怎样在国民会议中出卖群众的事实，但这必然也可

---

① 29日《申报》：1929年12月29日《申报》。《申报》，近代中国历史最久的报纸，1872年4月30日由英商在上海创刊，初为隔日报，后改日报。抗日战争胜利后被国民党接收，成为CC系报纸。1949年5月上海解放时停刊。韩京：即汉城（今韩国首尔）。

② 光州：原刊作"光洲"。今正之，下同。

③ 原刊"根据"之后有"了"字。今删之。

④ 甘地：印度民族解放运动领袖英汉达期·卡拉姆昌德·甘地(1869—1948)，早年留学英国，与社会主义者、基督教徒、神智学者广泛交往，反对暴力，主张忍受，节制自己。后赴南非领导印度人反对种族歧视斗争，倡导非暴力抵抗。1915年返回印度，先后在各地组织五次"坚持真理"斗争。1920年领导非暴力不合作运动，成为国大党领袖。因其政治主张与当时印度和中国的暴力革命不同，所以殷夫说他"出卖群众"。但他后来长期投身争取印度独立的斗争，多次被英国殖民地统治者逮捕，一生绝食15次，为印度独立作了巨大贡献，因而有"圣雄"之称誉。

使我们推想到印度革命群众情绪的高涨，群众斗争的发展，至使英帝国主义不得不雇用走狗来实行欺骗。英勇的印度无产阶级，在共产党坚决的领导之下，已走在解放运动的最前线。伟大孟买罢工、加儿加答①罢工，都足使英帝国主义战栗！所以，甘地的宣传非暴力抵抗，不是偶然的现象。这一定是英帝国主义者在印度解放运动之前所造成的一个新的工具。印度的解放斗争是毫无问题在无产阶级领导之下日复一日地向前开展！

其他如安南、印度支那、台湾、斐列宾各地的群众斗争，也一天天在发展着。特别是安南，在法帝国主义无情的剥削、奴役之下，反抗的斗争是在一触即发的形势之下。自然，我们处在这个反动统治之下，许多革命的消息都无从知道。可是，我们即使只根据了一些零碎新闻，也不难推知一般的。

这个殖民地解放运动的高涨，毫无疑义是资本主义"稳定"第三时期的特征之一。在这时期中，世界资本主义已经走到了末运的穷途，本来表面的"稳定"于是便开始变为恐慌、动摇的情状。虽然各国都努力进行合理化的过程，但是自身根本的矛盾，和苏联社会主义经济的发展，完全使这种努力变为无效。却反而因此增高了失业的水平，愈把社会陷于恐慌、矛盾、风雨飘摇的境地中去！帝国主义者处在这种境地中，是没有什么合理的处置可以自救的。除了"自挖坟墓"的准备进攻苏联，爆发世界大战，更加紧对殖民地、对国内无产阶级的剥削与压迫之外，是别无办法的。然而这个却必然会使世界革命的浪潮更加紧张，使帝国主义的统治更加动摇，更加走近死灭！这是一条必然的前途。

我们在此更可以看出共产国际估量的完全正确。只有丧心病狂的、自愿为资产阶级作走卒的无耻之徒，才会狂叫目前革命形势是"低落"，统治阶级是"稳定"，而放弃了我们在这阶段中应尽的任务——推动世界

---

① 加儿加答：印度东部城市，今通译为"加尔各答"。

革命的高潮的来到，把资本主义埋葬到地窖中去的任务！

尤其是我们中国的革命青年，在这个层波似地打来的革命呼声中，在我们自身斗争剧烈开展中，更应该坚决地担当起我们伟大的使命来。

朝鲜、印度都是我们贴近的邻国，他们解放运动的发展，必然直接地或间接地推动中国的革命斗争。同时，我们要援助我们的友军，也只有动员广大的群众，加紧我们的反帝运动，发展自己的斗争来，用我们的力量来击破共同的敌人——帝国主义与它①的走狗！

我们要以斗争响应斗争，以斗争援助斗争！

我们要以国际主义的精神，起来给与我们的殖民地同志以最大的援助。我们要联合着他们的手臂来共同与帝国主义及其走狗作战！我们要在自己的国内来给他们以最大的响应，我们要发展我们自己的反帝的、反国民党的斗争，我们要用武装暴动推翻反动的统治。这才是我们最有力的援助！我们看朝鲜的青年战士的呼声，是多末的勇壮！

"参加此次斗争的学生约数万。因此次事件而被捕的男女学生达二千余人，其斗争的口号是：

一、援助光州投狱学生从速释放！

二、韩国独立万岁！

三、扑灭日本帝国主义！

四、严惩光州行凶日本学生及警察！

五、民众们一齐起来赴独立血战！世界革命万岁！"

——（《民国日报》1月12日）

我们也要高呼：

扑灭垂死的帝国主义及其走狗！

全世界无产阶级、被压迫阶级起来为世界革命而战呵！

1930，1，12。

---

① 它：原刊作"他"。今正之。

血淋淋的"一一三"惨案①

——美帝国主义、国民党联合屠杀安迪生灯泡厂工人

号称帝国主义之王的美帝国主义，因为要努力争得世界的霸权，早就把门罗主义②的假面具放在一边，开始积极地侵略殖民地了。特别是中国，这是块帝国主义必须争的肥肉，美帝国主义处心积虑的要变为它资本的输出地，一方面以它③的金洋④来剥削中国贱价劳动，一方面以它的经济势力来扩大它在中国的统治。

上海老勃生路的奇异安迪生灯泡厂⑤，便是美帝国主义资本家办的一个工厂。它仗着不平等条约的权利，对工人的剥削与压迫，真是无所不用其极。尤其是最近几年来，美帝国主义以金洋收买了国民党这只忠实走狗以后，同时国际资本主义又开始了它动摇和崩溃的过程，对于工人的节节进攻，更是分外的激烈。工人群众处在这个严重的剥削与压迫之

---

① 本文作于1930年2月5日，原刊于同年2月10日出版的《列宁青年》第2卷第8期(总第32期)，署名沙洛。这是殷夫控诉美帝国主义、国民党反动派于同年1月13日制造屠杀上海老勃生路(今长寿路)"奇异安迪生灯泡厂"工人罢工斗争惨案的专文。文中详细叙述了惨案发生过程，揭露了血淋淋的真相，并且以此案例为由，鼓动广大青年工人从这种惨案中学习斗争，在迅速兴起的革命潮流中更坚决地推翻帝国主义、国民党反动派统治，建立自己的政权。

② 门罗主义：1823年12月2日美国总统詹姆斯·门罗在国会咨文中宣布的政治主张。其主要观点是：欧洲列强不得干涉美洲国家主权事务，否则就是对美国的"敌视行为"，并提出"美洲是美洲人的美洲"的口号。目的是反对当时英国和俄、普、奥三国"神圣同盟"插足美洲，使美洲置于美国控制之下。

③ 它：原刊作"他"。今正之。以下类似的同改。

④ 金洋：疑是美金和银洋的合称。

⑤ 上海老勃生路：原刊作"上海劳勃生"。今正之。址在原公共租界内，即今长寿路。奇异安迪生灯泡厂：生产电灯泡的工厂。安迪生：英文Edison的音译，通译为爱迪生(1847—1931)，是美国电气(包括电话、电报、电影等)发明家、企业家，后为海军顾问，一生发明专利1000多项。曾改进白炽灯，生产电灯泡，并制定照明系统。

下，只有不断的反抗，不断的斗争！

去年12月12日，全厂四部工人同时发动，要求增加工资、增加赏工^①、受伤工人发给医药费。起初资本家不肯答应，工人于是^②一致怠工，派代表严厉交涉。资本家见工人团结，开始恐慌，就答应了部分的要求。但对于几个工人领袖，早就怀着暗算的毒心了。

工人群众于得到部分胜利之后，知道团结的重要，知道向资本家进攻，没有严厉的团结是不能为力的。因此，他们就开始准备组织俱乐部。资本家闻讯之后，晓得工人一团结是很不利的，遂百般的运用其挑拨离间的手段。他知道工人领袖范某等在群众中很有信仰^③，他虽然想早日除此心腹之患，却又不敢惹怨群众^④。所以他就对范说："厂方晓得你是一个很努力、很勤勉的工人，因此想把你提拔起来。现在门市部正缺少一个人，你到那边去做事罢，月薪六十元，比做工好得多了。"范知道是调虎离山的巧计，就婉转地拒绝了。资本家无奈，只好用绑架^⑤手段，硬把他用汽车载到门市部了。可是范不久又逃回厂来了。

资本家见计不遂^⑥，就改变方法。他知道俱乐部的组织，是工人迫切的要求，随便用什么方法阻止也不能够的了。于是便将计就计，向工人说：

"组织俱乐部^⑦很好，但何必各间^⑧混合起来呢？我以为还是白料间管白料间，玻璃间管玻璃间为好。"

他见工人不理，又变一计划：

"你们组织俱乐部，我在厂内拨一间房子给你们，你们要什么，我都可以出钱买。"

---

① 赏工：奖励工资。或即奖金。

② 工人于是：原刊作"于是工人"。今正之。

③ 工人领袖范某：名字及生平无考。又，此句原刊另起一行。今据其意，移接上一行。

④ 原刊此句有首字"但"，与"却"重复。今删之。

⑤ 绑架：原刊作"绑票"。今改之。

⑥ 不遂：原刊作"不随"。今正之。

⑦ 俱乐部：原刊无"部"字。今补之。

⑧ 各间：各车间之省称。

工人群众知道这是要把俱乐部在资本家直接监视之下的奸计，同时又见资本家一再捣乱分裂，非常愤恨，于是①开会商议。议决对资方提出哀的美敦书②，写了一封信给资本家，要他即刻答复。信的内容是：一、厂方对俱乐部不得任意干涉；二、本星期日（1月12日）休息半日，并借房子一间给工人开成立大会。

资本家接了来信，知道工人不能再欺骗的了。所以遂③决心采用破坏手段，以残酷的真面目来与工人相见。他对这哀的美敦书，不但置之不理，反而去勾结了国民党公安局警察来实行武装弹压。国民党本来是帝国主义的忠实走狗，得令之下，哪有④不唯唯听命呢？所以在11日下午六时，公安局的武装警察就来进厂捕人了。但当时工人领袖范某等三人正在群众之中，警察不敢下手，于是就假说有事相商，诱出厂门，逮捕去了。

他们被捕的消息，一传进厂⑤，立刻就激动了工人群众，遂鼓动全厂实行罢工，并决定包围写字间⑥、打写字间，派代表送东西给被捕工友。代表向他们说：

"我们一定奋斗到底。你吃一天官司，我们就罢工一天。"

他们也说：

"好，你们一定要坚持到底。你们多罢一天工，我们情愿多吃一天官司⑦。"

12日是星期日，照例是休息的，工人群众自动的召集群众大会，由代表报告被捕工友的志愿。大家都非常激昂，特别是青年女工磨拳擦掌的，都决心与资本家拼一高低，非达到释放被捕工友的目的不止，并表

---

① 原刊"于是"后有"随"字。今删之。

② 哀的美敦书：即最后通牒（见第342页注③）。

③ 遂：原刊作"随"。今正之。

④ 哪有：原刊作"那有"。今正之。

⑤ 进厂：原刊作"进去"。今正之。

⑥ 写字间：工厂主的办公室。

⑦ 多吃一天官司：原刊作"多吃天天官司"。今正之。

示要①进攻的形势，决定次日厂内发动罢工。

13日上午八时光景，白料间全体工人首先发动罢工，号召全厂工人举行②群众大会。到会的共有一千四百余人，讨论如何营救被捕工友，并一致宣布罢工，誓为三人的后盾。当时，资本家叫来的国民党走狗警察已经进厂，但工人毫不畏惧，照常开会。在群众议决罢工时，第六区区长段某③向群众恐吓着说：

"你们罢工？现在你们不知道是戒严时期吗？罢工是要枪毙的！"

工人置之不理。那时群众中④忽来了几个国民党侦探，自称为市政府科长，大声叱骂群众：

"谁主张罢工，谁就是共产党！"

到这里，群众已怒不可遏，大叫："打走狗！"一拥上前，把这侦探打得落花流水，并把狗区长包围起来，要他非立即释放范等三人不可。狗区长大窘，下令叫警察实弹平射⑤，立即打死女工两名（内有青年女工王阿四，年仅十四岁），重伤的五名。同时又拘捕十二名，扬长而去。

这时资本家用电话召来的美国水兵陆战队也已开到，随即⑥全部进厂，用棍棒、枪把，把群众打出厂去。陆战队占领了工厂。

资本家进攻工人的方法，真是无穷的多，又是无穷的妙。当他起初破坏俱乐部时，用的是欺骗手段，但看见欺骗不成，便用武装来威迫。但是在惨案发生了，他知道这毫无疑义的要激怒群众，更把斗争扩大的，所以他立即又改用欺骗方法了。

惨案发生的一日，资本家立即指定几只走狗来组织一个"工会"，由

---

① 并表示要：原刊作"并要表示"。今正之。

② 举行：原刊无此二字。今加之。

③ 段某：名字无考，系上海市公安局第六警务区区长。

④ 群众中：原刊无"中"字。今补之。

⑤ 实弹平射：原刊作"实弹平放"。今正之。

⑥ 随即：原刊无"即"字。今补之。

国民党社会局的帮忙，到各工人家里去游说。说被捕的人立即可以放，死伤的人都有抚恤，叫他们一定要去上工。公安局的区长、巡长都乔装作小贩，到处散布这种温和的空气。第二步，则资本家假意说国民党不好，出钱把被捕的人保了出来。第三步，资本家叫走狗拿些钱给死者家属，带恐吓的叫他们立即离开此地。

群众本来是缺乏组织的，资本家走狗又多方欺骗恐吓，而且被捕的人在资本家的妙计巧算之下，真的放出几个了。所以，罢工没有坚持到几天，就被欺骗去复工了。但是资本家的奸谋、国民党的阴险，是终于会被工人群众认识的。他们复工后，还是积极地组织俱乐部，第二次的斗争，是很快会爆发的。

这个血淋淋的惨案，有着它很伟大的意义①。虽然说在白色的中国，帝国主义及国民党军阀每天都要屠杀、喋血，但是每一次，自都有它特殊意义的。

这次惨杀的造成，无疑地是帝国主义、国民党联合进攻工人阶级一贯的政策的表现。特别是目前资本主义世界内外矛盾交加的时候，帝国主义不但要加强对苏联的进攻（这表现在中东路谈判后国民党的态度上，表现在伪票案上，又表现在海军会议上，表现在英法对波兰的军火接济上），不但要更加紧瓜分殖民地的进行（如中国的军阀混战的蔓延与扩大），而且不得不对无产阶级更行残酷的剥削压迫。

帝国主义及国民党军阀，无论内部有着多少的矛盾与冲突，但他们对进攻苏联、对压迫革命是一致的。几月以来上海的资本家，对工人的

---

① 这次惨案发生后，共青团中央于同月18日发出五字第78号通告《援助朝鲜、印度革命及上海电灯泡厂工人流血事件》，其中指出灯泡厂工人"直接起来与敌人肉搏血战"，"证明中国革命的开展与世界革命第三时浪潮的高潮"。与本文同时发表在这期《列宁青年》上的，还有文达的《革命斗争"取消""取消派"》一文，文中论及"安迪生灯泡厂惨案"时也指出："这次惨案发生后，全上海的工人都沸腾起来，各厂工人纷纷准备同情罢工。当时实行同情罢工的有同兴、日华、荣昌、棉织、煤业、估衣、翻砂等工人。19日，全上海工人还举行一次援助灯泡厂惨案的大示威（同时也是纪念列宁、李卜克内西的）。"

进攻是一天天①的加紧，帝国主义、国民党的压迫是天天地加重。如纱厂代表的被捕、鸿章工友的被捕，以至安迪生的惨案都接连不断的发生。但随之而起的，也是革命斗争的开展。这可证明：帝国主义、国民党愈加白色恐怖的制造，也只有愈走近他们的死期。群众斗争的浪潮，很快的会把反动的统治淹沉下去！

在这次惨案中，我们可以看到工人群众对反动统治的仇恨是如何的深切，对走狗的欺骗是如何的愤激。这个斗争，本身就是一个政治的斗争、进攻的斗争。我们再要看一看在这次斗争中，群众以直接行动对付资本家走狗的情绪，尤其是青年群众的热烈，都可以看出革命浪潮复兴的征兆。同时，也可以打破取消派的谬误理论了（他们说目前的工人斗争是经济的、退守的）。

不过，我们还要从这斗争中学习，才可保证未来的胜利。我们看美国资本家进攻工人的策略，是异常地巧妙：先欺骗，后压迫，再欺骗。一软一硬，一打一揉，很足使人堕其彀中②。如安迪生复工后，资本家又开除了十几个未参加罢工的工人，以来改头换面进攻工人。资本家的手段是非常毒辣的。

"一一三"惨案虽然是失败了，但它必然会深印在上海以及全国工人阶级的脑幕上的。全国的工人群众认识这是他们血海中的一流热血，将会把它当成一个刺激。在这迅速地高涨的革命潮流中，来更坚决地推翻帝国主义、国民党的反动统治，而建立自己的政权！

（附注：上海《民国日报》等狗报记载这次惨案，第一天是空白，第二天的则不但是不痛不痒，甚至还捏造工人开枪。而

---

① 一天天：原刊作"一天"。今补一"天"字。

② 堕其彀中：堕入资本家的圈套中。彀中，本指射出的箭能达到的范围，后喻指圈套或牢笼。

《字林西报》^①则较老实一些，说："区长命向天放，而警士年青，居然平射了。"）

1930年2月5日

共产国际执委十次全会中的青年问题^②

一

共产国际执委十次全会最光辉的意义，是证明了第六次大会^③政治形势、革命浪潮估量的正确。

自然，自从六次大会以来这一年中^④，世界的政治经济形势，全世界的革命斗争潮流，有了很大的变迁。但这些变迁，全部证实了六次大会

---

① 《字林西报》：原刊作"字林报"。今正之。此报前身为《北华捷报》（周刊），由英国商人奚安门于1950年8月3日在上海创办。1856年增出《航运日报》等。1864年改名《字林西报》，曾发表大量干预中国内政的言论，是当年中国最有影响的一份英文报纸。1951年3月停办。

② 本文作于1930年2月5日，原刊于同年2月10日出版的《列宁青年》第2卷第8期（总第32期），署名沙洛。共产国际，又称"第三国际"，是全世界共产党和共产主义组织的国际联合机构。第一次世界大战爆发后，"第二国际"（各国社会民主党的国际联合机构）陷于破产，列宁和布尔什维克党团结各国革命左派，为建立新的国际组织进行了一系列准备。1919年3月2日至6日，30个国家的工人政党和组织的53名代表在莫斯科举行会议，通过了由列宁起草的《共产国际宣言》《共产国际行动纲领》等文件，选举了领导机构——执行委员会和主席团，宣告共产国际正式成立。总部设在莫斯科，参加的各国共产党都是它的支部，最多时有75个支部。执委十次全会于1929年8月在莫斯科召开。殷夫本文主要就这次全会对青年问题和青年团工作的指示精神，做一综述。

③ 第六次大会：即共产国际"六大"，于1928年7月在莫斯科召开。当时在莫斯科出席中共"六大"的瞿秋白、关向应（团中央书记）以及华少峰（团中央执委、宣传部长）等人，参加了这次大会。

④ 这一年中：指1928年7月共产国际"六大"后至1929年8月的执委十次全会的一年零一个月时间。

分析估量的正确。特别是资本主义一般危机的生长，帝国主义的内外矛盾加快的剧烈，因此便不可避免的要引导到帝国主义战争。而同时，巨大的阶级冲突，更促进资本主义①国家里新的革命浪潮的开展，和殖民地国家里伟大的革命（十次全会的决议大意）。这对于六次大会以后发展着的一种机会主义论调，是一个严重的打击。

十次全会研究了一年的政治经济情形，总结②了一年来的斗争经验，观察了一年来革命浪潮的进展，于是就根据了六次大会的路线，而正确地规定下目前的主要任务。这在目前世界革命高潮的前夜，是非常的及时③与必要。

十次全会的中心主题是：（一）目前国际形势与共产党的任务；（二）经济斗争与共产党的任务；（三）国际赤色日④。在处理这几个主题时，最重要的特色是：根据了客观的事实，给与右派、调和派、机会主义者以一个总的打击；指出他们否认资本主义动摇、忽视进攻苏联、世界大战的危机、轻视革命高潮之成长等观点的错误，而实际地确定下国际共产党目下当前的任务。

不过关于这些，《布尔什维克报》⑤已有很详细的论载，此地用不着⑥我来重复再说一遍。我目前的企图，只是想就搜集到的关于十次全会的材料中，找出些讲及青年问题及共产青年团的话，稍加整理一番，来供诸同志一读。

二

第一，我可讲及生产合理化和青年在生产过程中地位之加重的问题。

①　原刊"资本主义"后有"要"字。今删之。

②　总结：原刊作"综结"。今正之。

③　及时：原刊作"严重"。今改之。

④　国际赤色日：即下文所指的8月1日"反世界大战赤色日"。

⑤　《布尔什维克报》：此报是中共中央机关报。

⑥　用不着：原刊作"不着用"。今改之。

本来，对于生产合理化的理解，是六次大会以来右派的主要错误之一。他们认为资本主义生产合理化是技术的改进，甚至是"第二次的工业革命"。要是照着这种前提推论下去，自然会得到"资本主义改造""资本主义稳定"的错误结论的。但事实上，资本主义生产合理化并不是什么技术的改良，主要的却是"改组工作过程"，加重对工人体力的剥削，以增加运动的生产量（例如工厂管理监督的加严、分配工人的工作增加、开快车等等），并且竭力的减少生产过程中的消费（如以不熟练的工人代替熟练的工人，以青年工人、女工、童工代替成年的工人等）。所以在资本主义生产合理化的过程中，不但工作的强度加上很多倍数，不但工作时间延长，不但工资低落，并且失业的数量非常地增加。在这大量的失业群众的对方，固然是青工、女工、童工在生产过程中比率的提高，也加大了青工、女工、童工在失业①统计中的数字。

同志洛凡拉②（苏联共产青年团代表）在大会的演词中，有这样的话：

"青年的群众，每当罢工或群众运动一爆发，总是最先的踊跃参加者。而且勇敢的他们，常是最后的屈服者。这是因为青年是比成年更受着残酷的剥削，就是做了和成年同等的工作，工资也是低得许多的。他们的生活真可说是不堪设想的……"

关于这一个题目，十次全会虽然没有供给我们多少详细的材料或精确的统计。（我此地得声明，我在手边并没有曼纽尔斯基及枯西宁两同志的政治报告，也没有台尔曼及洛索夫斯基两同志的关于③"经济斗争及党的任务"的报告及讨论纪录。）但是几乎每个同志都很注意到青年的问题，尤其是枯西宁同志在结论中着重的说：

"为什么我说④这许多话关于青年运动呢？因为在这严重的阶段中，

---

① 失业:原刊作"夫业"。今正之。

② 同志洛凡拉:即洛凡拉同志,无考。此依俄语称呼之。

③ 关于:原刊漏"于"字。今补之。

④ 原刊此句无"说"字。今补之。

青年工作在工厂中，在工会里，在军队里，在工人的体育组织里，在一切的群众斗争之中，是十分的重要。没有一个强固的布尔什维克青年运动，我们不能胜利！……"

而且在会议中没有否认，为了资本主义生产合理化的结果，青年一方面在生产中占了大多数，他方面则迎受了更残酷、更无情的剥削。这个结果是自然的。青年工人群众在一切的阶级冲突里，先成革命的先锋队。

青工群众的左倾，差不多在很多的演讲当中可以找到：洛资罢工、德国的罢工，特别是鲁尔的罢工和法国的斗争，都是常被举出的熟例（不消说中国的例子没有被举出过的）。

赫达洛夫①（少共国际代表）说：

"有许多同志都不能认清将来大战的命运。虽不能说全部，其大部是操于青年之手中的。他们都不了解青年在生产过程中及阶级斗争中日益增加的作用。"

这批评并不是太过的，因为现在确实还有同志不了解到这点。特别是中国许多同志，直到现在还是"笑嘻嘻的谈谈青年问题的"（赫达洛夫语）。

关于生产合理化和青年的关系，我最近在全国经工工作会议上听了很详细、很实际的报告和讨论。可惜记录现在不在手边，我只能就记忆所及，略为讲些：（一）综合②各省代表的报告，青工、女工、童工在轻工业中所占的地位总在四分之三以上。（二）重工业中增加学徒，并且延长学徒年期。（三）工资有的比"四一二"之前尚有数目上的减缩。有的则数字上有一些的增加，但若以生活程度、工作强度来互相计算，则是一落千丈！（四）工作的加重是各色各样的，有的是罚钱，有的是减人加工（如一人管几部车）。（五）养成工制③的发展——资本家利用中国农村

---

① 赫达洛夫：其人无考。殷夫有另译其文（见下编第十二辑）。

② 综合：原刊作"综结"。今正之。

③ 养成工制：以培养为名招收童工的制度。

经济的零落,用低微的价钱,收买无依的儿童,关在厂里做工,完全是一种奴隶形式的剥削。过了六七年后,又把他们推到失业的深渊中去!(六)手工业因为竞争不过工业资本的商品,有渐向没落的趋势,于是不能不加紧剥削工人,如开除成工、增加学徒、延长学徒年期等。至于其他的,本还很多,不过我想,等轻工会议的总结发表时①,读者一定会看到更详尽的内容的。

三

其次,我们可以论及军国主义之普遍发展与青年在反战争运动中的作用问题。

我已经在上面引过赫达洛夫②同志的话,他确定地指出,将来大战命运,多半是操于青年之手的。我在此还要把洛凡拉同志在讨论国际赤色日的一篇讲词的大意,节述于下:

(自然,我觉得在此地没有再把十次全会对战争危机的分析重复一遍的必要,因为在这问题之下,右派、调和派、取消派的错误,如同白日般的明耀。)

"八一反世界大战赤色日对于青年的工农有非常重大的意义,因为他们自身就与战争有直接关系的。所以,反战争运动必须要号召广大的青年群众参加,才有胜利的可能。

"自从资产阶级厉行生产合理化之后,青年参加生产的数量陡有增加,形成了阶级斗争的主力军。随着战争危机的增强,随着青年群众左倾过程的加速,资产阶级更想尽方法来争取③青年群众。资产阶级利用这些青年没有受过第一次大战的教训,利用他们没有经过欧战末期的革命斗争,利用他们是在稳定期进入生产的几点弱点,便千方百计的欺骗、

---

① 等轻工会议的总结发表时:原刊无"轻"字。今补之。殷夫有《全国青工经济斗争会议的总结》一文,见后文校注。

② 赫达洛夫:原刊漏"洛"字。今补之。

③ 争取:原刊作"征取"。今正之。

麻醉他们，把他们团结在资产阶级的组织之下。

"我们看到最近在洛资（波兰）资产阶级利用一切军事的、运动的、体育的、教育的、游艺的组织来取得青年的阴谋。尤其是资产阶级会适应着环境来改变这些团体作成备战的集体。譬如在法国，最近成立了一个'运动顾问处'，无疑的是一个组织青年的一种企图。不但如此，资产阶级用威迫利诱，得牧师、社会民主党的帮助，一直把这种欺骗深入到工厂中去，一方面是破坏无产阶级①的组织，他方面是夺取青年，准备在战时动员他们。（中国的黄色工会也相当地做到这样的工作。他们一方面组织一种类似法西斯蒂的团体，专门破坏革命；他方面则利用一切公开活动宣传军国主义。）

"再则，各国目前都改组军队。（在中国，即是所谓裁兵、编遣等花样。）其主要的工作内容是淘汰老弱的士兵，而代以广大的失业的精壮青年工人、农民。（即是生产合理化结果。）

"而且战争爆发时，在后方做工的，也都是更年轻的青年群众。

"这些事实提示②：共产青年团在反战争的工作中心任务应该是怎样去夺取这广大的青工群众。资产阶级军事化的组织，是法西斯蒂化的好基础。……我们再举一个意大利的例子：在都灵这地方，本来是意大利无产阶级的中心，工人大都是反法西斯蒂的。但这里竟有百分之二十的青年工人为法西斯蒂团体所引诱，加入他们的'卫兵队'，加入他们的运动团体。

"在这个军事化的法西斯蒂的过程中，社会主义青年团（是第二国际的青年组织）也有极危险的作用。因为他们虽然在口头上也说反对战争，在实际上他们却正是积极准备战争的工具。而且，他们对我们的组织，总用法西斯的手段来对付的。如捷克的事件（可惜洛凡拉同志没有指出：他们在进攻苏联的意义上真是英勇的少年先锋，看他的大会议决，简直

---

① 无产阶级：原刊"无"字后衍一"资"字。今删之。

② 提示：原刊作"题示"。今正之。

是宣布苏联罪状，号召帝国主义共同声讨的檄文呢！）……"

同志巴尔比（法国）在结论中说：

"在赤色日的准备上，把广大的青年士兵、水手、青年工农，号召起来为反帝国主义战争，反对进攻苏联，是青年团的唯一任务！"

（关于这些，在十次全会中是只列在"国际赤色日"这题目之下的，但是战争危机是加紧着，进攻苏联的危机也加强着。这些话是还可适用的。）

四

其三①，十次全会中对于国际共产青年团的弱点与优点，也有很多的说到。我在此不妨也摘录一些，做我们的借镜。

在组织上，最尖刻的批评莫过于薄拉特尼茨基同志②（共产国际执委）的演讲。但他所讲的全是很诚恳的，没有一些过火。他说：

"共产青年团的基础可能也应该比共产党更来得广泛，因为它有它很广大的后备军——劳动的青年群众。这些群众并且都是未染社会民主党的毒气的。青年团比党更容易地教他们以共产主义的思想，因为成年的群众大半都是中过社会民主主义、改良主义、天主教等的毒的。……然而，在实际上，青年团的基础却并没有一天一天的宽广起来。这证明，目前青年团用的工作方法必须立即改正。青年团应该坚决地走向青年群众所在的地方去：到学校、工厂、夜校、运动场、游艺场，甚于基督教的、社会民主党的社团里去。青年群众之要去进这些团体，只因为他们要消费他们精力，要去学习，我们应该乘着这个去吸引他们。否则他们将被这些团体吸引去了。青年团的群众工作方法，立刻就应该有改正。不然，共产党的干部将无由训练了。

"但是不是说，这是专由少共国际或青年团部来负责的呢？不，一些

---

① 其三：原刊作"其次"，与前重复。今改之。
② 薄拉特尼茨基同志：其人无考。

也不是。党对它的注意，确实是太少了。青年团时常帮助共产国际来纠正党的政策。它不但做团的，并且连党的一般的工作，也是做着的。假使党能给它帮助，它无疑义地是可作党的预备军的。少共国际是在莫斯科，自然不能够在德国做得好工作，但这却绝对不是说：资本主义国家的青年团做工作做不好，少共国际是可不负责的了。少共国际还是要负责的。我并不反对少共国际的干预①政治，并且毫无理由反对它作为共产国际的一部而讨论问题、决定问题，这些都是必要的。但是，这也绝对不是理由，使它②可以把它特殊的工作放弃不顾了的。它应该走向劳动青年群众所在的地方去，去获得他们。……

"青年团应该是一个战斗的组织，应该参与共产国际的工作，应该与一切机会主义、右倾分子作战，但却应该把更多的时间花在青年劳动群众中去。

"青年团是教育的组织，但却应该有更多的方法去教育。它应该去教育广大的青年群众，这是必要的。……"

在高尔基启同志③的发言中，他指出团的工作之必须改变。他说："如果团不能肃清这种社会民主党式的作风的遗留，则我们必不能战胜资产阶级。"

所以总结起来，团的主要的弱点是太不注重它特殊的工作——在青年群众中的工作。第二就是工作方法的不好。

在优点方面，大家也都说得不少。譬如在上面，披亚特尼茨基及赫达洛夫两同志都说过：团常能帮助共产国际纠正党的错误，并能坚决的与党内恶倾向作战。拉斯特同志又引了英国团中央给党的中央政治局的一封信，说明英国的团，在党的领导机关表示动摇的时候，还是坚决地成为一个刺激者，警告党的中央从速执行国际的路线。

---

① 干预：原刊作"干与"。今正之。

② 它：原刊作"她"。今正之。下同。

③ 高尔基启同志：其人无考。

中国CY①的代表，也曾提及中国团的中央在党发生小组织斗争时尽了很大的力。而且，他还说到中国团在大革命时期所起伟大的作用。这些可说是我们的一些小小的光荣。而同时，也是鼓励我们更向前的军号。

其次呢，团作为党的一个预备学校，团供给党以很多的干部。这虽然都认为不充分，但也并没有完全给否认了去。

枯西宁②同志的结论中说：

"五年来团的可贵的服务，是帮助了党及国际对托洛茨基主义的作战。在现在，是对右倾的斗争③。"

但他结论中还引了赫达洛夫同志的两段很尖锐的批评，也可说一说④：

"团的缺点是：不了解在青年问题上去执行政治的路线，而使青年问题与总的政治工作联系⑤起来。这是非常的必要。

"若照目前的情形看，青年在政治上⑥的地位那末重要，群众，特别是青年的群众战斗决心那末坚强，则团的发展，可说是跷着脚追随于事实之后而已！团没有尽它为青年群众斗争的组织者及领导者的任务。这都因为团在工厂中还没打好很深入的根底……"

五

关于团的今后的总的任务，我们在上面已可以看出了许多。我在此再摘要地叙述一些⑦。

---

① CY：即中国共产主义青年团的英文缩写。

② 枯西宁：今通译"库西宁"。即奥托·维里格里莫维奇·库西宁（1881—1964），芬兰人，芬兰社会民主党左翼领袖。1918年流亡苏俄。1921—1939年任共产国际执行委员会主席团成员、书记处书记等。

③ 斗争：原刊作"奋斗"。今正之。

④ 原刊"说一说"后有"到"字。今删之。

⑤ 联系：原刊作"连系"。今改之。

⑥ 政治上：原刊无"上"。今补之。

⑦ 原刊"叙述一些"后有"下来"二字。今删之。

赫达洛夫同志说：

"我们现在要尽力量去转变我们的工作方法，一定要使五次世界大会的决议成为事实，使我们工作走向群众工作的方式去！"

这个工作方式和方法的转变，是非常的重要。特别在中国，一方面是革命形势迅速千变地进展，他方面则我们在过去有很长时间的错误历史。我们不应否认，我们都曾经过机会主义时代和盲动主义时代的，同时也走过先锋主义的道路①的。如果在目前，还用着这种"前代"的工作方式和方法，则毫无疑义地要赶不上群众，不能成为青年劳苦群众的领导②。

枯西宁同志在结论中，特别用了一个《论共产主义青年运动》这个标题，来讲及青年问题。有几点是很重要的：

"共产主义青年运动底政治的成熟，是很大的。只是其组织上的缺陷，也同样地不小。……（他总结许多人的批评，有的已引在上面。）我有三个提议，希望这运动有所补益。

"第一，坚决的执行决议。少共国际已坚决的要转变工作方法，要走向群众工作，要利用附属组织等等，我想这都是对的。但只决议是对是不够的，必须坚决地去执行才好。

"第二，共产主义青年运动，和党的工作又大不相同。它不但要有政治的、组织的领导，并且还要有相当的'教育的'意义。自然，这并不是指学校的教育的意义，而是应该在布尔什维克的活动意义上的：以布尔什维克的精神来教育青年群众。这话也不是叫青年作'超政治'的活动，这种倾向我们必与之作战！党及团都应该牢记列宁同志的话：'很多人不懂得③：要到青年群众去征集党员时，应该更大量，更勇敢；再更大量，再更勇敢，而不要惧怕。'

---

① 道路：原刊作"路道"。今正之。
② 原刊此句句首有"要"字。今删之。
③ 原刊此句另起一行，今移接上一行。

"第三，青年运动的领袖们，常强于批判，而缺乏一种革命的热情。所以我主张：他们应更加强这热情的培养，更增高革命的耐心，刻苦①去为转工作方式而努力，去获得新的精神、新的方法。这并不是一个小的问题！"

关于反对战争、反军国主义的工作，则洛凡拉同志说了很多：

"第一，我们应该发动青年群众为他们的特殊利益而斗争，由他们的经济的、政治的斗争联系到反对帝国主义战争，反对进攻苏联，反对军国主义。

"我们应该动员广大的青年群众作反军国主义的斗争。反军国主义的工作，应该成为我们经常的群众工作。我们要建立一切反军国主义的组织。

"我们应该积极地在工厂中工作，在青年群众中，采取下层的联合战线，作反战争的活动。"

其他的关于青年在经济斗争中的任务，在工会运动中的任务，我想一定有很多说到的。可惜，我们关于这一项的报告和讨论记录，是一些也找不着。不过，毫无疑义的，如目前在党的同盟罢工总的策略之下，中国团的任务是怎样发动广大的青工群众，为它②自身的特殊利益，在推动总的同盟罢工的意义上，作不断的斗争！并且组织广大的青工群众，于革命的赤色工会之下，坚决地消灭黄色工会③的存在！

（附注：文中引语，大半系意译的，特此声明。）

1930，2月5日

---

① 刻苦：原刊作"克苦"。今改之。

② 它：原刊作"他"。今正之。

③ 黄色工会：与赤色工会相对，是资本家操纵、代表资方利益的反动工会。

全国青工经济斗争会议的总结①

一、会议的意义与任务

在"二七"②纪念的前夜，在"工人争自由运动"的先声中，同时也在极紧张的国际国内的政治形势中，中国革命斗争积极的复兴、发展中，中国共产青年团的全国青工经济斗争会议，用着斗争的情绪举行了。这毫无疑义地有着伟大的意义。

第一，我们不能不说，这会议本身是团工作方法转变过程中的一个界石。它开辟了新的前途。我们是布尔塞维克，我们毫无理由否认自己过去的缺点，自己批评也是我们斗争的精神。在过去，团的组织基础差不多完全是小资产阶级的智识分子，这和从这基础产生的工作方式和方法，使团和广大的青年无产群众隔离起来。二中全会以来，团坚决的执行了这个转变。这次经济会议的召集，可说是到了个新的阶段。

第二，团是青年无产阶级的政治群众组织，所以它前列的任务应该是把这些青年群众团结在它的四周③，领导他们，组织他们，并教育他们

① 本文作于 1930 年 2 月 18 日，原刊于同年 2 月 25 日出版的《列宁青年》第 2 卷第 9 期（总第 33 期），署名殷夫。这是殷夫以共青团中央宣传部干事参与主持团中央召开的"全国青工经济斗争会议"，并为这次会议所作的总结报告。据报告述及，会议规模不大，仅 8 省代表 14 人到会，但议题较多，大至国际国内形势与党、团斗争策略，然后集中讨论青工罢工战术与策略，并形成了各省青工斗争纲领。因此会议共开了 5 天，即 2 月 6 日至 10 日。地点不详。一说是在浙江嘉兴召开。殷夫在这个总结报告中，首先肯定了会议的四方面意义，接着分析了青年斗争形势，提出了团在组织领导青工罢工斗争中的任务与工作方法，进而对团的组织建设、思想建设以及武装训练等问题提出了意见和要求。最后还对这次会议的成就与缺点说了自己的看法。

② "二七"：指 1923 年 2 月 7 日军阀吴佩孚在美帝国主义支持下，指使其部下镇压京汉铁路工人大罢工而造成惨案。纪念的前夜：即指 1930 年 2 月 6 日。

③ 句中的两个"它"，原刊均作"他"。今正之。

斗争。《少共国际的纲领》上说："团是一个政治组织，是训练青年劳动群众斗争的集团。我们本着马克思列宁主义的基点，不能把理论与实际分离起来，教育与斗争是一致的，不是矛盾的。"在这句话里，我们可以看出，团最主要的任务是经济斗争。尤其是在目前资本主义生产合理化的结果，把大批的青年拉进了生产的过程中去，把大批的青年无产群众放在最残酷的剥削与压迫之下。这不但使青年在生产中地位的加高，并且也使青年劳动群众成为阶级斗争中的生力军。这在中国是更加显明，青工群众无论在参加总的斗争中，或是单独的斗争中，都表现得异常的积极、勇敢。团必须坚决地去争取这勇敢的青工群众。这是保障革命胜利，并且是推动革命高潮的一个主要条件。青工运动是团的基本任务。这次会议第二个意义和任务是具体解答并决定青工运动中许多具体的问题。

第三，中国豪绅资产阶级国民党，自投降帝国主义之后，完全成了帝国主义御用的一个工具。帝国主义利用它去进攻苏联、压迫革命，也利用它进行瓜分中国，爆发军阀混战。在这情形之下，最受苦的工农群众尤其是青年的群众，受着的迫害更加深厚。在上面我们说过青工斗争情绪的激烈，也就是这个道理。但在这种斗争发展中，我们团的领导是怎样呢？这不用讳言是薄弱、薄弱，第三个还是薄弱。然而这样说，并不就完全否认团在过去的工作了，这是不对的。我们虽只有一些斗争经验，我们也要作为最宝贵的教训。这是我们在斗争中教育的真意义。所以，这次会议的第三点意义，是汇合各地的斗争经验、获得过去工作的教训，以更有力的推进当前的青工斗争。

第四，目前党对工运的总策略是组织同盟罢工。但这不过是一个总的策略路线，在应用上是必须有更详细、更具体的方法的。特别在青工运动之中，更应该适应了青工的特殊利益、特殊环境来确定出更实际的运用方法。这无疑地就是会议的第四点意义。

二、会议的成分与议事日程

这次到会的代表有十四个，代表了江苏、福建、广东、湖北、河南、顺直、满洲、江西等八省。其中只有三个是工人同志，没有女工代表。

会议共开了五天，其主要的议事日程是：

第一天——团中央致开会词及党中央的报告。报告内容是分为两部：一是国际及国内形势与党的策略；一是青工运动。

第二天——关于党报告的讨论。

第三天——团中央报告《生产合理化结果与青工斗争的形势》。次之是关于这报告的讨论。第三是关于"青工罢工的战术与策略"的报告。

第四天——对于"战术与策略"报告的讨论，及关于中央预定《讨论大纲》上半部的报告。

第五天——对于报告的讨论。其次是下半部的报告和讨论。最后是制定各省青工斗争纲领。

《讨论大纲》的内容分八部：（一）同盟罢工中青工任务问题；（二）反黄色工会工作问题；（三）青工单独斗争问题；（四）青工组织问题；（五）女工工作问题；（六）附属组织的问题；（七）武装训练的问题；（八）宣传教育工作问题。

会议的结果，在下面总结地分列了几项，简单的叙述一下。

三、生产合理化的结果与青年斗争的形势

关于生产合理化的问题，会议一致地坚决地打破了国际右派的意见。因为他们（右派）说生产合理化是"技术的改良"，是"第二次工业革命"，并且瓦尔加还说"工资是没有低落"。但各省的代表的报告，都指出了相反的事实：所谓"技术的改良"的内幕是什么呢？是增加纺锭（纱厂），加大机器转动的速率（天津日本纱厂，轮子改用铁铸、速度可以加快，工人也不得不被迫得加高速度）。再进一步的"改良"，还有什么呢？没有了！所有的只是工作过程的改组，以前一人管一部车，现在一人管四部车（甚至还有一人管十几部的）。以前单由工作量来估计工作

的多少确定罚工，现在却由亨司①的电表来计算了（这是万无一失的良方）。以前是请假可以不罚工，现在不准请假了。总之，这些都只是工厂管理的加严，分配工人工作的增加，开快车而已。还有，则是失业的增加，不但成年工人在这合理化过程中大批的失业，并且就是青年工人也是一样的失业。特别是中国目前农村经济大破产，民族工业纷纷倒闭的时候，失业的统计中，青工、童工仍占着很大的数字。

把各地的情形汇总起来，关于生产合理化现状的事实，可以有下列几点：

（一）青工、童工、女工最近在轻工业中约占四分之三左右。重工业也有增加，但数量较少。不过学徒的数目却和轻工业中一样的激增，而都残酷的延长学习时期。在这期中，无工资。

（二）工作时间普通轻工业中为十二至十五小时，因为资本家用了种种巧妙的方法（如罚工之类），叫你不得不多做工。学徒则是无限制的。在矿山中，每人不得不做十六小时，因为八小时的工资简直不够吃一顿。

（三）实际工资是相对地或绝对的减缩。拿上海说，有好几家厂，每月工资比以前要减少一二元。有的是增加了一二元，但实际上，这些工资和生活程度、和工作强度对比起来，是绝对的减少！

（四）工作加重多半是：一、减人加工——一个人做几个人的工作；二、罚扣工资；三、开快车；四、包货工作制。学徒则还要替私人服务，如泡水、揩车等等。

（五）养成工制的发展——这是一个最黑暗的制度：资本家利用了农村经济的破产，用了很小的金钱，去收买农村中无家可归的苦儿童，拿来关在厂里，供给些极微薄的衣食，叫他做很困苦的工作；将来大起来了，又叫他滚蛋。这样的制度，是中国式"合理化"的特点，全国的工厂差不多都实行着的。

（六）因为生产合理化，相当地加强了生产力，手工业便陷于危境。

---

① 亨司：英文 Qunce 的音译。今通译为"盎司"，英制计量单位。

特别是中国的经济，生杀之权操于帝国主义的手掌，所以手工业不得不逢它没落得惨运。但结果只有工人倒霉，加紧工作，开除成工，增加学徒，延长学习年期。推行着①手工业的生产合理化，只有工人更受着多些的封建剥削。

因为青工群众所处地位的不利，斗争情绪也非常高涨。会议上各代表都说了很多的实例。如上海的老怡和童子团，就不断的爆发单独的斗争。如各厂的斗争中，青工总表现得最积极。最近安迪生灯泡厂惨案中，死伤的也大多是青工，中有王阿四，是十四岁的小姑娘。在唐山反黄色工会的斗争中，青工也打了先锋。湖北沙市打包厂的斗争，多是青工和童工推动的。……

总之是为了生产合理化的结果，青工的数量是增加的，青工的痛苦也是增加的，而他们的斗争决心也是增加的。

四、同盟罢工中团的任务与工作方法

同盟罢工是党目前工运的主要策略，各地的斗争经验一方面是证明这策略路线的正确，他方面则显示出我们对这策略的运用，是非常的微弱、非常的机械。因此，关于这问题的讨论，确是一个严重的急务。总结会议所讨论的，主要的有下列几点：

（一）团应该与党一致地计划组织同盟罢工。在这点上，团应该以最大的力量来发动广大青工及童工群众，来参加总的斗争。团一方面要把总的要求纲领，深入到青工群众中去，同时又要制定青工的特殊要求，来发动青工群众的斗争。这是一个总的原则。

（二）团应以最大的力量来发动组织领导青工的单独斗争。这在目前是推动整个同盟罢工的动力。但这里却必须注意到战略的运用：单独斗争的发动，必须向着推动整个同盟罢工的方向。所以单独斗争发动了之后，我们要扩大对成年工人的宣传，在要求中提出成工的要求。青工罢

---

① 推行着：原刊无"推"字。今补之。

工委员会应在赤色工会的领导之下，使单独斗争很迅速的发展到总的斗争，发展到同盟罢工。

（三）同盟罢工发动后，团的任务是：一、提出青工的总纲领，可用群众大会或同产业代表大会等方式提出；二、青工代表参加罢工委员会；三、扩大纲领的宣传，扩大青工要求的宣传和鼓励；四、参加纠察队、宣传队等等。我们要争取青工的特殊要求，使之加入同盟罢工的总纲领中去。获得青工的参加，是同盟罢工胜利的条件之一。

（四）加强赤色工会的工作，也是最重要的一个任务。因为中国统治阶级白色恐怖的驱使，使工人有了一种惯性，以为一有赤色组织，马上就是斗争。所以发展赤色工会工作，必然成为推动同盟罢工的一个力量；而且因为目前黄色工会多半是不许青工参加的，这些无组织的青工更是应该以全力去组织他们起来的。我们一定要尽力想法来介绍大批的青工加入赤色工会。这里特别要注意：一、同志全体加入工会；二、赤色纲领的宣传；三、发展赤色工会的下层组织，如青工小组、青工委员会及附属组织、学徒联合会、劳动童子团等等（附属组织还有如体育队、足球队、平民夜校、读书班，也应尽量发展）。

（五）反黄色工会的斗争，跟着革命形势的进展而日益迫切。虽然说国民党的改良政纲没有丝毫实现的可能，黄色工会的法西斯化也日益显明，但是国民党决不会放弃了他的改良欺骗，他的黄色工会，必然是一个宣传他改良欺骗、军国主义的中心。这对工人阶级是一个危机。所以反黄色工会的斗争，是同盟罢工胜利的保障。团的任务是：一、有赤色工会支部的地方，当尽力扩大赤色工会组织；二、使赤色纲领的宣传深入群众；三、夺取青工群众组织在赤色工会支部之下，在赤色青工委员会、赤色青工小组之下；四、发动青工的单独斗争，以赤色的纲领与黄色纲领对抗；五、在政治上处处与黄色工会对立起；六、没有赤色支部的地方，当组织赤色附属组织、赤色青工小组，提出赤色斗争纲领。这些小组可代理赤色支部的工作，但须立刻发展赤色支部。在各地的斗争经验看来，青工常为反黄色工会的先锋，团应该更坚强地抓住这客观的可能，尽量地发展反黄色工会的斗争！

（六）团必须在工厂中建立经常的宣传教育的工作。宣传的方法一定要切实的青年化，不要机械的做这门工作。我们要想许多的方法，来联系宣传与鼓励的口号。政治与经济的口号，很活泼的把我们的纲领深入到群众中去。工厂小报、青工小报、青工画报，应该有计划地经常出版。在宣传教育中，我们尤其要注意以斗争的经验来教育群众。我们要利用公开路线建立许多的附属组织，给广大的青工群众以斗争的训练，扩大我们在政治上的领导。这种组织如反帝的、反军国主义的，须经常存在。

（七）团必须尽力扩大它的组织，把青工群众的进步分子吸收进来，参加领导工作①，使团的组织基础巩固起来，更形成为一个群众化的政治组织。这才是一切工作的基础。

五、一般的问题

除了同盟罢工的问题之外，我们还可以提出几个问题来讲一讲：

（一）团的青年无产阶级组织基础薄弱，成为团工作不能充分发展的主要原因。譬如有很多厂内，青工、童工的斗争情绪是非常的高涨，甚至有的是自发的斗争起来了，但团却没有组织，因此不能领导。这是非常不好的现象。团无疑地必须尽力的打入青工群众中去，以青年无产阶级来作为组织的基础。我们要计划怎样去领导自发的斗争，应想法怎样在斗争中去发展我们的组织。

（二）加紧反改良主义、取消主义的斗争，是非常必要的工作。因为目前革命形势紧张之中，统治阶级必然会派遣一种变形的密探来欺骗工人群众。如改组派、第三党他们用了一种表面左倾的民主口号，来混朦群众。取消派的先生们则更为资产阶级张目，要工人阶级取消斗争。凡这种种，都不过是统治阶级想以和缓革命斗争的工具。我们要无情的在青工群众中打破他们的影响。

---

① 领导工作：原刊作"领导干部"。今改之。

（三）加紧武装训练，在目前革命形势激进中，成为很重要的问题。因为客观形势的成熟，使武装暴动推翻反动统治的基本任务一天急迫一天。我们应该立刻准备着武装的斗争。不过武装训练不是简单的盒子炮主义。最重要的，我们必须向青工群众说明武装的意义，以及武装暴动巷战中一切必须的智识。我们的方法有：一、罢工时发动青工参加纠察队；二、组织附属组织（如体育团等）；三、劳动童子团有经常的武装训练。

（四）在思想上，我们必须要残酷地与右倾观念斗争。如认为目前客观形势尚未成熟，如对进攻苏联的忽视，如对黄色工会斗争的忽视，如夸大民族资产阶级的势力等等，都是不正确的倾向，应与之争斗①。这是执行我们新工作路线的基本条件。

六、会议的成就与缺点

总结起来，这次会议有几点成功，也有几点缺点，列述于后。

成功的：

（一）这会议使全国的同志，进一步认识了经济斗争的意义。这是对中国团非常必要的，因为中国团是从学生转变过来，一向对青工运动，经验和认识非常浅薄，甚至有不懂经济斗争作何解的（如江西②），这无疑是妨碍转变的。这次会议的主要的成就，是使他们了解了这个新的意义，必然更可推进团的转变。

（二）这会的本身就是一个新工作方法的表现。因为如青工运动那末严重的问题，单靠通告与书面的指导是不够的。

（三）会议的确解决了一些具体问题，如同盟罢工中青工的任务，如青工单独斗争问题等等。并确定了各省的青工纲领。

（四）会议汇合了各地的斗争经验，获得很多工作的教训。它可帮助

---

① 争斗：原刊作"奋斗"。今改之。

② 如江西：原刊无"如"字。今加之。

我们推动当前的斗争。

至于缺点，则有：

（一）会议只完成了一般的任务，而没有进一步的讨论到更重要的产业，如矿山、海员，以及其他重工业、交通工业的斗争纲领和具体问题，都未涉及。

（二）代表成分不好。十四人中只有三个工人，只有两个是在业的，并且有的还不是专门负责任工作的。重工业代表及女工代表没有，因此没有解决许多特殊问题。

（三）讨论方式不好。虽然政治问题的讨论非常热烈，但对策略及工作方法的讨论，就比较冷淡。这主要的缺点是使策略的意义，还不能更深入地了解，使将来在运用上减少许多错误和困难。

七、结语

这是团有史以来第一次会议，无论怎样不算完美，但总是非常有意义的。它是团新工作的曙光。

同志们，我们运用会议给我们的武器，勇敢地、艰苦地在青工群众中去工作吧！①这不但是团的责任所使然，也是我们唯一学习共产主义的方法。我们的努力，将不会空费，在最近的未来，我们群众化的团，将推动革命高潮更快的到来！

那才是我们的光荣，那才不负②这次经济斗争会议！

1930，2，18

---

① "同志们，我们……"：原刊接上一行。今改为另起一行。
② 不负：原刊作"不负有"。今删去"有"字。

踏着"三八"的路向前猛进！[①]

一

自私有财产制形成，除了少数的妇女成了压迫的阶级、统治阶级的装饰品之外，大多数的妇女都从人变为奴隶，度着悲惨的生涯。资本主义发达之后，无数的妇女不能不从破产了的家庭中，跑进惨淡的工场，去受资本主义最残酷的剥削！

那是什么样的生活呢？劳动的妇女群众跟着全劳动阶级的命运，沉沦于最黑暗的冰窖！她们是社会底层的奴隶。她们是劳动阶级中最痛苦的一部。她们的生命是剥削与压迫的堆积！她们在这愁云惨雾笼罩之下，没有一丝丝的光明！

可是她们的自觉，却创造了她们自己的太阳。它照出了她们应走的大道，它指出了她自救的彼岸。这太阳就是"三八"。

1910年3月8日，欧洲的女子社会主义者举行了一个国际的集会，为促进劳动妇女的解放，特决议该日为国际的妇女日[②]。全世界劳动妇女都认这个日子是自己的节日。每年的这一日，都举行热烈的纪念。到苏联十月革命成功后，共产国际成立了国际妇女部，正式规定"三八"为国际劳动妇女节。从此，这一天更成为全世界劳动妇女的纪念日了。

"三八"是劳动妇女的，不是资产阶级小姐太太们的。"三八"是全世界劳动妇女向资本主义抗议的一个斗争纪念日。它的终极目的是打破

---

① 本文作于1930年2月19日夜间，原刊于同年2月25日出版的《列宁青年》第2卷第9期，署名莎菲。这是殷夫为迎接3月8日的国际劳动妇女节而撰写的专文。文中以诗一般的语言赞颂"三八"节的来历，并紧密联系当年国际国内斗争形势，鼓动广大劳动妇女特别是女工团结起来，进行斗争，推翻旧世界，建设新的光明世界。

② 国际的妇女日：即"三八"国际劳动妇女节。

资本主义的制度。所以它是战斗的，是整个阶级斗争阵线中的一部！它主要的口号是：

"女工保护！"

"八小时工作！"

二

无论就国际的或国内的形势讲，随着资本主义生产合理化的进行，妇女在生产中的地位是日复一日的增高，特别在中国更表现得明显。这是因为中国农村经济的大破产、灾荒的发展，使破产的农民数量激增。这一大批的失业贫民，军阀利用他们扩大其军队，资本家则特别利用其中的妇女来施行其最惨酷的榨取。

单就上海国民党市党部的调查，全市三十种企业之中，①只有十三种是没有女工的。而在这十七种企业部门中，女工的数量几乎要占到一半以上。特别是火柴业等部门中，女工是占了绝对的多数。（其中缫丝业全部都是女工。）

即就全国来说，女工在生产中地位的增加，虽然不能有精确的统计，毫无疑义的也是很快的在进行着的。而且即是在手工业中，妇女也占着重要的地位。至于乡村中，妇女更参加了一切的生产。

占着生产上重要位置的劳动妇女，她们的生活却是绝对的奴隶化，绝对的悲惨。女工的工资，平均总比男工要少许多。然而她们的工作时间、工作速度却丝毫也没有差一些。她们所参加的，多半是轻工业，而轻工业的工资水平，总是非常低落的。同时，资本家利用她们的柔弱，对她们所加的压迫，更加是惨无人道。如上海的申新五厂，在去年就屡次发生过罚工钱（天冷手肿，不能接头），开除工人（二十人做六十人的工作），停生意（因为犯了老妈头②）等等的无理虐待。其余的厂当然不

---

① 此二句及后文原刊接上行。今改为另起一行。

② 老妈头：年长的女工头。

难类推。如汉口某日本纱厂一个怀孕女工至于被工头踢死，赔了些钱，马虎了事。凡此种种，真是不胜列举。

而且最近民族工业的破产（如丝厂，如烟厂，如火柴，如制茶……），更使大批女工不得不蒙失业的灾祸。

至在农村中，在地主豪绅、高利贷者直接剥削之下，国民党苛捐杂税的搜括之下，军阀混战直接的破坏之下，劳动妇女所蒙的迫害更是十分利害。

三

因为中国劳动妇女所处环境的悲惨，她们斗争的情绪与团结的觉悟，也迅速的发展起来。在全国复兴中的罢工潮流里面，我们都能看到她们积极的参加与英勇的奋斗。

1929年秋，上海丝厂连续的爆发了三次伟大的同盟罢工，全部的女工人数有一万一千之多。她们这种英勇的斗争精神，总时常准备着打破资本家①的进攻。最近为了反对关厂的缘故，又有同盟斗争的趋势。

在各纱厂的斗争中，女工总表现得非常积极。如上海安迪生电灯泡厂惨案②中，女工勇敢打工贼，以致反动的国民党军警开枪后，死伤很多。这可证明，中国的劳动妇女群众已踏上了斗争的前线，英勇地与统治阶级、剥削阶级搏战了。

在最近南洋烟草公司关厂后，女工斗争的情绪很高，天天去打厂，去包围写字间。巡捕来威吓她们，她们不但不怕，并且对他说，我们都是被压迫的，不应该来自欺自。这也可证明她们阶级觉悟日益提高起来。

---

① 资本家：原刊作"资本"，今补"家"字。
② 这次惨案，详见前文《血淋淋的"一一三"惨案——美帝国主义、国民党联合屠杀安迪生灯泡厂工人》。

四

今年的"三八"正是帝国主义继续唆使国民党进攻苏联的时候，进行瓜分中国，军阀混战普遍地在全国爆发的时候，无疑地更有新的伟大的意义！

在帝国主义双管齐下^①，在军阀混战的漩涡中，一方面是劳苦群众更直接的受着严厉的剥削与摧残，而更坚定了他们斗争的决心；他方面则无疑地更促进统治阶级的崩溃与死亡，更有力的促进革命新高潮的到来！

劳动妇女群众在这条件之下应负起很大的任务，以坚决的斗争，来推动革命浪潮，直至推翻了帝国主义国民党统治，而建立了自己的政治权，完成了劳动阶级的解放。这样才是真正的劳动妇女解放的意义，也就是"三八"所昭示的大道！

资产阶级小姐太太们所唱的"妇女解放"，是最可笑的改良主义、和平主义的恶把戏。她们其实用不着什么"解放"，她们可以自由在唱"毛毛雨"，唱"妹妹，我爱你"；他们可以安安逸逸的做统治者、剥削者的装饰品、享乐器；她们所唱的"妇女解放"连女权主义的意义都没有。她们只有一个作用：是在蒙蔽劳动妇女的阶级意识。她们是统治阶级的女侦探！真正的妇女解放，必然要由劳动妇女来完成，恰像只有无产阶级才能解放全人类一样；也只有劳动妇女，才能够解放全个女性。因为女性地位的堕落，根本原因是私有财产制度，只有推翻私有财产制度^②，女性才能得到永久的解放！这就是^③"三八"给我们的道路。

全中国的劳动妇女们，负载^④在你们肩上是全人类的解放，努力向前吧！团结起来，斗争起来，直至推翻了旧世界，建设了新的光明的世界！

---

① 帝国主义双管齐下：指进攻苏联、瓜分中国。

② 句中两个"私有"，原刊作"和有"。今正之。

③ 这就是：原刊作"这就"，今补"是"字。

④ 负载：原刊作"负戴"。今正之。

"三八"纪念快到了，一致踏着"三八"的路向前猛进呵！

1930，2月19夜

又是一笔血债①
——为"四三"惨案死难者及刘义清烈士复仇！

继着"一一三"的惨杀②、祥昌的流血③、"三八"的冲突④，新的"四一二"⑤又发生了。帝国主义、国民党联合的在南京、在上海屠杀劳苦群众，这表示统治阶级在日趋崩溃的过程中，在日益澎湃的革命浪潮中，已不得不用它最残酷的手段，来与革命群众作最后的肉搏。同时，也更昭示着我们，坚决的用热血白骨来掩埋这反动统治！

下关的和记蛋厂，是英国帝国主义、资本家仗着不平等条约来直接剥削中国工人阶级的一个机关，劳动条件一向是非常酷辣的。特别是它⑥三四月生意好，便加工人；夏季生意清淡⑦，便关厂门的方法，更使工人在半年内是失业的。因此，工人最迫切的要求是停工工资照给，和增加

---

① 本文作于1930年4月10日夜，原刊于同日出版的《列宁青年》第2卷第11期（总第35期），署名徐白。副题中的"四三"惨案，指同月3日发生在南京下关的英国海军陆战队与国民党武装警察镇压"和记蛋厂"工人罢工事件。刘义清烈士，则是上海工人于同月8日上午声援南京"四三"惨案中被巡捕射杀的那位烈士。因文中未记其生平事略，详情无考。

② "一一三"的惨杀：即前文《血淋淋的"一一三"惨案》所述的事件。

③ 祥昌的流血：1930年3月5日，上海法租界祥昌棉织厂（因厂方以"金涨银跌"关厂）1000余名工人要求厂方开厂。结果遭法国巡捕和国民党警察开枪镇压，打死3人、打伤数十人。3月6日，共青团中央曾就此案向全国青年工农、兵士及青年劳苦群众发布《宣言》，号召援助祥昌工友，为死伤工人复仇。

④ "三八"的冲突：指1930年3月8日上海劳动妇女纪念"三八"游行时与反动当局发生的冲突。

⑤ 新的"四一二"：这是殷夫根据前述一系列事件作出的推断。意言国民党反动派又要像1927年"四一二"反革命政变那样屠杀共产党员和革命群众了。

⑥ 它：原刊作"他"。今正之。

⑦ 清淡：原刊无"淡"字。今补之。

工资。和记的黄色工会，同一切黄色工会一样，是资本家的好走狗，平时专门压迫工人，帮助资本家，在工人中是一些信仰也没有的。不久以前，在关厂期中，工人自动的成立了赤色工会，甚至把一个黄色领袖几乎打死；自动的提出停工津贴、增加工资的要求。群众的威势吓坏了资本家、国民党，于是他们便商议定了一个大阴谋：资本家叫国民党来出面说愿意接受工人条件，准定在四月三日正式开工。但一方面资本家、国民党却准备一个屠杀工人的计划：第一，由厂方叫工头发《上工证》，要工人凭证入厂。对于那几个积极的工友一概不发，以图无形开除；第二，雇用流氓打手暗伏厂中，准备打死反对开除的工人和工人领袖。同时又叫公安局警察连同屠杀。

当赤色工会闻到资本家要开除大批工人的消息时，马上召集了会议，决定一律进厂。如果资方阻止，一齐冲进厂去，要求工作①。四月三日那一天，工人果真去上工了，工贼来阻止进厂。工人不管，冲了进去。那时厂里埋伏着的打手呼啸而出，手持铁棒、大刀向工人迎头袭击。工人虽然头破血流，依然继续肉搏，毫不畏惧。同时，英国军舰的陆战队也全副武装上岸，国民党的武装警察也奉命开到，把工人群众包围起来，乱打乱砍。这样的血战，继续到半点钟之久。结果是重伤工友数名，抬回家后就气绝身死了。其余被打破头的、被砍伤手的工友更不计其数。

这个惨案激怒了南京的劳苦群众和革命的学生，和记的工人通过了一致的罢工。同时，南京的自由大同盟分会②号召各学校的学生罢课示威援助和记工人罢工，并成立"四三"惨案后援会，一致反抗国民党、帝国主义的屠杀。虽然国民党散布谣言，说和记只有在业工人与失业工人的冲突，但事实却铁一般的在着，这种欺骗只有更激怒革命的群众。

---

① 工作：原刊作"工做"。今正之。

② 南京的自由大同盟分会："中国自由运动大同盟"江苏南京分支机构，1930年2月，在中国共产党的支持下，由鲁迅等人在上海发起成立。目的是争取言论、出版、结社、集会等自由，反对国民党独裁统治，并在有些地方设立分会。不久，遭国民党迫害而停止活动。

四月五日早晨，学生都出发了，先在中央大学①集中，然后向下关和记厂进发，准备汇合工人向英国领事馆去示威，沿途高呼"打倒帝国主义！""打倒屠杀工人的国民党政府！"等等的口号。国民党的军警起初是用武装威吓，继而见群众声势愈来愈大，深恐得罪了它②主人帝国主义者，立即下令武装兵警冲散示威队伍。但群众也一些没有退让，与之抵抗，结果又被捕了数人，受伤的十余人……这样，国民党还不满足，进一步的追击示威群众。当在兴中门那儿，又是一次血肉模糊的搏战。徒手的群众用赤手空拳，对敌着无情的刺刀枪尖，伤者甚多。

当南京工人群众和革命的学生与帝国主义、国民党血战的消息传到了上海时，上海的革命群众怎样呢？他们的血沸腾了，他们不能容忍他们的兄弟惨遭敌人的屠杀，所以他们磨着拳、擦着掌，立刻就动员起来了。他们要抗议，他们要援助他们同阶级的兄弟！

四月七日下午的南京路上，群众和潮水一样的汹涌着，沉痛的口号、雪花似的传单，号召着全上海的罢工、罢课、罢市！帝国主义动员了他们所有的走狗侦探巡捕、炮车马队，全批出动。但在伟大的群众之前，只徒然显示了统治阶级的软弱！

四月八日上午，虽然下着雨，在七点钟那样早的时间，革命的青年战士已经在宁波同乡会③门前等候着了。他们是准备着冲进门去，在与包探、巡捕的对抗之中，去举行他们援助"四三"惨案的大会！大队的巡捕迅雷不及掩耳的开到了，他们简直是发了疯的恶狗，挥动了他们的棍棒在群众中驰突着。群众为稍避锋锐，折入了北京路，准备冲入北京影戏院去开会。但在这里还是有着巡捕，首先就把一个青年的战士抓住了。群众大怒，狂呼："打！打！"巡捕吓昏了，急得连忙抽出手枪来，瞄准

---

① 中央大学：前身是始建于1902年的三江师范学堂，1921年改称东南大学，1928年更名为国立中央大学。1949年后，称南京大学。

② 它：原刊作"他"。今正之。

③ 宁波同乡会：前身是上海开埠之前的"四明公所"。1910年4月改称"宁波同乡会"，并于1911年在西藏中路480号建造五层楼会馆。1949年后停止活动。

着。但这并不能吓退群众，只有更激得他们一拥而上。这恶毒的巡捕立即扣动枪机，"拍，拍"的开枪[1]了。于是有一工人便应声倒地死了，被伤的一个。那时大批的巡捕也赶到了，混战的结果，又被捕数人！

这些就是"四三"和上海流血事件的本末。从这里我们可以看到：在反动统治阶级愈形动摇的时候，对工人阶级及革命群众的进攻也愈烈。然而同时，工人阶级与革命群众对他的回答，也跟着有力，跟着勇猛，日复一日的走向短兵相接、相互肉搏的路上去！

这个流血的惨案发生后，国民党说是"死有余辜"，取消派说是"死得没有意义"。但是上海的、南京的革命群众怎样呢？他们很明白，这不是偶然发生的，这始终是一课重要的功课。在他们热血沸腾着，与敌人生死决战的时候，他们已坚决的感觉到，这是两个阶级的不可妥协的斗争。只有不断的、你仆我继的斗争，斗争，斗争下去，一直到推翻了帝国主义、国民党的时候，才能真正报复了这口怨气！

全中国的劳苦群众，特别是青年的工农兵士学生群众，一定会认得这又是一笔记在帝国主义、国民党名下的血债。他们决定了，时间一到，他们要血来偿还血呵！

流血吓不退革命。看看，到"五一"的时候，他们还要更坚决、更勇敢的搏战呵！

1930年4月10日夜

附启：以前的笔名"沙洛"，听说在反对派"龌龊的小刊物"《我们的话》[2]上也被用作一个署名。我不敢盗美，宣布此后不用了。

---

① 开枪:原刊作"开放"。今正之。

②《我们的话》:经查考,1929年上海《日邮副刊》,有些类《我们的话》专栏,其中有沙洛的诗文。因立场观点不同,殷夫称之为"龌龊的小刊物"。

拥护苏维埃运动中劳动青年群众的任务①

一

虽然取消派这些叛徒拼命地歌颂统治阶级的稳定，诅咒革命浪潮的低落，然而事实却与他们尽忠统治阶级的宏愿大相违背。目前统治阶级之日益崩溃，革命浪涛之普遍的、平衡的向前开展，已成了整个中国形势的特征了。这种形势显示给我们看，中国的革命是日日走向直接革命的阶段中去，一省或几省政权的建立已成了目前革命形势之必然开展到的前途。

全国苏维埃代表大会②的召集，在这时期中毫无疑义地有着重大的意义。这显然是推动直接革命形势更快到来的动力之一。它将使土地革命更加的深入，将使工农兵的革命斗争更加开展扩大，将号召全中国的劳

---

① 本文未注写作日期，原刊于1930年4月5日(星期日)出版的中共中央秘密发行的机关报《红旗》第90期第1版"拥护苏维埃"专栏，署名徐白。苏维埃：俄语 coBeT 音译，意即会议或代表会议。俄国十月社会主义革命后，成为苏联权力机关名称。中国土地革命战争时期，也曾作为工农民主政权名称。苏维埃运动，即夺取政权运动。当年主持中共中央工作的李立三曾提出"夺取一省或几省政权胜利"的"左"倾盲动主义错误观点，使党和革命事业遭受严重损失。在国民党统治区，党的许多秘密组织和省委机关先后被破坏或瓦解。大批共产党员、共青团员和革命群众被拘捕或杀害。在农村，由于没有群众基础，少数人发动的军事冒险暴动也都失败。在苏区红军奉命进攻大城市的过程中，农村根据地缩小或丢失。红军也遭受不同程度的损失。因此，殷夫在本文中宣扬的"一省或几省政权的建立已成目前革命形势开展到的前途"的观点，同样是错误的，有害的。但他主要是从劳动青年群众的视角，提出了任务和要求。这对于研究当时青年运动也不乏参考价值。即便是从总结党的历史经验教训而论，也同样值得重视。

② 这次会议，原定于1930年5月30日在江西中央苏区召开。殷夫曾被指定为出席代表之一。后来因为多数代表到不了中央苏区，改于同年5月20日至23日在上海一所学校内秘密举行，史称"全国苏维埃区域第一次会议"。殷夫因故未能出席。关于这次会议，他另有《拥护全国苏维埃大会》专文(见第492—494页)。

苦群众起来为建立苏维埃政权而战！

二

因为生产合理化的结果，军阀混战的延长扩大，农村经济以及民族工业的破产，广大的劳苦青年群众特别是受着最残酷、最广泛的剥削压迫与屠杀。这就是造成青年在革命中作用比重增加及提高他们斗争勇气的客观基础。广大的劳苦青年群众必然会在一切的斗争，是站在最前线。特别是在为建立苏维埃政权的斗争中，负着非常伟大的任务。

劳苦的青年群众应该透彻地认清，要得到完全的解放，必须要根本推翻帝国主义、国民党的反动统治，建立工农自己的政权，方才可能。因此，只有在苏维埃政府下的青年，才会彻底获得政治上的自由与经济上的保护，才会一步一步走向社会主义的社会中。拥护苏维埃政权，为建立苏维埃政权而动员、而作战，必然是目前全中国劳苦青年群众最迫切的急务。

在赤色五月的拥护苏维埃运动中，全国的青年群众应该广大地动员起来，做拥护苏维埃的政治示威、政治罢工、同盟罢工、罢课、罢操①……不但要使苏维埃政权的意义深入到最广大的群众中去，并且要以极高度的斗争行动，以武装暴动、地方暴动、兵变②，直接来动摇国民党、帝国主义的反动统治，以准备全国苏维埃政权的建立。

在苏维埃区域内的劳苦青年，应该不断的举行群众会议、游行、示威及武装大会等等；应该照着我们青年的格言，不但时时"准备着"拥护并发展苏维埃政权，并且要立刻"进行着"这个伟大的艰苦的斗争！广大的青年群众应该不断地加入到红军中去，所有的少年先锋队、劳动童子团应该踊跃地作一切为巩固并发展苏维埃政权的斗争。

---

① 罢操：指国民党军队兵士不参加军事操练。
② 兵变：指国民党军队发动兵士哗变。

非苏维埃区域内的青年群众，更需要在拥护和建立苏维埃政权与本身特殊利益斗争，与反国民党军阀战争、保护苏联等口号联系着的总纲领下，动员起来！团结起来，发动群众的斗争，以政治示威、政治罢工、罢课……汇合地方暴动、兵变直到武装暴动。他们要广大地组织在赤色工会、农协、雇农工会、红军、纠察队、少年先锋队、童子团的行列之中，积极地、实际地准备武装暴动，建立苏维埃政权。

在红色五月斗争中，劳苦青年群众要奋勇地参加；在一切的政治或经济的斗争中，尤需要公开的、明显的以种种斗争形式来拥护苏维埃政权！

暴风雨的前夜[①]

——公共汽车、电车大罢工

在伟大的"五一"之前，上海公共汽车及公共租界电车的工友，英勇的爆发斗争了！

坚决的公共汽车罢工，发动了已有四五天。资方虽然用尽欺骗、压迫、利诱、威胁的方法，利用白俄破坏，散布停车三个月的空气，但无论如何总冲不破工人阶级坚固的阵线！工人群众一齐在共产党的政治领导之下，在赤色工会的组织之下，始终不屈的与资本家、走狗、国民党、取消派、工贼作坚决的斗争，争持其最后的要求！这个勇敢坚决的斗争，必然是号召全上海以至全中国工人阶级起来冲破反动统治阶级压迫的信号！

---

① 本文作于1930年4月25日，原刊于同年5月1日出版《列宁青年》第2卷第12期（总第36期），署名莎菲。这年4月25日，上海公共汽车公司和英商电车公司工人为增加工资举行联合罢工，面对前来镇压的公共租界巡警毫无畏惧，取得胜利。殷夫认为这是"暴风雨的前夜"，因此写本文以鼓动整个上海以至全国的工人阶级一齐动员起来向反动的帝国主义与国民党军阀统治作斗争，用"红色五月"的武装暴动，夺取政权。其指导思想虽然是李立三的"左"倾冒险观点，但即时捕捉工人斗争事例，号召广大劳动群众起来斗争的革命精神，却是难能可贵的。

果然，公共租界的电车罢工了！

在四月二十五日早晨，工人群众公开的在杨树浦厂门前举行群众大会。虽然在三道头①、洋走狗的森严包围之中，群众毫无畏惧的宣布罢工，高呼口号。当时有几个巡捕，把两个工友拉了去，但群众立刻把他们夺了回来，声势汹汹的责问：

"我们要罢工加工钿，关你什么事？"

"好，好，不要紧，只请不要哗啦哗啦的叫……"

走狗唯唯的屈服了。这表示什么呢？这表示工人的团结足以打破白色恐怖的暴压！

公共汽车与英商电车②的罢工，无疑的推动了整个上海的以至全国的工人阶级，在一致纲领下，来为要饭吃、要自由而奋勇作战！

这两个罢工不但会成为推动全上海政治罢工，走向"五一"大示威去的动力，并且必然是给全国工农群众的一个信炮，要号召全国的劳苦群众在"五一"的总斗争中，一齐动员起来向反动的帝国主义与国民党军阀的联合统治斗争。一直通过红色五月，积极准备着武装暴动，夺取政权！

不但是这样，这个伟大的斗争还有其世界的意义。这是援助日本东京神户的电汽罢工的一个有力的呼声，这是准备全世界红色"五一"总示威的一支火箭！

青年的兄弟们，我们是处在暴风雨的前夜了！我们的热血应准备着沸腾呵，我们的拳头应准备着斗争呵！我们要广大地动员起来，团结起来，斗争起来，以斗争来援助我们公共汽车及英商电车③的兄弟，以斗争来争取我们特殊的利益——六小时工作制……以斗争来准备红色"五一"的总示威，以斗争来和着成年的哥哥一同为推翻帝国主义、国民党反动

---

① 三道头：指当年上海公共租界的巡捕。因其衣袖上缀有三道倒人字形的标志，故称。

② 英商电车：原刊作"英电车"。今补"商"字。

③ 英商电车：原刊作"英电"。今补"商"与"车"二字。

统治，建立苏维埃政权而努力！

作战呵！兄弟们，暴风雨要到了，准备起来作战呵！只让取消派去疾首痛心地埋怨我们吧。我们是要向前去，大刀阔斧的杀向前去呵！我们要从"五一"到"五三"①，"五三"到"五四"②"五九"③，直走向"五卅"④"八一"⑤去哟！

动员起来呀！

1930 年 4 月 25 日

冲破资产阶级的欺骗与压迫⑥

"五一"是国际无产阶级的斗争日

"全世界无产者团结起来！"⑦当马克思大声疾呼着的这句标语成为全世界无产阶级的行动口号，而实际的号召了万国⑧的劳动阶级，广大的联合起来斗争的时候，资产阶级是多末的恐慌呵！"五一"的形成与发展，

---

① "五三"：系指1928年5月3日日本侵略军在山东济南制造的"五三"惨案（以详前文注释）。

② "五四"：指5月4日青年节。

③ "五九"：指"国耻纪念日"。1915年，日本帝国主义向我国提出"二十一条"不平等条约。这年5月9日，袁世凯竟然接受。故后来定为"国耻纪念日"。

④ "五卅"：1925年5月30日"五卅"惨案纪念日。

⑤ "八一"：1927年8月1日南昌武装起义纪念日（即今中国人民解放军建军节）。

⑥ 本文作于1930年4月25日（与前文《暴风雨的前夜》同日作），原刊于同年5月1日出版的《列宁青年》第2卷第12期（总第36期），署名徐白。这是殷夫针对国内外资产阶级及其代理人企图以欺骗与压迫手段抹杀"五一"国际劳动节的斗争性质而撰写的批判文章。目的是要唤起广大工农劳苦兄弟一齐向反动统治阶级示威，争取自己的合法权利。进而推翻反动统治，建立工农政权。

⑦ 此话出自马克思、恩格斯合著的经典文献《共产党宣言》。今通译为："全世界无产者，联合起来！"

⑧ 万国：世界上一切国家。

一面正表现着马克思这句口号的实现化的过程，一面则表现出资产阶级在红旗之前的战颤的丑态！

1886年的5月1日，英勇的美国劳动阶级在争取全工人阶级的总要求的意义上，与资产阶级作血肉的搏斗[①]。这撞响了全世界无产阶级斗争的警钟，竖立了国际团结的大赤旗！每年的"五一"，全地球的工人都一致地在一致的意志统领之下，向资产阶级示威，检阅自己的队伍，锻炼自己的战斗力！

"五一"是国际无产阶级的战斗日。这一天，每个劳动者都充满了斗争的热情，准备着肉搏，准备着冲锋，准备着苦战到最后，推翻资产阶级，以获得其最后的解放。

另一方面，"五一"又是资产阶级惊破狗胆的日子。每个资本家和他的走狗们都要对之疾首痛心！他们是多末愿意把这"五一"节从世界上抹煞下去啊，他们是多末想用尽方法把"五一"节的意义来加以掩饰呵！

慕沙里尼[②]采取这样的方法

法西斯蒂的魔君、意大利的迭克推多·慕沙里尼，是世界白色恐怖

---

① 此指1886年5月1日，美国1万多家企业30万工人举行大罢工。其中芝加哥城就有4万多工人参加罢工，并为争取8小时工作日举行示威游行。经过流血斗争，终于获得8小时工作制的权利。1889年7月，在法国巴黎召开的第二国际大会上，法定以象征工人阶级团结、斗争、胜利的5月1日为国际劳动节。从此，各国工人都在每年5月1日那天举行示威游行，要求当局把每个工作日的时间限制在8小时内。中国工人则于1920年5月1日才第一次大规模集会，纪念国际劳动节。新中国成立后，中央人民政府政务院于1949年12月规定，每年5月1日为劳动节。

② 慕沙里尼：即下文之"法西斯蒂的魔君、意大利的迭克推多·慕沙里尼"（Benito Mussolini），今通译为里尼托·墨索里尼，1883年出生于罗马尼阿的普雷达皮奥一个铁匠家庭。第一次世界大战后，组织武装"战斗团"，鼓吹沙文主义和种族主义思想，疯狂反对共产党人和社会党人。1921年当选为意大利议会议员，成立法西斯党。1922年10月发动"进军罗马"政变，迫使国王任命其为首相，建立法西斯统治，对内镇压民主运动和其他党派，对外侵略邻国。1937年加入德、意、日《反共国际协定》。1940年追随法西斯德国参加第二次世界大战，成为这次大战的主要战犯之一。1945年被意大利游击队捕获处决。

的领袖，是资本主义到了末日时期的产物。他唯一的拿手戏就是用武力残酷地镇压工人的反抗，用血液来扑灭革命的火焰。他那支法西斯蒂的黑旗，成了压迫革命的最反动的象征。他怎样镇压欺骗工人，不许在"五一"起来斗争呢？一面他用的是刀，是枪炮；另一面他宣布4月30日为"罗马确立节"①，企图转移意大利工人阶级的视线，使他们忘掉了"五一"。

这方法在波兰也被采用了。

胡佛②这样的提议

美国的"金元总统"，在目前资本主义恐慌日益紧张的当儿，进攻苏联与二次世界大战危机加深的当中，工人阶级的左倾一天天的激烈。特别是3月6日的失业示威③，真是吓得他心战胆惊。而在这个时候，霹雳一声，红色的"五一"又到了，怎么好呢？于是他便来提议，说要把5月1日正式的改为儿童日。因为他这聪明的狗脑，想藉此来消灭无产阶级的"五一"斗争。同时他又可找得一个机会，来把广大的无产儿童实行军国主义化起来，以备进攻苏联，爆发第二次大战！真是一条妙计呵！

---

①"罗马确立节"：指1929年4月30日罗马教皇迁至罗马城西北的梵蒂冈，城市正式确定为意大利首都之日。

② 胡佛：美国第31任总统赫伯特·克拉克·胡佛（Herbert Clark Hoover，1874—1964），初为采矿工程师，曾在澳大利亚、中国、非洲和中南美洲，以及俄国任职（在中国，曾参与镇压义和团与诈骗开滦煤矿阴谋活动）。第一次世界大战初期，曾任伦敦美国救济委员会主席，协助欧洲在美国的旅游者回国。后又任美国救济比利时委员会主席，向被德国蹂躏的比利时提供物资援助。美国参战后，历任食品管理局长、商业部长。1929年以共和党候选人当选总统。不久，发生世界性经济危机，他采取降低税收、增加公共工程经费、资助银行、设立金融公司以帮助企业等措施，人称"金元总统"。但他强烈反对罗斯福"新政"。

③ 此指美国失业工人黑工示威游行事件（详情无考）。

第二国际①的走狗先生们怎样呢？

自从在一次世界大战时，第二国际实行露骨的背叛革命之后，社会民主党便成了资产阶级欺骗工人的一个主要工具。他们帮助资产阶级消灭"五一"斗争是用些甚么方法呢？

第一，在大战未爆发时，这些机会主义的英雄们说："五一节"不一定在5月1日，而在五月的第一个星期日。这样才免得与资产阶级起冲突了，这样才十足的"和平合法"了。这样，"五一"的斗争意识才完全抹煞了！

第二，他们公开出卖工人阶级以后，他们说："五一"是例假，是一个平常的祭典日，让工人们玩一玩吧②。八小时工作制是不许争取的，必须呈请国际联盟，来仰承"皇恩"，叫他们来批准实行吧！

第三，在他们转变为社会法西斯蒂过程中，他们对"五一"就是禁止"五一"示威！去年的柏林，就是实例。预料今年的"五一"，他们必然要露骨地帮助帝国主义来镇压工人的示威运动的。

中国国民党做些什么？

现在我们回头来看看中国。中国工农的大敌、帝国主义的工具、豪绅资产阶级的集团——国民党，对于这伟大的纪念日又用什么方法对付呢？我们只要看国民党中央宣传部的《劳动节告工人书》就可知道了。

---

① 第二国际：各国社会民主党国际联合组织。成立初期，在恩格斯指导和影响下，贯彻革命路线，传播马克思主义，同无政府主义、机会主义展开了坚决斗争，使工人组织、工人运动得到发展。恩格斯去世后，领导权落在修正主义者手里，逐渐分裂为三派：以伯恩斯坦为首的右派；以考茨基为首的中间派（实际支持右派）；以列宁、卢森堡和李卜克内西为首的左派。左派同右派、中间派开展了不可调和的斗争。但在第一次世界大战后，大多数党的领袖堕入了社会沙文主义泥坑，支持本国资产阶级政府进行帝国主义战争。故此，第二国际遂于1914年宣告破产。

② 吧：原刊作"罢"。今改之（以下类似的同改）。

这一"告工人书"是彻头彻尾①的反革命的。

第一，它②叫工人认清自己地位。它说中国工人的地位是与外国工人不同的，中国工人与中国资本家同样受帝国主义压迫，因此工人们不应反对本国资本家。

第二，它就进一步要工人替资本家增加生产。它说工人们应该"本劳资合作的精神，忠于职务，求技术之精巧、制造之改良、生产之增加"。

第三，它要工人为国民党军阀争地盘，上战场去当炮灰。它说："现值一切反动势力死灰复燃时期，……全国工人应团结一致，竭诚拥护中央，努力扑灭背叛中央、破坏统一的叛徒（冯阎改组派等③）。"

此外，国民党自然要下令禁止④一切罢工、集会、游行、示威。如果有触犯禁令的，杀毋赦。同时它还组织一个"筹备会"，由工贼走狗召集所谓"五一纪念会"，以期欺骗工人。

取消派⑤又如何？

我们的取消派，还是资产阶级门下新添的走狗，虽然资格不老，比不上第三党、改组派，可也十分得力。它"新声初试"，唱了几声歌颂统治阶级稳定的曲子，也很得资产阶级的宠爱。它在"五一"的斗争中，唱的曲子不外是这样：

"五一"纪念是可以，但一定要"和平合法"，不准盲动，最好站在国民党面前叩头请愿；但更好的还是在家里"休息"一下（他们的刊物《无产者》的发刊词）。

---

① 彻头彻尾：原刊作"彻头沏尾"。今正之。

② 它：原刊作"他"。今改之（以下类似的同改）。

③ 冯阎改组派：系指冯玉祥、阎锡山当年曾主张改组国民党。

④ 下令禁止：原刊作"下禁止"。今补"令"字。

⑤ 取消派：指"托陈取消派"。1929年12月15日，陈独秀、彭述之、郑超麟等81人签名发表《我们的政治意见书》，主张"将来中国革命的性质仍旧是资产阶级的民主革命，而不是无产阶级的社会革命；将来的政权应该是工农民主政府，而不是无产阶级专政"。这81人中虽然有三分之一是虚构假名，实际仅50余人，但这份《意见书》是"托陈取消派"的纲领。

生产合理化政策下"八小时工作制"

八小时工作制，是"五一"斗争中的一个历史的口号，因此也有讲及的必要。

天津的宝成纱厂，据说实行了八小时工作制，黄色工会开会庆祝，真是懿与盛哉[1]！

然而实际上怎样呢？资方把原有工人分成三班，每班作八小时，过去十二点做的工作，现在在八小时内做完；过去一半人做的工，现在给三分之一的人做，而工资减少了！罚工加重了！这是什么八小时工作制呢？简直变比百小时工作制还要苦。他妈的，这根本就是资本主义合理化的恶办法！

我们怎样回答他们？

最后，我们应该怎样回答这一切[2]欺骗与压迫呢？我们应该在"五一"那天宣布总同盟罢工，汇合罢操、罢耕、罢课的劳苦兄弟们，一齐向反动统治阶级示威。在这示威中，我们检阅自己的队伍，争取自己的利益要求，特别是青工六小时工作制。同时，准备武装暴动，推翻反动统治[3]，建立工农政权！

"五一"的红旗迎着烈风飘翻，

上前去啊，英勇的青年，

把一切的压迫与欺骗破坏，

战鼓响了，我们一齐上前！

1930，4，25。

---

① 懿与盛哉：美好到极点了。懿(yì)，此作"美好"解。盛，即极点。

② 这一切：原刊作"一切这"。今正之。

③ 统治：原刊作"统法"。今正之。

拥护全国苏维埃代表大会①

中国无产阶级在第十一次纪念"五一"斗争节的时候，国际和国内的形势都是在革命高潮之前，伟大的"五一"斗争，将必然地成为推动这高潮更快到来的动力之一。中国广大的劳苦青年群众，尤其是会在斗争之中表显出空前的勇敢热烈。

目前全国的政治紊乱，军阀混战之延长扩大，证实了反动统治阶级的无法稳定。同时，跟着帝国主义支配的深入，政治混乱的扩大，造成了经济危机的日益剧烈。农村的灾荒、城市的失业、广大贫苦群众生活的日益恶化，特别是使革命危机愈趋深入的客观基础。在这形势之下的劳苦青年群众，更受着广大的残害。日加残酷的生产合理化，把屡弱的青年压在最恐惨的剥削条件之下。工时的延长、工资的减缩、待遇的恶劣、工作的加强，处处都是忍无可忍的惨酷。此外，广大的青年农民、兵士，也都在农村破产及军阀混战的扩大过程中，更加恶化了生活的条件。

在这样的基础上，不能不爆发了斗争的②普遍的平衡的发展，士兵的

---

① 本文未注写作日期，与前文一起原刊于1930年5月1日出版的《列宁青年》第2卷第12期（总第36期），署名徐白。全国苏维埃代表大会：即全国苏维埃区域第一次代表大会。原定于1930年5月30日在江西苏区举行，后改于这年5月20—23日在上海由中共中央和中华全国总工会中央执行委员会秘密召开。会议由李立三主持，主要讨论了红军的组织和苏区的建设问题，作出了《目前革命形势与苏维埃区域的政治任务》，认为目前革命形势日益接近革命高潮，当前的中心问题是准备一省与几省的首先胜利，创立全国革命政权。会议还通过了《苏维埃组织法》《土地暂行法》《劳动保护法》等。并且还成立了"全国苏维埃大会准备委员会"（简称"苏准会"），由李求实、林育南、何孟雄等同志组成，冯铿为宣传联络人。会后在公共租界三马路（今汉口语）东方旅社31号房间设立秘密联络点，为日后召开"全国苏维埃代表大会做准备。这次会议实际上是李立三"左"倾冒险主义错误观点的集中体现，但年轻的殷夫对此始料未及，所以在会前写下了这篇"拥护"短文，以鼓励广大青年为迎接这次会议而奋起斗争。

② 原刊"不能不爆发了"后无"斗争的"，今补之。

革命化、苏维埃区域的扩大、红军的发展，汇合地造成了一个"山雨欲来风满楼"的气氛。在这时候，只有是瞎子，或者是统治阶级的走狗，才会否认革命浪潮的高涨，才会讴歌统治阶级的"稳定"。事实上，成千成万的劳苦群众都已勇敢地为夺取政权而作战了。今年5月30日举行的苏维埃代表大会更将成为建立全国苏维埃政权的一个信号。①

今年的"五一"节，正处在这样的环境之中，毫无疑义地不但只是为了争取"三八制"而作战，却必然是更实际地为实现"三八制"而斗争！全中国的劳苦群众，在工人阶级的领导之下，将为建立苏维埃政权而搏战，而走向"五一"口号之胜利的实现。

中国的无产阶级及劳苦群众决不会忘记了国际无产阶级的"五一"斗争之四十余年的经验，一定很明确的了解，在资本主义没有推翻之前，"五一"的胜利是永久不能实现的。只有在无产阶级专政下的苏联，在建设社会主义的苏联，才已经实行了七小时的工作制度。特别是青年群众会痛切的知道，在资本主义生产合理化的皮鞭之下，他们的工作时间是一天天的加长，工作条件是一天天的恶劣，生活程度却一天天提高，使他们永难得到一些些的解放。只有在苏维埃政权下的政纲，青工才是工作六小时，才有真正的补习教育，才有真正的青工保护，才有得到政治自由与经济解放的可能。

因此，在今年纪念"五一"的时候，青年的劳苦群众无疑地要为争取六小时工作制而更积极地走向为建立苏维埃政权的斗争上去。在今年的"五一"纪念中，中国的青年劳苦群众勇敢地参加政治罢工、政治示威、地方暴动、举行兵变直至参加总的武装暴动，为实现"五一"胜利与建立苏维埃的政权。

全国苏维埃代表大会是全国苏维埃政权胜利的先声。"五一"纪念的

---

① "今年5月30日举行的苏维埃代表大会"之说，实际于5月20—23日举行，比此说提前了10天。这也许是当时的党中央和中华全国总工会的一种斗争策略。因为这样的会议在上海举行，必然会引起国民党反动当局高度注目。提前10天，可以避免他们的袭扰。

斗争是拥护这代表大会之最有力的武器。"五一"斗争中的青年群众，将不但只为了争取六小时制而作战，并必然坚决地以冲锋陷阵的勇气来拥护并扩大苏维埃的政权和工农的红军。

今年的"五一"①

一、"五一"的简史

鲜红五月的血幕展开了，光荣的"五一"节到了！

"五一"是国际无产阶级的一个伟大的斗争日，无论资产阶级怎样用尽方法来欺骗压迫，无论社会民主党怎样来曲解蒙蔽，取消派的英雄们怎样来哄骗诱惑，国际的劳动阶级都要冲破这千万层的罗网，一齐集合在共产党的赤旗之下，对资产阶级作勇猛的斗争！"五一"节之历史的发展，就明显的划出这条必然的途径。"五一"的历史，就是这一个长期斗争的历史。

1884年10月，美国的工人在芝加哥开工人联合会议，决定每年5月1日举行争取"八小时工作，八小时教育，八小时休息"②的运动，并以总同盟罢工、政治示威，作为斗争的方式。1886年5月1日，美国和加拿

---

① 本文未注写作日期,亦与前文一起原刊于1930年5月1日出版的《列宁青年》第2卷第12期(总第36期),署名徐白。这一期《列宁青年》又称"五一特刊",首刊共青团中央执行委员会发布的纪念"五一"口号。其中有:"罢工、罢耕、罢课纪念五一节!""参加五一大示威!""推翻帝国主义、国民党军阀统治才能解除青年的共痛!""建立苏维埃政权才能获得三八制,青年工人才能获得六小时工作制!""武装拥护苏联,反对帝国主义进攻苏联!""准备全国武装暴动,消灭军阀战争!""打倒改组派、取消派、黄色工会的反革命的欺骗!"……殷夫本文紧接其后,介绍"五一"简史,分析国际国内革命形势,提出中国劳苦青年的主要任务,是一篇贯彻团中央口号精神,鼓动广大青年在党团的领导下参加政治罢工、游行示威,一直走向武装暴动,建立苏维埃政权的檄文。

② 这就是当年所争取的"三八制"。其中之"八小时教育",原刊作"八时教育",今补"小"字。

大的工人便举行第一次的示威。

1889年，还未背叛的第二国际在巴黎开会，会上由法国工会代表提议正式决定"五一"为全世界劳动者的斗争纪念日。国际的工人阶级都张着双臂欢迎这解放的斗争节。此后每年的5月1日，全世界的工人都放下他们的工作，游行示威，为"三八制"和无产阶级之国际团结而斗争。

但不久，第二国际开始了崩溃。于是那些为资产阶级服务的机会主义者便对"五一"造出种种的曲解来了。他们说："'五一'示威并不一定是在5月1日，而是在5月第一个星期日。"这样他们企图把"五一"示威的斗争意义抹煞得干净，而避免与资产阶级起冲突。

1914年的第一次帝国主义战争①，一方面是完成了第二国际的死灭，他方面是产生了新的革命运动。这种现象，也充分反映在"五一"的斗争上。从社会民主党分裂出来的布尔塞维克和斯巴达卡斯团继续"五一"运动的革命精神，在"五一"节的时候，号召了广大的群众游行示威，反对帝国主义战争并争取八小时工作制。

到俄国十月革命成功、共产国际建立了之后，"五一"的示威斗争更有了鲜明的旗帜。全世界的无产阶级在这一天，都宣布了总同盟罢工。在共产党的领导下面，举行盛大的示威，为八小时工作制，为无产阶级专政而作战。

中国的工人阶级在1920年开始了"五一"的示威。这示威就是由中国共产党领导的。到今年的"五一"，这是第十一次了。

从"五一"的历史的追溯上，我们可以很清楚的看出："五一"是国际无产阶级长期的斗争。这个斗争跟着阶级矛盾的尖锐化而日趋激烈、日趋残酷，一直到无产阶级不可免避地推翻了资产阶级，建立了自己的政权之后，方才能得到最后的胜利。一切想离开了这个路线的说教，全世界无产阶级在四十四年中积下来的血战的史迹，将要把它打得粉碎，将要暴露给工人阶级看。这些不过是资产阶级的锦囊妙计而已。

---

　　① 此指第一次世界大战。

各国工人阶级为争取八小时制的实现，流了多少热血，蒙了多少的牺牲。资产阶级一方面采取了极残忍的压迫手段，他方面更利用了种种工具走狗来欺骗工人阶级，来扰乱工人阶级的战线。因此在无产阶级专政的苏联，现在已开始七小时工作制，而八小时工作制在其他各国还没有真正的实现。这显示给我们：只有坚决的流血的斗争，扑灭资本主义，才能获得"五一"的胜利。

二、目前国际国内的革命形势与青年的地位

今年纪念"五一"的时候，正当着世界资本主义恐慌加剧，特别是全中国政治上经济上的日趋破产的时候，而同时也正是在这条件上产生日益开展的革命形势，渐渐走向高潮的时候。

目前国际形势的主要特征是社会主义经济的发展和资本主义危机的成熟。在资本主义的国家中极度地加紧了生产合理化的残酷的进行，造成了广大的失业，加重了对工人阶级的剥削；同时把进攻苏联与第二次世界大战的战争危机，发展到最尖锐的程度。——特别是反苏联的战争之严重，伦敦军缩会议①的过程与结束，都反映着这个形势。但在另一方面，就是工人阶级的左倾化，殖民地革命运动的澎湃。

因为生产合理化的进行，把大批的青年拉进②生产过程中，同时又给与他们以最惨酷的剥削与压迫，使青年在革命斗争中的地位有一种决然的作用③。特别在一般战争危机增长的过程中，青年的地位是一个左右世界形势的地位。在反帝国主义战争中，"谁得到青年，谁就④得到军队"两句话，特别显出它⑤的真实。

在国内，帝国主义对华侵略和统治的加深，统治阶级的更加破裂，

---

① 伦敦军缩会议：指1930年在英国伦敦召开的海军裁军会议。

② 原刊"拉进"后有"在"字。今删之。

③ 决然的作用：坚决定然地起作用。

④ 原刊无"就"字。今补之。

⑤ 它：原刊作"他"。今改之。

军阀混战的继续扩大，日复一日的造成了空前的经济破产和政治的混乱。这种条件使革命的危机一天天的深入扩大，使广大的劳苦群众，不断的起来与帝国主义、国民党作猛烈的搏战。城市罢工的浪潮的高涨，农村暴动的发展，红军的扩大，士兵的革命化，显示出一省或几省政权的夺得成为最近将来的事实，直接革命的形势是日益迫切。①

在这个形势下，广大的青年群众已整个的卷进斗争的怒涛之中去了。生产合理化与民族工业的破产，使极多数的青年工人受极残酷的剥削与损害，因此也就造就了客观的条件，使青工争取特殊利益的斗争往往成为推动整个总的斗争的动力之一。青工、女工、童工在斗争中作用的增加，和他们数量的增加，和所受剥削的加重是成为正比例。军阀混战的扩大与农村经济破产，也驱使极广大的青年群众走到革命斗争的前线上去。

今年的"五一"斗争节，正处在世界革命与中国革命高潮之前。其伟大的意义是：全世界的无产阶级将在今年"五一"斗争中，更勇猛地向动摇没落的统治阶级进攻，而坚决的绝不犹豫的走向实现"五一"胜利的道路上去。在这里面，特别是青年的作用，非常的增加了。广大的青年将在今后的"五一"斗争中，继续着他们过往的光荣，站在最先锋为解放自己的阶级，为实现"五一"的口号②而战！

三、纪念"五一"与中国劳苦青年的主要任务

在纪念"五一"的斗争中，中国劳苦青年群众的主要任务是什么呢？

第一，我们在前面看到，苏联社会主义建设之一日千里的发展，加强了资本主义的危机。这两个经济制度之根本的不可妥协的矛盾，是目前反苏联战争危机增长的主要骨干。无论帝国主义强盗们，或者是他们的走狗社会民主党、国民党军阀、改组派、取消派，对苏联取的攻势，

---

① 这是李立三"左"倾冒险错误观点。
②"五一"的口号：即第494页注①中所引的共青团中央的口号。

是日复一日的紧张起来；他们一致地企图用极残酷的手段来消灭世界无产阶级革命的胜利。因此，在我们今年纪念"五一"这世界无产阶级斗争日时，最先就应该武装保护苏联。同时，坚决的肃清社会民主党、改组派、取消派的活动及其影响。

第二，伦敦会议①的失败，表示出第二次世界大战之不能免避的要到来。同时，帝国主义内部矛盾的尖锐化过程，充分反映在国内继续延长扩大的军阀混战上。这种残酷的战争，完全是反无产阶级利益的。特别是广大的青年，在战争中只徒然供帝国主义和国民党军阀作为炮灰而已。我们第二个任务应该是变帝国主义战争为国内革命战争，变军阀战争为阶级战争。

第三，目前革命形势的开展，红军的扩大，表示出一省或几省政权之夺取，即为最近的事。特别是全国的群众斗争的普遍地与平衡地发展之下，全国革命高潮之到来，已日渐迫近②。因此，为建立苏维埃政权而战，已一般地成为行动的口号。今年"五卅"，是全国苏维埃代表大会③开幕的日子。拥护苏维埃代表大会，拥护红军，是我们目前迫切的任务。

第四，全世界无产阶级的"五一"斗争口号是"三八制"，但是青年还有他特殊的要求。青年较弱的年力，必须从残酷的生产合理化的轭下解放下来，而给以特别的劳动条件。苏维埃政权下的苏联青工，工作时间是五小时。在今年的"五一"，青年工人应为争取六小时工作制而斗争！

要完成这几项任务，必须广大地动员起来，在共产党、共产青年团的红旗底下团聚起来，参加政治罢工、地方暴动、实行兵变、游行示威，一直走向武装暴动，推翻帝国主义、国民党的统治，建立苏维埃政权！

---

① 伦敦会议：即上文所称的"伦敦军缩会议"。

② 迫近：原刊作"迫进"。今改之。

③ 此指全国苏维埃区域第一次代表大会。见第492页注①。

在红军中的宣传教育工作①

陈独秀在他们的刊物中，恶毒的骂道："红军是土匪。"在他，以为这样一来，国民党、帝国主义一定会看得中取消派，来宠他们做新的第×房姨太太了。并且，也以为用了这样一个毒气炮，就包好把红军消灭、革命消灭，而支持着"资产阶级的全盛时期"永垂万年②了。可惜，天不由人，红军不但没有消灭，反而日益壮大；革命不但没有死亡，反而日益接近高潮！

什么东西可以说明红军的发展呢？我们的回答是：就是革命自身。红军是革命的产物，特别是在中国这特殊的经济基础上爆发着广大的土地革命，尤其是红军发展壮大的根基。

这是一个简单的问题，我们不想来多说什么。我们目前首先要处理的问题是：团在红军中应做些什么工作，特别是团在红军中应做些怎样的宣传教育工作呢？

在组织着这样广大的青年群众的红军中，团在里面究竟做了些什么工作呢？在红军中，团不成问题的要负着很大的宣传教育的责任。但在这一点上，团究竟做了些怎样的工作呢？团在红军中工作的不够，是团整个群众工作落后的一部分。在转变的过程中，团是不能不坚决的来克服这些缺点了。

现在，我们就具体地来解决这个问题吧！

----

① 本文作于1930年5月9日夜，原刊于同年5月25日出版的《列宁青年》第2卷第13期（总第37期），署名徐白。他人在上海，心系江西苏区红军，从共青团中央宣传部干事本职出发，对团在红军中的宣传教育工作和组织机构、宣教形式以至内容要求，阐述了自己的看法与意见。并且，从红军的实际出发，还编写了一篇群众朗读剧《斗争》，作为示范。这在当年上海理论界和文艺界，恐怕是少有的。

② 原刊在"永垂万年"前有"而"字。今删之。

第一，我们先来确定我们的中心任务是什么？针对①着目前的形势和红军的客观任务，我们的任务是：加强无产阶级的政治领导，肃清农民意识的残留，灌输共产主义的政治教育，提高对革命形势和红军任务的政治认识。

第二，我们要说几个主要的方式和方法：

A.我最先提出《青年赤兵》小报来。我认为我们的确可以运用工厂小报的方式在红军中做一个宣传教育的利器。这个小报必须是群众的，从编辑到发行、采访，完全经过群众路线去做。我们则经过团组而加以领导。报纸的形式是不拘的，内容一方面须多登载政治的消息，讨论政治的问题（必须联系到青年生活）；他方面则也应该登些诙谐的、有趣味的小品文字。有特别事情的时候，可发行快报或号外，或特刊。

B.此外，在文字方面，我们还可以编一种歌曲集、绘图故事集之类的东西。编辑依然是经过群众路线为最好。

C.附属组织的一方面，俱乐部、读书班、唱歌队、故事队，这四种是特别值得提出来的。俱乐部绝对不一定要是"像煞有介事"（若有其事）的，其实有一块小地盘、一张破桌、一副棋子、一把胡琴、几本书籍报章和刊物，也可算得是俱乐部。这里可以利用红军第一军的经验，专门推一个人来负责。军队一驻定，立就找一个小房间，把棋子放下来，把琴儿挂起来，书籍放出来，就可以来俱其乐了。读书班实际可以与俱乐部合作，当俱乐部开张起来时，读书班的负责人就可以把书籍拿到里面去一放，也就马上可以开始来作他们的工作了。或者是组织起多少数目的青年，来作识字读书的工作。唱歌队和故事队则更带着流动性。他们一方面是找出人来专门教唱各种革命的歌曲，他方面是自己来编各种的歌曲。故事队亦是这样，空的时候，人聚在一起，就像说书似的说故事，确是一个动人的方式。

D.演剧还是一个最重要的方式。我们可以采取极自由的方法，来扮

---

① 针对:原刊作"准对"。今正之。

演鼓动性的剧本。这效力是很大的。这里，我特别介绍一种群众朗读剧本的方式，即是不要戏台，不要布景，演员扩大到极大限度，演员与观众动作混在一起的……（请参看本期载的一篇剧本①）。我们常常择着适当的时期来举行这种演戏，必然会增进很多集团教育的效能。自然，这观众尽可能地不要只限于兵士。

E.演讲与化装演讲，也是不能不讲到的。主要的方式是把兵士编成很多组的演讲队，乘着空时，去到城市、农村或各地来宣传，有时或可简单的化一点装。这样，不但可使兵士群众在这工作中，得到非常深长的觉悟与认识，并且又可在工人、农民中做了不少的宣传鼓动工作。使每个红军兵士都同时成为群众煽动家及群众组织者。这种是一个很好的训练法。

F.青年赤兵可以参加政治部。这可使青年兵士有多多地得到政治教育的机会。

G.终于我们要说到兵士委员会的问题：我以为在会里应设立青年部。其下层的组织，则照工厂委员会的方式好了。兵士委员会的青年部，应注意到关于青年赤兵的种种问题；同时更应成为一个最完密的领导与教育的机关。如像某处的红军提出了"青年士兵过年时不打仗"等口号。这种错误，表现出我们团对于这个机关的领导是特别重要。

H.最后，我要说一说联欢会的意义。这虽然已不是红军"中"的宣传工作了，但这对于青年赤兵是特别有意义的。青年的赤兵，最好要使之常为这种联欢会的推动者与组织者，以他们的化装讲演、戏剧，来形成一个主要的力量。

I.体育运动，也是红军中青年士兵群众所欢迎的一个玩意。我们可以组织种种"足球队""健身队"……等等团体，举行各种竞赛游艺。这一方面固然是训练他们健全的体格，另一方面也可以给他们以革命的政治教育。

---

① 这篇剧本，即群众朗读剧《斗争》，原刊于本期《列宁青年》，见中编第七辑《剧本》。

J.此外，我以为经过群众路线来发起一种对白军^①的宣传组织，也是非常必要的。不过关于这工作的方式和方法，是很难凭空想的。

关于在红军^②中的宣传教育工作，我就我所想到的，只写了这一些。我希望在红军^③中工作的同志们，更能给我们以更多的经验教训呵！

这是一桩重要的工作，没有容我们丝毫忽视的可能。红军在不断的壮大着，这工作必然会帮助它更壮大，会帮助革命高潮更快的到来！

1930年5月9日夜

改组派的卑劣面目^④
——论他们的《论电车罢工》

我在本刊前期《暴风雨之前夜》一文中，曾指出最近上海公共汽车电车同盟罢工的意义之伟大：第一，它更加推动了全上海以至全国工人阶级在共同的纲领下，为要饭吃、要自由而作战的斗争；第二，它加强了城市工人对农村斗争的领导；第三，它是应援日本市政工人罢工有力的一个回音。

不要脸的，帝国主义的走狗改组派，一方面说些漂亮的话欺骗工人，

---

① 白军：与红军相对的国民党反动军队。

②③ 红军：原刊作"赤军"。今均改之。

④ 本文作于1930年5月10日，原刊于同年5月25日出版的《列宁青年》第2卷第13期（总第37期），署名莎菲。文题中的"改组派"，系指"中国国民党改组同志会"，国民党内部以汪精卫、陈公博为首的政治派别。1928年11月底成立于上海，并在十多个省市和国外设立支部，出版《革命评论》《前进》等杂志，以改组国民党相标榜，与蒋介石争夺党权和政权，鼓动各派军阀联合反蒋。后因军事失败，于1931年在香港宣布解散。副题中的"电车罢工"，即前文《暴风雨之前夜》中言及的1930年4月19日上海英商电车公司2000余工人为声援公共租界汽车司机罢工而举行罢工事件。改组派报刊对这一事件作了歪曲评论，故殷夫撰此短文进行驳斥。

他方面却拼命的屠杀工人，镇压革命（以前广州暴动后的屠杀①，最近在北京、天津各处的屠杀②），他的狗相早已在群众面前毕露了。可是他的狗心未死，现在更在其反革命的《革命日报》中论电车罢工这件事，企图散布他们的欺骗。无论如何，他们反革命的面目总是掩盖不住的。

首先，他们宣言外国人在华经营工商业只要能服从中国的法律，是可以的。这分明对帝国主义说："我们并不反对你们在中国开工厂、办银行，剥削中国的劳苦群众，我们是不在乎的。"这是全副③的走狗相！劳苦群众的要求是怎样？是无条件的没收帝国主义在华一切财产，取消一切特权。只有这样，才能根本推翻帝国主义的统治。

其次，他们说白俄④是做了"所谓'罢工破坏者'"（妙在"所谓"二字）。这分明说白俄并非罢工真正破坏者⑤，只是所谓罢工破坏者而已！好一个为白俄辩护的律师！原来因为他们是反苏联、反工农最烈的走狗。怪不得改组派对他们疼爱万分！

复次⑥，他们称白俄为"俄工"，说别国工人不应来压迫中国工人。这才是荒谬绝伦的狗屁！白俄是工人吗？白俄是苏联无产阶级的敌人，同时也是全世界无产阶级的敌人！他们在本质上是贵族地主资本家。在目前的作用上，只是破坏罢工的工贼！改组派为什么要那样说呢？他们

---

① 广州的暴动后的屠杀：指1927年大革命失败后，中共广东省委根据中央指示，于12月在广州发动起义。同月11日，在张太雷、叶挺、叶剑英等领导下，以国民革命军第四军教导团、警卫团和广州工人赤卫队，以及市郊农民武装分别向敌军各据点发起进攻，占领大部分广州市区，成立以苏兆征为主席的"广东公社"。12日，国民党军队大举反扑，张太雷与5000多名革命群众惨遭杀害，起义失败。

② 北京、天津各处的屠杀：指1930年4月20日北平学生及各界代表200余人集会筹备纪念"五一"，会后举行游行示威。国民党北平当局以学生中有共产党嫌疑，派军警镇压，并逮捕学生58人。21日，又逮捕北京大学学生32人。天津及各地的事件，史无记载，不详。

③ 全副：原刊作"全付"。今正之。

④ 白俄：即苏联十月革命后流亡我国的白俄罗斯人。他们中多数是白俄罗斯上层贵族人士。一如殷夫在短篇小说《音乐会的晚上》中所描写的玛利亚的父亲和未婚夫安得尼。

⑤ 并非罢工真正破坏者：原刊作"真正并非罢工破坏者"。今正之。

⑥ 复次：即其三。

无非想破坏工人阶级的国际团结，而宣传其民族主义。但是这样的宣传，是太不巧了，纸老虎是一戳就穿的。

他们又一口把罪推到白俄身上，说白俄来喧宾夺主。这分明是在替帝国主义资本家减罪。这是多末可耻的话呵！实际上，这个对工人阶级的进攻，主动的还是帝国主义资本家，白俄不过是给他们用作进攻的工具而已！他们要想把工人的眼光只集中在白俄身上，而轻轻地把资本家帝国主义放过去了。同时他们不但想把白俄与中国工人的阶级对立掩盖过去，想把它变成一种民族的关系，并且进一步是想用"俄工"这两个字来煽动中国工人阶级反苏联。

这位无耻的小狗终于摆出示威的神气来了，他说你们电车工人平常专门揩油钱，不对乘客低声下气。现在你们罢工了，怪不得没有人来帮助你哟！这是什么意思呢？这无非想用这方法来使工人胆冷，使工人觉得社会上无力援助他们，不敢坚持罢工！

他们是想把工人的阶级的团结来破坏了去。实际上，工人们很知道，要使他们在阶级的斗争中获得胜利，你们只有努力去获得全工人阶级的援助，联合农民及劳苦群众，起来一齐斗争，给统治阶级以一个总的打击。像你们这些为帝国主义资本家军阀地主服务的改组派，以及国内各派的无产阶级的敌人，他们是不理会的，并且无可避免地也要给以最残酷的进攻！

1930 年 5 月 10 日

拥护苏维埃代表大会与少年先锋队工作的转变①

苏维埃代表大会②快要开幕了。

在全国革命群众正以最高的热情追念"五卅"流血的时候，苏维埃代表大会的红旗展开了。这不是平常的，这是一个划时代的壮举——它是摧毁反动统治，促进革命高潮的动力；是一省或几省政权首先获得的先声；是影响全世界革命呼声的洪钟；是击碎一切欺骗的铁锤。

团的任务，是号召全体的劳苦青年在自己的红旗之下，为建立、巩固、扩大苏维埃政权而作战。在这个任务之下，团必须严密的检查过去的工作，纠正过去的缺点，以期把这任务百分之百的完成。特别对于有伟大作用而缺点最多的少年先锋队工作，必须有很好的转变。

这工作的转变不仅是团群众工作转变的一部分，并且必然是在建立和拥护苏维埃政权的意义上一个很大的力量。

---

① 本文作于1930年5月14日，原刊于同年5月25日出版的《列宁青年》第2卷第13期（总第37期），署名徐白。这是殷夫在拥护全国苏维埃代表大会背景下，就如何转变"少年先锋队"工作发表意见的专文。"少年先锋队"系指当年农村中14岁至18岁的工农组织，是共青团领导的一种青年群众团体。殷夫作为团中央宣传部干事，发表这方面意见，乃是分内之事，亦即他的尽职之举。

② 这次大会原定于1930年5月30日召开。实际于这年5月20—23日在上海一所学校内秘密举行，史称"全国苏维埃区域第一次代表大会"（见本书第492页注①）。殷夫在撰写本文时，此会尚未举行。而这期《列宁青年》出版时，大会已经开过了。这也许是会议保密的需要。这次会议还决定在适当时候召开"全国苏维埃代表大会"，创建全国革命政权。为此，还曾设立"全国苏维埃代表大会准备委员会"（简称"苏准会"），由李求实、林育南、何孟雄等组成，冯铿为宣传联络人。她曾在公共租界汉口路中心旅社31房间设立联络点。这个联络点亦即殷夫与林育南、柔石、胡也频与冯铿等同志1930年1月17日下午被捕处。值得一提的是，1931年11月7日，在江西瑞金召开的"中华苏维埃共和国第一次工农兵代表大会"，20日选举产生中华苏维埃共和国临时中央政府执行委员63人，组成中央执行委员会，为大会之后的最高政权机关。27日执行委员会举行第一次会议，选举毛泽东为中央执行委员会主席，项英、张国焘为副主席。

什么是少年先锋队呢？

少年先锋队，在中国是指一种在农村中的青年组织，包含十四至十八岁的青年工农。它一方面固然带着共产主义的教育性质，但最主要的还是一个战斗的组织。它是争取青年的政治与经济之特殊利益的斗争组织。在年龄的位次上看，它是红军的预备队。因此它的武装训练和军事活动，也是一个特色。在白色的区域内，它不断在总的土地革命的斗争中争取青年的特殊利益，并以他们的特殊斗争来推动、加强总的斗争，一直到苏维埃政权的建立。在红色区域中，青年的政治解放完全得到了，经济生活也部分的改善。少年先锋队这时的任务是巩固并扩大苏维埃区域，帮助红军，深入土地革命，以争取总的解放。在这总的斗争下，来获得青年的全部要求之实现。

但到现在为止，各地的团及少年先锋队对它的任务的认识是非常模糊的，因此在工作过程中，闹了不少的笑话，做了不少的错误。少年先锋队不去积极的巩固及扩大苏维埃，不去帮助红军、加入红军，不去勇敢地参加土地革命，却做了很多错误的事情。所以，虽然全国有二三十万的少年先锋队，但是他们始终没有充分地显出他们革命的伟大作用。这表示出团在少年先锋队中的领导是非常的不充分，在很多地方得不到团的正确领导；也表示出少年先锋队工作的转变是急不容缓的了。这个转变，必然是团群众工作转变的一部分，也是团在拥护苏维埃代表大会这口号下应作之最迫切的工作。

转变中的几个中心问题：

（一）正确执行少年先锋队的任务——少年先锋队一定要坚决执行建立及扩大苏维埃政权，是帮助红军，加入红军，深入土地革命，建立对白军的宣传鼓动工作，参加地方暴动，……等基本任务。

（二）加强无产阶级的政治领导——在目前少年先锋队中，可以看出一个普遍的现象：就是少年先锋队没有拿建立苏维埃政权，扩大苏维埃区域，帮助红军，深入土地革命，来作自己的中心任务，反而做了许多无意识的事情。在客观上妨碍苏维埃政权的扩大与土地革命的深入。这根本的原因是富农意识的领导。因为在过去，少年先锋队的领导人员多是以能读书识字的来做，因此能够读书的富农子弟，便占着领导地位了。并且，少年先锋队也没有把它的基础建在雇农、贫农的青年之上，因此这组织基础也是构成这些错误的原因。今后必须把少年先锋队的领导和基础，完全放在雇农及无产劳动者子弟的手中，方才有可能把少年先锋队的工作纳入正规。

（三）建立活泼的宣传教育工作——少年先锋队虽然含有很大的教育性质，但在过去，在这意义上，不是一些工作也没有做的，便是做得非常死板而不活泼。譬如有地方的少年先锋队，曾经做过反宗教的工作，但他们只把泥菩萨拿在路上一男一女的配起对来，或是简单的把菩萨打毁，一些也没有借此来教育群众，使群众很明白的了解。或者呢，教育工作是做了，但是做得十二万分的机械。他们的方法是要读书，于是便到苏维埃去吵，去要书、要房子。这种现象统统表现出宣传教育工作的糟糕。只有活泼地在一切机会中来向群众做"政治的"教育（集会、演讲、游行、检阅、演剧、游戏……），才是真正的工作方式。而且这种宣传教育的中心内容，必须是与扩大苏维埃、帮助红军、深入土地革命密切地联系①着的。

（四）白色区域的工作——在白色区域中，少年先锋队的组织很少。这是很坏的现象。我们必要在争取青年特殊利益的口号之下，把广大的农村青年组织起来，发动不断的斗争，参加地方暴动。而且这种在斗争中生长的少年先锋队，必然会受到很好的政治教育。在白色区域中的少年先锋队特别应负着破坏白军的责任，须经常作宣传鼓动工作。

（五）团组的问题——过去团对少年先锋队的关系，是团代表制的。这种关系不但使得团在少年先锋队中只起一种上层的领导作用，而不能有一种有组织的核心领导作用。并且，在组织原则上说，是一个错误。因此使团对少年先锋队的领导，不能很深入。以后团应该在少年先锋队

---

① 联系：原刊作"连系"。今正之。

中建立严密的团组，并且要建立健全的团组作用。这样，才能保证少年先锋队领导的正确。

（六）干部的问题——少年先锋队干部的培养确是非常重要的问题，无论在白色区或红色区内，经验告诉我们，没有坚强的干部，总有很多的困难。团应该把这问题列在议事日程里面，得到一个很好的解决。这里面，应该坚决的排斥不敢以雇农或贫农充干部的右倾观念，应该勇敢的在工作中、在斗争中提拔青年雇农及贫农。一方面则在工作斗争中①积极的给他们以政治的教育与训练。

（七）女子少年先锋队——农村的青年女子，有她们心理上、经济地位上、政治地位上的特点，但她们的革命情绪是非常热烈的，在农村斗争中具有非常伟大的作用。因此，将她们组织在少年先锋队中是非常的必要。过去在东江的卢森堡队②，实是一个好例。这告诉我们不能不对之加以严重的注意。

1930，5，14

扩大共产主义的儿童运动③

在目前革命斗争积极开展的时候，在几处苏维埃政权日益扩大发展的时候，在直接革命形势日迫一日地到来的时候，我想提出这个问题来是有特别严重的意义在着的。

这里，首先我们应该来处理的两个问题是：儿童在生产中地位的提

---

① 在工作斗争中：原刊作"在工作中斗争"。今改之。

② 指大革命初期活动在湖南资兴东江的以德国女革命家卢森堡命名的女子游击队。

③ 本文未注写作日期，原刊于1930年5月14日秘密出版的中共中央机关报《红旗》第10期"青年运动"专栏，署名徐白。这也是殷夫从共青团中央宣传部干事职责范围出发，对儿童工作重要性和急迫性的论述。他最后指出的共产主义的儿童运动之最基本的原则，也很有针对性和前瞻性。

高，也就是在斗争中作用比重的增加；第二，是统治阶级对儿童的注意。

关于第一点，我们有不少材料可以说明资本主义生产合理化的结果，把生产过程中的无产儿童的数量，增加了很多。跟着数量的增加，资产阶级对他们的剥削，也是加重了几十倍。我们用不着抄录童工的统计，在中国住着的人，我可以断定说，他们是不肯否认这桩事实的。

同时，帝国主义侵略的结果，军阀混战的结果，最残酷的反映在无产儿童数量上的大增；扩大到二十几行省的灾荒和农村破产，卷入了一切轻工业的民族工业危机，和蹂躏着全中国的战争，都是加速度地把极广大的儿童剥夺了衣食、摧残了家庭，把他们推送到极端贫困无依的深渊中去，把他们送到最惨酷的剥削之下去求得生活！

童工的方式，可分为四种：在产业中的童工、在街道上的童工、在家庭中的童工、在农业中的童工。他们的生活是怎样呢？他们所受的剥削和压迫，是比奴隶还不如。亚洲式的封建剥削，在他们身上是特别受得厉害。资本家对童工，店主对学徒，地主对牧童，以及其他种种的关系上，几乎全部都是奴隶主对奴隶的态度。打骂固不用说，简直连生杀与夺之权，也完全操在他们手中的。特别残酷的是"养成工制"，这黑暗的制度，现在正趁着农村经济破产加速而向上发展着！

作为革命的客观基础的民众生活之恶化，在广大的儿童群众中，更有着宽大的范围。

这种数量上的增加、剥削的加重，和他们斗争勇气的激发，造成了他们在革命中地位的提高。

而且，再进一步说：他们马上就长大起来了，将来新社会的创造，不成问题的是他们的全责。特别是中国革命，其艰苦的历程，其巨大的任务，远超过俄国的十月革命。我们可以预言：在未来的残酷的内战之中，若没有广大的勇敢的青年群众用血肉的搏战，来捍卫苏维埃政权，则中国革命必然很难完成它的任务。这尤其说明儿童运动在革命中的地位。

第二，统治阶级怎样积极争取儿童、毒杀儿童呢？这我们可以举出几个最显明的事件来讲：童子军的组织，虽然多半是小学生，也有扩大到工厂中的倾向。这可惊的大批的儿童，被军国主义教育笼头鼻耳地麻醉着，沉浸着反苏联、反无产阶级的思想，将来必然是统治阶级压迫革命的工具。小学校教科书和教育方法，经过国民党的党化之后，已完全是军国主义、"爱国主义"的好教本了。统治阶级还举行办理种种工人子弟学校、平民小学等等，更完全是一种麻醉欺骗的手段。最后，我们更须要讲到的是基督的欺骗，在儿童中做不少的努力，什么"慈幼"运动等，固然做了一种可笑的把戏。但教会的小学，在全国是有着可惊的数量。

明了了这两点，我们立刻就会看出这个问题的严重。

我们共产主义的儿童运动之最基本的原则，是"阶级地"观看儿童，是把儿童动员到阶级斗争的战线上来。因此我们的儿童运动是整个革命运动的一部。

目前，客观的条件已经不可避免地把成千成万的儿童推到斗争的沙场上来了。我们主观的加以组织，加以领导，使之扩大深入发展，将成为不容一刻缓视的急务了。

共产主义儿童运动的扩大是保障革命胜利的条件之一。

政治罢工，示威援助高昌庙兵工厂惨案[①]

继续延长扩大的军阀混战，一方面说明了中国的统治阶级在各帝国

---

① 本文作于1930年6月9日，原刊于同年6月10日出版的《列宁青年》第2卷第14期（总第38期），署名莎菲。目录题作《政治罢工示威，援助兵工厂惨案》，而正题加了"高昌庙"，改为今题。"高昌庙兵工厂"，前身是李鸿章于1865年在上海虹口创办的"江南制造总局"。1867年迁至上海南市城南7里的高昌庙市（因市内有新老高昌庙得名）。后经不断扩充，成为清政府最大的军工企业，除制造枪炮与弹药外，还可修造兵轮与机器。1905年，造船部分独立，称"江南造船所"（后称"江南造船厂"，迁复兴岛）；制造枪炮与弹药部分则称"上海兵工厂"，俗呼"高昌庙兵工厂"。殷夫参加上海工人第二次武装起义，曾攻打该厂。终因起义失败而未攻克。1927年后，成为国民党军队的主要"武库"（今已改建为上海世博园西区）。题中之"惨案"，系指1930年6月2日该厂因炸药爆炸，炸死炸伤工人四五十人。

主义矛盾日益尖锐化的形势中，不但不能如取消派所说的那样"统一稳定"，并且只有日益迅速的崩溃；他方面则必然要更直接或间接地加重对广大劳苦群众的压迫、剥削和虐杀，更加促成了危机[1]的深入，更使广大的群众急剧的爆发直接形势的革命暴动。

在这混战的漩涡中，无论是工人、农民、兵士，没有不受着最严重的剥削和惨杀。不但在炮火与毒瓦斯直接洗礼之下的广大群众，血流遍野，白骨积山，颠沛流离，无以为生，即在工厂中的工人也都增加了工作、减少了工资，在压迫加重的条件底下忍气吞声，在生活程度提高的环境中困苦地挣扎。特别是在各种重工业中，如铁路、兵工厂、海员、矿山等，则更加直接着危害。最近高昌庙的兵工厂惨案，即是很明显的一个例子。

上海高昌庙兵工厂，是蒋系军阀的一个主要军械供给地。所以在这次蒋阎的大厮杀中，工作时间无条件的延长，工作的速度加快了许多。同时，为提防工人群众的反抗起见，种种的压迫也更加严厉了。最近，蒋介石为要应付屠杀，拍急电叫兵工厂赶造炮弹十万发。这个急电不但使工人的工作加重了许多，同时厂方又添加了大批的新工，赶紧制造。

在六月二日那一天，新招工人工作的那一部，因为技术的不熟练，炸药突然爆发。在这个猛烈的爆进中，很多的工人被炸得血肉乱飞，跟着火药的烟雾而变成血肉的沙砾，不但面目不全，即连手脚身段也都没有一寸完全的了。有的被炸得满身着火，疼痛不过，便跳到黄浦江中去淹死了。这幕惨剧的结果是死伤了工人共四五十名。

在这惨案发生之后，凶残的国民党调动军队，把高昌庙兵工厂、龙华兵工厂[2]、江南造船厂三处团团的包围起来。它[3]唯一的用意就是怕工

---

① 原刊"危机"前有"革命"二字。今删之。

② 龙华兵工厂：前身为"江南制造总局"炸药分厂，后改称分局。1917年又改为"上海兵工厂炸药分厂"，不久停办。1925年6月，由上海市总商会接办，习称"龙华兵工厂"。1927年后，一部分改作"淞沪警备司令部"及其监狱。殷夫第一、二、四次被捕都曾被关押于此，第四次即牺牲于这里墙外的一个荒场内。

③ 它：原刊作"他"。今正之。

人群众听着这个惨案，一齐起来反抗，所以先用这种威吓的手段，来吓工人。另一方面，他又赶快出了一张《布告》，说炸死的工人抚恤五百元、工头抚恤五百七十元，但有个条件，即必须有尸首。

显然的，工人不是被炸得血肉纷飞，便是淹在黄浦江里，那里还找得到尸首呢！这分明只是一个欺骗。

工人在惨案爆发之前，已然是很愤恨的了，及至惨案发生后，情绪更加紧张。虽然国民党想尽方法来恐吓、来欺骗，但工人都是看得很明显。这是军阀混战直接的结果，这是军阀混战直接的罪恶！

工人在惨案发生之后，就纷纷召集了部分的群众会议，决定要联合龙华兵工厂、江南造船厂的工人，组织政治同盟罢工，与国民党斗争，反对军阀混战。

高昌庙兵工厂惨案绝对不是简单的一个偶然的惨案。这里面包含着极严重的意义，这是军阀混战的一个直接结果，也必然是号召全国劳苦群众起来为消灭军阀混战而奋斗的信号。兵工厂四五十个工友的惨案，将要像霹雳一样的掀起狂暴的反军阀混战的浪涛，推动全国的革命，更接近高潮。

全国的劳苦青年群众们，军阀混战直接或间接地加在我们头上是严重的压迫、惨酷的屠杀、加紧的剥剥、一切自由的剥夺和摧残。我们的命运和前线的士兵兄弟、高昌庙兵工厂的工友兄弟一样，我们的生命是直接地或间接地为军阀混战所吞噬！

看呵！我们高昌庙兵工厂的工友残酷地为军阀混战直接所牺牲了。我们要广大地动员起来替他们报仇，为解除我们自己的痛苦而斗争。我们唯一的口号，是组织政治罢工、政治示威来反对军阀混战，援助高昌庙兵工厂惨案！以革命斗争消灭军阀混战，建立工农的苏维埃政权！

1930年6月9日

以暴动的精神来纪念今年的国际青年节①

正和世界无产阶级有它的"五一"节一样，青年无产阶级也有它特殊的节日。这就是每年九月的第一个星期日——"国际青年节"。

这一日子形成于第一次世界大战的当中。那时帝国主义为争夺市场——殖民地，正拼命的厮杀，中途叛变的社会民主党也大声的欺骗工人去为祖国而战。能够真正站在革命的立场上，指出帝国主义战争的罪恶，号召群众起来变帝国主义战争为国内战争的人，真是少数。只有列宁、李卜克内西等几个人，才坚决的起来反对。李卜克内西在欧洲组织了一个青年大会，反对帝国主义战争，反对军国主义，主张以阶级的国内战争消灭帝国主义战争，并且决定了九月的第一个星期日为国际青年节。在这一天，全世界的青年工农群众都团结起来，为共同的目标而奋斗。

---

① 本文作于1930年8月21日，原刊于同年9月7日出版的《列宁青年》周刊第2期(总第42期)，署名徐白。国际青年节：起源于第一次世界大战爆发时。当时的第二国际以及各国社会民主党叛变工人利益，公然投入各国资产阶级怀抱，发出"拥护祖国""为正义人道而战"等口号，在议会中投票赞成帝国主义者为竞争市场和原料地重新瓜分世界的强盗战争，帮助各国资产阶级驱使劳苦群众暴尸战场。但第二国际青年部秘书则竭力反对战争，意大利、荷兰、瑞士、瑞典的青年团发起举行瑞士京城"倍恩会议"，驳斥各国社会民主党的欺骗阴谋和叛卖政策，宣传青年士兵脱离军营，制止战争。1915年，意大利青年团决定每年9月第一周星期日为世界青年工人及一切被压迫青年反对帝国主义战争，向全世界统治阶级示威的日子。自此，每年9月第一周的星期日便成了全世界青年团结战斗的国际青年节。所以，1930年的国际青年节是9月7日，即殷夫于下文所言的"九七"。到了1999年12月17日，联合国大会通过第54/120号决议，宣布以每年8月12日为国际青年节，并以2000年8月12日为第一个国际青年节。自此，每逢这天，各地均举办音乐或演唱会，纪念这个节日。此外还有一个"世界青年节"，时间在每年11月10日。这是1984年由天主教教主宗约翰·保罗二世创立，其目的是扭转有天主教信仰的青年远离教会的倾向。与国际青年节有实质性区别。

今年,我们是要过国际青年节的第十六周年了!①今年的世界的与中国的特殊形势,给这一纪念日以特别敬重的意义。

今年国际青年节的特殊意义

在国际青年节第十六周年的时候,正当是第二次世界革命高潮的前夜:资本主义世界正当着千孔百洞的糜烂崩溃,苏联社会主义的建设却是一日千里!因此,帝国主义为重行瓜分世界的战争和进攻苏联战争的危险,十万分的迫切。可是在这一形势之前,却横着一个黑影。这一个黑影是资本主义自己创造的,却是葬送资本主义的力量:这就是革命——资本主义国家的工人,虽然有社会法西斯蒂及其“左”派和托洛茨基派、右派的压迫和欺骗,一天天的左倾化;殖民地的劳苦群众,面对②取消主义的欺骗,而在共产国际的旗帜下面,不断的斗争。

在国内,在世界革命危机最集中的中国,今年的国际青年节,正当是全中国工农群众为争取其自己的政权而开始决战的时候。形势非常的明白,在不断的军阀战争过程中,中国的反动统治不但造成了民众的无上的灾难疾苦,并且互相削弱了他们的统治,而日趋崩溃;而另一方面,工农斗争的洪潮一般的开展,经了无产阶级及其政党的正确领导,已发展到了更高的阶段。两个政权对立的形势日益显明,大规模的国内战争已部分的开始。工农群众不但很明显的提出政治斗争的要求,厌恶国民党、帝国主义的恐怖统治,并且已在③明确的争取自己的全国革命政权的建立!

中国的劳苦青年群众,一方面以生产合理化实行的结果,表现出他们在斗争中作用的增加;另一方面,以他们所受的特殊剥削与压迫的结果,表现出他们斗争的英勇,政治决心的坚强。所以在今年国际青年节

---

① 从1915年第一个国际青年节,到1930年9月7日,应是第16个国际青年节。

② 原刊无“面对”二字。今补之。

③ 已在:原刊作“已有”。今正之。

的形势之下，他们的任务更显得格外严重。

青年群众的任务

今年的国际青年节绝对不是一个平常的纪念日，而是一个动员的日子了！广大的中国劳苦青年群众，必须在争取工农政权之建立的意义上积极斗争起来，坚决的英勇的来参加并组织政治罢工、地方暴动、兵士暴动。加入红军、纠察队，积极的准备以武装暴动来消灭军阀混战，推翻帝国主义、国民党的统治，建立苏维埃政权！因为只有这样，才真正的会消灭第二次世界大战，消灭军国主义，把中国从进攻苏联的先锋变为拥护苏联的卫士。也就是说，只有这样，才能完成了国际青年节所给我们的任务！

今年纪念国际青年节的行动口号，是准备武装暴动夺取政权！这决定了青年群众的基本任务。他们在这一总的口号之下，罢工示威！他们在这一总的口号之下，组织地方暴动、士兵暴动，加入红军！他们在这一总的口号之下，加入赤色工会、纠察队、少年先锋队、共产青年团！

青年群众必须在今年的国际青年节，政治地并有组织地①整个的动员起来，为建立苏维埃中国而战。只有这一伟大斗争才足以完成国际青年节的历史任务，并且才足以给与青年群众以最后的解放！

团的转变的严重意义

怎样能使青年群众动员起来，为完成这一任务——武装暴动夺取政权——而奋斗呢？作为青年群众的领导者的团之迅速转变，实为一个先决条件。只有共产青年团能肃清其过去闭关主义的遗留，克服害怕群众的心理②，从群众的尾巴而转变为群众的领袖；只有团真正成为群众的组织，而坚决领导青年群众斗争时，团及青年群众才能实践这伟大时代中

---

① 并有组织地：原刊无"有"字。今补之。
② 心理：原刊作"心里"。今正之。

的任务。自然，青年运动是整个革命运动中的主要部门之一，不仅是团，整个革命运动都应把它作为一个当前的任务。

团是为党争取广大青年群众的组织。在这一时期之中，团的任务就在怎样能够在政治上并组织上动员极广大的劳苦青年群众，来为建立苏维埃中国而奋斗。所以团必须首先百分之百的成为青年无产阶级的群众组织，用党的口号，活泼地运用于青年群众里面，而像"系带"一般的领导青年群众为实现这一总的任务而作战。

今年的国际青年节给团以最大的任务，因此团的转变成为生死的关头。在这伟大的"九七"斗争中，团必须更加努力猛力向前完成转变！在这途程中，它必须坚决的执行对两条战线的斗争，对忽视转变的右倾和空谈转变的左倾，给以同样致命的打击。否则，它必不能真正地吸收广大的青年群众来团结在共产主义的四周，必不能真正地动员起青年群众来准备武装暴动，建立苏维埃中国。

目前青年工作的几个中心问题

怎样才能动员广大的青年群众起来参加夺取政权的斗争呢？唯一的中心政策，是必须以政治口号来动员他们。在"九七"的运动中，必须坚决的执行这一策略。我们应该明显以争取苏维埃政权之建立、消灭军阀统治作为唯一的中心口号。这一政策的基础，不仅仅是号召青年来争取一般的政治口号，同样也可以配合到青年的特殊政治要求。不能明了这点，不坚决执行这一点，决不能动员青年群众。

目前，苏维埃政权的建立，必须极明确的提出在青年群众之前。我们要把苏维埃政权的青年纲领广泛的普遍化，作为中心的宣传鼓动材料，号召他们为争取这一纲领的实现而起来斗争，而准备以武装暴动消灭军阀混战与军阀统治！

青年的单独斗争，依然是青年工作中的主要部门。但必须同样以政治口号作为中心，并且要非常迅速的扩大。只有这样，才能使斗争发展到更高的阶段去，而不是"拉住"斗争。

不过，这并不是说，我们"不要"经济斗争了。一切青工的斗争，即使是最原始的都好，我们都要坚决的去领导，但必须坚决的领导它到政治斗争路上来，并迅速的扩大。

青年组织的发展是非常迫切的任务，必须有计划的组织青年群众于总的及特殊的组织里去。这成为整个革命运动的当前任务，党及赤色工会以及其他革命组织，都应毫不犹豫地担负这一工作。但必须肃清一个不正确的倾向，即是一种组织的拜物教①。有些同志这样说："等有了健全的组织，再来斗争。"这种拜物教的起源，是对于目前革命形势估量不足的右倾，不与之作严厉的斗争，必不能夺取群众。组织之发展，还必须防止一种和平发展和秘密路线的倾向，这必须与之奋斗。这一倾向与上述的倾向是大同小异的。

最后，特别关于"九七"工作，我们已可以看到有一些不正确的观念发生了：第一种即认为今年的"九七"运动是"照例"的纪念，所以完全用一种平淡的精神来布置工作；第二种即认为"九七"运动是一种吗啡针②，可以刺激一下。这两种观念完全是一种严重的右倾，非特别给以打击不可！

今年的国际青年节，在团、在青年群众、在整个革命运动的前面，提出了这许多严重的任务。只有坚决的执行这些，才真正继续了这节日的革命传统，而迅速地走向前去，完成其伟大的使命！

1930年8月21日

---

① 拜物教：人类在神灵观念产生之前，把某种特定的物体当作具有意志而加以崇拜，认为对它们祈祷、礼拜或祭献，可以获得福气或保护，这便是"拜物教"。后来，也用来比喻对某一事物的迷信，如商品拜物教、金钱拜物教等。与之相对应的，乃是"拜神教"，如一神教、二元神教、多神教等。

② 吗啡针：一种镇痛针剂。吗啡（Marphine）是一种镇痛、止咳及抑制肠蠕动的药物。常以针剂皮下注射给药。但如长期应用，易成瘾。

为党的正确路线奋斗！[①]

一、党内斗争

革命形势的每一个新的剧变，总使得先锋队内一部非无产阶级的分子由潜伏的企图形成为一个或几个整个的倾向，出来公开地动摇或破坏正确的路线。这时候，只有经过残酷的斗争，高举着无产阶级的意识来克服这种非无产阶级的倾向，党才能更坚强、更布尔什维克化起来。

有许多同志认为党内发生斗争是一种可悲的现象，所以时常企图来隐秘这一斗争，或来调和这一斗争。这是非常错误的。他们不了解党内斗争同样也是阶级斗争的一部分。每一个不正确倾向，都是无产阶级之敌对阶级意识在党内的反映。无产阶级要保障其队伍的巩固，要保障其最后胜利的获得，必须无情的与这一切敌对阶级意识作斗争，就像它在其他地方与敌人作战一样。

因此，这样就容易明了党在它走向布尔什维克化的过程，必须经过长期的、艰苦的斗争。俄国布尔什维克党的历史告诉我们这个真理，从它成立的一天起，一直到建设社会主义的目前，没有一天不是浸沉在斗争里的。布尔什维克主义只有在斗争中才能生长，布尔什维克党只有经过困苦的斗争，才能更加巩固、更加统一。

[①] 本文作于1930年国际青年节（即9月7日），原刊于同年9月21日出版的《列宁青年》周刊第4期，署名徐白。这期《列宁青年》周刊原件不见，今据共青团中央办公厅1957—1961年编印的《中国青年运动历史资料》第8集第249—253页辑录。殷夫在本文中，以共产党员的身份，对党的路线斗争和策略作了明确的论述，并且从团中央宣传部干事的职责出发，对团参与党内路线斗争的问题，提出了意见。可惜当年党内占据主导地位的是李立三"左"倾冒险主义思想。因此，他所称道的所谓"正确路线"其实是被后来实践证明了的错误路线。这是年轻的殷夫所始料未及的。

二、路线与策略

中国革命之突飞猛进的发展，同样在中国的党内形成了这个必然的过程。党经过这两三年来的艰苦斗争，在反右倾机会主义、取消主义、盲动主义上，都得到相当的成功。但是这种不正确倾向的残余，还是到处潜伏着，乘着每个机会都想对党的路线施行攻击。特别在目前革命形势已临着一个大风暴的阶段，这些潜伏的倾向更加速的爆发出来！

现在，我们可以看见许多机会主义和取消主义的分子，已公然的出面来攻击党的路线了。他们唯一的战略，是抓住党的策略上的微小缺点与错误，来动摇党的路线。因为他们唯一的目标是想宣布党路线的破产，然后再拿出他们的路线来代替。这样，有许多认识不清的同志，往往为他们所煽惑。

因此，我们首先要使每一个同志都明确的来认识什么是路线？什么是策略？我们往常只会把这两个术语含糊地连用，结果是使得这些反党的分子得到煽动的机会。路线是什么呢？路线是对于革命之根本问题的解答与确定。譬如：中国革命的性质与前途，政权问题……等等。策略则是在某一个问题上在某一时期的战术，或作战的方略。譬如：反黄色工会问题，联合战线问题……等等。路线是整个的比较长时期的，不可动摇的；策略是局部、有时间性的，可以依据客观形势变动的。

我们绝对不否认中国在某种策略上及工作执行上，确有许多的错误与缺点，但这是可以用自我批评的精神予以纠正的。布尔什维克的精神即在于不否认自己的错误，以及不犯过大的错误（路线上的不同）。只有正确路线之下的错误，才有可能纠正；只有勇于承认错误及改正错误，才能更获得群众。

许多反党的分子，都企图拿党之策略上的微小错误，来破坏党的路线。我们对这种阴谋作战时，必须对于路线与策略的区分，有明白的了解。这样才能认识党的路线是绝对正确的。

三、斗争！

目前这个大变动的时候，党须要极大的努力，集中力量起来斗争。不仅是向外的，并且同样是在内部的。很显然，一切反党的倾向都已明白的爆发出来，党必须坚决的克服这些倾向，方才能更有力的领导中国革命。

（一）必须动员全党的同志，起来认识这一斗争的意义，起来切实认识党路线的正确，起来实行彻底的自我批评、检查并纠正我们在策略上工作方法上的错误与缺点，起来与一切企图动摇党路线的倾向奋斗。我们必须坚决的克服对党路线半信半疑的调和倾向（如所谓"研究研究"的态度，实际是帮助了反党的倾向）。同时，也必须克服一种盲目服从的倾向，而应该深切的了解党的路线与策略。必须使这一斗争深入到支部中去，与实际工作密切的联系①起来。（有些同志常这样说："路线是正确的，不过……"这很明显是一种调和的口调。我们应该坚决的说："我们策略有错误，但这并不丝毫动摇了我们的路线。我们在正确路线底下，必须能以自我批评纠正自己的错误。"）

（二）必须使每个同志都认清党的路线是一切工作的出发点，是一个时期革命的根本轨道；必须把目前党的中心策略向每个同志作一个深刻的解说，使之在实际与工作中证实党路线的正确。

（三）必须把这一斗争，深入到实际工作中去，使这一斗争同实际工作密切的联系起来。即是说，我们不但要在口头上拥护党的路线，并且一定要在工作上拥护党的路线，坚决的去执行党的路线。这样才不致发生"实际工作上的机会主义"。（事实告诉我们，有许多同志在口头绝对拥护党的路线，然在实际工作中，他却是一个机会主义者。）

（四）在反对右倾机会主义的时候，必须同时给一种"左"倾倾向以严重的打击。因为这是两种互相生长的倾向，右倾的存在，常常帮助了

---

① 联系：原刊作"连系"。今改之。下同。

"左"倾的发展；"左"倾的存在，一定不能致命的打击右倾。因此，必须对两条战线斗争。

四、为党的正确路线斗争及团的转变

过去的团，在参加党的生活这一面上表现得非常积极，但在反取消派的斗争开始时，却采取了中立的态度。这是非常错误的。团是在党直接领导下的一个政治组织，它①在政治上是完全与党一致的。团必须积极参加党内的一切斗争，而绝不允许中立。这中立实际是援助了反党倾向。

团之参加党内的斗争，不仅仅是在一般的意义，并且还有更特别的实质。团之参加党内斗争就是为自身布尔什维克化的斗争过程。换句话说，这一斗争就是团之转变斗争的一部分，而且是不可分离的一部分。

在目前，团首先应该奋起全力来与取消主义及清谈主义斗争！为了团无产阶级基础的薄弱，青年工作之艰苦，因而一方面发生绝对右倾的取消主义，以为青年工作没有出路，团的工作没有存在的必要，或认为团只要作作童子团工作就好了……等等；在他方面则发生了一种表面"左"倾的清谈主义，只会口头讲大话，用"左"倾的词句来掩饰机会主义的实际……等等。这两种倾向都是障碍了党之正确路线在青年运动中的运用。这两种倾向，就是在青年运动中表现出来的反党的倾向。团要拥护党的路线，不仅仅是在口头上，并且是在工作上；不仅仅只一般地反对不正确倾向，特别要在实际工作中执行转变的斗争——即对取消主义与清谈主义斗争。

1930年国际青年节②

---

① 它：原刊作"他"。今正之。

② 即1930年9月7日（见第513页注①）。

今年的"六二三"纪念①

伟大的热烈的红色五月过去了，但红色五月的血的浪潮却继续着汹涌翻澜。在全世界革命日益接近高潮形势之下的中国革命，特别是发展到一个更激烈的阶段，统治阶级的继续崩溃、工人斗争的普遍发展、土地革命的深入、苏维埃区域与红军的急剧地壮大，日益显现出世界革命有开始在中国首先爆发和胜利的可能。

在这样的环境中，我们又临到一个悲惨的纪念日了。

1925年沙基的屠杀，是整个"五卅"运动中的一幕。它是反帝斗争的先锋，也同是1925—1927年②大革命的先声。它不但是在广大群众面前暴露了帝国主义的罪恶，并且直接是打击帝国主义统治的一个炸弹。伟大的省港罢工，就使残暴的英帝国主义者战慄于英勇的无产阶级前面！在1930年的现在，我们纪念这悲惨的一日，更需要踏着先死者的血路，把握着鲜红的旗帜，走向解放之路。

---

① 本文未注写作日期，原刊于1930年6月10日出版的《列宁青年》第2卷第14期（总第38期），署名白莽。这期《列宁青年》也印制了《青年旬刊》假封面。题中的"六二三"，系指1925年6月23日发生的"沙基惨案"。这年6月中下旬，在邓中夏、陈延年、苏兆征等共产党人领导和广州革命政府支持下，广州、香港两地工人为声援上海"五卅"爱国运动，反对帝国主义而陆续举行政治大罢工，史称"省港大罢工"。21日，广州沙面租界华工开始罢工。省、港两地参加罢工人达25万人。23日，回广州参加罢工的香港各界群众10万人举行集会和示威游行。当队伍途经沙面租界对岸的沙基时，遭到英、法帝国主义军队残酷屠杀，打死群众50余人，打伤170余人，酿成"沙基惨案"。此后，罢工进一步扩大，罢工工人曾召开代表大会，成立罢工委员会和工人武装纠察队，严密封锁香港，历时16个月，直到1926年10月结束，沉重打击了帝国主义。并对广东革命根据地的巩固和北伐战争的顺利开展，起到了很大的作用。本文作者署名白莽（bàng），亦即二年生大型草本植物牛莽，其根可食用、入药，枝叶可作饲料。也许是"白莽"与"白莽"近音，加之其父徐孔甫是民间医生，从小对牛莽入药印象深刻，所以殷夫用了这个新笔名。另外，从本文的行文风格（包括用词用语）分析，也与殷夫相同。故可断定本文为其所作。

② 1925—1927年：原刊作"一九二五——二七"。今改正之。

一、目前，帝国主义内外的矛盾日益加紧，为市场与殖民地的争夺，世界大战的危机，大有立即爆发的形势。在这个矛盾的前面，更发展着资本主义与社会主义（苏联）、帝国主义与殖民地的、资产阶级与无产阶级的矛盾。换句话说，即是反革命与革命的矛盾。而这个矛盾正因为帝国主义自身的冲突之发展，而日益尖锐。苏联是世界革命的首领，因此各帝国主义联合进攻苏联的企图，在世界大战的危机加紧之前而更形加紧。无疑，这个反革命战争的企图，只是一个挖掘它①自己坟墓的手段。全世界的革命浪潮将根本淹没这个企图。全世界的劳苦群众将以它革命的斗争来消灭帝国主义进攻苏联的战争。消灭世界大战，根本扑灭帝国主义。

二、世界革命的矛盾，在中国更加集中，更加尖锐。不断的军阀混战表现出各帝国主义不可调和的冲突，剧烈的经济破产，构成了整个资本主义崩溃中破残的一角。在这种基础上，爆发了洪涛般的革命急流，有力地发展着、汇合着，接近高潮。广大的劳苦群众，在无产阶级及其政党的坚强领导之下，英勇地为推翻帝国主义、国民党统治，为建立工农政权而战。任何种类的欺骗企图（从黄色工会直至改组派、取消派、第三党……），都很快的在革命浪潮中显露出他们反革命的属性。

三、在这样的形势之下的青年，更是不能形容的悲惨。在生产合理化的鞭策之下，在封建剥削之下，辗转着无数的青年兄弟为帝国主义、国民党所蹂躏。不断的军阀混战和经济破产，更使广大的青年受着无可名状的摧残和压迫。因此，劳苦的青年群众为争取自身特殊的政治与经济的解放，很勇敢地成为反帝、反国民党斗争的前锋。

所以全国的劳苦青年，在纪念"六二三"时，更需要把握着光荣的过去，更坚决地为下列口号而战：

反对帝国主义进攻苏联！武装拥护苏联！

反对第二次世界大战！

打倒帝国主义！

---

① 它：原刊作"他"。今正之。

援助殖民地革命运动！

反对军阀混战！

打倒国民党！

建立苏维埃政权！

国民党的体育运动^①

"特殊的资产阶级的或改良主义的青年组织，采取种种不同的方式（教育的、体育的、娱乐的、运动的、军事的、政治的、宗教的，以至自由思想的，及工厂体育俱乐部、童子军等等……）在劳苦青年群众中散布资产阶级的毒针。"——《少共国际纲领》^②。

假使我们不健忘的时候，则我们总还记得在一、二月前，国民党曾经举行了一次童子军大检阅吧！在这次大检阅里，国民党用了一切卑劣的利诱威迫的手段，引诱儿童群众去受他们军国主义的"训话"；在他们的脑中，筑好了军国主义思想的基础。国民党在施行这种买办化的军国

---

① 本文作于1930年6月12日，原刊于同年6月20日出版的《列宁青年》第2卷第15期（总第39期），署名白莽（即殷夫，见第522页注①）。这期《列宁青年》封面亦印作《青年旬刊》。

② 这是本文引言，引自《少共国际纲》。少共国际：即"青年共产国际"，是共产国际领导的多国革命青年的国际组织。1919年11月根据列宁倡议，在德国柏林秘密成立，有14个国家的代表参加。后来发展至56个国家，分别设立支部（中国共产主义青年团即为其一）。其主要任务是以马克思列宁主义教育和团结广大青年，为反对帝国主义发动战争，改善资本主义国家青年的劳动条件，为实现无产阶级专政和社会主义而斗争。其领导机构是世界青年代表大会。大会闭幕期间是执行委员会。至1943年，随着共产国际解散而宣告解散。《少共国际纲领》由少共国际第五次大会通过，经共产国际执委主席批准，是少共国际思想、组织、作风建设的行动纲领。亦由殷夫翻译，共青团中央以单行本秘密印发（详见第十二辑）。

主义教育时，也做得非常周到：正像童子军的创造者巴登包威①先生是英帝国主义军队中服务过一二十年的走狗，我们的童子军检阅司令是何应钦②"将军"！所可惜的是，国民党的糖饵却惹得这班小孩大打一仗。这可算是大煞党国风景的一回事。

继着童子军检阅而来的是全国的运动潮，起初是各县各市各省的，再则是一个"轰轰烈烈"的全国运动会。国民党似乎是很重视这个玩意，不但花了很多从民众身上刮来的金洋来铺张抬耀，并且甚至连宋美龄③也不惜亲献色相，来供给那批虚荣醉心的青年，获得些玄妙的快意。

在全国运动会结束之后，远东运动会④便开始了。在远东运动会的过程中，统治阶级的新闻纸狂热地诅咒、呼怒、悔恨；每天是穷篇累牍地载着运动会中的一毫一发，仿佛什么国际及国内的政治事件也不及这些消息来得⑤重要了。这不但是叫青年忘记了国际国内的革命运动，和统治阶级的无耻的混战，阴谋更厉害⑥的是乘机大量地把国家主义、"爱国主义"的思想，没头没脑的向读者乱灌。

现在，这个疯狂时期总算是过去了，但是国民党还并没有放弃了这

---

① 巴登包威：英文名 Beden-powell 的音译，今通译为贝登保(1857—1941)。他于1908年创设童子军。1910年又创设女童子军，另成系统。童子军不久流行各国，成为军事教育团体。每4年举行一次世界童子军大队，并常设世界机构"童子军国际委员会"，下设童子军国际局。1958年由英国伦敦迁加拿大渥太华。中国于1912年由武汉文华书院首先成立童子军。1915年成立"中华童子军协协会"。1929年称"中国童子军"，设司令部，直属国民党中央执委。此后，多数学校普遍实行童子制。新中国成立之初废除。

② 何应钦(1890—1987)：字敬之，贵州兴义人，日本陆军士官学校毕业，曾加入同盟会。回国后历任黔军团长、贵州讲武学校校长、混成旅旅长。1924年任黄埔军校总教官、教导团团长，曾参加讨伐陈炯明两次东征。北伐时任第一军军长。1928年后，历任军政部长、参谋总长、陆军总司令、国防部长。1949年去台湾。

③ 宋美龄：蒋介石夫人。

④ 这次是"第九届远东运动会"，于1930年5月24日至31日在日本东京举行。日本总成绩第一，中国第二，菲律宾第三，印度第四。

⑤ 来得：原刊作"来"。今补"得"字。

⑥ 厉害：原刊作"利害"。今改正之。

个体育运动。到现在，各校的运动会潮又是在泛滥①汹涌了。甚至在这几天报纸上，竟说黄色工会（邮务）也准备搅这个把戏来了；我们很有理由相信，国民党一时还决不就会停止这个体育运动的。

这一贯的现象，在我们看来，是没有什么稀奇②的。《少共国际纲领》的那几句话，便是一个简单明了的公式。国民党之所以这样热心地做这种把戏，绝对不是偶然的。这是他征取青年的一种方式，这是他在他崩溃过程中用以麻醉一部分落后群众的一个欺骗。我们把他分析到最后，一定有这样的几个意见：

一、灌输军国主义的思想——童子军，这是谁都知道是一种军国主义教育的最露骨的方式。它同学生军（特别是冯庸大学的征俄军）等等，都是统治阶级的一种公开的军事组织。它不但只是积极的灌输军国主义思想，并且是一个直接动员青年群众的法西斯蒂组织。国民党在它进攻苏联、压迫革命，及自相混战的途中，必要征取青年群众为其牺牲。童子军就是他们的一个方式。因此，很明显的，在这次检阅当中，无非是由许多"要人""要狗"来轮流着"训话"，由国民党的军事领袖来直接作军事的演习。在训话里，无非又是"三民主义"长、"三民主义"短；"民族"长、"民族"短的那末一套。至于运动会呢？我们也可肯定的说，这也是灌输军国主义思想的一个方式。这在远东运动会中，表现得更加充分。在这种国际运动会中，统治阶级唯一的目的只使一般的青年群众，为了几只锦标，而得到一番彻底的"爱国主义"的熏陶。你看，统治阶级的报上，登满了"有丧国体"哪，"国誉扫地"哪，……等等的话。《时事新报》6月12日《论远东运动会失败》文中，则谓"国际间的比赛，我国家荣辱之所关……"，说今后当对国内锦标，轻视如鸿毛，而努力争得国际锦标……这些话，只不过是把孙中山主义运用到体育运动中的表现而已。再退一步说，国民党宣称提倡体育是为了"富国强种"，为了增高国际地位……则这

---

① 泛滥：原刊作"泛澜"。今改之。
② 稀奇：原刊作"希奇"，今正之。

体育运动无论在国际间或国内的基本出发点，是"爱国主义"的。

二、麻醉部分的青年——在国民党反动统治之下，一方面是空前的经济破坏，使得广大的小资产阶级的青年群众在经济上非走向革命不可；另一方面则是严重的白色恐怖，使得广大的小资产阶级群众同工农群众同样地不能有丝毫的政治自由，使他们更自觉地要起来为争取自由而向国民党斗争，而日益左倾，日益革命化。这个事实，国民党本身是第一个看得很清楚的。所以，它①一手持剑，一只手还不能不再拿着一支蒙香②。它要使青年的眼光模糊起来，它要使青年和政治分离开来。体育运动是一个方式，国民党用金钱、虚荣，甚至于用淫乐来抓住这部分小资产阶级的不关心政治心理③，使他们看不见社会的这大的斗争浪潮，使他们看不见他们自身地位与前途。我们来举个例：哈尔滨是接近苏联的一个城市，学生群众的革命化也非常厉害④，因此这里的选手便备受国民党的荣宠，孙桂云⑤简直变得和党国要人一样的"红"。

三、粉饰太平的欺骗——国民党统治之日益崩溃，革命危机之日益深入，已经成了不可掩饰的事实。只有取消派的先生们，住在亭子间里天天高唱国民党的"稳定统治万岁曲"。实际上，国民党自己却还并不这样乐观。他们自己很明白，这种崩溃是无可救药的。要苟延残喘，一方面固然要作极残酷的挣扎，他方面则不得不作一种欺骗。它的体育运动，也就是一种涂脸的铅粉。这样，他企图使一般落后的群众相信，国民党现在真是稳固而又稳固，一些也没有动摇。否则，它怎末会大干其"和平事业"呢？……所以，这个体育运动，同国民党的义务广告员——取消派的法螺⑥，同有"意想不到的效力"。

---

① 它：原刊作"他"。今改之(以下同改)。

② 一支蒙香：原刊作"一只矇香"。今正之。蒙香：使人蒙目转向的香烛,犹蒙药。

③ 不关心政治心理：原刊作"不关心心理",今补"政治"二字。

④ 厉害：原刊作"利害"。今正之。

⑤ 孙桂云：此人无考。疑是远东运动会得名次的人。

⑥ 法螺：佛像头上螺形的发髻。比喻有特别功效的法器。

我们看出这种体育运动的真意义后，自然我们不能不坚决的说：反对国民党的体育运动！我们要号召广大的青年群众起来破坏这种体育运动，把他们的虚伪面具，统统暴露出来。但如果说我们是反对一切体育运动的则又大错。我们对于红色的体育运动，是要极力提倡的。怎样叫做红色体育运动呢？我们可以说红色体育运动必须有几个基本的原则：

一、它是与政治斗争（阶级斗争）密切地联系①着的，甚至是一个政治教育的工具。它不但反对军国主义、"爱国主义"的，并且本身就目的在消灭他们。

二、它的目的在养成健强的阶级战士。

三、它的竞赛，即是革命的竞赛。

1930年6月12日

一部青工必读的书籍②

共产主义与改良主义的分别，在对于青年运动的态度上，表现得很明显。共产主义者认识青年是各有各的阶级基础的，改良主义者却把青年笼统的当作一个阶级，把他和成年对立起来。所以共产主义者的策略，是要使青年无产阶级来参加无产阶级的总的政治与经济斗争。③而改良主义者却叫青年离开政治，离开阶级斗争。共产主义者为达此目的，因此适合着青年特殊的心理与背景④，而使青年有他自己的组织，提出自己的要求，

---

① 联系：原刊作"连系"。今正之。

② 本文未注写作日期，原刊于1930年9月14日出版的《列宁青年》周刊第3期（总第43期）"报刊介绍"栏，署名徐白。这期《列宁青年》周刊原件不见，今据共青团中央办公厅1957—1961年编印的《中国青年运动历史资料》第8集第207—209页辑录。这是一篇介绍《少共国际纲领》一书的专文。此书系由殷夫于1930年3—4月翻译，同年5月以共青团中央名义用单行本出版（详见第十二辑）。

③ 使：原刊作"把"，今正之。

④ 背景：原刊作"背境"。今正之。

政治上一致地与成年一起向资本主义斗争。而改良主义者则把青年笼统地被动的压在成年的"教育"之下，不许青年争取自己的利益。……总之，共产主义对青年是保障其利益，领导其斗争。改良主义者则是欺骗和压迫。

无产青年运动已有十八年的历史，经过了很多的斗争，获得了丰富的经验。它同世界的革命运动同样，也经过了共产主义与改良主义的分裂，但正跟着共产主义运动之胜利。共产主义的青年运动，完全得着胜利。它是世界共产主义运动的一部分。目前，青年在生产中的地位一天天的升高，在斗争的作用一天天的加重。共产主义的青年运动更成为世界革命的重要部门。它的世界组织——少年共产国际，领导着全世界的无产青年群众，在共产国际的政治领导之下，共同向世界共产主义前进！

"少共国际"的第五次世界大会，第一次把共产主义青年运动的理论与实际，详详细细的、有条不紊的写在它的纲领里。这使得今后的共产主义青年运动更有鲜明的旗帜、精密明了的斗争纲领。所以这一部文件，实在是世界共产主义青年运动的一个界石。每一个无产青年，每一个被剥削的青年，以及每一个革命群众，必须一读这部唯一的书。它不但说明了共产主义青年运动的理论基础和根本问题，并且指出具体的实际策略，是全世界无产青年群众的斗争武器。每一个青年和被剥削的青年，在向其压迫者与剥削者斗争时，必须把这本书当作一个指南针。

这本书的主要目录是：

少共国际的纲领：

    帝国主义战争与革命的时代；

    帝国主义下的青工；

    少共国际的终极目标：世界共产主义；

    共产主义青年团的必要与作用；

    共产主义教育的基础——斗争；

    组织的原则；

    共产青年团对战争的态度；

    共产青年团为争取青工利益的斗争；

共产青年团在农村青工中的特殊任务；

共产青年团的教育工作。

无产阶级专政之下的共产青年团；

在殖民地中之共产青年团的斗争：

　共产青年团与民族问题。

工人阶级儿童的共产主义训练；

共产青年团与青年的体育训练；

争取青年的斗争。

现在这本书已由中国共产青年团中央译成中文，已经出版。从红旗日报社、本报发行处、C.P 及 C.Y[①]支部、赤色工会互济会及各革命团体，都能买得到。

英美冲突与世界大战[②]

乌拉齐米·伊利企在他的《帝国主义》[③]书中曾说："我们试问：在

---

① "C.P"为中国共产党代号，"C.Y"为中国共产主义青年团代号。

② 本文作于 1930 年 10 月 2 日，原刊于同年 10 月 1 日出版的《北新》半月刊第 4 卷第 18 号，署名白莽。(写作日期迟于出版时间，原刊如此。)这是殷夫依据列宁的论断，对新的世界大战"动力"——英美冲突的分析。但后来发生的第二次世界大战，却并非发生在"英美冲突"之争，而是因为资本主义发展不平衡，以及 20 世纪 30 年代经济危机，促使德、日、意急于重分世界，侵略战火不断蔓延，这三国结成了"轴心国"集团。1931 年 9 月，日本侵占中国东三省，1937 年 7 月又发动全面侵华战争。1938 年 3 月至 1939 年 3 月，法西斯德国吞并奥地利，占领捷克、斯洛伐克。意大利也跟着侵占阿尔巴尼亚。英、法、美则持绥靖政策，一再助长战争危险。直到 1939 年 9 月 1 日，德国进攻波兰以及苏联。英、法与美国的一些自治领相继参战，从而使这次大战全面爆发。不过，殷夫在本文中已能从经济数据分析政治形势，并且认为世界大战危机日益迫近之时，应当用世界革命运动来解决这个问题。这对于这位 20 岁刚刚出头的青年而言，是多么的难得！

③ 乌拉齐米·伊利企：即俄国无产阶级革命导师和领袖弗拉基米尔·伊里奇·列宁（1870—1924）。"他的《帝国主义》"，指列宁的名著《帝国主义是资本主义的最高阶段》。

资本主义之下，要解救生产发展及资本积累与殖民地及势力范围分割的不均衡，除了诉之于武力，还有其他的方法吗？"①这句话，是给不断的政治事实证明为最确切的论断了。

第一次世界大战是过去了，但是新的战争正在日益成熟。这一个新的大战，因为在这十几年中世界政治、经济比欧战前更蕴蓄着并发展着巨大的矛盾，所以其爆发时的形势、范围、残酷以及前途，都完全比第一次大战时要超过百倍。如果要详细地考察这一问题，那是一个浩繁的工作。这里要说的，主要是关于在目前经济恐慌中更形紧张的英美冲突，这一冲突虽不是第二次世界大战唯一的动力，却也是主要的动力之一。

大英帝国一直到现在还是世界上最大的一个帝国，但只仅仅是地理上的。在经济统治的势力上说，自从欧战以后，年青的美帝国主义早已膨胀得把它②挤瘦了。从前大英帝国主义藉着其经济的、军事的威力而夺到的殖民地和势力范围，现在都多少被美国金子像水银泻来似的钻进去了，且有整个被侵夺去的危险。这一消长的现象，我们如果从经济地理的眼光来考察，其原因是比较单纯的。

大英帝国主义的体系，在地理上是与美帝国主义体系划然不同的。英国人所夸耀的是"太阳光下都有英国旗"。不差，英国的领土真是无所不在的。但是它唯一的联络却只是极长的海道，而居于这一体系之顶的不列颠，在面积上是非常狭小，在经济生产上不能不依赖其殖民地供给原料和食量。但是，美帝国主义的系统却正相反，它的主体是整然统一的，而北美合众国③的主要工产财富，却不仅足够自用，而且还有多余。所以这两个体系如果要用滑稽些的形容词来形容，则一个是头重脚轻的，一个却是不倒翁一般的稳实巩固。

---

① 这句话，可能是殷夫根据俄文意译。在通行版《列宁选集》中，列宁是这样说的："试问：在资本主义基础上，要清除生产力发展和资本积累同金融资本对殖民地和'势力范围'的分割之间不相适应的状况，除了用战争以外，还能有什么其他办法呢？"

② 它：原刊作"她"。今正之（以下同改）。

③ 北美合众国：即美利坚合众国。亦即美国。

大英帝国主义的体系，是几个欧洲帝国主义的典型。而它以对于大西洋的优越地位，所以能够在美帝国主义未发育强大之前，称霸于各帝国主义之上。（欧洲各帝国主义体系，在经济地理的形势，与其他体系不同的唯一是帝俄时代的俄罗斯帝国主义。但它不像美国有那末好的财富，并且处于寒冷地带，没有海口。到现在则更成为资本主义全体的大敌，并它的退出帝国主义之群，对英国的打击特别大。）所以我们不难明白，当一个地理上优越的新的竞争者出现于世界舞台时，与之立即当面冲突的，必然是那个最庞大的大英帝国主义。（当然，美国对其他帝国主义的冲突，也同样的立即发生了。譬如日美的冲突便是。可是这些冲突时常是在较小的范围内的，而英美的冲突却是在一个世界范围中的。）

这个根本的优劣，就是英美角逐的基础。其他各种的原因，分析到最后，都可以用这一原因来说明。下面，我们就要看一看这两个帝国主义在赤裸裸的经济统计中表现出来的趋势。这必定帮助我们更能明了它俩的冲突，究竟已到了什么样的程度了。

首先，让我们看它们的生产力的趋势：

	英（1924[①]）	美（1925）
钢铁	149622	589214
机器	153821	801838
汽车马达	84669	949152
电汽机械	69938	308000
造船	51225	35436
棉	373122	342874
毛织	196284	243506
制鞋	35384	185077

（以1000镑为单位。）

---

① 原刊年份和数据均为中文数字，今均改为阿拉伯数字。

在重工业方面：

	年度	煤	生铁	钢
英国	1913	24337	869	649
	1928	19400	551	710
美国	1913	43088	2601	2564
	1928	41662	3180	4263

（以1000金属吨为单位。）

英美的生产指数：

年度	英	美	年度	英	美
1920	100.2	98	1924	90.9	113
1921	67.5	79	1925	87.1	126
1922	80.9	102	1926	67.1	129
1923	88.7	119	1927	96.2	

（假定1919年为100。）

从这些统计中看来，这两国生产的趋势是明显的。英国在战后曾一度非常的低落，一起一伏的，直到1929年[①]才差不多赶上了战前的水平。然而美国却几乎是非常平衡似的向前发展。

在国外贸易中的形势，可以从两国制造品之出产统计中看得出来：

	1913	1925	1927
英	3982	5893	564
美	1592	3566	412

（以100万镑为单位。）

在1900年，加拿大进口的84.9%是从英、美两国输入的——英国占

---

① 原刊无"年"字。今加之。

25.7%，而美国则占 59.2%。到 1919 年，加拿大进口货的 83.9% 是由这两国来的——英国只占 13.3%，而美国竟占 68.6%。在澳地利亚[①]，英国进口的比例在 1913 年[②]为 59.7%，但到 1928—1929 年[③]，已降至 39%。美国在印度的输入在 1913 年为 2.5%，到 1928—1929 年则为 7%。而英国则从百分之 64% 降至 45%。

在对外投资方面，同样也有这个趋势。我们先看加拿大的事实：（百分比）

年度	加拿大	美国	英国
1910	17.00	1.50	81.50
1911	16.86	6.58	76.56
1912	13.82	11.35	74.83
1913	12.09	13.56	74.14
1926	50.20	47.95	1.85
1927	49.18	49.06	1.76
1928	48.50	47.96	3.54
1929	52.42	43.18	4.40

在南美洲的投资，美国在 1912 年有 174000000 金元[④]，而在 1928 年[⑤]，已增至 2167000000 金元。据阿根廷的《经济评报》统计，英国的投资是 4103000000 金元，其他国家是 2043000000 金元。

有许多机械的政论家，当论及英美冲突的时候，常常从[⑥]现象来绝对地考察，结果常会认定美国是绝对地胜利，或英国是绝对地衰落。这完

---

① 澳地利亚：系澳大利亚的别译。

② 原刊无"年"字。今加之。下行同。

③ 1928—1929 年：原刊作"一九二八——二九"。今改之。下行同。

④ 金元：美元之别称（下同）。

⑤ 原刊无"年"字。今加之。

⑥ 从：原刊作"把"。今改之。

全是不正确的。如果事情是这样绝对的，那末也无所谓冲突了。事实告诉我们，美国虽然一步步的迫着英国退后，但英国也努着全身的力量在抵抗着。我们一定要记在心里，英国在最近几年是用着拼死的努力来加紧它工业的合理化，加紧剥削其本国的工人和殖民地的劳苦群众，好像一个败落的大户家庭一样，尽其所能来维持其庞大的"架子"，以与年青的美国相抗争。这方才使英美冲突的形势，是一天天的紧张起来。

同时，我们还要记住，资本主义这个鬼东西，就像是一架没有节制速度机关的火车头一般，开起来是愈来愈速，直到整个的跌到恐慌的深坑中去，方才暂时的停止了。帝国主义的冲突，就好像是独木桥上两只羊的斗争，各自都只是为了要维持其矛盾的生存，才不得不抵死相持。英国为要保持其生存，无论如何不能拱手的让美国夺去它的市场和殖民地。而美国为着它国内市场之缩小、生产的过剩，又不得不拼命抢夺国外市场和殖民地。结果，两方自然非扳下面孔来用武不可。

麦克唐纳尔①为什么要在1929年②到胡佛那里去呢？海军会议为什么要在今年开呢？这都不是偶然的事情。但是，你如果以为伦敦会议是真正的一个"军缩"会议，是真正调解了英美冲突，那便是大错。正相反，伦敦会议是世界大战准备的一个序幕。伦敦会议的破裂，由帝国主义者看来，在不能欺骗民众这一点上，确是一个悲惨的事实。但这会议仍不失其原有的作用，美国迫得英国不能不作表面上的让步（注意：这是小得有限的）。因此英国便更有时间来作充分的准备了，特别是加紧在工业中实行合理化，在海外去挣回旧日的市场，所以大伯尔农公爵③（Lord D'Abenon）之往南美，托曼司④之往加拿大，都有着确定的目的。而

---

① 麦克唐纳尔：即英国工党领袖拉姆齐·麦克唐纳（Ramsay MacDanald，1886—1937），1929年、1929—1931年两次组织工党内阁，曾任国民内阁首相。1929年因国内发生经济危机，他曾访美，与胡佛总统协商对策。不久，工党内阁辞职。1931年在保守党支持下，他被开除出工党。

② 原刊无"年"字。今加之。

③ 大伯尔农公爵：其人其事无考。

④ 托曼司：其人无考。

且，印度的革命是必须先镇压下去的。

美国的攻势，还是被它自身那个经济恐慌的暗影迫得不能不更形扩大，美帝国甚至想利用英国殖民地的不安来调侃它。从美国的"卖淫妇"（辛克莱①拿来形容报纸的字）到社会法西斯蒂党都批评这位忠实的同志麦克唐纳尔，说不该以暴力阻止印度的自立。这用意当然是不用说穿的。所以英国的《泰晤士报》反问道："美国对于黑奴，可有格外好些吗？"

我们讲了很久的关于英美冲突的话，不过千万不要只看见了树而忘记了森林。我们要记在心里，英美冲突时特别是在目前经济恐慌的旋涡中，是加倍的紧迫了。而这个经济恐慌不仅是抓住了英国和美国，并且笼罩了整个的资本主义世界。这且由它所提出的问题，不仅是英美的冲突，同时还有一串的资本主义国家间的冲突；而它提出最大的问题，超过了英美冲突的大问题，又有整个资本主义、社会主义系统的冲突。资本主义世界的经济恐慌，不能不加紧了各帝国主义间的矛盾，增加了失业和殖民地争斗。而苏联社会主义建设的进步，更团结了全世界的无产阶级和弱小民族，以反抗帝国主义。

此地是用不着写结论似的话的，因为这说出来一定太厌陈旧。不过我们要问：当世界大战的危机日益迫近的时候，究竟什么是根本消灭这一危机的力量呢？

我以为，世界的革命运动应该明确的回答这一问题。

1930，10月2日

---

① 辛克莱(1878—1968)：美国作家,其作品多以揭发资本主义阴暗面为主题。

李卜克内西、列宁纪念周宣传大纲^①

这一大纲是供给我们的煽动员到群众中解说的材料用的，所以非常的简单。各地团部宣传部还必须定出与当地情形密切联系的大纲^②。

（一）1月15日，是李卜克内西^③同志被资产阶级与其走狗社会民主党暗杀的日子。1月21日是世界革命的首领、苏联的创造者列宁^④同志逝

---

① 本文见于共青团中央办公厅1957—1961年编印的《中国青年运动历史资料》第9册第1—6页，题作《共青团中央关于李卜克内西、列宁纪念周宣传大纲（1931年1月1日）》。而文后的"编者注"却言："本文标题原为《李卜克内西、列宁纪念周宣传大纲》，中央档案馆藏。"故今以原题为准，文后落款改作"共青团中央，1931年1月1日"。今据同册第7—11页《中国共产主义青年团》第四号通告《为年关斗争、列李卢纪念、"二七"纪念运动（1931年1月9日中央局会议通过）》一文（亦"中央档案馆藏"），可知本文系为后文开展"年关斗争"所编写的"宣传大纲"。又据本文文前之"提要"，可知本文系由团中央宣传部编写。而当年的团中央宣传部只有一个干事殷夫，又可知本文实由殷夫编写。况且他此前曾作有《李卜克内西生平事略》《关于斯巴达卡斯团》等文，对于李卢列的评价与本文完全一致。同时，本文中的有些用词用语，亦多见于殷夫其他文章。因此可以认定本文出自殷夫手笔，只不过以团中央名义下发各地团部宣传部而已。此一认定对殷夫研究很重要，因为他此前曾在有些诗文中宣扬过李立三的"左"倾盲动主义观点，而本文中却是旗帜鲜明地反立三路线。由此可见他第四次被捕至牺牲前已站在党内正确一边。

② 这是文前"提要"，意言本文是"煽动员"（鼓动员，亦即宣传人员）用以此次开展"年关斗争"的解说材料。并且要求各地团部宣传部密切联系当地情形进行宣传发动。这也说明，本文系由团中央宣传部编写。

③ 李卜克内西：参见第307—319页《李卜克内西生平事略》一文。

④ 列宁：弗拉基米尔·伊里奇·列宁，1870年4月22日生于俄国辛比尔斯克，1891年毕业于彼得堡大学法律系。1893年开始为俄国建立马克思主义政党而工作。不久被捕，流放西伯利亚。1900年流放期满，出国创办《火星报》。1903年参加俄国社会民主党第二次代表大会，形成了以他为首的布尔什维克派与以马尔托夫为首的孟什维克派。1905年俄国爆发革命，他回国领导这场革命斗争。斗争失败，再次出国。1912年出席布拉格第六次代表大会，清除了孟什维克派，使布尔什维克成为独立的政党。第一次世界大战爆发后，提出"变帝国主义战争为国内战争"的口号，1917年俄国二月革命推翻沙皇统治后，回国领导十月革命，建立苏维埃政权，当选为第一届苏维埃主席，宣布退出第一次世界大战。1918—1920年领导苏维埃击退国内外帝国主义武装干涉，创立共产国际，提出俄罗斯电气化计划和新经济政策。1924年1月21日病逝，年仅55岁。

世的日子。

（二）李卜克内西是德国人，当欧战①爆发的时候，社会民主党大多数都主张"保卫祖国"，劝工人去为资本家政府当炮灰。独独李卜克内西等少数人起来大声疾呼反对帝国主义的战争，主张把帝国主义战争转变为革命的国内战争，因此受了非常残酷的压迫。他同卢森堡同志共同的组织了斯巴达卡斯团②，指导德国的革命运动。终于在1919年1月15夜里被社会民主党政府暗杀死了。同死者有卢森堡同志。

（三）列宁是谁都知道的，他是俄国布尔什维克党的创造者。他不断的站在正确的马克思主义的立场上，与机会主义的孟什维克斗争。俄国伟大的十月革命是他直接指导下成功的，他创造苏联的基础，又创造了领导全世界革命运动的共产国际。

（四）李卜克内西是世界无产阶级青年运动的创造者之一，他很了解青年工农在生产过程当中和军队与战争中地位的重要。他曾说过："谁得到青年，谁就得到军队！"所以在二十世纪开始的几年，他就着手组织青年运动，创造了青年国际。这青年国际后来加入共产国际，实在是少共国际的前身。

（五）列宁也是很注意青年运动的。他指出青年在世界革命时代中的任务是学习共产主义。他告诉我们，必须把我们的训练、学习与无产阶级的斗争联系③起来，这样才能学习共产主义。这就是全世界共产青年团的工作基础。少共国际也是在他的指导下成立的。

（六）今年纪念李卜克内西和列宁的时候，正当是资本主义世界在这战后的第三时期中。在这时期中，资本主义局部的稳定开始崩溃，一切

---

① 欧战：即1914—1918年发生在欧洲的第一次世界大战。这是欧洲两大军事集团——同盟国（德、奥、意）与协约国（英、法、俄）之间为重新瓜分世界，争夺殖民地的战争。战火遍及欧、亚、非三大洲，最后以同盟国不支，保加利亚、土耳其、奥匈帝国及德国投降告终。

② 斯巴达卡斯团：详见第319—339页《关于斯巴达卡斯团》一文。

③ 联系：原文作"连系"。今正之。

的矛盾和冲突是加倍的尖锐起来了。资本主义世界遇到了普遍的经济危机，这种危机因着资本主义发展的不平衡，用着各种不同的形式和范围在各资本主义国家出现。一般的都有极端严重的生产过剩、市场缩小、生产停滞、大批的失业和破产、股票跌价和金融紊乱。工农的生活更加恶化，生产合理化、失业、减少工资、加长工作时间，特别使青年受残酷的剥削。而世界革命的高涨亦日益成熟，不但是青工群众在生产过程的地位更要重要，而且^①青工斗争亦在日益开展。

（七）在社会主义的苏联，社会主义的建设正是日日的向上发展。五年计划的实现，已超过了原定的速度（四年内可以完成）。工业的发展与集体农场运动的扩大，都显现出苏联社会主义建设之一日千里的猛进。在社会主义建设的过程中，工农的生活逐渐的提高。工人做工四天休息一天，一年有一个月休息。青年工人做五小时工作。劳苦阶级的文化水平在苏维埃政府的努力之下，已非常的提高起来了。青年工人在社会主义建设中的重要作用，亦更加明显的表现出来。无数的青年工人和青年团员站在模范队、轻骑队的领导地位，正在为伟大的社会主义社会而斗争。

（八）在这样时期中，帝国主义战争的危险，特别是帝国主义进攻苏联的危险，更加紧张起来了。最近苏联境内实业党阴谋的破获，证明帝国主义正在积极准备在1931年中武装干涉苏联。从最近各帝国主义的行动和态度上看来，进攻苏联的危险是日益紧张起来。同时，正因为世界经济恐慌的开展，帝国主义列强间的矛盾也更加剧烈。各帝国主义的争取市场、原料产地、投资地的斗争和军备竞争，非常猛烈，战争的危险亦十分的迫切。反对殖民地半殖民地的革命运动的帝国主义干涉，已经部分的开始。

（九）所以我们必须继续李卜克内西和列宁的战斗，反对帝国主义进攻苏联！反对第二次帝国主义世界大战！把帝国的战争变为国内的革命

---

① 而且：原文作"而在"。今正之。

战争！反对军国主义！反对帝国主义压迫殖民地革命！援助殖民地革命！

（十）目前中国的形势是一方面因为①经济恐慌、军阀混战、帝国主义加紧侵略、国民党统治之在政治上日益破产，使得中国革命之新的高涨，成为明显的事实。但目前的革命形势，还没有到全国范围内都可立即推翻反动统治的时机，中国南部的农民土地革命已高举起苏维埃政权的红旗。而另一方面，中国南部革命势力的膨胀，已经迫得帝国主义和国民党不得不暂时停止互相的厮杀，而协力加紧向革命势力进攻，加紧剥削工农，加紧改良主义的欺骗。但苏维埃运动在中国的一部分已经获得广大群众的参加，并且这一运动将无疑的要继续扩大起来。不过②在错误的李立三路线下，中国革命运动在目前已经遭受了部分的损失。

（十一）因此我们目前的紧急的任务，是必须动员广大的群众起来反对帝国主义、国民党的进攻红军，巩固苏维埃的中心区域，造成为革命的根据地；必须艰苦③地去发动群众为反抗统治阶级加紧进攻工农群众的斗争，争取广大的群众，领导他们的经济战斗，领导着他们到争取苏维埃政权在全国的胜利。

（十二）中国的劳苦青年群众，在目前压迫加重的形势之下，将日益革命化。在起来反抗这日益加重的压迫之斗争过程中，将日益能明显的认清，只有苏维埃政权是解放劳苦青年的唯一出路。应该使城市的青年工人知道，在苏维埃区域内的青年工人是有完全的政治自由，是做六小时工作，是能免费读书的；应该使苏维埃区域外以及边界的青年农民知道，只有在苏维埃区域内，青年农民有自由、有土地、有书读。将他们的日常要求来联系④这个认识，将无疑的可以动员广大的青年群众起来为拥护苏维埃而斗争。

（十三）在今年纪念李卜克内西、列宁的时候，正是资本家趁着年

---

① 因为：原文作"为了"。今改之。

② 不过：原文作"不管"，误。今正之。

③ 艰苦：原文作"坚苦"，误。今正之。

④ 联系：原刊作"连系"。今正之。

关①大批开除工人、减少工资、延长工作时间的时候。这一个对于工人的加紧进攻，与帝国主义、国民党之加紧进攻红军、进攻苏联是分不开的。应该坚决的号召并领导青年工人来反抗这个进攻，组织他们的斗争，来回答帝国主义、国民党、资本家的进攻。把这些斗争联系②到苏维埃政权与拥护红军、反对进攻苏联的总任务上来③。

（十四）为要完成我们的任务，争取广大的群众，因此必须坚决肃清在党内以及团内的李立三路线。这一路线是用着"左"倾的空话，代替了真正的群众工作，否认中国革命发展的不平衡，只是玩弄暴动的盲动政策，结果是削弱了革命力量。在青年运动中，这一路线是主张取消领导青年的斗争，主张取消团以及群众组织。不坚决反对这一路线，则我们决不能担负起放在眼前的任务④。

（十五）目前国民党及其它派别，都企图用改良主义的欺骗来缓和斗争。如国民会议、裁厘⑤、取消领事裁判权等来欺骗群众。我们应该在广大的工农群众面前，指出这完全是骗人的办法。国民会议只是地主资产阶级企图用以对抗苏维埃的口号，国民会议至多只能变成地主资产阶级的议会甚至军阀政客的"善后会议"，丝毫不能解决劳苦群众的要求。裁厘和取消领事裁判权的作用亦是一样。因为裁厘之后，要实行所谓"统税"⑥，苛捐杂税依然存在；领事裁判权表面上是取消，实际上帝国主义在中国的权力更加加强了。中国的工农是要有政治自由，要有工做、有饭吃、有土地。这除了自己起来建立苏维埃政权之外，是没有别的办法的。

（十六）我们必须学习列宁、李卜克内西的精神，高举马克思主义的

---

① 年关：当指1931年2月12日至21日（即农历十二月廿五日至翌年正月初六日）。其间1月17日，殷夫即第四次被捕入狱。所以共青团中央此次发动的"年关斗争"，殷夫仅参与了5天。同年2月7日英勇牺牲。

② 联系：原刊作"连系"。今正之。

③ 原刊句末无"上来"二字。今据语意加之。

④ 这第十四条，即是殷夫站在党的历史正确一边的观点表述。

⑤ 裁厘：指南京国民政府曾作出裁减厘金即行商货物税的决定。

⑥ 统税：指统一征收的捐税。

旗帜，揭破改良主义的欺骗，拆穿国民党、改组派、托洛茨基陈独秀取消派。社会民主党所一致高喊的"国民会议"，只是一个骗人的假面具。应该高举列宁主义的共产国际的旗帜，克服李立三的机会主义、盲动主义的路线！

（十七）总结起来，今年纪念列宁、李卜克内西，我们的总任务是："反对帝国主义进攻苏联！""反对帝国主义战争！""反对帝国主义国民党进攻红军！""巩固苏维埃根据地！""扩大苏维埃运动！"

在执行这些任务中必须加强我们列宁主义的战斗性①。应该密切的抓紧青年群众日常的要求，来发动斗争，来组织他们，从反动派手中把他们争取过来，使他们从这些切身的要求上，了解苏维埃政权的意义。这样艰苦的、积极的领导着群众前进！应该认为每一个微小的斗争都是推动革命运动的力量，每一个斗争都是教育劳苦群众、组织劳苦青年的机会！一定要坚决地肃清李立三路线的存在，肃清取消主义、关门主义，建立青年工作，执行团的转变。

共青团中央

1931年1月1日

【存目】

一、《"五一"——国际无产阶级的斗争日》

【考略】此一存目，见于苏联 Н.Ф. 马特科夫《殷夫——中国革命的歌手》第八章"政论文章"，称："殷夫的论文《"五一"——国际无产阶级的斗争日》（1930.4.6），全篇激荡着对为阻止工人罢工而耍尽种种阴谋手段的帝国主义的极大愤慨。"由此可知，此文作于1930年4月6日。但本书校注前在上海等地查找殷夫遗文时，未发现有此文。而殷夫于同年4月26日却作有《冲破资产阶级的欺骗与压迫》一文，原刊于同年5

---

① 此句原文接上句。今据语意，改为另起一行。

月1日出版的《列宁青年》第2卷第12期。此文的第一部分即"'五一'是国际无产阶级的斗争日"，第二、三、四、五部分即分别批判意大利慕沙里尼、美国胡佛、第二国际走狗、中国国民党"做些什么"，第六部分是批判取消派，第七部分是"我们怎样回答"（详见本编《冲破资产阶级的欺骗与压迫》一文）。由此可见，此文实即前文《"五一"——国际无产阶级的斗争日》。殷夫只不过在20天以后公开发表时，将文题改为《冲破资产阶级的欺骗和压迫》而已。

二、《中国青年运动历史与目前青运新阶段》

三、《中国教育批判》

【考略】此二存目，均见于1930年4月10日出版的《摩登青年》No.2（即第2期）末页所刊的"下期要目布露"（亦即《摩登青年》No.3要目广告）。今据查考，《摩登青年》第3期后因故未出版，故此二文无以搜集，只得以"存目"辑存于此。

四、《中国革命运动和青年任务》

【考略】此一存目，亦见于苏联 Н.Ф.马特科夫《殷夫——中国革命的歌手》第八章"政论文章"，称："在《中国革命运动和青年任务》中，殷夫指出中国正经受着严重的政治危机和经济危机。……在外国帝国主义帮助下夺取政权的蒋介石叛徒集团，在中国制造了残酷的白色恐怖，将中国人民的生命处于危险之中。……我们必须坚决迅速行动起来。否则国家将会灭亡。"又称："这篇文章，以向青年发出热情召唤结束全篇：行动起来，加入到争取建立真正人民政权的先进战斗行列。……斗争或死亡……没有别的出路。"但在本次搜集殷夫遗文时，却不见有《中国革命运动和青年任务》一文，故只能以存目辑存于此。

第十一辑　编务散论

摩登青年社发起宣言①

　　虽然说，"五四"的昙花无疑是一个伟大的启蒙运动，但它只是我们忆野中的残剩。虽然说，它是中国文化革命的一个pioneer②，但这个随着民族资本主义之抬头而起，又随着帝国主义侵略之恢复，民族资产阶级

---

　　① 本文未注写作日期，原刊于1930年4月10日出版的《摩登青年》No.2（即第2期）之末，署名"发起人"：邝光沫、祝秀侠、丘旭、殷夫、白莽、邱韵铎、杨邨人、菀尔、郭任华。其中殷夫又加署了笔名"白莽"。摩登：英文 Modern 的音译，意译为现代。该社成立于1929年11月，不久以社团名义加入"上海青年反帝大同盟"。同年12月15日出版《摩登青年》No.1（即创刊号），主编邝光沫于《编后记》中宣称："在混乱的社会意识形态之中，为青年打出一条正确的道路来，在目前是必要的了。……而且一个正确的青年的刊物，在目前的中国是应该存在的。《摩登青年》就在此时代的任务之下诞生了。它将揭起它的血旗，站在时代的火线上。它是准备着浴血、中弹。它决不畏惧。"本文作为该社《发起宣言》，理应在邝光沫《编后记》之前发表。但时隔4个月之后，却刊发在第2期之末，这是何故？今据这期《摩登青年》"特别启事"："这一期因为编辑换了几次负责人，代售处也发生几次纠葛，因此延到现在才出版，敬向读者道歉。"又见这一期《编后记》中有"编辑部因为人事关系，临时换了负责人，所以出版误了期"之说明。同时，这一期刊发的诗文中，有殷夫的诗歌《伟大的纪念日》《给新时代的青年》，小说《基督教的"人道"》《下着毛毛雨的一个早晨》，以及散文《名人与生意》《关于斯巴达卡斯因》、政论文《中国青年反帝运动的战术》，还有译文《两个美国小朋友的文章》。据此分析，这一期《摩登青年》实际由殷夫负责编辑。他也许见第1期未发表《摩登青年社发起宣言》，所以又撰写了此文，并编排在全部诗文之后。另，据此文行文风格，也与殷夫相似，不少观点和语言都可从他的其他文章中见到。因此可以认为，这篇《发起宣言》实即出自殷夫手笔。

　　② pioneer：英文"先驱者"。

之叛变而消沉、分裂的运动，除了树一个文学革命的小旗之外，别的没有给与我们什么！

历史是不停地向前发展的，展开在我们①目前有新的前途！

新的阶段，有新的任务。新的时代，需要新的战士。

我们的先驱在过去的尘垢中没落了，在错误中失败了，遗给我们是一片荒芜渺茫的Virgin Soil②。并这不显示，我们就因之要退缩、要悲观，却是暗示我们更需勇敢地负起使命的信号。我们只有积极地学习了他们的经验，英雄地向前。这不但是我们的出路，也是我们后继者的责任。

"To turn over virgin soil it is necessary to use a deep plough going well into the earth，not a surfae plough lightly over the top." ③

对的，这一时期的文化斗争，不应是感情的爆发，而应该是更进步底意识的鏖战；不应是浮面的耀扬，而应该是实际的、深入大众的一个运动。

对于狗的鸣叫、罂粟花的毒香，还有什么道德礼义的"青年之路"？国家主义的魔障，我们要毫不客气地暴露其根据，指出其吞肉茹血的作用。——这，我们要进行④尖刻的思想斗争。

我们是沉沦于苦海的大众的一份。棺材盖底似的世界、汗血濡透面包的生活条件、雄峨辉煌的社会剥削⑤层、刮皮⑥碎骨的压榨机，特别是资本主义生产合理化与军国主义的猖狂，都是我们争斗的对象。——我们是实际的战士，我们是从地窖中起来的叛徒。

我们是"现代的青年"，不追慕过往的荣华，不空想未来的安逸。我们只知道现实地瞄准⑦着我们的敌人向前战斗。

---

① 我们：原刊作"把们"。今正之。

② Viergin Soil：英文"处女地"。

③ 这段英文，大意是"开垦荒地不能用吃土浅的犁，要用能深耕的犁"。此语引自俄国作家屠格涅夫（1818—1883）长篇小说《处女地》英译本。

④ 进行：原刊作"行"，今补"进"字。

⑤ 剥削：原刊作"剎削"。今正之。

⑥ 刮皮：原刊作"括皮"。今正之。

⑦ 瞄准：原刊作"描准"。今正之。

说我们粗暴的、浅薄的，或许不错。但我们把握的真理是真实的、革命的，而且是决定胜利前途的。我们负的使命是伟大的、光荣的，而且是不得不负的。

所以，我们没有畏惧。

大胆地向前时，我们希望扩张我们的战线，获得我们青年同志的参加和赞助。

发起人①：邝光沫　祝秀侠　丘　旭　殷　夫　白　莽

邱韵铎　杨邨人　菀　尔　郭任华

《摩登青年》No.2编后记②

编者在这里，要向读者道歉的，有两件事：

1.编辑部因为人事关系，临时换了负责人，所以出版误了期③。虽然是没法，但这种"中国脾气"④，《摩登青年》编者是努力要改正的。

2.1930新年来了，而本期却没有半个字向读者道声新禧。虽然这种年头，我们前途总堆满着荆棘和礁岩的中国青年，实在没有可喜可贺。不过我们多长一岁，就多负了一些责任，更接近了些光明的未来，也未

---

① 发起人：邝光沫无考。祝秀侠(1907—1986)，广东番禺人，太阳社成员，后参加左联。1936年脱离，加入国民党。丘旭，无考。邱韵铎(1907—1992)，上海人，早年在创造社出版部任职，1928年加入共产党，后参加左联，是翻译家。杨邨人(1901—1955)，广东潮安人，1925年加入共产党，后参加左联。1933年脱离。菀尔、郭任华均无考。至于殷夫又加署白莽，可能是他为避人耳目之举。

② 本文作于1930年1月15日，原题《编后记》。原刊同年4月10日出版的《摩登青年》月刊No.2(即第2期)，署名"编者"。本期《摩登青年》有一"特别启事"：这一期因为换了几次负责人，代售处也发生了纠葛，因此延到现在才出版。敬向读者道歉。今据考证，本期《摩登青年》最后由殷夫负责编辑，故这篇《编后记》当为殷夫所作。

③ 上期《摩登青年》于1929年12月15日出版。按月刊要求，本期应于1930年1月15日出版，但实际延至4月10日出版，延误了将近3个月时间。

④ "中国脾气"：此指办事拖沓之风气。

始不是值得一提的。

　　编者视为高兴的事是：这期来了读者的投稿，又来了读者的通信①。这自然，一个新生的婴儿，在茫茫的宇穹之下，竟接着同情者的慰藉之声，这是多末可喜的事呵！不过，可惜读者只一味的夸赞，不肯批评，这使我们不安：难道我们真没有可批评的地方吗？

　　希望读者以后能源源的赐以指教呵！

　　如蒋印侯②先生说的："青年群众把《摩登青年》当作自己的刊物来爱护，来培养。"则可说是我们十万八千年前的宿愿，也是我们莫大的荣光。

　　这期的文章，不消说有几篇是值得讲一讲的：季诺维夫③的《智识分子与革命》，这于中国的智识分子是有相当贡献的。有很多人以为"智识阶级"（这是一个错误的名字④）是可以变时更世的。这是十分错误的观念⑤。要理解智识分子与时代变革的真正联系⑥，最好请看看这篇文章。

　　丘旭君的文章⑦，处置的是严重问题。希望读得细心一点，尤其是：读后再思想一遍！

------

　　① 此指本期刊出的"读者的廻声"。

　　② 蒋印侯：此人无考。

　　③ 季诺维夫：即苏联早期领导人季诺维夫(1883—1936)，已详前文注解。他的《智识分子与革命》一文，刊载于《摩登青年》第3期，由苏克翻译。

　　④ 此指"知识分子"不是一个"阶级"。这与我们现下称知识分子是工人阶级的一部分完全相合。

　　⑤ 此指前句是错误观念，意为：知识分子不可能单独完成"变事更世"亦即无产阶级革命的任务。

　　⑥ 联系：原刊作"连系"。今正之。

　　⑦ 丘旭君的文章：指其《中国社会之史德的分析与中国目前革命的阶段性》，是上一期《摩登青年》未完部分的续篇。

《关于斯巴达卡团》①，包含了一些难得的材料。《朝鲜革命的新浪潮》②与《中国青年反帝运动的战术》③，也把握着目前最动人的两个问题，都可一读。

在国际上，一月里有几个重大的纪念：一个是Lenin④的逝世；一个是德国的革命失败，它领袖李卜克内西与卢森堡的被惨杀⑤。

Lenin的伟大，我们无须多说。

李卜克内西，特别是"青年的领袖"，他是与国际青年运动不可分离的。卢森堡，也是一位英雄的战士。

在我们的补白⑥中，我们也可看出他们和青年的关系。

最后，听说有个刊物有批评我们的文章，我们想看，却看不到。希望该刊物编者能寄下一份，我们一定以本刊一本为酬。

我们不但不怕批评，并且欢迎骂。

编者

1930，1，15。

---

① 《关于斯巴达卡团》：作者署名"雪华"，实即殷夫之作。已详本书中编校注。

② 《朝鲜革命的新浪潮》：作者署名美英（其人不详）。

③ 《中国青年反帝运动的战术》：亦是殷夫所作（前文已校注）。

④ Lenin：英文"列宁"，即无产阶级革命导师、列宁主义创始人乌里扬诺夫·伊里奇·列宁（1870—1924），前苏联共产党和苏维埃社会主义共和国联盟主要缔造者。

⑤ 李卜克内西与卢森堡：已详前文注释。两人被杀于1919年1月15日。

⑥ 补白：填补报刊空白处的短文。

《列宁青年》旬刊第一期编完以后[①]

在血红的五月的斗争中,《列宁青年》为适应客观的需要,由半月刊改变为旬刊的准备,获得完成了!特别是它的内容转变,开始了初步的成功。

我们预计《列宁青年》改为旬刊后,每期字数至少是二万字以上。可是,旬刊的第一期,突破了这个限度,竟有三万字以上——较半月刊时的字数还多些。这一定是编者和读者所非常满意的。可是这旬刊第一期的编辑中,因为几篇稿子迟迟交来之故,致延迟了五六天的出版期。今后,希望投稿者按期交稿,使《列宁青年》能按期出版。因为时间上的延迟,定然要使青年运动因此而受到一些损失!

不客气的,我们要在此地严重指摘那两位分配了他的文章,至今尚未交到的同志。同时,希望投稿者以后万勿拆烂污[②]!

最后,我们热烈的期待着同志们和一切读者对本期《列宁青年》之严格的批评!

---

①　本文未注写作日期,原刊于1930年6月10日出版的《列宁青年》第2卷第14期(总第38期),原题《编完以后》。这期《列宁青年》为遮蔽国民党反动当局眼目,封面印作《青年旬刊》第2卷第14期。而"目次"仍印《列宁青年》。本文编列于最后,题作《编完以后》,无署名。今为区别于其他《编后记后》,故加了"《列宁青年》旬刊第一期"字样。根据殷夫当年在共青团中央宣传部干事任上主要负责《列宁青年》编辑工作,以及本文的行文风格分析,这应当是他所写的一篇"编后记"。从中可见当时编辑工作之艰难。

②　拆烂污:上海话,意为不负责任。

《列宁青年》旬刊第二期编后记^①

六月份第二期今天总算编完了！可是，编辑上的老毛病丝毫未见起色！——辑稿期依然是延迟了一个星期！

这绝不是一个简单的现象！这包含了很严重的政治意义！

在六月号第一期^②的开首，我们就严重的说明了《列宁青年》转变的意义和内容。但是，到现在，我们还依然看见很多同志对《列宁青年》的转变没有充分的了解，更讲不上以极大的努力来执行了！甚至于，对《列宁青年》负有直接责任的几个同志，反而因文章之迟迟交稿或不交，以至在事实上障碍了《列宁青年》的转变！

我们在此地要以《列宁青年》的转变，就是团的转变的很重要的一部分！谁不积极执行这一转变，谁障碍这一转变，谁就是《列宁青年》转变的敌人！——也就是团的转变的敌人！同志们：我们一致起来以多量的投稿、严酷的批评、最强度的发行工作来执行《列宁青年》的转变呵！

---

① 本文未注写作日期，原刊于1930年6月20日出版的《列宁青年》第2卷第15期（总第39期），原题《编后记》。这期《列宁青年》与上一期一样，也印了《青年旬刊》的伪装封面。殷夫在这篇《编后记》中对这期"辑稿期依然是延期了一个星期"的问题，提高到了"障碍"团的转变的高度，并且指出："谁障碍这一转变，谁就是《列宁青年》转变的敌人！"这也可见他对于编辑工作重要性的认识和高度的工作责任心。

② 六月号第一期：即上一期《列宁青年》。这期"开首"刊载了振鹏的《今后的〈列宁青年〉》一文，指出："中国共产青年团的工作立须转变——由狭小的团由工作范围转变到青年群众工作去！由青年群众斗争的尾巴转变为青年群众斗争的领导者！"并认为"《列宁青年》是中国共产青年团的团报。它在这一形势下，担负更加加重了！它要成为战线上青年战士的指挥者，它要成为全团工作转变的主要动力之一"。

《列宁青年》周刊的编辑发行问题①

"列青"②内容，我完全同意"文"的意见。不过"列青"今后对于敌人进攻青年的问题，应予以揭破，作无情斗争。在"列青"末尾，要多做小篇文艺，以及歌曲与画报（插图）。

"列青社"为搜集材料便利起见③，可直接参加上海下级行委的接头④。各地访员⑤，我同意"文"提议，再发通知。要党报委员会⑥以后多

---

① 本文节录自共青团中央办公厅1960年编印的《中国青年运动历史资料》第8册所收1930年8月15日《中行委青年秘书处第一次会议录》。"中行委"，是当年中共中央和共青团中央合设的"中央行动委员会"简称，亦称"总行委"。"青年秘书处"，是"中行委"下设的青年工作办事机构，由共青团中央各部处主任、秘书、干事共9人组成。主任为"总行委"主席团成员之一。因为《会议录》中的"出席者"和"发言者"，均以其姓名中一字称代。这次会议"出席者"6人："辉"即袁炳辉（时为秘书处主任）、"定"即陆定一（时为秘书处秘书、《列宁青年》负责人）、"鹤"即均鹤（时为秘书处干事）、"文"即文达（时为秘书处外交负责人）、"白"即徐白（时为《列宁青年》编辑）、"刘"疑是会议记录员。会议由"辉"主持，宣布"定"去代理江苏（时上海属江苏）青年秘书主任，不兼"中行委"其他工作，但青秘会议仍需经常到，并继续负责《列宁青年》（即主编）。会议在讨论"青秘本身组织和工作""江苏青秘组织与工作建议""苏代会准备会中青年工作"后，转入《列宁青年》问题。先由"辉"与"定"，以及"文"发言。接着由"白"说了这段话。然后由"辉"作结论，并决定由"白"起草通知交行委。这件"青运史料"，足以证明徐白（即殷夫）当时在团中央宣传部干事任内，曾为团的机关报《列宁青年》编辑，并有自己的工作意见。同时，也在这份《会议录》中，明确记载："'定'暂时去江苏负责青秘是可以的。他对'列青'仍要负责，不只是帮助。至于许多党的会议，如宣传会议可由'白'同志去参加。"会议最后还讨论了"学习问题""青年秘书处经费预算问题"以及"其他"。本文标题为编者所加。另，鉴于《中行委青年秘书处第一次会议录》对殷夫研究有重要参考价值，故将此文附录于本文之后。

② "列青"：即《列宁青年》之简称（下同）。

③ 原刊此句紧接上句。今据语意，改为另起一行。"列青社"，系"《列宁青年》编辑发行社"之省称。

④ 接头：宜作接洽与碰头解。

⑤ 访员：犹今之记者。

⑥ 党报委员会：中共中央机关报《红旗》编辑委员会。

帮助"列青"做文章。

"列青"每周出一期①，可以办到。式样以单张较好。报面要有插图。

发行路线，应和总行委②合一，必不独立。

附录：中行委青年秘书处第一次会议录

（1930年8月15日）

出席者——辉，定，鹤，文，白，刘。

讨论问题——

　　青秘本身组织与工作

　　江苏青秘组织与工作建议

　　苏代会准备会中青年工作

　　"列宁青年"问题

　　"学习"问题

　　青年秘书处经费预算

　　其他

（一）青秘本身组织及工作——

报告——（辉）

中行委成立，青秘工作正式开始，C.Y.中央各部处工作赶办交代，本礼拜一曾召集各部处工作人员全体会议，报告及讨论全国总行委成立意义及经过情形，会议精神尚好，完全同意中央的决议。各部处工作人员约三分之一留在青秘工作，余人均交中行委另行分配。

青秘组织名单已由中行委通过（主任：辉，秘书：定，干事：文，余从略）。在最近过渡时期，为便于各地来人招待及文件传达与敏捷处理起见，外交科暂不结束，技术工作人可增加一二人。（现定主任、秘书、干事、外交、内交二人及技术抄写，文件保管各一人，"列青"编辑一

---

① 每周出一期：指《列宁青年》改由旬刊为周刊（详见后文《周刊的"列青"》解释）。

② 总行委：指党团合设之"中央行动委员会"。

人，共九人。）

《列宁青年》为 C.Y. 机关报，今后仍由青年秘书处主持，独立名义出版，这是有很重要的政治意义的。关于她的内容，等一下要详细讨论。

青年秘书处每周开会一次，除"辉"、"定"、"文"外，"列青"编辑"白"同志及均鹤，江苏青秘主任，全总青工部要经常参加。（均鹤尽可能参加）青秘主席团每周会议三次。秘书、干事及外交等每天接洽办公一次。

讨论——

决议——

照"辉"报告通过。

（二）江苏青秘组织及工作建议——

报告（辉）

江苏青秘主任"朋"同志已由行委暂时调走，担负他处工作（原因从略）。因为事情很严重且很迫切，所以当天决定，"朋"当天就走了！"朋"调走后，此时于青秘工作当有相当损失，中行委要我们派一人去——派"定"同志去代理青秘主任，加强青秘工作。固然"定"同志去江苏青秘，于中青秘工作不无影响，不过，目前上海斗争这样紧张的时候，我们对于江苏青年工作应该加紧注意到，所以我已同意"定"去江苏，专门做青年秘书处工作，不兼行委其他工作。江苏行委主席团还是"朋"参加，不过"定"同志此时若有必要，可要求出席参加的。中青秘会议"定"仍需经常到，对于《列宁青年》要继续负责。

除了这个组织问题外，今天还要着重于上海工人斗争中青年工作的讨论与建议，上海丝厂及铁路均已爆发斗争，群众情绪很好。

讨论——

定：我去江苏青秘工作没有问题。不过对于中青秘工作事实上难以兼顾，《列宁青年》我只能帮忙做文章。许多会议也要分配别人去参加。

"朋"暂时调他处应付重要事件当然必要，不过我们要限期把他调回来，不然，于青秘工作有损失。

"均"：目前上海斗争很激烈，今天可惜没有江苏青秘的报告，对于青年工作难以具体讨论。不过我有一点要特别提出说的，就是苏代准备下层组织工作的建立及苏代会政治宣传问题，在青年方面所得到成绩太少，这于目前领导青年参加政治斗争中很大缺点。所以江苏青秘必须重视这项工作，特别是苏代表会的政治宣传与苏准会下级组织的建立。

"定"同意去江苏当然是暂时的。"列青"应负责，不能说"只能帮忙"。

"文"：江苏青年工作因为今天没有详细报告材料，我没有很多意见。不过我提议在"定"去江苏青秘后，于下次主席团会上对上海斗争中青年工作应有一比较详细讨论。

"定"暂时去江苏负责青秘是可以的，他对"列青"仍要负责，不只是帮助。至于许多党的会议，如宣传会议可由"白"同志去参加。

"辉"：结论

上海群众斗争现在非常激烈发展，丝厂罢工、铁路罢工已爆发，今天我们虽没有江苏青年工作报告，不过我们对这些斗争中青年工作应有原则上的讨论，必须"定"同志去后立刻执行。

丝厂罢工未爆发前，一般同志好象没办法，行委就严格督促同志们执行党的政治路线积极活动，罢工终于实现了！这可说是出于许多同志意料之外的一件事情。丝厂罢工后，女工群众很积极，同志公开演讲，得到他们热情拥护，把同志从巡捕手中抢回来，群众自己上台讲。现在行委决定组织罢工委员会，尽量扩大斗争范围。促成上海丝厂纱厂同盟罢工的实现。

青年秘书处必须注意在这斗争中的青年工作具体的问题。

a.立刻调派一部分积极勇敢女同志到丝厂、纱厂中工作，领导青年女工斗争。

b.要使斗争尽量扩大，扩大斗争范围及其影响。青秘可提议行委召集青年工作同志会议，坚决传达青年运动新路线，推进青年同志工作积极性。

c.在这斗争中注意青年群众组织的发展，要下决心去组织青年女工，发展青年群众辅助组织和赤色工会组织。

d.罢工委员会中立即建立青工部（此问题可根据少国指示向同志解说的），运用新的组织方法，争取青年工人中公开活动路线，经过工会系统，召集青工代表会及青工大会，公开派代表向群众宣传鼓动，扩大青年团的政治影响。

e.要注意青年口号的提出。在党的总路线下主要的提出政治口号而联系到经济要求口号，做极大煽动。

铁路工人斗争问题。因工人对现状不满，生活痛苦，已发生斗争，决定包围写字间，限期厂方答复条件（条件不详），如不答复，即发生罢工。在铁路中青年工人主要是学徒，我们必须注意运用学徒的组织方法，很有计划的打进去做。并且注意到青年同志的发展（现在整个组织已有发展）。

"鹤"提出关于苏代准会及苏维埃政权宣传是很重要，必须使同志懂得，这是目前政治的中心。可是上海对此工作做的太不充分，江苏青秘要特别注意，加紧在青年群众中建立苏准会下层组织及扩大苏维埃宣传。

"定"同志对"列青"必须是负责做，不仅帮忙。党宣传会议由"白"同志参加。党报委员会仍由"定"去参加。

（三）苏代准备会中工作问题

报告（均）

准委会成立已一个多月，所做工作偏于文字宣传较多，各种罢工中及最近长沙事件均发宣言通电。

在组织工作上，苏准会发过一次通告，但未得到各省复信，不知各省详情，或且有几省已成立苏准会，但未报告来。上海苏准会已成立，但是工厂中、兵营中、学校中的下层苏准会组织还是一个没有。

中准委会现定"九一"至"九七"为苏维埃宣传运动周。此刻已成立宣传委员会，分普罗文学组、研究苏维埃法律组，准备编苏维埃小册子及教科书。

本月二十日举行全国准委会全体会，各地苏区、红军游击区、工人团体、反帝团体、党团中央、互济会等均派代表。这会议要通过政治决议、选举法及告各方面的宣言，正式成立为革命委会，公开领导全国行动斗争。

今天希望讨论的有两个问题：①出席全体会代表；②青年对苏代会议宣传工作。

决议——

苏准委会全体会议由"均"同志出席。

《列宁青年》要于最近数期特别注意苏维埃代表会及苏维埃的宣传。

（四）《列宁青年》

报告（定）

党的《红旗》与《上海报告》合并出版《红旗日报》，和各大报纸张一样大小，每天一张。附有两个周刊（副刊），一个是社会主义理论的，一个是对工人的画报。

"列青"应由C.Y.独立出版，要讨论的问题：①内容——我以为既是独立出版，所以政治问题还要做文章，词句力求短练。青年运动的理论要做文章，并可把这种重要文章缩短起来在《红旗》上转载。青年斗争消息及青年生活状况介绍。要有尾巴，多做歌曲之类。②出版时间——每周或每二周一次。③发行路线和总行委合并或要有一单独的路线，不过单独发行是很困难。关于发行的问题，我提议由"文"同志和行委谈一谈。④格式——和从前《红旗》一样，单张印发。

发行路线要尽量扩大，《红旗》能发行到之处，"列青"应发行到。

列青社与红旗社要密切关系，各地要有访员，广泛搜集青年斗争材料。

讨论：

"文"：《列宁青年》应由G.Y.中央委员会机关报名义独立出版。它的内容主要的应注意——

一、政治问题要做文章。主要的要着重于总的政治路线下说明青年政治问题。不要象以前的《列宁青年》，许多政治文章和党报中的一样。

二、有系统的介绍青年运动的理论，这是在中国有严重的必要。"列青"应该负这个重要使命。

三、各地青年斗争消息要登载，有些消息且可在《红旗》上登出，不过"列青"对于青年斗争问题不仅登简短消息，应该做有系统的说明，叙述青年斗争中的青年策略如何？经验如何？教训如何？各地青年生活状况要尽量搜集登载。

发行路线——单独建立是不必要且不可能，应该和总行委发行路线合一。各地要有"列青"专门访员，上海即刻做到，上海青秘应有一人兼任"列青"访员，各工厂中都要办到有访员。至于外省访员，我们列青社应拟一通知，提交中行委通过发出，责令各地行委青秘特别负责，经常供给材料。

出版时期，我同意每周一期，式样同前《红旗报》单张印发。

"白"："列青"内容我完全同意"文"意见。不过"列青"今后对于敌人进攻青年的问题应予以揭破，作无情斗争。在"列青"末尾要多做小篇文艺及歌曲与画报（插画）。列青社为搜集材料便利起见，可直接参加上海下级行委的接头。各地访员我同意"文"提议，再发通知。要党报委员会以后多帮助"列青"做文章。

"列青"每周出一期可以办到。式样以单张较好，报面要有插画。

发行路线应和总行委合一，不必独立。

"辉"：结论

内容方面——

a."列青"每期必须有中心问题，免得如前一样文章重复。

b.政治问题的文章要特别发挥青年政治问题，如军阀战争对于青年的特别影响，当然不是离开政治总路线。

c.青年斗争消息不要太简单，如通讯社发稿一样，应多多说明每个斗争策略、经验与教训。

d.青年工农生活状况要在"列青"上多介绍。

e.在"列青"尾巴，要做歌曲、小说等，但这不是占主要篇幅。

f."列青"文字及语句标题均应带煽动性、很灵活的，适合于青年情绪胃口。

发行路线——与总行委合一，不过我们要注意"列青"是机关报，使它在群众中建立威信，必须使群众了解信仰，所以它的发行应扩大扩大！但不能随便不要钱的跟着《红旗日报》分送（即是《红旗报》发行到的地方我们附送一份，这是不好的！），不过我们在出版之初可先附送一期，并在《红旗》上登启事。以后"列青"每期出版之前，应把目录在各报上（各党团报上）登出，广为介绍。

出版日期及式样——每周一小张。（如前《红旗》一样）

材料供给——拟通知提中行委通过，发给各地行委，指定"列青"访员直接投稿来。上海立刻建立访员，江苏青秘即应指定一人兼任访员。至于列宁青年社直接到上海各级行委去找材料，怕办不到，且是许多事实不可能。同时要和红旗报社有密切关系。

决——通知由"白"起草交行委。

（五）"学习"问题——

决——不单独出版，因人力不可能，不过在党生活上有青年栏，做青年工作问题的文章，在目前特别注意于行委中青秘工作经验的介绍。此事要上海青秘多多负责供给材料。文章集稿由"文"负责。

（六）经费预算——

决——照拟定预算通过，提交中行委要求批准。（余从略）

周刊的"列青"①

《列宁青年》从半月刊改为旬刊，现在又从旬刊改为周刊②。这有些什么意义呢？我想只有客观事实才能够解答这个问题。

目前的革命形势，飞速的向前开展，一天一天的迫近了高潮！阶级斗争的阵线，延长到最大的限度；敌人的压迫和欺骗，像火一样的加烈起来，企图作最后的挣扎。在这当中，我们看到广大的青年群众，英勇的在奋斗着，形成了一支重要的部队；而同时，敌人对青年的压迫和欺骗，也更加是层出不穷。青年在生产中地位的增高，所受剥削和压迫的特别加重，造成他们在斗争中之作用，加倍的重要起来。

怎样夺取这样广大的青年群众，来在共产主义的影响之下呢？怎样去动员他们来参加目前最迫切的斗争——武装暴动夺取政权呢？这一严重的任务不但放在中国共产青年团面前，并且放在整个革命运动的前面。

"列青"是中国共产青年团的团报，它应该毫不迟疑的分担起这个任

---

① 本文作于1930年8月17日，原刊于同年8月24日出版的《列宁青年》周刊第1期（总第41期），署名徐白。"列青"，即《列宁青年》之简称。这期《列宁青年》原刊不见，今据共青团中央办公厅1957—1961年编印的《中国青年运动历史资料》第8册第71—72页辑录。

② 《列宁青年》的前身是《中国青年》周刊，1923年10月20日由当时的中国社会主义青年团中央委员会在上海创刊。1925年，团名改为中国共产主义青年团后，仍为团中央机关刊物。1927年曾迁武汉，"七一五"事变后迁回上海。同年10月10日出至第8卷第3号，被迫停刊。11月，更名为《无产青年》秘密出版，陆续出了5期。1928年7月，在苏联莫斯科举行的团的"五大"上，决定将《无产青年》改为《列宁青年》半月刊，于同年10月22日出版了第1期。出至第38期，改作旬刊。当时政治环境恶劣，为避免国民党当局查禁，经常以伪装面目出现，曾用《青年杂志》《青年半月刊》《光明之路》《列强在华经济的政治的势力及其外交政策》等封面秘密出版发行。出至第41期，改作周刊，以报纸的形式，随同中共中央机关报《红旗》一起发行（一称"团报"）。本文实为《列宁青年》改为周刊的改版启事。由此可证，殷夫当年是《列宁青年》周刊的实际主编。

务来！怎样才能够负担起来呢？它必须：

一、迅速的充分的传达中国少共中央①的路线和策略，应该成为把党的策略运用到青年运动中来的一个喉舌，应该传达具体的实际的青年政策。

二、详细的透彻的介绍国际无产青年运动的理论与实际，应该实际地运用这些理论和经验，应该无情地打击敌人的一切欺骗。

三、迅速的敏捷的号召青年群众，起来为争取其特殊利益而奋斗，并活泼地反映青年群众的斗争，搜集其经验，批评其缺点与错误。

只有这样，它才真正成为团报，才真正能够作为中国无数青年的指导者，才真正能完成其任务。"列青"的过去是不能使人满意的。虽然在进步着，但是十分的缓慢，完全没有赶得上客观形势的需要。现在革命的发展是一日千里，那末"列青"是更不得不努力加鞭了！它的变为周刊，所以决不仅仅是一个简单的出版期的变动，而是一个包含着严重意义的"转变"！这一"转变"毫无问题即是团之转变的一部分，也只有被全团团员与青年群众所深刻认识而放出新的力量来努力执行的时候，这才能够"完成"！

同志们，发挥我们青年的积极性来，创造新的"列青"！使"列青"真正地成为一面旗帜，领导着青年群众，向苏维埃中国的前途突进！

1930 年 8 月 17 日

---

① 中国少共中央：少共国际在中国的"支部"，即当时的中国共产主义青年团中央执行委员会。

注意《列宁青年》发行工作①

发行工作的严重意义及其建立和扩大的具体方法，在过去党和团中央的通告上，均已切实指出。最近客观革命形势的发展，昭示着大风暴的快要到临。无产阶级的先锋队——党和团，为要能够抓住每一个大事变的到来，很好的完成它②的历史的任务，在组织上已经实行党团合并组织"行委"的策略。但这只是要集中力量统一指挥，很好的动员整个革命力量去向敌人冲锋。而在对群众的公开号召方面，还是应当保存党团的独立面目。这样党才能够更有效的争取③广大的青年劳苦群众来实现争得全国苏维埃政权的胜利。所以，青年工作仍旧是党的主要工作之一。特别注意团报——《列宁青年》——的发行与扩大，不仅是团的同志要将这一工作担负起来。每一个党的同志也要把它看成本身的一个重要工作，尽量的注意与执行。因此：

（1）要坚决的肃清党团同志中一切不注意青年工作的取消观念，对发行团报工作怠工的分子作无情的争斗。

（2）加紧在青年群众团体——特别是青年工人中建立团报的代派处，经常公开征求群众对团报的意见，使它真正成为青年群众的核心，并一致的注意改善团报发行的数量与方法。

（3）很细心的考察团报在青年群众中的影响，并注意如何改善报的内容来适应青年的要求和心理。

---

① 本文见于共青团中央办公厅1957—1961年编印的《中国青年运动历史资料》第8册第95—96页，原题为《中国共产青年团中央通告——注意发行工作》(1930年8月26日发布)，是当年团中央的一份文件。今据前文《中行委青年秘书第一次会议录》决议："通知由'白'起草交行委。"可知本文系由殷夫草拟，再由团中央以《通告》下发各级"行委"。

② 它：原刊作"他"。今正之。

③ 争取：原刊作"征取"。今改之。

（4）凡党报所能发到的地方，都要有团报；能够翻印党报的地方，就必须翻印团报。关于团报发行的数量和方法，要有单独的统计的报告。

同志们！阶级决战的时会到了！"谁有青年，谁有军队！"我们应当如何起来注意团报的发行啊！

团中央

1930 年 8 月 26 日

第十二辑　政论文译文

一个青年女革命家的小史[①]

——Stoya Markovich 的自述

我生在巴尔干的一个可怜的小城——蒙德尼格罗里[②]。小孩时，我进了乡村的小学。在那里修了业之后，我便跟家人一道在田里工作。

大战[③]起时，不幸就降落在我们身上：我父亲被迫上前线去打仗，受了伤回来；我们的牲畜也被无理的没收去了，所以我们常常挨饿；不能挣得一些小钱，耕种的方法又十分的退步，可说真是没有一点办法的。

---

① 本文译于 1929 年 8 月 16 日，原刊于同年 11 月 20 日出版的《列宁青年》第 2 卷第 4 期，署名"徐白译"。文题中的"青年女革命家"，即副题英文"Stoya Markovich"，殷夫在文中译为"斯都霞·马可维基"。今据文后《译者附记》，可知原英译文本载维也纳（奥地利首都）出版的《国际通讯》第 9 卷第 29 号上。作者应是斯都霞·马可维基本人，因为这是她的"自述"。殷夫之所以翻译这篇短文，"为的是要请中国的妇女也来看看别人，想想自己"。由此可证，他当时已进入共青团中央宣传部，从事青年运动。因为青年妇女工作是"青运"的一部分，况且，他当时正与从事青年妇女运动的中共沪东区委宣传部长谢绮孟（女，化名苏雪华，亦即殷夫小说《小母亲》主人公林英的原型）一起从事这方面工作。翻译这篇短文，实则也是对她工作的一种配合与支持。

② 巴尔干：巴尔干半岛的省称。位于欧洲东南部，介于亚得里亚海、伊奥尼亚海、爱琴海与黑海之间，北界多瑙河及其支流萨瓦河。因巴尔干山脉得名，是欧洲南部三大半岛之一。今分布着保加利亚、土耳其、希腊、阿尔巴尼亚、马其顿、黑山、克罗地亚、波斯尼亚和黑塞哥维那、塞尔维亚等国。但"可怜的小城——蒙德尼格罗"，无考。又，原刊"蒙德尼格罗"有括号，今删之。

③ 大战：指 1914 年 6 月爆发的第一次世界大战。

这次的战争给我很深的印象，但我当时一些也不能说明它的原委。对这种恐怖的解释，我也听人家说是"为了祖国"或"为了基督"的缘故。

在1914年，我的一个叔父从俄国回来。他生在本乡，但从小就往俄国去了的。战争爆发后，沙皇政府命令他回国来参与战争，所以他便回来了。他公开的对农民宣布：这次战争是帝国主义的战争，是为了资本家和地主的利益而战的战争！他的宣传，达到了蒙德尼格罗的政府，政府马上派了侦探追踪他，秘密的暗杀了他，而却宣言说他是自刎了的。

战争终于到了一个结束，但它的血图①却深印在我的记忆上，永不能拭去。并且，新的灾难还是缠绕着我们。蒙德尼格罗被并入了塞尔维亚，于是我们便在塞尔维亚的资产阶级和王朝的统治之下了。因为蒙德尼格罗人与克罗特人、斯拉夫人、大尔马底人、马其顿人一样，是该作为民族的少数的。民族的少数是该受压迫，并且也非常的穷困。所以才有1919、1920、1922年的农民暴动发生。但塞尔维亚资产阶级的政府遭发军警，来屠杀革命的农民，放火焚烧乡村的农舍，把参加暴动的亲戚也捉来坐牢，给以虐待、暗杀。这些，在我们心中燃起了愤怒的火焰！

当其间（1921年），我另一个叔父武加星·马可维其博士，从苏联回来了。他是一个老布尔什维克，所以他一到便教导农民，为什么和怎样去作战。因为他的宣传，敌人欲得之而甘心。幸而他逃避了，窜入森林，遂成了一位游击队员。许多农民都拥护他，和反动军队时常作战。因为我叔父和兄弟都参加了游击队，所以警察把我们全家下狱。他们用严刑来拷打我，想从我口中得到这些共产主义者的匿处，但都无效果。后来，我决定越狱。一自由之后，我立即拿了来复枪，加入游击队，和这些资本家的保护者和奴隶们奋勇作战。从1921年的10月起至1922年的5月止，这7个月里，我一直不间断的在游击队里服务。直至最后，1922年5月28日，我们五个同志与五百军警打了一仗。我和我十七岁的弟弟都受重伤，遂被逮捕。它们叫我们披锁带链，送我们进牢监去，严密的囚禁

---

① 血图：战争流血的情景。

起来。监狱的情形真是不堪，非常的可怖：肮脏的粗劣的食物，还加以拷打和虐待！我们被关了三年又半的辰光，不曾审过一次。直到1925年的11月方才开审，结果是：我们被每个都判处十五年的徒刑。

判决令一下之后，我就开始一个新的越狱的准备了——这次是假装作一个警士。这预备费了我两个月的工夫，那些看守我的宪兵天天检搜我，也找不出什么破绽。我在外的兄弟又给我拿进了一双靴子和一套衣服。所以到1926年2月6日那天，一切都弄妥了，我便从牢狱中逃了出来。不过只有十五天的自由，我立刻又被捕了，被放入同个牢里去。这次审判的结果是：我与弟弟都改判为二十年的徒刑。判决后，我立即被送往克罗底的阿克拉牢狱里去。我弟弟被送往波司尼亚。可怜他现在还在那里憔悴着，只日日盼望革命的到来，去恢复他的自由呀！

我在阿克拉牢里，过了十五个半月。这期间，逃亡的盘算占据了我的胸膛，但我却不能与同志发生关系。直到最终，我终于由秘密通信的方法，得与我另一个自由的兄弟发生关系了。他跑到牢狱里来，为我商议逃狱的方法。在1927年的8月12日，我终于重得自由，我跑向苏联去了。

到苏联时，我生着病，几乎是瞎去了①。因为在这资产阶级暗牢中的五年，把我完全毁坏了，使我几至不能动弹。幸而苏联的同志，和赤色济难会帮助了我，送我去休养，所以我在一种友爱的无产阶级环境中，完全恢复了康健。我现在可以研究读书了。

在这短短的、一千多些字的小文中，我们看到了一个多末勇敢的女子：她受苦，她作战，她逃狱，并且她思想！这是新时代妇女的典型。译者因为看见中国的妇女，只知抹脂涂粉，只知华衣美食，只会唱《毛毛雨》，比之这位斯都霞，不知要惭愧到如何地步啦！所以我不管这篇文章的简朴，没有文学气，就大胆的把它译出来。为

---

① 瞎去了：指眼睛失明。

的是要请中国的妇女也来看看别人，想想自己。英译文载维也纳出版的《国际通信》（International Press Correspondence）第九卷二十九号上。——译者附记

1929 年 8 月 16 日

军国主义批判^①

军国主义的本质——军国主义产生的根据——殖民地的军国主义的特质——军国主义与青年——现代军国主义与世界第二次大战——反军国主义的必要^②

在研究近代文化时，有一样东西引牵着我们的注意点，仿佛一个怪物似的。它^③不但勾住我们的视线，并且以它的暗影恐吓着我们。

这怪物是军国主义！

军国主义不但在世界上已引起了纷然的议论：有的歌颂它是地上的

---

① 此文于"1929,11,25 深夜译完"，原刊于同年 12 月 15 日出版的《摩登青年》No.1（即第 1 期）。署名约翰赫德，殷夫译。这是一篇批判军国主义，反对帝国主义战争的论文，有理有据，颇有说服力和鼓动性。但原作者约翰赫德，以及原文文本均不考。因此，苏联 H.Φ. 马特科夫在其所著《殷夫——中国革命的歌手》一书中认为，此文"很有意思的是，文章标题下面署了外国作者的名字，而殷夫仅是作为译者署名。然而，文章内容却与中国青年的反帝斗争紧密相连。从批判文章的句子结构来看，不像是从外文翻译的。殷夫是在大量阅读国际反帝运动文件和中国青年反帝斗争资料的基础上，完成这篇论文的。"马氏此说，似乎不无道理。因为此文第 4 节中列举的"军国主义教育灌输"的实例中，有童子军、学生军、义勇军以及"如中国之类"的军队改造，等等。又如第 6 节中关于反军国主义的"五点讨论"，也都是针对中国青年而言的。不过作为外国作者批判军国主义，联系一些中国斗争的实际，也是可以理解的事。所以，此次只能姑且存此一说，仍将此文作为殷夫译文辑存于此。这也是尊重殷夫本意之需。

② 这是本文内容提要，即全文由 6 节组成。

③ 它：原刊作"他"。今改之（以下同改）。

救主，有的痛斥它是洪水与猛兽；并且它所给与于人类的礼物，也已不少：几万万颗的头颅足够排组这可怕的字眼了！

军国主义是应该单独地给我们来研讨的东西了。尤其是我们青年，都得把眼光调一调准确，来细看一看这戴铁盔的客人呵。

1

军国主义是什么呢？本节的任务就在说明这一点。

第一，军国主义是：军备的无限底扩张。

每一个国家，无论它是资本主义国家，或是殖民地国家，都必然有它的军队。这军队是做什么的呢？有人说，这是自卫用的。不差，自卫是需要若干军队的。但是，现在每一国所有的军队都超出自卫所必需的数量之上的。

每一国都以很多的金钱供养庞大的常备军，都厉行①着征兵制或募兵制扩充其数目，都准备着极大数量的后备军，都豢养巨数的宪兵、警察、义勇队、商团、民团等等。每一年，都以很多的资本投入兵工厂，去制造枪炮、子弹、铁甲车、坦克、飞机、炸弹等等的武器。每年都有新的巡洋舰、战舰、驱逐舰、炮舰、水雷艇、潜水艇的落成。都有新的化学药品、毒气、死光、微菌炮等等的杀人器的发明。

而这些军队的增大，武器的赶制，军舰吨数的加增，新式杀人器的发明，都超越所谓自卫范围的。这就是军国主义精神的一种。

第二，军国主义是：军事教育的普及与厉行。

无论学校或工厂，或各团体，政府都限令必定要受军事的训练，使全国的国民都能有军事的常识，能够在必要时去上战场打仗。

把军役的期限缩短，使国民受军事训练的机会非常均等。把受军事训练，作为国民必尽的义务。

凡此种种，是军国主义精神的第二种。

---

① 厉行:原刊作"励行"。今正之。下同。

第三，军国主义是：全国总动员的准备及全国产业的军事化。

如法国有一种特殊的军事组织，其纲领是：

1.我们必须准备长期战争。

2.战争准备包括国家活动的全部：军事的、政治的、经济的。

3.国家收取战争材料之预备与利用，分为两时期：A.平时制造最精工的战具，各产业部门须动员完成此项制造；B.战时各部门一律自动对军械、军需及一切作战材料为大量的生产。

4.全法国人民无论年龄、性别，概须加入为"拥护祖国"之某一组织或业务，或赞助"拥护祖国"之经济的或道德的活动。

5.政府得依业主之同意或强制，收取战争所需要之一切物件。

6.战时，材料委员会有规划本国生产、分配、消费、供给等项之全权。

这种准备全国动员及产业军事化的规定，只要是有产生军国主义的条件之国家，每个都有的。尤其是日本异常的明显：军务省即海陆空军部有计划全国铁道之敷设①的全权，有计划每一工厂的机构的全权。

这些，是军国主义精神之三。

第四，军国主义是：军事团体的发展。

各国都有由政府供给的各种军事团体：如"将校养成团""将校候补②团"等等。其作用是，在平时可吸收民众在一起，受严格的军事训练。在战争来时，则可由政府下令，调动去作战。

他如童子军的政府化。童子军直接由政府的军事机关指挥，成为政府武装的一部分，也可算是军事团体扩张的一种。

此外，更有学生军、义勇军、商团、民团等等组织的增加。

这是军国主义精神之四。

第五，军国主义是："富国强兵论"的抬头，"忠君爱国说"的跋扈。

① 敷设：原刊作"数设"。今正之。
② 候补：原刊作"侯补"。今正之。

这理论的内容是说国家若要富强，只有把军备扩张起来，方才可以达到目的。其任务在为扩张军备的耗费①辩护，在欺瞒被迫去战争的群众的。"忠君爱国说"，是说明：王帝或统治者以及国家是怎样神圣，去为"祖国"而战争是怎样的光荣。

有的是说，战争和征服是"英雄的行动"，说向外的侵略是"推动文化的必要手段"。这也都属于军国主义精神表现于思想及观念的一种。

第六，军国主义是：军人在社会中地位的优越。

我们看见在各国都有这种情形：军人为一般社会所敬畏。军人可以任所欲为，军人不受普通法庭的制裁。军人可有受一切在社会生活中的优待权。如乘车、坐船可以免票或半票等等。

社会上也流行着对军人敬仰的思想。如女子多喜欢下嫁军人②，军人出行作战时可以接吻任何女子。诸如此类的，很多很多。

这也是军国主义精神之一。

凡此六点，虽然不能把军国主义的本质充分地说明，但是至少也能把军国主义这东西，形成一个粗枝大叶的概念给读者了。

既有了个概念，则我们必须赶紧进入第二节③的讨论中去。

2

军国主义是怎样产生的呢？

这问题可不简单。虽然我们知道，一切的文化形态不过是经济关系的反映，但即是这样，要追踪军国主义的发生及其成长，就追踪到近代资本主义的发展，所以也就不简单了。

中世纪的末叶，封建制度下的生产力发达了到它最高的顶点，商品经济有着极高度的发展。于是封建农业的闭关经济便成为这新发展的阻

---

① 耗费：原刊作"耗废"。今正之。
② 军人：原刊作"车人"。今正之。
③ 第二节：原刊作"第二段"。今改之，以与前说相应。

碍物。这商品经济的发展就是资本主义的前身。到了这时候，它不能再在封建生产制度下面受着制限，而不得不极思摆脱这桎梏了。

在这资本主义萌芽的时期中，资本主义与封建势力的斗争是明显而且剧烈的。这新兴的阶级在各方面都取着反抗的态度，在经济上、政治上都采着进攻的形势。在这斗争中，为了适应发展着的商品经济的必要，许多海外的市场和航路都次第的给发现了。这更助长了它的发展。而且也实际地助成了对封建阶级的革命了。

资产阶级在脱离封建桎梏之后，在获得海外市场之后，生产力有更扩大的必要。于是才有纺织机、蒸汽机的发明，促成了产业革命。在这一阶段的前后，可说是资本主义的青春期。

这时，资产阶级在国内不断地发展其势力，使阶级的分化日益显明。被其雇用的劳动阶级日复一日地增多，而在国外则努力以武力征服落后的民族，掠取他们的原料与宝库，以充实他们的资力。这时，军国主义就有相当的萌芽了。但其形式，因为尚没有十分严重的必要，非常地浅隐，而且偏狭。那时的军国主义的痕迹，只有在这种事实上，如把征服弱小民族视为一种冒险的、英雄的事业，以及诸如此类的思想上，可以找到一点，可说是还没有发育完全的孩提。在大体上，那时在意识形态上的形相，正如在经济上资产阶级当时采用的自由贸易政策一样，自由主义是成为主要的思潮的。

但到后来，资本主义更形发展，金属工业有大量的增加。并且，以资本的积累之故，以及商品经济的空前的进步，而达于金融资本的产生。金融资本和工业资本的结合，结果是更促金属工业的发展（因投资于重工业较投于轻工业有利益），而达到不能解决的矛盾点：国内生产力和消费力大相悬殊。于是在这里，资产国与殖民地的关系也为之一变，由输出消费品改为输出生产手段了。这样的一个由市场到投资地的变更，自然使资产国的政策也不能不变化，由自由贸易变为保护政策。同时，为了要保护它在海外的投资起见，它有整备强有力的武装的必要；而且，为了各资本主义国家都达到了这个阶段，膨胀是无限止的，冲突是一个必然的前途。于是战争便成为一切资本主义国家的统治者迫切的任务。

这时，军国主义才抓住客观的必要而完完全全地站立起来了。

为要保护它在海外的资本，为要压服在殖民地起伏的反抗，为要打倒时时有抢夺它市场与殖民地①的别个资产国，为要压服国内因了生产分配的矛盾而起的阶级战，武装是必要的了。为保存武装的稳固，转之必要是军国主义思想的发生。当然，资产阶级的老爷太太是不会挺着大肚皮去打仗的。它还需要驱使它阶级以外的群众去为它去打仗，因此军国主义便钻入在一切意识形态中，向人类说教。

到了资本主义发展到最高点，形成为帝国主义的时候，一切矛盾与冲突更有剧烈的增加，战争与武装准备更成为必要的必要。于是军国主义也应着时运而更形发展了。

到现在，世界帝国主义虽经1914—1918年的大厮杀后，矛盾情形恢复到了战前的以上，阶级与阶级间的对垒形势也日益见其严重。尤其是苏维埃社会主义国的稳定与发展，更是给帝国主义的一个威吓。第二次世界大战有一触即发的趋势。每个帝国主义国家都疯狂地准备着参加这残暴的屠杀。因此，军国主义先生的伟影，便隐覆着大地而摇晃②着了。

3

殖民地的军国主义：

以上，我们对于军国主义的一般的内容和生长的背景③已说得够了。到此地我们不能不就资本主义世界以下的场合中来考察军国主义的存在与其特殊状态了。这④就是说，我们要考察殖民地中的军国主义了。

军国主义在殖民中是怎样出现着的呢？其特殊的征兆是怎样的呢？要解答这些问题，我们又不得不观察一下殖民地经济政治的特殊性质了。

---

① 殖民地：原刊无"殖"字。今补之。

② 摇晃：原刊作"摇幌"。今改之。

③ 背景：原刊作"背镜"。今正之。

④ 这：原刊作"只"。今正之。

殖民地在资本主义末期的特殊支配情形之下，就是说在资产国从纯粹商品输出变为生产手段输出和资本输出的时候，也多少地会在资产国的卵翼之下，相当的成长了资本主义的萌芽。但是这个资本主义，因为是老弱时代的私生儿，并没有以前似的朝气勃勃的精神，而是软弱的、可怜的、不能独立的。它虽然从它出生的时候起，就带着它和封建势力，和国外资本主义的矛盾。但是它根本给帝国主义（自然，这字就是指极发展的末期国外资本主义）覆盖着，因为殖民地民族资产阶级的革命性非常软弱，或者在民族革命初期，它给革命的工农①（资本主义与殖民地特有势力——封建豪绅所剥削的大众）群众反抗的热情所刺激，可以暂时参加革命的战线。但一到了工农革命斗争发展到与它自身利益冲突的时候，它会立刻抛弃了它的使命，开始与帝国主义封建势力妥协，共同来对付革命力量的。

这就是殖民地资本主义的特色，也是殖民地的民族资产阶级发展的特殊形态。

殖民地的最高统治权当然无疑地是帝国主义的。但我们必须了解，帝国主义除了用自己的枪炮和武装来统治并剥削殖民地的广大工农大众之外，它们必然还要扶植并豢养一群能为它们尽力的走狗，而做他们的代办人。当殖民地的资本主义尚未发生时，帝国主义一定要收买内中的封建统治者，作为它的走狗。及到了资产阶级兴起的时候，它又要扶植他去做它的代办人了。

因此，殖民地的资本阶级是含买办性的。或可以说，殖民地本国的统治阶级，是都带有买办性的。因此由这样的统治背景②中产生的军国主义也是买办性的。这是殖民地军国主义的一个特点。

我们说这句话时，就是说，殖民地统治者的武装是帝国主义武装的

---

① 工农：原刊作"土农"。今正之。
② 背景：原刊作"背境"。今正之。

一部分。不但在运用时^①是必须依照帝国主义者的命令和调遣，而且在训练上，帝国主义也必然会给他很大的帮助。如某国会借款给他去造^②军火，某国会卖飞机给他，某国会派人给他帮助训练海陆军。这些都能充分地说明这一个特点。

其次呢，殖民地军国主义还有一个更带重军阀性的特点。这原因非常简单，因为殖民地的经济发展包含了许多复杂的矛盾，资本主义发生了，却不能成长，不能够把封建势力彻底地推翻，反而会和封建势力相混，而形成一种特殊的豪绅资产阶级。这种特殊的阶级，因为不能摆脱封建残留的色彩，在政治上便以一种武人专政的形式而出现。尤其在一种不只一个帝国主义统治的殖民地。如中国，则更可分成许多割据的政治集团，每个以一个帝国主义为其背景^③。在这种统治形态之下，其随来的军国主义也就带上了军阀性。

此外还有一点。殖民地军国主义与帝国主义国家的军国主义显得大大地有个区别。这就是殖民地的军国主义就一般说来是以阶级为出发点的，而帝国主义国家的军国主义是以国家或种族为出发点的。这原因也并不复杂，因为殖民地的统治者是帝国主义的买办。其最主要的职司，是替帝国主义保护它的特权与剥削制度。殖民地的统治者，主要的目的是在乎镇压一切想动摇帝国主义统治的企图，与维持其母子式的对广大被剥削群众的支配。所以，在这需要上产生的军国主义也就履行了这种任务，是专门为镇压反抗运动的武器。

虽然在这里，我们注意到了殖民地内军阀的互相战争，表面上似乎同上述的理由有些冲突。但实际上，我们很可明白，这种军阀战争背后必然埋伏着帝国主义间的冲突，与上面的话是不相干的。这在军国主义一般的产生过程中，以及论军阀性的话里，都已有充分的说明了。

———————————

① 运用时：原刊无"时"字。今补之。

② 去造：原刊作"造去"。今正之。

③ 背景：原刊作"背境"。今正之。

还有一事实要注意，殖民地军国主义，有时是准对着某一国的。譬如现在的国际形势上的对苏联的战线就是一例。则我们何以解答呢？我们很容易的说：苏联是一个和世界现有统治者不同阶级的国家，它和别的任何国的冲突，是反映着无产阶级与资产阶级的冲突。所以，殖民地的军国主义，即使是准对着一个这种国家而发展的，依旧还不失其为"阶级的"。

反之，殖民地军国主义准对着帝国主义发展的事，是没有的，也不会发生的。

在未进入第四节前，我们要给军国主义下一个定义：

"军国主义是统治阶级拿来牺牲被统治阶级去为他们利益而服务的工具。"（这牺牲，包含军队的调动、负担的增加、阶级利益的剥夺、革命运动的破坏。）

4

军国主义与青年。①

在上面的几节中，我们把军国主义的一般的性质与其发生的社会根据，已经约略的说过了。到此地，我们觉得有开始讲讲它和人类的关系之必要了。在这场合中，我们的问题是应该这样来提出的："军国主义的主要对象是什么呢？"

我们来一项一项地解答吧！

军国主义最具体的表现，是广大的军备。尤其是常备、后备等等军队的设置。

我们知道军国主义的产生，是根据了资本主义的发展的战争必然性而来的。其主要的任务是"准备"战争，所以我们能够立刻明白，这种军队中的构成分子应该是那种人了。统治阶级为了要使它在战争中获得胜利，老弱残废，它是绝对不会允许放入军队中去的。事实上，我们也

---

① 原刊此句置于第三节之末。实则是第四节之分论题，今移至此。

看到，各资本主义国家在征兵的条例上，是限制着：凡是男子，只要他没有残疾，到了相当的年龄之后都须进①军队服务几年。这相当的年龄，各国都各不同，有的是十六，有的是十八，有的是二十、二十一，各有各的制限。但就一般上说，则这军役的年龄大概总不超过二十五的。而且，在国家有战事时，全国国民都须入伍作为后备军。但若超过相当年龄，则又可以免役。这个事实说明：军队中主要的构成分子，是精壮的青年。超过多少年纪的老弱分子，军国主义是不要他作为对象的。

在第一次世界大战之中，所有的牺牲者，大都是青年。最高的年龄也不过四十五。这是一桩非常雄辩的事实。

至于军国主义教育的灌输②，其最直接的目标，也是青年。各国除正式的国民军及后备军外，还有许多补充的军事训练及军事教育的机关。譬如在日本，从十七岁至四十岁止的男子，本来是一概编在国民军内，很充分、很系统的受军国主义的训练和陶养的。但除此以外，还有一种青年团的组织，包含一种未满十七岁的青年及妇女，也很有规模的学习军事上的智识，俨然好像一个预备军的样式。这不过是青年军国主义化的一例。在这范围内，实例还是很多的。其他如：

A.童子军——这是一个典型的青年军国主义化的组织。在资产国里，统治阶级对它非常重视，所以在教育法令中，大概都规定童子军教育的强施，使全国的儿童，都熟至于战争的事项。并且童子军是受政府直辖的。

B.学生军——各国对于学生的军事训练，也都注重。在教育设计上，多半是以军事操为必修课，并且由政府强派军事教官来郑重的训练，使一般的青年学生不但熟习了军事常识，并且可以由这军事教官（这些人，多半是统治阶级的子弟）灌输一种忠于国家、共赴国难的偏狭观念，造成一种军国主义人生观的基础。

C.义勇军——这种组织有各样的方式，有的是由学生组成的，有的

---

① 进：原刊作"迫"。今正之。

② 灌输：原刊作"贯输"。今正之。

是由资产阶级、地主阶级的子弟组成的，成分都是青年。

至于其他的还有将校教育团、少年斥候队①、野营训练、射击竞赛等等的组织或活动，其主要的成分也都无不是青年。

尤其是在最近，因为国际帝国主义的矛盾日益尖锐，世界两大阶级的对立关系也日形恶化，军国主义的扩张以可惊的速度进行；而究其底细，更发现，军国主义之青年化也剧烈地加紧。譬如各国，甚至包含了殖民地国家，如中国之类，都加速了军队之改造。就是说，加紧吸收青年精壮分子加入军队。如裁兵、编遣都有这种作用。而努力裁减淘汰老衰的士兵，军事的强制实行更加发展。全国的青年学生，都不但在实际上被强迫着受军事的操练，并且在思想上也为许许多多"忠君爱国""为国舍身"的理论所熏染，使他们于不知不觉中受了非常深刻的军国主义毒。

此外，如政府之直辖童子军、学校组织义勇军、学校采用宣传军国主义的作品以为教本，等等，都是充分地表现出，军国主义到现代是更其青年化了。②

我们在上面说过：军国主义是统治阶级牺牲其被统治的群众，去为他的利益而作战的武器。现今呢？我们应该补充着说：这是牺牲被统治阶级的青年群众的武器。

5

军国主义与二次世界大战：

到了此地，我们必须配合到现代的形势了。目前的世界，是什么样的世界呢？在这种时世中，军国主义的地位是怎样的呢？这些问题是必须要讨论的了。

1914—1918年的世界第一次大战，到了今日，无论资产阶级虚伪说这是"为正义而战""为干净土而战"的战争，但是，一般的民众都非常

---

① 少年斥候队：青少年放哨、侦察队。候：原刊作"侯"。今正之。
② 此句原刊另起一行。今改为接上一行。

明了，这是一个资产者国①间的为分割世界殖民地、市场而爆发的战争。这只是一种帝国主义膨胀到极度时的"放血"，并不是什么"最后的战争"。事实上，自从第一次世界大战之后，不但没有把造成战争的根本矛盾消灭，反而更把这个矛盾扩张紧化起来。

到了目前，帝国主义矛盾的各自膨胀，终于到了不能解决的情状。同时，在第一次大战产生出来的苏联，又继续的稳固发展，使帝国主义受着严重的威吓。因此，一次为重新瓜分殖民地市场，以及共同打倒社会主义国家的新战争是一触即发的了。

在这时候，帝国主义怎样准备着呢？帝国主义在准备战争中，是把军国主义极度地发展起来了。

第一，我们观察它内部的军备。

"五强"陆军势力表（以千为单位）：

国家	1913	1923	1927	1928 总数	后备军
英国	226	372	404	413	3500
法国	546	732	727	695	5500
美国	516	320	372	381	4500
意大利	264	248	270	369	4000
日本	275	236	205	208	3200
总计	1827	1917	1978	2066	20700

我们看见"五强"陆军的势力，在1913至1928年间增加240000。但是这个数目还不能充分看清帝国主义准备战争的力量，因为还有后备军等。战前各国的军役大概都是两三年，而现在则概为八个月或一年。这训练的后备军数目，就自然大有增加，而训练力也就加强了。而且军事训练的方法，不只是入伍，在学校中，在社会团体中，都加入军事训练。在现在上述的"五强"中，其后备军数目可以估计至少有二千万人。

───────────────

① 国：原刊作"团"。今正之。

"五强"海军势力表：

军舰类别	英		美		日		法		意	
	1923	1929	1923	1928	1923	1928	1923	1928	1923	1928
战舰	18	16	20	18	6	6	9	9	9	5
巡洋战斗舰	4	4	–	–	4	4	–	–	–	–
巡洋舰	48	55	33	32	25	35	14	16	15	12
航空母舰	4	8	–	3	–	4	–	1	–	–
水雷艇	16	17	316	309	71	114	101☆	52☆	119▲	111▲
鱼雷艇	136	150								
潜水艇	61	55	100	121	40	65	47	44	43	45

（☆1923年28317吨：1928年42791吨）

（▲1923年45708吨；1928年64229吨）

"五强"空军势力表：

国名	1923	1928	1930—1932
法国	1350	1650	2000—2500
英国	385	850	1000—1200
美国	420	950	1200—1300
意国	250	600	1000—1200
日本	250	370	600—800
总计	飞机2655	4525	5800—7000

列强飞机数目的增加，在过去五年中约增到百分之七十。这样的增加率在以后二三年中将是照样猛进的。除数目字的激增而外，飞机的质量上也有许多的改进。现在的军用飞机，①其技术的进步比起大战终止的1918年来，速率是加快了百分之五十至六十。侦探机、破坏机的力量是

---

① 此句及以下，原刊另起一行。今改为接上一行。

增加了百分之三十至七十，炸弹机是增加了百分之二百五十至三百，投炸弹的速率是增加了四倍。飞机上机关枪的火力是增加了六倍至七倍。

第二，我们要看看帝国主义列强的军事预算。

几个列强的军事预算表：

国家	1923—1924	1927	1928	占总支出的百分数	每人的担负
法	300	300	346	21.1	8.7
英	690	578	561	15.0	11.5
美	580	685	653	18.4	5.7
意	136	203	254	23.8	6.3
日	187	229	235	27.8	3.9
德	109	169	168	8.3	2.7
总数	2002	2164	2216		6.1
苏联西邻国家	168	–	190	12.3—4136.8	

上列所包括的只是正式的军事预算。除此之外，在其他项开支（交通、贸易、工业等等）的预算中，当有许多也是为准备战争的费用。

这些数目字表明，无数千百万元是用在准备第二次大屠杀上。这是全部劳动群众的很重的担负。

例如，在英国的军事预算中，每人（包括儿童以及病人）要担负十一块半金元。这自然不是小的数目（此外还有其他的担负）。

第三，我们要看看这时期中武器的进步。

"当1914年欧战开始时，欧洲各国的军队，每一师只有24支机关枪。但到1929年，法国每师有172，英国有192，美国有155，波兰有128。在1914年没有一个军队有手提①机关枪，可是现在则每师：法国有340，英国有350，美国有720，波兰有340。因此，炮火的强度，比1914时要加强2.5—3倍"（现代军国主义实况）。

---

① 原刊无"提"字。今补之。

并且，现在步兵每师，就可以有18—27门的轻口步兵炮。

坦克也有很大的进步及数量上的增加，速变增加五六倍。

毒气的研究，各国都不遗余力。每国都有专门家的组织，研究制造最厉害①的毒气武装，以备在二次大战中应用。

炮兵技术也显著地大有进步。野战炮射击的距离至少增加了百分②八至三十。军队中的炮数也非常的增加，各国每师中的炮数如下：

	法	英	美
战前	60	76	×
1929	84	84	120

总之，战争技术是随伴大战危机而增长着。

第四，我们要看看帝国主义在别方面的准备是怎样？

各国军役时期缩短，以便多数人民都能受训练。后备军的人数，因之大增。

各国都造成职业的军队干部，使这些资产阶级中的人直接去驱使广大民众去打仗。

学校、工厂以及各机关都增加军事训练。还组织许多法西斯蒂的军事团体。

改造常备军，吸收青年分子，淘汰老弱的成员。

学校内、企业内组织士官养成团及士官候补③生团，每年可以训练出十几万人。

还有志愿军的组织，包含很大的人数。

在行政上定出许多战争的规约，使国家的经济、产业、交通等机构都等准备着战争时的用处。有的国家甚至以海陆军部来直辖许多内阁的

---

① 厉害：原刊作"利害"。今正之。

② 百分：原刊作"八分"。今正之。

③ 候补：原刊作"侯补"。今正之。

部门，如交通部、农工商部、教育部等等。

第五，我们要看看帝国主义在国外怎样准备第二次大战。

加紧殖民地军国主义的发展，使成为帝国主义武装之一部。其形式是，帝国借款给殖民地的反动统治者，叫他去制造武器，训练军队；或者卖飞机枪炮给他；或者是，同统治者订立"合同""协定"之类，由帝国主义派人来训练军队。

或者是以种种条约笼络小国，帮助他们武装起来。如苏联边旁等小国，都是这样的。

苏联邻国的军备：

国	1933	1928—1929	与一千人口的比例
芬兰	30	33	10
爱沙尼亚	12	13	12
拉特维亚	20	20	11
立陶宛	20	20	9
波兰	265	300	10
罗马尼亚	153	198	11
共①	500	584	10.5
苏联	703	562	3.8

苏联西邻国家受过军事训练的后备军有四百五十万乃至五百万人。这些后备兵在对苏联开战的时候，足可以动员三百万乃至四百万的军队。而且在两年至三年的战争期间，也是尽够补充这样的军队的。为增加军事的知识与习惯，几乎各国每年都举行一次后备兵的演习。单是波兰在最近五六年，差不多有一百二十五万人参加演习。

这种小国的武装之养成，背后都有帝国主义帮助。如意大利与英国之去接济军火给这些小国，更已是众目昭彰的事实。帝国主义帮助这些

---

① 共：指以上六国合计。

国家的用意是什么呢？这非常显明，是利用他们为进攻苏联的第一道火线①的。至于殖民地的武力，这我们在第三节已说过，是必然的有两样用处：一、进攻苏联；二、镇压必然高涨的革命运动。

第六，我们要考察社会民主党与非战公约的"军国主义"的含义。

社会民主党是资产阶级最忠实的走狗。帝国主义在准备二次大战，准备进攻工人祖国，准备瓜分殖民地，必然会想到广大劳动群众的反抗，必要有施以②欺骗或预防。于是社会民主党便被宠选为这任务的完成者了，如英国工党之执政等，都是军国主义的"复杂些的"表现。

至于非战公约，其作用不但是欺骗民众，并且是对俄进攻联合战线的誓约书。这意义是非常明确的。

总结的说一句：军国主义到今日，是为了第二次大战的不可免性，发展到极高度了。这个的结果，必然是全世界的广大的劳动贫穷的人，尤其是青年将为这军国主义的天罗地网所驱使，而参加了这血肉横飞的空前惨杀。

6

反军国主义的必要。

我们的话，已经说得很长，下个结论的时候是到来了。我们把军国主义一般地、特殊地、又配合着现代事实的都探讨过了。它的面目、它的背景③、它的作用，都一一说明过了。到这里，自然，我们不能不给他一个总的评价。问题是：军国主义应不应该存在，应不应该反对呢？

我们在上面说过：军国主义是随伴着资本主义而来的东西。资本主义矛盾的发展着时，军国主义便存在和成长。这也就是说，以剥削劳动阶级为总特征的资本主义到它矛盾扩张时，必然会产生军国主义，以应

---

① 火线：原刊作"火浅"。今正之。
② 施以：原刊作"思以"。今正之。
③ 背景：原刊作"背境"。今正之。

付必然到来的战争，以苟延它的残喘。再实际些说明时，则可说：军国主义是驱使着许多平日受剥削受压迫的劳动阶级，去为剥削他们、在压迫他们的阶级去苟延残喘的。因此，我们若果是歌颂残暴不仁的资本主义社会的，则也罢①了；如果是站在被剥削被②压迫阶级的立场来说，我们有反对军国主义的必要。此其一。

我们又在上面说过：在殖民地里，军国主义是这样出现的：一、它是帝国主义国家的军国主义之一部，是带着买办性的；二、它是与封建势力勾结而形成军阀形势的；三、它是专门为攻打无产阶级国家，及压迫国内革命力量的。在这样的情形之下，我们，和特别是自身为殖民地民众的青年们，是必需要注意的。帝国主义是我们的死敌，它的武装必然是杀我们的。封建势力呢？不用说，多少的农民是在它的威权底下呻吟！多少的民众是给它压榨得透不过气来！现在，我们这在受压迫的群众，只有和帝国主义拼命，根本肃清封建势力，才有出路。而在这斗争中，我们却不能不有我们的友人来帮助。军国主义却正是调动我们去打友人的，去镇压我们自己的反抗的。所以，我们除非是要做帝国主义的走狗，做封建势力的尾巴，做被压迫被剥削的大众之敌人，做攻打帮助我们革命，帮助我们同帝国主义封建势力作战的友人的一员，则我们要勇敢地说，我们有反军国主义的必要。此其二③。

我们在上面又说过：军国主义主要的对象是我们青年，是被压迫阶级的青年。本来，我们青年所受的剥削和压迫是无穷尽的。近来产业合理化的潮流中，工人的年龄水平都降得极低，资产阶级以极低廉的工资叫我们做长时间的工。农村经济破产了之后，我们不能不流离地走到地狱似的工厂中去受苦，到军队去送死。这都是我们青年。至于读书的、做学徒的，也层出不穷的受着压迫和盘剥。现在军国主义又向我们伸着

---

① 罢：原刊作"吧"。今正之。

② 被：原刊作"破"。今正之。

③ 原刊无"此其二"。今补之。

魔手，它要攫取我们青年群众去为少数人送死，为帝国主义服务①，去镇压解放运动。我们还不应该反对吗？此其三。

现在，因为第二次世界大战的危机日益紧迫，军国主义是用着各种各样的方式发展抬头起来了。第二次世界大战，无论是帝国主义间的战争，或帝国主义与社会主义间的战争，都是反对革命的战争！是危害我们的战争！而军国主义却努力在想方法叫我们去参加这反革命战争，在想方法驱使我们去上战场上流血，去杀我们自己的兄弟。这是不可能的！我们要反对世界第二次大战，也要反对军国主义！此其四。

根据了以上的四点，我们问军国主义应不应该反对呢？毫无问题的，我们回答：我们必须要反对军国主义，积极的反对军国主义！

但是，这里又出现了一个问题：我们应如何反对军国主义呢？这是值得讨论的。

1.我们反对军国主义，还应该明了军国主义的背景，是资本主义。我们要正确的明了，若果我们反军国主义口号不与反资本主义的口号联系起来，则这口号是空洞而无内容的。资本主义存在一日，军国主义存在一日。只有彻底地推翻资本主义社会，反军国主义的口号才会实现。这非常的重要，因为只有这样理解，我们才能够在反军国主义的斗争中找出真正的出路。

2.根据上述的理由，很清楚的可以看出，我们之反军国主义，绝对不能站在和平主义的立场来讲话。这是最无聊的一种行动，好像罗曼·罗兰②之反对战争一样，他站在无抵抗的观点上，竭力声嘶地反对欧战，卖力是卖够的了。但是战场上还是炮声隆隆地，整千百万的劳苦大众都

---

① 服务：原刊作"务服"。今正之。

② 罗曼·罗兰(Romain Rolland，1866—1944)：法国作家、社会活动家。1895年获博士学位，先后在巴黎高等师范、巴黎大学任艺术史、音乐系教授。1912年辞去教职，专事写作。第一次世界大战期间，曾发表谴责帝国主义战争的文章，后汇编成文集《超脱于混乱之上》。1915年获诺贝尔文学奖。1931年发表著名文章《与过去告别》，决心"跟新生的力量一起投入战斗"。20世纪30年代，任国际反法西斯委员会主席，并曾任巴黎保卫和平大会主席。

牺牲了生命。所以，以和平主义来反对战争是梦想，以和平主义反对军国主义也是梦想。我们应该毫不客气的说：反军国主义应该，亦必然是一实际的斗争。只有以力量来破坏军国主义的基础，这斗争才可胜利。所以，我们应取的手段，决不是叫："唅，你们快放下刀枪来！"而是无声地走上去，把刀枪转变为我们的武装，这方有胜利的可能。

3.因此，我们在做反军国主义运动时，一定要留心，不只空口的宣传，而是积极的行动。我们要把眼光注集在军国主义的基本成分——军队——上去。我们要把军队变成为我们的武装！我们要在军队之中，坚决地工作，领导他们与资产阶级、长官等等斗争，教导他们了解他们自身的痛苦和出路，使他们认识他们的任务。

4.我们要在工厂中反对工业动员，反对战争底演习，反对制造军用品。我们要向工人解释，这是统治阶级想调动我们去为他们打仗，为他们去打我们友人用的手段。我们在学校里反对增加军事训练，童子军不许受政府的支配，反对组织义勇军，反对强派军事教官。我们必须指明这种东西的实在意义，而最主要是以群众的行动来答复军国主义！

5.我们反军国主义运动不应被作为孤立的，我们必定要把它与反对世界大战、反对瓜分中国、反对进攻无产阶级国家的斗争，和我们的要求经济改善、政治自由等的斗争联系起来！在工人群众中，反军国主义同时也反对资本家的进攻！在农民群众中，反军国主义，也要求土地的分得！在学生中，反军国主义也要反对封闭学校、逮捕学生，争取言论、集会、结社、思想、出版的自由！

1929，11①，25深夜译完

---

① 11：原刊作"Nov"，系英文 november 之略写，即 11 月。今改之。

少共国际的现状①

　　赫达洛夫同志这两篇恳切的演说，的确提出了很重要的问题。这不但要作少共国际执委全会的讨论中心，并且也是团转变到布尔什维克群众工作去的根基。这两篇演词是少共国际执委主席团讨论会的开会词和结论。②

一

　　在一些时候以前，关于少共国际一般现状的讨论，本来是列在我们工作计划中的。不过到目前，种种的事实使我们不能不特别严重的提出这个问题来讨论。在最近，我在苏联团的会议上，做了一个关于少共国际的现状及工作的报告。在讨论这报告时，我在大会上以及委员会上，都听到很多的意见，也有些很公道的反对。这些都使我们不能把少共国际的真实现状，作一个透彻的分析。譬如举个例说，在大会上，布哈采

---

　　① 本文未注翻译日期，原刊于1930年2月25日出版的《列宁青年》第2卷第9期（总第33期），署名赫达洛夫，未署译者姓名。赫达洛夫：其人无考。不过据本文有关言辞分析，他应是前苏联参加少共国际（见第524页注①）执委会主席团的主要领导人。本文译者，今据这篇译文的行文风格，尤其是遣词造句，与殷夫其他译文类同，可知亦是他的译笔。也许是因为这篇译文在这期《列宁青年》刊载的殷孚（即殷夫）的《全国青工经济斗争会议的总结》之后，不便重复署名，故而不署其名。况且，同年6月10日出版的《列宁青年》第2卷第14期与6月30日出版的《列宁青年》6月号第3期曾连载赫达洛夫的《少共国际的现状与向群众工作转变》，也未署译者。这篇长文，今据前半篇行文风格及遣词造句分析，亦是殷夫译笔。只可惜后半篇不见，故而不能辑录校注。

　　② 这是译者殷夫介绍这篇《少共国际的现状》译文由来。从中可知，本文是赫达洛夫在少共国际执委会主席团讨论"团转变到布尔塞维克群众工作去"的开会词和结论语。由"这两篇恳切的演说"组成的一篇重要文章：其"一"为开会词；其"二"为结论语。

夫①同志就用了这样的语句："少共国际支部的危机。"这意思是说少共国际的一般的危机。就在做了报告的那一天，这个问题成了《青年真理报》②的中心文章，坚持着说少共国际最重要的几个支部，是发生了危机。

不过布哈采夫同志的意见，无论在会议上、在代表团中，都被一致的拒绝了。现在，我们应该把这个问题来搞个明白③，因为这对于我们主席团，是非常有关系的。自然，单处理这个问题是不够的，我们是决不以一个问题为满足的。我们已经开始了尖锐的自我批评了，在此地的几个重要团部的代表也都承认他们的工作是不好的。我们现在是正要实践我们的转变，在秋季的全会，我们是想要获得我们实际的收成的。所以在这种情形之下，为了各国团在最近将来的现状与工作计，为准备我们的全会计，对于少共国际现状的广泛的讨论，我们才能动员全体团员用更坚定的步骤走上新的道路去。没有谁可以说，我们已经把一切都搞④清楚了。也没有谁会说，对于执行新任务的方法，我们是透彻⑤地了解了。在现在，可以说大部分的工作，还只有决议案的形式，这是无疑的。但自然，我们必须把这些决议变成活的。这也就是为什么我们需要这讨论的原因。因为我们这样才能更把自己的弱点看得清楚，才能真正的建立起深入的、群众的自我批评。为了这样的缘故，我们才建议，我们要先在主席团讨论，然后到刊物上，再发展到各级团部里去讨论。至于我个人呢？对于少共国际的现势，我只要讲几句话就够了。我先要讲到我们所看重的例子——英国和捷克斯拉夫的事情。捷克斯拉夫的情形，我认为是所谓危机。至于英国，则我们更会毫无疑义的用这个字眼——甚至

---

① 布哈采夫：苏联共青团负责人之一。

②《青年真理报》：原刊无书名号，今加之。此报是原苏联共青团机关报。

③ 搞个明白：原刊作"搅个明白"。今正之。

④ 搞：原刊作"搅"。今正之。

⑤ 透彻：原刊作"透沏"。今正之。

可说是尖锐的危机。但在这两国，都有着它们①特殊的情形：这是英国和捷克斯拉夫的党，在过去甚至于现在都也有着危机。党的情形是反映在团里面。

就是像德国和法国那样的团，也竟不免有这样的弱点。英国和捷克斯拉夫并不就可组织成少共国际。所以估量少共国际的现状，是绝对不能单拿捷克斯拉夫来做立脚点的。说少共国际陷于危机，是错误的，是不符事实的。无论在政治上，或组织上讲，我们的组织是坚强的。我们的团体不是空中楼阁，而是有它政治与组织的基础的。在党的生活中，我们参预了活动的一部。

事实上，在执行党的总任务上——执行党的路线与实际的工作——我们青年的同志，是不落后于党的同志②的。甚至比他们还更积极的也有。这点，一般地说来是并非不公道的。

所以，我们不能说少共国际里有着政治的停滞。只是我们可能并且应该说这里有组织上的停滞。我们可以说，我们团几年来都陷于停滞的状态，主要的是为了我们群众工作的糟糕。这才是我们要尽力解决的问题。

我们应该把我们的注意集中在怎样使团不与群众隔离这点上了。我们只有以全体团员的深入群众，才得克服这个缺点。这也就是我希望各团部转变的本质。

在开会词中，我只说这些。③

二

同志们，在这样重要、这样基本的一场讨论之后，我的责任差不多不仅止于做个结论，而是要讲一章功课吧④！

---

① 它们:原刊作"她们"。今正之。

② 党的同志:原刊无"的"字。今补之。

③ 此句原刊紧接上一行。今改为另起一行。

④ 吧:原刊作"罢"。今正之。

十九个同志参加了这个讨论，^①而且差不多把许多的问题和我们的工作，都经了一番精密的审查。如果时间不这样短促，同志们不这样疲倦，我想我们一定把一切问题处理得更详细的。虽然这样，我还要试把几个主要问题，来说一说。

第一，这种讨论是如几个同志想象^②的偶然发生的吗？关于这点我不想争辩什么，因为在我的开会词中，我说过：我们是被最近在团的会议、在代表团中的讨论所迫，不能不严重地提出这问题的。但是，我更要指出：主席团从4月起的工作表上是写着的："少共国际的现状"的字样。我们早就已感觉到了把已做的工作做个估量的必要，只是实际工作的紧张阻滞我们罢了。但这估量，为了全会的准备，是不能不做的。

我很喜欢看见讨论中更具体的意见。如各同志注意到的转变的实施，和实施的具体方式等等。但这儿的讨论，实在是太笼统。事实上，我们是太多用了笼统的语句，这一定会失了时效。而且这些像空洞的公式似的东西，过了些时候，必然是会变成无意义的。

我们的敌人说："他们所有的只一百个字眼，不过变化着用法就是了。"——这句话，照着原来的说法，是不准确^③的。但在某种意味上，却真是对我们的评语。我现在是一个历史家，因为我在写少共国际的历史。也正因为如此，我才有权利读我们十年中所通过的议案，谁也不能嫉妒我。但这种阅读，最初却给我一个惊吓，因为我发现了很多句调，完全和现在所写着的、几月前所写的一个样子，简直一个字也没有差易。我们完全在抄着第二次世界大会的东西。所以，我们必须肃清这些旧的笔法，改正这种古老的语句，而使我们准确^④的决议有一个有生命的形式。我们一定要发现新的句子，使每个都能很好的了解。我们一切的工作，都需要一种活力。我们把自己的弱点，为什么要那样尖刻的、肯定

---

① 原刊此句及后段紧接上一行。今移作另起一行。

② 想象：原刊作"想似"。今改之。

③ 不准确：原刊作"不真确"。今正之。

④ 准确：原刊作"真确"。今正之。

的提出来呢？我们是为着什么呢？是不是如斐尔白克同志所说的，是为了五次大会指示我们要肃清过去弱点的缘故呢？或是为了政治现状呢？不错，五次大会对我们工作是很有影响的。它教给我们以很多的东西。对于团的现状，也给了一种清晰的评语。但最重要的，还是目前的政治情势，特别是群众的左倾，和我们团的落后。这个情势使这个问题形成了尖锐的形式，而且如果我们还是保持着我们目前的状况，则这问题将愈来愈形严重。我们一定要认清，这问题和共产国际策略的转变是有联系的。如果有人不懂得少共国际策略之转变与各团部实际工作之间的密切关系，则他一定不了解，也不可能去执行这个转变的。

我必须极看重团这个转变的政治意义，而且为理解这个，我们可以看看共产国际里是怎样转变的，可以作为借鉴①。现在我们来讲一讲布哈采夫同志的意见：瓦尔坦杨②同志说，我们从前是说我们的政治影响与组织力量的比例相差太远，而现在呢？应该说我们的活动与群众活动的比例是差得太大才好。当时，我就插嘴说："就是过去，也并不单是这样的。"现在呢，布哈采夫同志想弄得我似乎是对这形势不了解似的。其实，我们从前只说比例相差太远，是因为在那时，我们还不十分明了这个形势。但就在那时，所谓相差太远的，也是我们的工作同群众的活动——就是政治形势所造成的现象。到了目前，这相差是更大了。我们无论在过去或在现在，都同样能看到我们政治影响与组织力量的相差，和我们的工作与群众的斗争力量的相差——而后者是要重要得多了。

甚至于在更早的过去，我们的政治影响，比起我们的任务来，还实在小得可怜的时候，这些小小的影响，也缺少一个适当的组织基础。到现在，影响是发展得相对地有限，但我们还是不能利用这个影响。不过这还不是严重的问题，我们最主要的是要以我们的群众政治工作来扩大我们的政治影响。只要影响扩大，我们组织自然会发展的。现在，那末

---

① 借鉴：原刊作"借镜"。今改之。

② 瓦尔坦杨：其人无考。

什么是这个转变呢？这是一个简单的问题。今天我又读了五次大会的决议，这是做的再好没有的了。固然我们不能说我们没有学得一些新的东西，——我们把很多东西搞①了更明白、更清楚。我们的任务也跟着时间的进展而有了变迁。但五次大会关于这问题的决议，是的确做得很好的。我要把这些关于转变的决议，介绍给每个同志，这是值得一读。现在我实在没有时间来把它念出来，不然我是很高兴那末做的。我为什么要讲这些呢？因为我们现在是那样严重地注意到这个问题。这是必要的。有许多同志，关于什么是转变的问题，有着他们自己的理论，但他们并没读过这些决议，或读过，也是马马虎虎的。我们必须要叫他们把这些重要的议决，精密的读一遍才好。今天的讨论，大部是关于决定转变的意义的。譬如毕洛克司②同志就举了很多的例子，来说明转变的性质。不错，这些实例的确是转变的一部分——我们实际工作的每一小进步，都是部分的转变。所以高尔基契③同志说我们发散宣传品的问题是无关于转变的。这是一个错误。一切的实际工作是与转变有关的。不过呢，同志们，我们却不应自范④于这样细小的问题上。

关于转变的问题，我们必须要看着政治的事实，一定要从整个转变上去着眼的。

李阿⑤同志，在他此地的以及在全会上的发言中，他说他懂得了转变。他举出了五点：（一）团员的活动化；（二）用自我批评的⑥方法；（三）转变组织的成分；（四）转变指导系统；（五）领导干部的改善。对的，一些也没有错，这五点是完全对的，但却少了两点很重要的没有指出，我们怎样可以⑦不举出青年化政策和附属组织呢？这两点是应该加入

---

① 搞：原刊作"搅"。今正之。

② 毕洛克司：其人无考。

③ 高尔基契：其人无考。

④ 自范：自我限制或局限。

⑤ 李阿：其人无考。

⑥ 的：原刊作"为"。今正之。

⑦ 我们怎样可以：原刊作"怎样我们可以"。今正之。

的。(李阿插言:"我是只讲工作系统的呀!")附属组织还是工作体系的一部。我们去读一读五次大会的决议,我们就可以找到的。所以,我总要每个同志去读过这决议,这实在是写得很清楚的。

我们要完成这个转变,一定要利用这种为团领导的附属组织,采取一个深入的政策;一定要改良整个工作的与指导的系统;一定要改良、刷新我们的干部;一定要在工厂支部的基础上,把我们的组织再造起来。而且自己批评要在一切部门中发展起来。它要陪伴着整个工作的进行,一切活动与一切的组织都要采用。我们在执行转变的时候,我们一定要把总的主要路线放在眼前。这样,才不致于为毛细的事情把转变掩没起来。今天我特别要着重于附属组织的问题。我甚至主张在我们将来的讨论中,也要特别地注意这个问题。在共产国际的全会上,我受了多方面的责难。并且,明天枯西宁及曼纽尔斯基两同志①做结论时,我很有理由相信,他们是会提出附属组织问题。我觉得,我们从过去直到现在,对这个问题是大大地忽视的。在各级团部中,始终还有着不要附属组织的坏倾向。这在理论上②是说不过去的。我们一定要了解一件事情,就是我们不能希望每个青年工人一下就会加入青年团,也不能想每个青年工人都是一来就准备着牺牲的。但是每个青年工人却都是准备着,在别种组织里,在团的领导之下斗争的。所以,我们要利用一切的可能,把他们组织起来。这是一定要大胆地在每个地方进行的。我们不能把这些组织看作为团的敌对团体,却应该认为是群众的基本组织。果然有许多青工,是能够直接走向我们的,但大多数却一定要经过一个过渡的时期。这阶段是应该由附属组织来造成的。关于这问题,我们还需要再讨论。在各级团部里,在各部里,必需要更实际、更具体的讨论。

布哈采夫同志所争论的问题,就是究竟有没有危机这问题。我想是已经解答了,再不需要继续讨论了。但这并不是说,我们的团部要像个

---

① 枯西宁及曼纽尔斯两同志:此二人均无考。

② 理论上:原刊无"上"字。今加之。

经理员似的，把一切的东西都接受了去。这是不对的。我们同志在每一问题上，都有一个政治的立脚点。

现在要讲领导干部的问题了。高尔基契同志在他的文章中犯了一个错误。他显然把两个问题搅混在一起了，就是：（一）对那些政治上不同意于党路线的人斗争的问题——对这些分子，我们应和党一样，坚决地叫他们滚蛋；（二）对不懂得群众工作方法的人斗争的问题——在这种情形之下，我们应要去教育他们。这在团中间，是常有可能的。不过如果那些是不愿学习的人，则也不得不给他撤职。

拍夫洛夫①同志说五次大会有趋重文化工作的倾向。他说的很多，但这些都是错误的、不正确的。我们只要读一读大会主要的决议，我们就可证明他的话是不真实的。这些政治决议案，正是大会的特点。而且，他的所谓政治工作的观念，也很模糊。他第二点的"政治水平"笼统地说作政治工作，其实这并不是政治工作的一部分。但我也相信，如斐尔白克②同志那末说拍夫洛夫堕入了恐怖的语调，也是不对的。我们必要在团内发出我们的警告，也必要表示我们的意见，以为我们的现状不但是不能满意，并且是严重的。我以为一切警惕的批评是不应该被忽视或被什么恐怖语气等话来蒙蔽了的。而同时，一切过分的词句——如布哈采夫同志的"危机"——也应该加以纠正、加以批驳的。但主要的是，我们应该引起团的注意，因为它们到现在还并不觉得形势的严重啦。这我们可以由我们的讨论来引起。这讨论是要发展到各国团部去的：转变的问题要一次一次的加以详细的讨论，指出一切实行转变的方法，是我们的任务。不过在这些工作中，我们不应忘记，我们要不断的吸收新的分子来参加我们的领导干部，使新的精力觉醒起来，使我们的活动日益猛进。假使我们能很好的在团部讨论这个问题，我们的全会必将有很好的结果。

最后，我们必须郑重地提出，在讨论中，自己批评须比以前更加坚

---

① 拍夫洛夫：其人无考。
② 斐尔白克：其人无考。

决，而且这是要永久成为我们工作方法的。

新的路线①

——少共国际主席团给各国团的信

少共国际执行委员会主席团在接读各支部（英国、波兰、德国、法国、捷克斯拉夫与挪威）的专门详细报告之后，对于少共国际的现状，有一个透彻的讨论。结果，我们认为目前现状那样的不满，非加以最严重的注意，加以最坚决的克服，是不行的。

战后资本主义第三时期，是资本主义制度中一般矛盾加深、工人阶级从防御斗争转变到进攻斗争的时期；也是反改良主义，反社会法西主义，以及反右倾和调和思想斗争必须加紧的时期；也是一切殖民地被压

---

① 本文翻译于1930年2月27日，原刊于1930年3月20日出版的《列宁青年》第2卷第10期（总第34期），署名"沙洛译"。这期《列宁青年》封面印作《青年半月刊》第2卷第10期。本文是殷夫翻译少共国际主席团给各国团的一封信。此信的发信日期是1930年2月27日，但不见台头，也无落款，可见是普发文件。因此，文题《新的路线》可能由译者殷夫所加。信中对各国团的批评指责和提出的要求，不可不谓严格。所以，中国共青团中央曾于同年6月30日作出《接受少共国际的〈致各国团的信〉决议》（见共青团中央办公厅1957—1961年编印的《中国青年运动历史资料》第7册第714—726页所收的《团中央通讯》第6期）。决议称："中央在接读少共国际2月27日的《致各国团的信》后，立即引起了我们极强度的震动和警觉，而开始了连续三天的极透彻的讨论。"认为"少共国际的来信，恰恰万分正确的针对着目前中国团的工作。极透彻严格的指出了目前中国团工作现状的严重特征及其原因，实际的具体的指出了中国团转变的途径"。并且指出："首先必须一个搅动全团组织的全团一致的透彻讨论，以诚挚严格的自我批评精神，将一切错误和缺点无情地指摘出来，讨论出具体的方法，坚决的把这些错误和缺点一一克服，创造出一种新的力量来实践我们紧迫的新任务。"决议还结合中共中央5月5日给团中央的来函，对贯彻此信提出了五方面意见与要求：一、目前团的工作到了一个严重时期。二、转变的全部是斗争，是反对右倾——就是反对清谈的斗争。三、自狭小的团内活动范围转变到青年群众工作去。四、转变团员的作用和改造团的组织。五、立即举行一个搅动全团的壮烈而透彻的讨论。由此可见殷夫的这篇译文对当年全团的"转变"曾起到了重要的推动作用。

迫民族革命运动生长的时期。假使我们的团在过去表现得不能抓住这个形势，那末只证明，他们今后必须更加努力。

五次大会的决议，是根据了新的形势决定的。但我们的团直到现在还没有很坚决的把它们执行，甚至在事实上，连把它们对团员好好的解释一番，也还没有做到。

主席团全体都认为，这些现象的延长，必然是少共国际前途的一个危险。所以，我们都觉得，我们现在是立刻就要执行五次大会决定的转变了。我们想，最好的方法，是叫少共国际全体的团员马上开始一个讨论，把他们的兴味刺激起来，用诚恳的自我批评的精神，来把一切的错误与缺点，尽量指摘出来，并想方法来把它们一一克服，放出一种新的力量来实践我们新的任务。这讨论同时也可作今年秋季举行的执委全会的准备。在这全会上，我们预备把这讨论来作个总结。

少共国际及团之现状的特征

假使我们不明白我们组织的现状，则我们对目前工作的任务必然是很难确定的。目前我们第一个急务是在废弃流行的官僚习气。这点，毫无疑义的，很多团部真也获得了相当成功，真也有很好的开始。但现在还必须把一种夸大成功的倾向驱除，不要掩盖工作上的许多缺点。

我们团的政治活动，做得非常的不合适。而对于怎样去协力于青年工作一项，则简直是一些都不了解。

在目前，整个工人阶级的左倾化，使大批的青工群众卷向产业的经济的斗争前线去。可是我们的团在这种斗争中的领导地位，却比以前在斗争中的领导地位反要低落，所以有时青工罢工了，或领导起一个斗争了，共产青年团员却只到后来才走了来，或甚至会在发动时一无所闻，直到斗争完了，方才知道。有的有团员在做工，但在斗争来时，他们站在旁边，一些也不做什么，完全取一种消极的态度。

团是以领导整个青工群众①为目标的组织。在这样组织里，竟也发生这种跛脚追随群众的事情，当然要引得它全部工作和组织成为问题的。无论这问题是早该就有的或是怎样方式的，但现在第三时期形势的发展，总在我们目前放着这个问题！共产青年团能够完成一个勇敢的基本的转变吗？它②真能在青工斗争中不再做着尾巴，而直站在青工群众的前头，领导他们吗？

我们应该承认，我们团的政治活动之受批评，并不单是因为我们没有领导青工的斗争。而也因为，即我们在党内的问题上，在为共产国际路线而奋斗的工作上，也可以看出一种动摇的倾向来。这自然也不过是团落后的内部表现，是一种不了解怎样使团的工作与组织适应环境的表现而已！

在这里，就可以看出一般反右倾斗争与特殊青年问题的关系了。我们看见右派和调和派是公开反对共产国际的新路线的。而我们团的领导同志却大半都不了解客观的新形势和团的新任务。终于，大部分不适合于新任务的旧干部都表现忽视，甚至于取消工作转变的重要。这些问题都是一贯的，完全是同个原因、同个观念、同个意见的表现。和这些基本右倾的危险毫不退让的斗争，是非常的必要。

在组织的观点上看，目前状况的特征是一种停顿。除了瑞典的团在最近有很大的发展外，其余的如英国和捷克斯拉夫则表现很厉害③的退缩。一般地说，所有的团都表现着工厂支部和工厂工作的低落。

我们应该考察，并且要找出原因来，为什么我们上级下级都谈了很久的工厂工作路线，但是却总还没有实现出来呢？这并不单是一般我们所已承认的那些理由的问题（如社会民主党式的工作方法），而是要考究各个单独下级团部所特有理由的问题。

有一种官僚派的自满态度，以为三个工厂支部消灭了，同时还有四

---

① 原刊"群众"后有"的"字。今删之。

② 它：原刊作"他"。今正之。以下类似的同改。

③ 厉害：原刊作"利害"。今正之。

个新的出现时，总算有一些增加，"虽然并不大"。这种态度，在讨论我们的现状时，是根本要排斥去的。我们一定要注意到为什么这三个会消灭的原因，也要注意到怎样才好可保证新的四个在几月之后，会不致如何的一样地消灭了去。

还有一种语句，如"此外，或虽然，有成功，也有缺点"，也是不适用于现在的。固然，我们不能忘记了我们的成功，但却绝不能说"一方面"成功，"他方面"缺点的，注意应该集中在缺点原因之分析的上面。我们的估量应该是无情的，充满着自我批评的。一切官样文章的乐观主义都要不得，一切的弱点都把它和盘托出。我们若不能克服这些弱点，我们就不能前进，我们就不能完成我们的任务。所以用"但是"这样一个字来把缺点滑了过去，是绝对的不应该。

很早（五次大会以前）我们就讲过了我们团的影响与组织力量的相差太远。但到目前，相差太远的已不止一种了。特别是在最近，青年工人群众的活动与团的活动远不能相比，而且这个比例的相差日甚一日。这个相差愈大，我们工作转变需要的时日也更长，其性质的严重也更加显明。在这种形势之下，即使我们的影响还是维持原状，没有退落，也不足引为可慰。因为青工的组织与领导，和客观上的需要相比，还是一落千丈的。

团在工厂中的组织基础，是低降了。争取大工厂，在工厂支部的基础上改造团的组织，这个路线没有一个公开的团是运用过的。对于团员在工厂工作中的消极态度，大部分的团部都抱着一种调和的倾向。我们不能在团部中找出一种与困难决斗的意志，而这困难却与年俱增了（雇主的恐怖手段……）。几年以来，我们都谈着团的工作应该在工厂支部的基础上建立起来，但结果是几等于零。这种事实，有些团部还毫不在意，仿佛以为我们团是天然不能争取工厂的。即有工厂支部，他们并不在团部中起一种决然的作用，一切的工作都还是以地方团部来作基础的，没有一些表现出加强工厂工作这路线是实现了。

近几年来，团员的变动，并没有减少。这表示我们不能想法把我们已争取过来的人，保留起来。这事实也是组织上停滞的重要原因。

下级团部的实际工作，就和附属组织的工作一样，和我们的任务丝毫不相符合。有时，这些下级机关只局限于教育工作。有时，只高兴地听听一般的报告，如"加强反帝国主义战争"啰，如"加紧反改良主义"啰，等等。下级团员多半是消极的旁观者，会议不大经常到，费亦不大经常交，公开会议也不大经常来参加。至于作经常的群众工作，则更不用说起了。

至于团内的指导关系，从头到尾都是含糊马虎，完全以通告文书作为基础的。在委员会里，遗留着官僚的原素。下级团部所最注意的，亦只是一种排场、一种技术的工作。有时，虽然我们的工作人员成天的在组织中工作，但他们依然不能亲密的与其他支部、团部的工作与生活联系①起来。照例的，这些人员除了参加会议、做做报告之外，便别无他事了。如果有团部破坏了，亦并不根究其原因，只用一种官僚似的态度，注意一下就完了。对于团员的变动或是斗争的失败，也照例一样。凡此一切，都是我们团的指导不好的恶果。

没有一个团，把自我批评当作日常工作的一部分。即使有，亦常常是一种形式，是一种缺点的陈列。同志们用了一些浮华的话句指出缺点在于某处，就自觉满足，而从不想进一步去搜求这些弱点和缺陷的原因。有时这种只向否定的批评，显得非常严刻，致会产生一种悲观的态度。而殊不知自我批评并不在证明一切事情都是糟糕，却在对于弱点的根本原因加以审视，并指出其补救的出路。

总结②起来说，我们的团连把五次大会决议中的所谓转变，对团员解释清楚，还没有做到。至于说要执行，更不必谈了。因为共产青年当前的任务，特别在最近形势的激变之中，增加了许多倍。所以我们团就表现得落后了。这就是少共国际现状之所以如此，有几个支部之所以有危机的原因。如果我们还不能把我们工作全部转变，这危机是不能避免的，并且一些一些要加大，当阶级斗争一日一日的走向激烈化的时候。

---

① 联系：原刊作"连系"。今正之。
② 总结：原刊作"综结"。今正之。

转变的性质及执行的困难

要从这种危状中救拔出来，只有运用五次大会的转变，才是唯一的方法。五次大会的决议，特别是对于执委会报告的决议，很明显的指出这个转变的性质。

不过虽然转变的基本性质是各国一样的，但运用它的方式却是各处都不相同的。每一国都有每一国的特点，这些在运用转变时是必须配合起来的。对于一切团都适用的要点，有如下述：

一、在争取青工群众特殊利益与要求斗争的基础上，来动员广大的青工群众为共产主义的总口号作战。团应该切实的运用党的路线，拿来适当地与青年的要求互相配合。团不应仅仅成为党口号的背读者，它应该有对青年的政策，它应该在一切地方代表劳动青年的利益，并在一切意义上成为他们的领袖。

二、团员的作用须有根本变动，如以前的那种区别：工作人员是动的，团员是被动的。只不过是社会民主党的遗留，须根本肃清。每个团员都应该有他一定的工作。团员的会议不应只把一切一般形式的决议采纳来（如注意、加强、着重某种工作等等……），而应该分配给每个团员以一定的责任。无论直接由会议分配，或①由团部的负责机关分配，都无不可。每个团部的工作范围不应该把所谓"内部工作"（党团现状问题、教育问题等等）当作中心，而应该以外部工作（如工厂工作、工会工作、群众组织等等）作为重点。到青工群众中去发展团员这个任务，每个团部、每个同志都得经常地负担起来。这工作单要工作人员去做，是不可能的。所以这工作的先决条件是全数团员的参加。团员的自动性，应该极度的启发起来。

每个团部在执行转变时，都应该配合了他们的特殊的情形，创造一种特殊的方式。在工作方法和方式的问题上，固执不变和组织的拜物教都应严厉的除去。我们应该以最多样的方法，使全体团员走向群众的工作，使青年群

---

① 或：原刊作"成"。今正之。

众参加斗争（行动委员会、工厂委员会、工厂的青工办事员等等……）。

三、团应该立刻把工厂工作做起来，建立工厂中的支部和小组，把团在工厂支部的基础上重行改造。我们只要想想我们当前的任务，阶级斗争的尖锐，团将不能公开的威吓。如果没有适当的组织基础，则团将不能做任何工作，不能作任何斗争。我们秘密团部的经验告诉我们，要争取青工，以及工厂支部工作，即在最严厉的白色恐怖底下，也是没有不可能的。工厂支部的建立，和团的改造，不仅是组织上的问题，且也是一个最初步的政治任务。尤其是对目前的团，简直是一个生死问题。支部工作的消沉，须毫不客气的打消它，即用组织上的处分，亦在所不惜。所以工厂支部工作的建立、青工群众的吸收，是完成目前斗争形势给我们的新任务的一个重要步骤。

四、指导的系统也须基本的改变，官僚式的通告或书面指导应代之以活的实际的指导。单说一些一般的方法是不够的，对每个下级团部都切实地给以具体的特殊任务与指导。这些指导愈是给下级的，便愈要切实。下级问什么应该做时，你回答了之后，还必须告诉他们怎样做的方法。自然，这种切实的指导绝对不能形成了一种下级工作依赖的形式，把下级的自动性一概抹杀。却相反的，要尽量的把他们刺激起来。

对每一团部情形的透澈了解，是一切指导的基础。所以执行机关须经常的检查各级团部的一切工作、组织与决议。指导机关应该成为执行部最有力的支柱。照德国团的经验，建立这样一个指导部并不是很困难的。

这种切实的指导系统，对于决议的执行，可以有一个很好的检查，不但可以检查他们怎样运用的情形，并且亦可以检查出这些决议是不是有错误，或是不是够切实。但是这种检查，不应机械的或以官僚式的态度出之，而应该活生生地由全体团员来执行。

五、转变的重要问题之一，是关于领导分子的改造与扩充的。现存的工作机关，不能执行目前的任务，必须充分的转变。完全新式干部的训练，非常必要。因为现在许多的老工作人员，充满了社会民主党的习气，绝对不够完成我们的任务。我们现有的干部，常常会像一个俱乐部小职员的样子，只管了一些行政的事务，完全没有共产主义组织里工作人员的气概。即使①他们是工人出身的，他们和工人的接触也会显得非常隔膜。他们不能把青工群众中所发生的问题，及其过程和发展来抓住，也不管青工的日常斗争。他们只是低着头，好像在竞选时的态度，做他们各种的工作。指导机关的组织此后必须大大地扩充起来。最初就是把工厂和工厂支部里的青工同志大批的提拔上来，就是从工厂中吸引了无经验的青工，也没有什么可怕的。只有这样才能把团员的活动提高起来，才能把团与青工群众的活的接触建立起来。

我们现在工作人员的自我训练是非常糟糕。固然他们确负着很多的工作，但无论如何，我们一定要想法使他们的政治教育水平升高起来。共产青年团的工作人员应该在青工群众中，有坚固的地位。他能在群众之中生活并且工作，他应该是他区内青工群众的领袖，他应该有各种的特性，如预备牺牲的精神，如战胜一切困苦的毅力，如对无产阶级胜利的坚信，如能在工作上的刻苦②，如能督促团员工作，及分配团员以适合能力与个性，而对团最有用的工作。他应该有爱团的热情，这就是爱自己组织的热情。他应该与团密切地联系③着，应该参加团一切的工作与斗争。假使适合了这样条件的干部，是不用改造的。其余的那些社会民主党式的工作者，都应该从团的工作上肃清出去。如果工作人员只管一些行政的或组织的事务，而没有一种政治眼光，那是一种右倾的危险。

领导机关的改造与组织扩充是转变的重要部分，也是不可或少④的部分。

六、在群众组织及附属组织的工作上，也应该有个基本的转变。在现存的群众组织里（工会、运动团体等），⑤我们团还没有建立一种有系统的

---

① 即使：原刊作"就使"。今正之。

② 刻苦：原刊作"克苦"。今正之。

③ 联系：原刊作"连系"。今正之。

④ 不可或少：原刊作"不可或多"。今正之。

⑤ 此句及其后几句，原刊另起一行。今移接上一行。

工作，有组织的团组还没有建立。青工部也只见于决议，并没有切实执行。

直到现在，我们对附属组织的理解非常狭隘、非常武断。这个组织应该与青工群众连接起来——使经常地接触着青工群众、经常地扩大我们的影响，使我们可以把他们吸引到我们一边来。我们应该在团的周围，建立这种附属组织的罗网，在这种组织发展我们的组织。这种工作的开始可以由产业的或反法西斯蒂的（防御的）组织入手。其次，则文化性的、研究性的等等团体，也可以建立。

七、发展一种基本的强固的自我批评，也是执行转变的一种重要方法。因为只有由每个支部、每个团部、每个执行机关，和每个团员（主要的以他自己工作作例）对一切工作、一切错误与弱点，作无情的公开的自我批评，才能创造出一种完成团工作的必要条件。所以，自我批评应成为团经常的一部独立工作。

转变的困难与团的改造组织任务

经验告诉了我们，转变的运用过程中，包含了很多的困难。有些团员与工作人员简直不了解转变的意义；有些工作人员则总极想执行，却苦于无力适应到他们自己的团部中去；再有些工作人员则竟公开的或秘密的拒绝转变的执行。很多时候，团中对目前状况取一种无批评的态度，这样很足掩盖了缺点，也足阻止对转变的了解。更有其他的，则以为转变是一种照例的竞争，是一种纯粹煽动的事情（工作的新方法）。这些经验都显示给我们：转变是一桩困难的任务，不把整个组织都搅动起来，不把一切现存的潜伏的力量活跃起来，不把这个深入团员群众，不把它经过尖锐的讨论与斗争，不采取一切组织上的手段对付那些公开或秘密取消转变，或否认转变可能的人，转变是绝对不能尽量实现的。

其次，党之帮助团，也是团完成转变的一个条件。直到现在，这对团的了解非常不够，完全赶不上客观的需要，甚至在几个个别的事件上（捷克斯拉夫），党竟阻碍了团的转变。共产国际执委十次全会指出，少共国际在执行共产国际路线这问题上已完成了它的任务，同时也更着重的说对共产青年团帮助是非常必要。在对政治形势的主题下，有这样的话："因为青工作用的增加以及他们对战争危机的特殊关系，所以关于动员或组织革命青工群众的问题，成为特别严重。"这就是叫各国的党要更加注意青年运动的问题，要更加有力协助少共国际。"在过往的几年中，少共国际在执行共产国际的路线上，在与右倾调和派的斗争上完成了它①的任务。但是共产青年团的群众工作的现状和他们的组织发展，都很难令人满意，必须无条件的执行少共国际五次大会所决定的转变。"

共产青年团应该使党与青年有一个适当的关系，应该使党经过在团中的代表，对团有完全的领导。对利用团来在青工群众中扩大党的影响，有一个共同的负责。中央应该把这封信透彻地加以了解，②而且应该开始一个全团的讨论。对于少共国际的状况、本团的现状，根据了五次大会的决议，及主席团对各团现状的决议，和这信所指出的几点，加以详细的讨论。每个团员应该明白他组织的现状。消极和冷漠的态度，是坚决的要排除了去。

这个讨论应该联系着对支部、各级团部、青工部……等工作的考察。也绝对不应作为一个内部的事情，应该使每个团员在讨论之中明白转变的政治意义，和我们在这形势中新的政治任务。这讨论应该能刺激每一个团部，使每个团部都能在讨论中确定了他们目前的迫急的具体任务。

我们愈能够把旧的社会民主党式的遗留去了，愈能够运用布尔什维克的工作方法，则我们愈能够组织青工群众，愈能在斗争中站在领导的地位。而且也只有那样，才会把群众活动与团的活动间的鸿沟③，和活动与组织力量间的陷井，填得平坦。

我们面前横着很大的任务，并且一日一日的增加着。在国际战场上的伟大的阶级斗争中，青年占着重大的地位。而共产党坚固地领导下的

---

① 它：原刊作"他"。今正之。

② 原刊此句及以后另起一行。今移接上一行。

③ 鸿沟：原刊作"为沟"。今正之。

共产青年团就是这大部分青工群众的唯一利益代表者、唯一斗争领导者！
我们立刻起来加强共产青年团的领导力量哟！

1930，2月27日

到布尔塞维克化之路[①]
——少共国际的一个讨论

在目前，少共国际整个地是放在一个广大而严重的讨论中了。这并不是因为我们喜欢鼓簧弄舌，也不是因为我们喜欢舞文弄墨。这种讨论的目的是要把整个的团员群众搅醒过来，使他们看清自己团体的现状，使他们懂得：共产青年团向群众工作走去的转变是何等的迫切、何等的需要。

少共国际的现状，在现在可说是极端的不能使人满意。虽然真正退步的，只有几个少数国家的支部，而且在这里、在那里，也都能看出种种微小的成功。但是，许多的共产青年团还一些不知道怎样去合着这个进步一同发展。如果与当前的任务一比较，我们团现在是比以前还显得更软弱。

我们说资本主义内部一切的矛盾，是在加紧地尖锐化。阶级的矛盾已经到了极高度，战争的危机是一天一天的增长，群众的左倾化过程也非常迅速地在进行着。在这种形势下，共产主义运动的当前任务是加重

---

① 本文译于1930年3月20日，原刊于同年4月10日出版的《列宁青年》第2卷第11期（总第35期）。署名斐尔白克（即原作者，是当年少共国际执委会主席团成员，但其国籍及生平事略无考）。译者亦未署名。今据这期《列宁青年》刊载的徐白《又是一笔血债》文后，有一则《附启》："以前的笔名'沙洛'，听说在反对派'龌龊的小刊物'《我们的话》上，也被用作一个署名。我不敢盗美，宣布此后不用了。"而这则《附启》正处本文文题《到布尔塞维克化之路》右侧。可见殷夫是指"沙洛"笔名不用了，亦即暗指本文为其所译。这篇译文，乃是原作者斐尔白克对少共国际关于如何实行"布尔塞维克化"问题的讨论专文。文中对少共国际的转变性质，以及应当如何处置转变等问题，表达了自己的观点。根据文末述及，这次讨论是作为少年国际于这年11月将举行第十次执委全会的一个准备。所以，殷夫翻译了本文，并刊载于这期《列宁青年》，以期引起共青团中央及各方面重视。

了。同样地，共产青年的任务也是加重。劳动青年的活动已经增大了，他们在生产过程中的意义、在战争中的作用也增加了很多，争取青年的斗争也日益尖锐起来了。在这种情形之下，共产青年团如果要完成他们的任务，成为青工的领袖，则必须在一切条件之下，加速布尔塞维克化的过程。这就是为什么转变对于我们这样尖锐、这样迫切的理由。我们在二次及三次大会上，也说过群众工作的话，也说过把团在工厂支部的基础上加以改造的话。但目前形势的紧张需要我们把这转变的速度，更要增加。

我们在一年前，在五次大会上已认清了这个需要。五次大会的决议上也已说到了这个转变。但在实际上，我们的团却没有在一件工作上，做过执行转变的正确的开始。所以结果是团的活动与青工的活动之间的鸿沟日益宽广。而在有几个的团里，危机也开始发现了。因此，少共国际的执委一定把转变的问题，放在一种深入讨论的形式中，贯彻到整个国际中去。

转变的性质

转变的政治意义，是可以把使转变成为迫切需要的环境来说明的。在各面斗争的紧张就是问题之所以如此尖锐的理由，因此，这种紧张也必须浸透在转变的内部里去。如果不执行最高度的团内斗争——反右倾，反调和主义，则转变必不能执行。所以转变的政治意义就是战胜并肃清旧的悲观消极的分子。

我们的团对右倾危险的斗争，以及一般的政治斗争，确也是执行了的，但却总像一个"青年党"似的。我们的任务是要基本地转变过来，走向"青年化"，使党与共产国际的路线，在无产青年与团的斗争问题上，形成一个具体的形式。这在最初步，就是在青年特殊问题及青工特殊地位之上，来动员青年群众。只有把群众的自发性发扬起来，①这种动员才有可能。

动员的方式，是发动青工参加罢工时的行动委员会，组织种种形式的青年委员会，以推动斗争，号召青年争取自己的切身要求，或是其他的方式。

---

① 此句及后句，原刊另起一行。今移接上一行。

但要建立这些机关，团员的作用却第一应该完全转变。团员绝对不能当作一个消极的旁观者，却应该是积极的斗争者、青工群众的组织与领导者。

我们西方的团部，至今还是建立在住址的基础上的。这就是说，他们还没有把社会民主党遗留下来的组织形式转变过来。事实上，非常明显的，如要动员青工群众的积极分子（即指大工厂中的青工），不经过工厂工作是绝对不可能的。共产青年团要在工厂中做它①有组织的工作，只有把它②的组织在工厂支部的基础上加以改造。所以转变的主要条件之一，是大工厂中支部的建立，与在工厂支部基础上执行的组织改造。

团的指导系统，也还是基本地社会民主党式的。大部分的指导关系，都是官僚式的，只限于送发通告，不能把任务具体地分配，而用一种活的管理法。这种情形，在地方团部的指导机关就开始了。在这些团部下，团员是没有什么具体工作的。一直发展到上级去，这些上级的团部对于各部属的实际情况都茫无头绪，各部属也没有一定的工作。这种指导的制度，必须从下而上的转变过来。从头至足，须建立一种活生生的联系③，每个团员和团部都须有一定的任务。这种任务的执行，也应该有一种"同志的"检查。然官僚式的文书通告须根本取消，每个团部应努力的建立一种真正布尔什维克化的指导方式。

要完成这些任务，把我们的干部人员改造并扩充起来，是非常必要的。因为目前的干部，大半都满带着社会民主党式的工作方法，是不能在这转变中起很好的作用的。他们虽然并不放弃党的总路线，但对团的工作和团一般的斗争，却抱了悲观的态度，取了右倾的观点。所以与一切工作的转变最密切地连接着的，是干部的改造；所有一切不适合于新工作的，一切阻碍新工作的，都须肃清出去。而把新的无产阶级分子，从大工厂中提拔起来。我们必须进行着去训练一种新式的干部、一种

---

① 它:原刊作"他"。今正之。
② 它:原刊作"他"。今改之。
③ 联系:原刊作"连系"。今正之。以下类似的同改。

"群众化"的人。他们能生活在青工群众之中，能知道群众的情绪与要求，能强烈地感觉到自己及整个团所担负的责任。

干部的改造和一般转变的执行，若没有把自我批判广泛地发展起来，是不可能的。这种自我批判应该把团体整个的现状，拿给一切团员观看，使每个团员都来考察团体的情形，来认清他们当前的任务，来执行转变。并且可把新的力量刺激起来，可以改造干部。在自我批判的帮助之下，把那些阻碍转变的右倾分子排除出去，也更容易提拔新进的年青的力量，也是更能发展。

转变的最后一个成份是对于附属群众组织的正确态度。我们的原则是：什么地方有青工群众，我们都要把他们组织起来。我们一定要实现这个原则。在一切的群众组织里，我们一切的团员必须组织了进去，去作团组的工作，使能起领导的作用。把这些群众组织，真正成为团吸引广大青工群众的"系带"。所以转变的不可分离的一部是团员的加入群众组织，并在里面工作。

从这讨论开始了之后直到现在，我们也可以发现了许多不正确的意见与不健全的形态。

有许多危险，不断地阻止我们向我们所要求的做去。谁都明白，在我们执行实际的决议时，这种危险便以各种的方式显现出来了。这些都是右倾的危险，是和转变的政治意义与转变的性质分离不开的。因为转变就是一个在各方面的斗争。不过在我，我觉得把这些危险具体地指明出来，也有必要。

"具体地"来处置这个问题吧[①]!

我们转变的要素之一，是要在我们工作中排除一种一般的、常是单调的字句的背诵，而走向具体的分工与任务的分配。这个对一切的组织单位，对一切的团员，都是正确的（不过，自然指导机关的一般的指示，也还是要的）。但是有许多同志，因为过于注意了"具体的"，却把一般

---

① 吧:原刊作"罢"。今改之。

的忘记了。正像过于注意了树，却把整个的森林忘记了。这种态度在团中，无疑地会引向右倾的错误上去。

这种事情是怎样表现的呢？这些是表现在这样的语句里："第一，我们必须集中注意于行动上——然后我们再来好好地讨论一下。"或者改下语气，便这样说："那末多的讨论干吗？不要了吧，我们要工作！"这些同志不但不能抓住我们目前形势的严重，最重要的，他们还是不能懂得转变的政治意义。

有许多同志老是问：为什么在目前这特别时期中，转变才来得那末严重？为什么我们在以前并没看出我们目前所无情地指摘的错误？这里也同样缺乏一种了解，也同样地把这问题"实际地"来处置，却并不是"政治地"的。转变在现阶段之如此迫切地横在我们眼前，那并不是什么人的发现，却是因为一种形式的尖锐，不能不使我们要更迅速的布尔塞维克化。不懂得这个关键，则对整个的转变，也无从了解。

但是这还不止是一个了解的问题。问题是要使转变的全部工作上都盖上目前政治形势的印迹。有许多同志很了解目前应该有一个全团的讨论，方才能获得政治上的清明与团员群众的活动化。他们也了解转变应该用事实来充实起来，但却还没有了解我们在转变上做的一切工作，都是以我们对目前形势的估量与发动斗争的必要，来全部贯彻着的。假使我们不能把转变在这样的形态中去执行，或不与这种忽视转变之政治意义的"实际主义"斗争，则我们不能建立布尔塞维克的组织。

这里也包含了一种如李阿同志所犯着的错误。他在十次全会及少共国际主席团中的演词，指出了许多转变的成份，却把青年化政策和附属组织的问题漏掉了。这种组织的限制，一定要走向忽视转变之政治性质的"实际主义"的方式上去。

最后，这种危险还有另外一种的表现：在捷克斯拉夫的团中，领导同志集中注意于团的政治战斗力上，却不肯把工作系统转变。他们表示可以顺从地写下这些决议，采用这些，却不肯把这些决议执行起来。他们也只表示，他们对转变的政治意义是一些也不了解。所以少共国际执委在给捷克团的公开信中，有这样的话：

"工作系统的根本转变——在目前必须抓住这个联系①——只有与日常对青年政策的运用极密切联系起来，才有可能。这种适合青年的政策，是把党的正确政策路线，翻译到青工的语言、生活与斗争里去。假使把这个转变的重要成分人工地分离起来，这只是对转变与团目前任务之不了解的结果，同时也是一个证据。"

谁阻止转变的施行，谁就是为右派在作战

我们并不想在此地把几个公开反对转变的人，列举出来。他们是彻头彻尾②的取消派，在工人阶级里是早就失去信用的了。但除了这些分子之外，还有许多同志也阻碍着转变的实施。

有一种怠工分子，对一切都说"是，是"，但做起来却一些也不做了。这种分子，无论他口头说怎样热烈地拥护新的路线，基本上却是右倾的消极的怠工分子。我们应该揭破他们的真相，与之作极尖锐的斗争。

不过，只对公开或秘密地反对转变的人斗争，还是不够的。我们应该对于那些由旧干部之不能执行新任务而起的困难，和那些上述的"实际主义"，作一个政治的估量。这个估量就能显示出，我们不能不对右倾危险作战。我们应该把这个危险，使每个团员都认得明明白白，给它定下适当的名目，并和着总的反右倾斗争联系③起来，对之作战。所以，在我的意见，高尔基契同志在《少年国际》（德文本第十一期）中论干部的问题的文中，犯了一个错误。因为他没有说到这一点。他是这样写的：

"……对那些公开或秘密地对转变怠工的，那些无从改正的，一般地造成障碍，使团不能向布尔塞维克④化走去的干部人员，当采取组织上的处裁。……"

---

①③ 联系:原刊作"连系"。今正之。

② 彻头彻尾:原刊作"澈头澈尾"。今正之。

④ 布尔塞维克:原刊漏"维"字。今补之。

他应该加上："终于和那些右倾分子……"执委会在它的通告上，关于这点是这样说："我们看右倾和调和派，是公开地反对共产国际的路线的。我们也看到一种对目前形势与团之任务的不了解，并且最后在那些不配完成新任务的旧干部中，看见一仅对于抵抗团转变实际工作系统的怠工也有忽视的倾向。这不过是同一种起源①的变形，不过是同一种理由、同一种意见与观念的表现而已。对这些危险，作毫不退护的斗争，是绝对的必要。这斗争在基本上还是反右倾的斗争。"

自我批评并不是天主教的忏悔式

自我批评的目的是什么呢？第一，它是要把我们工作的错误与缺点指点出来，并指出一个克服的方法来；第二，它应该把团的活动性和自发性提高起来；第三，它应该帮助改造团的干部。这个第三点是常会被遗忘了的。自我批评弄得像天主教堂中的忏悔式，上级人员或执行委员走来就是说一切的东西是如何如何的坏，但却又把一切都饶恕了！所以这些坏交易还是照旧干下去。这种情形，在捷克斯拉夫的团中更为盛行。在现在，我们必须要记着，自我批评是应该得到一定的组织上的结论呢！

在我们一般地讨论转变的时候，我们有一部分拿来专门讨论干部人员的问题。高尔基契同志就在上述的那篇文章中，发挥他的观点。他着重于对干部的教育训练，于是便得一个结论，认为在团中撤裁工作人员的态度，和党是应该不同的。当然，在这关系上，团和党的分别是不应忽视的。但在我的意见，由自我批评发生的问题，应该这样的来处置——即以自下而上的自我批评，来训练新的人员，淘汰旧的。然而无论在高尔基契同志的文章中，或李阿同志专门批评他的文章中，都没有一个字提及自我批评。干部的改造，没有自我批评，一定没有可能。而在讨论转变中的自我批评，若不用以改造干部，则只等于天主教的忏悔式。

高尔基契同志写道："关于人的问题，并没有关于我们整个工作系统

---

① 起源：原刊作"起原"。今正之。

的问题那末繁多。"这是不对的！人的问题与工作系统的问题，正是一样的多：如果我们不建立一种新式的"群众化"的干部，工作系统上的转变也无由做起。所以，一种不同的新的人物，对于我们是绝对的需要。不过，从那里去求得这些新人呢？不是从实验室，不是从团校，却是从实际的斗争中，方才可以求得。这个斗争，不但只是对外的，对共产青年团敌人作的斗争，也是团内的一种的斗争。自我批评者应该认清那种对右倾的、官僚派的、怠工的、无用的工作人员斗争的力量，所以如高尔基契同志那末说是错误的：

"国内有些分子以为转变的施行只不过是①工作人员的变换。这种危险，也不应忽视。这种方法是不正确的。"

如果把那些团员认为是转变的障碍物的工作人员撤换了去，是不会不正确的。当然，我们要使同志明白，撤换工作人员只是第一步，后面还必须继之以团员的活动化和新干部的发展。但假使阻止团员的撤换干部，并指出教育训练的必要，这却是对自我批评的一个致命的打击。我们应该更大胆地吸引新的青年干部。我们不要说这个或那个位子是何等重要，也不说我们年青的同志，智识是多末浅显②。我们应该坚决地提拔他起来，尽力地帮助他工作。

再说一遍，自我批评不是天主教的忏悔式。那个工作人员表现得不能执行转变，因为他们或是不能政治地去了解转变，或是另外的原因，他就归根结底是右倾分子，应该撤裁。

我们现在所举行的讨论，一方面又密切地与实际工作联系③着，一定能给我们以执行转变的可能。同时，也可作今年十一月将举行的十次执委全会的一个准备。

1930，3，30日译完

---

① 只不过是：原刊作"只不是"。今正之。

② 浅显：原刊作"浅鲜"。今正之。

③ 联系：原刊作"连系"。今正之。

《少共国际纲领》的序言①

这本在共产国际主席团通过后印行的《少共国际纲领》，在目前可说是国际无产青年运动最重要的文献。它把无产青年运动的理论，以及几十年来的斗争与努力的经验搜集起来，把它们一般化起来，很有秩序的陈述出来。这种理论，在这纲领里是以世界革命为立脚点而采用的。几多年来无产青年的先锋军的战绩，有着它稳固的基根。劳动青年群众为争取特殊利益的斗争，是常与共产国际世界革命的总路线联系②着的。所以，在这意义说，《少共国际纲领》也就是革命青年在为实现世界无产阶级专政而战时的纲领。

少共国际的纲领是共产主义者理论与实际联系的一个好例子。它理论的基础是：马克思的关于青工的论文；青年国际的斯都加尔特成立大会的决议（1907）③；李卜克内西在该会上的讲演《军国主义与反军国主义》④；青年国际的《原则宣言》草案（1916）；同年列宁的关于青年的论文；少共国际的柏林纲领（1919）；列宁在苏联共产青年团三次全会上的讲演。此外，则自然还有共产国际六次世界大会通过的纲领。但少共国际只把这些理论的遗产，有条不紊的整理起来，是不能就觉满足的。在这理论之上，它还要益之以在革命中获得的经验的宝藏。这些经验，在战前的社会主义青年运动是不能得到的。青年的参加武装斗争，青年

---

① 本文未注翻译日期，原刊于1930年2月25日出版的《列宁青年》第2卷第9期，署名"沙洛译"。今据文末所具"少共国际执委1929,5月莫斯科"，可知这篇《序言》亦由少共国际第五次大会通过，冠于《少共国际纲领》之前，是对这个重要文献意义的评述和内容的提要。殷夫在本文后的译者附记中，还有一个"预告"："《纲领》是在翻译中，大概不久可以印单行本出来……"可见《少共国际纲领》亦由殷夫所译（见后文）。

② 联系：原刊作"连系"。今正之。

③ 此指1907年多国社会主义青年团在斯都加尔特成立了"青年国际"。

④ 李卜克内西的讲演：见前文《李卜克内西生平事略》注释。

的为建设无产阶级专政的斗争，在殖民地半殖民地中的"地底"的工作和苦战，对法西斯主义、白色恐怖的决斗，以及在无产阶级专政下的青年运动、社会主义建设的参加——凡此一切共产主义青年运动所得的伟大的革命经验，是统统的纳到这个纲领里来的。

这纲领里面，有两个主要的意义。了解了这两个意义，则共产主义青年运动的关键与原则，就可一目了然了。这两个意义是：第一是现在社会机构中青年起的作用；第二是在阶级斗争中及斗争中产生的组织里共产青年团的作用。

资产阶级和社会民主党是怎样估量青年的作用的呢？资产阶级和它[①]的社会民主党走狗常一般地说到青年，它们却不能看到彼一青年，此又是另一个青年。统治阶级的青年靠着剥削来的金钱而生活，它们是训练着去做未来的剥削者的。而在另一方面则有从很早的年龄，就从事于紧张而痛苦的劳动的青年。

资产阶级与社会民主党用了甜蜜的口吻来对待青年，想把他们屏之于[②]阶级斗争的场外，阻止他们阶级觉悟的发展，使他们永为被剥削的奴隶。

少共国际坚决地扯毁这些笼罩劳动青年的罗网，使青年群众张开眼来看清目前在社会中的地位。这是它主要责任的一个，因此这纲领里有对各部青年群众的经济与政治的地位，以及他们在产业中、社会生活中、阶级斗争中所起的作用，有整个透澈的分析。它显示出：青年工人是工人阶级中的主要部队，他们的斗争也成为阶级斗争中最活跃的一部；而且他们作为了一切被压迫、被剥削青年群众的领袖，斗争是他们唯一的阶级教育。

少共国际不要像资产阶级一样地滥用了虚伪的词句来献给青年，这只不过是想掩蔽他们阶级利益的工具。革命的青年是不需要这些的。

将来，是无疑地属于青年的。但是我们要问：属于那一种青年——剥削的呢？还是被剥削的呢？《少共国际纲领》就是证明给被剥削的青年

---

① 它：原刊作"他"。今改之（以下同改）。

② 于：原刊作"与"。今正之。

们看：他们在阶级斗争中的地位，是何等的重要。资产阶级、社会民主党以及其他一丘之貉的青年理论，是何等的伪善。

所以这纲领的主要意义，是说明青年在现社会中的地位。在这基础上，又具体地决定了共产青年团的作用与目的。

因为我们与我们的敌人在一般的生活上对待青年的态度就有不同，所以我们和他们之对于青年团体的观念亦是大相差异的。我们的敌人非常明白共产青年团的作用，他们就用一切的手段来向之攻击。但在我们自己的队伍中，对团的作用的认识，是有过很大变迁的。这一点，假使我们回想一回想在柏林纲领中所规定的意见，那是很明显的。在那个纲领里，青年的任务只不过是作为①革命运动的先锋队，而团与共产党的关系是认为这是两个独立的，然而是一致的组织。在它的第四节，我们看："青年工人是无产阶级中最活动、最革命的部队。"从这节的前提便得出了第五节的结论："对党的组织上的关系，决定于两个原则：（一）青年独立；（二）密切的联络②，相互的帮助。"

少共国际与共产国际的关系，说明在第十四节中："少共国际的执委会组织上与第三国际联络，并与③之密切地合作。"在这里，领导与服从是完全没有的。所有的，只是组织上的联络同合作而已。

柏林纲领的这些原则，完全表现出当时共产主义运动的实际情形。那时候，虽则不是一切国家中都如此，但大半国家中，青年共产主义的组织实际上都做着共产主义运动的先锋队。他们组织共产党，从他们的队伍中产生出最初的共产党小组。这样的实际情况自然不得不影响到当时共产主义青年运动的理想与它一般的地位了。

但是柏林纲领对于无产青年的任务及其组织问题的态度，是不是能和共产主义运动的基本原理和目的相符合呢？不用说，这种态度，在历史上

---

① 作为：原刊作"作用为"。今删去"用"字。

② 联络：原刊作"连络"。今正之（下同）。

③ 与：原刊此后衍一"与"字。今删之。

是不可避免的。因为那时在很多的国里，这种革命青年的组织的确定是在与老的机会主义政党血战中形成的。它们是共产主义运动的基石。但现在呢？共产主义运动已发展到整个世界，它是成熟了，而且革命运动的真正的首领——共产党也产生了。所以，共产青年团与共产党的关系，共产青年团在革命组织系统中的地位与任务，都不能不经过一次彻底的变动。

少共国际第二次大会，经过了在会议中一阵长时间的斗争（这斗争后来又扩大到各国的团部中去），结果是通过了团对党作政治上的服从。在这时候（1921），虽有许多共产主义青年团体的领袖，充满了"先锋"的意识，拒绝接受，但这个决议是绝对的必要。不过实际证明二次大会的说法还不适当，因为在事实上党和团的关系是超出了"政治上服从"的限度，而共产党确确实实成了青年团的领袖。

那末，究竟什么是"政治上服从"的真意义呢？我们是共产主义者，难道不了解政治和组织、组织和政策严格的说来是不可分离的吗？难道说，政治上的领导是不会倾向到组织上的指导去的吗？在事实上，一切发生的事情，都就是这样。共产党领导着团做一切的工作，这种领导以两种方式出之：党部去检阅团部的工作（互派代表，以团的工作报告给党等等）；次则①，党员在团内工作。这就是少共国际新纲领定下的党团关系。

党对团的领导并没有阻止了它组织上的独立。它们还有它们自主的组织选举出来的干部，有它广泛的民主和内部的问题。这些对于一个团员的初步训练是非常的必要。

党团的关系是为团在革命运动中的地位所制限的。这问题在这个纲领里，配合着青年在现社会的地位，有很完美的解决：无产青年的可贵的质量，是不能否认的。但我们依然认为，领导的权力总要放在共产党的手里。换句话说，是放在先一辈的手里。我们应该认清，我们一定要在先辈的领导之下，在日常的斗争中学习我们革命的功课。在共产主义者的营垒中，先后辈是没有敌意的。我们没有"长""幼"的意见。这些

---

① 次则：即其次则是。

是只让资产阶级去胡闹的。

单是解决了党与团的关系，团的任务问题虽然大部可以决定，还是依然不能尽量解决的。而且，还有团与青工群众、与其他劳苦群众的关系，也是问题。

纲领建议，团是"共产主义学校"。这就是说，它是城市的及乡村的无产青年群众的政治组织。为分析这个意见，纲领这样写着：

A.青年必要参加"政治"，这是参加阶级斗争。因为这是共产主义训练的主体，所以团在完成为青年群众之"共产主义学校"的任务中，必须是一个战斗政治组织，作为①劳苦年青群众的先锋（不是如以前似的作为一切劳动群众的先锋）。

B.团因为是一个无产阶级的组织，所以一定要以青年工人作为队伍中的领导主力。同时（团的范围比党要更广，因为它是教育的组织）也要包含其他的劳苦青年。纲领中，关于团对其他部分青年群众在各种不同环境中的态度，有一个很详细的说明。

C.团作为青工群众的先锋，最先自然要吸引其进步的革命分子，但并不能就此自封。它还应该吸收更广大的劳苦青年群众，这样才能完成它教育的任务。所以，团与青年群众的关系，并不是少数先锋，或"最进步的集团"与广大群众的关系，群众应该就在团内的。在这里，他们受进步分子的领导而受共产主义的教育，特别是受在团内工作的党员的领导。

D.说团是一个群众的组织，却并不是说团不要其他青工的群众组织了（如工会、教育的、军事的，……）这些组织还是必要的。在阶级斗争中，②这些组织对团有一种附属的作用，因为它们可以接近比团直接可达的更广大的青年群众。团应该领导他们，而从它们中吸收成分到自己队伍中来。

E.在现阶段，青年工人群众、一般的青年劳苦群众③的斗争，应该有

---

① 作为：原刊作"你为"。今正之。

② 此句及以下，原刊作另起一行。今移接上一行。

③ 青年劳苦群众：原刊漏"苦"字。今补之。

一个国际的领导，把他们国际地汇合起来。所以，团组成一个世界的集团——少共国际。少共国际的纲领，同时也是其支部的纲领，是带着国际性的。这个纲领，在无产青年运动有史以来的第一遭，搜集了一切的经验，定下团在各种各样的环境中——资本主义国家、殖民地、半殖民地、无产阶级执政的国家——的工作大纲。

这就是少共国际关于团的机能的说明，同时也是《少共国际纲领》怎样说明青年团员和一般青年群众在现阶段中的任务。这个总括起来，简单的可以如下：世界上是并没有一体的"青年"的——青年与社会一样，也分为阶段；团的任务是吸引青工群众去为世界革命而奋斗，并且在它们的领导之下，更吸引其他的劳苦青年群众，在斗争中训练以共产主义的精神。党领导团，共产国际领导少共国际。它是一个世界的共产青年团。

这些，就是这个纲领中关于团的作用与目的的主要意见。理解这些，融化这些，就是理解我们运动的根底，也是找得了解许多问题的关键。纲领的其他一切问题（当然并不是指那一般的问题，那些是以共产国际的纲领的精神定下，作为这纲领的基石的），都是次要的。它们都能在纲领的总问题下，找得解决。这两个是：青年的作用问题与团的作用问题。

在初看，这纲领似乎太大了。事实上也是，它是这样广泛，没有人能够把它一口吞完。但每个读者都要记住，把纲领无论那点摘了去，是无有不损及全部的。引证还是很少的，可以说只是国际青年运动基本文献的一个节本。如果说，这纲领终于是太浩繁，那只有怪青年运动是太发展于全世界了，它在整个无产阶级斗争中所尽的力是太大了。

纲领的原文是德文。但在译著时，我们都要尽力使理论绝对的正确。这对于这样重要的一部文献是非常必要的。同时，因它也是一部青年的纲领，文字还力求简显。如果这里依然有地方带着深涩的作风，这一定是为了形势上实难两全其美的缘故。

这纲领自始至终是以思想的一贯与革命的意志和谐地贯生起来的。因此，它不能分段来读，如放下纲领的整个全部，则没有一部是可以了解的。假使有人问，在这纲领里，什么东西是应该研究的呢？答案是：纲领的全部是应该研究的。因为只有这样，才能理解共产主义的青年运动。但正因为纲领是那样浩繁、那样重要、那样要注意读、那样在共产主义青年团体的政治教育上有伟大的作用，所以对于怎样研究这纲领，是可以想出些办法来的。这是教学方法的问题，这用不着讲，我们的团体是能手。这是指出纲领的主要点的问题，找出它基本意义及了解其内在的相互关系的问题。

假使要解说纲领①的每一要点，则必然需要著几本书，才有可能。关于这问题的解决，应该立刻就有办法；虽然大部是要由少共国际的执行委员会来担负，但更广泛些的"理论"工作是各国团部的工作。这样才能真正地"融化"这部纲领。

每个团员都有责任去研究这部纲领，融化这部纲领，并且要在青工群众之中运用这个尖锐而有力的武器。

少共国际执委一九二九，五月莫斯科。

关于五次大会通过的纲领，少峰②同志曾做了一篇文章介绍过的。现在这篇少共国际执委会的序言，也是很可帮助"融化"这部纲领的。所以特地先译出，登载"列青"。值得预告的是：《纲领》是在翻译中，大概不久可以印单行本出来③。青年的同

---

① 纲领：原刊缺"纲"字。今补之。

② 少峰：即华岗（1903—1972），少峰是其号，浙江龙游人。1924年秋在宁波省立第四中学读书期间加入中国社会主义青年团（即共青团前身），曾任团宁波地委宣传部负责人，1925年8月调任团南京地委书记。同年9月，转入中国共产党。1926年4月，任团上海沪西区委书记，8月调任团江苏省委书记，9月任中共江苏省委常委兼秘书长。1928年2月，任天津团省委书记。6月，赴苏联出席中共"六大"和团"五大"，当选团中央执委、宣传部长。又出席共产国际"六大"和少共国际"五大"，至9月回国，筹办团刊《列宁青年》，并任主编。殷夫即在其任内进入团中央宣传部，任干事。同年11月24日出版的《列宁青年》第1卷第4期上，他曾发表《介绍少年共产国际纲领》一文。1930年夏调离团中央，任中央湖北省委宣传部长，从此专注党的工作，历任中共长江局委员、中央宣传部副部长、中共华北巡视员、中共福州特委书记。1932年9月在青岛被捕，后转济南监狱、山东反省院、汉口监狱。1937年由董必武与国民党当局交涉释放，任《新华日报》总编。解放初任山东大学校长，后因"胡风集团"与"向明集团"案被捕入狱，判刑13年。1972年5月17日逝世。1980年3月经中央批准彻底平反，恢复名誉。

③ 从这个"预告"，可知《少共国际纲领》亦为殷夫所译。

志们，你们有问过"共产青年团究竟是什么？是不是小共产党？少共国际又是什么？它①同第三国际的关系又怎样？现在世界无产青年运动的地位怎样，路线怎样？……"等等的问题吗？你们找不到完全的解答，只有这本《少共国际纲领》，才根据了马克思列宁主义的基点和分析，给与最正确、最合式的回答。不仅如此，《少共国际纲领》还正是我们目前实际斗争的重要武器。——译者。

少共国际纲领②

（少共国际五次大会通过，在1929年3月13日经共产国际执委主席团批准。）

资本主义把劳动阶级里的青年与儿童，大批的拉进生产过程中来，把他们压迫在最残酷的剥削条件之下。因此，资本主义轭③下的青年工人，是劳动阶级中被剥削得最厉害的。资本主义在它发展到帝国主义的阶段时，对青年工人压迫得更凶猛，但这也使青年工人战斗精神与阶级觉悟更加发展，使他们知道团结的需要是日益迫切。

---

① 它：原刊作"他"。今正之。以下类似的同改。

② 本文篇幅较长，由10个部分组成，共约34000余字。加之原是德文版，所以殷夫在前文《序言》译者"附言"中称："《纲领》是在翻译中，大概不久可以印单行本出来。"今原版单行本不见，今据于共青团中央办公厅1957—1961年编印的《中国青年运动历史资料》第7册第528—575页的《少共国际纲领》收录。文末注有"1930年5月出版"字样。可知殷夫是在翻译了《序言》之后，又用了将近两个月时间才完成这部重要文献的德译中任务。同时，殷夫在同年9月所作的《一部青工必读的书籍》一文中又述及"现在这本书（指《少共国际纲领》）已由中国共产青年团中央译成中文，已经出版"。可知这个单行本是以当时共青团中央的名义翻译并出版发行的。

③ 轭：车辕前边架在牛马肩上的人字形曲木。喻指受压迫剥削。

十九世纪末，那正是帝国主义开始形成的时候。那时组织成的无产阶级青年团体，有三个口号：反对军国主义，争取青工利益，学习社会主义教育。在劳动运动中得了势的改良主义，当时也想来影响无产青年群众。他们的政策是使青年与一切斗争隔离起来，把青年的组织①变为纯文化的团体。可是，这是失败了的。他们不能拘束住青年的革命情绪，所以在欧战之前，社会主义的青年团体就成为劳动运动左翼的支柱了。

劳动阶级对资本主义的斗争，需要一个国际的、无国界的组织与活动。这一点，革命的无产青年也很快的认清了。他们知道，他们的斗争必须国际地进行，才有胜利的保障。所以他们，不管社会民主党中的改良分子怎样反对，终于创造了他们的"青年国际"，在一个国际无产阶级的战士——李卜克内西的领导之下。

1907年，这些无产青年的团体团结成为社会主义青年团体的"国际联合会"。这会的成立典礼在斯都加尔特②地方举行，这个无产青年运动的基本原则是革命的马克思主义。在战前，这联合会取得了并训练了广大的青工群众，为社会主义特别是为反军国主义而奋斗，对社会主义运动贡献极大。

帝国主义的世界大战，和跟着成长的世界革命，对于城市或乡村的青年，都有很大的影响。甚至连殖民地国家中几百万的青年奴隶也都从睡梦中惊醒过来，走上革命的战线去了。青年的工人群众，在战争与世界革命的火光中，也转入政治斗争的道路，在共产主义的旗帜之下集合起来了。

在1914—1918的帝国主义大战中，当社会民主党的全部都走向资产阶级时，只有无产青年的团体和他们的青年国际，还都保持着对革命的阶级斗争精神的忠实，把那支被第二国际的政党所污辱的革命大旗，和

---

① 青年的组织：原文作"他们的组织"。今正之。

② 斯都加尔特：德文 stuttgart 的音译。今通译为"斯图加特"，是德国西南部工业和文化中心城市。

布尔什维克一道的，高高的擎了起来。甚至于在几个官僚派的领袖被社会民主党引诱了去的时候，有力的反对派立刻的形成起来。在战争的火焰之中，无产青年运动反而愈脱离了它过去的懦弱，愈接近了真正的布尔什维克。在各国劳动阶级还没有真正的革命党时，这些无产青年的团体却孤军奋斗的单独的与帝国主义战争，与资产阶级及其社会民主党走狗作猛烈的政治斗争，筑好了以后各国革命的无产阶级政党的基地。

俄国无产阶级专政的实现，苏联的建立，对全世界的青年运动，又是一个大大的刺激。

在战争中高举革命旗帜的青年国际，是第一个与第三国际合作的集团。后来，它成为少共国际。一切资本主义国家的、苏联的，以及殖民地的青年群众，都在它的旗帜之下，为它的口号而战。

少共国际是斯都加尔特青年国际的真正继承者。它的存在，是全赖于几万的无产青年战士。他们在世界大战的恐怖中为革命而战，他们打倒了一切的欺骗，把青年国际巩固起来。他们为着他们阶级的解放，为着反军国主义与白色恐怖，在革命斗争中牺牲了自由和生命。少共国际是要继续这些青年战士的斗争的。它要把各国的、殖民地的青年劳动工农群众组织起来，并领导他们去反抗资本主义的剥削与帝国主义的侵略压迫。少共国际在无产阶级国际主义的旗帜之下，是一个真正的青工群众的世界组织。它在共产国际的队伍中，携手作战。它最大的任务是为共产国际争取青年群众。有青工群众作为后盾的运动是无敌的。它的眼前，是未来和胜利！

在它的纲领里，少共国际说明它的观点、它的原则和它的目标。

少共国际是共产国际的一部队。它的工作基础是共产国际的纲领和法则。但在这基础之上，它还要有它自己的纲领，就是①规定出在为共产国际与共产主义的斗争中它自己特殊的任务。

---

① 就是：原文作"这是"。今正之。

帝国主义战争与世界革命的时代

在目前压迫着大部人类的资本主义，其根基是私有财产制度和无限制的商品生产。从这根基上产生出来的资本主义社会的特点是：资本家阶级以及大地主独占了主要的生产手段，而坐着剥削那除了劳动力之外一无所有的工银劳动阶级（无产者）。为利润的生产和资本家间相互的竞争，使生产不能有个体系而深陷于无政府状态之中。资本主义社会，和其他建筑于私有制度与剥削制度之上的社会一样，是阶级的社会。其中基本的阶级，是资产阶级与无产阶级。因为它们的利益是绝对不能调和的，所以它们不断的斗争着。在资产阶级国家中，资本家阶级（资产阶级）利用了政治的压迫来维持它经济上的支配与剥削。因此，资产阶级国家虽然可以有种种不同的形式（君主的、共和的），但都是资产阶级维持其对劳动阶级的剥削权及镇压劳动阶级的解放运动的暴力机关。在这一点上，它们是完全无差别的。

跟着资本主义的发展，资本愈加堆积起来，集中起来，于是便形成这种种巨大的资本结合（加答尔、辛提加、托拉斯），垄断全部的产业和生产部门。工业资本同银行资本合并变成金融资本，变为资本主义经济的主要形式而君临一切。所以，自从二十世纪开始以来，以"自由竞争"为特色的工业资本统治时代，便过渡到了资本主义的最后阶段——帝国主义时代，以巨大的金融资本的独占形态为其特点。在帝国主义时代中，不像工业资本时代似的以商品输出为其主要的现象，却代之以资本的输出。而这现象和资本家之间的为原料地、市场、投资地而起的竞争，是有密切关系的。本来，在帝国主义时代以前的时候，资本主义国家已经把地球的大部在政治上经济上，分割成殖民地、半殖民地以及势力范围了。等发展到了帝国主义阶段时，这种土地的抢夺必然引起了再分割一次的竞争。

各国的资本家都利用了他们的国家势力，互相地为争夺殖民地，争夺市场，争夺原料出产地、投资地、燃料出产地，以及全世界的霸权而勾心斗角地斗争。结果①呢，自然会引起各帝国主义国家间的武装冲突，而发展成为帝国主义的世界大战。

资本主义制度到了帝国主义时代是发展到了顶点。帝国主义把世界经济的生产力提到最高的处所，整个的世界都笼罩在它的势力之下。但同时，帝国主义也显示出它寄生着的衰落，显示出资本主义的腐烂与崩溃。因为帝国主义把资本主义内在的矛盾与冲突，也加倍的发展起来，终于会不可避免地走向整个资本制度的灭亡。

在一切范围内继续地形成独占形式的金融资本，为了它的独占，阻止了限制了资本主义社会生产力的更向前发展。一切的权力都操在少数财阀的手里，他们好像寄生虫似的活在世上。帝国主义把剥削阶级与被剥削阶级、帝国主义国家与殖民地的矛盾发展到了极度，把人类也分成了压迫者与被压迫民族。这一切的矛盾与冲突，必然要引向世界革命。帝国主义造成了生产手段的集中、劳动的社会化，工人阶级及其组织的生长，被剥削群众中的革命情绪，差不多可说是造成了一切社会主义胜利的先决条件。

但是，这个基本的革命倾向，一方面为帝国主义资产阶级利用了无产阶级的腐败分子所阻遏；他方面在殖民地与半殖民地，则为恐惧群众革命行动的民族资产阶级的奸细所出卖。帝国主义国家的资产阶级，为了他们对殖民地及半殖民地的剥削，获得了更多的（利上加利的）利润，这些，它们就利用了来增加"他们的"工人中之一部的工钱，以便于发展他们"祖国"的资本主义，便于更残酷的掠夺殖民地，并可把这一部工人拉到帝国主义的怀抱中来。所以帝国主义一定要在国内创造一部生活较好的工人，使他们的眼光变得非常守旧，——这就是劳工贵族。这些劳工贵族和官僚派（黄色工会领袖等等），就是工人运动中的改良主义——社会民主党——的经济基础。社会民主党是与帝国主义有好勾结的，并且它也自己证实了，它是资产阶级在工人阶级中的密探，它是拥

---

① 结果:原文前有"到"字。今删之。

护资本制度最得力的工具。

不过虽然这样，帝国主义冲突的尖锐化，广大劳动群众地位的低落，军事冲突中巨大的担负与损失，世界市场上霸权的衰落，或殖民地的失去，凡此种种的事实，都足摧毁改良主义在群众中的基础。

帝国主义是资本主义发展的最后阶段。它是垂死的、崩溃着的资本主义，也是走进社会主义世界革命的门槛。

在资本主义世界里，各个个别的国家，政治经济的发展是不相均匀的。这是一个特性：一到了帝国主义时代，这种不平衡只有更加厉害[1]。因此，世界革命绝对不是万国同时一举而就的事业，却包含了人类历史上的一个时代。在这时代里，充满了巨大的社会斗争、战争和革命。所以，社会主义的胜利在起初只有几国或甚至一国才有可能，但这几国或一国的胜利是全世界全社会主义胜利的第一步。

1914—1918年的第一次帝国主义战争造就了几千万的死伤，摧残了毁败了金融、工业和交通，给与工人群众以饥饿与不幸。它震摇了整个的资本制度。它是资本主义恐慌与衰落时期的一个开始。这时期酝酿了可怕的新战争，只有在资本制度完全推翻，世界革命胜利的时候，这些才会终结。

世界革命是以俄国无产阶级十月暴动的胜利开始的。在这地球六分之一的地面上，横跨着欧洲和亚洲，工人阶级取得了政权，建立了社会主义苏维埃联邦共和国。在苏联里，社会主义的共和政体巍然地存在着。她变成了国际无产阶级的脊骨，使他们获得一个有组织的国家作为后援了。她这活生生的成例是劳苦群众一课革命的教材。她的存在是帝国主义的致命伤。

从此，在世界经济的体系上，矗立了两个不可妥协的社会制度——帝国主义的和社会主义的。帝国主义虽然为内外的矛盾所磨难，但总张牙舞爪地要造成一个联合战线，进攻第一个无产阶级的国家——为全世

---

① 厉害：原刊作"利害"。今正之。

界革命势力所拥护的苏联！他们想用新的经济封锁、反革命的阴谋、武力干涉以至于公开的战争，来毁灭苏联。但可怜，他们这种的企图，只不过是自己给自己掘好坟墓，让世界的革命群众来把他们埋葬而已！

继俄国革命而起的，是芬兰的革命和中欧的革命浪潮，特别是德国、奥国和匈牙利的革命。虽然这第一个革命高潮（1918—1921），在苏联之外终于为了社会民主党的欺骗，和无产阶级政党的幼弱而遭了失败，告了终结，但国际工人阶级毕竟也有它伟大的成功：苏联和第三国际的建立。

在大战后，这个革命巨浪过去之后，大半国中的资产阶级，用了严厉的政治上及社会上的反动，采取了使群众更受压迫更受剥削的经济手段，的确部分的造成了暂时的资本主义稳定。但在这稳定的条件下，却产生了战前所未有的巨大矛盾。工人阶级和劳苦群众在复兴的有力的斗争中，不但是对资本进攻的抗敌，并且已走向反攻的形势了。

重复成为帝国主义列强一员的德国，最是这种大规模阶级斗争的战场。1926年的总罢工和矿工斗争也表现出大英帝国主义的危机。1927年7月维也纳工人阶级的叛乱，可说明欧洲工人群众革命化的过程。一切的资本主义国家，全都被有力的罢工和从未有的紧张的社会斗争所掀动、所扰乱。就是殖民地及半殖民地的被压迫民族，也都揭竿而起，作解放的斗争。中国的革命，给与了帝国主义列强以最大的威吓。叙利亚、摩洛哥、印度尼西亚也都竖着叛旗。在中美及南美，从墨西哥到阿根廷，都浮荡着叛乱的气氛。

到了这时，资产阶级看见它们的地位岌岌可危，便采取了更暴烈的直接专制。"民主的"权利是给废除了、摧残了，议会主义也成为古迹，国家内专擅的势力一天天的增加起来。而且整个的政权机关之外，还有许多有力的暴力组织来作为羽翼。这种资本帝国主义反动的发展，形成了法西斯主义的特殊形态。法西斯主义用了社会煽动的方法，利用了小资产阶级与农民的穷困与不满，并利用了一批脱离阶级的无产者，专门来消灭革命的工人运动。这就是最近大资本的恐怖主义专政。有时候，资产阶级为掩蔽他法西斯蒂的手段，可以与社会民主党勾结起来，但这社会民主党却是专以消灭工人阶级战斗力，协助资产阶级扼杀工人为职业的。

不过，无论怎样，资产阶级想恢复资本主义的势力，没有一种计划不是增加对工人阶级的剥削。所以，阶级的对立是更加紧张了。这种对立是唯一足以摧毁资本主义基础的。同时，资本国间势力的变动，又引起新的帝国主义冲突，又酝酿了新的帝国主义战争，也就是整个资本制度的新的扰动。而帝国主义压迫的加紧，又促迫了殖民地半殖民地民族解放运动及反帝革命的发展。帝国主义把人类关在一个迷宫里，只有无产阶级世界革命是唯一的救星了。所以推翻资本主义成为国际工人阶级直接的战斗目标。要达到它，只有用暴力的革命。

社会民主党常说：资本主义能渐渐的、一步一步的、民主的进化到社会主义去。其实这句话与社会演化的定律和基本事实是相反的。他们之所以要这样说，那不过是借以欺骗群众，以掩遮他们与资产阶级无耻的合作，以蒙蔽他们为资本制度尽力服务的丑态而已。

无产阶级世界革命，有很多不同的过程：纯粹的无产阶级革命、资产阶级性的民主革命转变到无产阶级革命、民族解放革命，以及殖民地革命。这一切的革命，都引向一个总和——世界的无产阶级专政。

"在先进资本主义国内的阶级战争与整个体系的民主的或革命的运动——如落后的被压迫民族的解放运动——结合的时代里，社会革命才会发生。"——列宁。

工人阶级如果不能把整个资本制度捣毁，把一切被剥削、被压迫的群众解放出来，那他自己也是不得解放的。所以，工人阶级是到最后还是革命的阶级。

工人阶级应该领导城市的和乡村的工人群众与资本主义作战。它应该把贫农以及殖民地的被压迫的劳苦群众，聚集在自己的周旁，推翻资产阶级，建立无产阶级的专政（苏维埃政权），没收大地产、银行、交通、工业，而置之于国家的管理之下（无产阶级的国家化）。无产阶级要利用它的专政，无情的镇压剥削阶级的反抗，并且用工人代表会议（苏维埃）的方式建立无产阶级的民主。在这样坚固的政治经济基础之上，工人阶级和贫苦的农民群众联盟着，携手共建社会主义，使人类进入大同的社会。

工人阶级要达此目标，只有在无产阶级政党领导之下才有可能。因为该党是工人阶级中最进步、最勇敢、最觉悟、最有经验分子的组织。它是代表整个工人阶级的利益与目标的。

每一国内共产党的存在，是争取无产阶级专政胜利的先决条件。

世界革命胜利的物质条件即已具备。所以，其胜利只有看工人阶级与被压迫群众的劳苦群众的联盟的斗争意志与能力而定的了。所以，工人阶级必须从改良主义的幻想中跳出，打破了一切社会民主党的影响，而在共产国际及共产党的领导之下作战，夺取政权斗争的胜利。只有为共产主义的原则和目标而争取工人阶级大多数，是最基本的条件。共产国际的战术与策略，指示给无产阶级以胜利的道路。

帝国主义下的青年工人

目前青年的状况和他们的社会地位，是资本主义社会的阶级性的最明显的表现。因为青年的阶级的分歧①，是丝毫毕露般的明显。被压迫阶级的青年与统治阶级的青年，正和被剥削阶级之与剥削阶级一样，没有一些东西是可同日而语的。统治阶级的青年占据着有用特权者的地位，享有了一切抚养、教育的利益，文化、科学、艺术的厚惠。他们是剥削阶级、统治阶级的预备队。然而资本国及殖民地内城市和乡村中的青年劳动者怎么样呢？他们分担着成年工人的恶运，他们是最残酷的剥削的目的物。资产国家内资产阶级所花的一些青工教育费，只不过是在于造就他们成个工钱奴隶，成个机器的附庸，以供他们未来的剥削而已。

假如说：在资本主义下面成年工人的经济地位是特别的不好，则青

---

① 分歧：原刊作"分岐"。今正之。

工的地位可说是绝对的悲惨，绝对的不可容忍。

工人阶级的儿女，在儿童时代就是资本主义剥削的对象。我们看到，除了苏联之外，全世界上一切悲惨形式的童工制，仍然是普遍的流行着。

从前的学徒，还可以希望在将来做个师父，但现在，这事情是不会再有的了。目前的学徒制，只不过是一种加紧剥削青工的圈套。这种制度，在资本国里是渐渐消灭了。但为了工业技术的进步，资本家无须招收熟练工人，因此他们可以把大批的青年和儿童吸引到生产过程中来。女性的儿童，要学习一种营业是特别的困难。这也是资本家的算盘，因为他们要利用资产阶级社会上的偏见，使女性不能学习什么营业，可以供他们加紧的宰割。就是甚至女孩有机会可学习的时候，她们的学习年期也总要比男孩更长的，工资也要比男孩更少的。青年工人中，只有上层的一部分，可以受资本家职业教育，这也无非是使他们成为技师、工头与极熟练的工人而已。并且就是这样狭小的职业教育范围，还是跟着资本主义的发展而减缩。虽然，这种训练有时可以造成很高的资格，其费用还是从广大群众身上刮来的。在青工群众之中，如照这字眼的真意义说，劳动贵族是没有的。

青年和儿童的劳动力足比成年要低贱的。可是，这句话并不是说他们的生产力是也要低些。恰恰相反，在许多地方，青工完全和成工做同等的工作，只是他们的工资是要少得多了。或甚至于这样：青工被强迫着去作工，在种种的骗局底下，一个工钱也不能到手（在学徒、帮工等等的名词底下）。就是说，有地方青工的生产力确乎比成工要低些，资本家从青工身上剥削的剩余价值，比例上还是多得很多。因为他们的工资，实在是太便宜了。资本家利用了青工的无组织，利用了青工童工抵抗力的薄弱，更利用了工人群众落后的行会观念，把青工的劳动代价降得低而又低。本来，青年工人为了他们的体力的软弱，和他们受教育训练的必要，应该有较优越的工作条件的。但资本主义只会做得相反，正因为青工智力和体力的薄弱，他们是更受残酷的剥削。所以，在资本主义下的青工，只有用帮工啦、学习啦、学徒制啦等等名义加长的工作时间

（一般的，总超过成工的时间），只有低微的工资，只有在肮脏的工厂中的夜工，只有无保险的危险工作，只有广大的失学，只有工头的虐待，只有大批的失业，无所依赖——这些，是他们唯一的悲惨命运。

在为争高工资及改良待遇的斗争中，最大的难关之一，是成年工人的行会观念。这种偏见是由改良主义黄色工会领袖们努力培养起来的。他们常会把青年工人看作自己的竞争者，青工的地位，他们总置之不理。资本主义真是聪明家伙，它利用了这种行会观念，来分裂工人，甚至来造成青工与成工间的斗争。在一方面，它可以放胆地减低青工的工资，残酷的使他们生活恶化；他方面则经过廉价的青工，而间接的压低成年工人的工资，恶化他们的生活条件。

在小工业或手工业中的青年工人，工作的条件更形恶劣。因为这些工业在与大工业竞争之中，不得不加紧对学徒的剥削，以补救其损失。在这些工业中，学徒制还是普遍的存在的，而且是唯一的剥削的形式。这现象在落后国家或殖民地中，特别发展。这里的学徒，是在雇主或工头的专制管理之下的。

女孩特别是资本主义残酷、无耻的剥削的目的物。她们的地位比男孩还更不如。很多的工业、很多的生产部门，差不多全部都雇用女工，其中大部分是青年（纺织业、佣工等等……）。她们要做很长时间的工作，而工钱则可怜的少，比男孩还要少。到目前，青年女工是更加增多了，就是有害她们康健的工业，也要雇用。而她们是特别被雇主和工头无耻地约束着的。这种不可容忍的经济情形，使很多的青年女子，从工农的劳动队伍中，被迫着逃去卖淫。

世界大战的时候，以及战后的时期中，劳动青年的痛苦是非常加紧的，成千成万的弱冠青年都被送上火线去当炮灰了。于是在军事工业中，不能不招入了大批的儿童（男孩及女孩）来代替他们，来代替成年工人。他们不但得不到一些应受的训练，并且要受最大的剥削。这种剥削，就连一些假慈善的保护法也踢在一边了。虽然在战后，劳动阶级的革命斗争，威迫了资产阶级不得不允许定下几条保护青年的法律。可是这些法律，有的是空有其名，有的是终于被取消了。资产阶级为要努力度过他们的恐慌，要造成他们的稳定，要使一切世界大战的担负落在劳动阶级的肩上，所以对劳动阶级的剥削，特别是对青年工人的剥削，很快的尖锐起来。他们用无穷尽的进攻，使他们的情形恶化，使他们的生活程度，降至空前未有的水平。

资本主义合理化以它最有害的结果（减工资、成群的失业、延长工作时间、社会法的恶化、工作强度可怕的增加等等），对于青年工人打击得特别凶猛。合理化的目的是要以更多的不熟练工人来代替熟练工人，所以对青工的一个特别影响，是工业中学徒制度的加速减少，同时却增高了青年工人在生产过程中的地位。一个由工作契约订定的青年工人和以前的学徒，是大不相同的。现在的青工更有重大的作用，而且比以前更成为生产过程中的主要部队了。但是，这并不会和青工大批失业的事实，有所矛盾。特别是那些刚刚离开学校的青年，一时找不到工作，都只好变成离阶级的群众。

资本主义国中的乡村劳动青年，也同样的受着可怕的剥削。在这种乡区中，童工制是盛行着的。这不但是为了贫农为生活所迫，而不得不要他们儿童做工，并且儿童被当作雇佣的劳动者，也是非常普遍的。一般的说，乡村劳动青年的劳动条件和生活情形，常比工业中的青工还要可怜。这些乡村工人或贫农的青年子弟，注定的要做极繁重的工作，而丝毫没有受教育的机会。而且时常为生活所驱使，不能不到城市去找工做。碰巧城市在这种资本主义衰颓期中，正充满了失业的大群，他们如果不陷入这个漩涡，只有离开故乡了。

为着准备帝国战争，压迫国内或殖民地的革命运动而产生的军国主义，也以青年工农为目的物。在募兵时，总是从他们的群众中来选择了去的。军国主义把青年的劳动者，做成帝国主义战争时最合适的炮灰。在许多国土中，青年劳动群众在读书的时候，就受了军事训练，就被军国主义捉住的了。资本主义的营房一定要把青年劳动群众变成一架自动机，使他们会盲目地去杀他们国内国外的同阶级的兄弟。一切帝国主义战争中，战壕中间流着的都是青年劳动群众的鲜血呵！

殖民地或半殖民地的青年劳动者，地位是比资本主义国家中更可悲悯。因为这里的青年无产阶级是辗转于重高压与剥削之下，而国内的压迫则更采取了封建的宗法的形式。土著工业和小商业在它们艰难竞存的斗争中，只是造成了一种欧美青工所从来未知的残酷的剥削（所谓美，是指北美合众国——译者）。童工是普遍的，因为跟着工业（多半是轻工业）的发展，殖民地的儿童和青年是无情的被卷入了生产的过程之中去了。从四五岁起的儿童，奴隶似的要在龌龊的工场纺车上，做十五至十八小时的工作，替伦敦、纽约、巴黎的大银行家创造剩余价值！工资是可怜的少，童工和青工被工头、雇主任意打骂，那真是家常便饭！

殖民地半殖民地的乡村劳苦青年的命运，也是可怕的糟：帝国主义的侵略，使农民的贫穷化加速进行，把大群的无土地的农民和青年变成乞丐，悲惨的维持他们的残生。有的都走入了雇佣的军队里去，或则是铤①而走险成为土匪。在大地主产业里工作的农业劳动者，生活是和奴隶不相上下的。

虽则资本主义在青年劳动群众的身上，刮了那样多的劳动力，吸了那样多的血液，但它依旧不肯给他们以最低的一些政治自由：选举的最低年限，使青年劳动者在资产阶级民主团体里，完全没有一些积极的或消极的权利（选举及被选举权——译者）；工厂委员会能合法存在的地方，青工是没有权利作代表的；手工业中的学徒，则特别是雇主奴役的附庸。在很多国家中，到现在还有着许多反动的规条，禁止青工加入工会，禁止学徒参加罢工，禁止青工加入政治团体、参加政治集会或示威等等。有许多国家则定出特别的法律，来禁止共产青年及儿童的运动。就算没有这些特制法律吧②，许多国中的共产青年也在一种半公开的状态中，不能不受政府不断的压迫。所谓"保护青年的淫秽法律"，实际是使

---

① 铤：原刊作"挺"。今正之。
② 吧：原文作"罢"。今正之。

资产阶级的当局多得到些压迫革命刊物和青年组织的借口而已。工场的雇主很残酷的可以拘捕青工的活动分子，一切资产阶级的压迫机关和他们的法庭，都是革命青年劳动群众的死对头，都是毫不放松的向他们节节进攻的。跟着阶级斗争的激烈化，资产阶级对青年劳动群众及其组织的进攻，也日益紧张。法西斯主义和白色恐怖，努力的要消灭一切非法西斯蒂的组织，一切革命的、阶级觉悟的兵士水手，都要被残暴的逮捕屠杀。青年劳动群众为争取他们的权利与要求，在斗争中所流的血真不知有多少！

资产阶级不但在经济政治上压迫劳动青年，并且紧接着这个，他们还努力要在思想上支配他们，毒杀他们。资产阶级很有系统地进行这个思想的进攻：在他们的学校中，他们所教给青年劳动群众的，只是一些怎样成为资本主义的奴隶的智识，只使他们将来在工厂中、在办事室中、在军队中、在政治生活中，成为资产阶级的奴隶；初等职业学校就是达到达个目的的工具。如果要开学，那只有资产阶级的及一部小资产阶级的子弟才有可能。而这些高等学校，也不过是训练"官僚"的机关，不过养成一批为资产阶级服务的政治的经济上的管理人和指挥者而已。在殖民地和落后些的资本主义国家，则无产阶级儿童根本就没学校可进。

把劳动青年训练成①资本主义"驯服"的工具，还有的是很广泛的文艺，由资产阶级的报章、刊物、宗教、艺术、文学、电影、游艺场等等来完成这个任务。特别是资产阶级的或改良主义的青年团体，也可以用种种不同的方式（教育的、体育的、运动的、军事的、政治的、宗教的，甚至自由思想的，工厂运动俱乐部、童子军等等）来在劳动青年群众中，散布他们意识上的毒药。

资本主义的恐慌一方面虽然增加青年劳动群众的剥削与痛苦；但同时他方面也造成了一种有效的条件，使他们更热烈的卷进阶级斗争的浪涛中去，和成年的哥哥们携手共同奋斗；使他们更团结起来，为他们的

---

① 训练成：原文作"训练对"。今正之。

特殊利益而作战。

在斗争中，青年工人是劳动阶级的一部，因为他们在生产过程中地位的重要，所以他们对整个劳苦青年群众起的作用，犹之是工人阶级对整个劳动群众所起的一样，是很大的。青年工人应该成为各种青年群众的领袖，应该夺取其他的劳苦青年，特别是贫苦的青年农民和殖民地的劳苦青年群众，领导他们对帝国主义作战，组织他们，引着他们走向胜利的前途。

少共国际的终极目的：世界共产主义

少共国际和共产国际的终极目的，都是世界的共产主义，都在乎废止一切私有制，消灭阶级的存在，而代之以劳动的公社和经济的有系统的社会组织。在共产主义的社会中，国家也跟着阶级的废除而死灭，一切人压迫人的惨事是永久不再有的了。因为阶级的消灭，和在共产主义秩序下生产力的猛进，一切的骚扰、贫富的区分、贫穷和缺乏都也必然的会消灭了去的。所有国家间的、种族间的不平等，所有两性间的不平等，所有智力劳动与体力劳动的分别，都一概要像烟云般散消净尽。富裕统治着全人类，文化空前的发扬起来，共产主义的原理"各尽所能，各取所需"是完全实现了。一个整齐的社会民主状态支配了全个世界，一切阶级间、种族间的斗争，和一切使人亡财破的战争和破坏，都永久的消灭了。全人类都致力于与自然的抗争，致力于①有条理的生产的发展，致力于科学与文化。他们是从需要的王国跳到自由的王国去了。

青年的劳动者和他们同阶级成年的同志们，都追求着这个目的。他们一切的努力与斗争，分析到最后，都是向着这个目标而实现的。世界共产主义也保证给青年们，他们必然会有这样一个光明的未来；这未来拿了与现在相比，则目前劳动青年之被帝国主义的剥削和压迫，简直是一个暗影、一个不可信的梦魇。

---

① 原刊无"于"字。为与前后句对应，今加之。

即就是在社会主义的社会里，由无产阶级专政领导着走向共产主义的社会阶段里，青年劳动者的生活也根本改变了。社会主义是共产主义的序曲。在社会主义之下，生产力并没有发展到可以任个人的需要而分配，所以分配还是按着劳动的多少而实行的。而且，虽然阶级是废除了，但阶级的残痕和资产阶级的是非观念还有着遗留。无产阶级专政的国家还要存在，城市和乡村的区别还不能完全消灭。但是这些旧社会的残迹，当人类从资本主义的脚镣里解放出来，战胜了自然力量，在共产主义精神上教育了自己之后，自然会消灭了去，会从社会主义走向完全的共产主义世界里去的。

社会主义社会的建立，必须也可能使青年劳动者条件完全大变。社会主义的青年劳动的改组，完全使生产力与训练和教育联系①起来，使青年劳动成为一个健全的社会主义社会分子的一种预备训练。所以，社会主义的社会青工，不复是工银劳动，而是由社会给养的。

这是无产阶级的伟大的导师马克思与列宁指示给我们的目标。因为马克思说：

"在工厂制度中，我们得到未来教育的经验，这会可使上了一定年岁的儿童，受一种把生产工作与教育和体育运动结合起来的训练，这不但可以发展社会生产，并这是训练健全人类的唯一方法。"

"假使青年的一代，没有把在生产过程中的劳动与教育连接起来，那末将来理想的社会，是不能实现的。无论是没有生产劳动的训练教育，或是没有训练教育的生产劳动，都赶不上近代技术发达与科学知识的水平。"

所以，在资本主义下只供剥削的青年劳动者，在社会主义下是需要一种完全不同的地位和作用了。社会主义的社会要尽所有的力量来保护他们；他们智力体力上的不成熟，在资本主义之下，是他们受特别严厉剥削的条件。但在社会主义底下，却是特别的保护的条件，利用机器使

---

① 联系：原刊作"连系"。今正之（以下类似的同改）。

劳动过程的简单化。科学与技术发达的结果，在资本主义社会中给与了青工以无限的痛苦，但在社会主义社会中，在一种有组织的生产中，却是一个完成青工教育，提高他们生活水平的工具。

劳动过程之进步的简单化，使青年能时常变换他们的工作，能把整个机器或整个工业的智识学习起来。这使他们可受多方面的教育训练，可使他们的能力充分发展。这样，心力与体力劳动的区分，是自然消灭了。因此，青年工人再不会如在资本主义社会似的，年年是做着一种老调的工作，而能够很清楚的观察并支配整个的社会生产过程了。他们不再会是一个机器的附庸，他们是变为机器的主人，变为一个自由的人类了！

工人阶级在夺取了政权以后，立刻就做到基本的步骤，改组青年劳动，保护青工，使受社会主义的教育。这些步骤又一些一些的向前发展。推翻资本主义社会，建立无产阶级专政，是开了青年劳动者最后的解放之路，一直引向社会主义和共产主义的世界！

共产青年团的必要和作用

工人阶级在唤起青工的阶级觉悟上，在领导他们参加阶级斗争上，有基本的需要。因为这可以保证工人阶级有源源不绝的新鲜的力量，这力量是能够继续解放斗争的。

特别是工人阶级的领袖共产党，也需要一支后备军去供给它以新的干部、新的队伍，像个预备学校似的去把青年一代的工人群众训练给它。而且，共产党也需要一个领导青年劳动群众为共产主义斗争的组织。

工人阶级一般的政治与经济的地位，和青工在资本主义下的特殊情形，使青工在总的阶级斗争中，参加了积极的部分，但他们同时也有特殊的要求。在完成总的任务的范围内，他们还要争取自己工作与教育的条件的改良。青年的体质上心理上的特征，需要一个特殊的组织，以适合他们的工作与训练，以尽量发挥他们启发的活动的本能。这一切的环境，使各国共产青年团的建立，非常必要。只有共产青年团，才是这个世界革命时期中青年劳动者的阶级组织。

对于青年及青年团体作用的估量，共产党和社会民主党的观念是各趋极端的。社会民主党和资产阶级的观念，虽然有一些浮面的出入，其根本的实质是丝毫无二。社会民主党宣称青年团体是"纯粹"教育的、文化的。他们反对青年参加政治斗争——阶级斗争。这自然，社会民主党用了阶级的协调来代替了阶级斗争，所以他们训练青年也用阶级和平的精神了。

法西斯主义和法西斯蒂的组织，是公开的实行反无产阶级的军事训练，公开的利用青年组织当作恐怖队的了；但资产阶级的青年团体，因为还没纯粹的带着军事性质，还不是公开的战争组织，所以不能不说他们是反对青年参加政治斗争的。实际上，这徒然是一个假面具。他们这种"论理"的根底，和他所谓"教育"的方法——这是和在资产阶级的学校中实行着的一样——只在乎掩蔽资本主义社会中阶级的区分、阶级的统治，而说是为"全民族"为"祖国"而服务，实际却只是为资产阶级服务而已！这种资产阶级和社会民主党青年团体的虚伪欺骗的口号，显然是不符事实，是和阶级社会阶级斗争的实情根本冲突的。他们的作用只有一个，是在做资产阶级的走狗。

社会民主党不要青年劳动者认清阶级社会的真相，也不要他们看见阶级斗争赤裸裸的事实。他们要阻止青年劳动者阶级觉悟斗争意识的发展，要把他们完全锁在阶级协调的镣铐上去。所以他们总笼统的讲"青年"，不分阶级的区别，以掩遮他们与资产阶级无耻的协调。社会民主党的青年团体，以乌托邦①式的、小资产阶级式的幻想来作他们的任务，说要在现存的资本主义社会条件之下，用文化的工作创造出一种"新的人"来。这实际是叫他们和阶级社会和真理完全脱离关系。这种实行着小资产阶级式教育的青年团体，却正有一定的政治教条，其目的是叫青年离开斗争，变为社会民主党，变为资产阶级的工具。

――――――――――

① 乌托邦：拉丁语 Utoia 的音译。源出希腊语"乌有之乡"。1516 年，英国人莫尔出版了《关于最完美的国家制度和乌托邦岛的既有益又有趣的金书》称，乌托邦是一个废除私有财产，实行公有制，计划生产与按需分配，人人从事劳动的社会。后来，"乌托邦"就成了"空想"的同义词。

共产青年团坚决的摒弃这种资产阶级、社会民主党叫青年不干预政治的虚伪口号。在社会生产中占着那么重要地位的青工，他们之热烈地参加阶级的政治斗争，可以表明无产者阶级斗争力量的增加，同时也是他们受共产主义训练的主要路径。

共产青年团是一个政治组织。它是一个训练劳苦青年斗争的团体。他们照着马克思列宁主义的观点，不能把理论与实际分离起来。斗争和教育不是对立的，而是[①]一致的。

斗争是共产主义教育的基本

共产青年团最一般的任务，是"学习共产主义"（列宁）。它是劳动青年的共产主义学校，但是"这渐次长大起来的一代，要学习共产主义，只有把他们每一步的训练与教育，和无产阶级与劳动群众为反抗旧的剥削社会不断的斗争联系起来，才有可能。……共产主义道德的基本，是为团结、为建设共产主义的斗争。这是共产主义的教育、训练与学习的基本原理。这也是怎样学习共产主义这问题的答案。"（列宁）

这斗争的内容是：共产青年团有组织的参加总的阶级斗争，是在这总斗争的范围内，为拥护或争取青年工人特殊利益的斗争，是反对军国主义、反对帝国主义战争的斗争，以及其他关于青工经济要求的问题。

共产青年团反对"青年工团主义"的意见。因为这认为青工独立的隔离的斗争是可能的，这意见是非常的不正确。共产青年团是整个共产主义运动的一部，共产党是这个运动的以及整个劳动阶级的领袖。所以，这里不能有两个领导机关，也不用要两个共产党。共产青年团虽则组织上是独立的，在工作上一定要受共产国际和共产党的领导，并且接受共产国际及共产党的纲领和策略。共产青年团服从共产党及共产国际的教导，因为他们是世界共产主义运动的高级机关。共产青年团是共产主义的青工群众学校，所以团员不是每个都机械地是党员的。共产青年团之

---

① 而是：原刊作"而且"。今正之。

所以依旧名为共产主义者，是因为它虽不正式的就是党，却总不失为一共产主义的组织。

为了它根基的意义是共产主义教育的组织，所以共产青年团绝对不能叫做"青年共产党"。而且也因了这个根基上的不同，使它的教育任务与方法，是完全与党不能相同。团的工作是必须青年化的（这就是说：适合青年的，使青年能了解的）。

共产青年团不是一个精华的组织。它是群众的组织，所以它的任务，不但要把进步的分子组织在他队伍中去，并且是要把劳动青年的广大群众都组织进去。共产青年团在它组织范围之外，还要尽量扩大它对青年的领导与影响。为达此目的，必须用一切的方法（宣传鼓动、出版、群众运动、各种的附属组织等等）。它必须努力争取青工的和其他劳动青年的大多数。这也是为无产阶级专政斗争的胜利条件之一。在无产阶级专政之后，团的群众性将更加明显。那时它要有任务把全团的青工和最好的劳苦青年群众，一般地组织在它的队伍之中。

在一切条件之下，团因为是共产主义的教育组织，是党的预备学校，所以它的组织总比党要宽阔的多。在可公开的地方，它的门应该开向一切男女青工。因此它一定要在数量上，超过共产党。而且在社会成分上说，团也应比党更广泛。因为它是教育的组织，所以它可以吸收更多的半无产阶级的分子，和城市乡村中其他的劳苦青年。

政治上说，共产青年团是城市中、乡村中青年的组织。因此，团必须要由工人阶级的分子起领导的作用，而且在工业发达的国家，团必须努力以青年工人作为它团员的大多数。团的领导干部里，无产阶级的大多数尤为必要。但团一方面这样维持着青年无产阶级的领导作用，一方面还是努力的要吸收其他的劳苦青年群众和革命的贫农青年。并且，青年团也可允许无产阶级化了的小资产阶级和中农青年来加入队伍，只要他们在工作中是表现得积极革命的，那就好了。在无产阶级专政之下，当对于中农的策略是不但使之中立，而是与之联盟的时候，则团更可较广泛地吸收中农分子。虽然团对小资产阶级中等阶级的分子，只允许其最可靠的加入，但却仍要坚决的在他们（学生也在内）当中工作，以扩大团的影响。

虽然共产青年团是一个群众的组织，但依然不能取消了其他非党的组织的特殊作用，却正正为了争取群众、使团发展这目的，团在某种条件下，是很需要一种特殊的附属青年组织，以完成某种特殊的任务。这种附属组织是一种所谓"过渡的带"，使团与群众更有密切的关系。他们可以成为独立的组织，他们也可以在工人阶级的群众组织范围中与之发生一种联系（如一种"红色少年先锋队"典型的组织，特殊形式的青工工会组织——青工委员会、青工部、体育团体、无产者自由思想团体、文化团体、青农组织……等等）。这种特殊青年组织的形成，无论是在整个工人阶级的群众组织里的或是附属在外的，都不能把青工领导得离开了成年工人（这群众组织是指工会、体育组织、红色前锋战士队等等）。附属组织的存在，并不有损乎团之为群众组织的工作，或有损乎团之为劳动青年领袖。团必须努力的获得对于他们的领导（由团组、协定或合作……），而吸收其分子加入组织。所以这种附属组织的基本目标是使团本身的群众工作发展起来，使它真正的成为一切劳苦青年群众的领袖。

共产青年团对党的具体任务，是在不倦的为共产国际的战斗目标而作宣传鼓动，在日常的工作与斗争中，尽力帮助党；在一切无产阶级革命斗争中，积极的参加；是在讨论目前的政治形势与无产阶级的急务，是在积极参加党的讨论。共产青年团排斥团在党内发生政治斗争时保守中立的主张，这是错误的。团之参加整个党的生活，一方面是加强党的工作；另一方面是在团中训练党员。所以政治工作不应局限于团的上级，而应该推广到全个团里去。

团之参加党的生活和团的特殊任务，是绝对没有什么矛盾的。却正相反，团领导青工为争取特殊要求、口号和目的的斗争，刚好是整个共产主义斗争中的一部，也是一般政治工作的一部。团只是把一般的政治问题，深入青年劳动群众中去是不够的。它一定要考察这种一般的政治问题对于青年的影响，而在这基础上，提出青年的、具体的、政治的、经济的、文化的问题和要求来。这样，它一方面活泼的与一般政治问题对整个劳动阶级的影响联系；一方面又特别注意于"青年的政治"和青年问题的特殊斗争。它把它大部的注意力集中于反军国主义、反帝国主义战争的斗争及青年的经济要求的斗争之上。

团要为青工及穷农青年、海陆兵士、殖民地的劳动群众的目前部分要求，坚决的作战，并且把这斗争与共产主义总的政治口号和终极目标联系起来。这样，才能利用这些斗争，夺取了劳动青年的群众，组织他们起来为共产主义的革命口号而斗争。

团和党一道，为反对一切对待学徒、青工和劳动群众的青年组织的特殊法律，和一切剥夺青年政治与经济权利的规条，作坚决的斗争。团要争取工农青年、青年士兵的言论、出版、集会的完全自由，也要争他们加入任何政治经济组织的绝对自由。团要求青年上了十八岁之后，无论男女，都一概有选举权与被选举权。

在帝国主义和世界革命的时期中，因为总的斗争是在反世界帝国主义和建立世界无产阶级专政，所以工人阶级的国际组织和它在一切斗争中的领导权，成为必要。对于青年工人，则把他们的力量，国际地集中起来，在整个阶级斗争的圈子里联合成一个国际的战线努力奋斗，也是根本的必需的。所以，一切国家的共产青年团联合起来组成一个少年共产国际，而这少年共产国际自身，也还是国际共产党即共产国际的一部分。

组织构造的原则

共产主义的青年团体的组织构造，是和它们在阶级斗争中所负的革命作用与任务互相适应的。但社会民主党的团体却是在战前就抛弃了阶级斗争的革命性，而采用一种改良主义的观点，把它们的组织构造改得特别适合于国会的选举。所以他们的组织，是按照了他们的住址而分配的。这样的组织构造使青年工人不一定能占有领导的地位，而且也是不适于指挥一个革命的群众斗争的。社会民主党的组织构造之所以不以中央集权和坚强的纪律作为基础，他们之所以不发展党内的民主，完全是因为他们的组织观念是出乎改良主义的立场的。共产青年团可不要这种陈腐的形式。它的组织构造，一定是能够号召广大青工群众的，一定是能够领导他们斗争的，一定是要在组织中保证青工的领导权的，所以共产青年团的组织基础是工厂支部。这是照着团员的职业地点而组成的，在群众工作上或内地工作上，都能适合了一切的要求。有的团员，因为他们职业性质的关系，不便编入工厂支部，则编为街道支部。虽则街道支部也是团的组织基本单位，但最主要的作用是在工厂支部身上的。

共产青年团的组织，是建筑在民主集权主义的原则上的。它用严密的纪律来和团员最高限度的独立与活动联系起来。在团内民主化的原则上，一切的团员必须参加团的生活，并且也必须有执行团的政策的义务。只要一种秘密状态不妨碍时，这些可以由领导机关的选举，由大规模的会议，由对于各种决议的讨论来做成。下级的团部必须服从上级，团的指导是绝对集权的。一切团员一定要执行指导机关的决议，一定要对它负责。只有这种集权的组织，才能使团和着共产党一道，完成它领导青工斗争和达到共产主义目标的革命任务。共产青年团中的无产阶级的民主和社会民主党内的官僚系统是完全相反的。

虽然共产青年团在组织上是独立的，但它和共产党之间，存在着极密切的组织关系。这种关系是由一切相当机关的互派代表建立起来的。要在团中保证党的领导，必须有党员在团内工作才好，所以大多数干部都是兼党籍的。

共产青年团因为在其政治作用上及社会性质上，是一个青工的团体，所以它一定要在组织上保证青工的领导权；即在形式上，除了没有工业的国家之外，也要以青工为大多数。特别是在殖民地或有广大农民的国家里，使青工来占领团最重要的领导地位，是绝对的重要。

共产青年团因为要把自己的领导影响发展到群众组织中的青工群众中去（如工会中运动会，及其他附属组织之中……），它把在这些组织中的团员编成一个团组。这团组就成为共产青年团在这些团体中最重要的口舌和工具。在团组中，更需要一种铁的纪律，因为它们是要在非党的，甚至是敌意的环境中工作的。团组必须服从团部的指导。

共产青年团的活动不能仅限于资产阶级所定下的"合法"范围，在它不断地对资本主义斗争中，它一定要把公开活动与秘密的或半公开的工作联系起，一定要跨出资产阶级的"合法"圈子。

共产青年团完全认识，它是被一切仇敌围绕着的。它在每一时刻，都有机会被资产阶级赶到地底里去的；所以它在技术上都要作这种事变袭来的准备。在组织上也要有个准备，使在秘密形态之中也可以继续工作。但是团即使是秘密了，它还一定还要是一个群众的组织。它对群众的影响与接触，是不能失去的。为达到这个目的，团可以组织许多公开的青工团体。不过团却应该把这些团体看作一种秘密团的公开工作方式，最主要的还是团自身的发展和领导，即在资本主义最严重的恐怖之下，一切的青年团体被解散了的时期中，这也不能阻止团继续在群众中作不倦的活动的。

社会民主党的青年国际，只是一种疏松的组织。但少共国际却不然，它是以一种国际的集权主义作为基础的，它的一切支部必须遵守它的决议。因为它就是一个国际的共产青年团。

共产青年团对战争的态度——及其革命的反军国主义的工作

军国主义是资本主义社会最主要、最有力的一个构成部分。到了帝国主义时代，军国主义更发展到空前的程度，努力的要直接地或间接地用许多团体来把整个的人口都包容进去。军国主义不局限于军事化起来，使他们依从它的意旨。军国主义有两个用意：一方面它是专门为压迫国内的劳动群众，镇压殖民地弱小民族，攻打苏联的；他方面则是拿来和帝国主义的竞争者拼命的工具。

在世界革命的时期中，军国主义更公开地成为压迫工人阶级、压迫殖民地弱小民族、攻打苏联、制造白色恐怖的东西了。资产阶级为要使它更适合于这时期中的要求，采用了许多改造的手段：帝国主义者一些一些的进行着把强拉来的兵士的数量减少，而猛烈的增加经常的职业的雇佣军队，同时则又把后备军的制度极度的扩大，使整个人口都军事化起来。这样，帝国主义的军队便来得更坚强，也变得更容易动员，更可能来压迫劳苦群众了；而且整个的国民人口都被拉在帝国主义战争的准备中了。

所以，反军国主义斗争是反对资产阶级统治最有力的武器的斗争。军国主义在广大的乡村或城市的青年群众中，抓住它的牺牲品。这些群众就是填满军队和战壕的材料。青年从最小的孩提时，就为军国主义所毒杀，就为军国主义在意识上、组织上支配起来。因此，共产青年团最初步的任务是要对军国主义作不倦的斗争。要在工农的青年群众中，无论在军队里或者不在军队里，发展有力的反军国主义工作。

特别是在军国主义的问题上，社会民主党更显得是滚到资产阶级的营垒中去了：他们在帝国主义大战时（指第一次世界大战），来了一次绝大的欺骗。到了今日，则非但不反对军国主义，并成为军国主义积极的好帮手了。无论他们怎样叫一种虚伪的和平口号，这种对军国主义的拥护，是欲盖弥彰；他们公开的赞成保护资产阶级祖国的原则，那就是公开的主张军国主义的需要。并且还不止此，在改造军队系统上，他们是参与了最积极的一部。

社会主义青年国际以及各种社会主义青年团体都承着社会民主党的衣钵，并且还补充以虚假的教条，说要以和平的精神来教养工人阶级的儿童与青年，这样去"反对"、去"消除"战争。

社会民主党和着小资产阶级、资产阶级的和平主义作为掩护群众眼目的大衣。然而这个和平主义，说要反对一切战争，说要反对一切武力的施用，说要以和平的手段去减裁军备、去劝诱人类以达此目的，却绝对不提起阶级，也不提出资本制度的推翻，实际上完全是一种乌托邦式的梦想，一个对工人阶级的大欺骗。资产阶级和他们忠实的走狗们都用了这个工具来欺骗厌倦战争的群众，使他们不能看出新帝国主义战争的准备。其实，只要帝国主义制度存在一天，战争也就存在一天的。资产阶级为要瓜分世界，为要镇压无产阶级的革命，不绝地要爆发帝国主义战争及国内战争。一直到胜利的无产阶级获得政权之后，方才会有个结束。帝国主义的和平会议、非战公约等等，不过是资本家用以掩饰军事准备和帝国主义阴谋的东西。国际联盟是帝国主义列强喝血分赃的危险工具。和平主义是工人阶级的大敌，因为它不把资产阶级解除武装，却把被压迫阶级缴①了械，叫被压迫阶级沉入幻想，叫他们赤手空拳的去向全身武装的阶级敌人投降！

列宁在这问题上，对青年那样说："一个被压迫阶级，假使不努力去获得武装，并学习使用武装，那理应被虐待得象奴隶似的。我们是生活在阶级的社会里，唯一的出路是阶级斗争和推翻统治阶级。如果忘了这点，那我们一定会变成一个资产阶级的和平主义者或机会主义者了。我们的口号应该是：无产阶级武装起来，征服、夺取并缴械资产阶级！只有在无产阶级缴了资产阶级的武装之后，它才能照着它历史的任务把武装抛到垃圾堆去。这个无产阶级无疑的会完成的，但只在那时候才可以，绝对不能再早些的。"

共产主义者努力于共产主义社会的建立，当然要②努力于废除武装的冲突和战争。但在资本主义制度还存在的时候，"真正的社会主义者不能反对一切的战争，否则就不是社会主义者了。"（列宁）战争应该分为三种：第一，帝国主义国家间的战争；第二，民族革命的解放战争——特别是殖民地半殖民地的解放战争；第三，资产阶级对无产阶级革命作的反革命战争，和资本主义国家对无产阶级革命胜利的国家的反革命战争。

共产主义者绝对仇恨帝国主义战争，对帝国主义战争的危机与本身，都以极坚决的毅力与之斗争。但他们对被压迫民族的革命解放战争和殖民地半殖民地反抗帝国主义的战争，却与以竭诚的拥护。而且，他们领导并组织工人阶级对资产阶级作革命的战争，和社会主义苏联对环伺阴

---

① 缴：文本作"交"。今正之(以下同改)。
② 当然要：原文作"当然是"。今正之。

谋进攻的帝国主义列强的革命战争。共产主义公开宣言，要推翻资本主义制度，要建立无产阶级专政，无产阶级的武装暴动是必要的。只有由无产阶级武装的胜利，由红军的组织，由无产阶级武装保卫革命胜利，镇压资产阶级的反动阴谋，人类才可能被引向无产阶级的社会去。到了这社会中，武装是全无用处了。

为要保护无产阶级专政起见——这是一个走向无产阶级无战争的共产社会的过渡桥梁——工人一定要武装起来组织红军。这个红军，它的作用与阶级意识①，是完全与资产阶级的军队不同的。红军是武装了的工人阶级，他们与劳苦的农民群众一道，保护自己阶级的政权，保护无产阶级的专政和社会主义的和平建设。到红军中去服务，只有劳动者才有这个光荣与权利。它的军官和士兵是同阶级中选的，它的纪律的自动的，如同志似的。它本身是一个劳动群众发展教育与文化的有力器具。

共产青年团把对帝国主义战争的斗争，视为它生存的主要目标之一。共产主义者用一切的力量去阻止帝国主义战争的爆发，动员群众起来以群众的行动来反对战争，在军队中也不断作反帝国主义的工作。如果无产阶级的力量还不够把帝国主义战争的爆发阻滞了，那么共产主义者就用最大的努力去转变帝国主义战争为国内战争，使无产阶级的革命胜利推翻帝国主义的统治。

在以工人阶级的群众行动来反对帝国主义战争的斗争中，共产主义者也采用群众罢工及总同盟罢工方法。不过把总同盟罢工从宣传口号转变为行动口号，当然要由各种环境来决定的。因为共产主义者很明白，反对帝国主义战争的总同盟罢工一爆发，自然就有政权的问题，和与资产阶级武装冲突的问题，立刻会发生的。所以，共产主义者排斥所谓"左派"社会民主党的虚伪口号，他们没有在军队中、群众中有一些准备，没有反帝国主义战争危险的日常工作，也没有一些提出政权问题的准备，却说他们能在帝国主义战争爆发时，"回答"以一个总同盟罢工。

---

① 原文首句有"作着"二字。今删之。

这些"左派"社会民主党阻止了工人阶级对帝国主义战争作严重的抗争。当战争的准备与意志都十分迫切的时候，它还把工人阶级催入梦境。这只不过更有力地帮助了资产阶级的战争准备而已。

共产主义者痛斥"保护祖国"的口号，当祖国是指资本主义国家的时候。因为这口号不过是对帝国主义战争的赞助。正却相反，在参加帝国主义战争的国家里，资产阶级的失败是工人阶级的利益。因为这可以更容易把资产阶级推翻了，所以共产主义者在帝国主义战争中采取了革命的"失败主义"。共产主义鼓动互相对垒着的兵士，要兄弟般的友爱。

但是，共产主义者却坚决的宣言他们要反对帝国主义，保护革命的社会主义的祖国。在目前，苏联就是全世界劳动群众的社会主义的祖国。共产主义者对殖民地半殖民地的被压迫民族解放战争，也有革命的权利与义务，去保护民族，反抗帝国主义。在帝国主义列强与苏联的战争中，或帝国主义与被压迫民族的战争中，工人阶级应为革命一方面的胜利而战。不但要做到兄弟化的地步，并且要从帝国主义的军队中，走向革命的一面去。

共产主义者反对一种无政府工团主义的口号，反对所谓个人的拒绝军役，或是"军事的罢工"。他们照着列宁的教训做去，因为列宁曾用着无产阶级的母亲教训儿子似的口吻说过：

"你马上就长大了，他们一定要给你一支枪。把它拿来，用心去学习起来吧！这对无产阶级是很有用的；自然不是去杀别国的工人兄弟，却是和本国资产阶级斗争，去消灭剥削、贫困和战争呀！要消灭这些，不靠什么圣洁的意志，只全靠解除资产阶级的武装而对之胜利。"

同样，"抵制战争是一句笨话。"（列宁）个人的拒绝服务只是把革命分子从军队中抽了出来，把军队离开劳动群众的影响，把他们在军队中解释的组织的革命工作破坏了而已。

无产阶级在反帝国主义战争的斗争中，努力要在资产阶级的军队中把无产阶级的或半无产阶级的群众启发起来，拉他们在一道，把兵士的枪头来向着工人阶级而调转向统治阶级进攻。军队中的工作有非常伟大的作用，因为只有"建立军队中的革命者秘密组织"（列宁）：就是共产主义者的支部，和工人阶级的群众行动汇合起来，才能抗拒帝国主义战争，造成革命胜利的先决条件。

共产青年团与共产党在反军国主义工作中，其前列的任务如下：

（一）保护苏联，反对资本家的进攻。

（二）积极参加被压迫民族解放斗争，反抗帝国主义。

（三）经过支部的组织和革命的社团，在资产阶级的军队中工作。这就是：在募集军中、在常备军中、在殖民地驻军中、在军事训练组织中不断的工作。反对战争，反对军国主义，反对利用军队为资本主义服务的教育宣传。

（四）对资产阶级实行的青年军事化斗争。这个军事化的方式是多种多样的，最主要的是使青年受军事的训练。有时这些资产阶级的军事训练是义务的，但有时资产阶级想掩饰这个军事化，就建立各种所谓中立或自愿的组织，使青年受军事的训练。不过大半的时候，即是所谓自愿的组织亦在所不免，资产阶级用了政治的经济的压力来诱惑青年加入这些团体中去。

共产青年团对无论是强迫的或自愿的资产阶级军事训练，都极端反对。但并不是和平主义，却是以阶级斗争为出发点的。所以它推翻资产阶级的军事训练，却把工人阶级在自己的阶级组织里，自愿的受军事训练。它的态度是根据了列宁的话的："每一个国家的每一百人，都有权利自愿的组织起来，研究战事，自由的选择教师，支付国家经费等……但只有在这样的条件之下，即是无产阶级学习军事技术是为自己阶级的利益，而不是为了他们的奴隶所有主时，那才无疑的会有裨益于无产阶级。"

在青年强迫受军事训练的所在，共产青年团对之和对军队的态度一样的，因为这些训练也就是构成军队的一份。所以青年团要打进这些组织里去，在里面做分裂的工作。它要号召这些组织里的青工和它一道做破坏的、教育的工作，共产青年团须组织这些工作。对自愿的组织也同样的，共产青年团除了在外面作斗争之外，还一定要在里面去做启发的破坏的工作。假使反对内部破坏的工作，这是阻止了对在那些组织里的青年中的教育与组织的工作。这是不通的。

（五）争取士兵的政治与经济的权利——共产青年团在原则上虽则是对军国主义作战，但它一定不要忘记为士兵的迫切的部分要求和生活条件改良而奋斗，正和为青年工人的部分要求而战是一样的。它应把这些部分的斗争与最终的目标联系起来。它还要争取完全的政治的组织的自由，争取更高的饷银、假日、公务后穿常服的自由，选举军官的自由，军事法庭的撤消，承认后备军及各种兵士的委员会，及组织士兵的协会。

共产青年团也保护职业士兵的利益，因为他们经了帝国主义军队改组的结果，更显得非常重要了。团反对资本家使征募的或职业的士兵互相分离的政策，它努力要使一切士兵都团结在一个联合战线上，对帝国主义的军队系统作战。

兵士的、后备军的、海军的委员会应该争取这些部分的要求，并号召广大的群众，以斗争来获得他们的要求。共产青年团要争取这些委员会的公开与承认，但若没有被资产阶级的当局所承认时，亦当秘密的建立起来。若到了争取政权的迫切时机，则应立刻建立兵士代表会议（苏维埃）。

共产青年团要争得军役期间的减短，但这要求必须与最终的目标联系起来。把它对战争和帝国主义军队的态度，明显的表白出来。这样才能使这要求成为破坏帝国主义军队制度的动力。这种要求的具体形式，以及提出的时间，都要由各种环境来决定，尤其是要看兵士及工人的态度如何。

共产青年团必须把共产主义者提出的减缩军役期间的要求，与资产阶级及社会民主党提出的同样要求，作一个很明白的分别。这后者二种完全是恶意的要求，多半是为着要使帝国主义者改组军队更获效力，才提出来的。共产青年团要暴露他们的口号，使群众明白这只是战争准备的一部。它要提出它自己的要求和基本的口号，来与之斗争，来推翻它们。

（六）对一切资产阶级建立了以压迫无产阶级，在战时作为后备军的反动的国家主义的军事青年团体，作无情的斗争（这些团体如：法西斯蒂民团、团防队、铁盔军、国旗团、保卫团等……）。在战争时，他们是由资产阶级指挥着当作附属军队的，共产青年团与共产党一起，要努力解除他们的武装，而代之工人阶级为保卫自己阶级的军事组织。

（七）军事工业中的工作——工业对未来帝国主义战争的绝大作用，迫切的需要立刻建立在军事工业中的有系统的青工工作（机器、化学工业、交通……），并建立支部。

共产青年团在广大的青工群众中，特别是这些在军队里的劳苦群众中，作极大限度的宣传和鼓动，争得反军国主义的一般的或部分的要求。

共产青年团为争取青工经济利益的斗争

在资本主义之下，要青工地位的任何基本改良，是不可能的。并且，在资本主义崩溃的时期中，资产阶级正努力于尽可能的压低无产阶级的生活程度，必然要竭力压迫想获得改良的企图的。帝国主义时期，也就是青工生活情形大大的变坏的时候。所以，青工要得到劳动的教育的情形真正变更，那只有在无产阶级胜利了的日子。

但是这却并不能说，共产青年团在资本主义社会中，就放弃争取青工地位及劳动条件改良的斗争了。

在无产阶级未掌握政权之前，共产青年团也要为青工群众目前最迫切的部分要求与改良而奋斗。无论这是怎样和资本主义利润制度不能相容的，也是要做的。并且也只有由这些斗争和资本利润制度矛盾这个事实，才使青工群众觉悟到不推翻资本主义，建立无产阶级专政，要满足他们全部的要求，是绝对做不到的。

共产青年团之拥护青工部分要求和利益是在实际斗争中的，绝对不像社会民主党的青年团体那样，徒然用恶意的口气来提出经济的口号，在实质上却绝对不想改善青工的地位。他们这些社会主义青年团体参加了社会民主党的阶级合作，改良主义的政策，也赞助了工会的官僚派，只不过使资本家向青工的进攻更加便利、更加容易而已。在经济的范围中，他们同资产阶级的合作，是愈加昭彰的（举例说：德国青年团的国家委员会，就是一个）。

共产青年团为青工争取的部分要求，其最重要的有：

禁止十四岁以下的童工、其他间接的工银工作。如在土著工业或农业的都一并禁止。

十八岁以下的青工受义务的职业教育，不得克扣工资。工厂学校应包含：（一）厂内的学徒部；（二）智育的和体育的训练；（三）工厂内的工作本身，也列为课程之一。

在工厂学校中，一切学徒规则和劳工问题，都由工会规定。学校也都由工人管理（经过工会、工厂委员会、青工代表会等……）。工厂学校中的教育期限较其他学校延长，直到十八岁为止，至少也要到十六岁。

十八岁以下的青工，至多每日工作六小时。自十四岁至十六岁的，则每日工作四小时。六小时或四小时制工作，[①]工资仍照八小时工作发给。

提高工资，以现存最低工资为最低水平，不准再减。一切青工或成工，[②]男女两性俱同工作同工资。学徒在学徒年期中，工资递次增给。

一星期之末，休息二十四小时[③]。

废除有害青工康健的开快车和做散工（或伴工）的制度。

每年放假四星期，工资照给。其他的俱乐部、疗养院等，青工概不收费。

二十岁以下的青工，禁作夜工。

一切有损于体力康健的工作，对于青工过于费力的工作（如玻璃厂、

---

① 原文此句及以下另起一行。今改接上一行。
② 原文此句及以下另起一行。今改接上一行。
③ 二十四小时：即星期日休息一天。原文作"四十四小时"。今正之。

圹穴、某种化学工业等等……），不得雇用二十岁以下的青工。

青年女工，应有特别保护。

合理化的企业中，工作时间中青工应有适当的、经常的休息时间。

在工人管理之下，实行或发展社会保险，费用概由雇主或政府负担。

禁止一切罚工资及打骂的制度。

失业青年要有工做，要受训练。雇用失业青工时，应有担保。要有职业教育和十足的工资。此外，则在现存的最低限度之上，实行失业保险。

关于学徒的：

废止个人的学徒契约，改用集体的学徒契约。

禁止滥用学徒工作，规定招收学徒的章程（如某类的工人至多只能雇一定数目的学徒；对滥收学徒，及不遵守劳动法或青工保护法的，处以重罚）。

建立专供手工业及小企业中学徒受训练的工场，每日工作时间中，划出一部在该处实习。

禁止令学徒作所学习的技术以外的工作，禁止强令学徒寄宿厂内。

改组现存的职业学校，使之与工业互相连接。受训练的学徒得在他们的学徒工场中、工厂学校中及补习学校中，选举出他们的代表，参加一切学校章程与管理的策划。

一切的职业训练和学徒，须严密的受工人阶级的团体管理（如职工会、工厂委员会、青工代表会等……）。

受训练的机会，男孩与女孩绝对平等。共产青年团并进一步的要求：一切青年工人自被雇用以后，在工厂委员会的选举中，俱有被选举和选举的权利。

至于共产青年团怎样去用这些要求之一，作一个实际的战斗口号，则一定要由各国青工的地位和态度、团的影响、阶级斗争的成熟程度等等来决定的。

所以，共产青年团虽然主张要建立或延长一种真正的透彻的职业训练，但在特别环境中，它也要求把资本主义的学徒年期减缩为两年。同样的，青工和学徒的工作时间，各国也都不同的。有补习学校或职业学校存在的地方，共产青年团一定要要求把学习的时间算进工作时间中去，工资照发。如果有什么工资合同在起草时，只要有关于青年的，共产青年团应该参加。总之是，共产青年团要为青工每一个要求而奋斗。

青工的命运是和工人阶级全体的命运有密切关联①的，所以青工的经济斗争，只有与成工的斗争联系起来，或是得着他们的帮助，才会成功，才会胜利。成年工人应该帮助青工的斗争，因为青工的利益也就是整个无产阶级的利益，成工的迫切要求也必然是包含在青工经济斗争中的。

同样，青工群众和着他们的领袖共产青年团，也应该积极地参加整个工人阶级反对资本主义、争取部分要求的斗争。

共产青年团坚决的排斥改良主义者的观点，以为青年和学徒不应牵入工人斗争的队伍中来。这种观点，是把青工和学徒降至为罢工的破坏者了，这是绝对要不得的。青工和学徒对于无论是限于一厂或一产业的，或是整个阶级的斗争，都非积极地参加不可。所以，在工人阶级对抗资本主义的斗争中所形成的斗争组织，青年工人必须有他们的代表。

因为青工争取经济要求的斗争只不过是整个工人斗争中的一部，所以共产青年团的任务决不能自限于单独的斗争。它必须要去获得成年工人的和工会的帮助。固然，共产青年团和党一道在斗争中是应去争得青年工人领导权的，但对这反抗资本主义斗争负责，却不应是它单独的。

不过，青工的单独行动并不是不可能，特别是在改良主义工会统治的地方和几处青年很少组织的地方，共产青年团是应该站在斗争的前线去的。它一定要特别地置身于青工罢工的前头。甚至如可能，它应该努力组织这些斗争。自然在同时，它也必须努力去获得成年的帮助，使成年去强迫工会（注意：这工会并非黄色工会）来领导这个斗争。在另一方面，它又要把无组织的青工组织进工会中去。总之，青工利益的斗争，

---

① 关联：原文作"关连"。今正之。

应该是由共产青年团与工会联合解决的。

工会是一个广大的群众组织。它是保护成年和青年工人的经济利益的团体，所以它在革命的领导之下，也是工人群众学习共产主义最重要的学校之一。不过这样的定义，现在还只有几个工会配得上称：第一就是赤色职工国际的那些支部了。当这些赤色工会正对着托辣斯资本作有力的斗争，以保护工人的经济利益时，并且把这些斗争联系着工人阶级的最后目标而努力奋斗时，那批被改良领袖所领导的工会，却一天一天的变成资产阶级政府的一部分，而努力于使工人离开斗争了。他们的原则是以阶级合作来代替了阶级斗争。他们与资产阶级共同谋划出一种新的锁链，即所谓产业和平、劳资仲裁来束缚工人，使他们永为奴役。

改良工会官僚的阶级合作，顺从政府的反动政策，最明显是表现在他们对青工斗争的恶面目上。他们这批家伙，头脑里充满了行会的思想。他们是反对青工或学徒来加入他们工会的，或者至少也要把一定岁数之下的青工排除出去的。即在工会里，青年和成年还是不平等的。

共产青年团相信：要真正的保护青工利益，只有在革命的工会领导之下，才有可能。所以，它在工会中，有系统的与改良主义官僚斗争，以打倒他们，把工会转变为革命的组织。

在工会运动中，共产青年团拥护赤色职工国际的原则与目标，并一心一意的协助它斗争。

共产青年团反抗一切不许青年加入工会的限制。它要求青工百分之百都加入工会，与成工享同等的权利，只是要少付一些会费。改良工会官僚之忽视青工要求，共产青年团是极力反对的。因为这种忽视，在客观的作用上，不但是不保护青工利益，简直是把青工牺牲给资本家而已。共产青年团一定要使工会有力地保护青工利益。

因为要更容易地取得青工来加入工会，要工会在整个行动中更有力地保护青工利益，共产青年团认为在工会中，组织一特殊机关是必要的。这些机关的名称可以依各国情形而不同（青工干事会、青工委员会、青工部……），但却一定要根据了一个原则：就是青工与成工平等共享权利；而且还一定不能把青工与成工对立起来，却正是要把青工召集拢来，在工会内给以训练。

这些组织的领导机关，应该由一种民主选举来产生，应该是由工厂内的代表构成的。它们一定要能够经常的召集青年的会员举行会议，一定要保护青工的要求，要驱使工会去为要求而斗争。只有这个样子，它们才成其为工会内真正的革命青工群众组织。

对于在工会中组织青工特殊组织的意见，改良主义者还有一种曲解。这曲解很明白的表现于他们建立或由他们领导的青工部里。他们这些改良主义的青工部只把青工从成工身边拉了开来，把他们压在一种自上而下的官僚统治之下，其目的只是以改良主义的文化运动来代替政治的青年运动而已。共产青年团是极端反对这种思想的。它要努力夺取这些组织下的青年群众，使他走向革命的工人战斗团体①中来。

当青工和学徒不准加入工会或简直没有工会的时候，共产青年团可以组织各种的青工经济组织，以为一种暂时或过渡的手段。这些组织的目的是在于保护青工利益，和争取加入工会的权利，所以并不与工会相并立的。共产青年团反对一种青年工会的思想。

共产青年团也努力于号召与组织失业的青工，它要把他们组织在总的失业团体内，并在总的运动中，要建立特殊的青工失业委员会。

每个共产青年团团员一定是一个工会的会员，这些在工会中的团员是编在团组中的。他们要和党的党团合作，并且受他们政治上的领导。除了这些以外，共产青年团还更要竭力与工会合作，与工会联合行动（派代表参加工会）。不过，自然这只有在革命的工会中才有可能。

共产青年团在农村青工群众中的特殊任务

资本主义在农村中，是使大批的农民无产化，是使贫困的农民频频陷于绝境。尤其是在第一次世界大战之后，资本主义社会不断的恐慌，

---

① 战斗团体：原文作"战争团体"。今正之。

普遍地在各资本主义国家中造成了严重的、日益扩大的农业危机。资本家想重建国民经济的平衡，就努力的用重税、用保护税则来剥削工农。结果当然是好了资本家、大地主，而无产阶级和乡村劳动群众却日益贫困化了。因此，在农村中的阶级分化，也日益尖锐起来了。

农业危机刺激了、加紧了农民分化的过程和农村中的阶级斗争，并且也使大部的农民都在经济上贫困下去，走向奴隶似的境地。这些吃着资本主义的苦的农村居民可分为四种：

（一）农产工人。

（二）握有一些些土地的农民（半无产分子）。

（三）小农。

（四）中农。

从经济的观点上看，资本主义国家中的富农与地主都就是资本家雇主。

农产工人的生活水准是继续的在低落着，工作时间延长起来，而工资却减少，生活条件是一天不如一天。小农产很快的破了产，因此小农对地主与资本家的经济依赖，日复一日的惨酷起来。他们负着重债，地位是每况愈下。

中农呢？也同样的糟糕。他们在种种不利的条件之下（如物价的高涨、苛税、战债等等的担负），也受了很坏的影响。尤其是军国主义的发展，一方面把农民最好的力量剥夺了去，他方面却又要使之负起军用费的重担。

从革命的经验，特别是从俄国革命的经验看来，无产阶级若不能得到贫苦的农民，则要获得完全的胜利，是不能的。农民自己，无论如何不能摆脱资本家和地主的轭木。因为他本身既不是一个关键的阶级①，又是私产所有者，又是那么散漫，因此他们终不能创造一个坚强的革命组织。农民的解放，只有与无产阶级联盟起来，只有受无产阶级的领导，

---

① 关键的阶级：文本作"关结的阶级"。今正之。

共同与资本主义作战，建立无产阶级专政，才有可能。所以无产阶级联合农民，是他历史的任务。在资本主义国家中，工人阶级在为无产专政奋斗时，应该联合小农和半无产分子，而使中农中立。但到了无产阶级专政实现时，工人阶级并且也要和中农结成坚固的联盟，吸引他们来参加社会主义的建设。在殖民地与半殖民地中，半封建的残余还有很强固的存在。这些地方的资产阶级民主革命还是尚待完成的，所以联络中农都也必要。共产青年团之取得乡村劳动青年群众的同情，也以这些任务作为基础。

共产青年团在农村青年中的工作，是配合各层次的条件与要求的：第一，它集中它的注意于团结青年的农产工人，努力的要把这一部无产阶级的群众，很广大的组织到自己的队伍中来。依据了各国的情形，共产青年团有时也要在中农群众做一种特殊的工作，使不受资产阶级的影响而可中立。有时也可引导他们参加一部的斗争（譬如像反军国主义斗争）。不过，在资本主义国家中，共产青年团是只允许少数最好的中农青年加入的。

共产青年团第一着自然是为农产青年工人的政治与经济的利益，作有力的斗争。但为其他农村劳动青年的利益，也是一样要努力的。它在农村青年中，特别着重于反军国主义的煽动，为从农村征去的兵士提出许多要求（如收获时准假等等）。在共产党总的农民政纲的范围之内，共产青年团提出许多农村劳动青年的部分要求，特别是农产青工的部分要求。共产青年团主张，关于劳动保护法上，农村与城市的青工应该平等，所以它也给农村青工提出一般的经济要求：职业教育与训练，同工作同工资，工作六小时，每年例假四星期，等等。此外当然还要以当地特别情形所造成的要求作为补充的。

共产青年团在农村，不断的反抗一切资产阶级的或富农的青年组织。这种组织，多半是宗教的组织（如"青年天主教同盟"等等）。对一种法西斯蒂的组织（如"祖国保卫团"之类），作战尤力。因为完全是刺激农村劳动青年并组织他们用武装去对待工人阶级的。共产青年团对这些资产阶级及富农影响作战，和扩大自己影响的工具之一，是组织各种农村劳动青年的会议与委员会，或是在革命的农民组织里，成立青年部。在有几国里，组织一种特殊的农村青年团，也是需要的。

共产青年团的教育工作

"没有革命的理论，没有革命的行动。"列宁的这句话，是共产青年团工作的基础。共产青年团在理论与实际之间，维持了一种活的连锁。在以共产主义精神教育劳动青年这总的范围之内，它还有它特殊的教育工作。这工作是要使劳动青年认识共产主义的理论。不过这个教育，虽说是特殊，却依然并不是一种与实际战斗分开的东西。刚好是相反，斗争自身便是一个最有力的教育工具，而同时，共产青年团的教育又是斗争中最有力的武器。理论的工作使斗争有正确的方向。

这特殊的教育工作，目的是在汇合劳动青年的斗争经验，使之成为一个现成的、合理的、充实的形式。它的目标是要从青年无产阶级的队伍中，训练出有教育的、坚忍的反抗资本主义和拥护无产阶级革命的阶级战士和新社会的柱石。

所以，教育工作同时也就是宣传鼓动的工作。鼓动是把各个口号的意义深入青年群众，宣传则是把共产青年团的共产主义目标与原则，更深刻的教育青年群众。

共产青年团在第一步是对它的团员和广大的无产青年群众作政治的教育。就是它把一种经济与社会的发展法则、历史的分析、阶级斗争与劳工运动的方式和方法、政治与经济现势的估量，和无产阶级革命的目标与任务散布给他们。它在他们中间，作社会主义与共产主义的宣传，对他们解释共产党的产生、构造、历史、纲领、战术和策略。马克思主义——无产阶级的理论——是反抗资本主义最有力的战斗武器，同时也是创造新社会最有用的工具。所以共产青年团必定努力在团员中散布马克思主义的哲学，最主要的还是给他们以马克思主义的思想方法。同样，共产青年团更着重于列宁主义的研究与宣传，因为列宁主义是马克思主义在帝国主义与世界革命时期的运用。共产青年应该把握到列宁主义的基本问题、组织原理、策略和理论。这样，才能真正地把阶级斗争完全用革命理论武装起来。

共产青年团也负着提高青年工人一般文化水平的任务。这是与无产阶级革命有很大利益的。青年工人必须要获得一种必要的智识，这样方才能够组织并进行反资本主义的斗争。不过共产青年团提出的这些问题，只是那些有关于阶级斗争的，只是那些对青年于阶级斗争中有益的。对资产阶级社会的斗争同时也就是对资产阶级社会造成的罪恶（酒精、娼妓等等）的斗争。这些罪恶是只有推翻资产社会才能克服的。所以共产青年团有力地反对资产阶级虚假的"道德"，并揭露出来，这不过是一种维持剥削制度的工具而已。尤其是对资产阶级的一种妇女观，以为妇女只是一个家庭的附属品。这观念显然是与现在的财产私有制有密切关系的，共产青年团以最大的力量与以驳斥。它在暴露资产阶级虚伪"道德"的时候，同时也对准以推翻资本主义、建立共产社会的斗争。只有这样，才唯一地能解放妇女，唯一地能创造新的人类关系，再不会有如资本主义社会中那末用一种私有财产的眼光去看妇人了！

共产青年团对于宗教与教会的抗争，给与了极大的注意。它以不断的教育工作来对之作战。"宗教是人类的鸦片"。宗教是散布现在资本主义影响于青年群众的有力工具，特别是对农村及殖民地的劳动青年群众，宗教是非常的有害。共产青年团要把辩证法、唯物论的哲学，普遍的深入群众。

共产青年团在它政治的文化的教育的工作之外，还有一种补充的工作，那是青工群众的娱乐与游戏。这自然并不是抄袭些资产阶级或社会民主党的玩意，却用一种新的无产阶级的方法。这种到最后分析起来，还是有助于他们的阶级觉悟与共产主义训练的。譬如无产阶级的节宴①、政治的讽刺、戏剧团、唱歌班、青年家庭、露营、旅行、竞走……等等，都是可以用的。

---

① 节宴：节日宴会。

　　共产青年团的教育工作方法，是以青年的实际习惯作为基础的。尤其是青年心理的特点，也必与以考虑的。而且它自己明白是一个共产主义教育组织，所以它努力的提出一种能使青年了解的、适合青年的方法，使它全盘的工作呈出活生生的现象，使它在内部创造出一种美丽动人的生活。

　　在这意义上，有几种工作的方式利用起来，是特别吸引青年的。例如游行时的半军事的纪律、队伍、制服……等等都很有用。在共产青年团的宣传上与征募团员上，有伟大的力量。

　　在宣传鼓动上，共产青年团对青年群众最有力的工具之一，是共产主义的报纸与刊物。它除了它经常的报纸与杂志之外，在它的工厂支部，还有特别的工厂小报，在军队支部则有营房小报等等。在团部本身，壁报是很有教育与启发自动性的意义的。共产青年团种种样样的出版物，是取得青年工农兵群众走向革命的武器。

　　共产青年团的教育工作，是以一种有组织的形态进行的。第一，它进行着群众的教育工作，这主要是用各种方式来在广大的劳苦青年群众中作共产主义的宣传。其次，它有系统的以政治科的基本问题来教育团员，或更迫的以一种特殊的方法，如训练班、团校等等，来造就它的干部人材。

《少共国际纲领》1930年5月出版

两个美国小朋友的文章①

这里，我从美国的《劳动报》译下两篇美国小朋友的文章，他们是刚去苏联开过"万国童子团代表大会"②回来的。不用说，文章是不美丽，可是他们纯洁的心是在跳动着。

一、《万国童子团代表大会记》，Hasie Taft③（美国代表）

8月中在莫斯科举行的第一次国际无产儿童会议，毫无疑义地是第一次促进国际劳动阶级儿童团结的努力。在这里，从欧洲、亚洲，以及全世界的角落里来的代表都聚会着，讨论无产阶级儿童当前的问题。

我们讨论怎样使国际的无产阶级儿童有一种谊如手足的团结，怎样使"工头的国家"（即资本主义国家——译者）的儿童与苏联的儿童有最密切的提携。此外，各童子团代表的经验，也都有详细报告的。

在这时候，我们很明白，全世界的帝国主义者是争着在准备一个新的世界大战。他们都想进攻唯一的工农祖国——苏维埃联邦④。

---

① 本文未注翻译日期，原刊于1930年4月10日出版的《摩登青年》月刊No.2（即第2期）"青年俱乐部"栏，署名"一俘"（见本书第一编《基督教的"人道"》题解）。这是殷夫从美国《劳动报》译得的两位曾出席在苏联莫斯科举行的"第一次国际无产儿童会议"的美国小朋友代表所分别写的短文：一是Hasie Taft的《万国童子团代表大会记》，写了参加这次会议的感受；二是Elmer McDonald的《在苏联的学校里》，写了参观莫斯科实验学校的见闻。诚如殷夫所言"文章是不美丽"，但纯真可信。殷夫是基于共青团中央宣传部干事的职业敏感，翻译了这两篇儿童文章。这在当年帝国主义围攻苏联的背景下，无疑是对苏联实际情况的一种有力宣传。

② "万国童子团代表大会"：原刊无引号，今加之。这次会议实名是"第一次国际无产儿童会议"，于1930年8月在苏联莫斯科举行。万国：即诸多国家，犹今之"国际"。

③ Hasie Taft：英文名，音译海塞·坦福，是本文原作者，即美国小朋友的代表。

④ 联邦：应是指苏维埃社会主义共和国联盟。

为了这个缘故，他们才有童子军、女童子军、×童子军、斥候队[①]等等的组织。

大会有鉴于此，所以最主要提出的问题，就是反对战争危机、保护苏联的问题。各国的代表们也各各随述他们在本国为了这两任务所做的活动：怎样的反对他们的工头进攻苏联——工农的祖国？

苏联的童子团协助着国家的工业化过程，使工人阶级能够在帝国主义围攻之中，安然走上社会主义的大道。而且他们都学习了军事的智识，在必要时，他们要为全世界的无产阶级解放运动而战。

苏联的童子团号召全世界的无产阶级儿童为保护苏联而奋斗。

二、《在苏联的学校里》，Elmer McDonald[②]（美国代表）

在苏联的时候，我们（美国代表团）去参观过工厂、学校，以及一切的地方。不过我所要告诉你的，是关于学校的事情。

我们参观了莫斯科实验学校。

在这里，我们看到，学校是给工人阶级的儿童所管理的。我们在那里看了很久，一切的工作都看得非常详细。儿童们一方面读书，一方面又学木工，非常有趣。他们的读物非常之多，他们学习一切的课目。

现场[③]参观低级的时候，我们看他们很讲究卫生。他们把身体以及环境都弄得井井有条。

在学校里，学生可以吃两次饭、喝一回茶。然而这一切的费用，一月只要四卢布[④]，合起美国金[⑤]是两元钱，真是便宜得很。并且，如果父母没有钱，还可减少，甚至可以完全免费，儿童在学校里是完全自治的。

---

① 斥候队：站岗放哨的儿童队。

② Elmer McDonald：英文名，音译伊尔梅·麦克冬尔特。是本文原作者，美国小朋友代表。

③ 现场：原刊作"现们"。今正之。

④ 卢布：俄罗斯货币单位。

⑤ 美国金：即美金。今称美元。

有时，假使教师不能执行学生的决议时，他会毫无面情的受学生批评。

学生和教师经常的要开会议，讨论一切当前的问题。这种情形，是真正①的自治。别国的劳动阶级儿童，怕连做梦也想不到吧！

【存目】

《苏联的农民》（翻译）1928

《苏联的少年先锋队》（翻译）1930

《列宁论恋爱》（翻译）1930

［考略］此三存目，均见于中国左翼作家联盟1931年4月25日秘密出版的《前哨》第一卷第一期《纪念战死者专号·被难同志传略》中的《殷夫传略》。各篇文题后括注的"翻译"，系指殷夫译文。其后所注年份，当指殷夫翻译之年。

此传作者阿英（即钱杏邨）在本传之末也言及："他（殷夫）底诗稿，此次被遗失了很大部分——一些是遗失在他自己住处，一些则放在'左联'编辑部主任柔石同志处，被查抄时搜去了。现在将可以调查到的他底署译，列表如下。"从中可知，上述三篇译文原稿，是在殷夫第四次被捕入狱时遗失了。因此本书校注前搜集殷夫遗文时无法找到，只能以"存目"辑存于此。

---

① 是真正：原刊作"真是正"。今正之。

附编　殷夫书信校注

　　书信是人生交往的原始记录，也是探究其生平事迹和心路历程的重要依据。殷夫在其短暂一生中，自然有内外通信联系。只惜这些书信不曾留底，加之收信人又大多不曾保留，以致今人难以寻觅。比如他与鲁迅先生之间的通信，据《鲁迅日记》记录就有10封之多。但鲁迅先生均未记及这些书信的具体内容。又如他与家人之间的通信，也定然不少，至今仅发现两封。其中给大哥徐培根的《写给一个哥哥的回信》，还是以散文形式发表的公开信。除此以外，仅发现他《给二姐徐素云的一封信》。另据殷夫在象山县立高小读书时同班同学许福莹先生晚年回忆，他于1929年5月在上海路遇殷夫之后，曾在镇海接到殷夫的信，殷夫在信中热情鼓励他坚持地下革命斗争不动摇。然而，此信却在许先生1930年被反动当局逮捕入狱前焚毁了。因此，本附编仅辑得殷夫书信3封，今分别予以校注。

致何志浩的信①

志浩吾兄：

当你握着我手的时候，我真感到一种不可思议的快慰奋兴的惊讶！去年我从上海回家过甬时②，谣言是何等的凶恶③。我听到这些谣言是何

---

① 此信写于1927年4月3日，即蒋介石发动"四一二"反革命政变前9天，署名徐白。原信无题，今题为编者所加。信中，殷夫直白地向何志浩表述了自己对革命军人的希望和要求。从中可见其当时对于中国革命的坚定信念和精神风貌。收信人何志浩(1905—2007)，象山县西乡儒雅洋村人。1917年秋入县立高小，成绩优秀，擅于作诗。1920年毕业考入宁波甲种工业学校，思想先进，积极参加学生运动(一说曾加入共青团)。殷夫入县立高小之时，何刚毕业离校。后因殷夫亦擅作诗，与何齐名，人称他们是县立高小"两位小诗人"。1925年"五卅"运动后期，殷夫与他在象山有所接触。不久，何因言辞过激，为军阀孙传芳驻甬部属所恶，乃南下广州，弃文从戎，入黄埔军校第四期，毕业后参加北伐。攻武昌，克南昌，他均任"奋英队长"(即敢死队队长)。1926年10月1日拂晓时，在向南昌城发起总攻中，缘梯爬城，被敌击落，身负重伤。11月，伤愈后被蒋介石看中，调入总司令部机要科任总司令讲演稿整理员。1927年3月22日，随蒋介石从江西九江乘军舰抵上海，驻枫林路原"外交交涉公署"。其时，殷夫的大哥徐培根为总司令部参谋处长，与何同驻一处。4月1日，殷夫前往探望大哥，与何不期而遇，故写此信，以表感受。时隔50年，1977年4月，何志浩在台北象山同乡会理监事联席会议上公布了此信原件，并介绍了当年与殷夫见面的情景。1984年，此信原件复印件传至大陆。1986年12月，编者曾撰《读殷夫〈致何志浩的信〉》一文，刊于同年《象山文史资料(第一辑)》，此信全文始得流传。

② 此指1927年初(农历乙丑年十二月下旬)浦东中学放寒假期间，殷夫回乡省母时路过宁波。

③ 此指殷夫路过宁波时听说何志浩南昌阵亡的谣传。

等的伤感及愤怒呢！伤感的是我们象山的革命青年日少一日①，愤怒的是为什么我们象山独独这么不幸！

但是，我前天②居然能晤到你，我是何等的快乐呢！这不但是我快乐，即是全象山的革命青年又谁不快乐呢！

为民众而奋斗的军人是比什么都可敬可佩。为少数人而出力的军人是强盗，是土匪，是世界最可憎可鄙可弃的东西。这是极易明白的，是不是？

革命的人往往易犯一种毛病，就是在压迫下的时候是很革命很积极的前进的。而待压迫稍松的时候，就要开倒车了。我有许多朋友在革命军未到③上海之前是非常革命，秘密的做工作，也很感兴味。但是到现在可以公开了，就不感趣味，开起倒车来了。这是很危险的！我希望个个革命的军人及民众绝对不要犯了这个毛病才好。④你说对不对呢？

这封信很没有意思，讲些都是废话。⑤请你原谅我！⑥

余不一一。此祝

努力！

---

① 此指象山在上海就读上海大学的共产党员贺威圣引导下，于1925年1月23日成立中共党支部(代号"星火社")，有党员4人(支书杨白，组织负责王家谟，宣传负责范船僧、与中共宁波地委联络赵文光)。后由宁波地委(代号"任蔚")编为"第七支部"。1926年6月，因党员不断增加，改建为"象山独立支部"。在此期间，一批中共党员和共青团员都很活跃，革命形势很好。不久，为迎接北伐等工作需要，一部分党员骨干被先后调往外地担任领导职务。如支部书记杨白奉调上海中华海员工会，组织委员王家谟奉调宁波地委，宣传委员范船僧奉调南下广东参加北伐，赵文光奉调慈溪县委任书记，姜冰生奉调定海县工会任书记，倪毓水奉调宁波甲种商业学校任支部书记。还有贺威圣奉派任中共杭州地委书记，策动"夏超独立"失败，被军阀孙传芳部将宋梅村于1926年12月12日杀害。因此，使殷夫有"我们象山的革命青年日少一日"之伤感，并且有后句"为什么我们象山独独这么不幸"之愤怒。

② 前天：当指1927年4月1日。因为此信写于这年4月3日。

③ 未到：原信无"到"字。今补之。

④ 此句，是殷夫当年对何志浩的一种提醒或正告。

⑤ 其实，这是一封很有意思、含义极深的信，句句都是大实话，针对性极强。

⑥ 最后补这一句，疑是缓和一下语气，或即以退为进。

弟徐白鞠躬

4月3日

通信处"浦东六里桥浦东中学"① (贴邮四分)

刘积铨君的通信处"本埠金神父路底日晖寄宿舍北边楼上八号"。②

---

① 这是殷夫当年的通信处,亦即上海浦东中学校址:浦东六里桥桥堍。殷夫以学名徐白于1926年6月从上海民立中学新制初中毕业,同年7月6日越级考取浦东中学"高三级"(即高中第三册),9月1日报到注册入学。

② 刘积铨(1908—1945):一名洁川,象山县东乡下俞岙(今名夏雨岙,属大徐镇)人。1919年秋考入象山县立高小(比何志浩晚两届,比殷夫早一届)。他因与殷夫是世交,又与比自己早一届的同学姜冰生是远亲,三人在校期间曾"义结金兰",以刘为大哥、姜为二哥,殷夫为小弟。1922年秋,刘积铨县立高小毕业,考入宁波浙江省立第四中学就读初中。1924年夏,与同校同学许福莹(象山丹城人,与殷夫同届毕业于县立高小)等发起成立象山旅甬学生进步团体"新蚶社",从者20余人,以"联络乡情,服务社会"为宗旨,刊行小报《新蚶》,批判"古学客",宣传国民革命。何志浩即为《新蚶》发行部主任。1925年秋,刘积铨初中毕业,考入宁波甲种商业学校,就读会计科(学制四年),不久加入共青团。1926年2月,由共青团员转为共产党员。后因言行激进,反对军阀统治,为孙传芳驻宁波部属注目,于1927年初离校避往上海,在金神父路(今瑞金二路)日晖会计补习学校补习商务会计,住该校北边楼上8号。其时,原中共象山支部书记杨白正在上海中华海员工会所属浦东烂泥渡舢舨工会任书记(化名"杨广武")以该工会子弟学校教师为掩护,发动舢舨工人和黄色车夫参加第二次工人武装起义,迎接北伐军入沪。刘积铨受杨白委托,秘密约同正在浦东中学读书的殷夫参与其事。不意起义失败,杨、刘见殷夫在攻打南市战斗中机灵勇敢,遂介绍其加入共产党。同年3月,杨白组织舢舨工人和黄色车夫参加第三次工人武装起义,殷夫又积极参加浦东川沙县驱逐反动县长斗争。起义胜利,殷夫因缺乏斗争经验,暴露了自己的身份。因此在蒋介石发动"四一二"反革命政变后期,被捕入狱。刘则转入地下活动,于1928年春考入复旦大学商科读书。后转读会计学系,于1931年秋毕业,考得会计师任职资格,入杭州笕桥机场国民政府军事委员会航空署(署长徐培根)总务处财务科任职。1933年11月,随航空署迁江西南昌军用机构;1937年冬,南京沦陷,又随迁四川成都,从事空军抗日后勤服务,并曾奉调重庆入陆军大学(教育长徐培根)受训。抗战胜利,因患肺痨,客死成都。临终前,曾叮嘱妻子:"家贫,有困难,可去延安找周恩来。"给家人留下诸多疑点。

被"奥伏赫变"的话①

——致《文化批判》

编者：

《文化批判》②使我兴奋，真的。

有一些小意见写在下面：

1月号的17页上"批判不仅是解剖刀，乃是一种武器（Kritikvist kein anatomisches Messer，sie ist eine Waffe.）"③这句内的"仅"字大约是作者的笔误，这是应该删去的。因为"不仅是"和"不是"显然不同的。要是照"不仅是"的一句话，则说"批判是解剖刀，同时也是武

---

① 此信未注写作日期，今据信中有"我是一个刚学半年德文的学生"一语，以及信末所署"徐文雄于同济"推测，当写于1928年2月某日。因为殷夫于1927年9月以学名"徐文雄"考入上海国立同济大学德文补习科，至1928年2月将近半年，即一个学期。此信原刊于同年3月15日出版的《文化批判》月刊第3期"读者的回声"专栏，正题《被"奥伏赫变"的话》（原刊"奥伏赫变"无引号。今加之）。"奥伏赫变"是德文Aufheben的音译，中文一般译为"消灭"或"扬弃"。副题《致《文化批判》》。这是殷夫见读《文化批判》月刊1月号（即1928年第1期）后，对德文"奥伏赫变"一词的误译而提出的更正意见。从中可见他学习德文时涉猎之广。但此信原文已经不见，今只能根据这期《文化批判》刊行文本及本书编例，作些校注。

② 《文化批判》，原刊无书名号。今加之。这是创造社于1928年1月创刊的政治、经济、社会、哲学、科学以及文艺等综合性理论刊物。出至第5期，因被国民党反动当局查禁，封面改印《文化月刊》。该刊的主要撰稿人有成仿吾、冯乃超、彭康、朱镜我、李初梨、郭沫若（笔名麦克昂）等。

③ 这是《文化批判》月刊第1期刊载彭康所作的《哲学底任务是什么》一文中据马克思《黑格尔法哲学批判·导言》德文（即括号内的那句话）"批判不仅是解剖刀，乃是一种武器"的话。殷夫指出其中"笔误"：多了一个"仅"字。因为德文"Kein anatomis hes messer"应翻译为"不是解剖刀"。如果译作"不仅是解剖刀"，乃是误译（即下文所指之别义）。因此，殷夫提出应该删去这个"仅"字。彭康（1901—1968），笔名嘉生，江西萍乡人。早年留学日本，1927年底回国，次年1月上海加入共产党，先后在《创造月刊》《文化批判》等刊物上发表论文和译作，宣传马克思主义。1930年3月参加"左联"，同年9月被捕入狱，至1937年国共合作时释放出狱。

器"。但是照第二句呢，则说"批判只是一种武器，并不是解剖刀"。而"kein anatomisches Messer"似乎应该译作"不是解剖刀"的。

你们觉得我的意见对不对？

同书里二十四页"Die philosophie kann sich nicht verwirklichen ohne die aufhebung des Proletariats……"作者译作"不把普罗列塔利亚特'奥伏赫变'，哲学决不能实现"。①

在此我们很容易看出（照中文看），Proletariat是被aufheben的。

同时在《创造月刊》九期，成仿吾先生有几句话：② "……我们在以一个将被'aufheben'的阶级为主体……"。③

依他的语气，似是说Bourgeoisie是被aufheben的。

于是我发生些疑心，请你们指教。

我是一个刚学半年德文的学生，错误怕所难免。祝努力！

徐文雄于同济④

---

① 这是殷夫为说明删去"仅"的理由，从同一期《文化批判》中另一篇译文(译者姓名无考)中引述的话："不把普罗列塔利亚特'奥伏赫'(即'奥伏赫变'，此作'消灭'解)，哲学决不能实现"。普罗列塔利亚特(Proletariat)，即中文无产阶级。此话犹言：无产阶级不能消灭自己，哲学就不能成为现实。或者是：无产阶级不把哲学变现实，就不可能消灭自己。

② 这是殷夫引用《创造月刊》第9期成仿吾文章中的几句话，犹言：我们企望的将是阶级被消灭的社会，亦即共产主义社会。成仿吾(1897—1984)，笔名石厚生，湖南兴化人，早年毕业于日本东京大学。1921年与郭沫若组织创造社，1924年任广州大学教授，兼黄埔军校教官。后加入共产党，曾主编中共旅旅欧支部刊物《赤光》。1931年回国，任鄂豫皖省委宣传部长。1934年赴江西瑞金，当选为中央苏维埃委员。随红军长征至陕北，历任中央党校教务主任、陕北公学校长、华北联合大学校长、晋察冀中央局委员、边区参议会议长。中华人民共和国成立后。历任东北师范大学校长、山东大学校长、中国人民大学校长及中央党校顾问、中共中央顾问委员会委员。

③ 这是殷夫对成仿吾之话的解释。aufheben，德文，意为被消灭。

④ 徐文雄：殷夫在同济大学读书时的学名。他因报考同济时借了浙江上虞人徐文雄的高中毕业文凭，所以用了这个学名。

编者附言：①

"仅"字确是蛇足。②

普罗列塔利亚特结局是要把自己奥伏赫变的。这是普罗列塔利亚特的阶级上的特殊地位与他的历史的使命的物质所规定的。普罗列塔利亚特把他自己现在的生活条件奥伏赫变的时候，同时就把自己奥伏赫变，把一切的阶级对立关系奥伏赫变。所以普罗列塔利亚特是最后的阶级。有人译为"第四阶级"，不妥当的。③

——蕙

———————————

① 这则"编者附言"，即是《文化批判》月刊第3期编者"蕙"（其人无考）对殷夫此信的回复。

② 此句是对殷夫所提意见的认可。蛇足：成语"画蛇添足"之省称，意为多余之物，应当将"仅"字删去。

③ 这段话，是编著"蕙"对殷夫意见的进一步解释。其中的"普罗列塔利亚特"。原文作"普罗列搭利亚特"，今改"搭"为"塔"，以与殷夫所译一致。"把一切的阶级对关系奥伏赫变"句后，原文有一"的"字。今删之。

给二姐徐素云的一封信①

素姊：

上次写给你的信，大概已经收到了吧？②我等着你的回信，真是比等

---

① 此信写于1930年7月7日。信末具名"白"，即殷夫学名"徐白"之省称。原信由收信人徐素韵珍藏。1950年，徐被"错杀"后，由其子马瞻保管。1983年，马瞻以复印件寄编者。徐素韵（1904—1950），原名素云，后改素韵，亦作疏韵，是殷夫的二姐。她因为与殷夫年龄相近，两人长期一起生活，姐弟之情特深。早年曾入读大徐初小，时读时辍。1920年考入县立子女小学高小部，毕业后因家贫，无力赴外地升学，在家自习初中课程。1923年秋，由大哥徐培根部，携至杭州，经复习，于翌年考取浙江省立蚕桑讲习所，工读结合，免收学膳资费。其间，受革命思潮影响，表现新进。北伐军入杭，她的社会活动更加活跃，一说曾加入共青团。"四一二"反革命政变时，临近毕业，曾遭反动当局追捕，离校避至宁波公学小学部代课。后转至镇海演进小学任教。1928年春，受象山教育科聘请，回母校县立女小任校长。同年秋冬，曾接收殷夫及王顺芳、陈元达（均中共党员）入校"代课"，从事秘密工作。翌年春，殷夫欲回上海，大嫂张次云怕他再生事端而不给盘缠。后由她资助殷夫重返上海。1930年暑假期间，她曾赴杭参加全省小学教师讲习会，受到启发，将县立女小并入县立高小，实行"男女同校"施教，自己则改任教师。在此前后，26岁的她才与丹城西门人马静斋订婚。1931年2月1日，由母亲钱月嫦与三哥徐文达主持在上海举行婚礼。当时，她与母亲、徐文达曾寻找殷夫参加婚礼，终因殷夫已第四次被捕入狱而不见。婚后十天左右，她在上海才得悉殷夫遇难，遂冒着风险，至殷夫寓所整理遗物，装入一只铁箱内，运回象山。她则继续任教于县立高小。1935年，创办"私立培本小学"，招收平民子女200余名，亲任校长。抗日战争全面爆发，她一边教书，一边参与地方抗战活动。后因有大哥徐培根之社会影响力，曾兼任县"抗日后援会"委员，"妇女慰劳组"组长、"妇女救国团"团副等职。1938年7月，加入国民党。1940年，侵华日机轰炸县城，她曾将学校分作两部，迁至西乡，与母亲随校寄居黄溪村。不意母亲客死异乡，她独自料理母丧。县城沦陷，抗日县长苏本善部"战时政治工作队"（以地下共产党员为骨干）与她联系，与敌伪势力作斗争，当选县妇女会理事会，不久又当选国民党县党部执行委员。抗战胜利，辞去本兼各职，携其子马瞻在南京马静斋（时为陆军大学人事科长）处就读初中。1948年回乡，而马静斋则随军大迁往广州，后又迁台湾。象山解放，徐素云不为流言所动，安居于家。1950年土改中，以其家有土地60余亩、山林8亩、房屋14间，被评为地主。同年12月28日以"不法地主"被判处极刑。1986年经宁波中级人民法院复议，改判为"错杀"，恢复名誉。

② 徐素韵因其时在杭州参加全省小学教师讲习会，未接到该信而无回复。故殷夫又写信予以催促。

什么爱人的信，还要迫切呵！姊姊，我真想用一切方法来向你表示我目前的困境：

我工作是忙碌的，在整天的太阳火中，我得到处奔跑！①但是天哪，我所有的只是件蓝色爱国布大衫、两件厚布的衬衣。你想我怎样过得这夏天呢？所以我迫切地请求：给我想法十元或十五元的钱②吧！我没有办法再可以想了。

听说你和母亲要去南京，③怎末还没有来呢？我的意见是：近来时局太坏，南京又不是什么太平地方，最好还是不要去。④这笔旅费倒还不如让我做件夏衣呢！（再：夏布衫及衬衫已在去年为恐怖所吞没，⑤所以没有了。附告。）

今年秋，或许有去莫京⑥希望，时间很短，半年即回的。完了，祝你和母亲好！

白
1930，7，7⑦

---

① 这是殷夫当时在共青团中央宣传部任干事时工作情况的写照。

② 钱：此指银圆。据马静斋1993年从台湾回象山探亲时回忆，这笔钱是他当时从南京托人带往上海转给殷夫的。

③ 因当时丈夫马静斋和三哥徐文达均在南京军界任职，故徐素韵欲陪伴母亲往游。

④ 据马静斋1951年在台湾所作的《妻的一生》述及，徐素韵当年还是陪伴母亲去南京游览观光。

⑤ 此指殷夫于1929年秋在发动一家丝厂工人罢工时，被反动军警第三次逮捕。因当局不识其真实身份，结果被毒打一顿而释放。

⑥ 莫京：当年苏联首都莫斯科之代称。据资料显示，殷夫其时承接着团中央大量俄文翻译任务，领导上曾考虑让他去莫斯科查询有关资料。后未成行。

⑦ 原信日期作"七/七"。今改之。